矢田俊文著作集❖第四巻

公立大学論

《上》平成の大学改革と公立大学

まえがき

本書（上・下巻）は、一九九〇年代以降つまり平成という時代に、政府主導のもとに強力に実施された一連の高等教育政策が、個々の大学にもたらした改革の実践録である。この「平成の大学改革」と呼ぶにふさわしい大学制度の変更は、明治・大正期の大学制度の構築、第二次大戦直後の「学制改革」に次ぐ第三の大学制度の改革と位置付けられる。

「平成の大学改革」は、戦後ＧＨＱの「指導」のもとに短期間に導入されたがゆえに、検討が未成熟なまま出発せざるをえなかった、一九四〇年代後半の新大学制度の「欠陥」を大胆に見直したものである。大きくは六つに集約される。

第一は、戦前の六年間の高等教育を「大学院」制度の検討を煮詰めないまま、四年制の大学に一元化し、そのなかで教養教育と専門教育を各二年ずつ併存させ、かつ教養科目内容を一律に強制したことである。この「虻蜂取らず」の制度を解消することを意図したのが、一九九一（平成三）年の「大学設置基準の大綱化」である。結果的には、全国的な規模で実施された多くの大学での「教養部解体」をもたらした。

第二は、戦前期の帝国大学や国立医科大学、一部の私立大学といった「エリート」段階の大学を、高等人材養成の多様性を軽視して、一律に「大衆化」・「平等化」を図って、新制大学を発足させたことである。戦前の大学だけでなく、旧制高等学校、師範学校、国公私立の専門学校が、一律に新制大学となった。これによって、教員や教育研究施設、カリキュラムなど教育内容の著しい大学間格差が温存され、多くの大学での教育内容の劣化をもたらし、七〇年代の「大学紛争」の遠因ともなった。九〇年代にはいって、「教育の質保証」が重視され、大学の自己点検評価、第三者評価制度が実施され、個別の大学の自己改革が一定程度進んだ。

第三は、戦前の帝国大学などで慣習化した「教授会自治」方式が、多くの国公立大学と中核的な私立大学に普及する一方、多くの私立大学で「理事会独裁方式」も実施され、経営と教職員のバランスの取れた安定した大学運営方式がほとんど確立せず、六〇年代から七〇年代の大学紛争の原因ともなったことへの対策である。「平成の大学改革」は、国公立大学の「法人化」によって大学の自己責任体制を明確にする一方、学校教育法を改正して教員人事権にメスを入れるなど「教授会自治」の相対化に積極的に取り組んだ。加えて、競争的資金の急拡大によって、大学間競争を促進した。

第四に、戦後半世紀続いてきた「学部」中心の大学制度に対し、大学院大学や独立研究科制度の導入など大学院の拡充・重点化をすすめるとともに、教育組織と研究組織の分離制度の導入など、硬直していた研究教育組織の柔構造化を図った。これらによって、科学技術の発展、多層かつ多様な高等教育人材の養成に、適宜・柔軟に変更できるシステムを構築した。

第五に、戦後ベビーブームの第二波の到来とその後の一八歳人口の急減に備えて、学部入学定員の臨時増と計画的解消制度を導入し、とくに私立大学の学部新設や定員拡充など改革を促すとともに、その後の一八歳人口の激減のなかで大学間格差を拡大した。

第六に、二一世紀の高齢化社会の本格化に対応した政府の「ゴールド・プラン」に基づく医療・看護・リハビリ・福祉等の分野の高等教育人材の養成強化に呼応して、地域住民の命と生業・生活を支える高度人材を養成する、地方自治体設置の「公立大学」が急増したことである。ここに、国土構造の大都市圏集中に取り残された「地方」の再生に不可欠な専門分野を包含する「地域づくり人材」の養成の動きが加わり、公立大学の存在感が一挙に高まった。

本書は、一九八〇年代後半以降二〇一〇年代にいたる約三〇年余、元号表記で言えば平成期における、「大綱化」、「評価制度の導入」「法人化」、「大学の内部組織の多層化と柔構造化」、「臨定増と解消」などの相次ぐ改革を、「平成の大学改革」ととらえ、その具体策をサーベイするとともに、個々の大学が、改革をどう進めたかを考察するものである。

そのなかで、いままで比較的等閑視されてきた公立大学に焦点を当て、『上巻・平成の大学改革と公立大学』としてまとめた。また、平成の大学改革が個別の大学という具体「現場」でどのように受け止められ、改革をどのように進めたかを本書の後半、「下巻・平成の大学改革の現場実践録」として、筆者がかかわった九州大学と北九州市立大学の改革を中心に幾つかの事例について論じた。当然、本書の上・下巻の共通したテーマは「平成の大学改革」である。

明治以来の第三の改革と言われる「平成の大学改革」について、政府の高等教育政策を紹介した著作は少なくないが、これらの政策を個々の大学がどう受け止め、どう動いたか、公式の『自己点検報告書』は揃っているものの行政文書の枠を越えず、理事長や学長、補佐役としての副学長、そして現場を担当する教職員がどう動いたか、生き生きと伝わってこない。「改革のための会議や文書の執筆で忙しく肝心の教育研究に割く時間がない」、「たくさんの競争的資金を獲得する業績の高い人は、大学の幹部が多く、その研究室にいる若手研究者は、外国の賓客への対応、出張計画の作成、研究費管理のために時間を費やし、研究成果があがらない」などの「ブラックユーモア」とも言える状況が続出している。他方、学長などの大学幹部から、自らのガバナンスの拙劣さを棚に上げて、「学部教授会が動かない、教員の抵抗が強い」などの不満を新聞に投稿するものがでてくる、など混乱が続出している。その割には、いずれも「立派」な「自己点評価報告書」がきちんと提出されている。どこか「変」である。本来、長期戦略を策定し、教員・施設・資金などの内部資源を掌握し、これを改革に具体的に動員するリーダーが、大局観に立って自らの経験を著作化することが望ましい。しかし、大学と言う組織を客観化し、かつ一つの「生き物」として動かす学長・副学長は非常に少ない。そのなかにあって、立命館大学、法政大学、国際教養大学、東京大学教養学部、立教大学などの大胆な改革過程を学長や副学長、さらには学部長クラス、あるいは資料を集め、関係者に取材した「ライター」の優れた著書が少なくない。大学論を執筆するには「宝」である。

筆者は、「平成の大学改革」期に、九州大学改革委員長（一九九四—二〇〇一年）、学長補佐（一九九六年）、副学長（一九九七—二〇〇一年　大学改革・キャンパス統合移転担当）、経済学研究院長（二〇〇二—〇四年）、北九州市立大学学長（二〇〇五—一一年）、公立大学協会会長（二〇〇九—一一年）、大学基準協会評議員・理事・副会長（二〇〇八—一一年）、大学評価・学位授与機構評議員、評価委員、評価専門員（二〇〇八—一七年）、として、大学という「現場」での改革に従事し、また、評価活動に関与するなど貴重な機会を得ることができた。また、大阪新大学構想会議会長（一九一二—一四年）として大阪市立大学と大阪府立大学の統合に道筋をつけた。

本書は、下巻の副題に「平成の大学改革の現場実践録」とあるように、情報公開の時代に大量のデータが公開され、大学改革の結果が大筋として学外に知られる時代に、改革を担ったリーダーたちの戦略とガバナンスなど現場で具体的な動きを大局的に把握し、独自の取材を含めて紹介したものである。主題が『公立大学論』となっているのは、筆者の最後の仕事が北九州市立大学の学長として、法人化当初の大学改革を実践し、かつ公立大学協会の会長として、公立大学の改革の現場をそれなりに把握しているからである。逆に言えば、長い歴史を有する国立の大規模総合大学、六〇〇を越える膨大な数の私立大学の改革の実態の把握は難しく、『大学改革論』という「大それた」タイトルとすると「羊頭狗肉」となるからである。とは言っても視野は、国公私立大学に広げており、実践録の事例には、国立大学、私立大学にも言及している。

他方、筆者の専門分野は、経済地理学で、とくに国土構造の形成とそれがもたらす地域格差、是正策としての国土政策を研究している。私立大学の極端な大都市圏集中、明確な序列を持った国立大学の地域配置と都市システム、地方中核・中小都市に根を下ろす公立大学など、国土構造と国公私立大学の地理的配置は不可分の関係にある。地方大学の活性化が一極集中型国土構造の是正に大きく寄与する。この点については、エピローグで整理して叙述した。

本書（上・下巻）の中心は、第四編、第五編、第六編である。

「第四編　平成の大学改革と公立大学の急増」では、平成の大学改革の内容、「大綱化」と教養部解体、国公立大学の法人化、内部組織の柔構造化、公立大学の急増、臨増政策と私立大学の動向について分析した。このうち、「第三章　大胆なカリキュラム改革の実行」では、「大綱化」に関わる現場の教養教育改革について、東大教養学部の複雑な実践例をわかりやすく紹介した、中井浩一氏の著作『勝ち組大学ランキング―どうなる東大一人勝ち』（中公新書ラクレ）に主として依拠しながら、また、立教大学の教養教育の改革の実践例を、寺崎昌男氏が中心となってまとめた立教大学編『〈全カリ〉の全て―リベラルアーツの再構築』を参考にした。「第五章　内部組織の柔構造化と教育組織と研究組織の分離」では、川島啓二編『大学の組織運営改革と教職員組織の在り方に関する研究』（国立教育研究所）を紹介しつつ、筆者の独自の考察を加えた。また、「第六章　公立大学の急増と法人化」では、ゴールド・プランに対応した公立大学の急増について分析した。加えて「第七章　臨時定員増政策と私立大学の両極分解―改革で活性化する『中心』と定員割れで衰退化する『周辺』」では、臨増政策への私立大学の対応を両角亜希子氏の力作『私立大学の経営と拡大・再編』（東信堂）に依拠するとともに、この時期に大胆な改革の現場実践例について、立命館大学、武蔵野大学、法政大学の三つの私立大学を副総長や総長の著作等を参考に紹介した。

「第五編　九州大学の改革―新たな教育研究組織の導入と統合移転」では、筆者が副学長時の二〇〇一年に導入した学府・研究院制度と伊都キャンパスの開発に関わる、筆者が書いた「学内文書」と、九大退任後の組織改革、キャンパス開発過程について、それぞれ独自に資料を収集するとともに、関係者からヒアリングし、文章化したものを掲載した。

「第六編　北九州市立大学の改革─法人化を活用した大学改革」では、二〇〇五年から一一年までの六年間の学長在籍時に実施した改革の現場実践例を分析した『北九州市立大学改革物語』（九州大学出版会）を転載した。ここでは、改革の目玉になった「学生支援」と「地域貢献」について、その後関係した教職員によって執筆された『シリーズ北九大学の挑戦』に基づいて補足した。

さらに、「第七編　地方大学の挑戦」では、国土構造改編の鍵となる「地方大学」の改革に焦点を当て、「グローバル人材」や「地域づくり人材」の育成に大きな成果を上げつつある中堅大学の現場改革実践例を紹介した。高崎経済大学、国際教養大学、大分看護科学大学、県立広島大学などの公立大学、そして、宮崎大学、九州産業大学である。

そのほか、第一編から第三編までは、平成の大学改革に至るわが国の大学制度史とその中での公立大学について名著を引用しながら概括した。

「第一編　戦前日本の高等教育政策制度の形成と公立大学─第二次大戦前─明治・大正・昭和一〇年代」は、天野郁夫氏の『高等教育の日本的構造』、『大学の誕生上・下』に主として依拠し、帝国大学を頂点として円錐状の「序列構造」を持った大学群の形成過程を考察するとともに、吉川卓治氏の『公立大学の誕生』から、「公立大学」を支える理念の重要性を学んだ。

「第二編　戦後の学制改革と公立大学群の登場」では、「第一章」で「戦後大学史の時期区分」を整理し、「第二章」で戦後の学制改革について分析した。ここで、大﨑仁氏の『大学改革1945─1999』が行った分析は、戦後改革がわが国の大学に大きな『過重負担』をもたらしたことを明確に指摘しており、「目からうろこ」の感動を覚えた。その内容を草原克豪氏の『日本の大学制度』も参考にしつつ紹介する。「第三章　新制大学の開設」では、天野郁夫氏の『新制大学の誕生上　下』に学びつつ、国立総合大学、地方国立大学、単独系国立大学の三類型の国立大学、そして旧制私立大学の移行、私立専門学校の昇格、多様な公立専門学校の「公立大学」への昇格や「国立移管」の過程を、高橋寛人氏の「二〇世紀の日本の公立大学」や公立大学協会編の『地域とともに歩む公立大学』を参考にしながら整理した。

「第三編　高度成長期の大学の膨張と公立大学」では、強引に一体化した地方国立大学、総合国立大学などでの学部間対立に振り回された大学運営、劣悪な教育条件のまま参入した多数の私立大学の経営難、さらに、本格的に登場した公立大学への地方自治体のお粗末な対応など、国公私立大学がそれぞれの課題を抱えたなかでの進発、これらの矛盾が、ベビーブーム第一世代の大波を受けて、一挙に爆発した「大学紛争」、それへの対応として打ち出された「新幹線方式」大学の新設など、混乱した一九七〇・八〇年代の動きを追った。とくに第四章では、存続の危機に追い込まれた高崎経済大学と都留文科大学、地域に支えられてなんとか再生の道を見出した北九州大学、九州歯科大学、高知女子大学の動きを高橋寛人氏の著書や公立大学協会の資料を基に紹介するとともに、その中で大きな役割を果たした公立大学協会について記述した。

なお、本書の最初に「プロローグ」と題して、昭和終期と平成初期の「大学の風景」をいくつかの著書から特徴的な記述を引用し、昭和終期の混迷と平成初期の現場からの「改革の胎動」について一般読者向けに「イメージ」として提供した。

最後の「エピローグ」では、新しい元号となる時代、それを象徴する東京オリンピック以後の二〇二〇年代の公立大学を展望し、若者の流出を食い留めている東北の公立大学、道州制を視野に入れた九州の公立大学、大阪市立大学と大阪府立大学という二つの大規模な法人が統合して「公立大学法人大阪」の実現による関西圏の「雄」の登場について考察する。また、こうした地方の公立大学の強化・充実こそが、中央集権が強まる中での「地方創生」を主張する二律背反的な政策から抜け出し、地方大学から国土構造是正を実践する方向性を提示する。

昨年（二〇一八）、筆者は「喜寿」を迎えた。七七年の人生は、新潟一八年、東京二三年、九州三六年に三分割できる。それぞれに生きる環境が大きく変わり、人とのつながりや知的営みもその時々に「リセット」し、新しい世界に生きることができた。

その中で、法政大学から九州大学に移籍したことが、特に大きな転機となった。古い衣を脱ぎ捨てた観がある。この移籍にあたって、熱心に勧誘して頂いた当時の九州大学経済学部長大屋祐雪氏、快く迎え入れて、N（中楯）Y（矢田）ゼミとして三〇余年にわたって、毎年由布院で合宿し、多くの有能な研究者が育つ「インキュベーター」をともに温めた、当時の九州大学経済学部産業計画講座の主任・故中楯興名誉教授には、大変お世話になった。お二人に心から御礼申し上げたい。また、九州大学名誉教授の故森本芳樹氏には、学部長と学部評議員・主任としてともに学部経営に汗を流し、学識の深さと温かい人間性に接し、多くを学ぶことができた。

本書の最大のテーマである大学改革については、筆者が大学改革・キャンパス統合移転担当副学長時代、総長として全面的にバックアップして頂いた故杉岡洋一九州大学元総長、二年後に法人化後初代の学長として就任した北九州市立大学長時代に、設置者の長として積極的に支えていただいた、当時の市長である末吉興一氏のお二人なしには、九州大学の改革、北九州市立大学の改革もありえなかった、偶然の出会いとは言え、人生最大の幸せと感謝している。法政大学の前総長で二〇一八年九月一五日に逝去した増田壽男氏は、法政大学教員就任同期であり一二年間混乱する大学の中で共に悩み、少しづつ前進する「青年期」を過ごすことができた。

本書は、七〇才で大学の職を退いてから執筆を開始した『矢田俊文著作集』の第四巻として出版している。三巻までの五冊は、いずれも筆者の研究書であるが、本書は、少し毛色が違って、労働現場での「実践報告書」でもある。筆者の本来の研究テーマではない。これを著作集の第四巻として出版したのは、「大学論」の研究書から、多くを学ぶことができたからである。その意味で、遅れて参入した「初心者」の研究ノートとご理解いただきたい。第四巻を第三巻『国土政策論　下　国土構造構築編』に先立って公刊したのは、過労で「狭心症」の発作を起こしてまで心血を注いだ九州大学伊都キャンパスが二〇一八年九月に完成したからで、私の「大学改革」に区切りつけたいからである。最後の著作・第三巻下は、日々の執筆活動で「生きる張り」がなくなることをおそれて八〇歳まで三年間をかけたい。

最後に、ご多忙のところ、本書のために「解題」を書いていただいた、近藤倫明前北九州市立大学長、そして鈴木洋太郎大阪市立大学教授に心から御礼申し上げます。また、柳井雅人氏をはじめとする著作集編纂委員会、著作集三冊目である第三巻上の発刊から二年、信頼して待っていただいた原書房成瀬雅人社長はじめ編集作業を続けてくださった編集部の皆様に深く感謝申し上げます。

二〇一八年八月二二日、新キャンパス推進室の坂井猛九州大学教授の案内で「伊都キャンパスツアー」を楽しんだ日

矢田俊文

目次

第二編　戦後の学制改革と新制公立大学群の登場

第三篇　高度成長期の大学の膨張と公立大学

第四編　「平成の大学改革」と公立大学の急増・プレゼンスの向上

参考

プロローグ　昭和終期の混迷から平成初期の変革への胎動

一　昭和終期の日本の大学の風景─新制大学の到達点としての「混迷」の時代

1　ベビーブーム世代の進学熱とマスプロ大学の苦闘─尾形　憲氏の『私立大学』から

「大学が『真理探求の場』だとか何だとかいうのは、理念としてそうあるべきだというならわからなくもない。また現実にも、大学にそういう側面が全然ないわけでもない。むしろ大卒のレッテルがものをいわぬ夜間部や通信教育で、本物の学問を求めて体当たりしてくる学生たちにぶつかることがある。しかしさめた目でリアルに大学を見るなら、大学はこうしたタテマエとはまったく違ったホンネを示す。学生たちの大半は、『真理探求』などという大それた目的で大学に入りはしない。彼らにとって大学は、社会に出るまでの何年か、無責任で自由な猶予期間を保証してくれるところである。彼らはその間マージャン、パチンコからお遊びとしての学問、スポーツ、学生運動などに青春の情熱を発散させることができる。

こうした学生たちの根城である大学は、広い意味でのレジャーセンターといってよい。しかもそれは、彼らが社会へ出る際に、高卒より値打ちの高いパスポートを与えてくれる。このパスポートの値打ちは大学によっても違う。〝いい大学〟とか、〝一流大学〟とかいう言葉がある。改めていうまでもなく、それは必ずしもその大学の研究教育の中身が立派だということではなくて、その大学の発行するパスポートが世間でものをいうこと、その大学を出れば中央官庁や大企業への就職率がいいということにほかならない。こうして公教育の終着駅である大学は、〝人材〟のふるい分けの場、労働力の差別・選別の機関として機能している[1]」。

右の文章は、尾形憲氏の『私立大学』という著書からの引用である。氏が当時在籍してた法政大学経済学部の一九七〇―八〇年代の実態を氏なりの視点で、喝破している。こうした大学の「レジャーセンター」化の原因について、氏は、一九七〇年にだされたOECD（経済協力開発機構）教育調査団の『日本の教育政策』というレポートを肯定的に引用しつつ、次のように整理する。

「この報告書の全体を通じてくりかえし鋭く指摘されているのは、日本の社会には出生による階級はないが、一八歳の大学入試によって階級が発生するのであり、あらゆる教育段階にわたって人間の選別にもっぱら教育機能の重点がおかれている、ということである。生まれながらにもっている能力の開発よりも選抜が教育では重視され、また社会は人が何を知識としてもっているかでなく、どこで学んだかを重要と考える。日本の大学には、東大、京大、その他のエリート大学、それ以外の大学、といった社会的評価によるきびしい上下の序列がつくられており、高校はまた高校で、高い評価をもつ大学にどれだけ生徒を送りこむかによって順位づけられている。そして雇用主の方は、卒業生を、彼らがどんな知識や能力をもっているかでなく、どの大学のどの学部を出たかによって判断する。『十八歳のある一日に、どのような成績をとるかによって、彼の残りの人生は決ってしまう』、大学入試は、『将来の経歴を大きく左右する選抜機構』としてつくられている（中略）。

ここでは、生れがものをいう『貴族主義』はないが、それに代わる『学歴主義』または『教育主義』がある。それは世襲的な階級制度に比べたら、たしかに平等主義だし、弾力性に富んでいる。しかし、たとえば、長期間にわたる個人の業績が人びとを適切な職業や地位へふりわける尺度とされ、また意欲のある者は必要に応じて教育を受け、さらに能力の発達に応じて地位も上がってゆくというような制度と比べれば、専制的な、弾力性を欠いた制度といわねばならない。こうした選抜＝差別・選別体制は、国・公・私立の大学間格差を、またそのおのおののなかでのピラミッド型階層をつくり出す。このような階層的な高等教育の構造は、日本の急速な成長にもかかわらず、ほとんど変わっていない。（中略）大学の階層的構造は、そのまま官庁や企業での卒業者の処遇に反映している。東大、京大は、高級官僚の地位のほとんどを独占しているし、大企業、マスコミ界、政界、学界、専門的な自由職業でも、この両大学が占める比重はあまりにも大きすぎる[2]」。つまり、日本社会に深く定着した『学歴信仰社会』のなかにあって、一八歳の「選別」を終え、大学序列ピラミッドの一定の位置を確保したことによる「安堵感」と「あきらめ感」という学生気質と理解しているのである。尾形氏に言わせれば、「大学に入るまでの一二年間またはそれ以上も、大学入学それ自体だけを目的としてテスト、テストに明けくれてきた彼らは、むしろ被害者である。彼らは自分の頭でものを考える訓練をほとんど受けることがなかった。なんのために大学に入るかなど悠長なことは、考えるひまも与えられなかったのである」(2)。

加えて、入学すればマスプロ授業で、「三〇〇―五〇〇人、さらには一〇〇〇人以上の学生相手というのでは、講義というより講演といった方がよいだろう。しかも、座席は必ずしもそれだけ用意されてはおらず、七七〇人座席の教室の授業に二三〇〇人以上の登録や、二三〇人の座席数で九五〇人登録という例も珍らしくない。(中略)毎年学年はじめの授業には大教室にあふれて坐りきれない学生も、回を重ねるつれ、次第にマージャン荘等々へ蒸発する。そこで、立ちんぼ授業は自然解消、さらにそれを通りこして大教室はガラガラの『過密のなかの過疎』となる。時間にもよるが、出席は登録人数の一割ぐらいとよくいわれる。(中略)こうしたマスプロ授業のなかでは、大学らしい授業はわずかにゼミナールぐらいしかない。しかし 教員一人当たり学生が五〇人とか一〇〇人とかいうのでは、学生全員ゼミに収容できるわけもなく、(中略)対話の成立しようがない」(3)、ということになる。尾形氏の講義全般については、「『尾形先生はずいぶん学生をバカにしていると思わない？ 一、二年は休養課程で三、四年生は全然勉強なんかセンモン課程だとか、学生が大学で覚えるのはＰＴＡ(パチンコ、タバコ、アルコール)だなんて、確かに当たっているけれど、聞いていると腹が立つわよねえ』」、「先生の講義は恐かった。時として、自分のような人間が大学に行っていてもいいのかなどと問われるような気がした。他の講義では考えなくても済むような、基本的な、『なぜ大学生なのか』というようなことを考えさせられた」、「受講する学生が多いのは、やはり誰もが今の学校で不満を多かれ少なかれ持っているためだと思う。学生の心の片隅にある人間的な部分を浮きぼりにしたちょっとくすぐったい授業で、笑って聞いているが、時にグサッと胸につきささることがある」(4)等々、反発、反省、クールな評価など実に多様である。

ここで引用した尾形氏の辛辣な文章は、いまから約四〇年前の大手私立大学、東京六大学に属する上位校の社会科学系学部の教育の実態である。尾形氏と私とは、三―五年間法政大学の六九年館という当時新築の研究室で二人一室の同室であり、著作を贈呈していただいたから、その内容を鮮明に記憶している。決して誇張でもなく、学生を批判しているわけでもない。むしろ同情し、かつ、なんとか充実した学生生活を送れるよう叱咤激励していたのである。

ところで、尾形氏の一連の著作を本書の冒頭に引用したのは、高度成長真っ最中、戦後ベビーブーム世代の大学進学の大波、さらに一九七〇年前後の大学紛争後、という「相対的に安定かつ多少浮かれた時代」の下での、典型的な学生生活の一端を浮き彫りにしたかったからである。そのなかで、学生生活を厳しく考察し、いろいろハンディを抱えた若者の必死に生きている姿を突き付けることによって。もっと学生生活を大切に生きるよう促していたのである。その限りでは私は、大変好意的に引用してきた。当時、私は三〇歳代半ば、大学教員生活をはじめたばかりであり、大学紛争の残り火がくすぶって、大衆団交やヘルメット部隊が大学のキャンパスを時々襲っていた頃である。そうしたなかで、事態を冷静に見つめ、学生運動に安易に妥協することなく話し合いに応じていた尾形学部長に畏敬の念さえ感じていたことは否定できない。にもかかわず、氏の大学論には多少の違和感を感じていた。学生の感想のなかの「反発意見」に近い。四〇年経た現在でも変わらない。

たしかに、戦後ベビーブーム世代の大学進学の大波を真正面から受け止めたのは、大都市圏のマンモス私立大学であり、なかでも、実験などの施設・設備がかからず、大教室講義で教員人件費が少なくて済む経済・経営・商、法・政経、社会など社会科学系の学部である。これらの大学では、理工学部や文学部などの高コスト学部をもカバーすることもあって、大学経営を維持するため、教員や学生にマスプロ授業を強いていた。必然的に、教育の質が落ち、教室を抜け出す学生の比率が高くなっていた。しかし、こうした現象から、大学を「学生が遊びにうつつを抜かすレジャーランド」と表現するのには同意できない。「遊び」と「勉強」を二項対立でとらえる硬直した思考から抜け出していない。入試という難関を突破した学生の大半は、「遊び」も「勉強」もともにこなすたくましい青年達であった。当時の法政大学経済学部では、わかりやすい言葉で経済学を論じていた伊東光晴氏とマンモス私立大学での教育のありかた自体を論じる尾形氏の授業が大教室をいつも満員にした「マスプロ授業」の双璧であった。両氏は、校外の誘惑よりも教室内の講義内容が常に勝っていたのである。「遠心力」と「求心力」との戦いで、優れた講義が勝っていたといえる。尾形氏自身も、自らの授業を「マスプロ批判授業の超マスプロ」授業と「自慢」げに記述していることからもわかる。また、学生の三割程度しか収容できなかった専任教員によるゼミナールでは、学生は真剣に出席し勉強していた。当時新米であった私の授業は、「過疎」でもなければ「過密」でもなく、「自慢」するほど学生が押し掛ける内容の授業ではなかったが、ゼミでは「厳しくも楽しい」という評判のおかげで常に一〇倍近い応募があり、多様な出身地域、多様な個性の学生を集め、真剣に指導してきた。法政に在籍していた一二年間に、二〇〇名近い学生を指導し、今では、すでに定年を迎えた世代を含めほとんどがたくましく生きている。遊びに勉強に、そして学費稼ぎのためのアルバイトに真剣に取り組んでいた学生の生きざまを一刀両断で切り捨てる姿勢にはやはり賛成できなかった。それから三〇余年、二〇一九年一月末の法政の矢田ゼミ卒業生のミニ同窓会が開催され、立派に成長した姿を確認して意を強くした。

それはそれとして、尾形氏の『学歴信仰社会論』は、「学歴」と人生航路との密接な相関性―学生生活は「学歴」というパスポート取得のための人生の通過過程―大学のレジャーランド化、という論理構成に基づくものである。こうした理解は社会学者の苅谷剛彦氏の著書『大衆教育社会のゆくえ』での次のような指摘によって、時代背景を理解することができる。

「学歴社会という社会認識は、教育が社会・経済的地位の獲得に役立つという、教育の手段的価値を社会のすみずみにまで押し広げるうえで効果的に作用した。より高い学歴、よりよい学校歴を取得しさえすれば、『生まれ変われる』と思わせるほど、人びとを教育へと動員する力は強烈であった。しかも、学歴社会という認識は、より上位の地位をめざす人びとを教育へと誘導するだけではなかった。学歴とは無縁であった人びとにも、少しでも高い学歴を獲得することが重要であると認識されるようになるのである。

学歴を得ることは、社会的な上昇移動をもたらすという『立身出世主義』とむすびついただけではない。学歴取得は『安定した』生活につながる―人びとのひかえめな生活願望を満たすうえでも、ワンランク上の学歴が重視されるようになる。その意味で、学歴社会という社会認識が社会のすみずみにまで広がることによって、教育を基軸とした、新たな階層秩序の基盤が用意されるようになったと考えられる。実際に、教育の量的拡大が急速に進んだ一九六〇年代、七〇年代は、世代間の階層移動が『構造的』に大幅に生じた時期と重なっていた(5)」。

2　大学教員の急増と劣化―桜井邦朋氏『大学教授』・『大学の罪と罰』から

「第二次大戦後、我が国の教育制度は根本からひっくり返ったといってもよいほどの、大きな変更を受けた。特に、高等教育において著しく、旧制の大学に加えて、いわゆる新制の大学が多数誕生した。このことは、高等教育の大衆化を目指す点ではよかったかもしれないが、大学教育のレベルを全体的に見てかなり低下さすように作用した(6)」。

これは、京都大学の理学研究科博士課程を修了し、同大学工学部助教授を経てアメリカのＮＡＳＡ研究員として、八年間に亘って研究生活をおくり、日本へ戻ってきて神奈川大学工学部の教授となり、学部長、学長の要職を歴任した世界的な宇宙空間物理学者の見解であり、とくに、大学教員にきつい批判を展開している。

「大学にあって、最も重い責任を持つ人々は、研究と教育にたずさわる教授たちである。これらの教授たちは、社会の人々からみれば、ある学問分野に精通した専門家であり、何がしかの研究業績を一応は持った人たちであると想像されている。これが実像でなく、虚像である、（中略）大学教授の多くが、（中略）この虚像に便乗して、社会を欺いてきた面も相当にある。この虚像がくずれかかってきているがために、大学が愚者の楽園だなどといわれるようになってきているのである(7)」。「『愚者とは舐めるな』といいたくなるであろうが、大学くらい多数のいわばぐうたら人間を集めている社会集団はないであろう。（中略）ごく少数の優れた教授たちが大学という組織の屋台骨を支えているのであって、大多数の教授たちはそれにオンブして安穏な日々をエンジョイできている。研究を自分の専門とする分野に対しても、すっかり忘れ去ってしまっていれば、時間があり余ってもてあますことになる(8)」。

法政大学、九州大学、北九州市立大学で四〇年間大学教員生活を経験し、かつ、学会活動を通じて多くの「大学教授」と接した私からみても、悔しいけれど、見事に的をついている。このように、少数の優れた教授と多数の「愚者」による構成として大学教員集団を特徴づけたうえで、個々の教員の責務について触れる。桜井氏の二つの著作から六点にまとめて紹介しよう

第一に、大学教授の研究と教育の不可分性、とくに深い研究体験に裏付けられた「講義」の展開を桜井氏は重視するが、こうした教授が少ないことを憂え、わが国の大多数の教授の「虚像」の実態を暴いている。

第二に、研究における教授の思考能力について論を展開する。いわく「研究の過程で重要な役割を果たすのは、教授個人の能力だが、それには論理的な思考能力も含まれている。論理的な思考が仮説演繹的な研究の過程にとって導きの手となるからである。この思考があいまいでは、研究のテーマにおける重要なポイントがわからなくなってしまう恐れがある。この論理的な思考能力が本質的な役割を果たすと考えられるような学問に従事している人の中にも、この能力を欠いていると思われる人が意外と多いのは、私には一種の驚異である。この論理に欠けた思考について、私はそれを感覚的思考と名付けたらどうかと提案したことがある。論理的に考えることが不得手で、感情に強く支配される感覚的思考に浸っていると、二者択一的な思考のパターンは、さけられなくなってしまうのである。大学で教授として働いていても、論理的な思考のできない人がかなり多くみられる[9]。

第三の論点として、桜井氏は、大学教授が専門という狭い蛸壺に閉じこもってしまう傾向を次のように批判する。『たこ壺』にはまりこんで、その中から外へでてこないタコみたいに、一人ひとりがなってしまっているのが大学における教授たちの姿である、（中略）狭い専門分野に自分を閉じこめ、それが他の人々とちがったものであるならば、それらの人々と競争することもないし、学問上の議論をする必要もない。自分でコツコツと気持ちのおもむくままに、のんびりとやっていけば、それで安穏にすごせる[10]」。

第四に、とくにわが国の人文・社会科学における独創性のなさを指摘している。いわく、「明治維新に到るまで、西欧における意味での学問が、人文科学、社会科学の両分野において一つも存在していなかつたが故に、外国からすべてを学ぶことを、当時の人々は余儀なくされたのであつた。ここでは、新しいこと、進歩したことは、常に外にあって、そこから学びとるのだという奇妙な知的伝統ができあがっているように見える。（中略）外国仕立てのイデオロギーや権威に依拠しながら、学問の研究（？）をしていくという跛行的な知的態度が形成されてしまったのである。元々、自前の思想がなかったのだとしたら、こうなってしまうのもやむをえないことであったろう[11]」。元来、「知識は体系化されて頭脳に収められており、思考に当たっては、論理の糸にしたがってそれらが有効に役剖を果たしてくれなければならない。このようになって初めて、知識は知の体系となり、私たちに知性を与える力となってくれるのだと考えられる。こんなわけで、知識の豊富さをみせびらかしてくれても、そのような人を、私たちは知性的な人、あるいは、知性のある人とはよべないのである[12]」。至言である。

批判は大学の教育の在り方に及んでいる。これが第五点である。

「大学自体には、確固とした（教育の）方針がないように見える。（中略）、大綱化で大きくゆれ動くことになるのであろう。教育の体系化もできず、一つの大学の中でも確固した方針などなく教育科目の設定などのカリキュラムの編成がなされる。その際、教養コースと専門コースとのつながりなどは一顧だにされない。それどころか、教養コースや一般教育などはない方がよいのだといった暴論もでてくる。自分と自分をめぐって徒党を組む人々の目先の利益しか考慮の対象になっていないのである。こんなことでは、大学の改革への展望は開けないし、未来について明るい見通しを持って語ることなどできなくなる[13]」。

「自己評価路線にしたがって、やりたい放題のことをやろうという方針の下に一般教育や教養部を廃止し、専門教育だけの大学にしようなどという動きが当然でてくるであろう。大学の教育において大切なことは、豊かな教養と創造的な思考力を学生たちに持てるようにすることである。専門的な細かい知識を教えこむことが、目的ではないはずである[14]」。

「教育の技術について、教授間で互いに見学したり。研修し合ったりして、お互いの技術を高めようなどという動きは全然ないことも注意すべきである。今まで、ある教授が、同僚の他の人に対して自分の講義を公開したなどという話を私はまだ一度も聞いたことがない。講義は、教授にとっては密室の作業ともよべるものなのである。したがって、教育の技術を評価の中に含めよといっても、全然意味をなさないことになる[15]」。

桜井氏の「大学教授」批判は、こうした科学方法論、教育体系論とは別に、「教授」の大学という職場での日常行動まで及び、舌鋒は一段と鋭くなっている。

「現在、ごく少数の限られたすぐれた大学は別として、大多数の大学には、表にみえないダメ教授たちがたくさんいる。（中略）表にでてこない教授たちにとって、大学は本当に楽のできる存在なのであろう。だが、忘れてならないのは、こうした表にみえてこない怠惰で、安逸に日々を送っている教授たちの存在なのである。大学が今後、冬の時代とよばれる時期に生き残っていくためには、こうした人々の再教育がなされなければならない[16]」。

「大学教授は、一種の自由業といってよいような面があることは、私も認める。精神での自由が、研究における自由な、あるいは、独創的な発想を生みだす培地となっていることは確かだし、研究に集中できる土壌を用意してくれることも明らかである。そのため、教授たちの勤務面での拘束は非常に限られたものとなっている」。そのなかで「私のみるところでは、能力の開発を怠るか怠って、いうなれば〝なまけもの〟が大学にかなり多くいる。（中略）研究をしないでよいのなら、なまけてしまってどのようにしてすごしたらよいか、時間を持て余すことになる。そうして、ともすると大学の運営にかかわるような〝政治的〟な面に顔をだしたりするようになる。[17]」

こうした状況は、ほとんどの国公私立大学に共通してみられる。これでは、学部や大学の運営は遅々として進まない。「大学の改革」どころか、「大学の管理能力」の停滞、ひいては「研究、教育という社会責任の放棄」であり、「学問の自由」「大学の自治」の解体につながる。一九九〇年代の国公立大学の法人化の大きな契機となる。そのため、大学運営が一層混乱する。彼らの活躍の場は、教授会での採用・昇任、学部長の選出など一連の人事であり、学長選挙である。私自身、一〇年間の学生・院生（東京大学）生活と、私立大学（法政大学）、国立大学（九州大学）、公立大学（北九州市立大学）の四〇年間の教員体験、合わせて約半世紀にわたる大学生活の中で、いやというほどこうした学内政治に狂奔する教員の実態をみてきた。桜井氏が問題とする「大学教授」論の第六の論点である。

3　「新規参入大学」の浮沈―小川洋『消えゆく限界大学』から

尾形氏や桜井氏が描いた日本のマンモス私立大学の教育と教員の「風景」のほかに、より深刻なものは、小川氏の指摘する「限界大学」の存在であり、八〇年代末に急増し、九〇年代に深刻化した。小川氏の著書から、ポイントとなる部分を引用しよう。

小川氏は、日本私立学校振興・共済事業団（「振興事業団」）の『平成二七（二〇一五）年度私立大学・短期大学等入学志願動向』という報告書に基づき、私立大学の「入学定員割れ」の分析をしていく。その中で、次のように言う。「戦後学制改革とそれに続く時期に開設された大学の定員割れの率は低い。（これに比し）、その後、第一次ベビーブーム人口の大学進学期にあたる六〇年代の大学急増期以降、新設された大学の三割程度が定員割れしている。さらに第二次ベビーブーム人口の進学期にあたる八〇年代後半以降の大学急増期の二〇年間の時期に開設されたものでは、四十数パーセントが定員割れとなっているほか、すでに閉校となっているものも目立つ。一四年度の定員割れ大学を設置母体別に集約すると（中略）、四分の三と、もっとも多くを占めるのが短大である。」（中略）。（もともと）「短大が大学開設に動いたのは六〇年代の（第一次ベビーブームの大学進学者）の急増期と（第二次ベビーブームに対応した臨定期（臨時学生定員増加期）の二つの時期であった。（この時期の）新規開設大学のうち、急増期は半数以上、臨定期には八割近くが、新制短大によるものであった。これらの短大を母体とした大学に定員割れが多数生じている」[18]。つまり、一九六〇年代後半から七〇年代前半の第一次、八〇年代後半から九〇年代前半の第二次ベビーブームの大学進学者増の波に乗って、急増した私立大学の多くは短期大学を母体にしたものであり、それが九二年をピークとする一八歳人口の急減に反応して、「定員割れ」を引き起こしている、というのである。

とくに、「大都市圏に所在する短大の多くは特段の努力をすることもなく、また臨定の設定の有無にかかわらず相当な額の収入を得たと考えられる。ところが受験生の波が去るスピードは、押し寄せるときよりもはるかに早かった。応募者の激増に合わせて辞退率も大きく増えた。受験生たちが大都市圏での進学先を確保するために受験校数を大きく増やしたからである」[19]。「全国の私立短大経営者たちの間には不安が広がっていた。志願者が潮の引くように消えていったからだ。短大全体で九〇年に四・六六倍の倍率があったものの、年を追うごとに低下し、定員割れする短大も増加し、九七年には短大全体の入学定員と入学者数が一致し（全入状態）、その後は定員の削減を上回る勢いで入学者が減少する」[20]。ところで、ここに登場する短大について、小川氏は、以下のように特徴づけている。

「経済成長と戦後ベビーブーム世代が大学進学年齢に達する六〇年代の環境を背景に、主に高校以下の学校を経営していた学校法人が、『当分の間』とされていたはずの短大に、大挙して参入し、七〇年代までには教育制度上も重要な学校種となった。この間、短大制度成立時の五〇年に会員数一三二校で発足した私立短期大学協会は、圧力団体として政治的にも積極的な動きを続けることになった。（中略）その結果、六四年には学校教育法から短大についての『当分の間』の文言が削除され、短大は大学の一部として恒久的な地位を勝ち取ったのである。（中略）高校とりわけ女子高校を経営していた多くの学校法人が、卒業生の進学先を用意するかたちで短大経営に相次いで参入した。（中略）大学に比べて教員の資格審査も緩やかであり、施設・設備も簡略なもので済んだので、開設のハードルは低かった」[21]。「短大は量的拡大に伴って、性格も変わっていった。当初は大学に進む余裕のない勤労青年が学ぶ経営や工学分野の夜間部も含む短大が多かったのであるが、六〇年代以降の爆発的な増加は女子向けが中心となった。短大は女子向けに特化することによって成長した学校種であり、過剰なまでに特殊な環境に適応しながら成長したため、急変する環境のなかで居場所を失うことになった。しかし撤退したのは三分一以下にとどまり、三分一あまりは法人グループの大学が吸収するかたちで大学となって消えた。残る三分一あまりは、自ら大学へ改組転換することによって生き残ろうとしたのである[22]。「しかし、多くの私学経営者たちにとっては『いつかは大学』は、あこがれにも似た願望であった。経営の危機に陥っていた短大を大学に衣替えする機会が訪れたのである。ゴールデンセブンの余慶で資金的な余裕もあった。小学校あるいは中高から短大までを経営していた法人の関係者にとっては、大学までの『一貫教育体制』という夢を実現する幸福感のなかで、死を死として理解できなかったのであろう。(中略)多くの経営者たちは大学を手に入れたことで満足していた。これらの新設大学の相当数は、短大以上ではあっても大学未満のものでしかなかったのである[23]」。

「既存の大学が学部・学科の改組や規模拡大などの改革の動きを速めている時期に、これらの新設大学はさしたる用意もなく大学という市場に参入したのである。多くは大学という名を得たことで満足した。体力のある有力私大が激しい競争を繰り広げていた競技場で、貧弱な体力の新参の大学が初めから周回遅れで走り始めたのである。大学の定員割れは九〇年代末から一挙に目立つようになったのだが、実際のところは、『定員割れしていた短大』が、そのまま『定員を充足できない大学』に姿を変えたという面が強かったのである[24]」。

大変にわかりやすい文章である。短大出自の新規参入大学群を、「短大以上大学未満」という表現もまたみごとである。もともと、一九六〇年代後半と八〇年代後半の二度にわたるベビーブーム世代の大学進学の波に乗って、「大学産業市場」に参入した、短大以下の学校経営者の多くは、体力不足のまま「自己の夢」を安易に実現しようとし、ブームが去ったあと「供給過剰」に陥り、何らかの形で市場から去らなければならないのは、「市場原理」からみて当然のことである。短大から四大化しても「市場原理」の貫徹から免れるわけではない。ただ、大学は、単なる商品を市場に提供するのではない。教育というサービスによって「高付加価値化した人材」を供給するのである。単なるサービス産業ではなく、サービスを受ける学生の人生に大きく影響を与える重要な責任を持っている。安易に参入した経営者の夢の実現の過程で、責任を共有する「教員」も大きな問題を抱えている。小川氏は、ここにも焦点を当てて、次のように言う。

「他大学から定年でもない経験者が応募してくる場合も油断はできない。国公立大学や大手私大より研究環境や待遇の劣る新設大学に、キャリアの途中でわざわざ移籍してくるのは、それなりの事情があるのである。中年以上であれば学内の勢力争いに負けて前任校に居づらくなった人物である可能性もある。そのような人物は研究よりは学内政治が好きだから、世間知らずの短大からの教員を相手に派閥づくりに励むことになる。大学にとっていいことはない。また比較的若い教員では、金銭トラブルやセクシュアル・ハラスメントなどの不祥事を起こして前任校を退職せざるをえなかった人物もありうるのである[25]。とくに、講義中の不適切発言も含めて「不祥事」関連の情報は、採用審査時点ではほとんど入ってこない。個人の人権を重視する大学では、独自に個人情報を収集することはない。教授会では、「裏情報」などを考慮することはほとんどない。採用後に風聞として伝わることがままある。しかし、証拠もなく、法に触れることがなければ、再審査などはしない。「わけあり」の教員の移動は比較的容易である。

「研究者としてはとうにピークを過ぎて、後継者を育てようとする教育の動機も乏しい高齢教員、その下に短大から移ってきた、一般的には研究者としては通用しにくい教員が構える。高齢教員は数年で入れ替わることもあり、大学運営は古くからの短大教員たちのベースで進められる。（中略）しかも短大の基本単位は学部ではなく学科である。せいぜい十数人の学科はひとつの小宇宙を形成しているので、大学になって形式上は学部構成が整えられていても、彼らには学科単位でしか物事を考えられない。（中略）これらの大学では学部の壁どころか学科の壁が立ちはだかるのである。（中略）しかし外部から来た教員が疑問を感じて口を出そうものなら、古手教員からの強烈な排斥を受けることは確実だ。カリキュラムの見直しに名を借り、攻撃目標とする教員の担当科目を廃止し、大学に居られなくするといった陰湿な仕打ちさえ珍しくはない。まともな教員ほど、腫れ物に触るような態度をとりながら他大学への脱出の機会を探ることになる[26]」。こうした風景を見てきたように記述している。引用で紹介するのが一番である。

結局のところ、「高齢教員たちは、自分たちの定年までは（大学が倒産せずに）『持つだろう』と考え、あえて摩擦を起こしてまで改革に取り組むつもりはない。若手は『腰かけ』のつもりだから、所属する大学の将来のあり方を考えるつもりはない。短大時代からの教員は『どうにかなつてきた』と思っているし、（中略）目の前に危機が迫っても危機感が薄い。凡庸な経営陣のもとで、何の手も打てないまま学生募集は先細りになり、経営は行き詰まる。現在、短大から改組転換した新設大学のかなりの部分は同じ宿病を抱えているはずだ[27]」。実に生々しい描写である。

戦後の新制大学システムが発足し、ほぼ四半世紀を経て蓄積された多くの課題の中で、最も深刻な課題の一つが、小川氏が真正面から取り上げた『限界大学』の存在である。これもまた、一九七〇年代から八〇年代、さらには二〇世紀末にまで抱え込まざるを得なかった「日本の大学の風景」である。

(1) 尾形　憲『私立大学』日経新書　一九七七年　一四四―一四五頁。
(2) 尾形憲『学歴信仰社会』時事通信社　一九七六年　一七三―一七五頁。
(3) 同右書　一一八―一一九頁。
(4) 尾形憲編著『学びへの旅立ち―マスプロ授業を越えて』時事通信社　一九七一年　二四六頁。
(5) 苅谷剛彦『大衆教育社会のゆくえ』中公新書　一九九五年　一三二頁。
(6) 桜井邦朋『大学教授』地人書房　一九九一年　六八頁。
(7) 同右書　一六二頁。
(8) 桜井邦朋『大学の罪と罰』　七六頁。
(9) 同右書　七二―七四頁。

この点について、筆者（矢田）の見解を述べよう。たしかに、教授個人の能力には論理的な思考能力が重要であることには原則的に同意できる。しかし、研究分野によってその重要性は異なっている。物理学や数学などの理学の分野を一方の極とし、自然科学、社会科学、人文科学、そして芸術を他方の極とすると、論理的思考能力の重要性の程度は漸移的に低下し、感覚的思考の重要性が増すとも考えられる。最終的には脳科学の成果を待つことになるが、論理的思考の重要性を一律に強調することには簡単に同意できない。大学教授には、自然科学から社会・人文科学・芸術・体育まで多様な分野があり、多様な能力が要求されるからである。また、研究の中心を仮説演繹的方法に限定することも問題である。社会科学においては、無限ともいえる社会的事象を丹念に調べ上げ帰納的手法によって体系化する方法が優先される。そして、特定のモデルからの演繹的手法と帰納法的手法とがうまく結合することはほとんどない。個別の研究においてはどちらかに傾斜せざるをえない。両方法を結合するには、大局観に立って、演繹、帰納両方向の研究成果を包み込む「枠組み」を開発することが歴史学や経済学など人文・社会科学には不可欠となる。通史的視点から見た社会発展論であり、空間的視点からみた中心・周辺理論などである。

(10) 前掲（6）書　九〇頁。また、次のようにその日本的特殊性について言及している。
「専門家とは本来、（中略）、ある分野の研究とその業績において、抜きんでている人をいうのである。それ故に、他の分野についても、優れた見識を示すことができるし、必要に応じて、いくらでも専門とする分野を変えていくことができることになる。（中略）現在唯今の専門分野ということになる。（しかし）我が国には、大学の教授となることも、ある種の修行に関連したものと考えられるようなところがあり、ある分野を専門と決めたら、それから他へ移ったりしないことが一種の美徳とされているよう見える。学者となるのも、一つの道の修行となるのである。現在では、このような傾向はかなり弱くなっているといえようが、私たちの多くが、専門とする分野を決め、その中で埋没させようとしているような行動をとることが、今でもよく見かけられる。」（同　八〇―八一頁）。

(11) 前掲（6）書　五〇頁。
私の専門分野である経済地理学についても、ほぼ当てはまる。外国文献や専門誌をいち早く読み、日本の学界に紹介する、つまり横文字を日本語にして導入する「横縦（ヨコタテ）学派」、ないし「輸入業者」と私は揶揄している。同様に、海外で流行している考え方にすぐに飛びつき、その考え方を日本で実証する論文を書いて、国際的な流れに乗ろうとする。こうした「ヤドカリ族」も若者に横行している。もともと自ら「思考」した理論でないから、問題意識も、その実証の精度も極めて甘い。論文の数かせぎか、教員ポスト狙いでしかない。「横縦（ヨコタテ）学派」も、「ヤドカリ族」も、いずれも自らの「思考能力」に自信がないのである。

沢山の論者の学説を並べてみても、それだけで研究論文とはならない。これらを自らの頭脳で論理的な糸で組み立てて、創造的な思想を表出してはじめて研究となる。私自身、いまから半世紀前の二〇歳台でマルクスの理論に傾倒したが、その後可能な限り自らの頭脳で思考し、「産業構造論」や「産業立地論」、資源・災害、土地利用論などの「国土利用論」から多くを学び、これらを「統合」するなかで、三〇歳代で「地域構造論」という国産の学説を提起している。桜井氏の指摘は、「他山の石」である。

(12) 前掲（8）書　九一頁。

(13) 前掲（6）書　一七一頁。

(14) 同右書　一七〇頁。

(15) 同右書　一一五頁。
特定の大学をイメージした論の展開であり、感情に走っている観も否定できず、結構生々しいが、少なくとも一九八〇年代までの国公私立大学の大半に当てはまっていたと言える。教養と専門を統一しようという大学全体の教育理念、専門分野におけるカリキュラム体系、個々の講義科目の講義内容の連関性、教育手法の開発などが、学問の自由の名において、放置されてきたことは疑いない。これが九〇年代の文部行政による大学政策の目玉つまり大学評価の義務化による教育の質向上政策の最大の課題として急速に改善されていくことにつながっていく。

(16) 前掲(8)書 一九一頁。

(17) 同右書 二四—二五頁。

こうした記述に触れると、ほとんどの大学教員は、「わが意を得たりと」思わず手を打つであろう。かつて、「オバタリアン」というおばさん族の言動を風刺したマンガが大変人気を呼んだことがある。当時、作家が福岡在住だったこともあって、ある会合で同席した折に、「主婦から批判されるでしょう」、と質問したところ、「いや、よく言ってくれましたと、ほめられます」という言葉が返ってきた。「自分のことではなく、知り合いのことを皮肉っていると確信している」からだと言う。桜井氏の『大学教授』批判も、我がことではなく、同じ大学の同僚をイメージして、思わず膝を叩いて喜んでいる風景が目に浮かぶ。大学教員あくまで、「自己中心」なのである

法政大学の教授の川成洋氏は、著書『大学崩壊』(宝島新書 二〇〇〇年)のなかで、四〇歳ぐらいなって、「自分の専問についてある程度周囲の様子がわかり、それに自分の能力も見えてきて、これからどうすべきか迷う時期である。そして、学問の途を断念すると決意した瞬間、天啓というべきか、あるいは悪魔の囁きというべきか、『学校屋』(学内政治屋)の途を発見し、猪突猛進するのだ。(中略)自分の本来の研究を放擲して、同僚のやりたがらない『雑務』に手を染め、挙句には『学校屋』になるメリットは、いったい何だろうか。大雑把にいえば、教員の新規採用、教員の昇任といった人事権を独占し、教授会を牛耳ること、である」(一〇六頁)。そのために、学閥、派閥、イデオロギー閥など多様な政治屋集団が形成される

(18) 小川洋『消えゆく限界大学』 白水社 二〇一七年 五四頁。

(19) 同右書 七九頁。

(20) 同右書 七九—八〇頁。

(21) 同右書 八七—八九頁。

(22) 同右書 一〇一頁。

(23) 同右書 一〇七—一〇八頁。

(24) 同右書　一一二頁。
(25) 同右書　一一八頁。
(26) 同右書　一一八―一一九頁。
(27) 同右書　一一九―一二〇頁。

二　平成初期の日本の大学の風景―教育現場から改革への胎動

1　国立大学の厚い学部教育の「壁」への挑戦―九大「二一世紀プログラム」の導入

一九九五年から二〇〇一年までの六年間、第二〇代の杉岡洋一九州大学総長は、柴田・矢田両副学長ともに全国的に注目された「二一世紀にプログラム」を創設した。これは、入学した学生が特定の学部に属さず、大学のどの学部の授業を単位として修得できるという学部教育の壁に挑戦したものである。

「国立大は法人化されはしたが、依然多くの『縛り』があって自己改革が進みにくい。良質の学生を採る尺度が偏差値であり、それで志望先が決まり、学部学科入試によって入学した学生が学部学科に囲い込まれる。学生はその学部学科卒業のための単位取得以外の教育には関心がなくなる。教官も魅力ある学生の獲得への努力もしない。教官、学生共に退化させることになる[1]」。

「入学試験の段階から学生が進む学部学科が決まり、私立大は入試科目を少なくし、それに合わせて高校は授業の履修科目を減らしてしまい、大学においては教養部の存在意義が失われてしまう―などの『弊害』を、学部学科別入試が生みました。どうすればよいのか。

その解答が『二一世紀プログラム』という挑戦です。このプログラムを専攻した学生は、特定の学部に所属せず、原則として九州大のすべての授業に参加できるのです。もちろん文系、理系の壁はありません[2]」。

「現在は、いきなり学部・学科別の入試を行いますから、合格すると進路は決まっている。『二一世紀プログラム』では、自分の進路は自分で決めよ。受ける授業は自由に選べ。入学したての一八歳の学生に、これはかなり重圧にはなるが、自分の人生の道を探し求めるための『自由』『自立』と『自己責任』は当たり前のことでしょう。『二一世紀プログラム』は二〇〇一年四月、まさに九大のミレニアム（千年紀）にスタートしました[3]」。

「広い視野を持ち総合的なリーダーシップを発揮する人材の育成。すなわち専門性の高いゼネラリストを育成するのが『二一世紀プログラム』です。国立大で初挑戦のプログラムに、多くの大学が視察に来られました。学部学科別入試や教養教育の在り方は悩みのタネだったのです。

九大改革大綱案では『自由学際学部』と名付けた新学部創設が考えられていました。しかし、当時の文部省の方針は、新学部創設も定員増も『NO』。そこで各学部の定員を二人程度供出してもらい、全体の総定員を増やさず、このプログラムの定員一八人（現在は二六人に増員）を確保しました。

次に入学試験。偏差値中心のペーパーテストでなく、アドミッション・オフィス（AO）入試を行う。（中略）学生の選抜を一手に引き受ける事務局を設け、一次試験はグループ討論、小論文、講義を聴いた感想、意見の発表など。二次は面接。人物評価、知的好奇心、問題発見能力、論理的思考力を見ようというものでした。

入学すれば、学部横断型教育を受ける。学部には属さない。どの学部の講義にも出席できるのです。教官があらかじめ公表している講義内容を参考に学生は単位を取りにいくのですが、期待はずれの内容だと教官に厳しく注文する学生も現れた。教官と学生の間に緊張感が生まれたのです。学部横断のプログラムは現在の大学教育、特に縦割り構造を改革する、大きな役割を果たすと確信しています。

国際性を身につけるため在学中の留学を奨励された彼らは、欧米の九大協定校へ飛び出していきました。四年間で学術学士の学士号を取得し、大学院に進み専門教育、あるいは法科大学院などの専門職大学院で実務的専門教育の道を進む。就職する場合も企業が『普通の学生とどこか違う』と積極的に採用してくれています。文部科学省はこのプログラムを『特色のある大学教育支援プログラム（特色GP）』に選んでくれました」[4]。

ところで、「『二一世紀プログラム』の学生が欧米に留学してうらやましがるのは、教養教育の質です。学士教育時代に音楽をはじめ幅広い教育が自由に選択でき、その上で専門大学院に進む。日本では二年間の教養部も廃止され、教養教育が貧弱となっている」[5]。

こうして、「学部学科別の入試の問題点、何より学部を越えた全学教育制度の導入、『二一世紀プログラム』によって『学部の壁』に風穴を開けることができたと思っています。」と杉岡氏は結論づけている。

ところで、この制度の導入にあたって、当時の副学長であった柴田洋一氏が、本書で「時計の針を合わせて回る」というサブタイトルで、次のような興味あるエピソードを紹介している。

「九大の学生には、全学部の授業を自由に聴講できるようにして、教養を深めてもらいたい。これが、杉岡総長の次の願いだった。大学の自治は学部の自治と言われてはいた。しかし、各学部の時間割を調べてみて驚いた。九大のなかでは、授業の開始時間、授業時間、休み時間、昼休み、終業時問など学部毎に時計がまったく勝手に回っていた。例えば、医学部では朝の八時半から一二時半まで午前中四時間、休み時間なし、一方で隣の学部では七〇分授業一〇分休み午前中三コマといった具合である。全学共通の教育を実施するためには、全学部の授業時間割を揃えることが必須であった。当時の教育センター長、押川元重教授と一緒に各学部にお願いに出かけて、最初に六本松と箱崎文系地区、次いで箱崎理系学部、最後に病院地区と、数年かけて時計の針を全学で合わせて回ることから始めなければならなかった。同時に各学部にはそれまでの授業編成に大幅な改正を強いることでもあった。先任の学生部長さんからは『不可能が実現しましたね』と手品のように言われた。これによって、すべての学生は、どの九大の学部授業をうけても単位となる、総合選択履修制という、特色ある制度が実現した[6]」。大学の自治＝学部の自治＝教育の自治＝カリキュラム編成の自治＝授業時間設置の自由、というわけである。学部の壁は、教授会という人間集団の壁、学部棟という空間の壁だけでなく、時間の壁でもあった。旧帝大時代にできた学部縦割りは、時間、空間、人間の三つの「間」までも貫徹していたことになる。

こうして導入された「二一世紀プログラム」は、①入試合格とともに、学生が学部・学科にがんじがらめに囲い込まれたまま、専門教育を受けて卒業していき、同じキャンパスで行われている授業を、「自由」に受けられない弊害を除去し、幅広い教養を獲得する機会をえられること、また、②なによりも入試受験の段階で、あまりにも早く「専門分野」を確定しなければならない「不条理」から解放され、自ら歩く道を時間かけて選択することができること、したがってまた、③学生が、自らの歩く道を選択するために、多様な分野の専門分野を「渉猟」し、その過程で、確実に「思考力」と「判断力」を身に付けることができること、そして何よりも、④多様な専門分野の教員が提供する授業に接するなどの「総合大学の便益」を享受できること、以上の四つの重要な意義を持っている。

この「二一世紀プログラム」は、高校生に大変好評で、このコースを受験する学生は着実に増加し、特定の高校では、受験生を「訓練」して安定的に送り込んでいる。また、卒業生は知的にも、人間的にも洗練され、多くの人が国際人として巣立っている。綜合大学でありながら、自ら作り出した学部の壁を開放することなく、学生を囲い込んできた「伝統」に対する、大学内部からの発想で実施した「乾坤一擲」の変革である。筆者も杉岡総長、柴田副学長とともに、副学長の一人であり、こうした九大改革を主導した「トリオ」の一翼として、「二一世紀プログラム」の成功を心から喜んでいる。

2　「知的鎖国」を開国に導く人材の育成―秋田県立国際教養大学の挑戦で

「秋田に奇跡が起きた―。初年度の入学試験のあと、教育界や秋田県の関係者などから沸き起こった驚嘆の声を、私はいまでも忘れることができません。国際教養大学が秋田市郊外に開学したのは、二〇〇四年四月。キャンパスは、秋田市内から車で約三〇分、秋田空港からは車で約五分の広大な森のなかにあります。学生不足で前年に廃校となったミネソタ州立大学機構秋田校（ＭＳＵＡ）の施設を、そのまま引き継いでの開学でした。このため、全国の教育関係者や大学設置者である秋田県の議会関係者などからは、『少子化で一八歳人口が減り続けるなか、ほんとうに学生は集まるのか』といぶかる声もありました。しかし、フタを開けてみれば、全国から志願者が殺到。近隣の国公立大文系の受験倍率が二～五倍だったのに対し、前期平均一五・六倍、後期は四五・二倍に達しました。それは、まさに奇跡と呼ぶにふさわしい快挙でした。あれから六年。入試難易度はいまや全国屈指となり、日本を代表する一流企業が、就職説明会のためにわざわざ秋田まで足を運んでくれるようになりました」[7]。これは、国際教養大学を創設した中嶋嶺雄学長の著書の一節である。「簡にして要」、著者の「興奮」が伝わってくる。

国際教養大学は、国立大学法人化と同じ年、つまり二〇一四年、地方独立行政法人法に基づく最初のただ一校の公立大学法人として開校した。ちなみに、首都大学東京、横浜市立大学、大阪府立大学、北九州市立大学は一年遅れて二〇〇五年。大阪市立大学、名古屋市立大学は二〇〇六年に法人化したので、「イの一番」の法人化、「開校と同時」に法人として出発、と「大学改革」に向けた気合が入っている。中嶋書によれば、開校時の学生収容定員四〇〇名、六年後の二〇一〇年の学生数八二〇名、公立大学協会の『公立大学二〇一五』によれば、学生数九四七人と、着実に学生数を伸ばしている。中嶋書によれば、「開学の理念として『国際的に活躍できる人材の育成』を掲げました。その意図するところは、英語による卓越したコミュニケーション能力と豊かな教養を身につけた実践力のある人材を育成し、国際社会と地域社会に貢献することにあります。国境を越えてグローバル化が急速に進む今日のような時代にあっては、多様な価値観を認め合いながら、さまざまな問題を解決する能力が不可欠だからです(8)」、と理念は明確である。

東京大学等の国立の伝統大学では、「医」、「理」、「工」、「農」、「法」、「文」など「一文字」学部が主流である。これに対し、大学に地名を冠せず、大学にも学部にも「国際教養」という新しい用語を敢えて使用しているには、中嶋氏なりのこだわりがある。氏は言う。

「国際教養は、きわめて新しい概念であり、学問分野として確立している専門領域でもありません。では、私たちが考える国際教養教育とは何かと言えば、実利的な学問だけでなく、さまざまな分野の授業を提供し、幅広い教養を備えた人材を育成することであり、それはまた、将来の専門性の獲得に向けた意欲を高め、国際社会で活躍できる懐の深い人材を養成することでもあります(9)」。このように、自信をもって、新しい概念の大学創設に踏み切った裏には、氏自身の「哲学」とともに、わが国の大学改革に対する批判も内蔵している。

「世界と伍してグローバル化社会を生きていくには、役立たずの旧態依然の文法至上主義の英語から脱却し、英語教育の発想と方法を、根本から変えていく必要がある——。世界で活躍できる人材を育てるには、何をおいてもそれをやらなければならない(中略)。世界で活躍できる人材を育成できないもうひとつの理由は、教養教育の不在にあります。グローバル化が急速に進む二十一世紀は、これまで以上に知識が重視される『知的基盤社会(knowledge based society)』の時代と言われています。ここで言う知識とは、外国語はもとより、政治、経済、歴史から数学、科学、芸術まで社会のあらゆる領域に及ぶ幅広い教養であり、特定の分野の専門性とは違います。グローバル化する時代にあっては、国際共通語の英語力と広く深い教養は必須なのです(10)」。

「高校を卒業したばかりで、世の中のこともよくわからない学生をいきなり専門の狭い学問領域に押しやるような教養不在の学部教育をしていたのでは、高度な専門性を身につけるためのベースとなる、広く深い知的土台など築けるはずがないからです。語学力も含めて幅広い教養がなければ、高度な専門性は身につきません。学部での教養教育の再生がないまま、大学院の充実を求めても、成果は知れています。大学の学部では、外国語も含めた教養教育をしっかり修め、知的土台を築く。大学院ではそれをベースにさらに高い専門性を身につける—。それこそ、あるべき高等教育の姿であり、そうやって、日本は世界標準のエリートを育成していくべきです[11]」。一貫した論理である。

　本書第一編第二章「戦後の学制改革」で改めて論ずるが、占領軍、文部省、戦前からの大学人、三者の複雑な絡み合いと妥協の中で、発足した「新制大学」の課題が再び浮き彫りにされている。つまり、戦前の高等学校・大学六年間の高等教育期間が、新制大学の四年間に短縮され、ここに新たにアメリカ流の教養教育が持ち込まれ、教養・専門とも消化不良となったため、大学卒業者の人間形成、国際人育成、研究者養成において多くの課題を残したのである。中嶋嶺雄氏の偉大さは、この困難な課題を大局的に論ずるだけでなく、自ら創設した大学において実践的な解決を図ったことである。

　国際教養人の育成の「肝」となったのは、自らの理念に基づく教育内容の実現と、独自の大学経営である。具体的には、「①授業はすべて英語で行なう、②少人数教育を徹底（一クラス一五人程度）、③在学中に一年間の海外留学を義務化、④新入生は、外国人留学生とともに一年間の寮生活、⑤専任教員の半数以上が外国人、⑥厳格な卒業要件、⑦二四時間三六五日開館の図書館」、以上の七件を教育プログラムの特徴としてあげている[12]。

　これを若干敷衍すれば、「新入生が最初に課されるのは『英語集中プログラム（English for Academic Purposes＝EAP）』です。読み書きや聞き取り、会話のほか、講義の聴き方やノートの取り方まで『英語で学ぶための英語』を週二〇時間みっちり学びます[13]」。「日本の歴史や文化、政治、経済などの授業はもとより、物理、数学から茶道、音楽、体育までいっさい例外はありません。すべて英語です。国際教養の習得をめざしたカリキュラムはハイレベルで、専任教員の半数以上が外国人、一クラス一五人前後の少人数授業を徹底しています[14]」。

「在学生の約二〇％は、世界の一〇〇以上の提携大学から集まった留学生が占め、キャンパスは実に国際色豊かです。学内を歩けば、あたりまえのように英語や他の言語が飛び交っています。新入生は、そうやって世界中からやってくる留学生と、入学後一年間一緒の寮生活が義務づけられています。『日常的な異文化共生空間』を創り出すことで、英語力や異文化理解を深めてもらうためです。また、在学中、提携大学への一年間の海外留学も義務づけられています。留学中の学費は、原則として国際教養大学の学費で賄われます[15]」。以上、教育内容に関する短い文章を引用して集めただけで、学生生活が手にとるようにわかる。もう少し続けよう。

「努力は人を裏切らない。そうやって一生懸命に勉強した学生は高いコミュニケーション能力を持ったほんとうの英語力と、豊かな教養を身につけて卒業していきます。国際社会で、すぐにも活躍できる人材として社会に巣立っていくのです[16]」。これまで、「四年間でストレートに卒業する学生は五〇%程度にとどまります。（中略）『力をつけた学生だけを卒業させる』という方針を徹底すれば、自ずとそうなるのです。その証拠に、アメリカのハーヴァード大学などでも、卒業率は五〇%程度です。（中略）国際教養大学では、卒業要件を満たすまで徹底的に学生を鍛えます。力のない者は進級させないし、卒業も許しません。そうした大学の方針は、受験情報などを通じて周知されているので、学生もそのつもりで入学していると思います[17]」。こうした教育の成果は、就職率常時一〇〇%となって現れている。中嶋書および公立大学協会資料によれば、新卒の出た二〇〇七年度の就職率は一〇〇%、以後、二〇一四年度までの八年間に、〇八年度と一一年度の二回だけ九九%で、その他の六回はすべて一〇〇%と驚異的な実績を上げている。

高い教育効果を持続してきた要因について、中嶋氏は、自らの理念に基づく充分に練られたカリキュラムを核とする教育内容のほかに、「独自の大学経営」にあるとする。すなわち、公立大学法人制度のもとで、「①大学全体の運営方針については、経営会議に一任する。②教学の方針については、教育研究会議で決定する。③（教育会議の議長である）学長が（経営会議の議長である）理事長を兼務することで、強力なリーダーシップを発揮する。などの施策を講じることで、『脱教授会自治』の迅速かつ柔軟な意思決定が可能になり、既存の大学では困難な世界標準の大学運営を実現しています。いまや教授会は、学期はじめと終わりに一時間ほど開くだけです[18]」、という。

こうした大学運営は、公立大学法人の小規模な単科大学で、学長の理念と強い意思があって、はじめて実現したのである。中嶋氏は、「日本人の教員が、日本の学生だけを相手に、日本語で授業をする」のがあたりまえの、言ってみれば『知の鎖国』としか言いようのない教育」、つまり『世界標準』とはほど遠い『知の鎖国』からは、一刻も早く脱却しなければなりません。さもないと日本の高等教育は、ますます世界から置き去りにされてしまいます」、という危機感を抱いて、東京外国語大学で教鞭をとり、学長を務め、「その間、大学教育でもっとも大事なカリキュラムの改革を何度も提案し、また自らも試みました。（中略）カリキュラムの後ろには教員がついていて、すこしでもいじろうとすれば、たちまち抵抗するわけです[19]」。改革を阻む最大の要因は「学部自治」「大学自治」であり、それを法的に保障するのが「教育公務員特例法」であった。中嶋氏は、学長を退任し、公立大学法人最初の「国際教養大学」を創設し、初代学長に就任したからこそ、全く白紙の状態から独自の教育内容を実現したのである。そして、毎年二〇〇名強の「知の開国」を先導する志士が旅立っている。

中嶋嶺雄氏は、二〇一三年二月一四日、志半ばで亡くなった、享年七六歳、九年間の国際教養大学の学長生活であった。東北の片隅で起こした「知的鎖国」からの脱却を試みた「大学改革」は、今や大きなうねりとなっている。先行していた国際基督教大学や上智大学国際教養学部、立命館アジア太平洋大学などとともに、早稲田大学、創価大学、独協大学、立命館大学、法政大学、さらには千葉大学、横浜市立大学にも国際教養学部が戦列に加わり、いまや「流行」とさえなっている。国際教養大学自体も、鈴木典比古（元）国際基督教大学学長が二大目の学長に就任し、引き続き高い評価を得ている。

3　地域で鍛える学士教育―北九州市立大学『地域創生学群』の開設

真鍋和博氏は、二〇〇九年度に設置された北九州市立大学の「地域創生学群」の開設準備以来中心的に活動し、六年間の記録を書下ろした。

学士課程教育でフィールドワークという「地域実習」をカリキュラムの中に取り込んでいるのは、土木や都市工学、地理学、社会学、社会福祉、さらに歴史学・地域経済論にいたるまで幅広い専門分野で行われている。これらの分野では、キャンパス内での座学だけではなく、現場で学ぶことが不可欠である。しかし、それらは、あくまで、専門分野の理論との知的往復作用の一環であって、最終的にはそれぞれの専門分野に収斂していくものである。しかし、北九州市立大学で誕生した「地域創生学群」は、「地域が抱える様々な問題を総合的に把握・理解し、新たな時代の地域創生に貢献する人材の養成を目指している[20]」。つまり、地域の課題をトータルに捉え、かつ地域を創生するという実践的に取り組む人材を育成するというもので、「地域づくり人材の育成」と言う地方自治体と地域住民に支えられた公立大学の本来の使命を真正面から受け止めたものである。ついでに言えば、二〇一四（平成二六）年九月三日の第二次安倍改造内閣発足時の総理大臣記者会見で「地方創生」が政策の柱の一つとして発表されたが、その時より五年前に。地域創生を担う人材の養成を看板とする学群（学部）が、「公立大学」で誕生したのである。

地域創生学群では、①「政治・行政・経済・社会などの各分野における分析力・企画力・実践力を身につけ、地域をマネジメントする人材を養成する」地域マネジメントコース、②「地域福祉分野における総合力と実践力をもったコーディネーター的役割を担える人材を養成する」地域福祉コース、③「自らの才能を生かした形でスポーツや福祉分野などのボランティア活動に社会的意義を見出し、明確な目的意識をもって生涯にわたり地域社会に貢献していける質の高いボランティアを養成する」地域ボランティア養成コースの三つのコースが置かれている。

入学定員は学群全体で五〇名、各コース平均一七名ほどの少人数教育が実施されている。入学選抜は、ＡＯ入試で一五名、一般選抜で三五名と、多様な可能性を持った学生の入学を想定している。「ＡＯ（アドミッション・オフィス）入試では、出願時に『志望理由書』を書いてもらい、本学群で学ぶ理由や意欲を選考材料の一つとした。そして一次試験は教員の模擬講義を受けたのち課題論文を作成することで、その結果をもとに定員一五名の二倍程度が二次試験に進んだ。二次試験では面接を実施し、選抜を行った。ここでは（中略）実習に耐えうるだけのコミュニケーション能力が備わっているかを判断するための質問を準備した。（中略）一般選抜は、（中略）大学入試センター試験が二教科二科目、小論文、活動資格等実績申告書、面接を課し、選抜を行った。人物重視の選考を行うために、センター試験の負担を少なくとどめ、面接等の評価に重点をおいた。活動資格等実績申告書は、主に高校時代の部活動、生徒会活動、ボランティア活動、資格取得実績等を出願時に提出してもらい、詳細にわたり得点化して評価した。また、面接は、（中略）集団の中でどのようなパフォーマンスを発揮するのか等を判断するために、例年様々な手法で選抜を実施している。[21]」など、高校時代の活動の評価を含め、ペーパーテスト一辺倒の従来の入試を一八〇度転換する選抜方法をとっている。二〇〇九年度から一四年度までの六回にわたる入学試験では、最高一八・八倍、最低九・一倍、平均一一・九倍の高い倍率を維持し、毎年国公立大学前期入試で最高倍率を誇っている。

入学後は、「幅広い教養と問題意識を培う」基盤教育科目を全学共通に学ぶとともに、地域の総合的把握・理解においてコアとなる「専門基幹科目」およびコースの特殊性を反映した「専門科目」を取得することは他の学部と同様であるが、「地域創生学群では、座学と実習の融合を指向している。即戦力としての能力・素養を身につけさせるためには、教室内の机上で学問を習得することに留まらず、フィールドワークや実習などを通じた実践的なカリキュラム」を構築している。「特に、一年次の実習は『指導的実習』としている。社会現場で実習を行うということは、教育を受ける学生という受け身な立場にとどまらず、サービスを提供する主体者としての責任が発生する。つまり、ミスをしたり、誰かに迷惑をかける行動をとってしまうと、その責任を負わなければならない。『指導的実習』は、学生が社会現場で実習を確実に実施し、成果を上げ、地域社会から認められる存在になるために必要な素養、態度、マナー、知識等を身につけてもらうために実施している。（さらに）地域で行う実習については、一年次から三年次まで開講している。その形態としては次の二つに大別される。①市民等を対象として企画・実施する地域貢献事業（イベント、スポーツ教室など）、②自治体・企業、福祉施設、まちづくり団体、ボランティア団体等に受け入れを依頼し実施するものである。また、平成二五年度からの新カリキュラムでは、実習活動を振り返るための科目を新たに設置し、活動の学問的意味づけや今後の目標設定等を行う機会としている。[22]」

「このように密に地域活動を行うことは簡単なことではない。学生の実習にかける時間と労力が非常に大きくなるのである。週一回ほどの実際に地域で活動している時間にとどまらず、その準備に多くの時間を割いている。企画書作成、調査、文献講読、ミーティング、地域の方々への提案や報告等、様々なタスクを行わなければならない。地域創生学群の実習は、活動とその準備を含めて非常に多くの時間を費やす、それだけ学生たちは真剣に地域のことを想い、自分たちの経験と成長を考えるために、多くの学びを得ることができる[23]」。

この著作では、さまざまな地域実習活動の実例を記述している。

例えば、地域マネジメントコースでは、「猪倉農業関連プロジェクト」、「小倉商店街プロジェクト」など一〇例、地域福祉コースでは、「自閉症療育キャンプ」など五例、地域ボランティア養成コースでは、「車いすソフトボール」など三例。全コース対象では、「FMKITAQラジオ番組制作実習」、「東日本大震災関連プロジェクト」など三例を紹介している。二一例のうち二、三紹介すると次のようになる。

「猪倉農業関連プロジェクト」は、「（北九州市）八幡東区の猪倉地区にて農業の六次産業化を実践する実習である。地域の方から畑をお借りし、地域の農家の方から指導をいただきながら通年で様々な農産物を生産している。また、畑に隣接する長屋をお借りし『猪倉ラボ』と命名し、（中略）学生は数名のチームを組んで毎週末宿泊して農作業を行っている。収穫した農産物は大学内の教職員に販売するだけでなく、北九州市内で開催される様々なイベントや市に出店して販売している。（中略）農業は天候の影響を受けやすいため、強い雨や風の兆候があらわれると即時現地入りして対応しなければならない（中略）（また）、イノシシなどの動物や害虫の被害を受ける（こともある）。隣接する（中略）

地区にある高槻市民センターとの協動プロジェクトも数多く行っており、地域のお祭りや河川清掃、市民センターの行事等に学生が積極的に参加し、地域の方々との交流を深めている。高齢者の多い地域であるが、学生たちが加わることにより」[24]農業生産だけでなく、様々な地域行事に学生の存在が不可欠となっている。

第二の例は、「北九州市のコミュニティＦＭ局」の番組を制作する実習である。初年次教育としての位置付けもあり、1年次前期に行っている。「ラジオ番組企画、提案、取材、構成、生放送、振り返り、と一連のプロセスを経験する中で、チームミーティングの仕方、社会人に対するマナー、フィールドワークの方法、論理構成を踏まえた原稿執筆、といった地域創生学群で学んでいくための数々のスキルを身につける機会となっている。また、サービスを受ける側から提供する側へのパラダイム転換が行われ、一つの番組を制作するために膨大かつ繊細、慎重な作業が隠されていることに気づくことで、仕事をするというのがどういうことなのかを体感することにもつながっている。加えて、多様な視点から北九州を見ることができることも本実習の特徴と言える」[25]、と言うのである。

地域創生学群が開設された二〇〇九年の翌々年の三月に、東日本大震災が発生した。そこでの多様な支援活動の一環として、宮城県の南三陸町を拠点にして「東日本大震災関連プロジェクト」が始まった。ここには、随時三〇名ほどが入り込んで、様々な支援活動を長期にわたって展開している。「プロジェクトの目的は三つである。①被災地・被災者の現状を正確に把握すること、②学生一人ひとりが自分には何ができるのかを考えて企画すること、③その上で様々な関係機関・団体の協力を得ながら、組織的・継続的に活動することである。震災発生時からの時間経過とともに少しずつ変化している被災地の状況に合わせながら活動している。これまで（二〇一〇年）、七回の現地派遣をはじめ、北九州市内においても義援金募集活動や北九州市の防災事業への参加など様々な活動を展開している。中でも、小倉の名物である『焼うどん』をベースに『絆焼うどん』を地元商店と共同開発し、出店活動も精力的に展開している」[26]。

私（矢田）自身は、地震発生時の二〇一一年三月に、心残りのまま北九州市立大学の学長を退任した。翌一二年の三月一一日の慰霊祭の時に、妻とともに南三陸町を訪問し、学生の支援活動を激励した。学生は隣接する登米市に宿をとり、南三陸町の指示のもとに、多くのボランティアの人々とともに真剣に活動に従事していた。その時、高台にある中学校の校庭から一望した南三陸町の中心地の惨状、石巻市の日和山公園からみた津波に洗われた一年後の市街地を走り回るダンプ、お寺の墓地にある墓石だけが「復興」している風景が印象に残った。

それはともかく、真鍋氏によれば、こうした教育のアウトカムとして、学生が「地域創生力」を身に付けること、という耳慣れない「定義」を発している。その中身は、「コミュニケーション力」「チームワーク力」「課題発見能力」「計画遂行能力」「自己発見能力」「市民力」の六つの能力から構成されている，と言う。特定の専門知識を身に付けることによって社会的分業の一翼を担う人材を養成することが大学教育の「肝」であるという考え方から見ると明らかに発想の転換である。専門的知識は、社会にでて職業人として働く中で身に付けていくことができる。そのために基礎となる素養である。多様な専門的知識は、そのエキスを「教養教育」で取得すればよい。人権と法律、市場メカニズムと国家の政策、人間の心理、文学や歴史を通じた生き様、芸術、科学技術と生命のメカニズム、生態系と地球環境、物理法則と宇宙の成り立ち、いずれも底深い専門的知識が不可欠である。しかし、研究者としてではなく善良かつ社会性を持った一市民として生きていくには、これらの専門知識のエキスを大学で身に付けることが必要である。それが「教養教育」である。今、大学教育に必要なのは、こうした「教養教育」とともに、社会性を身に付けた「人間性」の向上であり、真鍋氏の指摘する六つの能力である。これは、決して「座学」だけで身につくものではない。多様な局面での「体験」と「気づき」こそが求められる。「地域創生学群」は、従来の日本の大学が見失っていた「教育」の新しい側面に挑戦したものである。

私自身、確たる将来の進路を持たず、迷いつつ理科に入学し、三年次に、まだまだ新築の匂いのする「教養学科」に進学して多様な学問の「エキス」に接し、かつ総合的知識を不可欠とする「地域研究」のメッカである[27]「人文地理」を専攻した。そのうえで、大学での単純な「座学」に飽き足らず、「専門分野に限定したフィールドワーク」だけでなく、地域そのものをトータルに理解し、「変革」したいという「力み」からセツルメント活動に三年間のめり込んだ経験をもっている。真鍋氏らの取り組もうとしている新しい試みは、私が半世紀前に苦闘してきた大学での『学び』を、二一世紀の初頭に、「合法化」し、かつ体系化・洗練化したものである。当時この構想を持ち込んだ真鍋氏らの方向に北九州市立大学の学長として、全面的に支援したことは当然である。新しい「学部」（学群）という教育組織の設置のための、教員ポストの増員、予算の割り当て、建物の改造、文部省交渉など、学長としての「権限」をフル活用した。しかし、大学教育を担うのは、学生や地域に体当たりでぶつかる「教員集団」であり、故晴山英夫教授、伊野憲治初代学群長、そして真鍋和博現学群長らを中心とする教員集団である。

ところで、「地域創生力」を身に付けた卒業生の進路は、どうなったのか。

開設して四年、五年を経過した二〇一三、一四年の、「地域創生学群の卒業生の進路状況をみると第一期生、第二期生ともに就職決定率が一〇〇%となった。地域創生学群設置当初の最大の不安であった就職については、二年連続一〇〇%を達成できたことで多少不安が解消されたと考える。就職先の特徴であるが、業種、職種が多様である。メーカー、金融、福祉サービス、行政、実に多様な業種・職種へ就職を果たしている。地域創生学群開設当初は『学部名称から就職先がイメージできない』『何を学ぶのか分からない』といった声を少なからず聞いていた。しかし一方で、企業が人材を採用する際には文系学部であれば所属学部はそれほど重視されず、それよりも学生がどんな経験をして、どんな成長を遂げたのかを重視している。地域創生群がどの業種・職種でも通用する人材の育成を理念に掲げてきたことが実を結んだのではないだろうか[28]」。

こうして、新しい挑戦は早々に成果を上げた、「二〇〇九年四月に開設した地域創生学群は、七五名の第一期生が入学し地域の様々な課題に取り組み始めた。フィールドとしている北九州市は顕在化している地域課題が数多く存在し、その地域課題に対して若い学生が実践的に取り組むことによって、新たな交流が生まれ、地域課題の解決に向けた学生と地域の協働という新しい地域活性化の枠組みが動き始めていた。地域創生学群では、地域での課題解決に向けた活動は『地域創生実習』という学部専門基幹科目として必修化されており、全ての学生が履修することになっている。つまり地域創生学群に入学した学生は全員が地域活動を行うことになっている。しかし、地域創生学群以外の学生で地域社会に貢献したいという意識や社会との接点を持つことで自分を成長させたいと思っている学生が多かった。自分の持っている能力を地域で活動しながら社会に還元したいという想いを持った学生は近年増えているように感じる。

（中略）大学教育変革や社会で必要な能力を身につけるためのＰＢＬ（Project - Based Learning）やＳＬ（Service Learning）という教育方法の導入などが進む中、本学では矢田俊文前学長が北九州地域全体をキャンパスとする『オフキャンパス教育』としてこのような実践型学習を積極的に推進した。学生たちがキャンパスを飛び出し、座学で獲得する専門知識だけではなく、予測不可能な社会で生き抜いていくための能力を、地域において実践的な活動を通じて獲得していく大学教育を本学で展開する必要性を強く認識していたことが、地域共生教育センターの設置となって実現したのである。近藤倫明現学長も地域での実践型教育を継承し、深化させた『オンコミュニティー教育』としてさらなる展開を図っている(29)。

そうした戦略のもとに、「地域創生学群」という基本的な教育組織を設置するとともに、全学部の学生も参画できる「地域共生教育センター」を二〇一〇年四月に開設した。

(1) 玉川孝道著『常識を超える―一医学者の軌跡』西日本新聞社　二〇一〇　一一九―一二〇頁。
(2) 同右書　一一四頁。
(3) 同右書　一一五頁。
(4) 同右書　一一六―一一八頁。
(5) 同右書　一一八頁。
(6) 同右書　一二七―一二八頁。
(7) 中嶋嶺雄『なぜ、国際教養大学で人材は育つのか』祥伝社黄金文庫　二〇一〇年　二四頁。
(8) 同右書　一四頁。
(9) 同右書　三二頁。
(10) 同右書　七一―七二頁。。
(11) 同右書　七七頁。
(12) 同右書　一五頁。
(13) 同右書　一五―一六頁。
(14) 同右書　一五頁。
(15) 同右書　一六頁。
(16) 同右書　一七頁。
(17) 同右書　五六―五八頁。
(18) 同右書　九一―九二頁。
(19) 同右書　八三頁。

(20) 北九州市立大学監修・真鍋和博著『「自ら学ぶ大学」の秘密　地域課題にホンキで取り組む四年間』九州大学出版会　一二三頁。
(21) 同右書　二二頁。
(22) 同右書　二四頁。
(23) 同右書　二五頁。
(24) 同右書　二五頁。
(25) 同右書　三四頁。
(26) 同右書　三四頁。
(27) 同右書　四五頁。
(28) 同右書　四三頁。
(29) 同右書　四七頁。

三　新制大学の課題の累積と「平成の大学改革」──本書の課題とモチーフ

ここまで考察した六つの日本の大学の風景のうち、前半の二つは、大学・短大入学者数が一気に急増した昭和終期の時代である。具体的には、一九六〇年の二一万人から、七〇年四六万人、八〇年五九万人、そして九〇年七三万人と、三〇年間に三・五倍、実数で五〇万人増という右肩上がりの増加中の時である。これには二つの要因が影響した。一つは、六〇年から七五年までの、高度経済成長に伴う進学率の向上（一〇・三％から三七・八％）であり、もう一つは七五年一五六万人から九〇年二〇一万人という、一八歳人口の急増、つまり戦後ベビーブームによる団塊世代の巨大な波の襲来である。この結果、「大学産業」が急成長した。この急膨張こそが、尾形氏の指摘する私立大学の急増と教育の質の低下をもたらし、桜井氏が指摘する大学教員の粗製乱造と「教育・研究の停滞」をもたらしたと言える。日本の特殊性でもあり、特定の時代背景でもある。

こうした「大学産業」の急膨張の初期に起きたのが激しい「大学紛争」である。私が、いわゆる「東大紛争」に巻き込まれたのは、大学院の博士課程三年のときである。おかげで就職できず、一年遅れて法政大学経済学部の助手に採用された。ここでも、授業料値上げ闘争に直面し、教員としていわゆる「内ゲバ」への対応に追われた。この特異な大学紛争について深く切り込んだ分析は、歴史家にゆだねるが、日本の大学史という長いスパンの中で私なりに答えを見出すとすれば、直接的要因は二つに集約される。一つは、大量の学生を受け入れざるえなかったマンモス私立大学が、高度成長に伴う物価高の中で、連続して授業料値上げを行い、これに学生が強く反発したこと、つまり私立大学の深刻な経営危機である。慶応、日大、明大「闘争」などがその代表である。もう一つは、戦前に確立した帝大を核とする国立大学において、強固なタテ系列支配の講座制をベースに、講座間・学科間、ひいては学部間の横の相互不干渉システムが定着し、大学運営の機能マヒが定着していたことにある。学生や院生、助手の処分問題に対応した大学の硬直性と無責任性が多くの大学人の怒りを買った。こうした国立大学の権威的かつ硬直的な管理運営が要因となったのである。また、これらの問題を糾弾した学生運動内部の対立、強権的に紛争を抑え込んだ文部行政が大学改革の長期展望を描けなかったことも見逃すことができない。

本書で描いた「昭和終期（一九七〇―八〇年代）の大学の風景」は、大学をめぐる課題が未解決のまま、紛争が政治的に一段落した、いわば「休閑期」であった。その間に、尾形、桜井氏が描き出した風景が常態化したのである。

ところで、尾形氏の著作を借りて表現した私立大学が直面する課題、そして桜井氏が考察した日本の国公私立大学に共通する、多様なスペクトラルをもって表出する大学教授の生態、これらの深刻な課題は、明治期以来一世紀余にわたって、三段階を経て形成・蓄積されたものである。具体的に言えば、第一段階での明治期から第二次大戦前における、東京帝国大学を頂点とし、私立専門学校を底辺とする高等教育機関の明確なピラミッド構造の形成、第二段階での、戦後の学制改革による多くの専門学校の大学への昇格と地方の国立大学・公立大学と私立大学の族生、そして第三段階での高度経済成長期の団塊世代の大学進学の波とその受け皿となった私立大学群の急増である。明確な序列構造・格差構造を温存した「大学産業」の急成長のなかで、「大学問題」が蓄積された。両氏が掘り下げたわが国の大学問題が一朝一夕に解決されはしない。

そのなかにあっていち早く対応したは私立大学政策である。もともと、戦後の団塊世代の大学進学の大波を、国家財政による国立・公立大学で受け止めることなく、戦前の専門学校を格上げしたばかりで教育条件の整っていなかった私立大学が受け皿となったこと、しかも、国家財政による補助がほとんどなされず放任されたことである。必然的に私立大学群は、経営維持のために、コストの安い社会科学系の学部を中心に整備し、水増し入学、マスプロ授業を常態化せざるを得なかった。とくに、大学教員養成機関である大学院がほとんど整備されない中で、教員の粗製乱造が行われ、教育の質が低水準のままに推移せざるを得なかった。当然、私立大学への税金の投入、つまり大幅な国庫補助による経営の安定が必要不可欠となる。これは、一九七〇年度から「私立大学への経常費補助」として開始された。当初一三二億円で、私大経常経費に占める割合はわずか七％であったが、以後急増して五年後の七五年度には、一、〇〇〇億円、二一％にまで膨れ上がった。この点について、尾形氏は、基本的に歓迎しつつも、医学部を抱えた黒字の大学が補助金トップであること、私立大学がすべて税金という国費を受けるに値する「公共性」を有しているのか、「教育の中身」が厳しく吟味されなければならない、等新しい問題を提起している。

他方、桜井氏が提起した、国公私立大学全般の管理運営体制の脆弱性、教育体系と教育内容の低質性、なかんずく圧倒的多数が新規参入の新世代で占められた教員の怠慢性と無責任性などについては、依然として根底的な対策が求められた。とくに、戦前の思想弾圧の経験もあって、戦後学制改革のなかで、学問の自由、大学の自治が一面的に強調されたものの、こうした新規参入の教員には形式的かつ観念的にしか受け止められなかった。その結果、個人の意見の尊重、多数決原理などの形式的民主主義が、教授会の意思決定の混乱をもたらし、「学内政治屋」の攪乱による大学管理・運営が妨害され、教育の質向上のための改革が大きく立ち遅れることになった。これへの対策は、文部科学行政という大学外部と学長・評議会・教授会など大学内部の双方から喫緊に取り組まれなければならない課題であった。しかし、七〇年代の大学紛争が、結果的に大学を一層混乱に陥れ、大学内部からの改革の動きを決定的に弱めることになった。

　六つの日本の大学の風景のうち、三つ目の小川洋氏の『消えゆく限界大学』は、第二次ベビーブームの大学進学の波に対応した政府の「臨時定員増」政策に便乗して大学産業に参入した中小規模大学経営者の「無責任」な経営実態をえがいたものである。

　こうした大学教育の混迷の中から、「地方大学の教育現場」で新しい改革が胎動しはじめた。代表的なものが、後者の三つの大学風景で描かれている。ここでは、共通したいくつかの特徴がみられる。

　一つは、大学審議会等の慎重な議論に基づく政府のお墨付きの「上からの改革」ではなく、多様な課題に悩む大学の教育現場から提起された改革である。二つには、戦後の新制大学発足から半世紀を経て強固に確立した、大学をめぐる「三つの壁」に風穴を開けたことである。「国際教養」というコンセプトで教育における「国境の壁」の突破、「地域創生」というオフキャンパス教育指向の「大学と地域との壁」の突破、そして、「全学部講義履修可」という最も身近で高い「学部教育の壁」の突破、この三大擁壁に風穴を開ける「教育改革」である。三つめは、特定の専門分野を深めるのではなく、広い分野について自由に学ぶ教育内容となっていることである。共通して出てくる用語は、総合である。吉見俊哉氏は、「新制大学の一般教育を目指すのは、専門分野を総合する力です。（中略）すでに知られている知識を各分野、更には全体にわたって総合化し組織化する力です[1]」と述べている。三大学の共通点は、真の「教養教育」を四年間にわたって実施しているのである。こうした東北（秋田）や九州（福岡）など地方発の「ささやかな改革」という一滴の水がやがて水脈となり、大きな流れとなっていく。「国際教養学部」や「地域創生学群」等が相次いで誕生していく。かつての帝国大学令での「国家枢要の人材養成」という大学設置の理念に、国際人材と地域づくり人材養成という考えが加わっていく。

こうした大学内部からの変革の胎動とともに、一九九〇年代に入って政府の大学政策は急展開する。大学設置基準の大綱化、国公立大学の法人化、評価機関による「認証評価」の義務付け、学長や教員人事方法の大幅変更、国立大学の予算配分や私立大学への国庫補助方式、額の変更、さらには大学の基本組織である学部・研究科構成の柔軟化、等々である。これを受けて国公私立の大学改革は一斉に動き出した。もともと、オーナー経営的色彩の強い一部の私立大学を除いて、「教授会自治」の確立した大半の私立大学、文部省と学部教授会の間にあって身動き取れなかった国立大学の運営、そして設置者である地方自治体首長との距離によって多様な経営が行われていた公立大学の「改革」は、多彩な様相を示して展開することになった。この時期の改革を表現する、広く公認されている用語はない。そこで、私は、時期をもっともよく表現するものとして、シンプルに『平成の大学改革』と呼称してみたい。一九九一（平成三）年「大綱化」と呼ばれる「大学設置基準の一部を改正する省令」を嚆矢とし、連続して国公私立の大学改革が走り出し、「平成」の御世のほぼ三〇年間断行されている。

こうして、明治以降形成された「ピラミッド型序列構造」をベースに、第二次大戦後族生した地方国立大学と公立大学、そして私立大学を巻き込んで再編成されて、複雑化した格差構造も、「平成の大学改革」によって、大きく様変わりしていった。しかし、その現場での様相は必ずしも明らかになっていない。

表面的な報告書や統計では「大学改革」の実態は、なかなか把握できない。改革を具体的に担った人が、自己の責任において、その内容を著作としてあらわすことが望ましい。それは至難の業である。なぜなら、一つは、大学の制度、運営、教職員、学生の動向など、外部の人にわかりやすく記述することは容易でないこと、また、教職員、学生はもとより、設置団体や同窓生、など「大学改革」を担う主体は大変多く、かつその関係も複雑で、こうしたステークホルダーに十分な配慮をしながら。わかりやすく書にまとめることは容易ではない。そのため、認証評価向けの「自己評価書」は入手できるものの、表面的で生の実態はわからない。そのなかにあって、改革を担った教職員の著作が「散見」されるようになっている。

本書は、こうした困難な課題にあえて挑戦した大学改革の実践録であり、「専門書」でもある。

私が、いわゆる大学経営に本格的にかかわったのは、一九九〇年代以降急展開する政府の大学政策の時である。私の生活は、この文部（科学）省主導の「大学改革」の嵐に完全に巻き込まれてしまった。ここで、文部（科学）省が本腰を入れた「平成の大学改革」の歴史と、私の大学改革への参画が「期」を一にしたのである。今となっては、「運命」としか言いようがない。

この過程で培われた問題意識は、三点に集約され、本書のモチーフとなっている。

第一は、それまで教育と研究に従事してきた三〇余年の大学人としての生活から、一九九〇年以降一転して大学改革の嵐に巻き込まれていった。その「大学改革」とは、一体何であったか。改めて「頭の整理」を行うことである。

つまり、西暦で言えば、一九九〇年代から二〇一〇年代までの約三〇年間、元号で言えば「平成」の三〇年間の「大学改革」の中身を問うことである。それは、大﨑仁氏や草原克豪氏等文部（科学）省高等教育政策の中枢を担ってきた官僚が指摘する戦後の占領軍を中心に強行された「新制大学の欠陥制度」の定着とそれがもたらした新たな課題への時間をかけた「リベンジ」を骨格としている。「大綱化による教養教育の見直し」、「国立大学法人化」による大学管理体制の整備、「認証評価システムの導入による教育の質の向上」、さらには「教育・研究組織など内部組織の柔構造化」など一連の抜本的な改革である。くわえて、新制大学の導入後に生じたわが国の人口構造の激変に対応する政策である。一九六〇年代後半と九〇年代後半の二度にわたる一八歳人口の進学の波の受け入れ態勢の整備、二一世紀の急速な高齢化社会への対応策である。前者は、私立大学の急増、と入学定員の臨時増加政策であり、後者は、政府の医療・看護・福祉従事者の急増としてのゴールドプランの受け皿としての公立大学の増設である。この時期を「平成の大学改革」ととらえ、その内容を解明することである。

第二は、戦前・戦後において、何度か芽を出しながら、財政上の理由から国立大学に吸収されていった公立大学が、「ゴールド・プラン」を契機にして突如として増加した地方自治体設置の公立大学の存在に注目し、その起源、社会的意義を再評価することである。二〇一八年では、その数は九〇校を上回り、国立大学の総数を上回るほどになるとともに、医療・福祉分野だけでなく、国立大学に匹敵する量と質を備えた総合大学、ほとんどの都府県や政令指定都市に存在する地域中核大学など、すっかり地域に根を下ろしている。戦前の国立大学が「国家枢要の人材」育成を標榜し、戦後の有力国立および私立大学が「国際人材の育成」を声高に掲げているのに対し、あえて「地域づくり人材の育成」を前面に掲げる公立大学が少なくない。一部を除き多くの大学研究者の間で永く「等閑視」されてきた「公立大学」にあえて焦点を当てることである。この第一と第二のモチーフは、主として本書の『上巻 平成の大学改革と公立大学』の第四編で詳細に論じている。

第三は、国家によって主導される高等教育政策とそれを大学という「現場」で受け止める実践との矛盾・乖離である。大学という教育現場で次々と発生する課題、その解決策を自らの手で「じっくり」と摸索する暇もなく、行政主導と予算配分の力で押し寄せてくる国の政策の実行のみが先行することの危うさである。その典型は、「大学設置基準の大綱化」、つまり教養教育と専門教育の関係の見直しを、教養部の解体と直結したことである。新制大学発足以来半世紀間固定化してきた教養教育と専門教育の関係を、各大学の特殊性に応じて「自由に」かつ「自主的に」再構築できるという「規制緩和」を、事実上「教養部解体」と受け止め、東大を除く全国立大学で一斉に教養部という教養教育に責任を有する「教員組織」を廃止に追い込んだ。いくつかの大学では、こうした「教員組織」の再編を模索していながら、最終的に予算折衝における行政指導で「教養部解体」を迫られた。北九州市立大学では、公立大学ゆえに国の予算折衝という行政指導がないので、「基盤教育センター」という教養教育専任の「教員組織」をあえて新設した。「大綱化」＝「教養部解体」ではないのである。多様な文部科学省の政策が、その趣旨とは別に画一化されて教育現場に実行を迫るケースが多い。現場の「考える力」の例として、東大駒場（国立）、立教大学（私立）、国際教養大学（公立）の実績をあえて掲載した。

もともと、大学改革なるものは、個々の大学の実態を十分に掌握している文部科学省が、時代の要請を踏まえて骨格案をつくり、有識者からなる「大学審議会」等で時間をかけて審議し、関係法の整備を経て実行に移され、その枠を超えた現場の自由度はほとんどない。その枠内で国立大学は国との予算折衝、公立大学は設置自治体との予算折衝、私立大学は学校法人理事会との合意のもとで改革が現実化する。

この「審議会発の回路」をスルーして全国規模の大学改革に発展する、いわゆる「現場発の大学改革」のケースはほとんどない。筆者の知る限り二つある。東大発の「大学院重点化」と、「九大発の学府・研究院制度」（大学院における研究組織と教育組織の分離）がその典型である。前者は、予算配分の平等主義から思い切った差別主義に切り替える契機となったものであり、旧帝大、旧六、さらには東工大・筑波・広島など有力大学が追随した。「東大モデルに乗り遅れるな」が「基幹国立大学」の発想である。後者、つまり研究組織と教育組織の分離という画期的改革は、九州大学という地方有力大学の発想であり、この後「九大モデル」は、金沢大学、北海道大学など全国的に広がっていった。

また、公立の国際教養大学での本格的なグローバル人材の育成に成功したのを契機に、すでに実績を有しているは国際基督教大学、上智大学だけでなく、早稲田大学、法政大学、立命館大学、獨協大学、創価大学などの私立大学、さらに千葉大学や横浜市立大学などの国公立大学も国際教養学部の設置を行っている。そして、その対極に位置するのが、「地域づくり人材の育成」に焦点を当てた、いわゆる地域学部の相次ぐ設置である。その老舗である高崎経済大学地域政策学部、奈良県立大学地域創造学部、北九州市立大学地域創生学群、長崎県立大学地域創造学部、国立大学の鳥取大学地域学部、岐阜大学地域科学部、高知大学地域協働学部、宮崎大学地域資源創成学部、さらに大正大学地域創生学部、九州産業大学の地域共創学部が相次いで設置されている。これらの大学は、グローバルやローカルに焦点をあて対極に位置する様相を呈しているが、特定分野の専門教育主義を脱して、「総合教育」を全面に打ち出している点で共通している。全学士課程教養教育の完全復活でもある。こうしたなかで、地域づくり人材の育成もまた国公私立の三つの設置形態が並立しているが、その分担の在り方も問われてきている。

この第三のモチーフは、上巻・第四編においても第三章「大胆なカリキュラム改革の実行」、第五章「内部組織の柔構造化と教育組織と研究組織の分離」、第七章「私立大学の両極分解」などで「深掘り」されているとともに、本書の『下巻　平成の大学改革の現場実践録』として、筆者が深く関与した「九州大学の改革」（第五編）、「北九州市立大学の改革」（第六編）、さらには、関係者からのヒアリングで得た情報をもとに「地方大学の挑戦」（第七編）として具体的に論じている。

（1）吉見俊哉『「文系学部廃止」の衝撃』集英社新書　二〇一六年　九四頁。

第一編　戦前日本の高等教育制度の形成と公立大学

第一章　第二次大戦前（明治・大正・昭和前期）の高等教育制度の形成

一　国土の拠点に配置された七帝大―階層的都市システムの核の形成

日本の高等教育制度研究の第一人者である天野郁夫氏の近年の著作『大学の誕生　下』（中公新書　二〇〇五年）のエピローグで、次のような記述がある、

「書き終えたいま、あらためて痛感させられているのは、明治から大正初期に至る『大学誕生』の時代に形成された、わが国の大学組織と高等教育システムの基本的構造の、強固な持続性である。（中略）さらに言えば、高等教育システム内部に形成された大学・学校間の序列構造は、すべての高等教育機関が新しい大学として制度上の同等化を達成してから半世紀以上たったいまも、大学間の格差構造として継承され、拡大再生産され続けている[1]」。

その具体的な序列構造とは、氏の三〇年前の別の著作を引用すれば、

「わが国の高等教育が、大学＝高等学校と専門学校、さらには官学と私学という二元重層的な構造のもとに発展をとげてきた背景には、わが国の近代化の特質が不可分にかかわっていることは先にみたとおりである。西欧の先進的な学術・技芸を輸入し、吸収することを使命とする帝国大学が、『上から』の高等教育であったとすれば、社会や民衆の要求を敏感にとらえながら、日本語で学術・技芸の教育と普及を図る専門学校、とりわけ私立専門学校は、『下から』の高等教育であった。この『上から』の近代化と『下から』の近代化の、それぞれ有機的な一部をなしてきた、帝国大学・官学と専門学校・私学という、二つの高等教育の系統を、どのように統合し、単一の高等教育システムを作っていくのか。それが、戦前期の高等教育政策の基底にあった、基本的なダイナミズムとみてよい。そしてその最大の政策的課題は、戦前期を通じて、ついに解決されぬままに終わった[2]」。

戦後改革とそれによる四年制の新制大学の発足、旧制高等学校の廃止、大部分の専門学校の大学への昇格といった、「革命的な改革も、結局『上から』と『下から』の二つの高等教育の流れの統合という明治以来の課題を解決するまでには至らなかった。改革は制度の基本的な構造にまで及ぶものではなく、専門学校と大学の間に存在したさまざまな格差は、そのままに新しい大学に引き継がれたからである。二つの流れの完全な統合を図るには大学と専門学校のもつ人的・物的資源の徹底的な再配分が必要であったろう。しかし、そのための積極的な方策はついにとられることがなかったのである。

戦前期にすでに大学であった学校と、専門学校であったそれとの格差は、新しい私立大学の間に『学校差』として定着し、また帝国大学の後身である『国立総合大学』と専門学校に師範学校・高等学校・医科大学を統合して発足した「地方国立大学」との間にも、大きな格差が存在した。そして同じ国立大学の内部でも、それが戦前期のどのような高等教育脊機関の後身であるかによって、学部間に著しい格差のみられることは、よく知られている。

昭和四〇年代半ば、大学紛争がその極点に達したときに来日した、ＯＥＣＤの教育調査団は、その報告書の中で、半ば驚きをこめて『日本の高等教育制度は、いちじるしく階層的であり、その構造は急速な成長にもかかわらず、今世紀の間ほとんど変化していない』と述べている。それは大学と専門学校、官学と私学という、『上から』と『下から』の二つの高等教宵の系譜が解消されることなく、同一の制度のもとで多様な質と水準をもった大学が作る、『頂点の鋭くとがったピラミッド』として再編成され、構造化されていることを指摘したものに他ならない」[3]というのである。

つまり、国立と私立、国立のなかでの旧帝国大学の後身たる基幹大学と地方国立大学、また、私立大学における首都圏・関西圏の戦前以来の大規模大学と大都市圏および地方都市での新制の中小私立大学の序列・格差構造として再生・定着・拡大しているのである。このピラミッド構造は、研究・教育の質、ブランド、入学者の偏差値、卒業者の活躍分野の差として社会に深く定着し、入学と卒業時の若者の大規模な地域移動を媒介として、東京を核とする一極集中的国土構造、さらには階層的都市システムの形成・強化に決定的な役割を果たしている。

以下、こうした明治維新から第二次世界大戦終了までの約六〇年間で形成された日本の教育制度について、天野郁夫氏や草原克豪氏らの著書を参考にして簡潔に整理してみよう。

ピラミッドの頂点「帝国大学」の設置

それは、明治五（一八七二）年の「学制」と称する教育の基本法令の制定と、これに基づく明治八（一八七五）年の全国二万四千校以上の小学校の設置から始まる。全国津々浦々に義務教育拠点が整備され、初等・中等教育の近代的な学校制度が早々に確立した。その後、明治一二（一八七九）年に学制が教育令となり、一九（一八八六）年にこの教育令を廃止し、「小学校令」、「中学校令」、「帝国大学令」、「師範学校令」の四つの勅令を公布し、東京大学を帝国大学に改組するとともに、五つの高等学校が新設された。

この森有礼文相の改革のねらいは、「東京大学を中核に国家の威信を象徴するに足る、西欧諸国にひけをとらない強力な『国家の大学』を作りあげることにあった。官立の『高尚ナル』専門学校は、すべてこの新しいただ一校の大学に統合する。そして大学予科として全国に五校の高等中学校をおいて、そこに、よく教育され選抜された質の高い学生を送り込む。（中略）この森の改革構想の中で、専門学校がどのような位置づけを与えられていたのかは、明らかではない。彼の在任中、専門学校をどう制度化していくのかについての構想は、ついに姿をみせぬままに終わったからである[4]」。

もともと、この「帝国大学」は、明治一〇（一八七七）年に、東京開成学校と東京医学校が合併した時に誕生した東京大学を母体としており、天野氏が、「日本型グランド・ゼコール」と呼んでいた司法省、工部省、農商務省などの諸官庁がエリート官僚の養成のために設置していた諸学校（東京法学校、工部大学校、東京農林学校など）を吸収して発足したものである。草原氏の著作では、「帝国大学令の制定によってそれまでの東京大学は、司法省から文部省に移管された東京法学校と、工部省から文部省に移管された工部大学校を吸収し、ここに新たに総合大学としての帝国大学が誕生することになった。帝国大学は、法科、文科、理科、医科、工科の五つの分科大学で構成され、それぞれの分科大学には学長がおかれていて、分科大学の集まりの長が総長であった。のちに分科大学は、学部となるが、日本の大学にみられる強い学部自治の慣行は、こうした分科大学時代の名残ともいえる。なお、内務省から農商務省に移管されていた駒場農学校および東京山林学校は、合併して東京農林学校となり、明治二三（一八九〇）年に帝国大学の農科大学となっていく。（中略）、（帝国大学）の目的は『国家の須要に応ずる学術技芸を教授し其蘊奥を攻究する』こととされた。こうして帝国大学は、日本全体の官営高等教育機能を一点に集中させた『国家の大学』として発展していくことになる」[5]と設立過程を短く記述している。

ここで言われている分科大学が学部となるのは、四一年後の大正七（一九一八）年の大学令の公布によって、第二条「大学ニハ数個の学部ヲ置クコトヲ常例トス」という条項が置かれてからである。これとは別に、明治二六（一八九三）年の帝国大学令の改正で、「各分科大学ニ講座ヲ置キ、教授ヲシテ之ヲ担当セシメル」との条文が置かれた、「この講座制が、教育・研究の基礎組織であると同時に、（中略）教員組織と切り離せぬ関係にあることを示唆している。教授・助教授・助手の職務内容と定員を定めた『帝国大学官制』が同時に公布されている」[6]。こうして、戦前の国立大学において、学部（分科大学）・学科・講座の三層の教育・研究組織の単位が確立し、第二次大戦後の新制大学においても継承され、本書第四編第五章に詳述するように、九〇年代以降の「平成の大学改革」の柱の一つとして大幅に変更されることになる。

それはそれとして、この帝国大学に就任した教授集団の出自について。天野氏は、次のように整理している「開設講座数の半数強であったとはいえ、最初の講座担当となった六分科大学の六六名の教授が、選りすぐりの学術エリートたちであったことに変わりはない。（中略）その六六名の教育的キャリア（については）、海外留学者が五九名（八九％）と圧倒的に多数を占め、しかもそのうち四五名（六八％）は、前身校を含む東京大学・帝国大学の卒業者であった。彼らは、欧米諸国の最先端の学問を学んで帰国し、初代の講座担当者となった、言ってみればそれぞれの学問領域の、わが国における事実上の創始者であり、次の世代の学術エリートたちの『ゴッドファーザー』的な、またそれぞれの学問領域のしばしば専制君主的な役割を果たすことになっていく。（中略）明治中期までのわが国の学問の世界，学界は、その限られた数の学術エリート、『学術の貴族』たちによって、独占的に支配されていたのである」[7]。

そのうえで、天野氏は、この帝国大学の存在の巨大さとして、①研究機能を持つ唯一の高等教育機関、②単科ではなく唯一の総合専門教育機関、③他の高等教育機関に対する教員、教育人材の独占的な供給源、④高等文官試験への無試験任用など国家資格や国家試験を必要とする各種職業にかかわる諸特権の独占体、⑤上昇移動欲求を持った若者たちを全国から引き寄せる、巨大な磁石のような存在、⑥学歴エリート、『学歴貴族』の独占的な育成と供給の場、という六点を指摘している。ここで、その後の一世紀以上をへても、強固な影響力を持つ二つについて敷衍してみたい。

一つは、帝国大学において、「分科大学・学科・講座の三層構造のなかに、整然と配置された諸科学や専門学問の体系は、（中略）講座と一対一対応の形で配置され、（その後）それぞれの専門学問の教育・研究責任を負った正教授の集団によって維持され、拡大再生遊され始めた」[8]。という指摘である。学部・学科・講座制が個々の学問の研究・教育の維持、再生産を可能にしたというのである。これは、「コインの表」を一面的に評価したものである。「コインの裏」にはその後の国立大学における「講座制」がもたらした重要な多くの課題を見落としてはならない。

すなわち、講座制の導入によって、「講座の壁」つまり専門分野間の厚い「壁」が形成され、学部・学科の意思形成が大きく阻害されたこと、研究・教育面においても無意味な「学派」や「学閥」間の抗争をもたらしたこと等々である。また、細分化された講座にはめ込まれた教授・助教授・助手という「縦の構造」が研究の継承とは異次元の人間関係によってゆがめられ、外からの力で是正不能に陥ったことは枚挙にいとまがない。講座制という研究・教育に名を借りたいびつな閉鎖空間の長期間の存続を許すことになった。大講座制の導入や講座制の廃止によって、「開放空間」化するのは「平成の大学改革」まで待たなければならなかった。

もう一つは、「帝国大学は、他の高等教育機関に対する教員、教育人材の独占的な供給源であった。帝国大学の多くの教授たちが、他の高等教育機関に講師として出講しただけではない。他の高等教育機関の専任の教員たちも、また帝国大学以外の官庁や官立学校からやってくる多数の非常勤の講師たちも、近代西欧の学問の教授能力を持った教育人材の大部分が、東京大学・帝国大学卒業の『学士』たちで占められていた。私立専門学校のほとんどが東京に、しかも帝国大学の所在する本郷と霞ヶ関の官庁街とのほぼ中間に位置する、神田界隈に集中していたひとつの理由はそこに、つまり非常勤講師たちが出講可能な時間距離のなかにあったためといってよい」[8]という指摘である。

これに、「帝国大学は、上昇移動欲求を持った若者たちを全国から引き寄せる、強大な磁石のような存在であった、各ブロックに配置された五校の高等中学校本科・高等大学予科は、いわば帝国大学が各地に伸ばした学力エリート吸収のための触手であり、その卒業者には帝国大学への無試験入学の特権が保障されていた。その意味で、高等中学校・高等学校は帝国大学と一体的な関係にあり、尋常中学校以下の諸学校とは、切り離された教育の世界を構成していた」[9]という文章を重ね合わせると、本郷の（東京）帝国大学を頂点に、そこからの非常勤講師に依存して発展した神田に集中していた中央・明治・日本・専修・法政などの専門学校を前身とする首都圏のマンモス私立大学、そして関西圏、中京圏、札幌・仙台・金沢・岡山・福岡・熊本・鹿児島といった地方都市への帝国大学と旧制ナンバースクールの地理的配置こそが、戦後の団塊および団塊ジュニア世代の大学進学における「大規模な民族移動」をもたらしたものである。つまり。戦前の「頂点の鋭くとがったピラミッド」という高等教育機関の序列および格差構造が。戦後の東京一極集中と階層的都市システムを特徴とする国土構造をもたらしたとも言えるであろう。

帝国大学の横展開―東京・京都帝大から七帝大へ

高等教育システムの頂きにあった帝国大学と直結するナンバースクール＝高等学校も、第一（東京）、第二（仙台）、第三（京都）、第四（金沢）、第五（熊本）の五校が東京大学と同じ明治一九（一八八六）年に発足し、さらに、明治三三（一九〇〇）年に第六（岡山）、翌三四（一九〇一）年に第七（鹿児島）、四一（一九〇八）年に第八（名古屋）の三校が追加された。この間、帝国大学は、東京に遅れること一一年後の明治三〇（一八九七）年に京都、さらに一〇年後の明治四〇（一九〇七）年に東北、四四（一九一一）年に九州、と明治年間に四つに拡大し、最終的には、大正七（一九一八）年北海道、昭和六（一九三一）年大阪、一四（一九三九）年名古屋にも設置され、札幌から福岡まで七つを数えるまでになった（植民地であった京城、台北を除く）。一帝大、五高等学校として「上から」作り上げてきた日本の高等教育機関は、明治・大正・昭和初期の約半世紀の間に七帝大・八高等学校という「脊梁山脈」に変貌した。その形は相変わらず東京大学が「鋭くとがった」ままであったものの、「地方の中小の頂き」をもつものとなったとも表現できよう。次に制度の著作を紐解くと、いくつかの興味深いエピソードを知ることができる。二、三紹介しよう。

一つは、単独の帝国大学が「複数化」するはしりとなった『京都帝国大学の挑戦』（講談社文庫　一九九七年、初版本は同名の著作で、名古屋大学出版会　一九八四年）という潮木守一氏の名著である。初版本の副題が「帝国大学史のひとこま―」という謙虚なものであるが、その後多分野で繰り広げられる東西両京の帝国大学の「凌ぎあい」の初戦を語るには大変意義深いものがある。要点を引用しておこう。

「京都帝国大学は、わが国最初の大学という栄光を担った東京帝国大学に対する挑戦者としての役割を期待されつつ登場したが、果たしてその期待はどこまで実現されたのであろうか。（中略）この小論では、検討の対象を法科大学（後の法学部）に限定し、創設期の京都帝国大学法科大学が、いかなる形で先発大学である東京帝国大学法科大学に挑戦を企てたのか、この点に考察を集中させることとしたい。考察の対象とするのは、京都の法科大学が創設された明治三二年より明治四〇年までの、わずか八年間の出来事である。この八年間、京都の法科大学で起きた事件は、筆者にはその後のわが国の高等教育の発展にとって、重要な意味をもっていると考えられる」[10]。「筆者（潮木）はここで一人の主人公を登場させ、彼を中心として事態の展開を叙述するというスタイルを選ぶこととしたい。その主人公とは誰か。その名は、高根義人という。彼は明治三三年に京都帝国大学法科大学の教授に就任し、明治四〇年退官するまで商法破産法講座の教授であった。彼が京都大学の教授であったのは、わずか七年間」[11]。

「高根義人は、明治二九年（一八九六年）、（中略）近い将来開設が予定されている京都帝国大学法科大学の教授に就任する予定をもって、（ドイツ、イギリスへ）留学を命じられた。それ以降、明治三三（一九〇〇）年三月の帰国までの三年間、彼はベルリン大学で留学生活を続けた。（中略）彼にとってドイツ型の教育体制は、一つの強力なモデルとして印象づけられたと想像しないわけにはいかない。（中略）の当時のドイツの大学は、ゼミナール、学生自身の手による研究発表という教育体制を中心にすえ」[12]たものであった。

「京都の法科大学が開設されたのは、明治三二年九月のことであるが、それにともなって、最初の法科大学規程が制定された。（中略）それはその当時の東京の法科大学で行なわれていたものと、ほとんど同じで、そこには京都の独自性はまったくみられない。しかし早くもその翌年、つまり明治三三年九月、京都の法科大学は、その規程の大幅改正を行なった。この規程改正によって、まず演習科について詳細な規程が登場し、それとともに卒業論文の提出が、卒業要件の一つとされることとなった。つまり、京都が東京とはかなり異質な教育体制を編み出した」[13]。「その当時京大法科が『潑剌たる自由なる清新の氣』を育てる制度となっており、科目選択も自由であり、四年間のどの時点でも試験を受けられるようになっていた」[14]。これに対し、「東大法科を支配するものは、講義、筆記、試験、及落の連続であり、学生はまるで速記機となっており、（中略）当時の教育体制のもとにあっては、学生の主たる関心もしくは精力が教授の講義を筆記し、それを暗記することに向けられざるを得なかつたことは、さまざまな資料が語っている」[15]というのである。つまり、当時の帝国大学の法学教育には「（京大法科の）高根のように、学生を授業によって束縛するよりも、学生の自発的学習に期待をかけるべきだとする考え方と、できる限り多くの教材を組織的に教え込むべきだとする考え方との二派の、いわば古典的な対立がそこにはあったことになる」[16]。

「いまや東京と京都の戦いは、その理念、それを具体化したものとしてのカリキュラム、教育体制において、戦われるのではなく、両者が具体的に作り出した生産物という新たな次元において戦われることになった。いくら京都の掲げる目標、理念が高邁であろうと、それが実際に生み出した卒業生が、東大よりも劣っているなら、話にならない。また、たとえ高邁な理想を掲げようとも、京都大学が十分な志願者を集めるまでにいたらなければ意味はない。今や東京と京都との戦いは、どれだけ優秀な人材を世に送り出すことができたか、またどれだけ優秀な学生が自分のところに引き付けられるかという、生々しい次元で競われることとなった[17]」。答えは明確に出た。

人材の輩出競争は、短期的には文官高等試験、外交官試験という国家公認の競争である。

京大の最初の卒業生を出した明治三六年七月から三九年の七月までの（四年間の）「京大法科は二九九名の卒業者を出したが、三九年一一月までの高文合格者は、わずか合計九名。その卒業生総数に対する比率は、わずか三パーセントにすぎなかった。東大の方は、どうだったのであろうか。いま同じ基準で比較してみるため、（中略）明治三六年七月から三九年七月までの四年間だけをとってみると、東大法科の卒業生者は総勢七〇二名。また、この期間に、高文に合格した者は一六三名。卒菜生数に対する高文合格者の比率は、わずか二三パーセントとなる。つまり東大では卒業生の四の一が合格しているのに、京大では、わずか三〇名中に一人にしかならなかった[18]」。

他方、学生の入学については、「少なくとも明治三〇年代には、各高等学校の大学予科法科の卒業生は、両方の法科大学を白由に選択できたのであり、大学側も志願者をことごとく受け入れる政策をとっていたのである。こうした完全な自由市場のなかで、高等学校の卒業者は、どのような形で、どちらの大学を選択したのであろうか[19]」。結果は、「京大法科への志願者が一〇〇名をこえたのは、この明治三六、三七、三八年の三年問のみで、明治三九年にいたると一挙にそれは八一名に減少し、四〇年にいたっては、三四名という創立以来最低の数字を記録するに至った[20]」。

結果は。明らかである。これを受けて、「明治四〇年二月、高根義人は京大を退官した。そして彼の辞任を追うかのようにして、京大法科はその規程を改正し、東大型の教脊体制にもどった。さらに同年五月には法科大学長織田萬が学長の座を退き、七月には木下広次総長までが辞任した。これらの事件はすべて、高根の辞任から五ヵ月という短期日の間に生じた[21]」。「かくして明治三三年九月の規程改正、もしくは明治三六年六月の規程改正以来、京大独自の教育体制とされてきたものは消滅した。いまや京大の教育体制は実質的に、東大法科のそれと変わりがなくなった。京大が東大とは異なった教育体制をもって挑戦しようと試みたのは、わずか七年足らずのことであった[22]」。

もともと、東大法科と京大法科の戦いの「審判」を高文官や外交官などの国家公務員の合格率におくことは、アンフェアである。国家試験の出題者の大半が東大教授であり、東大の講義が国家試験の準備のための法律条文の解説・暗誦的な内容であり、京大では、こうした狭い枠を超えて自らの頭脳で多様な社会課題の法律的解決を自由に思考できる人間の養成に重点を置いてきた。人間として、また行政官として深い教養人を育成するには京大方式が適当であっても、目前の国家試験においては受験準備盤石な東大卒が「勝利」を占めることになる。両帝大が国家須要の人物を育てるとうたっても、実態は「国家機関」須要の人物の育成を緊急の課題としていたのであり、そのための国家機関採用の入り口を突破できなければ、意味をなさない。勝敗は初めから明らかである。

しかし、「国家機関須要」ではなく、「国家須要」ないし「国民国家須要」の人物の育成となれば、自由に考える力を要請される京大方式が有効であろう。国家試験準備中心でなく、人間形成、理論的思考力の深化に重点を置いた文学や理学においては特に有効であろう。のちに京大の人文科学、数理学などで、しばしば傑出した研究者が京大から生まれていったのは、教育方針と無関係ではない。

潮木氏は、京大創設とともに行われた法科大学の「挑戦」と東大の軍門に下るまでの七年間を、壮大なドラマとして一冊の本に仕上げた。そのうえで、最後に、次のように述べている。「今からふり返ってみるならば、京都帝国大学の登場は、単なる帝国大学の増設にとどまらず、それ以上の可能性を秘めていたはずである。事実、多くの論者は京都帝国大学の出現のなかに、わが国最初の帝国大学としての東大に対する挑戦者の登場を見ようとした。京都の教授たちは、こうした期待を受けて、京都の土地に『二番目の帝国大学』ではなく、一番目の帝大に対抗する新たな大学を作り上げようと試みた。彼らはあえて東京のやっていないことを実践し、そのことを通じて、東京に挑戦しようと努めた。彼らはその手段として、ドイツ型の教育システムの移植を図ったのである。その意味で、明治三三年から四〇年の京都の法科はわが国におけるドイツ・モデルの移植がはかられた、貴重な事例だったのである。（中略）明治期の帝国大学はあきらかに、ジャーマンインパクトを受けたのである。（中略）その意味で明治三三年から四〇年にかけての京都法科大学の歴史は、まさにドイツ・モデルの摂取と、それが封殺されるに至った悲劇の歴史であった」[23]。さらに、舌鋒は、鋭くなる。「それから九〇年の歴史を経て、果たしてその後の京大がその創設時に掲げた理想を、着実に今日にいたるまで伝え残しているかについては、安易な即断はできまい。（中略）ノーベル賞受賞者の多くが京大関係者から生まれてきた遠因を考えた時、京大が創設時に掲げた『自主独立的学習』という理想が、なにがしかのかかわりを持っているのかもしれない。学生に向かって知的自立を求め、知的冒険をくわだてるだけの自由を許容しようとするその理想が、陰に陽に九〇年間の京大の学風を育んできたことは、十分に考えられる。それにひきかえ、東大関係者が『わが国日本の最高学府』という世評に惑わされ、教師も学生もその『神話』に自縛された不幸を完全に否定することはできまい。学問研究が既成の理論、既成の学問的成果に対する絶えざる挑戦である以上、『最高学府』といった権威意識は、まっさきに否定されなければならない」[24]。大胆な東大批判である。

そのことは別にして、潮木氏が、第二帝大として創設された京都大学の中核たる法科大学が、「新生帝大」の創設として大胆な「挑戦」を試みた動きを生き生きと描いた功績は大きい。わが国の大学史研究が、大学制度史に偏重し、そこで行われる教育理念、教育方法、カリキュラム編成に具体的焦点を当てたものは決して多くない。人材養成を論ずる限り、学部・学科・講座編成の変遷や人事を含む大学運営という外部から把握しやすい分野にとどまることが多いことは否定しがたい。一九九〇年代から二一世紀初頭のいわゆる「平成の大学改革」においても、マスコミ受けする新設学部の創設や入試方法などに焦点を当てるケースが多く、肝心の教育の中身に食い込んだものは多くない。改革と称して国際、環境、総合、地域などの名前を関した新設学部や講義科目を並べ替えただけでのものでは、真の改革とはならない。教育内容は外部からわからず、全くの『ブラックボックス』の中だからである。その意味で、戦前の新制帝国大学の改革を京都大学法科の挑戦的な　教育理念、教育内容、教育方法に着目した潮木氏の著作は先駆的意義を有している。

九大と東北大―どちらが三番目

次のエピソードは、三番目の帝国大学は、東北か九州かの論争である。草原克豪氏の『日本の大学制度』では、次のような文章がある。

「東北帝国大学が第三の帝大として誕生した背景にはこんな裏話もあった。当初、文部省としては、東京と京都のあとは東北と九州に同時に帝大を開設する計画だった。ところが大蔵省から予算が認められずにこの計画は先送りとなってしまう。そこで東北関係者は、盛岡出身で古河鉱業副社長も務めていた原敬内務大臣らの働きかけで古河財閥から百万円の寄付を仰ぎ、これによって東北帝国大学の設立が先行することになったのであった。といってもこの時点での東北帝国大学は、遠く離れた札幌の地に札幌農学校から昇格した農科大学を有するのみであった。仙台に理科大学が開設されるのはその四年後、九州帝国大学が創設されるのと同時であった。つまり、札幌農学校が事実上、東京、京都に次ぐ第三の帝大となったともいえるのである。のちに北海道帝国大学が創設されると、東北帝国大学農科大学が北海道帝国大学農科大学となった[25]」。

これに対し、折田悦郎氏は、九州帝国大学の創設の経過を次のように記述している。「法令上は東北大学（一九〇七年六月創設）に次いでわが国四番目に創設された大学であったが、福岡医科大学時代も含めれば、京都大学の創設に遅れること六年、実質的には第三番目の大学とも見なしうる学校であった。福岡医科大学は、九州東北帝国大学創設案が出された時、東北に先立ち設置が認められたもので、九州大学は当初より帝国大学としての恩恵を受けながら創設されたものである[26]」と指摘し、九州大学は、実質的には第三番目の大学である、と主張している。帝国大学創設順をめぐる「第三番目」争いである。

帝国大学の創設を勅令でみれば、東北帝国大学が明治四〇（一九〇七）年、九州帝国大学が明治四四（一九一一）年に創設されたことは確かである。しかし、前者は、本部を仙台市に置いたものの、大学そのものは東北帝国大学農科大学として旧札幌農学校を転換しただけの単科大学で、帝国大学の要件である複数の分科大学を擁していなかった。総合大学の要件を満たしたのは、仙台に理科大学を開設し、札幌の農科大学を一体化した明治四四（一九一一）年である。これは、医科大学と工科大学を開設し総合大学となった九州大学の創設と同時期である。その意味では、第三の帝国大学創設を明治四四（一九一一）年と見るのが穏当であろう。しかし、折田氏の考えは、より強硬である。東北帝国大学の創設を札幌の東北帝国大学農科大学を明治四〇（一九〇七）年とするなら、九州大学の創設を前身の京都大学福岡医科大学が創設された明治三六（一九〇三）年と見るべきと主張する。札幌での帝国大学機能は、「東北帝国大学」の名目で明治四〇（一九〇七）年、福岡での帝国大学の機能は明治三六（一九〇三）年「京都帝国大学」の名目で開設されたのであり、九州大学が四年早く「第三番目の帝国大学」として創設された、ということになる。「東北・第三説」、同時開校説、「九州・第三説」、いずれもそれなりの根拠があり、両大学は、みずから有利なように創立記念年を設定している。加えて、大正四（一九一八）年北海道帝国大学新設と同時に、札幌にあった東北帝国大学の農科大学は切り離され、移管されたので、「第三の帝国大学」論争は一層複雑になる。筆者が副学長であった時の杉岡洋一九州大学総長は。「九大第三の帝国大学」説を、入学式や卒業式の時に繰り返し述べていたことを鮮明に覚えている。明治の先人は罪なことをしたものである。いずれにしても、東大、京大に次いで北大、東北大、九大がほぼ同時に芽を出したことになる。

折田悦郎氏の九州帝国大学創設前後の話をもう少し追ってみよう。

第二の帝国大学である京都帝国大学が設立された一九世紀末には、「九州に帝国大学設置の可能性があることが判明すると、福岡、熊本、長崎の各県に、激しい大学誘致運動が起こった。福岡県会は、一八九九（明治三二）年一一月、九州大学の設置に関する建議を行ったが、これ以後毎年のように県立病院の国庫献納や寄付金を内容とする建議を可決し、福岡市も大学設置期成会を組織した。一方、熊本、長崎両県でも誘致活動が行われ、特に旧制第五高等学校や陸軍第六師団を有する熊本は、県会や地元新聞紙上を中心に積極的な運動が展開された。しかし政府は、財政問題や地理的条件、県立福岡病院の存在等から、福岡に医科大学のみを置くことにし、一九〇二（明治三十五）年二月の第十六帝国議会で、福岡医科大学の必要経費が可決された（中略）日露戦争後、高等教育機関増設の要求はますます強くなった。政府も、一九〇六（明治三九）年、翌年度の臨時費として東北帝国大学理科大学、札幌農科大学とともに、福岡に工科大学を創立する計画を立てたが、同案は財政難を理由に大蔵省の同意を得ることはできなかった。ところが、当時足尾銅山（栃木県）の鉱毒事件で世論の厳しい批判を受けていた古河家が、世論緩和の方策として教育事業への寄付を行うことにし、図らずも上の三大学増設案が実現することとなつた。また福岡県会も、金二五万円と土地六万坪の代金を寄付することを議決したので、ここに最も大きな問題であった財政難は解決し、工科大学の設立が確定することになったのである」(27)こうして、医科大学と工科大学の複数の分科大学を持つ九州帝国大学が創設された。

「このような九州大学も、先行する東京、京都の二大学と比べれば、大学としての規模、性格に大きな違いが見られた。例えば創立初期における分科大学は、東京が法・医・工・文・理の五、京都が法・医・文・理の四であったのに対し、東北は理・農の二、九州も医・工の二のみであり、また設立当初の東北、九州には、いわゆる法文系の分科大学が一つも置かれていなかった。東北・九州の二大学に法文学部が設置されるのは、大正後期になってからであるが（東北＝一九二二（大正十一）年八月、九州＝一九二四（大正十三）年九月）、そこへの進学者は『正系』の高等学校卒業者だけでは満たされず、多くの『傍系』出身の入学者が見られた。この点も先発二帝大と後発二帝大の違いである。同じ帝国大学でも一様ではなかったことに注意しておくべきであろう。いずれにしろこのような背景には、（中略）最大の理由として財政難問題があった。（中略）明治後期になると、官立学校であっても土地・建物新営費等の資金を地方や民間の寄付に頼るという構図が創り出されてくる。このような状況の中、福岡医科大学や九州帝国大学工科大学の創設に、福岡県下官民による設置・支援活動（資金、土地等の寄付）が果たした役割には極めて大きなものがあった。同様の動きは以後にも見られ、九大の農学部、理学部の創設に際しては、地元からの寄付が行われた。（中略）、法文学部を除けば、戦前期の九州大学に設置された全学部（分科大学は寄付に依存したため）である。後発の帝国大学にとっては、増設こそが実際には最大の『発展』であった」[28]。ここで掲載されている表によれば、福岡医科大学には福岡県から病院敷地・土地三万坪、建物）、工科大学には福岡県（敷地五万坪）、福岡市・粕屋郡・箱崎町（金八・七万円）、古河家（六〇万円）、農学部には福岡県（一三五万円）、理学部には麻生太賀吉（一〇〇万円）の寄付が表示されている。

箱崎キャンパス東側にある、大正一四年につくられた大学本部の事務局は、赤レンガの瀟洒な二階建ての建物で、その玄関には古河鉱業の寄贈によるものと書かれている。ここに、私は、一九九七年四月から二〇〇一年一〇月末まで約四年半副学長として二階の狭い一室で執務していた。後述する「九州大学改革大綱案」に基づく、わが国最初の学府・研究院の導入と全学大学院研究科の重点化、教養部の再編など一連の大学改革、さらに箱崎キャンパスと六本松キャンパスの西区元岡地区（現伊都キャンパス）への統合移転を「指揮」していた。異常に多忙でありながら充実した時間を過ごした。今は、昔である。

二　ピラミッドの頂点と底辺との空隙を埋める多様な専門学校

1―1図は、明治一九（一八八六）年、小学校令、中学校令、帝国大学令、師範学校令が公布された以降の「明治期の学校体系」である。この体系について、天野郁夫氏は、以下のように簡潔に整理している。

「明治初年の『学制』や『教育令』は、小学校・中学校・大学という三段階の学校を置き、小学校・中学校をさらにそれぞれ、尋常と高等の二段階に分けるという形で、その相互関係・接続関係を基軸にしたシステムの全体像を、包括的に示すものであった[29]」。ここでの問題点は、その後の「学制改革論議」で指摘され続けてきた「『頭ノ方』、つまり帝国大学から『下構的』に作られてきた学校系統と、『尾ノ方』小学校から『上構的』に積み上げられてきた学校系統との断絶、言い換えれば二つの学校系統の接続の問題であったこと（中略）その『頭ノ方』からと「尾ノ方」からの学校系統の統合問題は、その後も形を変えながら、学制改革論議の中心的な課題であり続けただけでなく、ますますその複雑さを増していった[30]」。つまり、帝国大学という頂点＝頭の方からの『下構的』に作られてきた学校系統と、小学校という底辺＝『尾ノ方』から『上構的』に積み上げられてきた学校系統との接続の問題としてとらえている。

同じことを草原克豪氏は。次のように記述している。この「教育制度の問題点は、（中略）、大学における人材養成の規模が小さすぎることであった。中学校卒業後、高等学校から帝国大学に進学するエリート養成の仕組みは整ったが、それは極めて狭くて遠い道であって、それだけでは到底増大する人材養成の需要に応えることができなかった。しかも高等学校は事実上帝国大学の予科となってしまっていた。その中にあって現実に社会の各方面で活躍する多様な人材を養成していたのは、何の基準も法的な根拠もない多種多様な専門学校であった。専門学校とは、その名のとおり、近代国家の専門職業人を目指す人たちのための学校であった[31]」。頂点と底辺の接続を、「きわめて狭くて遠い道」として表現している。

明治初年の『学制』や『教育令』から約二〇年を経過し、時代は、明治三〇年代後半、日本の産業資本主義の本格的な勃興期にはいり、国家機関の指導者だけでなく、時代にふさわしい新たな人材の養成の必要に直面していった。「それは産業化の本格的な進展に伴う、官から民へ、政治・行政から経済・企業へ、官僚から企業職員へ、さらにいえば『虚業』から『実業』へという、社会システムや人々の価値意識の大きな転換が、学生の教育要求や進学動向、ひいては職業機会の変化という形で、高等教育の世界にも反映され始めた」[32]。これを図1-1でみると、「第一に、小学校（六年）卒業後、①中学校（五年）を経て高等学校（三年）から帝大（三年）に進学する上級指導者養成コースと、②中学校（五年）を経て、専門学校（三年）に進学する中級指導者養成コースとからなる二段構えのエリート養成教育であり、第二に、小学校卒業後、実業学校などに進む大衆教育のコースということになる。」[33] ここでは②中級指導者養成コースが緊急の課題となった。

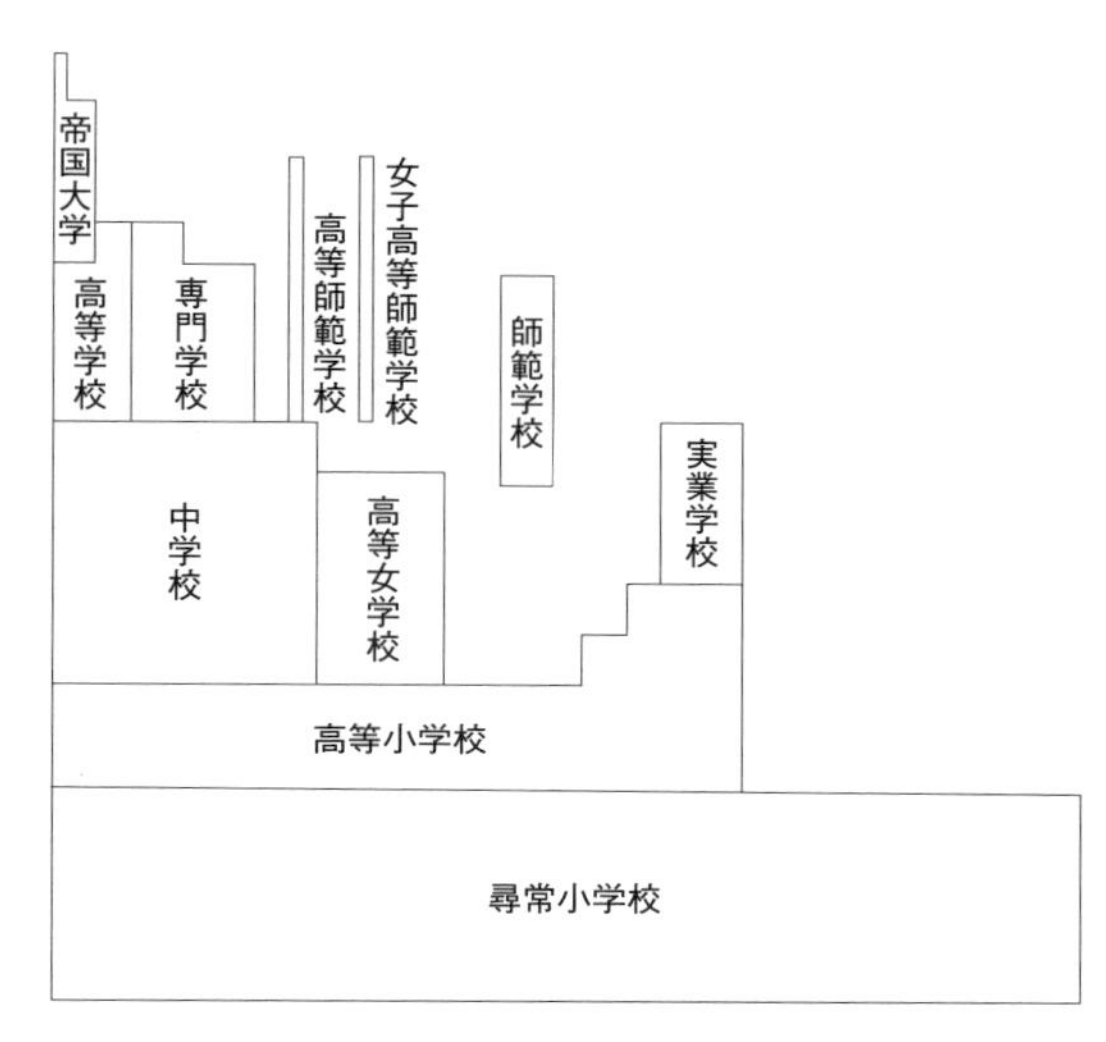

1－1図　明治期の学校体系　帝国大学令以降（草原書、p.45）

　こうしたなかで、政府は『教育令』施行一七年後の明治三六（一九〇三）年新たに『専門学校令』を制定した。

　草原克豪氏は、この専門学校を既存の教育制度のなかで、次のように位置づけている。「これにより、専門学校は、一定の基準の下で中学校教育修了者を受け入れて『高度の学術技芸を教授する』ための、帝国大学以外の高等教育機関として位置づけられることになり、さらに専門学校が予科を設けて大学を名乗ることも認められることになった。言い換えれば、問題の多い高等学校制度には手をつけずに、実用的な『低級大学』を実現することにしたのである。だがそれでも専門学校はあくまでも専門学校であり、正式な大学ではなかった。つまり、専門学校令は、一方では大学への昇格願望の強い私立の学校に対して実質的な『低級大学』としての法的な根拠を与えると同時に、他方では私学を政府の監督下に置こうとするものでもあったのである[34]」。「低級大学」とは。わかりやすいが用語として問題のある表現である。しかし、当時の政府関係者の学制改革論議のなかで頻繁に使われていた言葉であり、草原氏はカッコつきで用いたものと思われる。

天野郁夫氏によれば、専門学校令と同時に「公立私立専門学校規程」が公布され、この両者のもとで、専門学校の設置認可には、①入学者の資格、②教員の資格、③施設設備条件の三つの条件が重視された。このうち、①入学資格は中学ないし、高等女学校卒業者、②教員の資格とは、実質的には帝国大学やそれに準ずる官立学校を卒業し学位の称号を持つこと、そして、施設設備条件については、医科大学には「臨床実習用病院」を持つことなど高いハードルが設定されていた、という。このため、多くの医学予備校が廃校に追いやられた。また、専門学校令と同時に、実業学校令が改正され、これに基づいて多くの実業学校が誕生した。この高い「障壁」をクリアして認可された国公私立の専門学校が一五年後の大正七年の『大学令』の公布によって、ほとんどが「大学」に昇格するのである。これによって、明治一九（一八八六）年に制定された帝国大学令・高等学校令・師範学校令・実業学校令・中学校令・小学校令に基づいた諸学校に、1―2図のように専門学校が学校体系のなかに正式に位置づけられた。ピラミッドは角錐体であるので、図はこの立面図を示す。これを上から見ると頂点を中心にした同心の重層的な平面図となる。

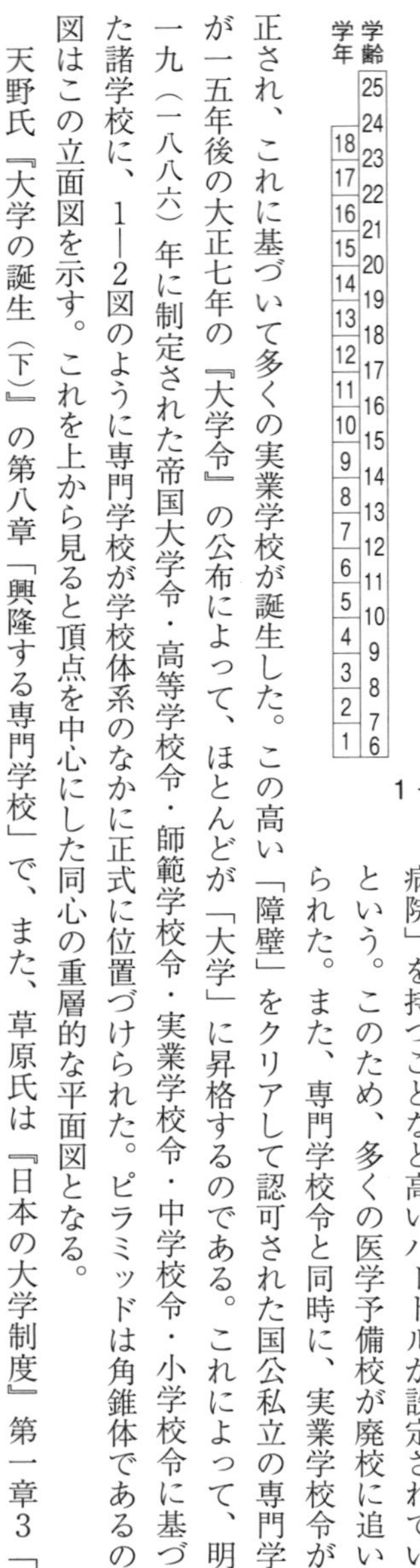
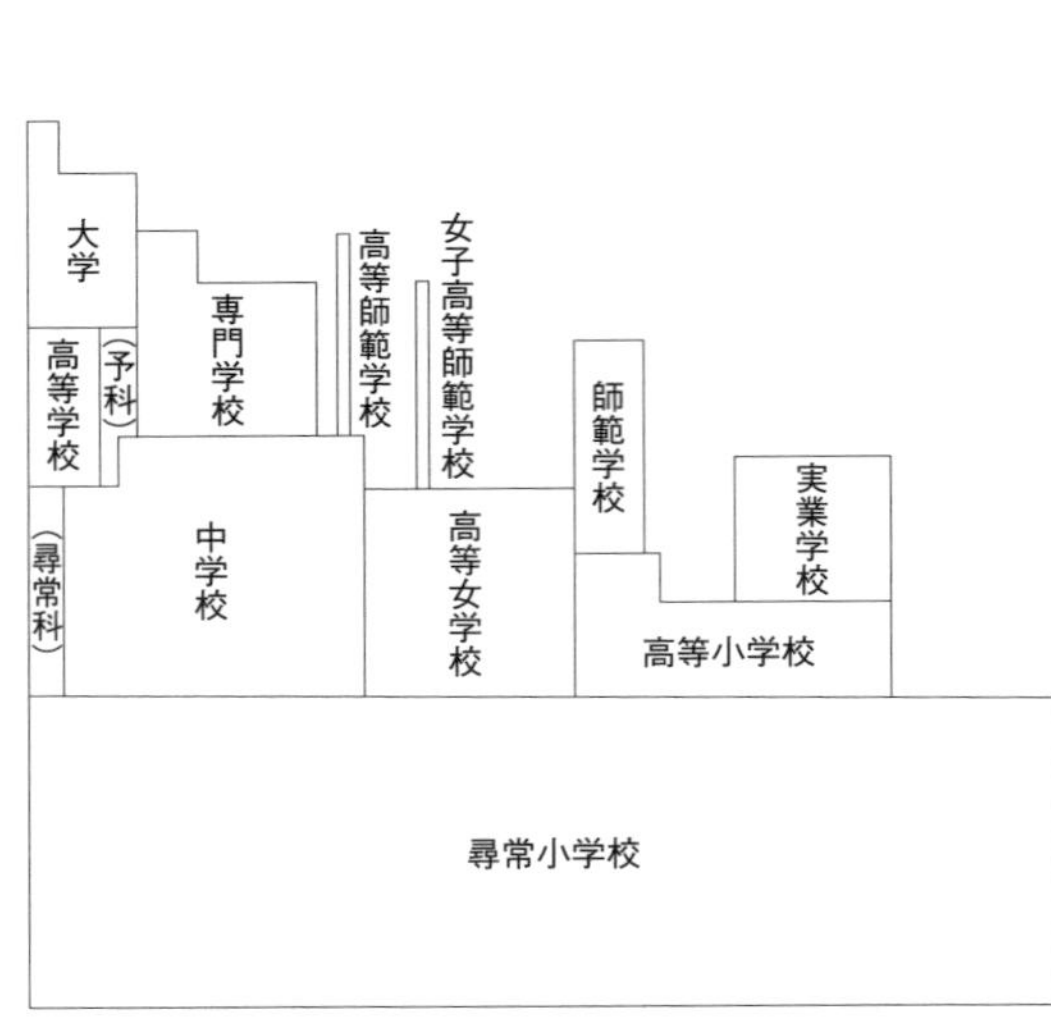

1－2図　戦前の学校体系　大学令以降（草原書、p.64）

天野氏『大学の誕生（下）』の第八章「興隆する専門学校」で、また、草原氏は『日本の大学制度』第一章3「傍系に位置付けられた私学」で、専門学校について個々の学校名を上げて詳しく論じている。

これらの著作を参考にして、専門学校を、一．実業専門学校、二．医療系専門学校、三．法学・商科系の私学専門学校、四．宗教系の私学専門学校．五．女子専門学校に、大きく五つにグループ分けしている。とくに、第三グループは、「学校数こそ少ないものの、（中略）私立専門学校在学者の圧倒的多数（大正七年で六二％）を占め、私立専門学校の総体的な発展に主導的な役割を果たしたのは、その起源から『法学系』として一括されてきた諸学校、具体的には早稲田・慶應・明治・法政・中央・日本・専修・関西の八校に、立命館と拓殖を加えた一〇校である」[35]。草原氏の書では、法律・経済分野の専門学校として、東京法学院（中央）・明治・法政・京都法政（立命館）、関西法律・専修・慶応義塾・日本・早稲田がの九校が列挙されている[36]。いずれにしても、現在の日本の学生数の約四分の三を占めている私立大学、その核となるのが私立大学連盟に集結するマンモス私立大学である。その起源と拡大の経過について天野郁夫氏が以下のように簡潔に記述している。

「この時期の大多数の私学は官立諸学校に教員、それも非常勤講師の供給源を全面的に依存していたのであり、近距離に官立学校が立地していなければ、その設立や存続は事実上不可能であった。（中略）法学系私学が神田界隈に集中していたのは、ひとつにはそのためであり、裏返せば慶應義塾が三田、早稲田が高田馬場と、都心を離れた場所に立地しえたのは、創設時から専任の教授陣を擁していたためといってよい。明治期はもちろん、今なお続いている私立高等教育機関の圧倒的な東京一極集中も、このことと深く関わっている。同志社や関西大学の不振は、京都や大阪に官立の法文系の学校が長く存在しなかったことと無関係ではない。京都帝国大学法科大学、さらには文科大学が創設されてはじめて、京都や大阪が、わが国第二の私立高等教育機関の集積地として発展を遂げる基盤が、用意されたのである[37]」。

ちなみに、関西最大のマンモス私立大学の起源について天野氏は、次のように記述している。「立命館大学は、帝国大学法科大学卒で西園寺公望文相の秘書官をつとめ、文部省書記官として京都帝国大学の創設にもかかわりを持った大阪の実業家中川小十郎が、明治三三年に私費を投じて創設した京都法政学校がその前身であり、三六年京都法政専門学校、三七年京都法政大学、大正二年には立命館大学へと校名を変更した。（中略）講義を担当したのは、京都帝大の教授ばかりであった[38]」（中略）とされるが、京都法政学校は、まさに京都帝大法科大学の『副産物』に他ならなかった」[38]。場所も京都帝国大学の北西部の衣笠山の麓にある。

ところで、私（矢田）の書庫にある『法政大学百年史』をひもとくと、専門学校令に基づいて、前身の「和仏法律学校」は、高等研究科、大学部、大学予科、専門部をもつ「和仏法律学校法政大学」と名称を変更した。その時（明治三六年一〇月）発行の『法学志林』で講師陣の名簿が掲載されている。これによれば、掲載されている講師陣は、東京帝国大学教授、大審院など裁判所の判事・検事、大蔵省など官僚でほとんど占められていた。学校は、これらの講師陣が勤務する本郷と霞が関の中間、神田小川町の旧東京法学校に置かれていたが、生徒数が多いことから新しい敷地をもとめ、麹町区富士見町に移動したと記されている[39]。こうした、東京都心一極集中、および関西圏の拠点形成という専門学校の分布は、「専門教育分野の多様化」という形での学生増を招き、「マンモス化」の様相を見せ、一極集中の規模は強化された。

ところで、天野書（下）の二四八頁・表9―5には[40]、専門学校令が公布された二年後の明治三八年と大学令が公布される三年前の大正四年の帝国大学と専門学校（官公立・私立別）について、専門分野別の卒業者数が『文部省年報』をもとに掲載されている。これによると、明治三八年の卒業者は、帝国大学六八三人（二〇％）、官立専門学校一、五〇〇人（四五％）、私立専門学校一、一五一人（三五％）となっている。一〇年後の大正四年では、各々一、六四〇人（二〇％）、三、五八二人（四五％）、二、八二八人（三五％）となっている。卒業生は一〇年間に二・五倍に急増しているが、三者の構成は全く変化がない。他方、専門分野別でみると、明治三八年では、医歯薬系七九四人（二四％）、社会科学系一、二一六人（三六％）、文学・宗教系五九二人（一八％）、理工農系七三一人（二二％）に対し、大正四年では、医歯薬系一、九七二人（二五％）、社会科学系二、七八二人（三五％）、文学・宗教系九〇七人（一一％）、理工農系二、三七二人（二九％）と文学・宗教系の低下と理工農系の上昇が目立つ。さらに詳細にみると、社会科学系における法・政系の二五％から一三％への低下と経済・商系の一二％から二一％への上昇という逆転現象がみられ。理工農と経・商の上昇は、官から民、公から実務へという高度人材需要の変化を反映している。

三　同心円状の『序列構造』をもった大学群の登場

専門学校令によって、多数かつ多様な高等教育機関が公式に認可され、ピラミッドの頂点と底辺の空隙が埋められてから一五年経過した大正七（一九一八）年、大学令と高等学校令が制定され、明治維新から半世紀をへて第二次大戦前の「複線型の学校制度」が完成した。草原克豪氏は、その要点を以下のように述べている。

「これにより、大学に関しては、総合大学を原則としながらも単科大学の設置も可能となり、帝国大学以外にも大学が認められることになった。また、官立だけでなく公私立大学も認められることになった。こうして私学を中心とする専門学校に対して長年の懸案であった大学昇格への道が開かれることになり、伝統ある専門学校が順次、大学に昇格していった。高等学校については、少なくとも建前上は、大学の予科としてではなく、尋常科四年・高等科三年の高等普通教育を完成する七年制の学校として位置づけられた。また、高等科のみを設ける高等学校については、中学校四年修了からの進学を認めて年限の短縮化が図られた。つまり、五年制の中学校と三年制の高等学校をあわせて七年制にすることで年限の短縮を図ったのである[41]」。

以降、東京帝国大学を真ん中において、順次創立された七つの帝国大学群が第一の円、旧実業専門学校系の官公立の「単科大学」群、および全国の主要都市に配置された官公立の医科大学群が第二の円、その外側に多数の私立大学群が取り囲む、同心円の『序列構造』の形を呈した大学群が登場した。順次追ってみよう

新たな大学群に加わった第二の円陣には、東京商科（一九二〇年、現一橋）、大阪商科（一九二八年、現大阪市大商、）東京工業、大阪工業（現阪大工学部）、東京文理科（現筑波）、広島文理科（現広島）、神戸商業（現神戸、いずれも一九二九年）の少なくない旧実業専門学校群のなかから官立六、公立一、計七校のみであった。それに比し、新潟、岡山（一九二二年）、千葉、金沢、長崎（一九二三年）、熊本（一九二九年、現熊大医学部）、名古屋（一九三一年、現名大医学部）、東京医科歯科（一九四六年）の全国の主要都市に配置されたすべての官立医科大学が「第二のリング」に加わった。さらに、このリングには、府立大阪医科（現阪大医学部）、県立愛知医科（一九二〇年、のち名古屋医科をへて現名大医学部）、京都府立医科（一九二一年）、熊本県立医科（一九二二年、のち熊本医科をへて現熊大医学部）など四つの公立大学も昇格した。この点について後述する。

いずれにしても官公立の九校の専門学校がすべて「大学昇格」を果たした。全国的レベルでの医師の養成がそれだけ重視されていたということであろう。

そして、第三のリングに属するのは、多数の私立の専門学校群の中から、厳しい財源確保の条件をクリアして大学昇格を果たした私立大学群である。それは、中心的な役割を果たしてきた慶応、早稲田の二つを核に、神田に集中する明治、法政、中央、日本の四つの法律系私学が、大正九（一九二〇）年先頭を切って大学に昇格した。これに文学系の国学院と京都の同志社の二校が同じ年に昇格した。この八校に続いて、立命館、関西、龍谷、大谷の関西四校に、専修、立教の二校を併せた六校が大正一一（一九二二）年に昇格した。こうして、大学令制定後わずか五年間に主力の私立専門学校の大学昇格がなされた。その後、立正（大正一三年）、駒沢（大正一四年）、高野山、大正（大正一五年）、東洋、上智（昭和三年）、関西学院（昭和七年）など文学・宗教系の専門学校の大学昇格が実現し、東京農業（大正一四年）、藤原工業（現慶応工学部、昭和一四年）、興亜工業（昭和一七年、現千葉工大）大阪理工科（現近大、昭和一八年）の理工農系、東京慈恵会医科（大正一〇年）、日本医科（大正一六年）の医科系が大学昇格を果たした。

最後に、高等学校については、第一から第八までのナンバースクールが大都市圏のほか、地方ブロックの核都市に配置され、東北では弘前と山形、北陸では新潟と富山、関東では水戸と浦和、中部では松本と静岡、関西では大阪と姫路、中国では松江と広島、山口、四国では松山、高知、九州では福岡と佐賀と各ブロックで二―三校、計一七校の三年制の官立の「ネーム」高校が追加された。そのほか、高等学校令で認められた七年制については、官立の東京高等学校と府立東京、県立富山、府立浪速の公立三校と武蔵、成城、成蹊、甲南の私立の四校が設置された。ナンバースクールを加えると、国公私立三三校となるが、東京に三校、大阪に二校を除くと、各地方にほぼ均等に配置されたことになる。高等学校が設置されなかった道県にも、経済専門（小樽、福島、横浜、彦根、和歌山、山口、大分、長崎）、工業専門（米沢、桐生、横浜、福井、山梨、徳島）、鉱山専門（秋田）、高等農林（盛岡、宇都宮、三重、鳥取、宮崎）。各道府県の師範学校などの教育機関が配置されており、第二次大戦後の新制大学の母体となった。

以上によって大学令制定の大正七（一九三二）年から第二次大戦終了の昭和二〇（一九四五）年までの一三年間の学校体系は同心円状の階層構造が形成されたのであり、草原氏は次のように簡潔にまとめている。「こうして、戦前の多元的な複線型学校制度が一応完成を見ることになった。高等教育については、①中学校から、高等学校（または大学予科）・大学へと進むエリート養成コースと、②中学校から専門学校へと進む専門家養成コースという二つの系統が存在した。前者の中でも、特に高等学校から帝国大学につながるコースは特権的エリートの養成コースとして重要な社会的使命を担っていた。中等教育については、高等教育につながる中学校のほかに高等教育への連結を前提としない高等女学校、師範学校、実業学校などが存在していた。もちろん国民の大多数は中等教育を受けることなく、小学校だけで学業を終えていた[42]」。

また、天野郁夫氏も、戦時体制下の動きをもふれて、『戦後への遺産』の視点から、以下のように述べている。

「こうしてわが国の高等教育は、大学・高等学校・専門学校、それに昭和一八（一九四三）年から中学校卒業者を入れる三年制の学校となった師範学校という、それぞれに形態・機能・水準を異にする多様な学校から構成される『多元重層的』な制度的構造をもったまま、敗戦を迎えた。とくに、戦時体制下に濫造された専門学校の場合には、官公立校と私立校、伝統校と新設校のそれを中心に、学校間にはなはだしい質の格差が形成されていた。しかもその格差は、敗戦後の混乱期に公・私立校の新設が続いたことにより、さらに大きなものになっていったのである。そして、戦後の学制改革の中で、高等教育について打ち出されたのは、こうした多様な質をもった専門学校を含む、すべての高等教育機関の新しい『大学』への再編・統合の方針であった[43]」。

（1）天野郁夫『大学の誕生（下）』中公新書　二〇〇九年　四一八―四一九頁。
（2）天野郁夫『高等教育の日本的構造』玉川大学出版部　一九九六年 五七頁。
（3）同右書　五八頁。
（4）同右書　二九頁。
（5）草原克豪『日本の大学制度』歴史と展望　弘文社　三六―三七頁。
（6）天野郁夫『大学の誕生　上』中公新書　二〇〇九年　二〇四―二〇五頁。
（7）同右書　二二四―二二五頁。
（8）同右書　二二六頁。
（9）同右書　二二八頁。

(10) 潮木守一『京都帝国大学の挑戦』講談社　一九九七年　一六頁。
(11) 同右書　三七頁。
(12) 同右書　六八頁。
(13) 同右書　九六頁。
(14) 同右書　一〇二頁。
(15) 同右書　一一〇—一一一頁。
(16) 同右書　一一〇頁。
(17) 同右書　一三二—一三三頁。
(18) 同右書　一三七—一三八頁。
(19) 同右書　一六〇頁。
(20) 同右書　一五六頁。
(21) 同右書　一九〇頁。
(22) 同右書　一八九頁。
(23) 同右書　二一〇—二一一頁。
(24) 同右書　二四六—二四七頁。
(25) 草原前掲書　三七—三八頁。
(26) 折田悦郎「帝国大学の歴史的役割と九州帝国大学の創設」（新谷恭明・折田悦郎編『大学とはなにか』海鳥社　二〇〇二年）五九—六〇頁。
(27) 同右書　五七—五八頁。
(28) 同右書　六〇頁。
(29) 天野前掲（1）書　二一六頁。
(30) 同右書　二一七—二一八頁。
(31) 草原前掲書　四〇—四一頁。
(32) 天野前掲（1）書　一九〇頁。
(33) 草原前掲書　四五—四六頁。

(34) 同右書　四三頁。
(35) 天野前掲（1）書　一八二頁。
(36) 草原前掲書　四三頁。
(37) 天野前掲（1）書　一八三―一八四頁。
(38) 同右書　一八二―一八三頁。
(39) 『法政大学　百年史』　一二三頁。
(40) 天野前掲（1）書　二四八頁。
(41) 草原前掲書　五七頁。
(42) 同右書　六三―六四頁。
(43) 天野前掲（2）書　五三―五四頁。

第二章　『公立大学の誕生』をめぐって――公立大学の理念の形成

　すでに述べたように、大正七（一九一八）年の大学令の公布に伴って大学に昇格した医科大学のなかに、大阪医科大学（府立）、愛知医科大学（県立）、京都府立医科大学、熊本県立医科大学の四つの公立大学が含まれていた。この点について、吉川卓治氏は名著『公立大学の誕生』で、大学令の制定過程を丁寧に分析し、帝国大学だけだった「大学」に、公私立、単科大学を承認する原案に最終的に「原案の項目上で公立大学を例外化するという改変が加えられた」(1)と指摘し、次のように詳しく述べている。

　明治一九（一八八六）年の「帝国大学令」、三六（一九〇四）年の「専門学校令」の制定と高等教育制度が整備され、また産業資本主義の発展による商工業など多様な人材の養成が必要となるとともに、「帝国大学」以外の「大学」の設立が時代の要請として高まっていた。その過程で、政府は何度か官立大学だけでなく公私立大学の容認、総合大学だけでなく単科大学容認論を取り入れた制度改革を検討してきた。検討を積み重ねる中で、一九一八年当時の寺内首相直属の「臨時教育会議」で、最終的な詰めがなされた。

　臨時教育会議では、「帝国大学とそれ以外の『新しい大学』とを同一法令で扱うことになり」、しかも、「公私立大学と単科大学を含むすべての大学の目的に教育機能だけでなく、研究機能が位置づけられることになった」。ところが、「その研究機能とそのための『設備』の必置」という規定が加わることによって、「限界ある地方財政との間の矛盾を顕在化」させ、この結果、「大学令」第五条において、「大学ハ官立及財団法人ノ設立トスルコト、但シ特別ノ事情アル場合ニ於テハ公共団体ノ設立ヲ認ムルコト」となり、「公立大学だけに例外的な位置づけが」なされた、（以上、吉川書）(2)。大学を教育だけでなく、「教育と研究」の二つの機能を有するものと定義づけ、必然的に設備の充実を義務付けたことが、財政力のない公立を例外規定に追い込み、このことが最終的に「大学令」に刻印された、というのである。この点の強調は、吉川書の大きな特徴であろう。以下、吉川書では、四つの医科大学と一つの商科大学の「公立大学」昇格の過程を、生徒・卒業生を含む大学当局、財政負担を義務付けられる県・府・市など公共団体、地域の人材養成に期待する実業界、大学制度全般を統括する政府・文部省、以上の四者のステークホールダーの絡み合いの中で多様な形態の「公立大学の官立大学への昇格運動」が展開していく。吉川書に依拠し、昇格なった大阪、愛知、熊本の三医科大学と公立大学のまま残った京都医科大学と大阪商科大学の例を大略整理してみよう。

一　戦前の「公立大学」の登場と国立大学への移管

①　府立大阪医科大学[3]

一九一五年に大阪府立高等医学校が府立大阪医科大学への改称が正式に文部省で認可され、これがわが国の公立大学の「嚆矢」とされている。専門学校令に基づいて一九〇三年に設立された大阪府立高等医学校の初代校長となった佐多愛彦氏は、医療活動と医師の育成を一体とした「医育統一論」を標榜し、その立場から医学専門学校の大学への「昇格運動」を開始し、大阪市および実業界を中心に地域を広く巻き込んでいった。しかし、大阪市を中心とする実業界の運動は、「帝国大学」をイメージした医科、工科、商科、法科、理科を含む総合大学の設立であり、大阪医科大学の設立をいわばその「トップランナー」として位置づけていた。佐多の運動は、専門学校令の範囲において校名を「大阪医科大学」とし、予科を三年間延長する一方、卒業生に「医学士」の称号を授与するというものであり、すぐに実現しようという要求でもあった。文部省も、この動きを是としつつ、新たに「単科大学令」を公布し、そのもとで実現を図ろうとしていた。同じく「大阪医科大学」であっても、「大阪帝国大学医学分科大学」、単科大学「府立大阪医科大学」、専門学校「大阪医科大学」、の三つの方向性を持つ、「同床異夢」であった。第一の戦略は、当時ほとんど日程に上がらず。第二の戦略である「単科大学令」は政府内で異論が強く、結局先を急ぐ佐多校長の現実路線が実現することになった。この中で、一九一八年の「大学令」公布に伴って正式に「大阪医科大学」となった。

その後、一九二四年に佐多学長が退職したのち、財政負担の軽減、総合大学化の動きから、府立の大阪医科大学の国立への移管の動きが強くなり、これを受けて一九三一年に医学部、理学部二体制の「大阪帝国大学」が創設され、三三年工学部が追加され三学部体制となった。佐多氏の強調した地域住民に支えられた最初で最大の「公立大学」がわずか一五年にして消失した。

②　愛知医科大学

二つ目の公立医科大学である愛知医科大学については、一九〇一年に愛知県立医学校として設立され、〇三年に「専門学校令」に基づいて愛知県立医学専門学校、さらに「大学令」に依拠して県立愛知医科大学となり、その後三一年に官立に移管されて名古屋医科大学を経て、最終的に一九三九年に名古屋帝国大学医学部となった。この複雑な経路について、県当局、県会、学校当局、生徒，校友会などの関係者の「官立大学志向の内実」を吉川氏は詳細に分析し、独自の見解を提起している。簡単に要約しよう。

もともと、「天王崎における愛知（県立）医学校＝愛知県立医学専門学校の施設は、世紀転換期には建築後二〇年を過ぎ、老朽化・狭隘化が進んでいた」。校長を中心とする学校当局は、たびたび県当局に対応を求めていたが、「移転・改築は、一九〇八年になってようやく動き始める。（中略）一九〇九年に移転先の敷地として鶴舞公園の隣地が選定され、一九一四年三月には、新しい校舎と病院がほぼ完成し、移転も完了した（中略）」。校長は、新築を契機に大学への昇格も働きかけていた（中略）。（しかし）、県会には、県費でもって、愛知県立医学専門学校を支えていこうという姿勢はほとんどなかった」、と氏は分析する。むしろ県は、改築によって施設を充実し、「官立移管を前提として文部省との事前折衝に有利に働くことを前提としたものであった」とする。氏は言う。「新築移転は、もともとは施設設備の老朽化・狭隘化への対処という消極的なものだったが、学校にとっては大学昇格への足がかりとして位置づけられ、県当局や県会においては明確に官立移管への前提という積極的な意味を付与されていた。したがって、学校と県会、県当局が官立大学への昇格を目指すことについて合意に達するのは、決して困難なことではなかったのである」[4]。

しかし、文部省当局は、当時「大学令」に基づき官立の医学専門学校の「大学昇格」を計画しており、その中に府県立の医学専門学校は含んでおらなかったため、愛知県立医学専門学校も官立化ではなく、例外規定の中での公立大学化を模索せざるを得なかった。これを受けて、「生徒たちが大学の設立形態には拘泥せずに昇格運動を開始したのに対して、校友会理事会は、（昇格期成同盟を組織して）その運動を官立大学への昇格という方向に集約したのである」[5]。これに対し、「文部省当局者は、政府に依存して大学を設立しようとする愛知県の姿勢に『時勢』の観点から批判を加え、むしろ寄附金を同校に支出して整備することで公立大学として成り立たせることを示したのである。

結局、文部省は、愛知県立医学専門学校の移管昇格を認めない方針を貫いた。その際、注目されるのは、（中略）大学令において例外的な位置づけにおかれていたはずの公立大学としての昇格に向かうよう、むしろ積極的に誘導していたことである。このことは、（大学制度史研究者がしばしば指摘するように）この時期、下からの教育要求の官立高等教育機関設立への『水路づけ』政策が必ずしも成り立っていなかったことを示しているといえるだろう[6]」と吉川氏は通説を批判している。

こうして、「文部省が愛知県立医学専門学校の移管昇格を否定し、公立大学への誘導をするなか、移管昇格に固執する山崎校長や学校当局に対して、卒業生や生徒が方針転換の声をあげて昇格期成同盟会を動かし、さらに県会と県当局がそれに触発された結果として、愛知県立医学専門学校が愛知医科大学に昇格することになった。文部省と、卒業生ないし生徒という『上』と『下』からの動きが愛知県に公立大学をもたらしたものといえるだろう[7]」と氏独自の見解を呈示している。

その後、大阪府会による官立総合大学設立の動きが始まると。愛知県でも県立医科大学の官立「移管運動が県会議員や県当局の主導によって進められた、政治的色彩を帯びた取り組みのもとに」、一九三一年五月一日、大阪帝国大学の創設と同じ日に県立の愛知医科大学が官立の」「名古屋医科大学」となった。さらに、第二次世界大戦開戦直前の一九三九年名古屋帝国大学が創設され、官立の名古屋医科大学は名古屋帝国大学医学部となった。

③ 熊本医科大学

一八九六年設立の私立熊本医学校は、一九〇四年専門学校令の下での私立熊本医学専門学校となった。その後、「当時の私立熊本医学専門学校『設立者』の一人であり、校長でもあった谷口長雄が主として経済的理由から同校を県立大学に移管・昇格させる方向で活動を開始した。彼の死後、学校当局と同窓会メンバーからなる発起会が発足し、そこで谷口長雄が示した方針の延長線上に『迅速昇格』論が形成された。（中略）いちはやく生徒たちが一九二一年度からの開設を要望し始めた。（中略）生徒たちは、（中略）県会に働きかけを行ない、結果的には県会の意向は生徒側のそれを反映したものとなった。（中略）学校当局は、移管に際して昇格のための『調査機関』を設置するという条件を提案し、知事がそれを受け入れ、生徒集団や県会もそれに合意を示すに至った。合意形成における焦点は『迅速昇格』論の扱いだったのである[8]」。

その後、一九二〇年二月に熊本県立医学専門学校が認可され、一〇か月後の十二月県当局と学校側が一体となって「熊本医学専門学校昇格期成会」が発足し、「迅速昇格」の実現に動いた。この運動は、二年後の一九二二年に県立熊本医科大学として認可された。しかし、県と大学の財政基盤がぜい弱で、病院等の施設整備もままならない状態が続いた。責任を取って辞任した前学長に代わって、愛知医科大学学長を兼任したまま一九二五年に就任した山崎正董学長は、県の財政援助による病院整備と積極的な病院増収政策に成功し、これを「官立移管」への下地とし、地元選出の政治家を通じて文部省や内閣に働き掛けた。その結果、県立大学認可から七年後の一九二九年に「移管」され、官立熊本医科大学となった。

1－1表　戦前の公立高等教育機関（公立大学と公立専門学校）

	医歯薬系	人文社会系	理工農系	女　子
北海道	1945　北海道女子医専			
東北	1945　県・秋田女子医専			
	1943　福島女子医専			
北陸	1920　県・富山薬専			
関東	1944　市・横浜医専	1928　市・横浜高商		
			1940　都・工専	1943　都・女子
			1942　都・化学工専	
			1943　都・理工専	
			1944　都・機械工専	
中部	1916　私・静岡女子薬専			
	1943　県・山梨医専			
	1931　市・岐阜薬専			
	1943　県・岐阜女子医専			
	1901　愛知県立医学校			
	→03　愛知県立医学専門学校			
	→20　県立愛知医科大学			
	→31　官立名古屋医科大学			
	→39　名古屋帝大・医			
	1942　市・名古屋女子医専			
関西	1943　県・三重医専			
	1882　京都府医学校			
	1903　京都府立医学専門学校			
	→21　京都府立医科大学		1901　市・大阪高等商業	
	1901　大阪府立医学校		**→28　市・大阪商科大学**	
	→15　府立大阪医科大学		1939　府・大阪工専	1924　府・大阪女子
	→31　大阪帝大・医		1943　府・化学工専	1924　市・大阪女子
	1873　府・獣医学講習所		1944　府・機械工専	1945　市・都島工専
	1944　府・獣医畜産専		1944　府・淀川工専	
	1944　市・大阪医専		1944　府・農専	
	1944　県・兵庫医専	1929　県・神戸高商	1944　県・兵庫工専	
	1945　県・奈良医専			
	1945　県・和歌山医専			
中国	1944　県・広島医専			1928　県・広島女子
	1944　県・山口医専			1942　県・山口女子
四国	1943　県・徳島医専			
	1944　県・高知女子医専			
九州	1935　県・九州歯科医専			1923　県・福岡女子
	1904　私・熊本医学校			
	1919　私・熊本医学専門学校			
	1921　熊本県立医学専門学校			
	1922　県・熊本医科大学			
	1929　官・熊本医科大学			
	1908　私・熊本薬学校			
	1910　私・九州薬学校			
	1925　官・熊本薬学校			
	1942　県・鹿児島医専			

設立年　設置者　校名　ゴチは公立大学

『日本　学術大鑑　1981』日本学術通信社

吉川卓治『公立大学の誕生』名古屋大学出版会　1972　表終-2　p. 318を参考に作成

二　公立大学の元祖―京都府立医科大学と大阪商科大学

①　京都府立医科大学

吉川氏は、一九〇三年の専門学校令に基づいて設立された京都府立医学専門学校の大学昇格運動について、著作の第8章で分析している。これによれば、はじめから「京都帝国大学との競合」が大学昇格運動に大きな壁としてたちはだかり、京都府知事をはじめ府会、そして京都府民の理解が第一の課題であり、第二に新たな大学令の下での研究設備の充実に必要な費用負担が第二の課題であった。

前者については、学校側は「強い危機感」のもとに校友会やマスコミへの取り組みを積極的に展開した。校友会を軸に「昇格期成同盟会」を結成し、資金の収集、世論の喚起、知事・府会への陳情等積極的働きを行った。この結果、「一九一九年の通常府会において、郡部選出の議員のあいだにやや消極的な姿勢がみられたものの、府会は府費からの補助を考慮せずに、京都府立医専門学校を大学に昇格させることについては府当局とひとまず一致していた。これで昇格に向けての条件は整ったかにみえた(9)」。府の財政的負担が求められた場合には、それが府会で問題となる可能性は残されていた。そして、実際に一九二〇年の京都府会でこの問題が持ち上がってくる。

第二の課題については、文部省と府会が大きく立ちはだかった。前述した。「大学令」案の最後に挿入された「公立大学の例外性」規定である。この点について、吉川氏は、京都府立医科大学を例にして、文部省の「内規」や「通牒」、さらには「行政指導」、京都府会での議事録などを詳細に解明した。ここでは、医科大学の運営のために府の一般会計とは別に「特別会計」を置くこと、そこへ毎年一定額を「一般会計」から補充すること、補充金は私立大学に適用した財団法人に要求した「基金」の利子に相当する額とすること、などを文部省が求めてきたことを明らかにし、府当局が一九二〇年の府会に予算案を提示し、了解を求めた。この点は、京都府立専門学校においては府費からの支出がまったくなされてこなかったこともあって府会は「敏感」に反応したが、最終的に京都の市部と郡部の間の配分が行われて解決を見た。これによって、一九二一年二京都府立医科大学が正式に許可された。ただし、その後の予算の運用にあたっては、特別会計への繰入金が「一定額以上の安定額」なのか、「特別会計での不足分の補充」なのか、論理基盤にあいまいさを残した、と指摘している。

② 大阪市立商科大学

一八八五年五代友厚ら実業界によって設立した私立大阪商業講習所を基礎として府立大阪商業学校が設置された。この学校は、市制施行で一八八九年市に移管され、続いて一九〇一年に市立大阪高等商業学校に改組され、一九〇三年専門学校令のもとで正式に認可された。その後一九一九年大阪市立高等商業学校と改称した。その後、生徒たちの手により「大学昇格」運動がはじまった。これを受けて大学当局と同窓会は、大阪市立高等商業学校を改組して大学を設立する、つまり「昇格」に動き出した。ただ、市会では、「昇格」と「官立商科大学の新設」が並列的に論じられていた、と吉川氏は言う。つまり、「大阪市に商科大学を設立するという総論では一致できるが、設立方法や設立形態、さらには高等商業学校の存置といった各論に入ると異論が生じてくるため、この時点では市議たちも市当局も昇格後の具体像を摸索している段階にあったとみることができる」[10]と、吉川氏は述べている。

しかし、一九一七年施行の「大学令」は、第五条で大学の設立する公共団体を「北海道及府県」に限定され「市」には適用されないことになっていた。大阪市長は、一九二〇年に大学令改正を求める建議を文部省に提出した。これに対し、文部省は、市立大学が乱立すること、施行したばかりの「大学令」を改正することは、「早急な勅令改正による威信低下」となる、との理由で回答を留保し、交渉は不調に終わった。こうしたなかで、「大阪府会において大阪医科大学を官立移管し総合大学の一分科にするという意見が出てきた」。こうして「総合大学設立論」が復権し、市立商科大学不要論が足元から湧出してきた[11]。

こうしたなかで、東京高等商業学校の教授を辞して大阪市の助役となり。一九二三年に大阪市長となる関一氏は、卒業生の組織で、「市立商科大学の前途に望む」と題して講演し、独自の「市立大学論」を提示した。肝の部分を抜き出すと以下のようになる。「大阪の如き大都市に於て、特に精神文化の中心を有つことの必要は、何人も異論のないところである。併し此の目的を達するには、従來の如き古い大学の型を模倣したのでは尚不十分であって、必ず市民の力を基礎として、市民の生活に最も緊要なる専門的の智識を授くると共に、市民としての一般的教養の機関でなくてはならない。（中略）、即ち設立した都市の経済生活、及び精神生活と決して離るべからざる関係を有する学問上の中枢機関としての市立大学を新設せなければならぬ。かくしてこそ大阪市民は軽からぬ特別の負担を敢えてして市民の力による大学設立に先鞭をつけることが出来たと天下に誇り得るのである。（傍線矢田）

之を要するに、今や大阪市が市立商科大学を新たに開校せんとするに当って、よく考へねばならぬ事は、単に専門学校の延長を以って甘んじてはならぬ事勿論であるが、又国立大学の『コツピー』であってもならぬ[12]」。

この関氏の理念の提示について、吉川氏は、次のように高い評価を与えている。

「関の『市立大学論』において（中略）注意すべきなのは、大阪市立高等商業学校の昇格によって市立大学を設立という点で地域的合意が形成され、文部省がようやく大学令改正に向けて動き始めた時点でこの大学論が登場したことである。（中略）このことは、運動自体が明確な理念を持たないままに始まり、進められたことを意味しているが、関の『市立大学論』は、そのようにすっぽりと抜け落ちていた、なぜ市立大学なのか、という問いへの的確な答えを用意するものだったのである[13]」。

こうした、市当局および大学当局、同窓会の動きを受けて、文部省は一九二六年一二月に審議会を開催し「大学令」五条の改正について諮問し、即決で審議された。その結果、「公立大学ハ特別ノ必要アル場合ニ於テ北海道、府県及市ニ限リ之ヲ設立スルコトヲ得」となり、「市」も認可の対象となった。この年三月、「市立大阪商科大学」が誕生した。

ところで、吉川氏の言う「なぜ市立大学なのか」という公立大学の理念に関わる関発言の傍線部分を分解すると、①市民の精神文化の中心であること＝「市民の誇り」、②市民の軽からぬ負担で設置すること（＝自治体の財政負担）、③市民生活に緊要なる専門知識を授けること＝「教育の内容」、④市民の経済生活・精神生活に関係する学問を研究すること＝「大学の研究課題」以上の四点に集約され、これらは密接に関わっている。なぜなら、教育内容や研究課題、そして市民の「精神文化の中心」なるものは、市民の財政負担と切り離しては成立しないからである。ここに関氏の「公立大学の理念」の根幹がある。ここで紹介した三つの県立医科大学の国立への移管と二つの公立大学の存続を分かった分水嶺は、こうした「公立大学の理念」に支えられていたか否かである。

三　公立大学の理念の形成と発展的継承

吉川卓治氏は、著作『公立大学の誕生』の「終章・三　総括と展望」で、公立大学の理念の形成と発展的継承を、次のように論じている。

まず、公立大学の理念の形成について、大阪府立医科大学の学長佐多愛彦が「公立大学とは都市ブルジョアジーに支えられ、都市の諸機関と結びついて、都市問題を材料とした研究活動を中心に、教育、社会的活動を進めていくものであるとする公立大学理念をつくりあげたのである[14]」と、公立大学の理念の形成過程を明示する。

そして、「大阪商科大学の設立過程において『国立大学の「コッピー」であってはならない。〔……〕大阪市を背景とした学問の創造がなければならない』と、『学問の創造』という研究面を軸に主張を展開した大阪市長関一の『市立大学論』を介して、公立大学理念は、大阪商科大学のなかに発展的に受け継がれていくことにもなった[15]」と公立大学の理念の発展的継承を見出す。

ここには、「研究機能を帝国大学に（のみ）集約する構想が否定され、かわって公立大学を含む全大学の目的に研究機能を位置付ける[16]」発想が貫かれている。この考え方は、戦後の高等教育に引き継がれており、国公私立大等の設置形態に関わらず、大学の主な機能の一つとしての研究が位置付けられている。国家のためにとか、都市ブルジョアジーによるとか、私企業・自由市民のための研究などと狭く限定されるものではない。にもかかわらず関一が「国立大学の『コッピー』であってはならない」ことに固執したのは、戦前の国立大学特有の雰囲気に対する「批判」を内在せざるを得なかったからであろう。しかし。これは戦前の特殊性だけと見ることはできない。国家間対立が厳しくなっている二一世紀においてもなお国家的・社会的有用性の名における予算配分と学部学科の許認可権の行使が強くなっている。学問研究の発展にとって、国・自治体・法人などの多様な設置形態の併存は「学問の自由」にとって必要不可欠である。後述するように、大学における「専門と教養の教員差別解消」を理由に全国の国立大学の教養部が「予算折衝における行政指導」を通じて一律に強制されてきたことは記憶に新しい。筆者（矢田）は、二〇〇五年に北九州市立大学の学長に就任した翌年に、あえて教養教育担当の専任教員だけの組織「基盤教育センター」を設置した。

大学にとって重要な教養教育に責任を持つ教員の組織が不可欠で、当時、京大を範とする「全学教員出動方式」では適当ではないと考えたからである。公立大学だからこそ予算折衝を通じて文部科学省の「指導」を受けずに済んだのである。それから二〇年、国立大学でも教養教育専任の「教員組織」が復活しつつある。設置形態の多様性が、教育システムの画一化を防いだことになる。

吉川氏は、そのほか、「一九四〇年代に入ると、地域課題への対応を図ることを主要な目的として地域が主体的に高等教育機関を作り出そうとする動きは、公立専門学校の新設というかたちをとりながら(中略)、都市だけでなく地方にまでも広がりつつあったのである。そして、一九四五年の敗戦後、こうした専門学校を基礎として公立大学が再興されいく[17]」として、県立の医科大学が「大学令による旧制の公立大学として一気に誕生した[17]」ことに言及している。研究という機能とともに、地域の課題への対応を図る人材の育成という側面からの「必要性」に言及している。帝国大学が国家枢要の人物の育成を強調したのに対し、多様な地域課題の解決に取り組む高等人材の育成に着目している。この点は重要である。戦後、とくに高度経済成長を達成し国際社会の一員としての地位を確立した日本が、「国家枢要の人物」だけでなく、「国際社会で活躍する人物、」「国際水準の教養を身に付けた人物」の育成に重視を置き始めている時代にあって、置きざれにしつつある過疎や疲弊に悩む地方を活性化し、環境破壊や多発する災害に取り組む、高度な人材の育成も見逃されてはならない。それが二一世紀の喫緊の地域課題である。つまり「地域づくり人材の育成」が、人材養成の第三の目的となる。

後述するように、公立大学協会は、二〇一七年に『時代をＬＥＡＤする公立大学―公立大学の将来構想に向けての議論の方向性と可能性』という報告書を刊行した[18]。この考え方に立てば、公立大学が地域づくりの指導的人材を育成する場合、①地域における人の誕生・成長・老化などに関わる医療・看護・教育・福祉分野(人的循環)、②地域の資源・環境の開発・保全、新しい価値の創造分野(物質循環)分野、③地域の芸術・文化の創造に関わる分野(知的循環)、④企画・デザイン・行政・国際など総合分野，以上の四つの分野に関するリーダーの育成に集約される。基幹的国立大学の「国家枢要の人材の育成」に対する「地域づくり人材の育成」が基本コンセプトである。とは言っても、授業科目構成の基本は、各分野の研究成果を基礎とし、「地域特性」や「地域比較」に多少を比重を置く程度で、大きく変わるものではない。ただ、地域理解、地域実習、地域問題解決への意識を不可欠とする。これには、地方自治体が設置する「公立大学」が最適の設置形態である。こうした公立大学の理念の形成と発展的継承、それに教育内容・授業形態が、公立大存立意義としての「経糸」である。

しかし、現実には、こうした理念に基づいて設置されているわけではない。より複雑な力学が作用している。吉川卓治氏は、「公立大学が設立された地域において昇格運動がどのようにして成立・展開したのかということにこだわって」分析した。「その結果、運動は、まず学校関係者が『医育統一論』や『高等教育機関拡張計画』といった学校外的な契機によって開始し、さまざまな思惑をもった地域の諸集団と合意を形成しながら進められたことを明らかにした[19]」、とする。その昇格運動とは、京都府立医科大学、府立大阪医科大学、愛知医科大学、熊本医科大学、そして大阪市立商科大学の四医科大学、一商科大学のケースである。地域諸集団とは生徒・同窓生および学校当局、府・県・市の地方公共団体の当局と議会、地元実業界、文部省および政府当局などのプレーヤーの集合である。地方公共団体の中心は、京都府、大阪府、大阪市、愛知県、熊本県の二府・二県・一市である。これらのプレーヤーの織り成す運動の分析が、吉川卓治著の「横糸」である。この二つの糸の「つむぎ」具合は、次のように、必ずしも出来栄えのよいものではなかった。

ここで、「改めて浮き上がってくるのは運動に対して働いた政府・文部省による規定力の強さである。府立大阪医科大学への『昇格』運動の場合、その成否は、運動の体制や取り組みの如何によるものだったというよりも、文部省側の出方次第だったといえる。愛知県で当初展開された官立大学昇格運動に対して、文部省が官立大学の可能性を否定し、公立大学に誘導すると、運動主体は、それに従わざるを得なかった。また愛知県、京都府、熊本県、大阪市での運動は、政府による『高等教育機関拡張計画』や同格とみられていた官立学校の大学昇格の情報が直接の契機となっていた。運動そのものは、学校やその関係者が始め、地域の諸集団を糾合しながら展開されたが、運動の基本的な契機は国家の側にあったのであり、その方向性も国家による枠付けから逃れることはできなかったのである[20]」。

結果的には、五大学のうち三大学が官立移管となり、京都府立医科大学と大阪商科大学の二つが公立大学として第二次大戦後まで存続した。まさに、「(公立大学の) 理念を受容する基盤が十分に成熟する前に、多くの公立大学は、一部の関係者や政党の突出した動き——そこでは政党が地方と中央を結び付けるパイプの役割を果たしていた—に引きずられて官立大学に移管され消滅してしまう。これにともなって公立大学の理念も、大きな流れとなることなく、『未発の契機』のまま歴史のなかに伏流せざるをえなくなった[21]」。

これが、吉川氏の力作『公立大学の誕生』のモチーフであり、戦後の展開への期待をも込めている。

最後に、公立大学の学長経験者として一言付加してみたい。それは、「公立大学の理念」を推進するプレーヤーは誰かということである。ここで登場した五つの大学にあって、生徒・同窓生および学長などの大学当局は、「大学昇格」運動の積極的運動推進者であった。それは、昇格によって、学士の取得、予科の付設などが可能となる強いメリットがあるからである。公共団体の長および議員、さらに地元実業界はおおむねこれを支援する。これに対し、同じ昇格でも、「公立」のままか「官立」化かでプレーヤーに意見が分かれる。生徒・同窓会は特にこだわらないが、費用負担を強いられる公共団体や地元実業界は、設備投資などの短期的負担はともかく、大学運営などの長期的に負担を回避できる「官立」を選好する。そのため、地元選出の政治家を頼って「官立」の可能性を追求する。愛知医科、熊本医科がそうであり、大阪医科も佐多学長が退職すると、一転この方向に舵を切った。京都帝大との競合から京都府は「官立」化を選択しえなかった。また、愛知医科も文部省の壁が厚かったので当初あきらめていたが、政府の態度軟化をみて、一気に「官立」化に舵を切った。公共団体の費用負担の壁を突破できるのは、「地域とともに研究・教育する」という明確な理念を「学長」か「公共団体の長」が持つケースに限られている。大阪府立医科大学の佐多愛彦学長であり、大阪市立の関一市長のケースである。強引な「廃藩置県」と中央集権国家の形成に突き進んだ明治期において、「地方自治」や「地方分権」などの理念がおよそ欠落していており、明確な理念を持った二つの公立大学が存在しただけでも稀有である。ただ、大阪府立医科大学は道半ばで転換し、京都帝大の壁に阻まれた京都府立医科大学が残った。

地域のニーズに対応した多数の「公立大学」の設置と財政負担の回避のための国立大学への移管は、第二次大戦後より大規模に再生された。国立への移管は、県立の医科大学だけでなく、工科、農科大学など多分野に及び、関係する自治体も多数となった。

しかし、「再生」はあっても、新たな状況が加わり、公立大学をめぐる様相は大きく異なった。新制大学制度の発足とともに、東京都立、大阪府立、横浜市立、名古屋市立など大規模自治体設置の大学は、戦前からの大阪市立や京都府立にならって「公立大学の理念」をしっかりと継承して新たな公立大学群を生み出しその中核を形成した。その後、北九州市立大学と兵庫県立大学が「公立大学の理念を」を体現した総合大学として続き、また、道立・札幌医科大学、福島県立医科大学、和歌山県立医科大学、奈良県立医科大学、九州歯科大学の五つの医科・歯科大学が元祖・京都府立医科大学に続いた。さらに、秋田県立大学、岩手県立大学、宮城大学、高崎経済大学、山梨県立大学、都留文科大学、静岡県立大学、愛知県立大学、福井県立大学、滋賀県立大学、京都府立大学、岡山県立大学、県立広島大学、広島市立大学、鳥取環境大学、島根県立大学、山口県立大学、高知県立大学、熊本県立大学、長崎県立大学が三学部以上または学生数二〇〇〇人以上の「複合大学」として国土に万遍なく立地し、「地域づくり人材」の中核として根付いていった。公立大学がわずか二校にとどまった戦前と様変わりである。これに、一九九〇年代以降の「政府のゴールドプラン」に基づく高齢化社会対応の看護・保健・福祉人材養成の公立大学設置の波が襲い掛かり、二〇一〇年代末には公立大学の数は九〇余校に増え、国立、私立とならんで欠くことのできない大学となり、国の文部行政に「一定の距離」を保ち独自の道を歩んでいる。

(1) 吉川卓治『公立大学の誕生』名古屋大学出版会　二〇一〇年　一六五―一六六頁。
(2) 同右書　一三八―一四二頁。
(3) 同右書　第6章。一七〇―一八九頁。
(4) 同右書　一九二―一九七頁。
(5) 同右書　一九八頁。
(6) 同右書　二〇二頁。
(7) 同右書　二〇六頁。
(8) 同右書　二六〇頁。
(9) 同右書　二三四頁。
(10) 同右書　二七三頁。
(11) 同右書　二八四―二八五頁。
(12) 大阪市立大学『大阪市立大学の歴史』一六〇―一六一頁（出所『大大阪』第四巻四号　一九二八（昭和三）年四月）
(13) 吉川前掲書　二八八頁。
(14) 同右書　三二二頁。

(15) 同右書 三二四頁。
(16) 同右書 三二三頁。
(17) 同右書 三二四頁。
(18) 公立大学協会『時代をLEADする公立大学』二〇一七年。
(19) 同右書 三二三頁。
(20) 同右書 三二四頁。

第二編　戦後の学制改革と新制公立大学群の登場

第一章　戦後大学史の時代区分

第二次世界大戦が終了してから七〇余年。多くの重大な事件が勃発し、世界の政治・経済・社会の諸局面は時とともに激変していったが、あえて大きく時代区分すると一九九〇年前後が最大の転換点と言えるであろう。八九年のベルリンの壁の崩壊に始まる東西ドイツの統一、ソ連邦の解体と続く一連の事件によって、世界を二分してきた米ソ冷戦体制が崩壊し、深刻なテロや民族対立、さらに、主導国による「国際協調路線の否定」傾向が強まり、国益の対立する不安定な世界が出現している。他方、わが国では、戦後復興・高度成長と半世紀近く続いた右肩上がりの経済成長が、バブルの崩壊とともに一転して構造不況・長期のデフレ基調に変じた。時を同じくして、元号も昭和から平成となった。まさに、戦後の「節目」が一九九〇年前後である。日本政治を牽引した自社体制も、少し遅れて九〇年代半ばに終焉した。

戦後の大学史を語る場合も一九九〇年前後が転換点となる。後述するように、占領軍の民主化政策の下で、一九四七年に教育基本法、学校教育法が制定され、六・三・三・四制という新たな学校体系が確立した。その後、あわただしく新制大学制度が「構築」され、四九年には二〇〇を上回る国公私立大学が設置され、学生数は一挙に四五万人となった。終戦時の五〇前後の大学、約一〇万人の学生数からみれば、様変わりである。

占領軍、日本の「大学人」、文部省などの間の「妥協」のなかで拙速に構築された日本の大学制度は、多くの課題を抱えつつ、ともかく出発し、安定軌道に乗ることもなく、やがて一九六〇年代半ばに戦後第一次のベビーブーム世代の進学を迎え、一挙に学生数が増え、混乱の極に達した。こうした大学教育の混乱のなかで、世界的な波にも影響されて主力大学での学生の「反乱」が列島を襲った。戦後の大学制度のもたらした「混乱」が何一つ解決することなく、紛争は政治の力で一九七〇年代に終息した。

大学教育に累積した諸課題の解決、別言すれば「占領下に形成された学制の総合的見直し」（大﨑仁）に、文部省が本腰で乗り出したのは、紛争の終結した一九七〇年代以降である。具体的には、一九七一年に中央教育審議会が、「高等教育に関する基本構想」という答申（四六答申）を出し、「画一的な」高等教育機関の種別化・類型化、一般教育と専門教育の形式的区分の廃止、研究組織と教育組織の分離、国立大学の設置形態の見直し（「法人化」など）、評価の導入、高等教育機関の計画的整備（規模・種別・地域など）、私学の経常費助成、などの構想を提起した。しかし、大学側の強い抵抗もあって、ほとんど具体化せず、七五年の私立学校振興助成法による私学助成と統制のみが実現した。

他方、国立大学については、「既存大学（在来線）とは切り離して、新たに医科大学、技術科学大学、筑波大学をはじめとする新構想大学を創設することを重視し、そこに集中的に予算を投入していった。東海道線のスピードアップのためには在来線を変えるのではなく、それと並行して斬新な新幹線を建設するという、いわゆる新幹線方式の発想である」[1]。七三年の筑波大学を嚆矢に、七〇年代に相次いだ地方の国立医科単科大学、教育系大学院大学、科学技術大学、先端科学大学院大学など、時代と地域のニーズに対応した新設大学ラッシュが続いた。また、多様な高等教育機関の統合によってできた「たこ足」大学の統合もこの間に進んだ。名古屋、大阪、新潟など大規模な移転統合であり、福島、大分、宮崎などの新キャンパスづくりであり、金沢、広島、九州などの大規模統合移転は、かなり遅れて二〇世紀末から二一世紀初頭に取り組まれだ。このように、高度成長期後半の文部省の大学政策は、政治的にコストのかかる既存大学の管理や教育内容のソフトの「改革」よりは、たこ足大学の統合、社会の人材需要に対応しつつ、新しい管理システムを導入した大学群の設置などに精力を注いだ。一九七〇年から九〇年間での二〇年間は、大学紛争という「羹に懲りた」政策だったとも言える。

しかし、一九七一年の四六答申での高等教育機関に対する基本構想は、九〇年代に入って一気に加速する。文部省にとっては、占領軍の大学政策に対する半世紀ぶりの「意趣返し」である。具体的には、一九九一年の「大学設置基準の大綱化」による一般教育と専門教育のカリキュラム編成の自由化とそれに付随する全国的な教養部の廃止、一九九一年から二〇〇六年の大学院の重点化、二〇〇四年の全国立大学の一律の法人化と公立大学の選択的な法人化の開始、それに伴う国公立大学の管理システムの転換、さらに二〇〇二年の学校教育法の改正に伴いすべての国公私立大学への定期的な「大学評価」受審の義務付け、この三本柱の制度改革が、大学管理、教育内容と質の向上の流れを加速させることになった。この「平成の大学改革」について、大﨑仁氏は、戦後の日本の大学史の中に次のように

位置づけ、注目している、

「九〇年代に入ってから、（中略）現在進行中の大学改革は、行政改革、科学技術振興の諸要請を背景に、占領下の改革以来の大改革となりつつある。それが何を生み出すかは、今後の展開いかんである。関係者の叡智と努力により、進行中の改革が、大学の自主自律の確立につながり，世界に誇れる大学へのスプリングボードとなることを祈るのみである[2]」。

以上から、戦後七〇余年の日本の大学史は、占領軍のもとで新制大学制度が構築され多数の新制大学が発足する一九四〇年代後半から五〇年代の第一期、つまり①「戦後学制改革期」、②多くの課題を抱えたままで、進学率の上昇と戦後ベビーブームの波を迎え、大学数と学生数の急増の中で、混迷・苦闘・紛争に直面し、脱出を模索した六〇年代から八〇年代の約三〇年間の第二期、つまり「大学膨張期」、そして、③世界政治の混乱と長期の構造不況、ＩＴＣ革命のなかで本格的な「大学改革」に挑む、九〇年代から二一世紀初頭の第三期、つまり「平成の大学改革期」、以上の三つの時期に分けることができる。再び大﨑氏の言葉を借りれば、次のようになる。

「日本の大学改革は、意識するにせよしないにせよ、これまで占領下の改革の消化と批判を軸として展開してきた。しかし、大学審議会の答申を受けての一連の制度改革と急速な大学の変容により、占領下の改革はもはや我が国大学の座標軸の意味も対抗軸の意味も持ち得なくなった。社会、経済の急速な変化は大学をめぐる環境を一変させ、大学は行財政改革の荒波の中で、時には相矛盾する多様な要請への対応を迫られている。二一世紀を目前にして、日本の大学は、新制大学発足後も長く日本の大学を支えてきた伝統的理念とも、占領下の改革でもたらされた疑似アメリカモデルの理念とも別れて、現代的課題に立ち向かわなければならない[3]」。以下、三期に分けて詳述してみよう。

（1）草原克豪『日本の大学制度』弘文堂　二〇〇八年　一四九頁。
（2）大﨑仁『大学改革　１９４５―１９９９』有斐閣選書　一九九九年　はしがき。
（3）同右書　三二八―三二九頁。

第二章　戦後の学制改革と五つの「課題」

この時期は、六・三・三・四制という単線型の学校体系、帝国大学・その他の官公私立大学・高等学校・官立の実業専門学校・公私立の専門学校・高等師範学校・師範学校などの多様な高等教育機関を一律に四年制の新制大学とする「一元化」、さらに、新制の国立大学について六都道府県を除く県ごとに一つに統合する「一県一大学主義」、全大学に教養教育を導入するカリキュラムへの介入、授業科目およびその単位数を決定する大学基準の導入、大学設置基準の設定とこれに基づく多数の国公私立大学の認可と開校（一部例外を除き一九四九年四月）、女子大学の設置など、が矢継ぎ早に実施された。あまりに多くの重要事項が「拙速に」決められ実行されたことについて、文部省の官僚を長く務めた大﨑仁氏は、次のような疑問をもち、その「謎」の解明に長い間取り組んできて、名著『大学改革　1945―1999』[1]を著した。ここでは、氏の著作を中心に、「謎解き」を紹介しよう。

「新制大学五〇年、大学の改革が問題とされないときはなかった。戦後新しく生まれた大学制度と大学に対する、学内外の根強い、批判と不満の現れである。

問題の源は、新制大学を生み出した占領軍の間接統治下の改革にある。さまざまな大学問題を追求していくと、占領下の新制大学づくりに突き当たる。誰が、何を考えてこのような改革をしたのか、謎の多い戦後改革の過程を解明しなければ、真の大学改革はできない。そのような思いで占領下の改革を調べてきた。先学の業績とさきに公刊された教育刷新委員会の速記録に助けられて、ようやく真相が解明できたように思う」[1]。この謎解きの結果は、こうである。

まず、占領軍の間接統治下の新制大学の発足のプレイヤーは、米国政府の教育使節団と総司令部の民間情報教育局（ＣＩＥ＝Civil Information and Education Section）、日本側の主要大学人（南原繁・東京帝国大学総長、和田小六・東京工業大学学長、安部能成元第一高等学校長《その後文部大臣》、務台理作・東京文理科大学学長等々）そして文部省の三つのグループである。このうち米国政府では、教育使節団とＣＩＥとの間に具体的な対日政策で必ずしも一致していたわけではない。多くの具体的政策でＣＩＥが主導していた。また、日本側の教育家集団も、東京帝国大学の教授中心に結成していた戦前の「教育改革同志会」の流れをひく「教育制度研究委員会」をバックにもつ南原氏、大学基準協会会長としてアメリカ型の大学システムに対応して結成された大学基準協会の会長であり、当時、アメリカ民主主義の象徴であったリリエンソール著『ＴＶＡ』(2)の翻訳者でもある和田小六氏、旧制高校の存続またはスムースな移行を重視した天野貞祐氏ら、新制度については大いに意見を異にし、日本側の大学人の見解は一本化できなかった。また、官僚統制を極端に嫌う米国側は、文部省が前面に出ることを許さなかった。

（1）大﨑仁『大学改革　一九四五―一九九九』有斐閣選書　一九九九年。
（2）Ｄ・Ｅ・リリエンソール著　和田小六訳『ＴＶＡ―民主主義は進展する―』岩波書店　一九四九年

一　学校体系の単純化と四年制の新制大学一元化↓戦後学制改革の課題1

こうした複雑な状況の中で、関係者の意見を調整する場として、一九四六年八月に政府勅令により「教育刷新委員会」が発足した（委員長安部能成前文相、副委員長南原繁東大総長―のち委員長）。この委員会の発足より四ヵ月まえの四月に米国教育使節団の報告書がだされ、小学校・中学校の義務教育と新制の高校についてそれぞれ六年、三年、三年とする六・三・三制の学校体系が「勧告」された。そのうえで、報告書は[1]、「それにつながる高等教育については、学校体系の現状維持を前提として、理念面、内容面、運営面の改革を勧告しているだけである」。にもかかわらず、「教育使節団も勧告せず、私立大学関係者も反対し、文部省も考えていなかった新制大学一元化構想が、なぜ浮上してきたのか。この謎を解く鍵は、学制改革の次のステップである教育刷新委員会の審議の中にあった[3]」と、大崎氏は自ら「謎解き」を提起し、解答を見出している。第一の謎は、「新制大学一元化」の実現である。

「一元化の真の推進者がようやく明らかになった。それは米国教育使節団でも、教育刷新委員会でも、文部省でもなく、ほかならぬ総司令部のCIEである。そして、このCIEの介入を可能にしたのが、性格のあいまいな日本教育家委員会非公式の報告書であった[4]」。そして、この「日本教育家委員会の学制改革をまとめた」のが南原総長を中心とする東京帝大の改革グループである。その思惑について大崎氏は、東京帝大の改革グループとしては、「（帝国大学という）自らの特権を自ら否定する栄光を保持することができた[5]」のであり、CIEとしては、「その根底には、日本の指導者層の人材養成の中核である旧制高校―帝国大学という教育ルートに対するアメリカ側の強い警戒感、不信感が[6]」があったのではないかと論ずる。こうして、「南原委員長を中心とする一部委員が、占領軍の力を借りて、自らの改革案を実現しようとした姿勢が読みとれる[7]」というのである。

この件については、草原克豪氏は、もっと歯切れがよい。曰く。

「大学制度一元化の推進者は、米国教育使節団でも、教育刷新委員会でも、文部省でもなく、ほかならぬGHQのCIEだったことになる。ニューゼント中佐を局長、オア中佐を教育課長とするCIEにはニューディール政策に関与

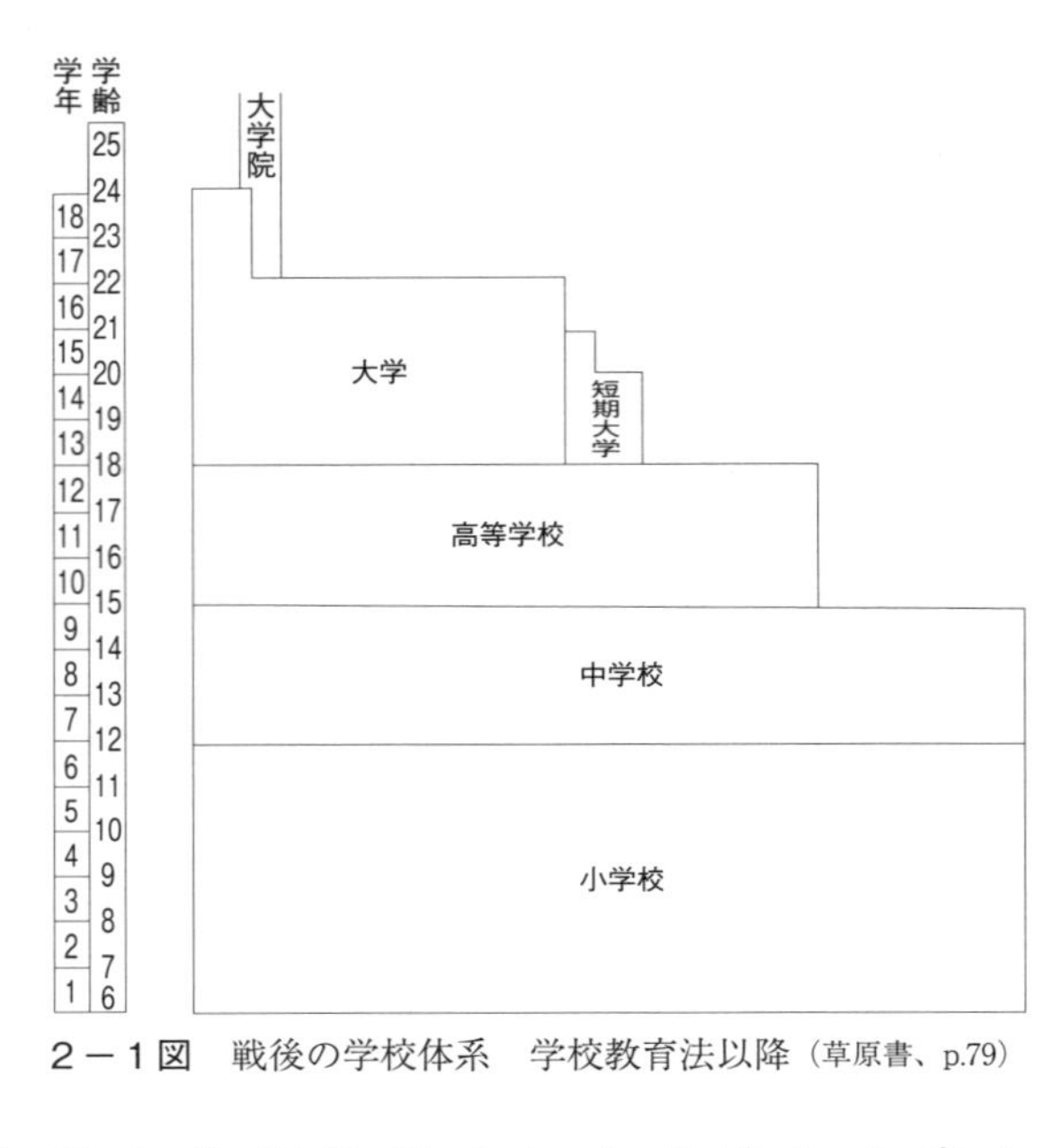

2－1図　戦後の学校体系　学校教育法以降（草原書、p.79）

した左翼的な思想の持ち主が多かった。彼らが、米国教育使節団が勧告してもいなかった大学制度一元化を、あたかも使節団の意向であるかのようにして日本側に強要したということは大いにありうる。その主たるねらいは、戦前の指導者養成の中核とみられた旧制高等学校を存続させないためであった。しかしながら、CIEが主張した大学制度の一元化は、必ずしもCIE独自の構想とはいえない。もとをたどると、日本側から出されたものであった[8]」。「南原委員長は、さらにCIEに対しても、学閥の原因である旧制高等学校の廃止、専門学校の大学昇格、単線型の六・三・三・四制などを提唱する日本側教育家委員会の意見を明確に伝えていたという。（中略）結論的にいうと、文部省の学校教育法案を拒否して、妥協のない大学一元化を押しつけたCIEの強硬方針に有力な論拠を提供したのは、日本側教育家委員会の報告だったということになる。したがって、（2―1図にみるような）戦後の六・三・三・四制および大学一元化は、文部省に代表される政府側、あるいは田中耕太郎、安倍能成、天野貞祐といった学者で文部大臣の要職にも就いた人たちからみれば、GHQ・CIEから押しつけられたものであったということになるだろうし、他方、南原繁はじめ日本側教育家委員会の関係者たちからみれば、日本側の自主的な判断に基づく民主化改革であったということになるのであろう[9]」。

奇々怪々である。つまるところ、占領軍主導の戦後の「教育民主化」の流れの中でCIEは、戦前の日本をリードする人材を輩出した旧制高校―帝国大学の高等教育ラインを消滅することに腐心し、南原氏ら東京大学グループは、帝国大学を頂点とした高等教育のピラミッド構造を崩し、一挙にフラットにすることで「民主化」の流れに応える姿勢を示そうとした、と理解することができる。そのなかで、旧制高校三年、帝国大学三年、計六年というエリート養成の軸が後退し、四年となる横並びの新制大学に一元化し、一挙に二〇〇以上にのぼる国公私立大学が出現したのである。こうして、六・三・三・四制の学校体系を基本軸とする学校教育法が一九四七年三月に制定され、新制大学の四年制が確定した。

この点について大﨑氏は、新制大学への一元化の跡をここまで辿ってきて、「学校教育法の制定過程は、CIEの絶対権力と改革の主導権が完全にCIEに移行したことを、まざまざと示している。日本教育家委員長として、また教育刷新委員会の副委員長として教育改革をリードした南原繁氏が主役の舞台の幕が下り、CIEが主導する新しい幕が開けられたのである」[10]、と総括している。

(1) 米国調査団報告　一九四六年。
(2) 大﨑前掲書　二一頁。
(3) 同右書　二四頁。
(4) 同右書　五七頁。
(5) 同右書　四一頁。
(6) 同右書　五六頁。
(7) 同右書　二九—三〇頁。
(8) 草原前掲書　八九頁。
(9) 同右書　九二頁。
(10) 大﨑前掲書　六〇頁。

二　一般教育の強制と専門教育↓戦後学制改革の課題2

大崎氏によれば、占領下の高等教育改革および大学改革は、「学校体系の単純化」と「アメリカモデルの日本への強制」の二つの要素から成立しているとし、前者については、既述のように、米国教育使節団報告の枠を大きく超えて、CIE主導で旧制大学、専門学校、高等学校、師範学校等の高等教育機関をすべて一律に四年制の新制大学に一元化してしまった。他方、アメリカモデルの教育理念・内容・運営について、使節団の勧告を大きく逸脱するものであった、としている。

具体的には、使節団の「報告書は、日本の高等教育機関のカリキュラムは、専門化が早すぎ、狭すぎ、職業的色彩が強すぎ、『ジェネラル・エデュケーション』が少なすぎると指摘し、カリキュラムを自由化して、普通教育、特に人文教育を拡充することを勧告している。（中略）第一に、使節団が、一般教育あるいはリベラル・エデュケーションの強化の必要性を説いたのは、大学進学準備校である高等学校（旧制）と専門学校（旧制）についてであって、大学についてではない。使節団は、十分な普通教育、教養教育を受けてから大学に進学することを勧めたのである。CIEは、勧告を無視して旧学校体系を否定し、新制大学に一般教育を強制した。（中略）第二に、使節団は、一般教育強化のために、カリキュラムを自由化することを勧告した。CIEは、逆にカリキュラムの規制を強めることで、一般教育を強制した。（中略）第三に、使節団は、人文教育の強化を特に重視した。（中略）戦争の反省として、戦時中の非合理精神主義の反省として、科学教育を重視したと思われるが、戦争の反省としては、人文教育がより重要であることは理解できる。（中略）このような人文重視の考えから、なぜ三系列均等履修の基準がつくられたのか不思議である」[1]。

つまり、教育使節団の報告は、学校体系を維持したまま大学入学前に、一般教育とくに人文教育重視を強調したものである。学校体系を単純化し、新制の四年制大学に「三系列均等履修の一般教育」をカリキュラムの中に強制したわけではない、というのである。「それを、明治以来、ドイツ大学の影響の下に、専門学部中心に教育研究を発展させてきた日本の大学に導入する。しかも、本国の米国において、多様な方式が採られ、新しい試みが進行中であるのに、一つの硬直したパターンを全大学に強制しようというのである。（中略）現実にどうしたらいいのか、日本の関係者が困惑したのは当然である。（中略）ほとんどの大学においては、ともかく大学基準に合わせて形式を整えることが精一杯であった[2]。幾重にも「木に竹を接いだ」カリキュラム改革である。

加えて、「一般教育重視のCIEの新制大学像は、高等普通教育機関だった高等学校（旧制）、大学予科に専門教育の要素を加えて大学にするようなものである。充実した専門教育は主として次のステップ、すなわち大学院で行うことを想定していた[3]」。決して、四年制の新制大学の中に一般教育と専門教育をギュウギュウに詰め込むことを考えていなかった。専門教育の重心を大学院に移すことを前提としていたのである。

つまり、「CIEにとっては、一般教育の導入と課程制大学院とは、ワンセットの問題である。学校教育法を修正させて、マスター相当の中間学位の導入を可能にし、教育刷新委員会に対して中間学位の検討を再三促したのもそのためである。しかし、大学院を一種の学術研究所と考える教育刷新委員会側では、大学院を教育機関にするCIEの意図はまったく理解できなかった」。この「一八〇度異なる日米の大学像が、新制大学一元化という枠組みだけで結びついたところに、日本の大学の悲劇があった[4]」と言うのである。南原繁氏らの東京帝大の改革グループは、「国家枢要の人材」を日本の国家機関の中枢に供給するシステムとしての「大学」という使命感から抜け出すことができず、一般教育の場であった旧制高校の廃止と新制大学への移行という前提の下では、その分の年限を「大学」卒業後の「大学院」に移行するという判断に至らなかったのであろう。ここにこそ戦後の「日本の大学の悲劇」があった、とみることができよう。この件について、草原豪克氏は、より詳細に記述している。曰く。

「アメリカの大学しか念頭にないCIEは、四年制に一元化された新制大学の学部に一般教育を導入するよう日本側に要求したのである。日本側はこれを受け入れざるをえなかった。（中略）その際、アメリカの大学に見られるような四年間にわたってリベラルアーツ教育を実施するという考え方はとらなかった。専門教育を中心とする学部の基本的性格は変えずに、その中で、前期課程として一般教育―（人文科学、社会科学、自然科学の三系列）、外国語、保健体育の履修を義務づけることにしたのである。

一般教育を導入したこと自体は間違いではなかったが、その理念に対する十分な理解を欠き、一般教育と専門教育を分断してしまったところに重大な問題があった。（中略）、四年間の学部教育が一般教育の前期課程と専門教育の後期課程とに二分化されてしまった。教員組織も二分化されてしまった。多くの大学では、一般教育担当の教員は学部とは別の教養部と称する組織に所属することになったのである。

（中略）こうして発足した新制大学においては、専門教育についていえば、旧制大学よりも年限が短縮されたことで極めて不十分な内容とならざるをえなかった。他方、新たに導入された一般教育は、その理念・目的・内容があいまいなまま、人文科学、社会科学、自然科学からそれぞれ一二単位ずつ履修するという機械的な履修方法だけが一人歩きするようになってしまった。そのためもあって、授業内容はいきおい各学問分野の概論の講義が中心となり、しかも大教室でのマスプロ授業が多く、高等学校で学んだことの繰り返しの感もあって、学生には不評であった。さらに、一般教育を担当したのは主として旧制高等学校や師範学校の教師であったため、専門教育の担当者からは一段低くみられることにもなり、教員間の対立も深まった。

（中略）そもそも、CIEと日本側関係者の間には、基本的な大学観の違いがあった。CIEの大学観は、アメリカ的なリベラルアーツ型の学部と、修士レベルの課程制大学院という組み合わせから成り立っていた。その考えに立てば、教養教育は学部で実施し、高度の専門教育は大学院の修士課程で実施する、ということになる。だからこそ、CIEは大学院に博士課程以外の課程を設け、教育機関として位置づけることを提案していたのだが、（中略）これに対して、日本側は、旧制大学がそうであったように、学部は専門教育を行う場であるとの考え方を前提にしていた。大学院については、制度上は学部附属の研究科から新たに独立した大学院となり、修士課程も創設されることになったものの、これを学部に代わる専門教育の場としてとらえる発想はなかった。旧制大学を大学院大学にしていれば画一化の弊害も緩和され、戦後の大学制度はもっとよいものになったとも考えられるが、そのような発想は、当時の日本側関係者の理解を超えるものであったのだろう。

したがって、CIEから、学部段階で一般教育を実施するよう強要されると、それは結局、学部段階で専門教育と一般教育の両方を実施するという構想にしかならない。CIEから見ればセットのはずだった大学院制度は、学部から独立した組織としての実態が伴わないまま、とりあえず形だけで発足することになるのである。

こうして、結果的には、CIEの大学観の半分だけを取り入れた折衷的な大学制度が出来上がることになった。そのような歴史を引きずりながら、一般教育と専門教育の授業科目区分が廃止された今日、大学院との関係で改めて学部教育のあり方が問い直される時代を迎えているのである」[5]。

こうして出来上がった高等教育システムなるものは、わかりやすく言えば、米国教育使節団、およびCIE、さらには日本側の大学関係者との「あいまいな妥協」の結果でもあり、「複雑骨折の態」をなし、長い間禍根を残した。

この点では、学校教育法が制定されてからほぼ半世紀後の二〇一〇年に、国際教養大学の学長である中島嶺雄氏が、「二十一世紀を知的基盤を日本が生き抜いていくには卓越した語学力と幅広い教養をベースに、高度な専門性を身に付けた世界標準のエリートの育成が不可欠です。（中略）日本の大学生は、コンピュータを動かすのは上手でも、教養と真剣に格闘した経験があるかといえば、ほとんどない。教養は、たんに知識の量ではなく、人格形成とも深くかかわっています。教養と格闘するからこそ個性的な自己発見があり、それが高い専門性の獲得、ひいては世界で通用するエリートの育成へとつながるのです。教養教育の大切さは、まさにその点にこそあります。（中略）日本が存在感を示すには、学部＝教養教育、大学院＝高度な専門教育という棲み分けを明確にし、世界の舞台で活躍できる世界標準のエリートを育成できるような高等教育の仕組みを再構築する以外にないのではないかと思います」[6]と、グローバル化した現代の視点から、日本の高等教育システムの決定的な欠陥を改めて指摘している。

（1）大﨑仁『大学改革　一九四五—一九九九』有斐閣選書　一九九九年　一〇六—一〇八頁。
（2）同右書　一一二—一一三頁。
（3）同右書　一一三頁。
（4）同右書　一一三頁。
（5）草原前掲書　一〇五—一〇七頁。
（6）中嶋嶺雄『なぜ、国際教養大学で人材は育つのか』祥伝社黄金文庫　二〇一〇年　七九—八〇頁話を戦後の学制改革にもどす。六・三・三・四制の単純化された学校体系、高等教育機関の四年制大学への一元化、新制大学への一般教育の導入などの骨格が固められた後は、いよいよ新制大学設置である。しかし、設置認可のための枠組みづくりもまた複雑怪奇となる。これもまた、第三の謎であると言う。

三　ダブルスタンダードの大学設置基準の策定 ─戦後学制改革の課題3＝曖昧な設置認可の責任組織

大﨑仁著によれば、大学設置の枠組みつくりの役割は、「教育使節団招致以来の経緯から見て、当然教育刷新委員会が担うべきものであった。しかし、日本の伝統的大学理念の中心的担い手である旧帝国大学関係者が運営の中心にあり、審議の自主性を重んじる教育刷新委員会は、ＣＩＥにとって操作しにくい存在であつた。ＣＩＥとしては、ＣＩＥの方針に沿つてより従順に動いてくれる日本側の組織を必要としていた。その役割を果たすことになるのが、『大学設立基準設定協議会』である。（中略）ＣＩＥが文部省につくらせたものである。委員の選定は文部省が行い、東京およびその付近の大学から、官立五校、私立五校の代表者が選ばれた。その中には、後に新制大学構想の推進に指導的役割を果たす和田小六東京工業大学長、務台理作東京文理科大学長、上原専禄東京商科大学長、橋本孝慶應義塾大学教授などの名前ある。一方東京帝国大学からは、石井日助事務局長が選ばれている」[1]。以降、この委員会を中心に「案」が作られていく。その過程が複雑であるが、大﨑氏の見解を単純化して紹介する。

「学校教育法の成立を目前にした昭和二二（一九四七）年三月二五日の協議会で、ＣＩＥは、協議会を文部省から独立した自主的な協議体とするように強く指導し、協議会はその性格を一変した。和田小六東京工業大学長が座長に選ばれ、和田座長の意向で同大学の佐々木重雄教授が幹事となって『自主的』運営の態勢を整えた。（中略）新制大学の枠組みづくりの仕事は、この時点で刷新委員会から大学設立基準設定協議会に移り、日本側の主役も南原繁東京帝国大学総長から和田小六東京工業大学長に移ったといえる」[2]。

ところで、昭和二二（一九四七）年三月三一日に制定された学校教育法に続いて、「五月二三日に学校教育法施行規則が制定され、その第六六条で、『大学（大学院を含む）。の設備、編成、学部及び学科の種類並びに学士に関する事項は、別に定める大学設置基準による』と規定された。それを機に、それまで「大学設立基準」と呼ばれていたものが、機械的に『大学設置基準設定協議会』と改称されたといわれる[3]」。続く「七月七日に日本大学講堂で第二回連合協議会が開かれ『大学設置基準案』が承認、決定されて、基準の性格は認可基準（チャータリング、Chartering—矢田注）ということで決着がついたかに見えた。連合協議会は、引き続きアクレディテーション・アソシエーション（Accreditation Association）の具体案である「大学基準協会定款案」の審議に入り、この定款案により大学基準協会を創立することを承認し、（中略）翌八日、大学基準協会設立総会が開かれた[4]」。不思議なことに、前日に承認された「大学設置基準」が「大学基準」（Accreditation）として承認された。大崎氏によれば、アメリカでは、「大学の認可＝チャータリングは、認可を受けたものが自ら大学と呼ぶ権利を得ることである。アクレディテーションとは、いい大学で構成されている協会がつくった会員資格基準に、ある大学が適合していると判定することである。基準に適合していると決定された大学は、アクレディット　されたいい大学として取り扱われ、その協会の会員になる。ひらたくいえば、優良大学が協会をつくり、協会のメンバーシップを大学の質の証明にするという仕組みである。その協会のメンバーシップの資格認定が、アクレディテーションである[5]」ということになる。

このように、大学設置認可に必要な「大学設置基準」と、大学の資格を認定する「大学基準」とは、似て非なるものである。前者は、本来、校地、校舎、学生定員、資産等の基準であり、後者は、教育内容とくに教育課程の基準である。しかし、ＣＩＥは、意図的に両者を同一のものとして新制大学の認可に対応しようとした。これが、実態的にアクレディテーションである基準を、新制大学のチャータリング（設置基準）に置き換え、しかも、その間基準を政府組織である文部省ではなく、大学の「自主的」組織である「大学基準協会」に策定をゆだねたことである。この謎について、大崎氏は次のような「解答」を呈示している。

「ＣＩＥに大学の自主的努力を助長するというそれなりの使命感があつたであろうことは否定しないが」、つまり、大学の教育課程の基準については、文部省に依存するのではなく、大学の自主性に任せるという意味でその基準を大学の組織である大学基準協会が策定することを原則とするが、新制大学の認可にあたっては「（ＣＩＥ）自らの構想による教育課程の枠組みを全大学に強制することにあった[6]」と推理する。結論的に言えば、ＣＩＥの「戦略の中心は、アクレディテーションの名のもとに、大学基準協会を直接指導し大学基準の制定・運用を行わせ、それを大学の設置認可に結びつけることにより日本の大学を改造する、それがＣＩＥの基本戦略であった[6]」というのである。

現在のわが国の「大学設置基準」も、学部・学科などの教育研究上の基本組織、教員組織、教員の資格、教育課程、卒業要件、校地・校舎・施設及び設備、事務組織などについての基準が設定されている。

最初の「大学基準」は、昭和二二（一九四七）年に定められ、教育課程について内容は大略以下のようである。

一．各科目についての単位数　1．毎週講義一時間、準備二時間、一五週で一単位
2．毎週演習二時間、準備一時間　一五週で一単位
3．毎週実験・実習三時間　一五週で一単位

二．学士号に必要な単位数　四か年以上の在学、単位数一二〇以上取得。
うち文科系　一般教養科目三系列（人文科学、社会科学、自然科学）各系列二科目以上、計一〇科目以上。四〇単位以上単位以上（外国語一科目含む）、専門科目一五科目、八〇単位以上取得、合計一二〇単位以上。
理科系　般教養科目三系列（人文科学、社会科学、自然科学）各系列二科目以上、計　九科目以上。三六単位以上単位以上（外国語一科目含む）、専門科目一五科目、八四単位以上取得、合計一二〇単位以上。

大﨑書によれば、「基準協会は、小幅な改訂を重ね後、昭和二五（一九五〇）年六月一三日の第五回総会で大学基準の大幅な改訂を行った。その際、『一般教養科目』という名称も、『一般教育』と改められている。これらの改訂によって、大学基準は一応安定したものとなっている。改定の内容は、主としてＣＩＥの意を体した一般教育の強化であった[7]」。具体的には、一般教育科目については文科、理科の区別を撤廃し、一律に三系列から三科目、一二単位ずつ計三六単位の履修、外国語科目を分離し、二か国語、各々八単位の履修、体育の講義・実技各単位の履修がそれぞれ義務付けられた。これにより、一般教育科目三六単位以上、専攻科目とそれに関連する科目および自由選択科目を合わせて八四単位以上が学士号＝卒業資格取得要件とされた。ここで、自由選択科目とは、専門科目でも一般教育科目でも学生が自由に選択できるもの、と言う。

（1）大崎仁『大学改革　一九四五―一九九九』有斐閣選書　一九九九年　六七―六八頁。
（2）同右書　七三頁。
（3）同右書　八五頁。
（4）同右書　八五―八六頁。
（5）同右書　七九―八〇頁。
（6）同右書　九七頁。
（7）同右書　一〇三―一〇四頁。

四　踏みこめなかった大学自治 ➡戦後学制改革の課題4＝大学管理

新制大学制度移行に関わる第四の「謎」は、大学管理について有効な新制度が構築できなかったことである。著名な歴史家家永三郎氏は、著書『大学の自由の歴史』のなかで戦前までの「大学自治」について次のように述べている。

「明治憲法下の大学が、成文法の上ではきわめて狭い範囲での自治を許されていたにすぎなかったが（中略）、大正デモクラシーの時代に入ってから、成文法では認められていなかった大学の自主的人事権がはじめて慣習法的規律として公認されることとなり、ようやく大学の自治が実質的に樹立されるようになってきたのである。（中略）しかも大学が慣習法的に人事権を獲得するにいたったのは、大学の外からと内部とにおける専断的人事に対する教授たちの戦いの成果としてかちとられたのであった[1]」。つまり、成文上明記されなかったにもかかわらず、戦前の帝国大学は、「学問の自由＝研究・教育の自由＝大学の自治＝教授会の自治＝人事権の確立」という図式の「大学の自治」が「教授たちの戦いの成果としてかちとられた」と評価している。

大﨑氏も、東京帝国大学の「戸水事件」や「平賀粛学事件」。京都帝国大学における「沢柳事件」や「滝川事件」を紹介し、「戦前に帝国大学で形成された大学自治の慣行」について言及し[2]、戦後の評価と法的措置について以下のように述べている。

「敗戦後の強い民主化の流れの中でも、戦前に帝国大学で形成された大学自治の慣行は、批判の対象にならなかった。それは、大学関係者はもちろん政府も一般国民も、戦前の大学自治を、国家権力に対し学問の自由と大学の独立を守った輝かしい伝統として、高く評価したからにほかならない。

敗戦による価値体系の大変動の中で、大学自治はむしろ輝きを増し、大学の精神的権威は高まっていった。エリートのための大学から開かれた高等教育機関へを目指して進められた大学改革の流れの中でも、大学管理のあり方に関しては、戦前に帝国大学で形成された学部教授会を中心とする大学自治の慣行の法制化が進行していた。

新憲法は、学問の自由を保障する条項を設け（二三条）たが、この規定は、学問の自由の制度的保障としての大学自治を保障するものでもあると解釈された。学校教育法は、大学における重要事項の審議機関として、教授会の設置を義務づけた（五九条）[3]。

とは言っても、「学問の自由」、「教授会の設置」に関する規定は、原則的なものであって、家永氏や大崎氏がイメージする「戦前に帝国大学で形成された大学自治の慣行」を具体的に法制化したものではない。CIEは、「アメリカモデル」をもとに、昭和二三年一〇月独自の大学管理方式をとして「大学法試案要綱」[4]を文部省案として発表した。その経過と内容については、大崎書に詳しいが、「州立大学の理事会の引き写しである」。つまり、設置者である国、地域の自治体、同窓会などのステークホルダーと教授代表が一体となって最終決定機関となり、学長が執行責任者となるものである。大学教授陣が意思決定し、かつ執行する日本のシステムとは、大きく異なるものである。当然、教員、学生など「大学人」との摩擦が生じる。この結果、「それまで一般教育と単位制の導入などCIEが主導する大学改革を、ともかく受け入れてきた大学人も、学外者による直接管理方式はとうてい受け入れられるものではなかった。大学法試案要綱が公表されるや、これに強く反発する全国の教官、学生の間に激しい反対の動きが広がっていった。大学関係者、関係団体の一致した反対と、学生の反対運動の盛り上がりを前にして、CIEは、自らの大学管理構想を断念せざるをえなくなった。CIEによる大学改革初めての挫折である」[5]と言うことになる。

これを受けて、文部省は、国立大学学長会議、大学基準協会、日本学術会議等の代表者からなる委員で構成される「大学管理法起草協議会（委員長我妻栄東大教授）を組織し、その答申得て、「国立大学管理法」等を昭和二六（一九五一）年三月に国会に提出した。これを「大学法試案要綱」と比較すると、試案の『中央審議会』を設け、全国大学に関する重要事項を勧告させるという趣旨は、『国立大学審議会』の設置により活かされているが、各大学の最高の管理機関として『管理委員会』を置くという試案の中心部分は、学長の諮問機関としての『商議会』の設置に置き換えられ、骨抜きとなった。それに伴い、評議会、教授会、学長、学部長の権限等は、ほぼ旧制大学の例に沿ったものとなっている。試案の中核部分は、完全に否定されたといってよい」[6]この法律は、関連する他の二法案とともに、第一〇、一一、一二回の国会でも成立せず、結局廃案となった。

この間、「昭和二二年一〇月に国家公務員法が制定されたので一般公務員と異なる特性を持つ教員人事について、法律上特例を定める必要から」、翌二三年一月に「教育公務員特例法」が制定された。この法律では、第二章第三条で、

「2　学長の採用のための選考は、人格が高潔で、学識が優れ、かつ、教育行政に関し識見を有する者について、評議会の議に基づき学長の定める基準により、評議会が行う。3　学部長の採用のための選考は、当該学部の教授会の議に基づき、学長が行う。4　学部長以外の部局長の採用のための選考は、評議会の議に基づき学長が定める基準により、学長が行う。5　教員の採用及び昇任のための選考は、評議会の議に基づき学長の定める基準により、教授会の議に基づき学長が行う」と規定されている。

「この暫定措置は、基本的に帝国大学における慣行を法制化したものである。国立大学管理法の廃案は、暫定措置の継続を意味した。こうして、帝国大学における教授会中心の教員人事の慣行が、すべての（国公立）大学に定着していくことになった。（中略）以後、事あるごとに管理法の制定が問題となり、そのつど国立大学管理法案がその原型として参照されたが、実現することなく、後述する平成一一（一九九九）年の国立学校設置法改正による法制化まで、半世紀にわたって暫定措置が続く結果となった[7]。

こうした戦後の大学に定着した「教授会自治」について、草原克豪氏も以下のように辛らつに評価している。

「沢柳事件をはじめとする幾多の事件を通じて、帝国大学や他の官立の大学が国から人事権を獲得し、大学の自治を拡大していったのに対して、専門学校・高等学校・師範学校などは、教授会がなく、文部省の直接的な監督下におかれていた。ところが、戦後になると、これらの学校がみな制度的には同じ扱いを受ける大学になり、大学には教授会が置かれ、その結果、旧帝大を中心に行われた教授会自治の慣行がすべての大学に広がることになってしまった[8]」。

「（教育公務員特例法で）『当分の間』ということで設けられた教授会自治の規定はその後も長らく変更されることがなかった。その結果、学内の管理運営に大きな支障をきたしただけでなく、大学自治という錦の御旗のもと、財政面では全面的に国家に依存する国立大学が、国家の関与を排除して治外法権的な特区を形成するという異常な状況が生まれることになった。（中略）大学の管理運営問題に最終的な形で回答を与えることになるのは、二〇〇四（平成一六）年度に実施された国立大学の法人化であった[9]」。

なお、平成一五（二〇〇五）年七月の国立大学法人法制定に基づいて全国立大学が平成一八（二〇〇四）年に法人化したため、国立大学の教員に関する規定は非公務員となったため、教育公務員特例法の規定からから排除され、教員の人事は国立大学法人法に規定されることになった。他方、公立大学については、平成一五（二〇〇五）年七月の地方独立行政法人法が制定された。その際、「公立大学法人」化するか否かは、地方公共団体の判断によるものとし、前者の場合、教職員は非公務員となるため、その人事は地方独立行政法人法に規定され、後者の場合、教職員の人事は、従前どおり「教育公務員特例法」によるものとしている。ついでに言えば、国立大学法人法及び地方独立行政法人法に基づく公立大学法人においては、学外者は「経営協議会」等として、経営に関与する規定がなされ、一九五一年の「国立大学管理法案」の考え方が半世紀ぶりに日の目を見ることになった。

いずれにしても、それまで六・三・三・四制という学校体系の単純化、高等教育機関の四年制の新制大学への一元化、一般教育と単位制の導入など、CIEが主導する大学改革が強引とも思われるやり方で実行されてきたのが、大学管理法案の成立にあたって、結果的に「アメリカの大学システム」の導入を途中で投げ出し、「帝国大学における慣行」を事実上認めたことは、「第四の謎」である。日米の大学設置形態の違いにとまどったのか、戦前の日本の大学の自治を評価したのか、ICE内部で大学の民主化の方法で意見統一できなかったのか。

戦前「エリート」養成の段階で確立した管理制度が、戦後のベビーブーム世代の大量進学による大学の「マス化」で通用するはずもない。一挙に多数の地方国立大学が出現し、かつ大量の私立大学が族生したことによって、学力においても、人間性においても、基礎的訓練がなされていない「大学教員」集団が出現し、彼らが大学教育および大学管理を担ったことは、大きな悲劇である。戦前の管理方式が通用すべくもなく、独自の管理システムが早期に確立することが不可欠であった。一九六〇年代後半から七〇年代前半の「大学紛争」は不可避な事象と言わねばならない。

草原氏は言う。「大学紛争は、それまでの行政および大学による不作為の結果であった。文部省は私立大学を含めた全体の大学政策を欠いていたし、大学の管理運営体制の問題は解決されないまま残されていた。大学は大学で象牙の塔に安住して、時代とともに変化する学生のニーズに対応してこなかった。こうした対応の遅れが大学紛争を引き起こす温床となっていったのである。当時の文部省にはこのような事態を見通して大学と対峙し、改革を断行するだけの力がなかった[10]」。まさに、関係者の「不作為」であり、至言である。

（1）家永三郎『大学の自由の歴史』塙書房　一九六二年　三八頁。
（2）大﨑仁『大学改革 一九四五―一九九九』有斐閣選書　一九九九年。

(3) 同右書　一五〇―一五一頁。
(4) 同右書　一四四―一四五頁。
(5) 同右書　一五三頁。
(6) 同右書　一五五頁
(7) 同右書　一五六―一五七頁。
(8) 草原克豪『日本の大学制度』弘文堂　二〇〇八年　一一二頁。
(9) 同右書　一一三―一一四頁。
(10) 同右書　一三四頁。

五　多様な高等教育組織の統合と「一県一国立大学」

そして、第五で、最大の謎は、「一県一総合国立大学」によって、国立の高等教育機関の地域間機会均等を実現したにもかかわらず、設置形態について都道府県立ではなく、なぜ、すべて国立としたかである。そもそも、高等教育機関の地域間機会均等を真に実現するには、地元の若者を「公的な」教育機関が受け入れ、「高等教育」を施したうえで、地域の指導者あるいは勤労者として、地元に就職する、という「地域づくり人材の育成」の核として大学を設立することであり、地域の人材需要を熟知し、地域にあった高等教育を施すには、地方公共団体が責任をもつこと、つまり「都道府県立」ないし市町村立とすることが基本である、と考える。このことをベースにしながら、国家枢要の人材の養成や国際水準の研究者の活躍する必要から。それほど多くない「総合国立大学」ないし「専門単科大学」を国税で維持することが必然であろう。後者は、博士課程を擁する「大学院大学」、前者は十分な教養教育と専門修士課程を擁する地方公共団体が設置する、一都道府県一大学以上の「公立大学」である。

しかし、教育内容においても設置形態においても、さらには地域配置においても、こうした明確な「多様性」は構築されなかった。それは、中嶋嶺雄氏の「戦後の悪しき平等主義[1]」的な「民主主義」が強く影響したのではないか。その結果、人間教育については「全人格的」かつ「機会平等」主義を実現しつつ、専門性および達成水準において明確な差を認める、効率的な「高等教育体系」の構築に成功しなかった大きな原因であろう。

「一県一国立大学」主義確立の経過をたどってみよう。

昭和二三（一九四八）年八月に公表された文部省の「新制国立大学実施要綱」では一一の原則が掲げられている。その内容は大略以下のようである。

「一　国立大学は、特別の地域（北海道、東京、愛知、大阪、京都、福岡）を除き、同一地域にある官立学校はこれを合併して一大学とし、一府県一大学の実現を図る。

二　国立大学における学部または分校は、他の府県にまたがらないものとする。

三　各都道府県には必ず教養（librerал arts）および教職に関する学部または部を置くものとする。
四　国立大学の組織、施設等はさしあたり現在の学校の組織、施設を基本にして編成し、逐年充実を図る。
五　女子教育の振興のために、特に国立女子大学を東西二ヵ所に設置する。
六　国立大学は、別科のほかに当分教員の養成に関して二年または三年の修業をもって義務教育の教員が養成される課程を置くことができる。
七　都道府県および市において、公立の学校を国立大学の一部として合併したい希望がある場合には、所要の経費等について、地方当局と協議して定める。
八　大学の名称は、原則として都道府県名を用いるが、その大学および地方の希望によっては、他の名称を用いることができる。
九　国立大学の教員は、これを編成する学校が推薦した者の中から大学設置委員会の審査を経て選定する。
十　国立大学は、原則として、第一学年から発足する。
十一　国立大学への転換の具体的計画については、文部省はできるだけ地方および学校の意見を尊重してこれを定める。意見が一致しないか、または転換の条件が整わない場合には、学校教育法第九八条の原則により、当分の間存続することができる[2]」。

文部省は、ＣＩＥを説得してこの一一原則にまとめ上げたとされている。『公立大学論』という本書の視点からとくに、注目すべき点は、一の「新制大学の切り替えにあたっては六都道府県を除き、すべての高等教育機関を合併して一府県一国立大学とすること、しかも近隣の府県にまたがらないこと、「公立」学校については一定の負担を条件に「国立」への転換を可能にしたこと、以上の三点であろう。国公立の高等教育機関を原則として一県一大学として、国民の高等教育機会の地域間均等の確保を「公立大学」ではなく、「国立大学」として実現したことである。こうした結論に至る過程を、大﨑書によりながら、少し敷衍しよう。

昭和二二（一九四七）年の一二月一五日の大学基準協会の臨時総会において、文部省の劒木学校教育局次長から、『日本の教育制度を地方分権にするために教育委員会を地方の県、道、市および東京都の区に置き、本委員会はその傘下の幼稚園から大学までを所轄する。七つの帝大のほか、金沢と中国と四国に総合大学を置きそれらが文部省の直轄となる』という説明があった、という。これは、CIEの「官立高等教育機関の地方移譲案」を反映しているとされている。この「官立大学の地方移譲案をめぐる動きは、二ヵ月に満たない短期間のものであったが、この案が関係者にかなりの衝撃を与え、現実感を持って受け止められたのは事実である。当時、金沢と新潟、広島と岡山が国立大学として残る総合大学の設置を競って、猛烈な運動を行ったと伝えられている」[3]。大変興味ある記述である。

これに対して大学関係の組織は、すぐに反対に動いた。東京帝大関係者を中核とする教育刷新委員会は、一二月二六日の総会で、地方移譲案に反対の建議を行った。主な理由は、次の通りである。

「(1) 設置予定の地方教育委員会は、大学の任務遂行の理念を十分理解する水準に到達しているとは考えられず、且つ地方的政治的利害に動かされ易く大学の自由と自治の保障が困難である。

(2) 日本の大学、高等学校・専門学校は、全国的視野に立ち全国的な需要に基づいて配置されてきた。これを一挙に地方移譲すれば、国土計画、優秀な社会人職業人の養成計画などの見通しが不可能となり、地方により非常な偏頗化が生じるおそれがある。

(3) 財政面から見て地方費で大学を維持することは極めて困難である。

（中略）大学基準協会も、一二月三〇日に『大学教育行政の一部地方移譲に関する意見書』をCIE、文部省、教育刷新委員会に提出し、反対の意向を明らかにしている。反対の理由は教育刷新委員会と共通している」[4]。ここで大崎氏は、両者の「反対のトーンにかなり差があること」に注目している。

「刷新委員会は、地方移譲に全面的に反対したわけではなく、現在または将来適当なものについては、地方移譲を行うことを但し書きで付記しており、第一一回建議で地方移譲を適当と認める大学の一般的要件まで示しているのに対し（中略）、CIEに近いはずの基準協会の意見書は、『合衆国の皮相な模倣に陥る危険が多い』というような強い調子で全面的に反対している。そこには、地方移譲の対象になっていない東京帝大関係者を中核とする刷新委員会と、地方移譲の対象とされている官立単科大学関係者を中核とする基準協会の、地方移譲案に対する反対の温度差が読み取れる」（傍線筆者＝矢田）[5]、というのである。

ここで、第一一回建議で地方移譲を適当と認める大学の一般的要件について、他の資料でみると、「①全国にわたって同種の学校があり、その地方出身の学生が多数を占めるもの、②学校の性格上著しく地方的特色を帯びるもの、

③地方が移譲を希望するもの、であるとしているが、府県が連合して経営することを認めるべきことや、相当の国庫補助を必要とするものとし、更には地方の実情に応じて時期及び方法を慎重に考慮すべきものとしている」[6]。

反対の理由となった三つの理由のうち、地方教育委員会の力量および財政力については、公立大学を行財政的に支えるシステムを構築し、一定期間ののち公立大学化すればよいことでる。、養成すべき人材については、教員養成だけでなく農林水産、地方公務員、地元の技術者・ビジネスマンなどの人材需給をカバーできる。問題は、大学運営の主体を誰が担うかであって、地方公共団体及び地域住民に移行することが適当であろう。「地方分権」の理念を大学設置の柱とするか否かである。州立大学を中心とするアメリカモデルについて、「合衆国の皮相な模倣に陥る危険」として一掃した大学基準協会の主張は、ミスリードと言わねばならない。高等教育機関の地域的な「均等配置」と「地方分権」が一体として制度化すべきところ「一府県一国立大学」原則だけが実施された。公立大学の一挙増設の機会が封じられた。

（1）中嶋嶺雄『なぜ国際教養大学で人材は育つのか』禅伝社黄金文庫　二〇一〇年　七八頁。
（2）大﨑前掲書　一三〇—一三二頁。
（3）同右書　一二九—一三〇頁。
（4）同右書　一二八—一二九頁。
（5）同右書　一二九頁。
（6）大﨑仁編著『戦後大学史』第一法規出版　一九八八年　一四五頁。

第三章　新制大学の開設

一　新制大学の構成

前章では、大﨑仁氏の分析をベースに、草原克豪氏の見解を加味しながら、戦後日本の高等教育体系の形成に決定的な影響を与えた戦後の学制改革を、占領軍（ＣＩＥ）、文部省、日本側大学人を中心とする教育家、以上の三者の複雑な絡み合いから生じた、いくつかの「謎」として紹介する形で叙述してきた。結果は、六・三・三・四の学校体系、戦前の多様な高等教育機関の四年制の新制大学への一元化、大学四年間のうち前期二年の教養教育、後期二年の専門教育といういずれも短期間での「虻蜂取らず」のカリキュラムの強制、不可解な「大学設置基準」の策定、戦前の帝国大学の「教授会自治」的管理の新制大学への機会的適用、「公立大学」を排除した「一県一大学」方式による地方国立大学の設置など、その後多くの重要な課題を残すことになるような「学制改革」が断行された。本章では、こうした学制改革の下で開設された「新制大学」について、国公私立別で概観しよう。ここでは、具体的分析をした天野郁夫氏の『新制大学の誕生上、下』[1]に依拠して整理してみる。

昭和二二（一九四七）年三月公布の学校教育法では、監督庁（文部省）は、大学設置に関しては、大学設置委員会に諮問しなければならない、と規定しており、新制大学の開設には、大学設置委員会の発足が必要である。これに基づき、翌年一月に公布・選任された同委員会の構成は、「一、関係各庁の官吏七人、二、全国の大学の職員二一人、三、全国の高等学校、専門学校又は教員養成諸学校の職員一一人、四、政治、教育、文化、実業、勤労等の各界における学識経験がある者五人」[1]。総計四五人で、このうち、二の大学職員は大学基準協会の代表者である。また、初代委員長は。大学基準協会会長の和田小六東京工業大学学長、副会長は、島田孝一早稲田大学総長であった。さらに、「大学設置基準」

は、原則として大学基準協会の「大学基準」を採用した。既述のように、新制高校卒業者がでる二四年四月に第一陣の新制大学が開校する予定となっていたが、「私立一一校、それに公立一校の計一二校が、文部省の反対を押し切って、昭和二二年度中の二三年（一九四八）二〜三月に設置認可を申請し、他に先駆けて二三年四月には新制大学として発足した[2]」。「具体的には日本女子大学・東京女子大学・津田塾大学・聖心女子大学・神戸女学院大学・上智大学・同志社大学・関西学院大学・関西大学・立命館大学・国学院大学の私立一一校、それに公立の神戸商科大学であり、大きく女子大学五校、関西の私立四大学、それに上智・国学院・神戸商科の三大学という、三つのグループに分けることができる[3]」。ちなみに、戦後初の公立大学である兵庫県立神戸商科大学は、戦前からの京都府立医科大学、大阪市立商科大学に次いで日本で三番目の公立大学である。その後二〇〇四年に、同じく兵庫県立姫路工業大学、兵庫県立看護大学が統合して、六学部を擁する総合大学、兵庫県立大学となった。

国立の高等教育機関の「新制国立大学」への移行については、昭和二三（一九四八）年八月に公表された文部省の「新制国立大学実施要綱」に基づいて行われた。天野書では、次のように手際よくまとめている。

「こうして再編統合にあたって、『一県一大学』は最重要の原則として厳しく貫かれることになった。同一県内のすべての官立諸学校（と一部の公立諸学校）を再編統合して、単一の新制国立大学に移行させるというその原則は、旧帝国大学の立地する宮城県をも例外とせず実行された。（中略）県域をまたいだ統合は一切認められなかった。GHQとの合意で、東西の女子高等師範学校を国立女子大学とすることが原則の一つに書き込まれたことから、奈良県で残された師範学校が単独で新制単科大学に移行したのが唯一の例外であった。

実状に配慮して例外というより別格扱いされた、北海道、東京、愛知、大阪、京都、福岡という旧制帝国大学立地の六地域では、旧帝大に吸収統合されずに残った官立諸学校は、新制単科大学への移行を認められた。旧制官立大学についていえば、医科大学はそれぞれの立地県の「複合大学」の一部となり、神戸の商業大学、広島の文理科大学も他の官立学校を統合して『複合大学』の列に加わった。官立大学のうち、単科大学として新制度への移行を認められたのは結局、東京所在の東京商科大学と東京工業大学だけであった[4]」。

これと時を同じくして審議されていた教育刷新委員会の昭和二二年七月の総会で、「大学の国土計画的配置」が決議された。ここでは、「国立大学に『地区（ブロック）の文教の中心』である『総合大学』と、『都道府県の文教の中心』

になる『複合大学』の二つの類型を設定し、それぞれに異なる役割を担わせるという（中略）新制国立大学像であった。

このうち『複合大学』は、『一県一大学原則』に基づく大学であり、教員養成を兼ねる『学芸学部』ないし『文理学部』、つまり日本的リベラルアーツ学部を必置とし、これに農業をはじめ地域産業に資する人材養成のための学部を配置し、さらに可能な限り『地域医療の中心』である医学部を設ける。師範学校＝学芸学部、高等学校＝文理学部、農業専門学校＝農学部、工業専門校＝工学部、経済専門学校＝経済学部、医科大学＝医学部という、旧制度の諸学校から新制度の学部への移行を念頭に置いた『複合大学』像であり、それは日米双方の『十一原則』に対応するものでもあった[5]」。ここで「総合大学」は七校の旧制帝国大学が想定されており、「複合大学」は、のちに「地方国立大学」とよばれるようになる。さらに、後者においても、戦前の医科大学を母体にした新潟、千葉、金沢、岡山、熊本、長崎の六つの大学は、「旧六」と呼ばれて、文系学部の充実や学生定員増、予算規模においても「地方国立大学」の中で、別格の扱いを受けることになる。

ところで、国土計画的視点から見れば、旧帝国大学のある都市は、東京、名古屋、大阪、京都の三大都市圏の中心都市、札幌、仙台、福岡の地方中枢都市である。別言すれば、北海道、東北、関東、東海、近畿、九州など地方ブロックの「核」となっている都市である。その意味で、拠点都市と「総合大学」の配置は不即不離の関係にある。さらに、「旧六」と呼ばれる上位の地方国立大学も、千葉、新潟、金沢、岡山、熊本、長崎と南関東、甲信越、北陸、中国、南九州など地方の小ブロックの拠点都市にある。そして、ほかの地方国立大学は、その他の県庁都市に配置されている。その意味で、大学の「格」と都市の「格」は大局的には対応しているとみて言い。ただ、厳密には、三大都市圏のなかの横浜、神戸、中国ブロックの中枢都市広島、そして地方の小ブロックを形成している四国には、旧帝大や「旧六」としてランク付けられる大学はない。神戸には神戸大学、広島には広島大学、北関東という地方小ブロックには筑波大学など総合的な大規模大学が立地し、「補完」している。もう一つの地方小ブロックである四国だけに明確な拠点となる大学がない。また、三都物語とも言われる京都・大阪・神戸には二つの総合大学と一つの大規模国立大学があるが、首都圏のもう一つの各都市である横浜には、「格」の高い大規模大学がない。

こうした話をもちだしたのは、わが国では、都市配置の階層性と国立大学配置の階層性は、ほぼ近似しており、国立大学という国民に対する高等教育サービスの配置は、クリスタラーの都市システム理論がほぼ貫徹しているとみてよいが、横浜、四国には対応していない。また、新制大学の設置に関わって出された「一県一国立大学」という原則の例外として、宮城県が、北海道、東京、愛知、大阪、京都、福岡と同列に扱われなかったことも注目される。この点については、天野郁夫氏が以下のように記述している。

「国立大学は、特別の地域（北海道、東京、愛知、大阪、京都、福岡）を除き、同一地域にある官立学校はこれを合併して一大学とし、一府県一大学の実現を図る」という原則について「この原則に挙げられた六つの地域名は、『国土計画』の地区（ブロック）に対応しているように見えるが、東北大学所在の宮城県が含まれていない。（中略）『特別』とされた六つの地域は、人口数三〇〇万人以上を基準にしたものである。この基準によれば京都と宮城の二府県は基準以下ということになるはずだが、京都が加えられて宮城は外されている。京都大学をはじめ多数の官立学校が、東西の軸を想定して設置されてきたその特殊性を考えれば、京都府を例外としたのは頷けるとして、旧帝大が立地しているにもかかわらず『一県一大学』原則の枠内にとどめられた宮城県内の官立諸学校再編は、問題を抱えることになった。

仙台には東北大学の他に、仙台工業専門学校と師範学校がある。（中略）しかし、東北大学について、一県一大学原則の適用除外が認められることはついになかった。新制東北大学は、第二高等学校と仙台工専だけでなく師範学校まで統合した、唯一の『国立総合大学』になる」[6]。ちなみに、宮城県と同様三大都市圏外にある北海道についても、札幌・旭川・函館・岩見沢にあった四つの師範学校、小樽、帯広、室蘭にあった専門学校が、それぞれ北海道学芸大学、小樽商科大学、帯広畜産大学、室蘭工業大学という単科大学となり、北海道大学に統合されなかった。また、福岡県では、福岡、小倉、久留米、田川にあった四つの師範学校・分校を包括して福岡学芸大学、明治工業専門学校が九州工業大学として「単科大学」となり、新制九州大学とは統合されなかった。ともに、地方中枢都市として、「都市格」が同じとみるべき札幌、福岡と仙台が高等教育サービス拠点として異なる扱いを受けたことに「国土計画」的考慮を欠くことになった。

旧制帝国大学以外の官立「医科大学はそれぞれの立地県の『複合大学』の一部となり、神戸の商業大学、広島の文理科大学も他の官立学校を統合して『複合大学』の列に加わった。官立大学のうち、単科大学として新制度への移行を認められたのは（東京文理科大学を除けば）結局、東京所在の東京商科大学と東京工業大学だけであった。（中略）このように（中略）起源も伝統も異なる多様な三〇〇校弱の官立高等教育機関を、一年足らずの間に約七〇校の新制国立大学に集約し、移行させるという荒仕事に『一県一大学原則』は『魔法の接着剤』として、確かに絶大の力を発揮することになった[7]」。

天野書の表七―三で、日高第四郎著『教育改革への道』（洋々社　一九五四年）から転載された文部省の大学設置委員会の「設置審査の結果」が一覧表で転載されている。ここには、昭和二四（一九四九）年度開設希望の申請で審査対象となった二二六校についての結果が国公私立別に示されている。国立は六八校中六七校が合格し（合格率九八・五％）、公立は二三校中一八校（七八・三％）、私立は一二〇校中八六校（七一・七％）、その他を含め計二一四校中一七三校（八〇・八％）が合格している。認可数は、私立、国立、公立の順、合格率は国立、公立、私立の順となっている。認可校のうち私立五〇％、国立三九％、公立一〇％と、当初から私立大学が学校数で約半分を占めている[8]。

天野書の七―二表[9]には、新制大学発足前の昭和二二年度の高等教育機関別「高等教員」の博士号所有数が掲載されている。これによれば、「三三五四名の博士は、高等教員全体の一五％を占めるにとどまり、大学だけを取ると三〇％、専門学校では一一％にすぎなかった。しかも、その限られた博士教員の四八％が医学博士であり、これに理学一九％、工学一四％が続き、文系は文学・法学・政治学・商学・経済学を合わせてわずか一〇％を占めるにとどまっていた。つまり新制大学は、学校種による違いはあるものの、学位ではなく『学士の称号』を認められただけの大学学部卒業者を主体に、多数の非大学卒業者を抱える貧弱な高等教員集団を前提に、発足せざるを得なかったのである。とりわけ、一県一大学原則により師範学校・青年学校を『学芸学部・教育学部』として抱えて発足する国立新制大学の場合、有資格教員の確保[10]」は困難を極めた。

このように、専門学校から「昇格」した私立大学中心の学校構成、国立大学にあっても大量の義務教育向け教員養成のための師範学校を前身とする教育学部を擁した地方国立大学の現出、そして、これらの「新制大学」教員の大多数が「学士」の称号のみであること、などから全般的に見て、戦後の新制大学の教育の「質」は、戦前に比較して著しく低下したことは想像に難くない。しかし、東京帝国大学を頂点とし、多数の私立の専門学校を底辺とする明確なピラミッド構造をもった戦前の高等教育システムが、敗戦後の占領軍によるアメリカ民主主義の影響で、いきなりフラットな横並び的新制大学に画一化したのだから、その過渡期において教育の質の劣化を伴うことは、ある意味ではやむを得ないことかもしれない。カリキュラムの体系化、教員の質の向上を時間かけて進めるしかなかったかもしれない。そのためには、国公私立を問わず、教育の質の向上を推進する大学の管理・運営の改善が不可欠であった。

にもかかわず、戦後約半世紀日本の大学管理運営システムを支えたのが、戦前の帝国大学で慣例として制度化された「大学の自治」、「教授会の自治」であることは、歴史の皮肉であり、悲劇でさえある。かつての高等学校、師範学校、専門学校の教員を迎えて、多くの教員が教育内容の改善に全員で取り組むべきところ、逆に、昇格したばかりの「新制大学」に「安住の地」を求め、大学を「居心地のよい愚者の楽園」化させ、あまつさえ、高潔な概念である「大学の自治」論を自らの保身のための「盾」にして、教授会を「治外法権的な特区」としてきたことは否定できない。誠実な多くの教員は、自己の研究に没頭し、また、学生を愛する教員は、教室や研究室において個人的レベルで熱心に指導はしても、教授会等を通じて積極的に大学改革に取り組むケースは極めて少なかった。日常的には教務事項を粛々とこなしつつ、人事をめぐる対立にのみ強い関心を示し、そのほかの学内外の政治的課題に「傍観者」的に対応する一方、「学内政治屋」の跋扈、強烈な個性を持つ教員の「わがまま」を見逃してきた。プロローグにおける桜井邦朋氏や中嶋嶺雄氏の「教授会」への批判は、こうした実態を例示している。

大学設置基準に合格した国立大学については、昭和二四年五月公布の「国立大学設置法」によって法的に措置された。天野氏は、この法律の第八条を特に重視し、次のように指摘している。

つまり第八条には、「国立大学の各学部に置かれる講座又はこれに代るべきものの種類その他必須の事項は、文部省令で定めると書かれており、「これによって各国立大学に設置される講座とそれに代わるもの（学科目）の名称が、文部省令に列記されることになったこと、言い換えれば各国立大学は講座・学科目という教育研究上の最も基本的な組織単位について、その開設や変更に文部省の認可を得なければならないとされたことにある。省令は『国立大学の講座に関する省令』として、昭和二九（一九五四）年九月になって公布されるが、（中略）国立大学・学部はこの条文によって、その後長期にわたって講座制大学・学部と学科目制大学・学部という形で、予算・人事等の面で差異的に処遇されることになるのである」[11]。なお、「国立大学設置法」は、平成一五（二〇〇三）年七月公布の「国立大学法人法」によって廃止された。

高等教育機関の画一化の中で特記すべきことは、教育刷新員会で繰り返し議論され、事実上否定されたにみられた

「短期大学」の設置が設置審議会の審査の過程で再浮上したことである。そこには、新制大学「昇格」に困難を抱えた専門学校に対する配慮が強く働いたものと思われるが、昭和二四（一九四九）年六月に学校教育法の改正によって、「暫定的」なものとして実現した。天野書によれば、「設置審査対象一七三校、認可一一三校であった。そのうち約七割が女子校で、専門学科は英文・英語、国文、家政、被服などが多数を占め、短期大学の主流が家政系・文学系の女子高等教育であった。[12]しかし、「暫定的」と言え、短期大学は、その後約半世紀にわたって増加し続け、昭和二五（一九五〇）年の一四九校、学生数一・五万人から、平成八（一九九六）年の五九八校、四七・三万人になり、これをピークに一気に減少に転じ、四半世紀後の平成二三（二〇一一）年には三八七校、一五万人となっている（文部科学省統計要覧）。

（1）天野郁夫『新制大学の誕生　上、下』名古屋大学出版会　二〇一六年　五二五頁（上下通し）。
（2）天野前掲書　五二七頁。
（3）同右書　五三四頁。
（4）同右書　五五九頁。
（5）同右書　五五七頁。
（6）同右書　五五八頁。
（7）同右書　五五九頁。
（8）同右書　五七四頁。
（9）同右書　五六六頁。
（10）同右書　五六六頁。
（11）同右書　五八三頁。
（12）同右書　五八六―五八七頁。

二　新制国立大学の発足

1　旧帝国大学の学部整備と「国立総合大学」

戦後の国立「新制大学」開設は、旧帝国大学の総合大学への再編、これを除く多様な旧制官立高等教育機関の「一県一大学の原則」に基づく大胆な統合による「地方国立大学」の設置の二つを柱として実施された。こうして七つの「国立総合大学」、三八の「国立複合大学」＝地方国立大学、二七の国立の単科大学が開設された。

天野氏によれば、「文部省が昭和二一（一九四六）年八月という敗戦後の早い時期に、すべての帝国大学を医・理・工・農・法・文・経済の七学部から編成される総合大学とする構想を打ち出し、東京・京都以外の各帝国大学に、計画を立て予算要求するよう働きかけた(1)」と言う。これに五大学が応じて順に学部を新設していった。設立順に拡充の経過を整理しておこう。

まず、九州大学は、戦前までに医・工・農・理の理系四学部のほか大正末に法文学部が設置されていたが、「一九四九（昭和二四）年四月には、『東北大学および九州大学の学部および講座に関する省令』が制定され、九州大学に法学部、文学部、経済学部が設置されることになった。（中略）それから二ヶ月が経過した五月末『国立大学設置法』公布によって九州大学に教育学部が設置された(2)」。こうして八学部体制が完了した。なお、新設大学開校時に久留米工専が工学部に統合され、旧制の福岡高校は「教養部」（昭和三八年四月）、薬学部（昭和三九年四月）、歯学部（昭和四二年四月）、が相次いで開設され「総合大学」として拡充がすすめられた。

東北大学は、戦前すでに設置されていた理・医・工の理系三学部と法文学部に加え、旧制度のもとで昭和二二（一九四七）年に農学部が設置され、さらに、九州大学と同じ省令で昭和二四（一九四九）年四月の新制大学発足時に法学部、文学部、経済学部が分離し、さらに昭和二六年四月に教育学部が開設され、八学部を擁する「総合大学」となった。他方、旧帝大で唯一「一県一大学原則」の対象になり、他のいわゆる例外六地域と異なり、仙台工業専門学校、宮城女子専門学校をも吸収合併することになった。しかし、このことが尾を引き、その後、学部再編は続き、昭和四〇（一九六五）年四月に、教員養成課程が分離して「宮城教育大学」が開設され、加えて同じ年に歯学部、昭和四七（一九七二）年に薬学部が開設され、昭和三九（一九六四）年開設の「教養部」を含めて一〇学部体制となった。

名古屋大学では、戦前に設置された医・理・工の三学部に、第八高校をベースに文学部、名古屋経済専門学校を継承して法経学部を設置し（二三年九月）、さらに後者が法学部と経済学部に分離し（二五年三月）、翌二六年三月に県立安城農林学校の施設等の寄付を受けて農学部が設置され、七学部の「総合大学」化が完了した。その後、昭和三一年四月に教育学部、三八年四月に教養部が開設された。

大阪大学については、戦前までに理・工・医の理系三学部構成であったが、昭和二三（一九四八）年九月に法文学部が設置され、翌年五月の新制大学移行時に文学と法経学部、さらに二八（一九四三）年に法と経済に分離し、昭和二八（一九五三）年に六学部体制が完了した。大阪大学では、医学部を母体にして国立総合大学として初めて歯学部が昭和二六（一九五一）年四月、薬学部が昭和三〇（一九五五）年四月に設置された。なお、大阪大学には教育学部は設置されず、代わって、「大阪で万博が開催された直後の一九七二年に、日本で最初の『人間科学部』として誕生した[3]」。

残る旧制帝国大学である北海道大学は、戦前まで理・医・工・農の四学部体制であったが、戦後すぐの昭和二一（一九四六）年一〇月に旧制度の下で法文学部が設置され、新制大学になってから、昭和二五（一九五〇）年三月に文学部と法経学部へ、さらに昭和二八（一九五三）年に後者は法学部と経済学部に分離した。また、新制大学移行時に函館水産専門学校を合併して、水産学部が設置された。なお、北海道には、札幌、函館、旭川に師範学校があったが、「一県一大学の原則」の対象外であったため、これらを北海道大学が吸収せず、新制大学発足の年の六月、九州大学と同時に教育学部を設置した。その後、昭和二七（一九五二）年に獣医学部、昭和四〇（一九六五）年に薬学部、昭和四二（一九六七）年に歯学部が設置され、一二学部を擁する「国立総合大学」となった。特に、水産と獣医学部は、「国立総合大学」では、特異の存在となっている。

そのほか、教育学部については、東京大学では昭和二四年五月、京都大学では昭和二六年に、いずれもわずかな講座数で発足した。こうして、国立の総合大学の専門学部構成については、戦後早い段階で文部省が示した、医・理・工・農・法・文・経済の七学部をベースに、各大学でこの構想に沿った学部が設置されていった。その後、ＣＩＥの意向

によって大阪大学を除く六つの大学で教育学部（阪大は人間科学部）が新設されたほか、いくつかの大学で歯・薬・獣医、

さらに水産などが加わった。

ところで、各大学の学部拡充の際にすでにふれたが、「四年間の学部教育が一般教育の前期課程と専門教育の後期課程とに二分化されてしまった。教員組織も二分化された。（そのため）多くの大学では、一般教育担当の教員は学部とは別の教養部と称する組織に所属することになったのである」[4]。しかし、「一般教育・教養教育課程だが、どのような組織編成をとるかについて、国立総合大学の場合、考え方はさまざまであった。『大阪大学五十年史』によると、昭和二三（一九四八）年の夏頃には教員の所属について『文・理学部所属の北大方式、教養学部・教養部案の東大・京大方式、各学部分属案の三案』があり、『文部省も総合大学間の相談にまかせる方針であった』とされる」[5]。この場合、「一般教養の担当教員の多くは統合した旧制高校から資格審査を経て継承されたが、量質共にそれだけでは不十分であり、専門学部からさまざまな形で援助を仰ぎ、また施設設備の不足からほとんどの大学が分校や、第一・第二教養部などの形でキャンパスの『タコ足化』を経験することになった」[6]。

すでに、「総合大学化」していた東西二つの旧帝大のうち、京都大学は、第三高等学校を吸収して。吉田に「教養部」を設置したが、東京大学は独自の対応をした。東京大学は、第一高等学校と東京高校を吸収して、駒場に教養教育の拠点を置いたが、「例外的に教養部ではなく教養学部となった。これは本郷の専門学部の支配下に置かれることを嫌った旧制一高の教員たちが、新たな発想によるリベラルアーツを重視した後期課程としての教養学科を構想し、それと全学生を対象とした一般教育を担当する前期課程の組織とを合わせて、独立した教養学部として創設したものであった」[7]。ここで「新たな発想によるリベラルアーツを重視した教養学科」という教育組織の発足は、プロローグで紹介した二〇〇四年開校の「国際教養大学」のコンセプトを約半世紀前に先取りしたものである。二一世紀初頭の「大学改革」を先導した「国際教養」ブームの先鞭となった教養学科の設置について、若干触れてみよう。

私の手元にある『教養学科三十年　一九五一―一九八一』（東京大学出版会　一九八二年）で、千石喬氏は、以下のように書いている。

「一九五一年四月の教養学科の発足は、六つの分科、すなわち地域研究の四分科（アメリカ、イギリス、フランス、ドイツの各文化と社会）、『国際関係論』、『科学史及び科学哲学』で行われた。一九五三年春には、第一回卒業生として

五一名の教養学士を送り出した。その翌年一九五四年秋に、『文化人類学及び人文地理学』の分科が設置され、これによって最初の十年問の教養学科七分科の態勢が整った。（中略）次の十年にはいった一九六三年には『文化人類学』と「人文地理学」が分離し、『ロシアの文化と社会』が置かれたのは、発足後十五年の一九六六年であり、『アジアの文化と社会』の設置は、これよりさらに七年後の一九七三年であった」[8]。

また、千石氏は、教養学科の研究・教育の特色として、「学際性」を強調している。

「これは伝統的専門分野の枠を越え、枠にまたがった新しい視点による研究・教育である。（中略）教育面では、早期の専門細分化を排除し幅広い知識と柔軟な判断力に重点をおいて、将来各方面において、専門家の社会の中で、既成の専門の枠を越えた視野の広い、スケールの大きい活動ができる素地を与えるのが教養学科カリキユラムの特色であり、高いレベルの国際性を目指した外国語の重視も教養学科の大きな特色としてこの線上にある」[9]。

そのほか、『教養学部報』第一号（一九五一年四月一日号）では、次のように教養学科設置の意義が語られている。

「新大学制で一般教養を重んずるといつても、（中略）旧制高校の三年が一年半に短縮された（状況のなかにあって）、基礎を広くかつ深くとって将来大いに伸び得る底力を備えた人物を養成するための一つの重要な試みとして、思い切って四年全部を基礎的教養にまわす課程を考えたのである。しかしただ広い教養といってもこれだけではかえって浅薄なディレツタントを作るおそれがあるので、この危険を避けるために工夫せられたのが、六つの分科課程と外国語必修制である。即ち教養学科に学ぶ者は、西洋東洋、人文、社会、自然各方面にわたる基礎科目五十単位の中より二十六単位履修して広い視野を養うと同時に、（中略）分科課程のずれか一つを選び、その中に準備されている演習を主とする三十乃至四十の単位の中より二十二単位を必ず修め、更に外国語十七単位を修めなければならない規定になっている。（中略）（各分科課程では）それぞれの国の歴史、思想史 政治経済、文学、芸術、科学等が取上げられ、一つの国という限定された対象を各方面からとらえようとするのである。（その他の）課程でも同様に従來ではいくつかの学部に分散して取り扱われ問題を対象の単一性によって、綜合しようとしているのである。このように対象を限定することによって注意の分散を避け、従来とは異なるがしかしはっきり専門を与えると同時に、一つの対象を種々の角度から考察する訓練によって、柔軟でしかも精密な心構えを養成しようとするのである。

外国語必修制は、一般の語学力に逆行して外国語の充分な訓練を与え、従來の我が国の知識人の欠陥であったところの、外国語表現能力と知的内容の分離を是正する目的で設けられたものであって、読書力の強化はもとより、知的水準の高い会話、作文等の訓練にも力が注がれるのである」[10]。

要するに、教養学科は、特定の専門分野の研究と教育に特化した伝統的思考に異議を申し立て、幅広い知識を修得し、コミュニケーション能力の向上を含めて語学力を向上しつつ、特定の地域または事象について多角的・総合的分析能力を養成することを趣旨とする学科、と理解してよいであろう。このことは、新制大学制度の持つ多くの課題に早くから気づき、「国際性」、「総合性」に着目した教育を志向したものと言える。新制大学が約半世紀を経て、教育内容の見直しを迫られ「国際教養」、「地域研究」の本格的修得をめざした教育組織が族生している二一世紀初頭の現時点で、その先駆性は改めて評価されるべきであろう。

ちなみに、筆者（矢田）は、こうした意味を深く理解できず、教養課程の理類から「文転」をめざして、単位取得条件で文転が可能な「教養学科」に進学し、結局、研究者として六〇余年を過ごした。当時、外国語、演習、多方面の講義で面喰い、人生の方向性に迷った。そのころの一学生として受けた印象を付記しておく。

コラム　迷いの二十年

昭和三十九年に人文地理分科を卒業してから、もう二十年近くが経過した。その後、理学部の大学院をへて、法政大学経済学部で経済地理を講義し、今年の四月に九州大学経済学部に産業計画の担当として赴任してきたばかりである。そもそも、医者にでもという漠然とした思いから当時の理科二類に入学し、不適格なことを痛感して文科系に転向するために教養学科に進学したのだから、卒業後の進路と考えあわせると、ずいぶんいろいろな畑を歩き回ったものである。

規定のコースをまっすぐに走るのではなく、なんらかの廻り道をしたのは、私だけでなく当時の教養学科の卒業生が多かれ少なかれ経験していることだと思う。少なくとも当時は、教養学科卒業生には定まったレールが敷かれているわけではなかったのである。

東大という伝統ある大学に入り、教養学科という歴史の浅いところで学んだ私にとって、長い間ある種の不安から解放されなかった。それは、学問を体系的に身につけなかったのではないかという焦りである。大学に残り、学問の世界で生きるものにとって、深刻な問題である。先生や先輩から既存の理論にとらわれない「自由な発想」の研究ができるといわれてきた。これに対して、「自由な発想」も、既存の知識や理論の基盤のうえで、はじめて開花するのであって、そうでない限り底の浅いものになってしまうのではないかと反論してきた。

教養学科の講義も、自分自身の基礎がかたまっていない段階では、その内容を深いところで理解することができなかった。結局、既存の学問体系は、独学で身につける以外になかった。大学院では経済地理を専攻したので、経済学体系の吸収に努力した。当時、つまり、昭和四〇年代前半は、いまから思えば、公害・資源・都市などの新しい問題が激化し、これを十分に包摂しきれなかった既存の経済学体系自体が根底から問い直されはじめていた。こうした動きと逆行するように、私は『新しいもの』ではなく『古いもの』の勉強に邁進した。教養学科の理念と反するような研究姿勢だったのかも知れない。私にとっては、必然的に通過しなければならない一つのステップであったと思う。

大学の三、四年生で、専門的な基礎知識を身につけなければならないとき、いきなり高度な学際的な成果を教わっても、消化不良をおこすだけではないだろうか。こうした点での教養学科のあり方に対する疑問は、いまでも十分に払拭されていない。近年、東大の経済学部と教養学科で講義をしているが、両者の学生に、いまもかなりのちがいをみいだすことができる。経済学部の学生のなかには、私の講義内容を強引ともいえるかたちで自己の思考体系のなかに組み込み、私とちがった視角や結論を提起するレポートや答案を書くものが少なくない。これに対し教養学科の学生の揚合は、私の講義内容を素直に受け入れ、常識的なコメントを加えるものが大半である。教える側にとっては、卓越した理解力を示す答案よりも、強烈な自己主張と一定の思考体系を有するものに興味を憶えるものである。

とはいうものの、経済学部という職場で、学生時代から一つの学問体系を身につけてきた同僚と十年以上もつきあうと、彼等のもっているものにある種の違和感と疑問を持たざるをえなくなっている。そのなかで教養学科出身としての自己を発見するとともに、誇りにさえ思える部分が存在することも否定できない。

周知のように、経済学のなかには、近代経済学とマルクス経済学の対立を軸に、それぞれの内部にもいくつかの学派の厳しい対立がある。近年少しずつ変化してきたが、なお大多数の研究者は各々の学派に所属し、その思考体系の枠のなかにみごとにはまり込み、容易に抜け出せない状態にある。私自身、経済学を体系的に学ぼうと努力してきたが、自己の思考や思想を特定の学派に埋没する気にはどうしてもなれなかったし、あらゆる理論をつねに相対化してきた。既存の学問成果に積極的に学び、吸収することと、自己自身を特定の学派のなかに埋没させることとは、いつの間にか別のこととして仕分けしてきたのである。したがって、特定の理論に拘泥し、他の考え方を積極的に排除したり、新しい複雑な現実のなかで既存の理論の限界性が明らかになってもなお、自己の属する学派の擁護に汲々とはしなかった。各々の秀れた成果を要領よく吸収し、それらを適当に組み合わせながら、新しい現実分析に適用しようという、したたかなプラグマティズムがいつのまにか私のなかにしみついてしまっていた。

これが、専門教育という名のもとで、特定の学派の徹底した教育のなかで育ってきた研究に対し、教養教育という名のもとで、あらゆる学派を相対化しながら、自己の属する学派をもたない研究者の生き方なのかも知れない。ひょっとすると、長い間、疑問を感じてきた教養学科の教育の成果を、私自身がしっかと身に付けてしまっているのかも知れない、と最近考えるようになってきた。

専門教育を通じて既存の知識を体系的に学ぶということと、既存の思考の枠を理解しながらも、そこから抜け出して「自由な発想」のできる研究者になることとは、いったいどこでどう結びつけるべきなのだろうか。教養学科で学び、経済学を勉強し教育している私自身にとって、これはいまもって解き難い悩みであり、その意味では『迷いの二十年』であったような気がしてならない。

（教養学科三十周年記念事業実行委員会『教養学科の三十年　一九五一―一九八一』東京大学出版会　一九八二年）[11]

2　「一県一国立大学」原則と地方国立大学の設置

帝国大学を除く戦前期の国立の高等教育機関は、官立の単科大学、実業専門学校、高等学校、さらに都道府県に配置されていた師範学校・青年師範学校であり、これらの機関は、奈良県を含む七都道府県を除いて、「一県一大学の原則」[12]に基づいてすべて統合され、「一朝にして三八校の『複合大学』を誕生させた、まさに『魔法の接着剤』であった」。いわゆる「地方国立大学である」。ここで、旧制高等学校を統合する場合には、旧制高等学校を教養学部または文理学部、師範学校を教育学部、旧制高等学校非設置県では師範学校を学芸学部とし、そのなかに教養部と教育部を置くものとする、と文部省の「実施要領」で課されていた。

「地方国立大学の中でも、旧制度による官立大学を統合の核とする一三大学は、一段高く格付けされた大学群であった。このうち、神戸大学（神戸経済大）と広島大学（広島文理科大）を除く一一校は、旧制の官立医科大学を中核に発足した大学である。その旧医科大学群はさらに、戦前期にすでに大学であった六校（千葉・新潟・金沢・岡山・長崎・熊本の各大学。ここでは『旧官医大』と呼ぶ）と、戦時期に医学専門学校として新設され、敗戦後に旧学制による大学昇格を認められた五校（弘前・群馬・信州・鳥取・徳島の各大学。『新官医大』と呼ぶ）とに分かれる[13]」。

ところで、天野郁夫氏は、一三大学中戦前からあった神戸・広島と六つの医科大学の「旧制八官立大学はいずれも、旧帝大系には及ばないが五～六学部と総合的な学部編成を認められ、また、金沢・岡山・熊本の三大学が法文学部と理学部、新潟が人文学部と理学部というように、統合した旧制高校を母体にした複数学部の設置を許されている。移行にあたって学部の新設を原則認めないとした文部省が、これらの大学には特例を認めたことになる。それはこれらの大学を旧帝大系に準ずる大学群として差異的に扱い、位置づけようとする文部省の隠された政策的意図を表すものと見るべきだろう。（中略）その旧制高校を母体に、法文学部の設置を認められた三大学は、四高・六高・五高といずれもナンバースクールを継承している。（中略）ナンバースグールが特別扱いされたことは間違いない。その意味でも旧制官立大学は新制大学への移行当初から、地方国立大学群の中で別格扱いされていたといってよいだろう[14]」という見解を示している。これに対し、「文理学部を欠いた新官医大系の地方国立大学は、その点でも、その後の発展に不利な位置づけを免れることができなかつた[15]」と官立医科大学の間にさえ、その後の学部編成に大きな格差をもたらしたことを指摘している。

ここまでみたのは、地方国立大学となった三八校のうち、その母体が旧制の官立大学八校、新制の官立大学五校、計一三校である。そのほかの二五校は、「旧制度下の高等学校・専門学校・師範学校はあくまでも『学校』であり人事から管理運営まで文部省の直接的な統制下に置かれていた。（中略）大学という組織体についての基本的な認識や知識・経験の蓄積と、それに基づく主体的な選択と判断が求められたにもかかわらず、高専校と師範学校だけからなる『複合大学』には、その基盤となる『大学という経験や経歴』、とりわけ自治や自由の経験が著しく不足していたのである[16]」。こうした地域における「新制大学への移行は、文部省・地方自治体・諸学校の三者間のさまざまな利害と関係性、それが作り出す複雑な力関係の中で進行するほかはなかったのである[17]」とし、浦和高と埼玉大学、三重農専と三重大学、秋田鉱専と秋田大学、山形大学、静岡大学、鹿児島大学、山口大学の例を、各大学史を紐解いて丁寧に考察している。

ところで、残る二五校中、旧制高校を母体とするものが一一校、専門学校を母体とするものが一四校ある。以下、各大学のホームページ、および『日本大学大鑑』[18]を参考に、その動向を整理してみよう。

もともと、旧制高校は二六校あった。このうち、旧帝国大学が「総合大学」化したときに吸収されたのが七校、すなわち一高・東京高（東大）、三高（京大）、二高（東北大）、福岡高（九州大）、大阪高（大阪大）、八高（名古屋大）、旧制官立大学に吸収されたのが六校、すなわち姫路高（神戸大）、広島高（広島大）、新潟高（新潟大）、四高（金沢大）、六高（金沢大）、五高（熊本大）、新制官立医科大学に吸収されたのが二校、すなわち弘前高（弘前大）、松本高（信州大）、計一五高が旧制大学に統合された。なお、それぞれの地域の師範および青年師範のほかに、神戸大学には神戸高専、広島大学には広島高等師範、広島高等女子師範、広島工専、広島市立工専、新潟大学には、長岡工専、新潟農専、岡山大学には岡山農専、熊本大学には熊本工専、熊本薬専、長崎大学には、長崎経専、信州大学には、長野工専、上田繊維、長野県立農業などの専門学校が吸収されている。また、群馬大学、鳥取大学、徳島大学の三大学は、旧制高校を併合せず、戦後、医学専門学校を母体に旧制度の下で新設された前橋医大、米子医大、徳島医大を核に「新制大学」となった。なお、群馬大学には桐生工専、鳥取大学には鳥取農専、徳島大学には徳島工専などの専門学校が吸収された。

旧制高校のうち、旧制大学に吸収されなかった一一の高校が核となり師範学校、青年師範学校が加わり新制大学となった。その典型は、埼玉大学（浦和高校）、静岡大学（静岡高校）、島根大学（松江高校）、高知大学（高知高校）、佐賀大学（佐賀高校）五校であり、六校では、それぞれに地域性を反映した専門学校も参加した。すなわち、山形大学には山形高校に米沢工専、山形県立農専、茨城大学には水戸高校に多賀高等工業、富山大学には富山高校に富山薬専と高岡工専、山口大学には山口高校に宇部工専と山口経専が、愛媛大学には松山高校に新居浜工専が、鹿児島大学には七高に、鹿児島農林、鹿児島水産が、それぞれ加わった。これらの専門学校は、工学部、農学部、薬学部、水産学部として、それぞれの大学の「看板学部」となっている。

三八の地方国立大学中一三が旧制官立大学、一一が旧制高校を核として発足したが、残る一四校は、専門学校と師範、青年師範学校による新制大学である。このうち、師範学校と青年師範学校だけで「大学」となったものはなく、それぞれの地域産業に基盤を置いた専門学校が核となっている。すなわち、経済専門学校が核となったのは、福島大学（福島経専）、滋賀大学（彦根経専）、和歌山大学（和歌山経専）、香川大学（高松経専）、大分大学（大分経専）の五校、鉱山専門学校や工業専門学校が核となったのは、秋田大学（秋田鉱専）、山梨大学（山梨工専）、福井大学（福井工専）の三校、農林専門学校等が核となったのは、宇都宮大学（宇都宮農専）、岐阜大学（岐阜農林）、三重大学（三重農林）、宮崎大学（宮崎農林）の四校、複数の専門学校が核となったのは、岩手大学（盛岡農専、盛岡工専）、横浜国立大学（横浜経専、横浜工専）の二校である。

3　単独系国立大学

新制の国立大学は、第一の分類＝旧帝国大学から転化した「国立総合大学」七校、第二の分類＝「一県一大学原則」のもとに奈良県および帝国大学存在七地域を除く三八の「地方国立大学」のほかに、第三の分類として除外地域に設置された国立大学がある。天野書では、これらを「単独系国立大学」と呼称し、さらに三つのグループにまとめている。すなわち、「第一は『旧制大学系』の四校、第二に、専門分野の独自性から単独校になった七校に、入学者が女子に限定された旧制高等師範系の二校を加えた『特殊専門学校系』の九校、そして第三に、立地の故に単独での昇格を認められた『地域専門学校系』の一四校である。移行にあたって（中略）それぞれに経緯があっての移行・昇格であった[19]」。以下では、経緯は別にして、結果だけを記しておこう。

第一グループには、一橋大学、東京工業大学、東京教育大学、東京医科歯科大学の四校である。このうち一橋大学は、東京商科大学が予科・附属専門部・附属商業教員養成所を統合したものであり、東京工業大学も附属予備部・附属高等工業教員養成所統合したものである。さらに東京医科歯科大学も医学歯学専門学校を吸収して新制大学となった。三校いずれも自らの予科や附属などの高等教育機関を吸収しただけであった。これに対し、東京教育大学は、東京文理科大学と東京高等師範学校・東京農業教育専門学校・東京体育専門学校が再編統合されたものであり、その過程では厳しい対立があった、とされている。この対立は七〇年代の東京教育大学の廃止と筑波大学の発足の過程で爆発し、いわゆる「教育大紛争」を引き起こした。

第二グループは、東京美術学校、東京音楽学校が統合してできた東京芸術大学、東京外事専門学校が昇格した東京外国語大学、同じく大阪外事専門学校から昇格した大阪外国語大学、中央無線電信講習所から昇格した電気通信大学、第一水産講習所から昇格した東京水産大学、高等商船学校から昇格した東京商船大学がある。これらは、専門分野が「特殊」であることから、天野氏は、六校を「特殊専門学校系」として同じグループにまとめている。さらに、東京女子高等師範学校から昇格したお茶の水女子大学、奈良女子高等師範学校から昇格した奈良女子大学をこのグループに分類している。ただ、この二校は、専門分野が「特殊」なわけでなく、女子のみを対象としており、むしろ独自のグループに分類すべきなのかもしれない。それはともかくとして、「一県一大学の原則」からはずれた奈良県を含む七都道府県のうち、旧制大学との統合からはずれた師範学校や専門学校は単独の大学昇格をするしかなかった。

第三グループには、各地域の師範学校・青年師範学校が昇格した「地方教育大学」と官立の専門学校が昇格した地方の実業系国立大学が属する。北海道では第一（札幌）、第二（函館）、第三師範（旭川）、青年師範（岩見沢）が一体となって昭和二四（一九四九）年北海道学芸大学（一九六六年北海道教育大学）となり、それぞれが分校となり同時に釧路分校も開設された。東京では、東京第一、第二、第三、青年師範が統合して東京学芸大学となり、それぞれ世田谷・竹早、小金井、大泉、調布分校となった。一九六四年に小金井キャンパスに一体化し、分校制度は廃止された。愛知では、第一師範（名古屋）、第二師範（岡崎）、青年師範が統合して愛知学芸大学となり、一九六〇年に愛知教育大学と改称、七〇年に名古屋と岡崎の中間の刈谷にキャンパス移転を完了した。京都では、京都師範と青年師範が統合して京都学芸大学となり、六六年に京都教育大学に名称変更した。奈良では、奈良女子高等師範とは別に、奈良師範と青年師範で奈良学芸大学となり、一九六六年に奈良教育大学に改称した。大阪では、第一師範（天王寺・平野）と第二師範（池田）が統合して大阪学芸大学となり三分校体制を敷いた。六七年に大阪教育大学と名称を変更した。さらに、九四年に柏原に統合キャンパス移転を完了した。福岡では。第一師範（福岡・久留米）、第二師範（小倉・田川）、青年師範（久留米）を統合して福岡学芸大学となり、それぞれ分校となった。一九五一年に福岡市大橋にキャンパスを統合、一九六六年に宗像市に移転、名称も福岡教育大学に変更した。このように、師範学校を母体にした教員養成系のいくつかの専門学校は、域内に複数の学校を擁しているため、大学に昇格しても「たこ足」的なキャンパスをもち、東京、愛知、福岡では統合に時間を要した。

他方、実業専門学校が大学昇格したのは、次の通りである。北海道では、小樽経済専門学校が小樽商科大学、室蘭工業専門学校が室蘭工業大学に、帯広農業専門学校が帯広畜産大学に、それぞれ昇格した。東京では、東京農林専門学校と東京繊維専門学校が一体となり東京農工大学となり、愛知では、名古屋工業専門学校と愛知県立専門学校が一体となって名古屋工業大学に昇格した。京都でも、京都繊維専門学校と京都工業専門学校が統合して京都工芸繊維大学に昇格した。福岡では、明治工業専門学校が九州工業大学として単独昇格した。

(1) 天野郁夫『新制大学の誕生　上、下』名古屋大学出版会　二〇一六年　五九一頁。
(2) 九州大学教育学部五〇年史　二〇〇〇年　一八頁。
(3) OSAKA UNIVERSITY GUIDEBOOK 2016.
(4) 草原前掲書　一〇五頁。
(5) 天野前掲書　五九七頁。
(6) 同右書　五九七頁。
(7) 草原書　一〇五―一〇六頁。
(8) 教養学科三十年　一九五一―一九八二』東京大学出版会　一九八二年　三頁。
(9) 同右書　五頁。
(10) (東京大学)『教養学部報』第一号　一九五一年四月一日号(教養学科三十周年記念事業実行委員会『教養学科の三十年
一九五一―一九八二』東京大学出版会　一九八二年　一五五―一五六頁)。
(11) 矢田俊文「迷いの二〇年」　同右書　二九―三一頁。
(12) 天野前掲書(下)六〇五頁。
(13) 同右書　六〇六頁。
(14) 同右書　六一九頁。
(15) 同右書　六二〇頁。
(16) 同右書　六二五頁。
(17) 同右書　六二六頁。

（18）『日本大学大鑑』日本学術通信社　一九八一。
（19）天野前掲書　六四六頁。

三　新制私立大学の族生

1　多様な私立大学の成立過程

天野郁夫氏は、戦後の「私立セクターの諸大学・学校は、国公立セクターでの再編統合に劣らぬ劇的変化があった」としている。

「私立セクターの諸大学・学校は国公立セクターと異なり、再編統合の大波を経験することはなかつた。戦前期にすでに法人格を認められていた私立大学や専門学校は、それぞれに自力で移行や昇格の道を進めばよかったからである。（中略）占領下の学制改革によって、（中略）国家の厳しい統制から解放された私立大学が、移行に際してそれぞれに組織の再編・拡充を図り、私立専門学校の大多数が新制大学への昇格を果たして、急速な量的拡大、すなわち私立セクター主導の大衆化への道を走り始めたこと自体が、わが国の高等教育の歴史上最大の構造変化であったというべきかもしれない。そして、私立大学や私立専門学校は、その一変した制度的枠組みという舞台の上で、それぞれの昇格と移行のドラマを繰り広げることになるのである[1]」。

明治三二（一八九九）年制定の「私立学校令」にかわって、昭和二五（一九五〇）年三月、私立学校に関する基本法規である『私立学校法』が施行された。この法律の策定にあたっては、「日本私学団体総連合会（私学総連）」が「戦前までの官位優位の路線を踏襲することを懸念した」ＣＩＥと密接に連絡を取りながら、基本的法制の検討をすすめ、これをもとに文部省と本格的な協議したもので、天野氏の表現を借りれば「私学総連とＣＩＥとが、一体化して動いたことがうかがわれる[2]」ものである。これには、私立学校の経営主体は学校法人であること、私立大学を設置する学校法人の所轄官庁は文部省であること、文部省に置かれる『私立大学審議会』は文部大臣に私立大学に関する重要事項を建議することができること、審議会の委員は私立大学の学長・教員、学校法人の理事、学識経験者等によって構成されること、などが規定され、「大学設置委員会に関わる事項を除いて私立大学審議会に強い権限が付与され、私立大学に自由と自主性が大幅に認められた[3]」。

「こうして自由と自主性の拡大の基本方針を前提に、大学設置審査は、私立学校法の策定作業とかかわりなく進められ、昭和二三年（一九四八）の一一校を皮切りに、二四年八一校、二五年一四校が認可を受け、昭和二八年春の新制私立大学数は一二〇校に達した。（中略）その一二〇校を、前身校の種別と設立時期によって分類（すると）、新制私立大学は少数の純然たる新設校を除いて、旧制度下での前身校の種別により、(1)旧制大学系・(2)旧制専門学校系・(3)旧制高校系の三つのグループに分けることができる。（中略）さらに前身校の設立年により二つの時期（中略）第Ⅰ期（〜昭和一五年）は太平洋戦争突入以前、第Ⅱ期（昭和一六〜二二年）は突入後、敗戦を挟んで新制大学の設置が始まるまでの時期（混乱期）[4]にわけている。これによれば、前身校が昭和一五年までに設置された『伝統校』が七九、混乱期に設置されたのが三五校、不明六校である。このうち、戦中に設置された前身校起源の新制大学は、「伝統校に比べて、大学としての質にさまざまな課題を残しての移行・昇格であり、それがその後の発展の制約条件として強く働くことになった。[5]」としている。天野氏は、前身校が旧制の大学か否か、設立が戦争突入以前か以後か、でマトリックスをつくり新制大学を四グループに分類している（六七一頁。表9—1）。戦争突入前の旧制私立大が二五校、突入後の私立大が一七校、合わせて四二校である。さらに前身校の種別でみると旧制高等学校はいずれも突入前でわずか五校、専門学校で突入前四九校、突入後十八校、その他六校となっている。本書では、こうした私立大学の成立過程を、旧制私立大学の新制大学への移行の例として法政大学、旧制私立専門学校の新制大学への昇格の例として福岡大学について、それぞれの「大学史」から簡略にまとめてみよう。

2　旧制私立大学の新制大学への移行—法政大学

「太平洋戦争突入以前、昭和一五年（一九四〇）までに設置された二五校の旧制私立大学群は、いずれも旧制専門学校としての長い歴史を経たのち、大正七年（一九一八）制定の『大学令』による文部省の厳しい審査を経て認可されたものであり、戦災による施設設備の焼失等、物的な条件を除けば、新しい大学設置基準による移行に大きな問題はなかった[5]」。早稲田、慶応、明治、法政、立教、中央などの東京六大学（東大の代わりに中央をいれて呼称されている）、関西、関学、立命、同志社の関西四大学、近年日・東・専・駒と愛称されている日大、東洋、専修、駒沢の四校であり、さらに、国学院、立正、大正、龍谷、大谷、高野山、上智など神道・仏教・キリスト教など宗教系大学、東京慈恵医大、日本医科大学など医科大学、および拓殖、東京農大、以上二五校である。

これらの大学は、伝統もあり、それなりにブランドの確立した大学であるとともに、「すべて高等学校に準ずる大学予科を持ち、また数校を除いて専門学校に相当する専門部を併設していた。移行はこれまで時間をかけて蓄積してきたこうした（校地・校舎・施設・設備、教員、学生定員）などの『資源』を、フルに活用する形で進められることになった。（中略）同一法人内に、準拠する法令の異なる大学・大学予科・専門部（あるいは同法人設置の専門学校）に分化した、しかし実態において相互依存的な学校種・教育課程を抱えた組織をどう再編成していくのか、大規模な教育企業体化した大学法人にとつて大きな課題だった[6]」。こうした、相互連関する多様なサービス機能を抱えた大学法人を天野氏は、「教育企業体」と巧みに表現している。すでにみたように戦後の学制改革は、多様な高等教育機関を一元化することであり、旧制の官立の高等教育機関は、「一県一大学の原則」による地方国立大学が国家によって強引に「統合再編」された。産業組織論では、ほぼ同じサービスを提供する異なる企業が統合再編するケースを「水平的統合」と表現している。地方国立大学の設置は、まさに高等教育機関の「県域内」の「水平的統合」である。他方、相互に関連する生産工程を有する企業同士が同一企業グループ内で統合再編することを「垂直的統合」と呼んでいるが、私立大学では同一大学法人内の高等教育機関が統合再編するケースが一般的である。国立＝水平統合、私立＝垂直統合という図式的に理解することが、ほぼ妥当と言えよう。旧制大学から新制大学への移行過程における「大学事業体」内の垂直統合の事例として、天野書では、早稲田大学や日本大学などについて考察している。以下、筆者（矢田）が一九七〇年から八一年までの一二年間在籍した法政大学について『法政大学百年史』および法政大学のＨＰ等を参考にして簡単に紹介しよう。

法政大学の垂直統合

２―２図は、法政大学の学部再編を一覧にしたものである。大正九年（一九二〇）の「大学令」によって「和仏法律学校専門学校」から「法政大学」となったが、ここには、大学部、専門部、大学予科をもって構成されていた。こ

学部再編経過（概略）

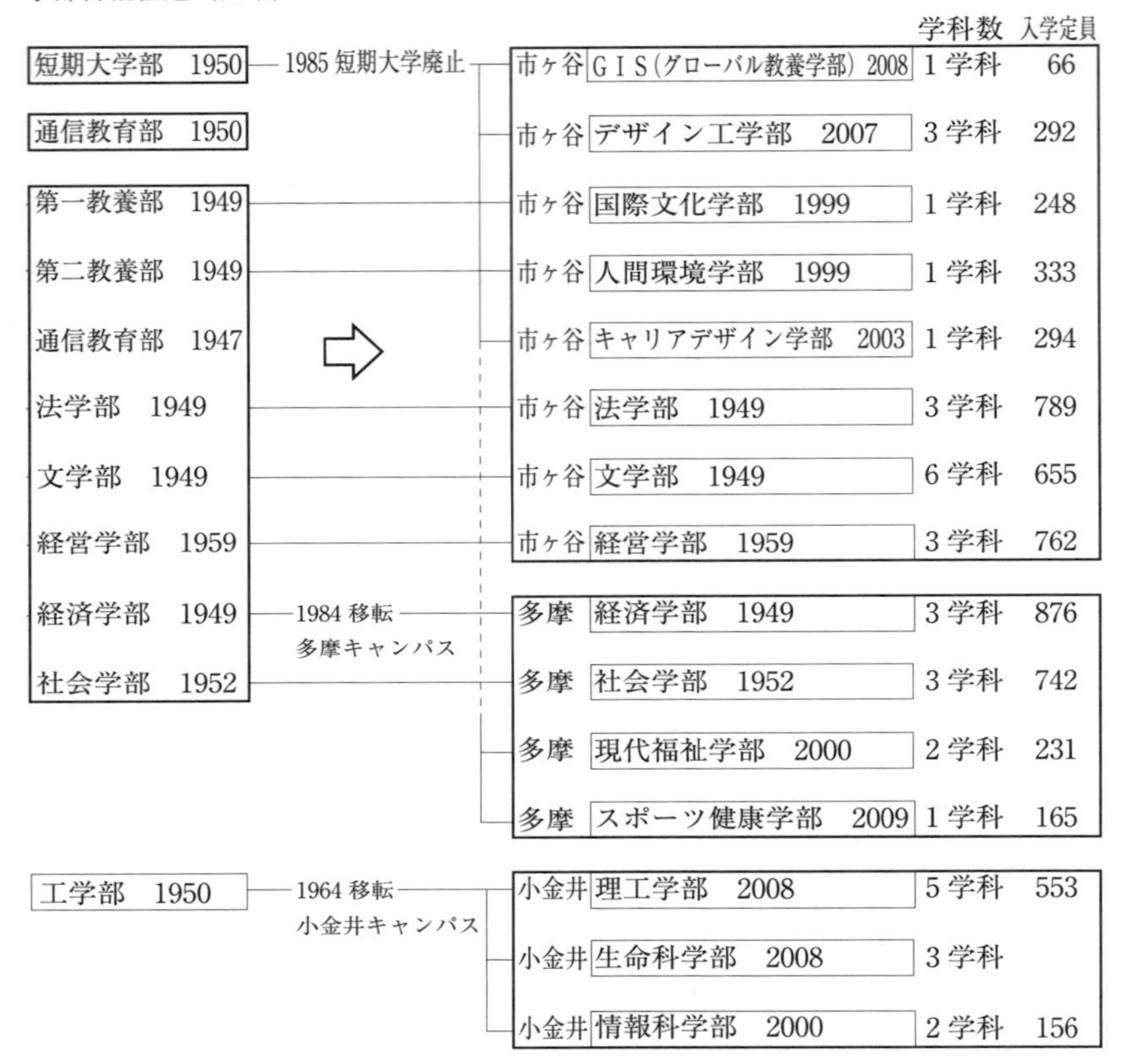

数字は設置年
『法政大学百年史』、法政大学 HP 等より矢田作成

のうち、核となる「大学部」での学部構成は、法学部と経済学部の二学部であったが、翌々年の一一年には法学部が法文学部となり、法律学科・政治学科に文学科、哲学科が加わった。経済学部は当初から経済学科・商業学科の二学科体制であった。「大学部」には、「大学予科卒業生（中略）及び同等の資格を有する者と認定された者を入学させた。終業年限三か年を卒業した者は、法政大学学士となった[7]。」この「大学部」は、戦後、昭和二二年（一九四七）四月に法文学部が法学部と文学部に分離され、経済学部を加えて三学部昼夜二部制となった。さらに、

2－2図　法政大学・

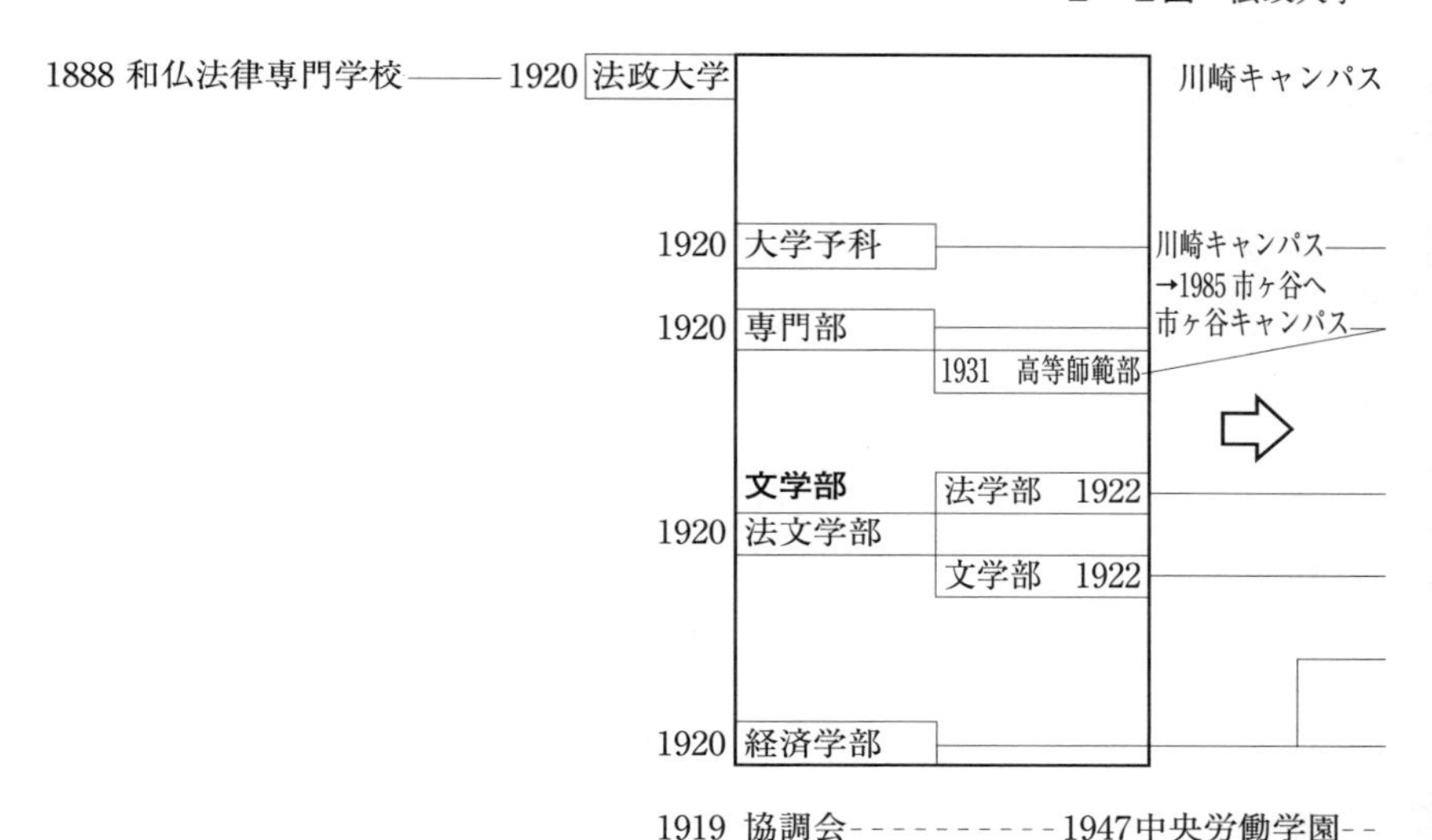

1945 工業専門学校

同年一〇月通信教育部、二五年（一九五〇）四月に短期大学部を開講した。昭和二四年（一九四九）四月の新制大学制度への移行によって、法学部、文学部、経済学部（いずれも一・二部制）が認可された。

他方、「専門部は『専ラ邦語ヲ以テ法律、政治及経済ニ関スル学術ヲ教授ス』るもので、中学卒業者又はこれと同等の学力を有するものと認められた者を入学させた。終業年限三か年を終えた者は、法政大学得業士となった。大学予科は、大学への進学を志望する中学卒業生又は同等の学力を有するものと認められた者を入学させ、進学に必要な外国語その他の普通学を教授し、修業年限は一年半とした。[8]」と記述されている。もともと大学予科と専門部は、明治三六年（一九〇三）八月の「専門学校令」に基づいて開校された。このうち、「専門部」は、法律科から出発し、政治科、実業科（のち商業科）、さらに高等師範部が増設された。これらの「大学予科」や「専門部」、は、新制大学の「学部」に「垂直統合」されていく。順次、その過程を追っていこう。

（大学予科の統合と第一・第二教養部）　まず、「大学予科」と「第一教養部」、「第二教養部」への転換について述べる。「明治三六（一九〇三）年専門学校令が公布され、この年八月、和仏法律専門学校が法政大学と改称されるとともに、その予科として設置されたときに始まる。（中略）当時の予科は、中学卒業者を入学させる、一年半の課程で、大学学部に入る階梯として外国語その他の基礎学科を教えた。（中略）

その後、大正八年（一九一九）四月から施行された大学令による大学予科は、翌九（一九二〇）年四月から開講した。（中略）（大学予科が）最初に設置されたのは、二年制の第二部であった。官立の高等学校は二年制の課程を置かなかったが、私立大学はほとんどすべてがこの二年制を設けていた。一年遅れて第一部が発足した。（中略）予科の授業は、大正一〇年（一九二一）に、（千代田区）富士見町の現校地に竣工した三階建ての校舎で主として行われた[9]」。しかし、その後「大学全体の学生数の増加に応じる校舎新築の敷地の余地がなかったので、大学は昭和一〇年、東京横浜電鉄会社から、川崎市木月（武蔵小杉）に三万坪の土地の提供を受け、昭和一一年一〇月、三階建鉄筋コンクリート造りの白亜の校舎を竣工した。予科は（新制大学移行とともに）第一教養部となって、昭和三〇年（一九五五）から三三年にかけて市ヶ谷に移転するまで、この校舎を中心に授業を行った[10]」。

「昭和二四年（一九四九）四月、新学制によって予科は教養部に改編された。（中略）学部校舎は富士見町にあり、予科校舎は（川崎市）木月にあるという現実は無視できなかったし、ひろい据野の上に高い専門知識をうち立てるべきだという当時優勢だった大学論も影響して、予科を分割して学部に吸収させるいわゆるタテ割り体制を大学はとらなかった。予科はかくして教養部と名をかえ、大学一・二年次生の、人文・社会・自然の三系列をふくむ一般教育科目と、外国語科目、保健体育科目を教育することになり、教員もこの配列に従って各研究室に所属することになった[11]」。こうして、予科はそのまま第一教養部に改められて出発した。（中略）

これに対して、富士見町の本校地区に「専門部二部」と「高等師範部」所属教員を主体として、第二教養部が再編成された。「ここに本学創立以来みられる夜間授業の伝統を受けつぐことになり、戦時中の知的な飢餓状況の充足や、再出発の為に大学の門を目ざす勤労青年の学び舎として出発したのである」[12]。「二教所属の学生は、出発当初は法・文・経各学部（二部）の一・二年次生であったが、昭和二六年（一九五一）八月に中央労働学園大学を合併吸収して社会学部が創設され、社会学部二部の一・二年次生も二教に所属することになった」[13]。「専任者は専門部・高等師範部などから移籍したものと新採用数名をふくみ、半数以上が本学出身教員で構成された」[14]。こうして、旧制度の下で設置されていた専門部と高等師範部が、新制法政大学で「第二教養部」として統合された。

（工業専門学校の統合と工学部） 次に、工業専門学校の「工学部」化の過程を追ってみよう。

戦時体制に入り、昭和一九（一九四四）年四月に川崎市木月に法政大学航空工業専門学校が設立された。しかし翌二〇年八月の敗戦によって、航空工専は存在理由を失い、「法政大学航空工業専門学校は、創立後わずか一年半で法政工業専門学校に衣替えしたのである。昭和二〇年（一九四五）一〇月のことであった。[15]」しかし予科の学生が学園に戻ってきたために手狭になり、新たな校舎を千葉県習志野の元「陸軍騎兵学校幹候隊」の兵舎を改造したところに移した。その後、昭和二五（一九五〇）年四月、機械工学、電気工学、建設工学、経営工学の四学科からなる工学部が千代田区富士見町校舎内に設置された。さらに、港区麻布にあった中央労働学園を法政大学が合併したのを機に、新設の社会学部と工学部が共同で使用することになり、昭和二七年（一九五二）四月麻布に移転した。翌二八年（一九五三）、川崎市木月にあった工学部の教養課程を麻布に移し、こうして、法政大学では工学部と社会学部だけが教養課程と専門課程を一貫する「縦割りの教育方式」がとられた。さらに、社会学部が富士見町の本校校舎に移転したのち、麻布校舎はもっぱら工学部が中心となって利用することになった。

高度経済成長が始まった頃、理系の学卒者の需要が急増する中で工学部の拡充には麻布校舎も狭小で新たな新天地が求められた。こうした中で有沢広巳総長の時代に、小金井市の約一万二〇〇〇坪の土地に工学部を建設する構想が立てられ、昭和「三五年一月に入って小金井市と国鉄との間に新駅（東小金井駅）をつくる話し合いがまとまり、従来武蔵境と武蔵小金井の中間にあって不便であった交通問題が大きく好転した。小金井市とともに新駅設置の運動を行っていた法政大学は、その情報を入手した翌日、買収の手付金（半額）を支払ったという[16]。

（中央労働学園の統合と社会学部） 専門学校統合のもう一つは、「中央労働学園専門学校」統合と「社会学部」の設置である。

「中央労働学園専門学校」の前身は「協調会」である。もともと協調会は、『法政大学百年史』によれば、「大正八年（一九一九）、（第一次大戦への参加、シベリア出兵、米騒動など）社会問題の容易ならざる情況に驚いた時の政府及び財界は、これへの対応の一つとして、半官半民の社会政策機関設立を図った。これが財団法人『協調会』の設立に他ならない。その目的とするところは、『公私の機関と連絡を保ち、社会政策に関する調査研究を為し、その結果を公表すること』を基本として、『社会政策に関する学校、講習会、図書館等を開くこと』、『労務者教育及び福利増進に関し適切なる施策を講ずること』等にあった。（中略）校舎は麻布の旧蔵前工業専修学校校舎がこれに充てられた。（中略）（その後）昭和二四（一九四九）年学制改革に伴って、中央労働学園専門学校は、新たに学校法人となった中央労働学園の経営する新制大学、中央労働学園大学として発足する。（中略）しかし、大学発足の前後から、わが国の社会状勢は急激に変わり、相次ぐ労働運動、政治運動への弾圧、思想への圧迫が強まり、そういう状況のなかで、大学への受験生は激減していった。（中略）昭和二六年（一九五一）初頭には大学経営の見通しはまったくたたなくなってしまう。（中略）廃校か、新しい構想の下での新大学への移行か、あるいは他大学との合併か、（中略）かくて中央労働学園大学と法政大学との合併についての折衝が始まる」[17]。その後、法政大学は同年九月一日に、理事会および評議会で合併を正式に決定し、文部省の認可を経て、翌二七年四月に「社会学部」として継承・開設した。当初校舎は、中央労働学園の麻布校舎を利用していたが、昭和三一年から富士見町の本校に移転し、麻布での教養・専門一貫の「縦割り方式」を解消し、法・経・文同様、「横割り方式」に移行した。さらに、昭和三五年には、従来の応用経済学科に続いて、社会学科が創設され二学科体制となった。学生入学定員も、昭和三五年の各学科一〇〇名、計二〇〇名から、四一年の各一七五名、計三五〇名をへて、五一年の各二五〇名、計五〇〇名に急増し、団塊世代の高い進学率の波を引き受ける「マンモス」学部にまで成長していった。工学部、第一教養部、第二教養部が予科、専門部、専門学校などなどいわゆる「法政事業体」内部の垂直統合であったのに対し、中央労働学園との合併による社会学部の新設は、、他の「事業体」との水平統合である。産業組織論では、こうした水平、垂直統合のほかに、同一企業内の「事業部の新設・再編」という概念がある。大学事業体においては、「学部・学科の再編・新設」が該当する。法学部・経済学部二学部から文学部・経営学部の分離がこれに該当すると言ってよい。

（専門部の解体と文学部の拡張）　時代は戻って、大正七（一九一八）年一二月の大学令公布による法政大学発足時には、法学部と経済学部の二学部体制であった。その後大正一一（一九二二）年四月に、法学部の中に文学科と哲学科が創設され、従来の法学科、政治学科とともに、四学科編成となる法文学部となった。文学科は、英文学、独文学、仏文学に分かれ、哲学科は、哲学、倫理学、心理学の各専攻に分かれていた。「文学部の学風は、文学科に代表される漱石門下のいわば教養派に、哲学科に代表される（三木清、谷川徹三、戸坂潤などの）京都学派が合流することによって形成されたのである[18]」。

昭和二二年（一九四七）四月、「文学部は従来の法文学部の分科であることをやめ、法政大学文学部という独立した存在になることが決定した。当面、哲学科、国文学科、英文学科の三学科をもって再出発することとなった。同時に、法学部、経済学部とともに、旧学制の専門部、高等師範部などを解体し、学部に吸収して、第二部（夜間部）を新設することとなった。文学部は、第一部（昼間部）三学科とともに、第二部に、国文学科、英文学科、地理歴史学科を開設することとなった。昼夜の学科はすべて一つの教授会で運営され、教員は昼夜の授業を共通して担当する編成をとった。このため、教授編成、講義内容、ともに充実したものになった。とくに、文学部の夜間開設は全国初の試みとして注目された[19]」。「そして、昭和二四（一九四九）年四月新学制への転換は昼夜の二部制をとり、第一文学部が哲学科、日本文学科、英文学科の三学科、第二文学部が日本文学科、英文学科、地理学科、史学科の四学科で発足することとなった。このとき従来の予科は教養部となり、第一教養部が川崎の木月、茨城の石岡（翌年廃校）で、第二教養部が本校で、一、二年次生の一般教育科目を担当し、学部は三、四年次生の専門教育科目を担当することとなった。この『新制大学』への転換は順調に終わった[20]。」

（法学部・経済学部の専門部の吸収）　法政大学が設置されて以来、長い間「法政大学事業体」は法学部と経済学部が二本柱を形成した。

法学部では、終戦とともに台北、北京、京城大学からの帰還者を中心に教授陣をそろえ、昭和二四（一九四九）年四月の新制大学へ法学部として移行した。学生は、四年間のうち、一、二年生を教養部管轄、三、四年生を学部管轄にし、教員所属もそれぞれに分けた。しかも昼間授業の第一教養部は川崎市木月、夜間授業の第二教養部は、市ヶ谷で行われた。法政系高等教育機関の垂直統合には、学部による専門部の統合のみで大きな再編は見られなかった。大きな変化は、教授陣の大幅入れ替えであった。

（経営学部の新設） 一方経済学部では、「戦後の新しい学制改革に伴なって、昭和二四年（一九四九）四月から、本学部も新制大学の経済学部として再編成された。この時、従来昼間部だけであった本学部に夜間の第二経済学部が設けられた[21]」。ここでの教授陣の変化は、法学部と異なって大幅なものではなかった。むしろ、大きな変化は、新制大学発足一〇年後に起こった。昭和三四（一九五九）年に、大学の充実策の一環として経済学部商業学科を分離・独立させて経営学部を新設したことである。ここに、経済学部から、有沢広巳、錦織理一郎、菰渕鎮雄、今井則義教授ら一三名もの教員が移籍した。「法政大学事業体」において戦後最大の事業再編である。

（短期大学部の発足） 「法政大学事業体」は、法、経済、文、工、社会、経営の六学部のほかに、二つの高等教育分野にも事業を拡大した。短期大学部と通信教育部である。

「本（短期大）学部は昭和二五（一九五〇）年木月校舎内に開設され、昼間は教養部が使用する教室を夜間に短大が共用する形で、商経科（経済専攻一二〇名、商業専攻三〇名）、工科（電気通信工学専攻八〇名）二年制という組織で発足した。木月にしたのは、教室等の施設の都合もあったが、それよりも京浜工業地帯の勤労者学生を対象として働きつつ学ぶことのできる夜間教育を企図した。また、私学では工学系を置くことは、経営上なかなか困難であり、（中略）全国でその数は決して多くなく、本学部の特色と言うことができる。（中略）本学部は併設短大であるので、当然のことながら入学者の卒業後の予定として四年制大学への進学を希望する者もいる。創設初期には戦中、戦後の社会混乱の中で、学業を中断されあるいはその機を失った者が、社会生活を続けながら学力の向上を志そうという入学者が少なからずいて、学生の年齢構成も二〇歳―二七歳を中心とし、中には四〇歳代もいる状況であった。その後社会の落ち着きと共に、まず短大へ入り、その後経済的にあるいは学力的に許されればさらに進学するという者がふえてきた[22]」。

（校外生制度と通信教育部の新設） 法政大学の通信教育部は、「昭和二二（一九四七）年にわが国最初の大学通信教育として誕生した[23]」。わが国最初といっても、この通信教育には、その基盤となる蓄積があった。明治二三（一八九〇）年一月、当時の和仏法律専門学校において新設された校外生制度であり、これは、「修業期間は三年で、これを三年級に分けて各年級の講義録を毎月三回ずつ送り、一年間で完了し、入学金四〇銭と月謝五〇銭を納入すれば誰でも入学することができた、という制度であり、この講義録による校外生制度は、戦後の本格的な通信教育の前身[21]」ということができる。

「わが国の教育制度の中で、通信教育制度が法制的にも整備されていき、二二（一九四七）年九月、文部省は通信教育認定規定を制定した。さらに同年一二月に、大学基準協会は、大学通信教育基準を決定した。本学（法政大学）の通信教育部が、文部省から正式に認定をうけたのは、翌二三（一九四八）年五月三日であった。（中略）この年の十月から、かねて準備を進めていた経済学部と文学部が開講された。経済学部は、経済学部の経済学科と商業学科の二科に分かれ、文学部は日本文学科と史学科（日本史学、東洋史学、西洋史学）に分れた。教授陣は、経済学部と文学部の専任教授を中心に、学外からも多くのすぐれた学者が集められて、その数一〇〇名をこえた。両学部の募集人員は、各五〇〇名であった。学生数はこの年度内に四一八三名に増加」した。[24]

「昭和二四年四月一日、新制大学が発足し、通信教育も新制大学の課程となったため、法政大学通信教育部学則を制定した。同年七月から科目別履修生の募集を開始した。これは各学部の科目を、その四か年の教科課程から切り離して、個々に自由に履修する方式である。この方式によって、多忙な社会人が必要な知識を必要な時期に修得しうることができるようになった。この科目別履修は、六科目について実施されたが、この履修生の数は間もなく万をもって数えるようになる。通信教育部隆盛の要因ともなった[25]」。

「昭和二五（一九五〇）年三月一四日、法政大学通信教育部は、学校教育法に基づく正規の大学として文部省の正式認可をえた。すでに修学を続けている学生に対しては、この正式認可を遡及させて正式な通信学生と認めるという臨時措置がとられた。かくしてわが国最初の画期的な試みであった二年余にわたる実験期を終え、大学通信教育は名実ともに新時代の大学の面目を世に問う時期を迎えることになったのである。（中略）（さらに）同年九月、教育職員免許法施行規則に基づいて教職課程を開講した。同年五月三一日に公布された教育職員免許法によって、教員養成制度に大きな改革が実施されたために、全国の小学校、中学校の教員の中に資格をもたない教員はおびただしい数にのぼった。新設された教職課程は、これら教員の再教育を目的とするものであった。（中略）このため、教職課程開設以後、（通信教育部）の学生数は急激に増加し[26]」、昭和二九年の学生数は二・九万人になった。「本学通信教育部の隆盛期が、戦後教育制度改革に伴う一時的な特殊現象であった未資格教員の資格取得のための通教入学に支えられていたことはたしかである。この事実からみても、本学を嚆矢とした大学通信教育の果たしてきた役割と啓蒙的任務は、昭和三〇年代の前半で終わりをつげたともいうべきである」[27]。

大学の通信教育は、法政大学を嚆矢として、慶應義塾、中央、日本女子、日本がこれに続き五大学となり、さらに大学通信教育一〇周年を迎えた昭和三二年には、玉川、佛教、武蔵野美術短大、浪速短大を加え、四年制七大学、二短期大学で通信教育部が設置された[28]。

（「総合大学化」）　こうして、法政大学は、旧制の法（または法文）と経済の文系二学部体制であったが、戦後、新制大学となって、法・文・経済・工・社会・経営の六学部を有する「総合大学」となった。こうした動きは、伝統ある旧制私立大学の「新制大学」化にほぼ共通にみられたもので、天野郁夫氏は、次のように総括的に指摘している。

「これら伝統校の場合、新制大学への移行は、旧制時代と比べて開設学部数と入学定員の双方の大幅な増加を伴うものでもあった。（中略）昭和一五年時点で早稲田・日本の二大学だけだった工学系学部を持つ大学が、（昭和二七年では）慶応義塾・明治・法政・中央・立命館・同志社と、八校に増えたことがわかる。（中略）慶応義塾を除いては、いずれも戦時体制下に、文系学部の縮小と引き換えに設置された工業専門学校を継承し、学部化したものである。際立って高コストの医学部はともかく、まずは工学部の開設による帝国大学に準ずる『総合大学』化は、法経系の伝統校にとって早い時期からの強い念願であった。それが戦時下の工業専門学校設立という形で思いがけず実現されたのだが、人的・物的に窮迫した状況下に急造されたこれら工業専門学校の『昇格』にはさまざまな困難があったことを、各校史の記述が伝えている」[29]。法政大学の工学部の設置は、その典型であることは、天野書でも特記している。

また、「（二五の）伝統校のうち、昭和一五年時点で（中略）、理系を含む三学部以上の大学が早稲田・慶応義塾・日本の三校だけであった。（中略）この学部編成を、新制大学に移行後の昭和二八（一九五三）年時点のそれと比べてみると、文系の単科大学は三校のみとなり、日本大学の九学部を筆頭に、明治七学部、早稲田・同志社六学部、慶應義塾・法政・中央・関西学院五学部と、五学部以上の大学が八校を数え、それ以外も四学部二校、三学部五校、二学部四校と、（新制大学）移行に際して国立だけでなく私立大学の場合にも複合化・総合化が急進展したことがわかる。（中略）法文・商経等の文系学部は専門部の諸学科を取り込んで、ほとんどが法学部と文学部、経済学部と商学部に分離され、設置学部数の増加をもたらすことになった。（中略）、伝統校は新制大学への移行を機に、同一法人内での再編によって文系の複合学部や旧専門部を原資に人文社会系の学部数を増やし、工学部を加えて総合大学化へ、ひいては規模拡大・

マス高等教育機関化へと、大きく一歩を踏み出すことになった」[30]。先に詳述した法政大学の「新制大学」化の過程は、その流れの中枢にいたことになる。これらの大学は、その後、一九六〇年代後半から七〇年代にかけての団塊世代の進学熱の「大波」を受けて、「大学紛争」の拠点となり、また、プロローグで紹介した「マスプロ授業」の苦難を背負っていくのである。

＊　＊　＊

天野氏によれば、これらの伝統ある旧制の私立大学のほかに戦中・戦後初期（昭和一七年から二二年）に旧制度の下で専門学校等から大学に昇格したのは、一七校ある。そのうち、順天堂、東邦、岩手医科、東京医科、東京女子医科、久留米など九つの医科大学、東京歯科、日本歯科、大阪歯科の三つの歯科大学は、「GHQの強い指導による医育制度改革の結果として、旧制度下に専門学校からの転換・昇格を認められたものである」[31]。そのほかの五校は、上海の東亜同文書院大学の廃校ののち引き上げてきた学生・教員、膨大な書籍を引き継いで豊橋市に設立された愛知大学、逓信官僚の松前重義氏が設立した東海大学など現在有力私立大学となっている大学のほか、小原国芳氏が設立した玉川大学、興亜工業大学を継承した千葉工業大学、大阪理工科大学を引き継いだ近畿大学などである。

3　旧制私立専門学校の「新制大学」への昇格と福岡大学

天野郁夫氏は、「昭和二八（一九五三）年時点で一二〇校に達した新制私立大学の多数を占めたのは、（中略）旧制大学系ではなく、旧制専門学校系の六七校（五六％）、とりわけ昭和一五年までに設置された四九校（四一％）である。（中略）新制大学の平均的な水準を形成したのは、これらいわば純然たる『新制』大学に他ならない」[32]、と記述している。平均的な水準をどう規定するか必ずしも明言していないが、天野氏が「伝統校」と呼んだ昭和一五年以前に設立された専門学校起源の「新制の私立大学」群が、旧制大学起源の「私立大学群」とともに、大学数においても、学生数においても大きなシェアーを有し、戦後日本の大学教育に大きな役割を果たしたことは否定できない。氏は、これら「伝統専門学校」起源の「新制大学群」を『純然たる新制大学群』とよび、「開設学部の種別等を指標にいくつかのグループ」

に括って表にしている[33]。

第一は、「戦後学制改革の最重要の成果の一つである」（天野氏）とされる、新たに誕生した文・家政系の私立女子大学群である。日本女子大学、東京女子大学、津田塾大学、聖心女子大学、神戸女学院大学等先行五校とともに一六校が掲載されている。

第二は、薬学専門学校から昇格した薬科大学群であり、東京薬科大学、京都薬科大学、共立薬科大学など八校が挙げられている。

第三は、キリスト教や仏教など宗教系の大学群である。このうち、「戦時下に，廃校の危機に立たされた学校まであったが、戦後早くから北米系の教団の支援を受けて復興の道を歩み始め[34]」たキリスト教系専門学校の昇格大学群である。青山学院大学、明治学院大学、東北学院大学、西南学院大学などがあげられている。その他仏教系の専門学校が大学昇格したものとしては、天理大学、種智院大学、佛教大学、花園大学などがあげられている。

第四は、「伝統的」な経済専門学校起源の大学群であり、首都圏や関西圏だけでなく地方を基盤にしたものが少なくない。大倉喜八郎が設立した商業学校を起源とする大倉経済専門学校は、大倉家から自立した「教授会」主導で昭和二四（一九四九）年昇格して東京経済大学となり、横浜専門学校は神奈川大学となり、高千穂経済専門学校は高千穂商科大学となり、巣鴨経済専門学校は千葉商科大学となり、愛媛県の松山経済専門学校は松山商科大学に昇格し、さらに、昭和六四（一九八九）年松山大学と名称を変更した。福岡経済専門学校も複雑な経路を経て福岡大学となった。以下、この大学の昇格とその後の急成長過程を『福岡大学史』をもとに追ってみよう。

＊　＊　＊

福岡大学の起源は、福岡高等商業学校、九州専門学校、福岡外事専門学校の三つの高等教育機関である。

戦争末期の昭和一九（一九四四）年四月、福岡市七隈にあった福岡高等商業学校（昭和九年創設）と、戸畑市にあった九州専門学校（昭和一四年創設）が統合し、九州経済専門学校が発足した。戦後、九州経済専門学校と校名が変更され、昭和二四（一九四九）年福岡外事学校との統合によって福岡商科大学として大学に昇格した。商学部商学科のみであった。翌年に短期大学部が併設され、二八（一九五三）年には商学部の二部（夜間）も開講された。引き続き、三一年（一九五六）法経学部設置で複数学部体制となり大学名称も「福岡大学」と変更した。三四（一九五九）

年に法学部法律学科と経済学部経済学科が分離して三学部体制となった。さらに三五（一九六〇）年には薬学部薬学科、三七（一九六二）年に工学部土木工学科、建築学科、四〇（一九六五）年薬学部製薬学科、工学部電子工学科、四一（一九六六）年、商学部貿易学科、四三（一九六八）年経済学部産業経済学科、四四（一九六六）年工学部化学工学科、人文学部文化学科・英語学科・仏語学科、体育学部体育学科、四五（一九七〇）年人文学部独語学科、法学部経営法学科、理学部応用数学科・応用物理学科、・化学科、四七（一九七二）年医学部医学科、翌四八（一九七三）年福岡大学病院開設、と毎年のように学部学科を増設し，高度経済成長初期の昭和三四（一九五九）年からオイルショックで成長が鈍化する四八年（一九七三）までの一四年間に社会科学系三学部三学科から、人文系、理工系、医薬系、体育系を含む九学部二三学科と、名実ともに「総合マンモス」大学となった。（以上『大学年鑑』学術通信社　一九八一年より追跡）この時期の拡張について、『福岡大学75年の歩み』（二〇〇九年）では、自らの沿革史で「急速拡張期」と位置づけ、次のように述べている。

「昭和三四（一九五九）年四月、法経学部が分離独立し、法学部と経済学部が増設された。翌三五年には、薬学部、そして工学部（三七年）、人文学部と体育学部（四四年）、理学部（四五年）、がつぎつぎと設置され理系学部への拡大を図り、昭和四七年には医学部が増設され、四八年に福岡大学病院が、六〇年には筑紫病院が開設され、福岡大学は、教育・研究・医療を同一キャンパスで行うことが出来る総合大学となった。福岡高等商業学校が創立して半世紀後のことである」[35]。学生数も、福岡大学発足時の昭和三一年の大学生数は、一、三七五人であったが、四〇年に入ると三、〇〇〇人を超え、四一年には四、一二六人、四二年には四、九七九人、四三年には五、〇九二人となった。これは第一次ベビーブーム（昭和二四年）の出生数を反映している。その後、四四年五、四二九人、四五年五、五三二人、四六年五、九三七人、四七年六、〇四九人、四八年六、〇六一人、四九年六、三〇一人、と増え、五〇年の六、三七〇人をピークに、翌年から減少が始まる。いわゆるオイルショックによる経済不況の煽りである。

経済（系）専門学校から「新制大学」に昇格した東京経済大学、高千穂商科大学、神奈川大学（横浜専門学校）、千葉商科大学（巣鴨経済専門学校）、松山（商科）大学の他の五大学と比較すれば、その後の拡張には目を見張るものがあり、三大学が経済系を軸とした社会科学系大学にとどまり、福岡大学は、理工系だけでなく医薬系にまで「羽を広げる」文字通り総合大学に成長している。教育分野の多角性では、早稲田・明治・法政・中央、関関同立などの関東や関西の主力私立大学を凌駕している。

その後、一九八四—二〇〇九年の第二次ベビーブームの大学進学期を背景とした増臨政策の一部を活用して（学部学科では）「理学部に地球圏科学科、工学部電子工学科を改組して電子情報工学科、体育学部を改組してスポーツ科学部を増設（平成一〇年）、人文学部に東アジア地域言語学科、商学部に経営学科を増設（平成一一年）、工学部化学工学科を化学システム工学科、土木工学科を社会デザイン工学科に改称（平成一五年）、薬学部に薬学科（六年制）を増設（平成一八年）、人文学部に教育・臨床心理学科を、医学部に看護学科増設（平成一九年）、理学部応用物理学科を物理化学科に改称（平成二〇年）した」[36]。さらに全学にわたって、大学院研究科の充実を図っている。入学者数は、二〇一四—一七年には、ピーク時の二五％減の四、五〇〇人前後に推移している。

二〇一六年の福岡大学の学生数は、全国の国公私立大学ランキング一五位である。日本大学の六万人台、早稲田の四万人を別格として、明治・立命館・近畿の三万人台、東洋・東海・慶応・法政・中央・帝京・立教・専修、同志社・関西・関学・龍谷などの二万人台の首都圏や関西マンモス私立大学と対等に伍している。ここに列記した大学は、いずれも大都市圏に立地しているものの、地方中枢都市に立地しているのは唯一、福岡大学だけである。札幌、仙台、広島などの他の地方中枢都市で学生数一万人以上の大学としては、仙台市の東北学院大学、福岡市の九州産業大学のみで札幌や広島には存在しない。名古屋都市圏においては、名城大学（昭和二四年設置）、中京大学（昭和三一年設置）、愛知学院大学（昭和二八年設置）、中部大学（昭和三九年設置）、いずれも一万人台前半で、福岡大学より五〇〇〇人以上少ない。こうした意味で、福岡大学が、九州産業大学や九州大学とともに、九州一円からの若者の流入拠点となり、東京一極集中を抑制する「ダム効果」を果たしている意義は大きい。

＊　＊　＊

第五のグループは、理工系・獣医系・芸術系など特殊な「旧制私立専門学校」が大学に昇格したものである。東京理科大学（東京物理学校）、東京電機大学、関東学院大学、大阪工業大学など理工系四校、獣医専門学校から昇格した麻布獣医大学、日本獣医畜産大学、美術や音楽専門学校から昇格した女子美術大学、武蔵野音楽大学など二校である。

天野郁夫氏は、伝統校としての専門学校の昇格のほかに、戦中・戦争直後という混乱期に設置された専門学校の大学昇格についてふれている。これによれば、

「⑴昭和一六年から敗戦までに設立された医学系を除く一般の専門学校二一校について見れば廃止・不明四校、短大移行九校、他校に統合一校で、大学昇格を果たしたのは七校（三三％）だけ」、具体的には、東邦大学、大妻女子大学、日本体育大学、麗澤大学、ノートルダム清心女子大学、星薬科大学、（県立）静岡薬科大学など単独で昇格している。「⑵急造された大学附設校を含む工学系の二六校でも廃止六校、短大移行五校、統合三校、昇格は一二校のみ（四六％）となっており、昇格を果たした学校はいずれも半数以下にとどまっている。」すなわち、この中で単独で昇格したものに武蔵工業大学、工学院大学、芝浦工業大学などがあり、大半は法政大学、明治大学、中央大学、東海大学、同志社大学、関東学院大学の工学部として吸収された。「また終戦直後から二二年までの新設校については、さらに少なく、⑶多数を占めた女子専門学校三三校のうち廃止・不明五校、短大移行二二校、他校と統合一校で、大学に昇格したのはわずか五校（一五％）にとどまり、」具体的には、宮城女子大学、昭和女子大学、武庫川女子大学、別府女子大学が大学に昇格し、「⑷それ以外の男子系一般専門学校一六校についても、廃止・不明三校、短大移行八校、他校との統合一校、大学昇格は四校のみとなっている。」名城大学。南山大学、大阪商業大学、八幡大学である。「このように急造された私立専門学校群の経営基盤の脆弱さをうかがわせる数字と言えよう[37]」。これに念を押すように、天野氏は、「敗戦とそれに続く占領体制という、特異な時代状況の下で強行された、政策立案者にとってはもちろん大学・学校側にとっても、拙速のそしりを免れない無理な移行であり、昇格であった。それが残した後遺症、あるいは負の遺産がいかに大きかったかは、昭和二五年にはすでに、制度の見直しの議論が始まっていることからもわかる。[37]」、と厳しい評価をしている。

4　旧制私立高等学校の新制大学への昇格

旧制の私立高等教育機関には、大学、大学予科、専門学校のほかに私立の旧制高等学校がある。

天野書によれば、「大正期に設立された私立四校に、明治初年以来の長い歴史を持ち、敗戦により官立（宮内省所管）から私立に移行した学習院を加えた五校の私立高等学校は、官公立高等学校がいずれも総合・複合大学の一部に吸収・統合される中で、それぞれに単独昇格の道を選択することになる。しかし『高等普通教育』の場として大学予科的な役割を果たしてきただけに、昇格には専門学校と異なる課題を抱えていた。[37]」、という。具体的には、それぞれの高等学校の有した教員や施設などの教育資源からみて「教授会」は、「文理学部」ないし「学芸学部」が適当と考えていたものの、理事会側は経営の視点から「経済学部」を提案していた。結果的には、「新制大学」化するときは。成蹊は昭和二四（一九四九）年政治経済学部、成城は昭和二五（一九五〇）年経済学部、武蔵は昭和二四（一九四九）年経済学部、学習院は昭和二四（一九四九年）文政学部、甲南は昭和二六（一九五一）年文理学部として出発した。つまり、「いずれにせよ学習院を含めて五校の旧制高等学校が、昇格にあたっていずれも社会科学系の学部を開設したのは、それが入学者の確保が容易な、その意味で私立大学の経営的基盤の安定と拡大に不可欠の専門学部であったことを物語っている[38]」。

その後、成蹊大学は、昭和三七（一九六二）年、工学部（平成一七年理工学部に改組）、昭和四〇（一九六五）年文学部を相次いで開設し、昭和四三（一九六八）年政治経済学部を経済学部と法学部に改組した。成城大学は、昭和二九（一九五四）年文芸学部、昭和五二（一九七七）年法学部を増設した。また、武蔵大学は、昭和四四（一九六五）年人文学部を設置した。学習院大学は、政経学部と昭和二七（一九五二）年文学部、昭和三七（一九六二）年理学部を設置し、さらに昭和三九（一九六四）年政経学部が法学部と経済学部に分かれた。甲南大学も、昭和二七（一九五二）年経済学部を設置し、昭和三二（一九五七）年文理学部を文学部と理学部に分離し、さらに昭和三五（一九六〇）年法学部と経営学部を増設し[39]、こうして、これらの五大学はいずれも、その後の進学率の上昇の波にのって、昭和三〇―四〇年代に相次いで学部を増設し複数学部、学生数千名の中規模大学に成長した。

二一世紀前後から、時代の要請に応えていずれの大学も、新設学部を設置した。すなわち、国際・情報などの新しい学部を新設している。成蹊大学は、平成一七(二〇〇五)年工学部を理工学部に改組し、成城大学は、平成一七(二〇〇五)年社会イノベーション学部、武蔵大学は、平成一〇（一九九八）年社会学部、学習院大学は、平成二八（二〇一六）年国際社会科学部を新設し、甲南大学は平成二〇（二〇〇八）年知識情報学部などを新設した（各大学ＨＰ）。

（1）天野郁夫『新制大学の誕生　下』名古屋大学出版会　二〇一〇年　六六四頁。
（2）同右書　六六九頁。

(3) 同右書　六七〇頁。
(4) 同右書　六七〇―六七一頁。
(5) 同右書　六七一―六七二頁。
(6) 同右書　六七二頁。
(7) 『法政大学百年史』　一九八〇年　一六〇頁。
(8) 同右書　一六〇頁。
(9) 同右書　六三三―六三五頁。
(10) 同右書　六四二頁。
(11) 同右書　六四九頁。
(12) 同右書　六七三頁。
(13) 同右書　六七六頁。
(14) 同右書　六七五頁。
(15) 同右書　五五一頁。
(16) 同右書　五六四頁。
(17) 同右書　五七七―五八〇頁。
(18) 同右書　四四七頁。
(19) 同右書　四六八頁。
(20) 同右書　四七〇―四七一頁。
(21) 同右書　五三二頁。
(22) 同右書　七一〇―七一一頁。
(23) 同右書　六八五頁。
(24) 同右書　六九〇―六九一頁。
(25) 同右書　六九二―六九三頁。
(26) 同右書　六九三―六九四頁。
(27) 同右書　六九八頁。

(28) 同右書　六九六頁。
(29) 天野前掲書　六七七―六八〇頁。
(30) 同右書　六八一―六八二頁。
(31) 同右書　六八三頁。
(32) 同右書　六八八頁。
(33) 同右書　六八九頁。表9―7
(34) 同右書　七〇三頁。
(35) 『福岡大学七五年の歩み』　二〇〇九年　八九頁。
(36) 同右書　一二九頁。
(37) 天野前掲書　七一〇―七一一頁。
(38) 同右書　七一五頁。
(39) 大学通信社『大学大鑑　一九八一』

第四章　新制公立大学群の登場と分解

一　旧制公立大学の新制大学化

本書のテーマである「公立大学」が相当数登場するのは、第二次世界大戦後の昭和二四（一九四九）年に「新制大学」制度に移行してからである。それまでの期間は、公立大学史にとって、いわば前史である。なぜなら、二〇一八年、全ての公立大学が参加している公立大学協会のメンバーは九二校である。戦前、わずか五校から出発し、戦争直後には二校と「消滅」の危機にあったのが、実に五〇倍近くに増え、「数」の上では、規模拡大を求めて統合を繰り返す国立大学を上回っていることでわかるように、二〇世紀後半以降の公立大学の存在感は半世紀の間に一挙に増したからである。この公立大学の前史を、公立大学論の第一人者である高橋寛人は、著書『二〇世紀　日本の公立大学』で以下のように簡潔に整理している。

「敗戦前の公立の旧制大学は、京都府立医科大学と大阪商科大学の二校のみであった。京都府立医科大学は、一九二一（大正一〇）年に京都府立医学専門学校が昇格してできた。大正時代全国に四校あった公立医学専門学校のひとつで、他の三校が大学昇格と同時または昇格後しばらく後に官立に移管されたが、同校は、京都にすでに帝国大学医学部があったために官立移管できずに公立大学として存続したのであった。これに対し、大阪市立大学の前身の大阪商科大学は、官立大学の模倣ではなく、大阪市民の生活、大阪という都市と密接な関係を持つ大学をめざして一九二八（昭和三）年に設置された[1]」。

新制大学制度の発足に対応して、公立大学である「大阪商科大学では、（中略）（恒藤恭学長）のもとで新制大学の創設をめぐる議論が行われた。一九四七（昭和二二）年六月頃に大阪帝国大学総長今村荒男より、大阪帝国大学と大阪商科大学を合体させて新制総合大学として再出発しないか、との誘いがあった。しかし、商科大学側は、そのままでは公立の商科大学が国立の大阪大学に吸収されることになるのではないか、むしろ本学は長い公立大学としての伝統のうえに立って独自の道を歩んで行くべきではないか、また大阪市という大産業都市には総合大学は二つ併存し、それぞれ独自カラーをうちだしていくべきではないか、という理由から断った。」と大阪市立大学編『大阪市立大学の歴史　一八八〇年から現在へ』[2]に書いてある。こうした理念をベースに、大阪商科大学、同高等商業部、市立都島工業専門学校、同女子専門学校の四校が母体となって、昭和二四年四月大阪市立大学が誕生した。

当初、商、経済、法文、理工、家政の五学部であったが、二八年法文学部が法、文に分かれ、三〇年に大阪医科大学を統合して医学部とし、さらに三四年理工学部が理と工学部に分離し、五〇年には家政学部が生活科学部となった。その結果、八学部構成で、わが国最大の公立大学のポジションを維持している。

もう一つの京都府立医科大学についても、「京都市民は、町衆、寺院、花街から寄付を集め、やっと青蓮院内に病院を建設し、そこにドイツ人講師を招聘し病院業務を開始し、患者治療を行うかたわら医学生の教育を実施した。（中略）日本の多くの医科大学・医学部においては、まず大学などの教育施設がつくられ、その研修の場として附属病院が設置されておりますが、京都府立医科大学においては、府民の医療を第一とする病院がまず設置され、次にこの病院で医療・医学を担う人材を養成する場として大学が設置されております[3]」とあるように京都府民によって創られたものであり、「府立」を不可避とし、昭和二七年に「新制の公立大学」となった。

（1）高橋寛人『20世紀日本の公立大学』日本図書センター　二〇〇九年　六二頁。
（2）大阪市立大学編『大阪市立大学の歴史　一八八〇年から現在へ』二〇一一年　八四―八六頁。
（3）公立大学協会編『地域とともにあゆむ公立大学　公立大学協会五〇年史』二〇〇〇年　三一〇頁。

２－１表　公立大学の起源・変遷（戦前の公立大学起源）

戦前（－ 1946）	戦後学制改革期（1945 － 1959）
京都府立医学専門学校（1903）	
→京都府立医科大学（1921）	→**京都府立医科大学**（1952）
大阪府立高等医学校（1903）	
→府立大阪医科大学（1915）	
→大阪帝国大学医学部（1931）	→大阪大学医学部（1949）
愛知県立医学校（1901）	
→愛知県立医学専門学校（1903）	
→愛知県立医科大学（1921）	
→官立名古屋医科大学（1931）	
→名古屋帝国大学医学部（1939）	→名古屋大学医学部（1949）
私・熊本医学校（1896）	
→私・熊本医学専門学校（1904）	
→県立熊本医学専門学校（1920）	
→県立熊本医科大学（1922）	
→官立熊本医科大学（1929）	→熊本大学医学部（1949）
市立大阪高等商業学校（1901）	
→大阪市立高等商業学校（1921）	
→市立大阪商科大学（1926）	→**大阪市立大学**（1949）

資料：高橋寛人『20 世紀の公立大学』等、『日本大学大鑑』等
ゴチは公立大学（現存）

二　戦前・戦中・戦争直後の多様な公立専門学校

この二つの大学を除けば、戦後の公立の「新制大学」の母体となったのは、戦前・戦中・戦争直後の各種の公立専門学校であり、その種別についても、高橋寛人氏は、その地域的バックグラウンドも含めて次のように述べている。

「一九三〇年代末まで、公立の専門学校は、京都市立美術専門学校、横浜市立商業専門学校と兵庫県立神戸高等商業学校、岐阜市立岐阜薬学専門学校の他には、女子専門学校六校のみであった。日本画の教育を目的とした京都市立美術専門学校、貿易都市横浜と神戸の商業専門学校・高等商業学校は、それぞれの地にふさわしい分野を対象とした。女専六校は、女子の高等教育機関への進学要求の高まりに国が対応を怠ったために、大正末期以降、府県がやむをえず設置したものである。（中略）太平洋戦争期、国策により、医学、工業、農業系の公立専門学校が多数新設される。医学専門学校は、軍医の促成養成と銃後医療のための女医養成機関として、二〇校が新設された。工業専門学校は、軍需産業の技術者養成のために一四校、農業系専門学校が、食糧増産を目的に五校つくられた。そして女子専門学校は、戦場と軍需工場に動員された男子にかわって職場進出する女性の育成のために改編された。多くの公立大学の前身は、これら戦時期の国策に応じてつくられた公立専門学校であった[1]」。高橋書では、これらの専門学校について、それぞれの学校史にあたりながら考察しているが、ここでは、2―2、3表にみるように、戦前・戦中・戦争直後学校種別に学校名を列記するにとどめる。

1　医学・薬学専門学校

戦前・戦中・戦争直後設立の種別公立専門学校の第一ジャンルは、医学、薬学分野である。

「太平洋戦争の開戦後、ますます多数の軍医が必要となったため、医学部、医専に定員以上の学生を入学させるとともに、医学専門学校の修業年限を（中略）短縮する。戦争の激化にしたがって、開業医、勤務医を問わず若い医師は次々と徴集されて戦線に送られ、国内の医師不足は深刻化していった。このような状況のなか、（中略）終戦までの間、

2－2表　公立大学の起源・変遷（医学・薬学専門学校　太字は現存公立大学）

	戦前（－1945）	戦後学制改革期（1945－1959）	大学膨張期（1960－89）	平成の大学改革期（1990－2020）
医専	名古屋市立女子医専	→名古屋女子医科大学（1947）→**名古屋市立大学**・医（1950）		
	県立徳島医専（1943）	→徳島医科大学（1947）→徳島大学・医（1949）		
	県立鹿児島医専（1943）	→鹿児島県立大学（1949）・医→鹿児島大学・医（1956）		
	県立福島女子医専（1944）	→**福島県立医科大学（1947）**		
	横浜市立医専（1944）	→横浜医科大学予科（1947）→**横浜市立大学**・医（1949）		
	山梨県立医専（1944）			戦後の動向不明
	岐阜県立女子医専（1944）	→岐阜県立医科大学（1947）	→岐阜大学・医（1964）	
	三重県立医専（1944）	→三重県立医科大学（1947）→三重県立大学・医・水産	→三重大学・医・水産（1964）	
	京都府立大学女子医専（1944）	→西京大学（1949）→**京都府立大学**・文・生活（1959）		
	大阪市立医専（1944）	→大阪市立医科大学（1947）→**大阪市立大学**・医（1948）		
	兵庫県立医専（1944）	→兵庫県立神戸医科大学（1946）	→神戸大学・医（1964）	
	山口県立医専（1944）	→山口県立医科大学（1946）	→山口大学・医（1964）	
	福岡県立医学歯学専門学校（1944）	→**県立九州歯科大学**（1949）		
	北海道立女子医専（1945）	→**道立札幌医科大学**（1950）		
	秋田県立女子医専（1945）			戦後の動向不明
	山梨県立女子医専（1945）			戦後の動向不明
	奈良県立医専（1945）	→**奈良県立医科大学**（1948）		
	和歌山県立医専（1945）	→**和歌山県立医科大学**（1948）		
	広島県立医専（1945）	→**広島県立医科大学**（1948）→広島大学・医（1952）		
	高知県立女子医専（1945）			戦後の動向不明
薬専	岐阜薬学専門学校（1932）	→**岐阜薬科大学**（1949）		
	市立名古屋薬学専門学校（1946）	→市立名古屋薬科大学（1946）→名古屋市立大学・薬（1950）		
	県立静岡薬学専門学校（1952）	→県立静岡薬科大学（1953）		→**静岡県立大学**・薬（1987）

資料：２－１表に同じ

各地に医学専門学校が『促成軍医の養成機関』として、相次いで設立されていく。（中略）太平洋戦争末期に新設された医専の大半が公立であった。

一九四三（昭和一八）年、名古屋市立女子医専、県立徳島医専、県立鹿児島医専が、一九四四年に福島県立女子医専、横浜市立医専、山梨県立医専、岐阜県立女子医専、三重県立医専、京都府立医科大学附属女子医専、大阪市立医専、兵庫県立医専、山口県立医専、福岡県立医学歯学専門学校、一九四五年には北海道庁立女子医専、秋田県立女子医専、山梨県立女子医専、奈良県立医専、和歌山県立医専、広島県立医専、高知県立女子医専が開校した[2]。計二〇校である。

「ところで、（中略）専門学校を新設したといっても、多くの場合、女子専門学校は高等女学校、（中略）工業専門学校、農業専門学校はそれぞれ工業学校、農業学校への併設であった。施設・設備、教員などを共用することによって、専門学校設置の費用を安くおさえることができた。これに対して、医専の場合、母体とする学校はなかった。代わりに母体となったのは病院である。附属病院の医師を教員に、病院の施設・設備を教育用に共用したのである。医専の附属病院というが、実質は病院に学校が付設されたのである[2]」。すべてが急ごしらえである。高橋寛人氏は、これらの医専の「急ごしらえ」ぶりの例をいくつか挙げているが、このうち、福岡県立医科歯科について最も興味深いので紹介しよう。

「一九四四年四月開校の福岡県立医学歯学専門学校は、私立九州歯科医学専門学校の公立移管によって生まれたものである。（中略）私立九州歯科医学専門学校は、歯科医師を養成する学校として一九二一（大正一〇）年以来の伝統を有していた。同校は、かねてから医師養成のための医科の併設を希望していたが、文部省と折衝したところ私立医専は許可しないとの答えであった。また、当時医師は不足していたけれども歯科医師は過剰であるといわれており、近く歯科医専の徴兵猶予の特典が停止され、さらに文部省より強制的な定員削減が行われるとの見通しであった。他方、国家的要請に応えて医専を設置する方針を固めていた福岡県当局は、私立九州歯科医学専門学校を県に移管して、医学科を新設することを考えた。私立九州歯科医専側は、医専部を新設しても歯科医専部を存続させること、在職中の教職員の身分を保障することなどの条件を示して、校地・校舎、職員の一切を県に引き渡したのである[3]」。一九四四年、時局窮迫のとき、大学側と県の見事な連携プレーである。現在の国公立大学唯一の歯科の単科大学の前身である。

その他、旧制の高等教育機関としての公立薬学の専門学校として、昭和七（一九三二）年創立の岐阜市立薬学専門学校と、昭和二一（一九四六）年に私立から移管された名古屋市立名古屋薬学専門学校がある。このうち、市立として全国に先駆けて設立された岐阜薬科専門学校は、「市長」という地方公共団体の首長自らの「哲学」で設立したもので[4]、その後昭和二四（一九四九）年新制の「岐阜薬科大学」となり、七〇年近い伝統を誇っている。後者については、高橋氏によると、当時の名古屋市の健民局長が学校および市当局に働きかけて名古屋市立に移管したとされている。静岡薬学専門学校も、終戦当時私立の静岡女子専門学校であったものが、昭和二五（一九五〇）年に男女共学の静岡薬学専門学校に校名を変更し、さらに「県立移管」の道を探り、昭和二七（一九五二）年に県立に移管され、さらに二八（一九五三）年県立の静岡薬科大学となった。

2　商工業専門学校

他方、公立の実業（商工業）部門では、商業専門学校として昭和三（一九二八）年、横浜商業と神戸商業が誕生した。これらは、昭和一九（一九四四）年に、それぞれ横浜経済専門学校、神戸経済専門学校に名称を変更した（2―3表）。また、戦時体制とともに技術者需要が増加し、公立の工業専門学校も相次いで設置された。昭和一五（一九四〇）年東京府立高等工業（一九年都立工業専門学校に改称）、一七（一九四二）年府立化学高等工業、一八（一九四三）年府立航空高等工業（それぞれ一九年都立化学工業専門学校、航空工業専門学校に改称）、一九（一九四四）年都立機械工業専門学校と四つの都立（府立）・工業系専門学校が設置された。大阪府では、昭和一八年（一九四三）年府立堺高等工業、翌一九（一九四四）年府立航空工業専門学校と府立淀川高等工業学校を設置した。大阪市でも、昭和一八（一九四三）年に都島高等工業学校を開校した。そのほか、昭和一八（一九四三）年に愛知県立高等工業学校と岐阜県立高等工業学校、昭和一九（一九四四）年に兵庫県立工業専門学校、昭和一九（一九四四）年に宮崎工業専門学校、昭和二〇（一九四五）年に広島市立工業専門学校と鹿児島県立工業専門学校が、いずれもあわただしく設置された[5]。

3　農業・獣医専門学校

戦前・戦中・戦争直後設立の種別専門学校として、医歯薬、商工業のほかに、農業・獣医系の専門学校がある。この件で高橋書は、「太平洋戦争末期には、食糧増産を目的に、農業系の公立専門学校が次々に誕生する。一九四四年、大阪府立園芸学校に大阪府立大阪農業専門学校が併設された。同年にはほかに、一八九五（明治二八）年設立の京都府立簡易農学校以来の伝統をもつ府立京都農林学校が昇格して京都府立高等農林学校（すぐに農林専門学校に改称）となった。一九四五年には敗戦までの間に、新潟、長野、愛媛の三県に農林専門学校が設置される。どれも強力な昇格運動の結果であったことが確認される」[6]。ここで、新潟は加茂、長野は伊那、愛媛は松山に立地した。また、「この時期、二つの公立獣医専門学校がつくられた。大阪府立大阪高等獣医学校と山口県立山口高等獣医学校である。日中戦争以降獣医師の需要が急増したため、中等学校卒業者で二年間獣医学を専攻したものは獣医師試験を受けることができるようになった。そこで大阪府立農業学校は修業年限二年の二部獣医科を設置した。これを母体に高等獣医学校が一九四二（昭和一七）年、府立農学校に併設されたのである。同校は一九四六（昭和二一）年に大阪獣医畜産専門学校となった。一九四四（昭和一九）年設置の山口県立山口高等獣医専門学校は、（中略）、一九四五（昭和二〇）年三月末に山口獣医畜産専門学校と改称された」[7]。

ところで、「敗戦を境にして、工業系と医学系の公立専門学校が新設されることはなくなったが、農業系の専門学校は多くの県につくられていった。一九四六（昭和二一）年三月、岡山県立岡山農業専門学校が、（中略）一九四七（昭和二二）年には、山形県（鶴岡市）、静岡県（磐田市）、島根県（益田市）、香川県が農業系専門学校を創設した」[8]。

4　外事・美術専門学校

戦前・戦中・戦争直後設立の種別の公立専門学校の第三のジャンルは，外事や美術など戦後の新しい分野の需要を背景として設立された専門学校である（2―4表）。昭和二一（一九四六）年設立の神戸市立外事専門学校、小倉市立

2－3表　公立大学の起源・変遷（商業・工業、農業専門学校）太字が現存公立大学名

	戦前（－1945）	戦後学制改革期（1945－1959）	大学膨張期（1969－89）	平成の大学改革期（1990－2020）
商業	横浜商業専門（1928）→経専	**横浜市立大学**（1949）		
	神戸商業専門（1928）→経専	神戸商科大学（1949）		→**兵庫県立大学**（2004）
工業	東京府立高等工業（1940）→工専	東京都立大学（1949）		→**首都大学東京**（2005）
	東京府立化学工業（1942）→工専	東京都立大学（1949）		→**首都大学東京**（2005）
	東京府立航空工業（1943）→工専	東京都立大学（1949）		→**首都大学東京**（2005）
	東京府立機械工業（1944）→工専	東京都立大学（1949）		→**首都大学東京**（2005）
	大阪府立化学工業（1943）	浪速大学（1949）工→**大阪府立大学**・工（1955）		
	大阪府立航空工業（1944）	浪速大学（1949）→**大阪府立大学**・工（1955）		
	大阪府立淀川工業（1944）	浪速大学（1949）→**大阪府立大学**・工（1955）		
	大阪市立都島工業（1943）	大阪市立大学・理工（1949）		
	愛知県立高等工業（1943）	→名古屋大学・工（1949）		
	岐阜県立高等工業（1943）	県立岐阜医工科大学（1947）→岐阜大学・工（1952）		
	兵庫県立高等工業（1944）	姫路工業大学（1949）		→**兵庫県立大学**（2004）
	宮崎県立工業専門（1944）	→宮崎大学・工（1949）		
	広島市立工業専門（1945）	→広島大学・工（1949）		
	鹿児島県立工業専門（1945）	→鹿児島県立大学・工（1949）→鹿児島大学・医（1955）		
農業	大阪府立農業専門（1944）	→浪速大学（1949）→**大阪府立大学**・農（1955）		
	京都府立農林専門（1944）	→西京大学（1949）→**京都府立大学**・農（1959）		
	新潟県立農林専門（1945）	→新潟大学・農（1949）		
	長野県立農林専門（1945）	→信州大学・農（1949）		
	愛媛県立農林専門（1945）	→建立松山農科大学（1949）→愛媛大学・農（1954）		
	大阪府立高等獣医（1942）	→浪速大学（1949）→**大阪府立大学**・農（1955）		
	山口県立高等獣医（1942）	→山口大学・農（1949）		
		茨城県立農科大学（1950）→茨城大学・農（1952）		
		兵庫県立農科大学（1952）	→神戸大学・農（1966）	
		岡山県立農業専門（1946）→岡山大学・農（1949）		
		山形県立農業専門（1947）→山形大学・農（1949）		
		静岡県立農科大学（1951）→静岡大学・農（1951）		
		島根県立農業専門（1947）→県立島根農科大学（1951）	→島根大学・農（1965）	
		香川県立農業専門（1947）→県立農科大学（1950）→香川大学・農（1951）		

資料：２－１表に同じ

の小倉外事専門学校、そして金沢市立の金沢美術工芸専門学校である。いずれも、「戦時下に誕生した多くの専門学校とは異なって、国策に基づくものではなく、神戸、小倉両市（および金沢市）の自発的な創設意欲に基づくものであった[9]」ということである。いずれにしても、薬学系の三校、および外事・美術系の三校は、戦前の大阪商科大学、京都府立医科大学同様、地域住民と地方公共団体の強い意思に支えられた一本筋の通った「公立」の高等教育機関群に新規に加わったと言える。

このうち、北九州外事専門学校の設立経過について、『北九州大学五〇年史』（一九九八年）には、次のように記述されている。

敗戦後の荒廃のなかから、「『新しい学校を設立すれば、向学心に燃えた若者が集まり、必ず将来の小倉の復興を支えてくれる。』こうした情熱にかられて、小倉市議会議員と市民の中から選ばれた委員で組織された振興対策協議会文化部の、曽田恭助委員長をはじめ、委員の浜田良祐弁護士らが中心になって、小倉市に、専門学校を創立したいという提案が出された。文化部委員会での数回の検討の末、初めは経済専門学校案もあったが、アジアに近い北九州地域の地理的位置と、今後の国際化への対応に伴う必要性が考慮され、外国語専門学校案が採用された。

さっそく設立案が作られ、昭和二一年二月一〇日の市議会に提出された。財政難を理由に賛成を渋る議員たちを、文化部委員が中心となって『地域振興のためには人材育成だ。』と言って繰り返し説得した結果、『小倉外事専門学校創立の件』は、満場一致で可決された。これを受けて、外専設立準備委員会が設けられた。（中略）。その後、小倉市当局が財政負担を決意し、地元財界人らの助力で知事決裁を受けることができた。（中略）六月一六日には文部省からの現地調査が実現し、（中略）文部大臣からの認可がおりたのは、昭和二一年七月一三日のことであった。また、同年七月四日浜田良祐氏は、『教育の充実』を訴えて小倉市長に就任し、設置者としてその任に当たることになった[10]。」

約半世紀後には、大阪市立大学、東京都立大学とともに有力な公立総合大学となる北九州市立大学の前身である。

神戸外事専門学校の場合も、「第二次世界大戦終結の翌一九四六年、大戦にいたる歴史とそれまでの世界についての認識を深めるとともに、我が国において重要な地位を占める国際港都神戸の特性に鑑み、これからの時代は『外国語教育の振興』にあるとの着想により（中略）創設された。初代校長（金田元神戸経済大学教授）のもと、設立認可内定から二か月足らずの間に、慌ただしく校舎の整備、ごく少数の教官・職員の人事、学生募集、入学試験、合格者選考を発表、入学手続き等を行い、同年六月一日の入学式をもって開学となった。[11]

金沢美術工芸専門学校については、「昭和二一年、敗戦の混乱と虚脱の中、学問を好み伝統を愛し、美に親しむ金沢市民の熱意に支えられて『美の創造を通じて人類の平和に貢献する』ことを建学の理想に掲げ、工芸美術の伝統の継承と保存育成を目指して（中略）、昭和二一年二月に市議会で（金沢美術工芸）専門学校の件が承認され、これと相俟って金沢市に文化部が設置され、そこに石川県美術文化協会の役員が一〇名嘱託職員として任命された。（中略）その方達が中心になって設立認可申請のための事務を遂行した。また、用地と校舎は、当時の金沢市長が奔走し（中略）兵器庫跡地を選定し、（中略）昭和二一年七月に文部省から認可され、一一月七日に開校式が行われた」。[12]

神戸・小倉の外事、金沢の美術専門学校は、国際港、大陸との近接、美術・工芸の伝統など地域の特性を考慮した人材育成を掲げて、市民と市政が一体となった「地域づくり人材の育成の理念」に支えられたものである。

5　女子専門学校

まず、女子専門学校には、大正一二（一九二三）年開校の福岡県立、一三（一九二四）年開校の大阪府立、一五（一九二六）年開校の宮城県立、昭和二（一九二七）年開校の京都府立、三（一九二八）年開校の広島県立、四（一九二九）年開校の長野県立、と相次ぎ、合せて六校となった。これを受けて、七年（一九三二）年に福岡で全国校長会が開催され、六校長連名で公立女子専門学校の官立移管の建議が採択された、という。さらに、昭和一六（一九四一）年山口県立、一八（一九四三）年に東京府立が開校している。いずれも戦争が激化すると、英文や国文などの学科を廃止し、数学や物理化学などの理系学科を開設するなど、時局に応じた学科編成を行っている。

しかし、敗戦後は、男女平等が強調され、一転、公立女子専門学校が相次いで設立されていった。昭和二一（一九四六）年に岩手県立、岐阜市立、島根県立松江、尾道市立、二二（一九四七）年に水戸市立、愛知県立、名古屋市立、滋賀県立、大阪市立、高知県立、長崎県立、熊本県立、鹿児島県立など一三校である。

2－4表　公立大学の起源・変遷（外事、美専、女子）太字は現存公立大学

	戦前（－1945）	戦後学制改革期（1945－1959）	大学膨張期（1969－89）	平成の大学改革期（1990－2020）
外事専		神戸市立外事専門学校（1946）→**神戸市外国語大学**（1949）		
		小倉市立外事専門学校（1921）→北九州外国語大学（1950）	→北九州大学（1969）	→**北九州市立大学**（2001）
美専	金沢市立美術工芸専門学校（1946）	→金沢市立美術工芸短期大学（1950）→**金沢美術工芸大学**（1955）		
	京都市立美術専門学校（1945）	→京都市立美術大学（1950）	→**京都市立芸術大学**（1969）	
女専	福岡県立女子（1923）	**福岡女子大学**（1950）		
	大阪府立女子（1924）	大阪女子大学（1949）→		→**大阪府立大学**（2005）
	宮城県立女子（1926）	東北大学・農・家政（1949）		
	京都府立女子（1927）	西京大学（1949）・文家政	→**京都府立大学**（1962）	
	広島県立女子（1928）	→広島女子短期大学（1950）	→広島女子大学（1965）	→**県立広島大学**（2005）
	長野県立女子（1929）	→長野県短期大学（1950）		
	山口県立女子（1941）	→山口女子短期大学（1950）	→山口女子大学（1975）	→**山口県立大学**（1996）
	東京府立女子（1943）	→東京都立大学（1949）		→**首都大学東京**（2005）
		岩手県立女子（1946）→県立盛岡短期大学（1951）		→**岩手県立大学**（1998）
		岐阜県立女子（1946）→岐阜女子短期大学（1950）		
		島根県立松江（1946）→県立島根女子短期大学（1953）		
		尾道市立女子（1946）→尾道短期大学（1950）		→尾道大学（2001）→**尾道市立大学**（2012）
		愛知県立女子（1947）→県立女子短期大学（1950）→県立女子大学（1957）	→**愛知県立大学**（1966）	
		名古屋市立女子（1947）→名古屋女子短期大学（1950）		→**名古屋市立大学・人文社会**（1996）
		滋賀県立女子（1947）→県立短期大学（1950）		→**滋賀県立大学**（1995）
		大阪市立女子（1947）→**大阪市立大学**・家政（1949）		
		高知県立女子（1947）→高知女子大学（1949）		→**高知県立大学**（2011）
		長崎県立女子（1947）→県立女子短期大学（1950）		→県立長崎シーボルト大（1999）→**長崎県立大学**（2008）
		熊本県立女子（1947）→熊本女子大学（1949）		→**熊本県立大学**（1994）
		鹿児島県立女子（1947）→県立短期大学（1950）		

資料：２－１表に同じ

(1) 高橋前掲書　六二―六三頁。
(2) 同右書　五三頁。
(3) 同右書　五五頁。
(4) 同右書　四一―四二頁。
(5) 同右書　四四頁。
(6) 同右書　四六頁。
(7) 同右書　四七―四八頁。
(8) 同右書　七二―七三頁。
(9) 同右書　七〇頁。
(10) 北九州大学編『北九州大学五〇年史』一九九八年　三頁。
(11) 公立大学協会編前掲書　三二二頁。
(12) 同右書　二八〇頁。

三　戦後の学制改革のもとでの公立専門学校―「公立大学昇格」と「国立大学移管」

戦前・戦中・終戦直後の公立専門学校の「戦後学制改革」のもとでの動向を、高橋寛人氏の著書の記述をベースに、『公立学協会五〇年史』や『公立大学協会六〇周年記念誌』、毎年公立大学協会が発行している『公立大学の姿』誌、さらに日本学術通信社の『日本大学大鑑　八二』などの資料で補足しつつ、公立専門学校・公立短期大学を起源とする八八の公立大学について一覧表を2―2・3・4表として整理した。

筆者は、戦後七〇年余を経過した日本の大学史を、占領軍のもとで新制大学制度が構築され多数の新制大学が発足する一九四〇年代後半から五〇年代の第一期＝「戦後学制始動期」、多くの課題を抱えたままで、進学率の上昇と戦後ベビーブームの波を迎え、大学数と学生数の急増の中で、混迷・苦闘・紛争に直面し、脱出を模索した六〇年代から八〇年代の三〇年間の第二期＝「大学膨張期」、そして、世界政治の混乱と長期の構造不況、ＩＣＴ革命のなかで本格的な「大学改革」に挑む、九〇年代からの第三期、つまり「平成の大学改革期」、以上の三つの時期に分けた。この表では、二〇一七年度に現存する八八の公立大学について、すでに考察した1戦前の公立大学起源（2―1表）、2戦中・戦後の公立専門学校起源（2―2、3、4表）、3戦後の公立短期大学起源、4新設の三つに分けて、「新制大学」開学の時期別にマトリックスの形で表示した。本節では、このうち、第一期、つまり一九四五―一九六〇年の一五年間の動きを考察しよう。

以下、公立専門学校の大学への昇格過程をみる。専門学校の種別にその動向を考察する。

1　医学専門学校の「公立大学」昇格と「国立大学」移管

2―2表にみるように、第一の医学専門学校のほとんどは、公立の医科の単科大学に昇格した。そのうち戦争直後に旧制のままに昇格したものが多いことに特徴がある。兵庫県立医専と山口県立医専の二校は一九四六年、県立福島女子医専、名古屋市立女子医専、岐阜県立女子医専、三重県立医専、大阪市立医専、県立徳島医専の五校は一九四七年、奈良県立医専、和歌山県立医専、広島県立医専の三校は一九四八年、以上一〇校は旧制で大学昇格した。このうち徳島と大阪を除く八校は、一九四九年にそのまま新制に移行した。残る二校のうち、大阪市立医科大学は、四八年に大阪市立大学医学部となり、徳島医科大学は、四九年に国立の徳島大学医学部に移管された。

そのほか、新制大学制度になってから、一九四九年に福岡医学歯学専門学校が県立九州歯科大学に、翌五〇年に北海道庁立女子医専が道立札幌医科大学に昇格した。また、四九年に横浜市立医専は横浜市立大学医学部、県立鹿児島医専が鹿児島県立大学医学部、五〇年に三重県立医科大学は三重県立大学医学部、市立名古屋女子医科大学は五二年に名古屋市立大学医学部など、それぞれ複数学部を擁する公立大学の医学部として、府立女子医専は府立西京大学（五九年京都府立大学）文学部に、それぞれ統合された。さらに、徳島医科大学は四九年国立徳島大学医学部に、広島県立医科大学は五二年国立広島大学医学部に、五六年には鹿児島県立大学医学部と水産学部が一体となって、国立鹿児島大学に、それぞれ移管された。

こうして、二〇あった医学専門学校のうち資料的に確認できない三校を除いて、第一期中に、そのまま単科の公立医（歯）科大学となったものは九校、単科の医科大学を経て複数の学部を持つ公立大学の医学部となったのは三校、公立大学の他学部となったのは二校、公立大学の医学部を経て国立大学医学部に移管されたのが三校となった。結果として、公立の医学専門学校は、新制大学が始動した第一期には、単科の公立大学医学部として「地域づくりの理念」を維持した大学と、中央直轄の国立大学医学部への統合という、二極に分解した。しかし、国立大学化の傾向は、一九六〇年代以降の「大学膨張期」まで継続し、六四年には、岐阜医科大学、神戸医科大学、山口医科大学、七二年には三重県立大学が国立大学に統合された。同じ医歯薬系にあって、国立大学指向の強い医学系に対して、薬学系専門学校は、地域づくり人材養成に徹底した。つまり、四六年の市立名古屋薬科大学（のち五〇年名古屋市立大学に統合）、一九四九年の市立岐阜薬科大学、五三年の県立静岡薬科大学となった（2―2表）。

2　農業・工業専門学校の「国立大学移管」

農業・工業専門学校は、医学系より一層徹底して国立大学指向を示した。戦中・戦争直後に開校した公立の工業等専門学校をみよう。（2―3表）

一九四三年開校の岐阜県立高等工業専門学校は、四七年に県立岐阜医工科大学の農学部となり五年後の五二年に国立・岐阜大学工学部に移管された。また、四五年開校の鹿児島県立工業専門学校は、四九年に鹿児島県立大学工学部となり、六年後医学部とともに国立・鹿児島大学に移管された。四三年開校の愛知県立高等工業専門学校は、四九年に官立の名古屋工専と合併して新制の国立・名古屋大学工学部となった。四四年開校の宮崎県立工業専門学校も四九年に国立・宮崎大学の工学部となった。鹿児島工専同様四五年の敗戦直前に設立された広島市立工業専門学校は、「原爆による壊滅的な被害」のなかで、四九年に国立・広島大学に統合された。

以上の国立移管五校に対し、東京都立、大阪府立、大阪市立の八つの工業専門学校は、地元の公立「総合大学」に編入されていった。四〇年開校の東京府立（四四年以降都立）高等工業専門学校、四二年開校の化学高等工業専門学校、四三年開校の航空高等工業専門学校、機械高等工業専門学校の四校は、いずれも四九年新設の東京都立大学工学部に吸収されていった。また、大阪でも、四三年開校の府立化学工業、四四年開校の府立航空工業、府立淀川高等工業、以上の三つの工業専門学校は、四九年の新制・浪速大学（五五年大阪府立大学）に統合された。さらに、四三年開校の大阪市立都島高等工業専門学校も、四九年新制大阪市立大学に再編された。

そのほか、四四年開校の兵庫県立工業専門学校も、四九年に姫路工業大学として単科の公立大学となった。こうして、一四の工業専門学校は、国立大学移管五、公立の総合大学に統合八、単科の公立大学一、以上の三つの経路に分解していった。

また、戦後の国土の荒廃に起因する食糧難、農地改革のもとで農業の生産性の向上を急ぐ日本政府は、農業技術者の養成を重視し、新制大学の発足にあたって国立大学に農学部を整備する方針のもとで、一県一国立大学の設置に際し、公立の農業（林）専門学校等を「農学部」として積極的に編入していった。具体的には、当時全国に一四あった府県立の農業・農林および獣医畜産専門学校のうち一一校は、二通りの経路をたどった。

一つは、新制度発足前後にいったん四年制の公立農科大学に「昇格」したうえで数年後に国立大学の農学部に統合するものである。具体的には、一九四五年開設の愛媛県立農林専門学校が四九年に県立松山農科大学となり、五年後の五四年に国立・愛媛大学の農学部に統合された。また、四七年開設の香川県立農業専門学校が五〇年に県立農科大学となり、翌年香川大学農学部に統合された。同じく四七年開設の島根県立農林専門学校は、五一年に県立島根農科大学となり、さらに一四年経過した六五年に国立・島根大学農学部に編入された。そのほか、五〇年に設立された県立茨城農科大学は五二年に国立・茨城大学農学部に、また、五一年に静岡県立農林が昇格した静岡県立農科大学は同年直ちに、国立・静岡大学農学部として、五二年に開校した兵庫県立農科大学は、一四年後の六六年に神戸大学に、それぞれ編入された。県立農科大学からの統合という経路を経たのは、以上六校である。

もう一つの経路は、県立の専門学校から、新制国立大学設立に際し、農学部として直接参画したものである。具体的には、一九四九年にそれぞれ県立の山形農林、新潟農林、長野農林、岡山農業、山口高等獣医畜産の五校は、それぞれ、国立の山形大学、新潟大学、信州大学、岡山大学、山口大学の農学部として新制大学開設時に「参画」した。

残る戦中に設置された三校は、国立大学ではなく、複数学部を擁する比較的規模の大きい「府立大学」に参画していった。一九四二年設立の大阪府立高等獣医畜産専門学校、四四年設立の大阪府立農業専門学校は、ともに四九年に新制大学・大阪府立浪速大学農学部に、四四年開校の京都府立農林専門学校は、同じく新制の京都府立西京大学に、それぞれ参画していった。その後、浪速大学は五五年に大阪府立大学に、西京大学は京都府立大学に名称を変更した。

そのほかの実業系専門学校では、横浜商業と神戸商業が一九四四年にともに、経済専門学校と名称変更したのち、新制大学発足の四九年に横浜市立大学、市立神戸商科大学に昇格した（2―3表）。

3　女子専門学校の公立大学化

ところで、公立大学の教育理念を「地域づくりの人材養成」（＝地域人材）で、国立大学の教育理念を「国家枢要の人材養成」（＝国家人材）とみれば、戦中・戦争直後に創設された公立専門学校は、新制大学制度のもとでは分野によって大きく異なる。工業・農業は、国立大学を強く指向したのに対し、女子教育など、地域住民要望型の女子専門学校は、その典型で、地域人材養成を貫いた。新制大学制度導入時の二〇の女子専門学校の動向を見よう（2―4表）。

大学設置審議会の認可を経て四年制の「女子大学」として昇格したものは、昭和二四（一九四九）年大阪女子大学、高知女子大学、熊本女子大学の三校、福岡女子大学は翌一九五〇年、また、愛知県立女子専門学校も、五〇年にいったん県立女子短期大学となったのち、七年後の五七年に愛知県立女子大学となった。

複数の学部を持つ「複合大学」に統合されたのは、一九四九年に、東京府立女子専門学校が東京都立大学に、京都府立女子専門学校が西京大学に、大阪市立女子専門学校が大阪市立大学にそれぞれ統合された。また、宮城県立女子専門学校が東北大学農学部の家政学科として統合された。これらの九校以外の一一校は大学設置基準を満たすことができず、すべて「短期大学」として認可された。戦時体制のなかで出兵男性に代わって地域づくり人材の養成を迫られて急造されたこともあって、教員・校舎など教育資源が貧弱であったことから、新制大学として認可さることなく、多くは短期大学にとどまった。その中にあって、東京・大阪・京都・愛知（名古屋）の大都市だけでなく、仙台・高知・福岡・熊本など地方の中核都市では五校が公立の「女子大学」、四校が四年制の国公立大学に統合され、「新制大学」となった。

4　外事・美術専門学校の「公立大学昇格」

港湾都市にふさわしい人材養成を目指して設立された神戸、小倉の外事専門学校、地域の伝統を受け継ぐ人材養成を目論んだ公立の美術・工芸専門学校も、あくまで「地域づくり人材」に固執して早期に「公立大学」の開設を実現した。外事では、四九年の神戸市外国語大学、五〇年の小倉市立の北九州外国語大学（五三年北九州大学）であり、美術・工芸では、五〇年の京都市立美術大学、五五年の金沢美術工芸大学である。当然、国立移管の動きはなかった。

5　「国立大学移管」と「公立大学昇格」の分岐点

このように、戦前・戦中・敗戦直後に設立された公立専門学校は、「学制改革により旧制専門学校が廃止されることが決まったので、各専門学校は、大学への昇格か短大あるいは新制高校への移行か、そうでなければ廃校かの岐路に立たされた。[1]」が、その結果について高橋寛人氏は、以下のように簡潔にまとめている。

「歴史の浅い学校も含めて、多くの公立専門学校では関係者により大学昇格運動が行われ、一九五三（昭和二八）年までに三六の公立四年制大学が誕生した。二つ以上の専門学校をもっていた自治体には、二学部以上の公立大学が誕生した。東京都（府）立大学、大阪市立大学、浪速大学（のちの大阪府立大学）は三学部をもち、横浜市立大学、岐阜医工科大学、名古屋市立大字、西京大学（のちの京都府立大学）、県立鹿児島大学は二学部を有する大学となった。兵庫県の場合は、県立旧制専門学校三校が、神戸商科大学、兵庫県立医科大学、姫路工業大学に転換したほか、戦後新設の農科大学とあわせて単科大学四校を擁した。

新制大学への昇格時に国立移管されたケースもある。農業・畜産系で県立五校、工業系で県立二校と市立一校であった。これに対し、商・経済、美術、薬学、外事専門学校はすべて公立大学に昇格した。女子専門学校は多くが女子短大となったが、四校の四年制公立女子大学が誕生した。ただし、宮城県女子専門学校だけは国立移管された。医学専門学校の場合は大学への昇格時にはいずれも公立のままであったが、後に六校が国立移管される[1]」。つまり、岐路とは、①単独公立大学昇格か、②複合公立大学の学部か、③国立大学移管か、④短大・新制高校移行か、という四つに分解される。ここで、公立か国立かが最大の岐路となる。高橋氏は、次のような記述をしている。

「ところで、新制大学発足より先、CIEは国立大学を地方に委譲するプランを立てた。教刷委（教育刷新委員会）はこれに反対して、一九四七（昭和二二）年一二月の総会で『大学の地方委譲、自治尊重並びに中央教育行政の民主化について』を建議事項として採択した。建議における教刷委の言葉を借りれば、大学について充分な理解がなく、大学の経営にたえられる財政力をもたない地方行政当局が運営する大学が公立大学であった[1]」。

これによれば、当時日本側の大学関係の有識者を代表する南原繁東大総長らの「教育刷新委員会」は、大学運営における地方分権には極めて懐疑的であったことがわかる。他方で、新制国立大学の誕生には、特定の都道府県を除き、同一県にある複数の国立の高等教育機関を「一県一大学」の原則で統合する政策をとっていた。その場合、条件が許せばできるだけ多様な専門分野の学部で構成する総合大学ないし複合大学をモデルとしていた。ただ、多様と言っても、法、文、経済、教育または学芸、理、工、農、医の八分野構成がマキシマムであった。この観点から見れば、各県の新制国立大学にとって、既存の官立の大学や専門学校、師範学校を組み込んだとしても、不足する分野が少なくなかった。そこで、公立の工学、農学、医学専門学校の存在は大変魅力的であったと思われ、施設・設備などハード面、教員などソフト面で条件が満たせれば、新制国立大学の統合の好対象になった。地方自治体にとっても、長期的な財政負担をのがれ、かつ「国立大学」というブランドにひかれて、施設・設備をととのえるための一時的負担を負ったとしても、公立の専門学校や大学を国立大学に移管する道を選んだものと思われる。戦前における関一大阪市長に代表される、「地方自治の理念に基づいて公立大学を運営する」、「地域づくり人材を自らの手で育てる」という地方自治体の強い意思がなければ、雪崩をうって国立移管に方向に動くことは必然であった。

その意味で、アメリカの民主化政策を安易に拒否し、地方分権の方向を制度的に模索しなかったことが、国立移管へのベクトルを強めたのである。旧帝国大学を別にして、新制の地方大学を「公立大学」を軸に構築できなかったことは、地方に軸足を置いた民主主義の定着、分権・分散的な国土構造構築の最初で最大のチャンスを逃がしたという歴史的批判は免れ得ない。公立大学となったのは、地方国立大学の学部構成のモデルに入らない、薬、外国語、芸術などの分野、および、地域づくり人材育成として地方自治体が特にこだわった医学と女子教育であった。

高橋寛人氏は、自らの著書のうち第2章「戦後改革期の公立大学」、第3章「高度成長期における公立大学の国立移管」の二つの章で、公立の高等教育機関の「国立移管」について、個々の大学史をもとに、詳細に分析しており、本書の特色の一つとなっている。このなかから、戦後改革期の「国立移管」の事例を幾つか取り出し、国立大学を所管する文部省、国立大学化を推進する地方自治体、及び関係者の動きを紹介しよう。

最も単純な経過をたどったのは、静岡県立農林専門学校である。すなわち、「静岡県立農科大学は、国立移管を前提に、必要な施設・設備を県費で調達するためにつくられた暫定大学であった。静岡県立農林専門学校は、一九四九年五月の教授会で将来国立の静岡大学の農学部に移管・昇格することを決め、これを前提に県立農科大学の設置認可を文部省に申請した。文部省は施設の充実を条件に翌年認可を行った。県は講堂、農場管理室、図書館等、学内施設を整備した上で、一九五一（昭和二六）年三月に、すでに設置されていた国立静岡大学に移管したのである[2]」。つまり、文部省は、一九四九年に、一方では静岡高校、静岡第一、第二師範を母体に、人文学部と教育学部の二学部構成の国立・静岡大学を設置し、同時期に静岡県立農林専門学校を母体とする静岡県立農科大学の設置を認可し、二年間の猶予期間を置いて、施設等の物的条件を整備させ、条件が整ったところで、静岡大学の農学部に移管させたのである。既述のように、この方法は茨城、島根、香川、愛媛、兵庫県にも適用した。このなかで、農科大学存続の期間は、香川一年、茨城、静岡二年、愛媛五年と比較的短期間であったのに対し、兵庫、島根ともに一四年と長い。

この点について、高橋書でとくに「節」を設け分析している。これによれば、島根県立農科大学の移管について、県有林の移転等の付随条件もあり県の態度決定に時間を有したうえ、文部省も移管の条件として、農業近代化を進める視点から「学科改組、教員組織の整備、施設設備の充実」などハードルを高くしていった。県としても、農科大学の維持負担は県の財政上厳しいことなどから、対応に乗り出し、「島根県当局は、移転用地として島根大学のキャンパスに隣接する約一万三千坪の土地を買収し、一九六五（昭和四〇）年度から三年計画で鉄筋校合の新築をはじめ様々な施設を設置することを決め、県議会の了承を得た。移管に際して島根県が要した整備費は六億八千万円であった。移管は一九六五年度から学年進行により進められ、一九六八（昭和四三）年三月末に完了したのである」[3]。

「国立移管」の厚い壁と「政治的突破」

兵庫県は、戦後学制改革の際、四つの四年制の県立大学を設立した。神戸商科大学、姫路工業大学、兵庫県立医科大学、これに五二年、わざわざ兵庫県立の農科大学を創設した。当時の知事は、大学を多く持ったことを誇っていたが、五四年に当選した新知事は、膨大な県財政負担を伴うこともあって、大学は国が運営すべきだとして、国立移管を求めた。こうして、四大学の国立移管運動が推進されたが、四大学のうち、「神戸商科大学は県立大学統合案にも反対し、国立移管にも反対していた。（中略）姫路工業大学については、一九六三年五月に県当局が、これまでの（中略）狭隘なキャンパスから、広い独立キャンパスへ移転することを決定し、（中略）一九六六（昭和四一）年度の間三学科を増設して六学科体制となった」[4]。このようにして、神戸医科大学と兵庫農科大学が国立移管の対象とされたが、神戸商科大学と姫路工業大学は対象から外れる[4]。対象となった二大学は、岐阜、山口の二大学とともに国立移管運動に合流し、岐阜・兵庫・山口の三県の県立大学国立移管促進協議会に結集する。その後岐阜の大野伴睦、山口の岸信介の両大物議員が関与し、一九六三年末に三県立医科大学の国立移管経費を盛り込んだ六四年度予算案が閣議決定された。こうして、六四年に岐阜県立医科大学は岐阜大学医学部、兵庫県立医科大学は神戸大学医学部、山口県立医科大学は山口大学医学部に移管され、同時に兵庫農科大学も神戸大学農学部に移管された。このなかで、高橋氏の記述は、用地確保に恵まれたことの偶然性も含んでおり、興味深い。

「兵庫県の場合、国立移管のために、神戸医科大学に関して一七億六千万円を支出した。兵庫農科大学については一〇億一千万円の土地建物を提供した。この額は、兵庫農科大学一〇年分の経費に相当するものであった。両大学の国立移管の実現には、六甲ハイツの跡地が大きく寄与した。アメリカ軍に接収されていた六甲ハイツの広大な県有地が、一九五八（昭和三三）年に接収解除となった。この土地は神戸大学の本部に隣接していたから、キャンパスの統合を望んでいた神戸大学側が大学用地として譲渡を県に強く要請した。県と神戸大学との間で、県立の二大学を移管することと引き替えに、六甲ハイツ跡地を神戸大学用地として譲渡するとの合意がなされたのであった[5]」。

一般的には、「一九六〇年代に入ると、新制大学発足時と比べ、国立移管の条件が厳しくなった。それは国立大学整備に関する文部省の計画と大きな関係がある。新制国立大学は、旧制高校・専門学校・師範学校などの古い校舎や、旧軍施設等の転用校舎を多数使用しており、校舎の改築・新築の必要に迫られていた。いわゆるたこ足キャンパスの解消のための統合も必要であった。これらに対応するため文部省は、国立文教施設整備計画を策定して、一九六一（昭和三六）年度から計画的な整備を進める。

文部省は、公立大学を国立移管する場合、国の整備計画の基準を満たすことを条件にした。そこで、移管を実現するためには自治体が多額の公費を投入して公立大学の施設設備を整備・充実することが必要であった。医学部の場合は、大学だけでなく附属病院も含んだので、巨額の財政支出を要した。（中略）六つの公立単科医科大学のうち、岐阜、兵庫、山口の各県立医科大学・学部は国立移管を果たした。これに対し、福島、奈良、和歌山の各県は県財政に余裕はなく、県立医科大学に対して国の基準を満たすための整備を行うことは不可能であった[6]」。国立大学移管の厚い壁とは、附属病院をふくめ施設整備のための財政負担であり、有力政治家の関与を受けた三大学は国立移管に成功し、残る三大学は県立の単科医科大学のままとなった。三つの単科の医科大学は、その後半世紀継続している。

「公立大学」を支える地域のステークホルダー

福島、奈良、和歌山の三大学以外にも公立大学の医学部はある。北海道立札幌医科大学、横浜市立大学、名古屋市立大学、京都府立大学、大阪市立大学である。横浜を除く四大学の所在道府県には、旧帝国大学の医学部があり、国立大学側で「移管」を求める動機はない。また、道と政令都市は、財政規模が大きく、国立移管に財政的に追い込まれたわけではない。このなかには、自治体および大学が、自らの立場で医学部を含む大学を経営する積極性を有しているものもある。その典型は大阪市である。大阪市の近藤博夫市長は、大阪市定例市会に「大阪市大学設置の件」が提出された際、その提案理由を次のように述べたとされている。

「この大阪市大学の設置は我が大阪市民に、その師弟を他の都市に入学せしめることにより起きまする経済的負担を軽減する点から考えましても是非とも実現致したいと思うのであります。なお現在各方面に地方分権の必要が強調されておりまする通り、文化面の地方分散も同様に重要と存じまするが、この大学の設置は文化の地方分散の一助ともなり、高等学校以下の学校教育に与える影響もけだし少なからんものがあると存ずるのであります。又大阪市は御存知の通り全国一の商工都市でありますから、国際関係の緊密になった今日相当の文化施設をもたなければ将来の世界的商工都市としての権威にも拘わるものと思いますから、その意味合におきましても、本市が自らの手で総合大学を設けることは洵に重要な意義があると存ずるのであります[7]」。

また、「近藤市長は、大阪市立大学の開学式の際に以下の思いを吐露した。『大阪市立大学は大阪カラーの豊かな大学にしたい。同時に大阪市は大学カラーの豊かな、知的な文化都市にしたいというのが本大学設立に込められた願いであります。即ち、本大学は所謂専門的な学識と技能を持ち、実際生活、実際活動に役立つ教養ある市民、良識ある社会人を作ることを目標とするものでなければならないと考えております』。だからこそ、近藤市長は、大阪に関わる多くの人々を集めて、総合大学大阪市立大学を立ち上げようと決意したのである[8]」。と『大阪市立大学の歴史』に記載されている。また、同じ著書に、当時の大阪市立大学の「恒藤恭学長は次のような高い理想を掲げた。『従来のわが国の大学は、とかく社会の現実から遊離した在りかたを保ちがちであった、と批判されている。大阪市立大学はあらたに発足するに当り、ここに述べたような事態を特に考慮して、理論と実際との有機的な連結を重視する学風をかたちづくって行くことを念願して居り、各種の分野において社会の実用に役立つ研究成果を挙げると共に、社会のさまざまの方面の職域において真に有能なはたらきをなし得るような人間を養成することを期している[8]」と記載されている。

こうして、一九四九年四月の新制大阪市立大学の開校式において近藤博夫大阪市長と恒藤恭学長の「公立大学の理念」は改めて再認識された。ただ、今度は、単科大学としての大阪商科大学ではなく、医学部、工学部、理学部を含む総合大学としての「大阪市立大学」の理念の再確認であり、しかも、戦前のように中央集権的な高等教育システムにおいて強大な帝国大学群に対峙した孤立状況の中での「公立大学の理念」の提起と異なり、東京都立、大阪府立（浪速）、京都府立（西京）、名古屋市立、横浜市立などとともに、国立・私立に注ぐ第三の設置形態としての「公立大学理念」の定着を先導したのである。

（1）高橋寛人『二〇世紀日本の公立大学』日本図書センター　二〇〇九年　一一二頁。
（2）同右書　九三頁。
（3）同右書　一五一頁。
（4）同右書　一四二頁。
（5）同右書　一四八頁。
（6）同右書　一五九―一六〇頁。
（7）大阪市立大学大学史資料室編『大阪市立大学の歴史―一八八〇年から現在へ』二〇一一年　八七頁。
（8）同右書　八七―八八頁。

第三編　高度成長期の大学の膨張と公立大学

第一章　社会を震撼させた「大学紛争」

一九六九年一月一八日、「夕闇迫る頃、数十名の籠城学生たちが屋上でスクラムを組み、セクト旗を振って『インターナショナル』を合唱しはじめた。やがて別の歌になる。ああ『国際学連の歌』じゃないか。（中略）加藤一郎学長代行の屋上の学生たちに対する呼びかけが始まった。いつもと変わらない淡々した冷静な呼びかけだ。『……これ以上無用の抵抗を続けると危険です。すみやかに出てきて下さい……』」そして、翌一九日午前七時過ぎに、機動隊の安田講堂攻めが再開され、「五機〈第五機動隊〉は衆人環視（ママ）の中で屋上に姿を現わし、全共闘学生九十名の検挙を開始した。時に一月十九日午後五時四十六分。安田講堂の『城攻め』が始まってから、実に三十四時間四十六分、『東大のいちばん長い日』は終わろうとしていた。[1]」

これは、当時の安田講堂攻めの現場指揮の責任者であった佐々淳行警視庁警備第一課長の著書『東大落城』（文春文庫　一九九六年）で描いた一節である。一九六〇年代後半から七〇年代前半に全国で展開された大学紛争の「大団円」となった東大安田講堂落城の描写である。

筆者（矢田）は、当時東大大学院理学系研究科博士課程三年に在籍し、本郷キャンパス内にいて事態の推移を見守り、加藤学長代行の学内撤去命令に従い自宅に戻り、テレビで写される光景を食い入るように見守っただけに、佐々氏の描写は、「臨場感」あふれるものがある。

それから六年後の一九七五年一月の法政大学の市ヶ谷キャンパスの情景。

「冬休み明けの初日早々、ぼくは授業中になだれこんで来た、スタンダールならぬ赤と黒のヘルメット部隊につかまった。授業がひとまず済んでから、外で待っていた彼らとぼくは校庭へ出たが、ここは風が寒いので、場所を学生ホールに移して、〝学部長団交〟は始まった。ホールの中ほどで、ぼくは人民裁判よろしく机の上にあげた椅子に座らせられた。その耳もとで、電池が消耗でもしたか、音質の悪いトラメガ（トランジスタ・メガフォン）がボリュームだけは最大にしてがなる。『われわれはァ、当局の不当な大幅学費値上げを粉砕するためェ、本日ノコノコと六十九年館に現れた尾形経済学部長をォ、的確に捕捉しィ……』（何が「的確に捕捉し」だい）。

ぼくの前には〝赤と黒〟が二〇人ばかり、時折紙つぶてをぶつけてよこしたりヘルメットで机をたたく。その後には、ぼくのゼミの学生や同僚の教員たちが心配そうに座っている。ホールの学生たちは、この突然の闖入者たちに、あまり関心を示す様子もない。『おれたちには関係のない新入生の学費さ。それにこのインフレじゃしようがないよ』とでも思っているのだろう[2]」。

筆者（矢田）は、東大安田講堂「落城」の翌年の一九七〇年四月に法政大学助手に採用され、それから五年後のことである。助教授として当時の尾形憲経済学部長を支える役割をしており、ホールで見守っていた。すでに、大学紛争は全国的にすっかり衰え、「形骸化」していた。しかし、「大学紛争」は、長く、深く、広く続いていた。「紛争」の経過と背景について、草原克豪氏の著書から引用しよう。

「一連の紛争のはじまりは、一九六五（昭和四〇）年、慶應義塾大学の学費大幅値上げ抗議集会であった。翌年には早稲田大学、次いで明治大学、中央大学でもキャンパスがバリケードで封鎖され、学生に占拠されてしまう。学外においても、佐藤栄作首相の東南アジア訪問を阻止しようとした第一次羽田事件、訪米を阻止しようとした第二次羽田事件では、警官隊と学生が衝突して死傷者を出していた。一九六八（昭和四三）年になると日本大学、東京大学でも紛争が起こり、一九六九（昭和四四）年一月、東大安田講堂の封鎖がようやく警察の手で解除されると、今度は京都大学へと広がって、全国的な大学紛争となっていった。東京大学、東京外国語大学、東京教育大学では、一九六九（昭和四四）年度の入学試験を中止するという異常な事態に追い込まれた。こうした大学紛争の性格を一口で言い表すことはむずかしい。なぜなら、大学紛争は個別大学の問題をめぐっての紛争であると同時に、権威の象徴としての大学そのものが新左翼中心の学生闘争の対象にされ、暴力的闘争の中に巻き込まれていった全国規模の事件でもあったからである。その中で、個々の大学における紛争の原因が何であれ、大学の管理運営体制の不備が問われ、結果的に、『学部自治』に基づく管理運営体制が破綻したことを世の中に強く印象付けることになった。

大学紛争を大学問題をめぐる紛争として見ると、そこには明らかに、社会の変化に対応できない旧態依然たる大学の姿があり、問題を処理する当事者としての組織管理能力を欠いた大学の姿があった。そうした状況をもたらした最大の要因は、大学の大衆化であった。大学の大衆化が一挙に進んだのは、一九六〇年代から七〇年代かけてである」[3]。

こうした大学の組織管理能力の欠如に「紛争」の最大の要因とみる見解は多くの識者に共通しているが、黒羽亮一氏は、とくに東大紛争と東京教育大学紛争に着目して深く考察している。東京大学では、医学部教授会の事実誤認に基づく研修医処分と大学評議会の追認、これに抗議する学生の安田講堂占拠に対する評議会の同意なしの総長による機動隊導入などの大学側の相次ぐ管理能力の不備が「大闘争」の契機となった。東京教育大学では、筑波研究学園都市への移転をめぐって文学部教授会が徹底抗戦をし、学内は分裂状況のまま、移転を強行決定したことが大きな起因となった[4]。

文部省大学課長、高等教育局長を経験して大学行政に深くかかわり、戦後の学制改革の「杜撰さ」を鋭くえぐりだす著作を執筆した大﨑仁氏は、紛争の特徴として、①大学自体が学生の闘争の対象となったこと、②ほとんどの大学を巻き込んだ紛争の幅の広さと程度の大きさ、③大衆団交の強要、バリケードの構築、施設の長期間占拠、派閥間に繰り返される暴行など、著しい暴力的傾向、④既成の左翼運動に背を向けた「全共闘方式」の出現、以上四点をあげ、その原因を次のように描いている。

「直接の原因としてまず考えられるのは、やはり、学生運動に対する共産党の精神的権威の失墜と新左翼の影響力の増大である。紛争を主導した全共闘の中心は、新左翼系の学生であり、あらゆる既成の体制を否定し現実的妥協を拒否するその思想と行動が、それまでにない過激な運動形態を生み出した。大学自体が闘争の対象になったのも、六〇年安保闘争で政府との力の対決に敗れた新左翼系の学生が、警察力からは大学自治で守られ、しかも自己管理能力の乏しい大学をいわば乗っ取って、闘争の拠点にしようとしたことが、大きな要因になっている。

しかし、一握りの活動家だけで、あのような大規模な紛争を引き起こすことはできない。一般学生のかなりの層が、活動家に共感を覚え、それを支持し行動を共にしてはじめて、あれだけの紛争になった。それでは、なにが一般学生を動かしたのか[5]。」と自ら問いをだし、訪問先のボン大学総長との会話にヒントを得て、「世代間の争い」に答えをみいだし、以下のように論を展開する。

「戦後の混乱期に生まれ、個人の自由と権利を最高の価値と教えられ、戦後民主主義教育に漬かって成長した戦後世代、善きにつけ悪しきにつけ戦前と完全に断絶した最初の戦後世代が、あの時点で学生の主流となった。それが、現実の政治や社会と向き合ったとき、それまで教え育まれてきた価値観や生き方を抑圧するものを強く感じ取りそれに反発したのは、自然の成り行きでもある。戦後世代の共通の意識・感覚と、教授層の意識・感覚との間の深いギャップが、紛争の基盤となった。

最初の戦後世代はまたベビーブーム世代でもある。したがって、この世代は同時に最初の大衆化世代でもあった。大学の急速な拡充、学生の著しい増加が、教授層と学生層との精神的関係に大きい変化をもたらした。かつて学生は、世間から知的エリートとして扱われ、自らもそう意識していた。そこに学生と教授の連帯感の基盤があった。大衆化を指向した占領下の大学改革によっても、この意識はすぐには変化しなかった。しかし、戦後民主主義の下での大衆化社会の進行と大学の急速な拡充につれて、学生は将来のエリートである保障を確実に失うとともに、自らのエリート意識を希薄にしていった。

権威の否定、エリートの否定を基調とした戦後社会に生まれ育った戦後世代が大量に大学に進んだこの時点で、エリート意識で結ばれた学生と教授層との連帯感が決定的に失われたのではないだろうか。伝統的な大学のあり方と大学の大衆化の進行との間の矛盾が、まさにこの時期に限界に達したともいえる。大衆化した学生は、戦後社会で残された唯一の権威である大学を攻撃の対象にすることに、なんのためらいも感じなかつた。

もちろん、単に世代間ギャップや大衆化だけで、学生のあのような激しい行動が起こるわけではない。大学の急速な拡充、学生の著しい増加が、教育条件の悪化と学費の高騰を招き、学生の間に大学に対する不満が鬱積していたことは、想像に難くない。日本の大学紛争が、私立大学の学費値上げ反対から始まったことは、きわめて象徴的である。さらに、大学が占領下の改革を消化できず、旧制の意識と新制の制度が乖離、混在し、教育機能を低下させていたことが、学生の不満を一層増幅していった。多くの大学で一般教育担当の教養部が紛争の中心になったこともまた、偶然とは思われない。占領下の大学改革から積み重なつた我が国大学の矛盾の集積が紛争の根底にあった[6]。

大変説得的な説明である。紛争の「主体」間の世代交代、異なる価値観の衝突、それが「占領下の大学改革から積み重なつた我が国大学の矛盾の集積」としての新制大学制度をめぐって衝突したと言う論理構成は、大学紛争の本質解明にとって、とくに重要である。さらに、望むらくは、「我が国大学の矛盾の集積」のうち何が大学紛争に大きくかかわったか指摘してほしかった。筆者は、あえて二つに集約できると考えている。一つは、新制度の核となった、学校制度の単純化に伴う高等教育制度の四年制大学への「一元化」である。これによって、戦前の多様な高等教育機関が短期間に「強引に」統合され、教育条件が未整備のままに多数の私立大学が誕生し、劣悪な教育内容が多くの大学で定着したことである。この点については、第二節で詳述する。

もう一つは、戦前の旧制帝国大学が、国家権力との戦いの中で勝ち取った教員人事を核とする「教授会自治」が、新制大学において無批判に継承・継続されたことである。東大紛争の発端が医学部教授会の事実誤認に基づく研修医処分と大学評議会の追認、これに抗議する学生の安田講堂占拠に対して、評議会の同意なしの総長による機動隊導入などの大学側の相次ぐ管理能力の不備が「大闘争」の契機となったことはすでに述べた。大学の管理運営において「学部自治」が絶対的意味を持ち、学長や評議会さえも学部教授会の決定を覆せないこと、学部内においては学科や講座自治が強く、講座主任教授は、「領地領民制度」のごとく一度就任したら退職まで講座内人事や教育内容に「絶対的権力」を維持できる硬直したシステムができあがっていた。このことが、大学という巨大な組織の柔軟かつ民主的な運営を不可能にしていた。東大紛争、東京教育大などの国立大学の紛争は、こうした制度が大きくかかわっていた。

また、中核的な私立大学においても、戦前のカリキュラムや教員人事を核とする「教授会自治」の慣習を墨守する大学が少なくなく、研究・教育に熱心でないいわゆる「学内政治屋」的な教員が、自己保身のために「教授会自治」を声高に掲げる傾向が強く、時代の流れに対応したカリキュラム改革や開放された教員人事システムの導入への抵抗によって、教育内容の劣化が確実に進んでいった。戦前の「エリート」養成の段階で確立した管理制度が、戦後のベビーブーム世代の大量進学による大学の「マス化」で通用するはずもない。大量の私立大学が族生したことによって、学力においても、人間性においても、基礎的訓練がなされていない「大学教員」集団が出現し、彼らが大学教育および大学管理を担ったことは、大きな悲劇である。

本節の最後に大学紛争の強権的な終結について触れておきたい。この点について丁寧な考察をしているのは、黒羽亮一氏である。要約的に引用しよう。

「東大紛争に収拾のメドが立ちにくくなった（昭和）四三（一九六八）年一一月に中央教育審議会（中教審）に対して『当面する大学教育の課題に対応するための方策について』諮問した。（中略）当時は東大紛争が最高潮に達していた時期で、文部省が具体的行動を起こさないことには政府・与党の非難が高まるばかりだから、それに応えるという意味と、文部省が行動することにより、大学側に紛争収拾の熱意を起こさしめる措置だった。（中略）年があけて一月一九日東大安田講堂の封鎖が、多数の警官出動で解除されたものの、同大などの入試が中止になるという異常事態に、自民党などから、恒久的な管理立法制定の要請が高まった。それに対して文部省は、『中教審答申を得て』という態度を取り、その答申は四月三〇日に行われた。

そこでは『大学における意志決定とその執行』という項を起こし、（中略）『紛争を契機として顕著になった自治能力の欠陥を是正し、積極的な大学改革を進めるための当面の改善方策を取り上げている』とした。具体的には『中枢管理機関の指導性確立のため学長を補佐する副学長制ないしその他の機関の設置』、『学長・学部長などの自由裁量権と専決権などの掌握』、『意志決定手続の合理化と全学的な協調の確保』などを主張した。

しかし、最後の『当面する大学紛争の終結に関する大学と政府の責任』の項では、それらを恒久的な立法とすることは主張しなかった。そこでは第一に『大学が取るべき措置』として、（ア）教育研究の機能が相当期間停止したり、入学・卒業が正規の時期に行われないおそれが生じたときには、事態収拾を的確迅速に行うに必要な範囲で、大学の意志決定とその執行の権限を適当な大学管理者に集中する必要がある、（イ）この場合、その管理者は全学一体となって事態の収拾に当たるため、学内の協力体制を乱す教職員を、一時職場から遠ざける措置を取る必要がある、と主張した。

第二に『政府がとるべき措置』は自ら解決に乗り出すような姿勢ではなく『大学の自治能力による紛争の終結を助ける』ことを主眼とした。（ア）大学管理者への勧告、（イ）管理者（主として学長）が施設保全、教育研究の再開準備に専念するため、設置者（国立大学では国、公立では地方公共団体、私立では学校法人）が六ヵ月以内の期間休校または一時閉鎖を可能にすること、（ウ）政府の取るべき措置に関しては、公正な世論を反映させるために権威ある第三者機関を設ける、（エ）不幸にして大学が実質的に破滅状態となり存在理由が失われる時は、『最終的な処理』のために適切な措置を講ずる、と述べた[7]」。

「『大学の運営に関する臨時措置法』は（一九六九年）五月二五日の臨時閣議で決定、直ちに国会に提出手続きを取った。（中略）臨時大学立法は与野党対決法案のために、衆議院での文相の趣旨説明は提出から一ヵ月後の六月二四日になった。衆議院での採決は七月二九日だった。この間委員会は八回、審議時間三〇時間、公聴会五時間半という短さだった。参議院では、文教委員会での審議は八月二日に自民党議員の質問が行われただけで、委員長報告をして強行突破した。そして翌三日夜八時すぎ参議院の強行採決で成立、七日公布、一七日施行という駆け足だった。（中略）田中角栄幹事長、保利茂官房長官は、他のすべての法案を犠牲にしても成立を図った。この姿勢を世論は支持したかのように、同年秋の総選挙で自民党は大勝した」[8]。

この法律では、「まず『大学紛争』について、原因となる行為（施設の占拠または、封鎖、授業放棄とその他正常でない行為）、行為主体（学生）、結果として生じている状態（教育・研究その他の運営の阻害）の三条件が揃って継続している場合と定義づけた。その場合にはまず学長に管理運営権限を集中して収拾に全力を注ぎ、それでも収拾出来ない場合には六ヵ月以内（必要に応じてさらに三ヵ月延長）大学を閉鎖して、その収拾をはかるとしている。学長への権限集中とは、通常時には評議会・教授会などが大学管理機関として持っている権限を、学長に返上するという趣旨である。それでも収拾不能など大学の自治機能が喪失した局面にあるときには、文部大臣は同省に設置された臨時大学問題審議会の議にもとづいて、教育研究機能の停止措置を取れる（一時閉校）としている。いったんこの措置が取られると教員の身分は休職となり、俸給等は通常の七割に減額される。さらにそれでも収拾できない時には国立大学設置法の改正（大学の廃止・改組・縮小、他大学への移管など）も、臨時大学問題審議会の議を経て行うことが出来るとされており、『大学とりつぶし法』といわれた。なお、法律の大半は国立大学を対象に書かれているが、公私立大学への準用規定も示されていた。（中略）この法律は、実際の適用は考えず、大学当局と学生運動に対する一種のブラフ（こけおどし）のようなもので、そのためにも最終段階には、『大学のとりつぶし』が盛られているという構造である」[9]。「確かに臨時大学立法の効果は絶大であった。一七日の施行と同時に広島大学は警官出動を要請して、ほぼ全学に近かった過激各派学生による封鎖状態を解除した。それからほぼ一ヵ月の間に多くの大学で警官出動が大学の要請によって、ないしは捜査令状の執行の形で行われ、封鎖が次々と解除されていった。五月ごろには、二万人余もの新入学生が紛争のために自宅待機していたが、一〇月にはその状態がほぼ解消した。臨時大学立法により、各大学には紛争状態についての文部省への報告義務が生じたが、第五条以下の文部省の権限発動は一件もなかった」[10]。

以上の黒羽氏の政府による大学紛争処理の叙述は、日本経済新聞社の記者であっただけにドラマチックである。「臨時措置法は、『施行の日から五年以内に廃止するものとする』とされた。この規定は、五年経過すると法律は自動的に効力を失うというものではなく、五年以内に法律を廃止することを義務づけたものである。法律の廃止は法律でなければできないから、政府または国会議員が廃止法を提案し、国会が議決しなければならない。その意味で通常の時限法と異なり、限時法と呼ばれた。[11]」ということになる。「その後、廃止法が制定されないまま今日に至っているが（中略）この法律は事実上死んだ法律と考えられている。[12]」

（1）佐々淳行『東大落城』文春文庫　一九九六年　二六二―二六四頁。
（2）尾形憲『私立大学』日経新書　一九七七年　一九―二〇頁。
（3）草原克豪『日本の大学制度』弘文堂　二〇〇八年　一二六―一二八頁。
　ところで、当時東京外国語大学に在籍していた中嶋嶺雄氏の著書に次のような文章があり、草原氏の指摘は正確とは言えない。東京外国語大学では入試は実施されたのである。

「振り返れば一九六八年、東大医学部を発端として全国で大学紛争が起き、東京外大も全共闘の学生によって占拠され封鎖されました。その際、私はまだ講師でしたが教授会の代表委員に選ばれて、学生との交渉を始め、紛争の渦中に身を置いたものです。東大、東京教育大（筑波大学の前身）、東京外大という重症大3大学の入試が実施できるかどうか、大きな社会問題になりました。私は『入試は社会的な責任として絶対やるべきだ』と主張し、当時の坂田道太文相にも直接に交渉した結果、東大と東京教育大はついに入試中止に追い込まれましたが、東京外大の入試は予定通り行われる運びとなりました。すると、東京外大の全共闘の学生たちは怒り狂い、私の研究室を荒らして、あげくの果てに火までつける始末でした。」（中嶋嶺雄『学歴革命　国際教養大学の挑戦』KKベストセラーズ　二〇一二年）一七〇―一七一頁。
（4）黒羽亮一『戦後大学政策の展開』玉川大学出版部　二〇〇一年　第一章4「大学紛争と大学管理」三三―四一頁。
　ここでも、黒羽氏は、東京教育大学は、「大塚キャンパスでなかった体育学部以外は、東大、東京外大とともに、四四年度の入試を中止した。」（三七頁）と記述している。誤記であろう。
（5）大﨑仁『大学改革1945―1999』有斐閣選書　二四二頁。
（6）同右書　二四四頁。
（7）黒羽亮一『戦後大学政策の展開』玉川大学出版部　二〇〇一年　三七―三九頁。
（8）同右書　四一頁。

(9) 同右書　三九—四〇頁。
(10) 同右書　四一頁。
(11) 大崎前掲書　二五四頁。
(12) 同右書　二五五頁。

第二章　大学の膨張と「マス化」の進行・教育の質の劣化

改めで言うまでもなく、高度成長期の真っ只中で起きた大規模な「大学紛争」は、大学の膨張と「マス」化の進行が大きな要因となった。その過程を概括しよう。

天野郁夫氏は、早い時期の著書『高等教育の日本的構造』の第四章「エリートからマスへ―大衆化の過程と構造」の冒頭で次のように述べている。「わが国の高等教育機関の在学率が、当該年齢人口（一八―二一歳）人口比で一五%をこえたのは、一九六六（昭和四一）年である。マーチン・トロウは、この一五%という数値を、高等教育のエリート段階からマス段階への移行を示す量的な指標として重視しているが、そのかれの『理論』にしたがうならば、わが国はアメリカについで、またヨーロッパ諸国に先んじて『マス高等教育へのしきい』をこえたことになる[1]」。

この記述にしたがえば、わが国の高等教育のエリート段階からマス段階への移行のメルクマールの年は、高度経成長が軌道に乗りはじめた一九六〇年代はじめということになる。ちなみに、わが国の一八歳人口と四年制大学への進学率の推移をグラフ化した3・1図をみると進学率が一五%を超えるのは、厳密な時点は天野氏の指摘と多少のずれはあるものの、少なくとも六〇年代末には安定して「マス段階」に入ったことを看取することができる。

3・1図は、大学学生数の推移をもグラフ化している。これによれば、戦後の新制大学が事実上出発した一九四九年から、学生数は一貫して増加した。具体的には、一九四九年の一二万人から二〇一七年の二八九万人へ、約七〇年間に二二倍、実数にして約二七六万人の増加をみせている。この学生数の伸びのカーブを注意深く観察すると、一九五〇年から六〇年までの一〇年間（第一期＝始動期）に比較して、一九六〇年から七五年までの一五年間（第二期＝高度成長前期＝急速拡大期）の増加のカーブは急傾斜である。それ以降、安定期と急増期が一〇から一五年のペースで交代している。つまり、七五年から八五年まで一〇年間（高度成長後期＝調整期）の安定、八六年から二〇〇〇年の一五年間（バブル経済とその崩壊期）の着実な増加、そして二一世紀に入ってから約一五年間（構造不況期）の二七〇か

3－1図　国公私立別大学学生数・進学率推移と時期区分

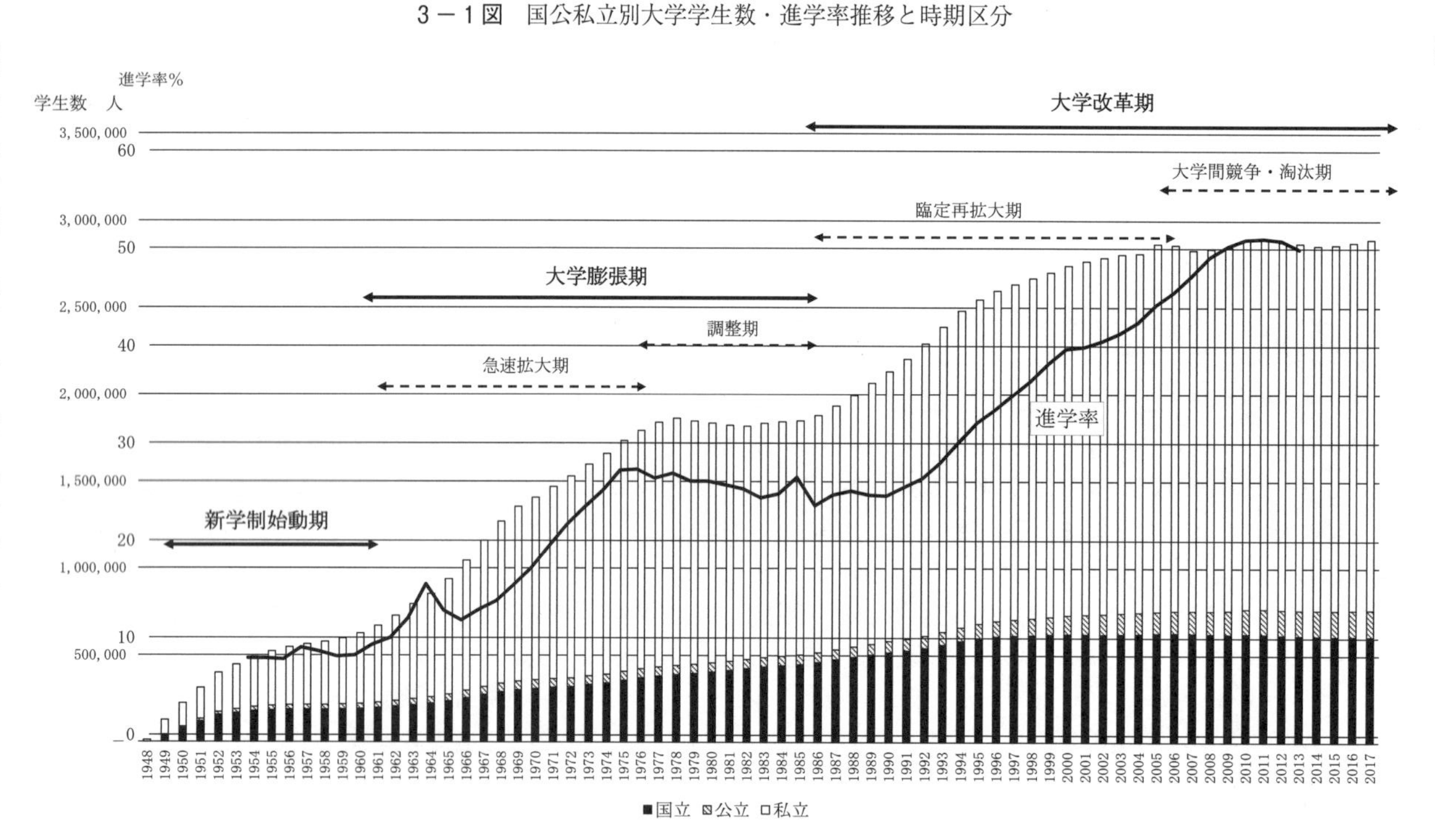

文部科学省統計より筆者作成

ら二八〇万人台の安定した推移である。

改めて言うまでもなく、学生数の動向は、社会人や留学生の動き、留年率等が学生数に大きく影響しない状況のもとでは、一八歳人口の動向（要因1）と進学率の動向（要因2）の二つ要因の合成によって形成される。

このうち、要因1は、学生数の動向に対して独立変数的に作用する。戦後日本においては、昭和二二（一九四七）年から二四（一九四九）年の第一次ベビー・ブーム、その子世代の昭和四六（一九七一）年から四八（一九七三）年生まれの第二次ベビーブームの二つの山があり、この団塊の世代の山が進学期となる一九六六―六八年と一九九〇―九二年にピークとなって現れる（3・2図）。一九六八年の一八歳人口は二五四万人、九一年は二〇五万人である。この間、一九八〇年前後を底にした上に凹、つまりトラフ（船底）型のカーブを描く。

要因2は、一国の政治・経済・社会・文化の状況を総合的に反映するとともに、大学の収容定員数という高等教育サービスの供給力も大きく作用する。わが国の第二次大戦後七〇年間に限定すれば、一九六〇年代の高度経済成長期には、所得、科学技術、文化水準の向上に伴う国民の教育要求の増大という「需要圧力」が進学率の右肩上がりの上昇をもたらした。しかし、一九七〇年代の二度のわたる石油危機がもたらした経済不況によって、進学率が二〇％後半でとまり、以降約二〇年間ほぼ同じ水準を維持した。この間、経済状況は、一時的停滞を脱出して八〇年代の高度成長後期からバブル経済へと突き進んでいった。その意味では、進学率の「停滞」は経済状況によってはうまく説明できない。3・1図でみると、七〇年代後半から八〇年代前半のほぼ一〇年間は、学生数自体も一八〇万人台で低迷している。国公私立大学の収容定員増の動きがとまったのである。進学率の「停滞」は、教育サービスを提供する側の「供給」力の低迷に起因しているとみてよい。つまり、進学率は「国民教育要求」という需要圧力だけでなく、「収容能力」という供給側の影響をも受け、学生数と進学率とは相補関係にある。学生収容定員の停滞は、大学を経営する国、地方自治体、学校法人の側の「投資意欲」の減退の結果である。一九六〇年代から七〇年代前半の一八歳人口の増加と進学率の上昇の二つの要素の相乗効果によって、大学への積極かつ過剰な投資が行われ、このことが投資をリードしてきた私学の経営難をもたらした。さらに、その過程で発生した大規模な「大学紛争」が私学の「投資意欲」の減退、国の大学政策の低迷を惹起したことなどが総合的に反映されたものとみることができる。

この点について、『私立大学の経営と拡大・再編』の著者両角亜希子氏は、次のように的確に表現している。

3－2図　18歳人口と4年制大学進学率推移

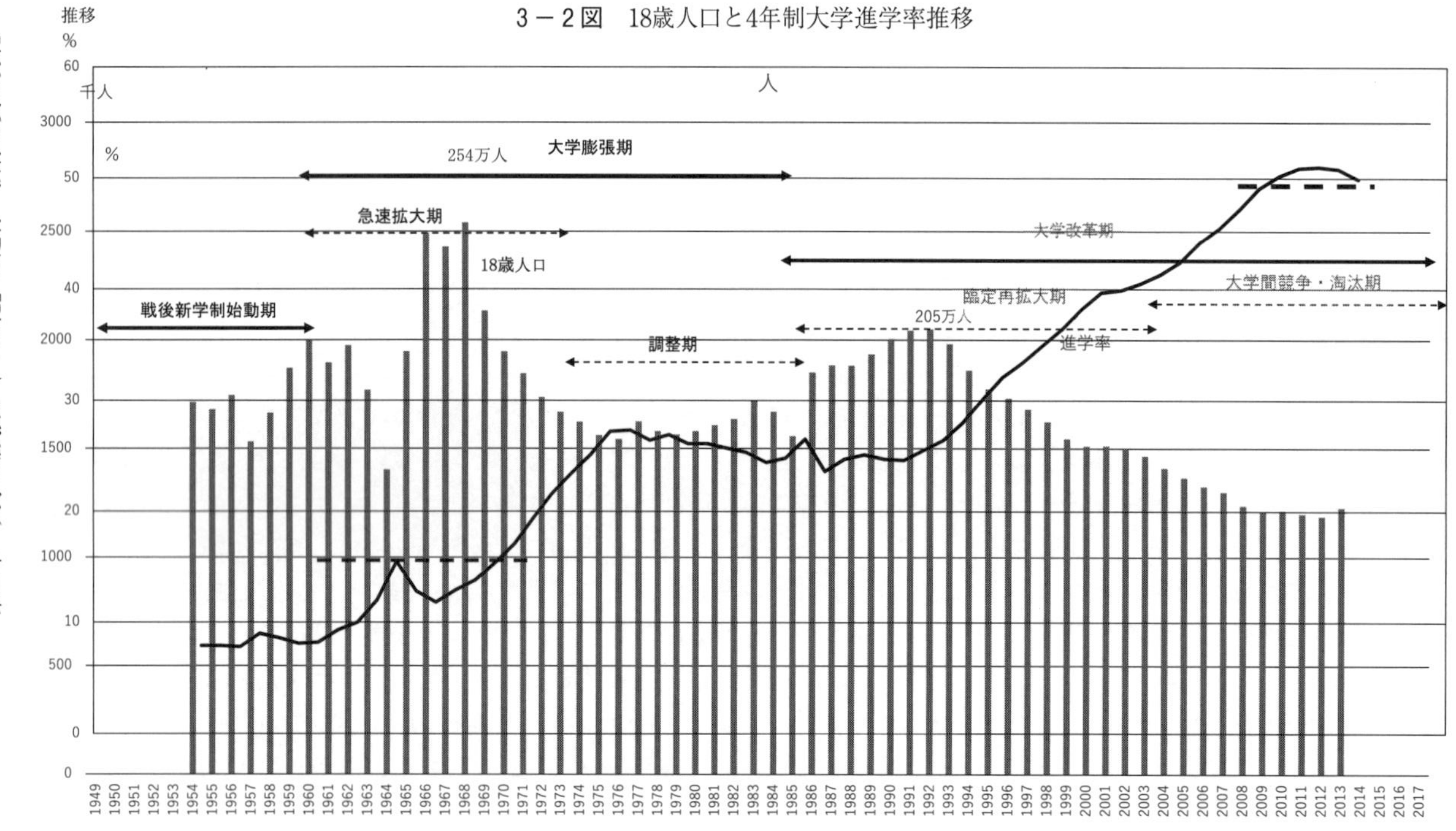

文部科学省統計より筆者作成

3－3図　国公私立別大学数

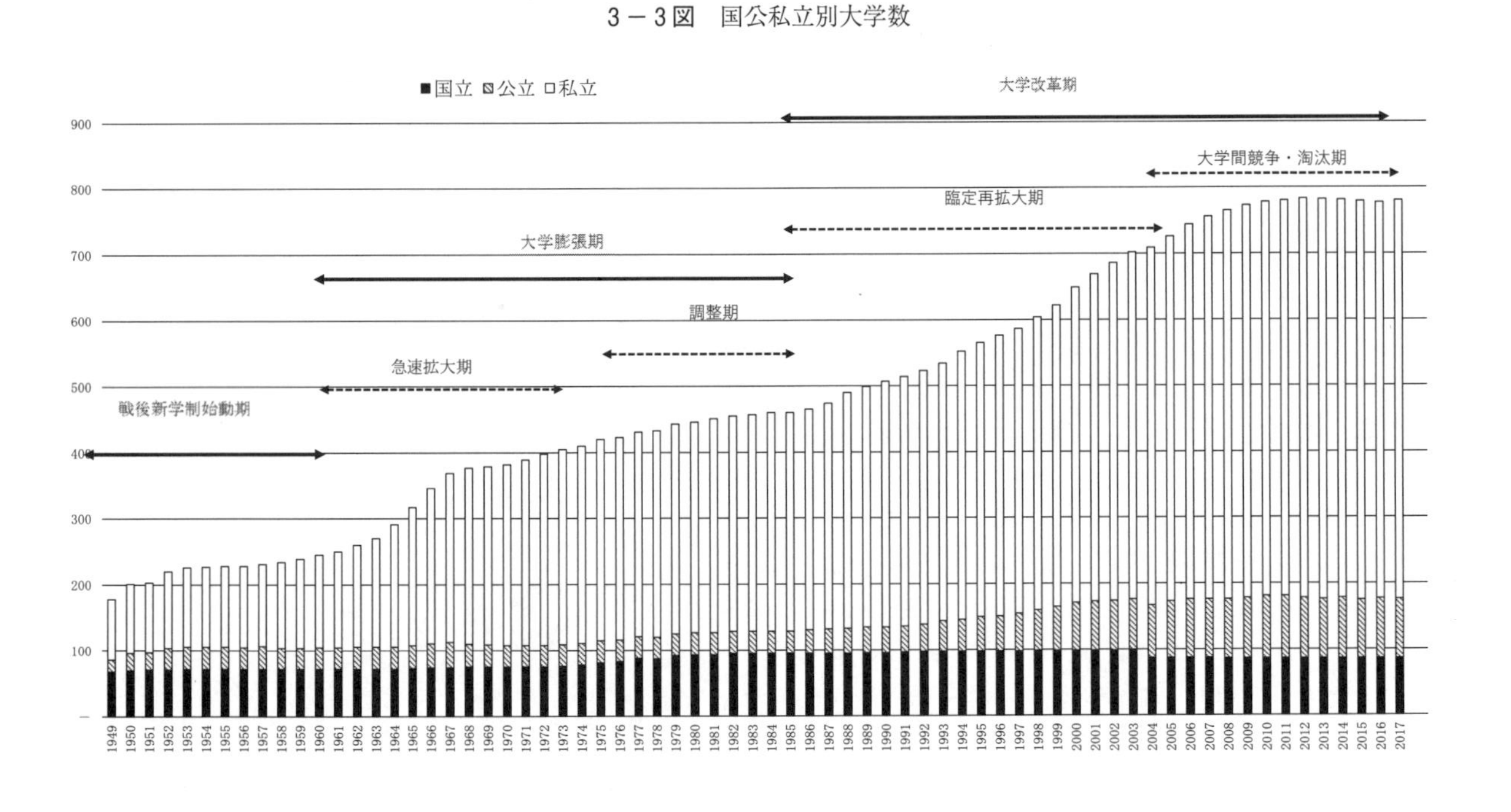

3－1図に同じ

3－1表　国公私立別大学数推移

大学数	計	増加	国立	公立	私立	私立比率	私立増分	同増分比
1950	201		70	26	105	52.2		
1960	245	44	72	33	140	57.1	35	79.5
1970	382	137	75	33	274	71.7	134	97.8
1980	446	64	93	34	319	71.5	45	70.3
1990	507	61	96	39	372	73.3	53	86.9
(1960—1990)		306	26	13	267		267	87.2
2000	649	142	99	72	478	73.7	106	74.6
2010	778	129	86	95	597	76.7	119	92.2
(1990—2000)		271	▼ 10	56	225		225	83.0

文部科学省「学校基本調査」

「こうして私立大学は拡大することによって、日本社会は高等教育に対する需要を満たすことに成功した一方で、多くの私立大学では教育の質の低下に直面することとなった。規模拡大をひたすら続けることは、多くの私立大学に債務償還費の上昇などの深刻な財政危機をもたらすことにもなった。こうした環境の中で、授業料水準は次第に引き上げられ、これに対して学生が強く抗議するようになった。つまり、いわゆる学生運動を引き起こすひとつの引き金となったのである。こうして市場によって導かれた拡大期は大きな危機に直面した」(2)。

両角氏が命名した、一九六〇年代から七〇年代なかばの「急速拡大期」の主役は、私立大学であり、それがゆえに設備投資や教員確保のために「経営難」となり、大学紛争で一気に「ブレーキ」がかかったのである。

これを、一九六〇年、九七〇年、一九八〇年の国公私立大学の大学数、在籍学生数の動向（3—1、3—2表）によって確認しよう。

すなわち、六〇年から八〇年の二〇年間に、全大学数は、二四五校から四四六校に約二〇〇校増えたが、内訳は、国立二一校増、公立一校増、私立一七九校増と、ほとんど私立増で増加寄与率は約八〇%を示している。学生数で見るとこの傾向はより鮮明で、全体一二〇・九万人増（二・九倍）、に対して、国立二一・三万人増（二・一倍）、公立二・三万人増（一・八倍）に

3－2表　国公私立別大学学生数推移

学生数	万人							
	計	増加	国立	公立	私立	私立比率	私立増分	同増分比
1950	22.5		8.0	0.8	13.6	60.4		
1960	62.6	40.1	19.4	2.9	40.4	64.5	26.8	66.8
1970	140.7	78.1	31.0	5.0	104.7	74.4	64.3	82.3
1980	183.5	42.8	40.7	5.2	137.7	75.0	33.0	77.1
1990	213.3	29.8	51.9	6.4	155.1	72.7	17.4	58.4
(1960—1990)		190.8	43.9	4.6	141.5		141.5	74.2
2000	274.0	60.7	62.4	10.7	200.9	73.3	45.8	75.5
2010	288.7	14.7	62.5	14.3	212.0	73.4	11.1	75.5
(1990—2000)		75.4	10.5	7.9	56.9		56.9	75.5

対して、私立九七・三万人（三・四倍）と増加数、増加率とも私立が圧倒している。増加寄与率は六七％となっている。その結果、私立大学は、一九六〇年から八〇年の二〇年間に、大学数で五七・一％から七一・五％へ、学生数で六四・五％から七五・〇％へ地位を上げている。団塊世代の受け皿は私立大学が担ったのである。

　また、紛争の背景となった私立大学の教育の質の劣化について、国公私立大学の教育条件の差からマクロ的に類推してみよう。もちろん、教育の質は、教育プログラムの内容と担当する教員の質が決定的な規定要因となるが、大学当り平均学生数（3—4図）、平均教員数（3—5図）、そして何よりも教員一人当たりの学生数（3—6図）などの「外形的指標」の国公立大学比較が教育内容をある程度反映している。

　これによれば、大学当り平均学生数と教員数について、大学紛争が頂点に達した一九七〇年でみると（3—4図）、大学当り在籍学生数は国立四、一二八人に対し、私立三、八二一人、公立一、五一八人と、公立のみが規模が小さく、国立と私立はともに大規模な「総合大学」を擁し、四、〇〇〇人前後と高い数値を示している。他方、大学当り（本務）教員数をみると（3—5図）、国立四九一人とずば抜けて多く、公立一六二人、私立一二四人と一大学当り一五〇人前後とともに低い値を示す。私立は、国立並みの在籍学生数を擁しながら、教員数が公立並みで、結果的に教員一人当たりの学生数は（3—6図）、国立八人、公立九人に対し、私立三一人と教員の負担が国公立の三―四倍の値を示している。図示していないが、専任・兼任比率を反映する本務教員一人に対する兼務教員の数をみると、国立〇・三、公立〇・四に対し、私立〇・九と兼任教員依存度が高い。このように、平均的にみれば、私立の教員の教育活動の負担は国立・公立に比して、極めて高いことがわかる。国公立には医・歯・薬学部、理工・農学部などの理系の比重が大きく、私立大学では法・経・文などの文科系学部の比重が大きいことが、こうした外形的指標比較に大きく影響しているが、これを割り引いても国公立と私立の教育環境の差は大きい。また同じ指標について、一九六〇、一九七〇、一九八〇、一九九〇年の変化をみても、教員当り学生数は、国立は変化せず、私立が二六人から三一人に増えており、「急速拡大期」を多くの私立大学が「定員の水増し」で乗り切ったことが、劣悪な教育条件の加速させたことを示している。本書プロローグでの尾形憲氏の教室風景、桜井邦朋氏の一般教員の教育に向き合う姿勢などの描写は、この時期のマンモス私立大学の一端を切り取ったものである。

この点について両角氏は、「一九六〇年から一九七五年の大拡大は、こうした学生納付金、つまり家計の負担によって支えられていたといえるだろう。逆にいえば、それほどに進学意欲が強かったといえる。しかも問題なのは、授業料は急激に値上げされていった一方で、教育条件は悪化の一途をたどったことであった。先に見た資本的支出の増大やインフレ等による人件費の高騰などに対処するために、多くの私立大学では、政府によって認可された定員以上に学生を入学させるようになった。いわゆる水増し入学である。増えつづける一方のコストをカバーするためにも、入学者数の拡大は私立大学にとって避けがたいことであったのだ。こうしたメカニズムによって、私立大学へに進学者は爆発的に増大したのである。（中略）授業料値上げと教育条件の悪化が同時に起こったことが学生の大きな不満となり、大学紛争として社会問題化していった。[3]」つまり、強い教育要求の受け皿としての私立大学入学増、インフレの下での施設整備費や人件費の増大、授業料値上げや水増し入学、教育条件の劣化など負担の学生への転嫁、学生の不満の鬱積と反乱、これらの要素が密接に絡んだ一九六〇年代後半の「私立大学での紛争」の状況を巧みに表現している。「悪循環」、「蟻地獄」の用語が見事に当てはまる世相であった。

筆者は、当時東京大学大学院の博士課程在学中であり、就職先の大学もみつからず、家族をかかえながらそれなりに「紛争」に関わった。

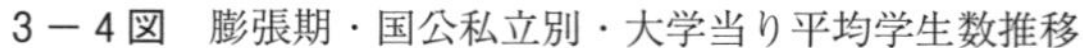

3－4図　膨張期・国公私立別・大学当り平均学生数推移

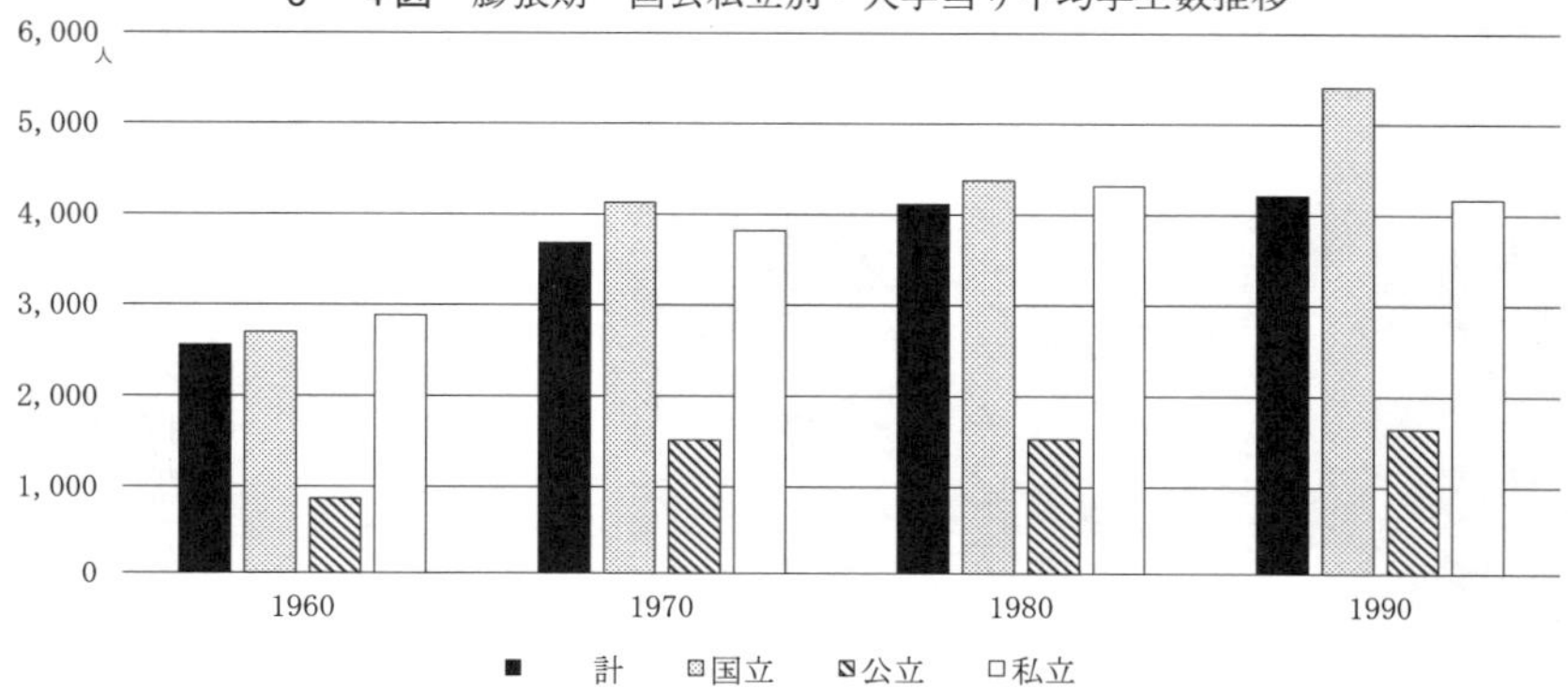

学校基本統計をもとにより筆者作成

3－5図　膨張期・国公私立別・大学当り平均教員数比較

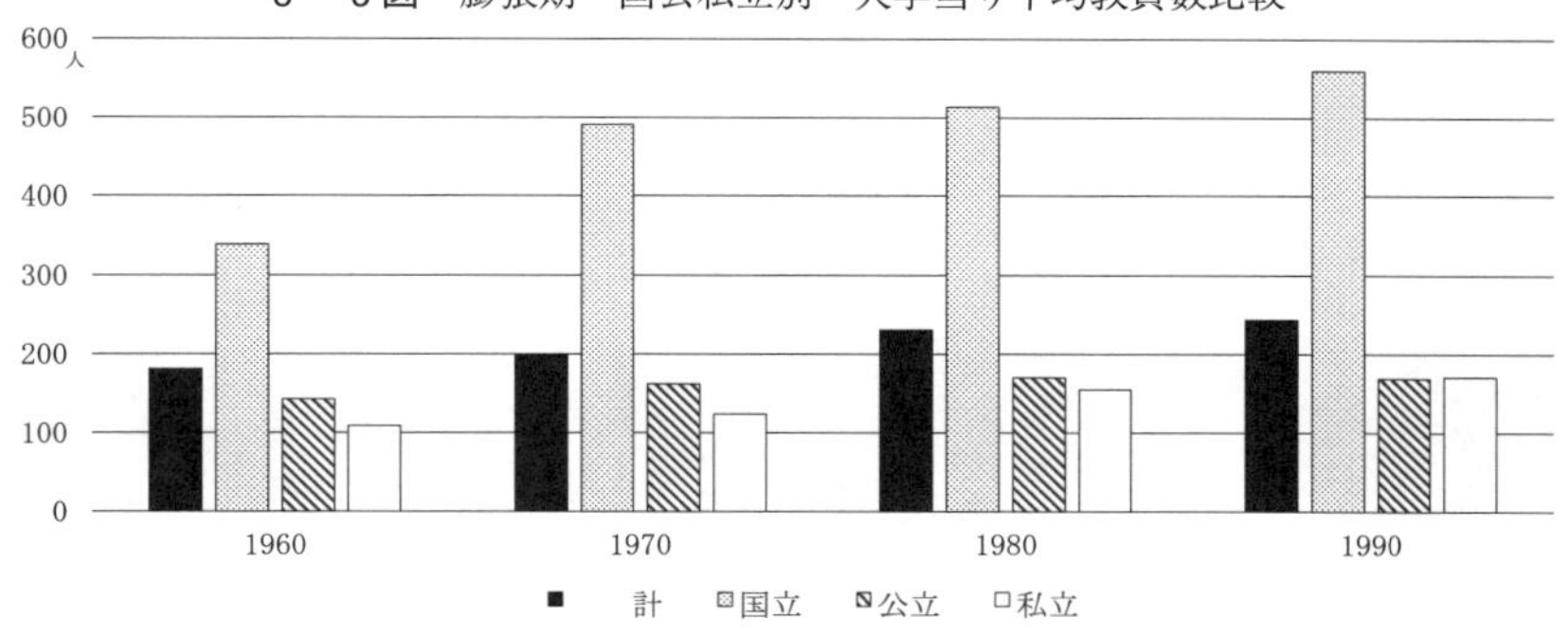

学校基本統計をもとにより筆者作成

3－6図　膨張期・国公私立大学別・教員当り平均学生数比較

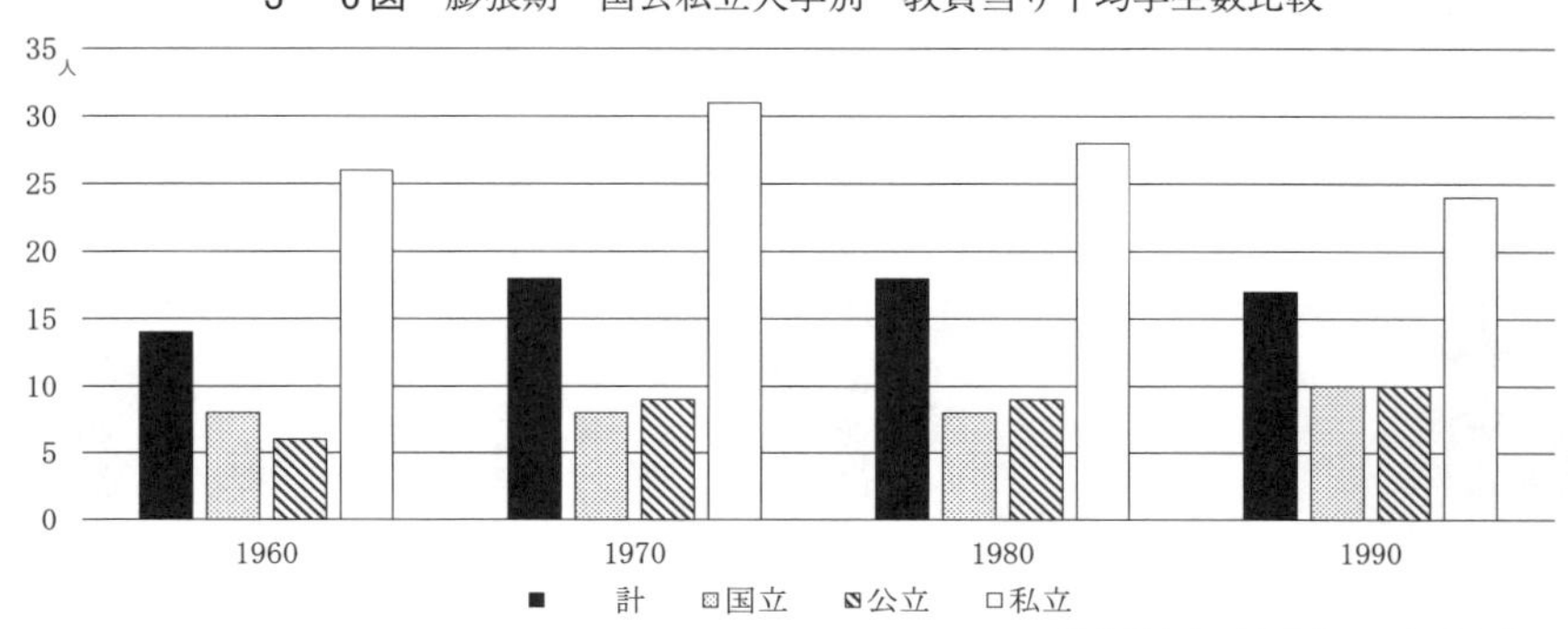

学校基本統計をもとにより筆者作成

政府は、この大学紛争を一九六九年八月に「大学管理法」の制定によって「ムチ」で制圧する一方、私立大学側の要求の強かった人件費を含めた経常費助成という「アメ」を一九七〇年度予算から実施に踏み切り、「予算要求とともに、私立学校法を改正して助成の公共性の確保を図った。またその執行機関として私学振興会を日本私学振興財団に改組拡充した。補助金の配布を官庁が直接でなくて、特殊法人が行うという方式[4]」を採用した。この際、「各大学への補助金額の算定方法として、学生数をベースに、学問分野や定員超過率などの教育条件などによって補正して算出するという、一定の算定方式に基づいて決定される仕組みを採用した。つまり、水増し入学などをした場合、補助金交付額が減額される仕組みを作ることによって、政府は、私立大学の教育条件を改善するための強力な武器をもった[5]」。

加えて、一九七六年からの二次にわたる「高等教育五か年計画」で一九八六年までの一〇年間に私立大学の新増設が大きく制限された。それまで自由であった学部・学科や学生定員の新設・増加について、私立大学経常費助成制度が助成費の拡大抑制を名目に、規制を加える権限を政府が獲得したことになる。「アメ」もそれほど甘いものではなかった。こうして、一九六〇年から七五年の第一次ベビー・ブームをはさむ一五年間の「急速拡大」期から、一九九〇年前後の第二次ベビー・ビームをはさむ「再拡大期」の中間にあって、私立大学の財務体質と教育条件の改善を図る「調整期」であったとみることができる。事実、一九七五年から八五年の「調整期」には、大学紛争収拾後の授業料の値上げ等による「学納金」の伸びと、安定した経常費助成収入とによって「帰属収入」が伸び、「経常収支」は大幅に改善された。その後、一九九二年の第二次ベビーブームによる一八歳人口のピークを見据えた学生数の急増への対応策は、平成の大学改革政策のと同じ時期に行われたので、本書の第四編で詳述する。

（1）天野郁夫『高等教育の日本的構造』玉川大学出版部　一九八六年　一二八頁。
（2）両角亜希子『私立大学の経営と拡大・再編』東信堂　九〇頁。
（3）同右書　八八―八九頁。
（4）黒羽前掲書　一六一頁。
（5）両角前掲書　九一頁。

第三章　新管理方式の導入と国立大学の補強―新幹線方式

大学紛争後、私立大学への助成が軌道に乗り、一九七四年の議員立法「私立学校振興法」が成立するなど、私大の経営が安定に向かった。これに対し、国立大学では肝心の大学管理運営の改善が進捗せず、社会からの不信感もあって既存大学の大胆な改革は停滞していった。

そのなかにあって、国立大学の改革は、四六答申と呼ばれる一九七一年の中央教育審議会答申の枠のなかで、焦点を変えた形で進んだ。それは、国民に受け入れやすい先端的技術者、地方の医師養成など社会的に急を要する分野の大学院や大学を新設することであり、これら新設大学に、副学長や参与等学長補佐や諮問機関を設けるなど新たな管理運営体制の導入を試みた。その典型は筑波大学である。こうして文部省は、「医科大学、技術科学大学、筑波大学をはじめとする新構想大学を創設することを重視し、そこに集中的に予算を投入していった。東海道線のスピードアップのためには在来線を変えるのではなく、それと並行して斬新な新幹線を建設するという、いわゆる新幹線方式の発想である[1]」。古色蒼然とした母屋の改築をせずに、新しいデザインの「離れ」を新築するようなものである。

もともと、国立大学の医学部は、戦前までに旧制の七帝国大学と新潟・千葉・金沢・岡山・熊本・長崎の六つの旧制医科大学があり、これらは戦後新制大学の医学部として継続された。加えて一九四九年の新制大学発足時には、弘前、群馬、信州、鳥取、徳島の五つの地方国立大学が医学専門学校を母体にした医学部を擁して開校した。沖縄を除く四六都道府県の中で三分の一強にあたる一八都道府県で国立の医学部が立地されたことになる。さらに、一九五〇年代には、広島大学（五三年）、鹿児島大学（五六年）に県立の医学部が国立に移管された。六〇年代にこの流れが加速され、六三年に岐阜、神戸、山口の三つの国立大学に県立の医科大学が統合され、遅れて七二年に三重県立大学医学部の国立大学移管がなされた。この結果、合わせて全都道府県の過半にあたる二四都道府県に国立大学の医学部が整備された。その他、福島、神奈川（横浜）、和歌山、奈良の四県に公立大学の医学部が設置されていた。また、北海道（札幌）、愛知（名古屋）、京都、大阪でも公立大学が医学部を擁しており、これらの道府県では、国立と公立のダブルで大学医学部が整備されている。したがって、一九七〇年時点で、国公立大学の医学部の存在した都道府県は合わせて二八（沖縄を入れると二九）、医学部のなかった県は、秋田、岩手、山形、茨城、栃木、埼玉、静岡、山梨、富山、福井、滋賀、島根、香川、愛媛、高知、佐賀、大分、宮崎の一八県となる。この空白県に七〇年代に入って集中的な投資がなされ、医学部が創設された。一九七〇年の秋田大学医学部、一九七三年の山形大学医学部と愛媛大学医学部など既設大学で三つの医学部が開設された。これに続き、同じ年に旭川医科大学、筑波大学医学専門学群が開設し、一九七四年の浜松医科大学・滋賀医科大学・宮崎医科大学、一九七五年の島根医科大学、一九七六年の富山医科薬科大学・高知医科大学・佐賀医科大学・大分医科大学、一九七八年の山梨医科大学・福井医科大学・香川医科大学と、相次いで一学群、一二の医科（薬科）大学が開設された。これに、他省庁管轄の自治医科大学（一九七二年開設・栃木県）、防衛医科大学（一九七三年開設・埼玉県）、産業医科大学（一九七八年開設・北九州市）の三つの準国立大学を加えると、岩手県と埼玉県を除き全都道府県に大学病院を併設した医師養成の国公立大学が整備されたことになる。こうした一九七〇年代の国立医科大学の新設ラッシュは、医師養成という教育の地域間機会均等、附属病院を頂点とする各都道府県の医療システムの整備という国民への医療機会の地域間均等という点で画期的成果である。

紛争後の大学政策でのもう一つの成果は、一九七〇年代から世界的に本格化するICT革命や生命科学の進展に対応する科学技術人材の養成の強化である。具体的には、一九七四年に初めて大学院設置基準が策定され、新制大学院の制度基盤が確立された。とくに、ここでの狙いは、「大学院の独自性の強化にあった。研究科の組織編成が、学部の組織にとらわれず、研究科の目的に即して行われるべきこと、大学院の専任教員、専用施設がありうることを明確にしたのは、そのためである。基準制定の翌年、昭和五〇（一九七五）年には、東京工業大学に、学部に依存しない我が国最初の独立研究科として、総合理工学研究科が設置され、また、学科と対応関係のない独立専攻もいくつかの大学に設置された。これらの独立的な大学院組織のため、大学院専用の大学院講座が設置されたのも、このときが初めてである。（中略）共同利用研究所を実質母体とする総合研究大学院大学などいくつかの大学院大学（独立大学院）の創設に道を開いた[2]」。高等専門学校の卒業生を受け入れて、修士課程まで四年一貫の教育を行う豊橋、長岡の両技術科学大学の創設、北陸先端科学技術大学院大学（一九九〇年）。奈良先端科学技術大学院大学（一九九一年）の創設へとつながっていく。こうした大学院教育中心の大学は、法律、経営、会計などの専門職大学院として、多分野に広がっていく。さらに、現職教員に高度の研究・研鑽を確保する専門職大学院として、兵庫教育大学（一九七八）、上越教育大学（一九七八）、鳴門教育大学（一九八一）などが開設されていった。とは言っても、紛争後文部省が提案した「新構想大学」の典型は、あくまで「筑波大学の新構想」である。その「エキス」は、当時この構想の中核にいたといわれる大﨑仁氏の文章に集約されている。

「筑波大学の新構想の要点は次のとおりである。

第一は、教育・研究を一体的に行う学部の代わりに、研究のための組織として学系を、教育のための組織として学群・学類と大学院の研究科を置くことである。

これは、教育と研究の機能別に組織を分離しようという考えである。将来の基礎を培う幅広い学習が必要な教育と高度な専門分化と新分野の開拓が必要な研究とを、それぞれの目的に応じて別の組織で担当し、それぞれの要請に適切に応えようとするものである。すべての教員は、専門分野ごとに設けられる学系のいずれかに所属して研究を行うとともに、学群・学類、あるいは研究科の要請に応じて出向し、教育を担当することになる。

第二は、学長、副学長を中心とする中枢的管理機能の強化と，全学的な管理運組織の整備である。（中略）国立大学の管理運営は学部教授会を中心に行われてきた。それに対し筑波大学では、学長とそれを補佐する五人の副学長が中心となり、学群、学系等の組織から選出されるメンバー等で構成される評議会、各種審議会、委員会等の全学的審議機関で学内の意見を集約しつつ、大学の管理運営に当たろうとするものである。学部自治の中核ともいうべき教員人事についても、副学長と評議会の定めによって選出された教員で組織される人事委員会が、全学的教員人事の方針を審議するとともに、個々の教員の採用・昇任の選考等に当たることになっている。学部教授会を中心とする大学自治を、学部単位の教員による直接民主主義と考えれば、筑波大学の方式は、学群、学系等の教員会議・教授会の代表者による間接民主主義である。教授会自治では困難な全学自治を、間接民主主義によって達成しようとするものともいえる。

第三は、学外の意見を大学運営に活かすため、学長の諮問機関として学外有識者からなる参与会を設けることである[3]」。

「文部省は、新構想の実現を可能にするため、学校教育法を改正して大学制度を弾力化し、その弾力化を踏まえた新構想の大学として、筑波大学を創設する方策をとった。学校教育法改正の主要点は、学部の代わりに、学部以外の教育研究上の基本組織を置けるようにすること（五三条改正）と、学長の補佐役として副学長を置けるようにすること（五八条改正）である。

筑波大学の創設は、他大学と同様に国立学校設置法（昭和二四年法律一五〇号）に位置付け、筑波大学の組織である学群、学類と学系、参与会、人事委員会の設置も、設置法に『第二章の二筑波大学の組織』の一章設けて規定する。（中略）

こうして、筑波大学の創設は、学校教育法の改正、国立学校設置法の改正、それに人事委員会の設置に伴う教育公務員特例法の改正を『国立学校設置法等の一部を改正する法律案』として一本の法案にまとめて、昭和四八（一九七三）年二月一七日に国会に提案された。このいわゆる筑波大学法案に対して激しい反対運動が展開され、法案の審議は難航した。衆参両院とも文教委員会では強行採決という経過をたどり、九月二五日にようやく成立をみるにたった。法案提出以来七ヵ月余に及ぶ月日を要したことになる。（中略）

（東京教育大学の）筑波移転をめぐる学内対立は、新構想をめぐる対立へと発展していく。激しい学内対立は、当然学外にも大きな波紋を広げ、さらに文部省が筑波大学の新構想を大学改革の重要な柱の一つに位置づけたことにより、政治的問題にまで発展するにいたった。このような状況の進展の中で、筑波大学の新構想に対して冷静に論議を尽くす雰囲気は失われ、反対の動きが広がり、勢いを増していった。

反対の論点は、上記の新構想が大学の自治、学問の自由を危うくするということに尽きる。関連する学校教育法の改正が、筑波方式を他大学に及ぼす伏線と受け止められ、反対の大きな理由となった。法案審議の過程で、筑波方式を他大学に及ぼさないということが、繰り返し求められた。他大学の改革へのよい刺激となるという新構想大学の狙いの一つは失われ、筑波方式は他大学においてはタブー視されるようになった。皮肉なことに、新構想の筑波大学の創設が、紛争中批判の的になった旧来の大学のあり方を擁護する動きを強化する結果になった。新しい革袋に旧き酒を入れたことが、過去のしがらみなしに新しい構想を実現すべき新構想大学の創設の意義を半減させたのである」[4]。

新大学構想策定・実行の中核にいたといわれる大﨑氏の経過の叙述は、実に的確であるとともに、氏の思惑を大きく超えて展開したことへの「歯ぎしり」に似た思いを感じ取ることが出来る。「強行採決」してまで成立した「筑波大学法案」が、がんじがらめに縛られ、身動きできない状態に世にで、「他大学にタブー視」されたのである。

もともと、氏の構想の核は、教育組織と研究組織を分離した教育・研究の基本組織の変更と学長を軸とする中枢的管理機能の強化などの全学的な管理運営組織の整備の二点に集約される。このうち、既存の大学人にとって「琴線に触れた」のは、後者である。伝統的な「教授会自治」を否定し、かつその「肝」である教育公務員特例法を骨抜きにすることになるからである。その割には、教育組織と研究組織の分離については、議論は深められなかった。しかし、筑波大学が発足し、大学内外から多くの不満の声がでたのは、教員人事制度よりも、学系・学群制度であった。入学から明確に判断できないことが声高く主張された。また、教員は、研究組織である学系と教育組織である学群・学類に二重に所属し。しかも学系の体系と学群・学類の体系がバラバラであって組織が著しく複雑で、全学の意思統一が困難であること、教員は学内の会議に著しく多忙で、肝心の研究に割く時間が奪われていること、などが指摘され続けた。教授会自治論に批判的な教員でさえも、組織の複雑さ、全学意思統一の困難さ、教員の多忙さに対しては共通した課題となった。明らかに、組織デザインのミスである。

(1) 草原克豪『日本の大学制度』弘文堂　二〇〇八年　一四九頁。
(2) 大﨑仁『大学改革一九四五―一九九九』有斐閣選書　一九九九年　二七一―二七二頁。
(3) 同右書　二七二―二七四頁。
(4) 同右書　二七五―二七七頁。

第四章　政府・自治体の「曖昧な政策」に翻弄された公立大学

新制大学の胎動期を経て、一九六〇年から始まった「大学膨張期」の前半、つまり「大学紛争」をはさんだ六〇年代から七〇年代半ばにおいて、公立大学は、国立大学の「運営能力の危機」、私立大学の「経営能力の危機」とは異なった「存続そのものの危機」に直面した。「存続の危機」とは、廃止か国立大学への移管か、あるいは独自の「存続」の道かである。その背景にあるのは二つである。

一つは、新制大学発足後すぐの「一九五五（昭和三〇）年度になって、地方自治体の財政は極度の窮迫状態になった。赤字都道府県は三四にのぼった。ために、政府は地方財政再建促進特別措置法を制定した。これにより、地方財政の再建を中央政府の強力な指導の下で行うことがめざされた。一九五六（昭和三一）年度に、この法律による財政再建団体に指定された府県は一八にのぼり、そのうち公立大学を持っていた府県は、福島県、京都府、兵庫県、山口県、愛媛県、熊本県そして鹿児島県であった。また、市立大学を持っていた京都市、岐阜市も再建団体に指定された。財政再建団体や赤字団体に所属していなくても、一部の大学を除いて、多くの公立大学では縮小、廃止あるいは国立移管が検討された(1)」。

もう一つは、設置団体である地方自治体、そして肝心の公立大学幹部や教職員に公立大学としての意義に共通した理解が欠けていたことである。簡潔に言えば、当該大学はなぜ公立であるのかその意義が必ずしも明確でなかったことである。もっといえば、「政府や自治体の幹部に強固な国立大学中心主義があった(2)」。当時の自治庁は「公立大学の存在そのものに否定的であった(3)」、というのである。移管の理由は、公立大学側には、地方財政危機があったことはすでに指摘した。他方、一県一国立大学を実現するために「国立大学側からは、拡充―総合大学化の希望が強く、欠けている学部を公立大学で埋めようとした。その際、人員だけでなく国立にふさわしい施設、設備を充実した上で移管が要求された(4)」。施設整備に費用がかかる医学系、農学系、工学系学部を自治体に整備を課したうえで好んで統合し、文科系の移管は一校もなかった」。個別の実例は、すでに第一章第四節で詳述したが、鹿児島県立大学の鹿児島大学、三重県立大学の三重大学、兵庫県立医科大学・農科大学の神戸大学への移管では、一挙に複数学部が統合された。また、香川大学の場合も、いわゆるＥ大学（旧師範系の教育学部と旧経済専門学校の経済学部のみが母体となった福島・滋賀・和歌山・大分）の弊を避けるために、香川県立農科大学の移管に積極的で三学部体制の複合大学となった、と『公立大学五〇年史』に記述されている。いずれにしても、このような移管は一九五〇（昭和二五）年の静岡農科大学の静岡大学農学部への移管から始まり、（中略）一九七二（昭和四七）年の三重県立大学の三重大学水産学部、医学部への移管で終わった。新学制度の「始動期」から「膨張期」の初期での動きである。

存続の危機脱出　高崎経済大学事件　「地方行政当局による大学の自治の侵害」は、都道府県や政令指定都市以外の「一般市」が設置した大学で生じた。高崎市立高崎経済大学、下関市立大学、そして人口三万の都市・都留市立の都留文科大学である。これらの大学の事件の経緯については、『公立大学協会五〇年史』と高橋寛人氏の著書に考察されている。高崎経済大の例を紹介しよう。

高崎経済大学の前身である高崎市立短期大学は、一九五二年四月に青年師範学校跡地に開校した。青年師範学校は、一九四九年発足の新制大学・群馬大学の母体の一つであり、短大は跡地の有効利用の狙いもあった。定員二〇〇名の商経科の一学科で、群馬大学が医学・工学・学芸の三学部であるので、高崎市は、人文・社会科学の高等教育機会確保を意図したものである。しかも、勤労青年に門戸を開くため昼夜開講制を取ったことが大きな特徴であった。開校して三年後の一九五五（昭和三〇）年五月新市長が誕生し、就任直後の施政方針の談話で、大幅赤字を理由に短大の廃止を表明した。これに対し、「教授会・学生自治会は大学存続の陳情・署名運動を行った。市長はその後短大廃止の考えを改め、予算削減を行うけれども四年制への昇格を認め、（中略）翌一九五六（昭和三一）年九月の定例市議会で高崎経済大学の設置案が可決された」[5]。ただ、四年制への移行に際して、短大教授一九人のうち経済大学に残るのはわずか六名にすぎず、残る一三人は排斥された」。いずれにしても再選された市長は，校舎の移転・新築に取り組み、銀行からの借り入れと市の寄附金を合わせた二億円の資金で後援会が校舎を新築し、一九六一（昭和三六）年四月に落成した校舎を市に寄付する形をとった。この資金計画をめぐり市長と学長が対立し、六月に学長が辞任した。トラブルはなお続く。

次は入試に関わって生じた。[6] 一九六四年四月の入学試験の合格者は、定員二〇〇名に対し五〇八名となった。このうち高崎市出身はわずか七名であったので、市当局は補欠入学者を地元優先で決めるよう要求したが、大学は応じなかった。これに対し、市長は翌年から私学に移管することを正式に表明した。教授会は絶対反対の声明を出し、学生は、市議会議場入り口に座り込み・ハンストの行動に出た。市選出の四名の県会議員が収拾にのりだし「授業料値上げを含む調停案」を示したが、学生はこれに反対して九月から「同盟休校」に入った。文部省も非公式ながら調停にのりだしたが、教授会が決定した新学長の発令を市長が拒否したこともあって事態は混乱の度を深めた。市議会各派は、「私学化に」否定的で、九月議会で私学化の提案はなされず、代わりに学費と授業料の値上げが可決された。値上げに反対して議場前に座り込んだ学生は警官隊に排除され一部の学生が逮捕された。後期試験ボイコットめぐっても学生が逮捕された。

さらに、「一九六七（昭和四二）年度入試より合格者の数を大幅に増やし、定員二〇〇名のところ（中略）例年二〇〇〜三〇〇人が他大学に抜けるので、その分を補欠合格で穴埋めし、この補欠入学がコネ入学に絡んでいたことから、この年の合格発表より、従来の補欠合格者分もあわせて合格者を一三五一人とした。これは定員の六倍をこえる数であった。文部省は「常識をはずれるもの」とコメントし、定員より多く入学させるならば学生定員増が必要であると指摘した。（中略）その後一九六九（昭和四四）年九月に市議会で定員増の議案が可決され、翌年四月、一二名の新任教官を迎えて、入学定員が四〇〇名（収容定員一六〇〇名）に増員された[7]」。

『公立大学協会五〇年史』は、この高崎経済大学事件についてごく簡単に触れたうえで、「この問題はしばらく尾を引いたが、優先入学はこの年限りとなった。」と述べ、さらに公立大学一般の問題として次のように述べている。「これらの地元子弟の優先、推薦制は公立大学の置かれている位置を象徴していた。すなわち、厳しい自治体財政とローカルな公立大学の性格によって、地域社会への教育の還元が求められる結果、教育の面でしばしば住民の優先入学が強調されたからである。平等性というユニバーサルな面と、地域住民の優先入学という地域密着からのローカルな面との葛藤は、公立大学がかかえた特有な問題であった。[8]」

こうして自治体の首長や議会との対立を脱した高崎経済大学は、一九九六年に地域政策学部を新設し、従来の経済学部とともに二学部体制、収容定員三七八七名の中堅規模の公立大学として発展している。

地域が支えた存続の道―北九州大学、九州歯科大学、高知女子大学　ところで、公立大学の「国立移管」という第一の道、厳しい紛争を惹起した第二の道は、いずれもその背景には、自治体の財政の問題がある。大学自体や同窓生・市民などステークホルダーによって、財政危機を乗り越え「公立」を維持した第三の道をとったケースも少なくない。二つほど事例をあげてみよう。

一九五〇年に発足した北九州外国語大学では、すぐに経営問題に直面した。「小倉市側は、すでに昭和二五年一〇月には独立採算制による経営要求をしてきた。（中略）市財政の苦しさから、昭和二七年度市費繰入予算は、大学予算総額二、八一三万円に対して一、八七五万円で紛糾し、浜田市長は大学経費の節減と合理的運営改善を約束しなければならなかった。（中略）昭和二七年になって（商学部設置の）機運が高まったのは、一つには、わが国屈指の工業地帯を持つ北九州地域の経済的背景が考慮されたのと、もう一つは、（外国）語学部だけでは経営が困難で、その打破のためにも学部増設による多数の学生の入学が望まれたためである。昭和二七年三月の部課科長会議では、商学部増設が協議され、教官全体会議もこれを了承し、昭和二八年度開設をめざして『商学部設置促進委員会』が設けられた。（中略）昭和二七年一〇月の市議会では、経営面、財政面に関する論議が交わされたうえでようやく可決され、文部大臣あてに商学部（商学科二〇〇人）設置認可申請書が提出された。その中には、認可のおりには『北九州大学』と改称することが明記されていた。その後大学設置審議会委員による現地調査が行われたが、研究室や設備、図書の貧弱、専任教員の不足などが指摘された。このころ、全国的に大学が多すぎるといわれていた時期であり、審査の内容はかなり厳しいものであった。

指摘された研究室などの不備についてはその後詳細な目録と計画書を追送し、教授陣の陣容も整え、市議会は商学関係の図書や実験設備などの充実のために市費補正予算三〇〇万円の支出を可決したため、見通しは明るくなった。こうして第二次審査をようやく通過することができた。（中略）（北九州外国語大学としての第一回卒業式が行われた昭和二八年三月）文部省より商学部商学科増設の正式認可がおりた。同日付けで大学名を『北九州大学』と変更することも認められた。また、三月三一日付けで外国語学部入学定員一二〇人への変更も認められた。（中略）（さらに、）短期大学部も『北九州大学短期大学部』に名称が変わった」[9]。経営難を大学と自治体が連携して、新学部の増設、学生定員増の積極路線で切り抜けたのである。

以後、一〇年後の昭和三八(一九六三)五市合併により、小倉市立から北九州市立となり、昭和四一(一九六六)年文学部、昭和四八(一九七三)年法学部を相次いで増設し、文系四学部を擁する総合大学となり、二一世紀の飛躍期を迎える。小規模な単科の外国語大学が、積極的な学部増設により経営難を脱出し「総合大学」化した好例である。

もう一つの好例は、同じ北九州市にある福岡県立の九州歯科大学である。

本学は、もともと福岡市の歯科医が大正三(一九一四)年に創設した「私立歯科医学校」に始まる。その後、大正一〇(一九二一)年専門学校令による「九州歯科医学専門学校」に昇格し、昭和一一(一九三六)年福岡市から現在の北九州市(小倉北区)に移転するとともに、一九(一九四四)年緊急に軍医を養成する目的から福岡県に移管され「県立」となった。終戦の学制改革により昭和二二(一九四七)年三月をもって解体されることになった。しかし、当時の永松勝海学長が、「教職員を統率して、昇格に必要な資金を集めたり、県当局に積極的に働きかけをおこない、その結果、昭和二四年四月に福岡県立の(新制の)九州歯科大学として誕生した」[10]のである。高橋書では、より具体的に、「卒業生ら学校関係者は歯科大学期成会をつくって募金を集め、大学創設経費一千万円のうちの六〇〇万円をまかなって、福岡県立九州歯科大学が一九四九年三月に新制大学として誕生したのであった。」[11]と記されている。しかし、「大学設置当時の修業年数は四年であったが、この歯学部に入学を志願することのできる者は、他の四年生の理科系大学の二年教養課程を終了した者でなければならなかった。このため、志願者はきわめて少なく、学生定数に満たない状態が毎年続いて起こり、将来に暗影を投げかけ始めた」[12]。

このため、「一九五〇年代後半には、進学課程の設置が必要になり、また腐朽校舎の建て替えを文部省から指示された。この時も、同窓会会員や在校生保護者が施設拡充期成同盟会をつくって寄付金を集め、進学課程の施設設置のための用地・建築・設備費合計七、五〇〇万円のうちの四分の三をこえる五、七〇〇万円を負担したのである。このように、大学を維持するために最低限必要な施設設備の経費さえも、卒業生などからの寄付金に大きく頼っている点が、九州歯科大学の特徴であった」[13]。同校は、私学時代から多くの歯科医師を輩出しており、一時、九州の歯科医師の過半を同校出身者占めるほどであった。そのため同窓会の結束力も強く、同窓生など地域の人々が公立大学を支えてきたのである。公立大学の在り方の一つの「型」でもある。

次に、高い理念を掲げて苦難を乗り越えた高知女子大学の事例をあげよう。

『公立大学協会五〇年史』によれば、新制の県立高知女子大学は、「終戦間近の昭和一九年一二月に設立認可された『高知県立女子医学専門学校』に始まる。この高知県立女子医学専門学校は、医師数が少なく無医地区が多い等の本県の医療事情を改善するために設立された。しかし、終戦後の教育改革等により、大学昇格か廃学かの選択を迫られていた折りも折り、昭和二一年一二月に発生した南海大地震により未曽有の災害を受け、財政的にこの女子医専を維持していくことができなくなり、昭和二二年新たに『高知県立女子専門学校』として再スタートすることとなった。

この県立女子専門学校は、戦後の男女平等の民主社会建設に不可欠とされる知性豊かな女性の育成を目指し、大学昇格も視野に入れて四年制として発足した。学科は、生活科、生物科、英文科の三科で、（入学）定員は各五〇名と（収容定員は四五〇名）となっており、教育の重点が『主体的に問題解決をさせる』ことに置かれる、従前の専門学校とは異なった自主自由の学風が特徴であった。（中略）（また）敗戦後の混乱期など幾多の試練の時期があった。特に昭和二九年には、設置者である県から、財政窮乏を理由として廃学の意向が打ち出されるなど、重大な存続の危機に立たされたこともあったが、学内の強い結束と県民からの熱い支持により、それらの試練を乗り越えてきた[14]」と、女子大学ゆえの「存続の危機」と「克服」に直面したことを率直に触れている。高橋書では、この件についてより具体的に記述している。要約すれば、当時の川村和嘉知事が財政負担の軽減のため、国立移管を摸索したが、文部省が「女子大学と男女共学の国立大学の合併は考えられない」と返答したため、国立移管をあきらめ、短大化または廃学を提言した。これを受けて、女子大の教職員、学生、同窓生、後援会は大学存続のための署名運動をおこなった。その趣意書の一節に、「『高知県はヘキ遠の地であり、封建制も強く、（中略）女子が中央に出て大学教育受ける機会は極めて少ないのです。したがって婦人の地位を高めるために、本学は欠くことのできない教育機関だと確信しています』との文章があったことを紹介している。こうした運動が県当局を動かし、『知事は短大への格下げも廃校もできなくなった』と記している[15]」。

これを契機に、大学は積極的拡充に動き、昭和二七（一九五二）年の全国初の四年制看護学科（入学定員二〇名）増設に加え、さらに昭和三一（一九五六）年には文学部が認可され国文学科、英文学科（各定員四〇名）ができて、念願の二学部四学科の総合大学となった。昭和三九（一九六四）年度からは、学問の専門分化の要請に応えて生活科学科を家政学科、食物栄養学科、生活理学科（各定員二〇名）の三科に改組し、二学部六学科となった。その後、高齢社会の到来など社会の急激な変化や、本学に対する県民の新たな期待に応えるため、平成一〇（一九九八）年四月大幅な再編を行った。すなわち、家政学部を生活科学部、文学部を文化科学部とし、その中に日本語・日本文化コースと英語・英米文化コースを置き、家政学部の一学科だった看護学科を独立させて学部とし、新たに社会福祉学部を設けた。さらに、平成二二（二〇一〇）年生活科学部が健康福祉学部となり、平成二三（二〇一一）年校名を「高知県立大学」と改称して男女共学、四学部四学科二研究科、収容学生定員一、四七〇名の大学にまで大きくなった。新制の高知女子大学時は一学部で学生収容定員四五〇名と比較すると、学部数、学生定員とも四倍に膨れ上がる堂々たる「総合大学」となった。六〇年前、自らへキ遠の地の女子単科大学と位置づけ、廃校の危機にあった頃からの復活は見事である。公立大学の成長モデルである。さらに、二〇一五年度に高知工科大学とともに高知県公立大学法人のもとにあり、高知市池に新キャンパスを建設し、従来の永国寺を工科大学と共同利用している。[16]

公立大学協会の活動と財政危機からの脱出　新制大学の「始動期」から「膨張期」において、地域住民や同窓生の支援で「持続的経営」という第三の道を歩んだ公立大学校も少なくない。この道を歩むことを可能にしたのは、公立大学協会に結集した多くの公立大学の地道な運動である。『公立大学五〇年史』からこの経過をたどってみよう。

新制大学が発足した一九四九年一〇月二二日柴田雄次東京都立大学総長のよびかけで開催された公立大学学長懇談会が開催され、それまで設置されていた二三の公立大学の全学長全員一致のもとで公立大学協会が創立された。そこでは、

1．公立大学の行政並びに経営に関する事項、
2．大学における学術研究及び教育に関する調査並びに企画及びその実現に必要な事項、
3．その他必要なる事項、

以上の三つの目的を大学相互の協力で達成することを掲げた。

会長には東京都立大学、副会長には大阪市立大学と京都府立の西京大学の学長が就任した。国立大学協会より九ヵ

月早い誕生であった。日本私立大学協会が一九四九年一二月、早慶法明、関関同立などの旧制私立大学による私立大学連盟が創立したの翌五一年七月であるから、公立大学協会が先陣を切っている。

ちなみに、二三大学中校名が同じまま現存しているのは極めて少なく、大阪市立大学、横浜市立大学、京都府立医科大学、福島県立医科大学、奈良県立医科大学、和歌山県立医科大学、九州歯科大学、岐阜薬科大学、神戸市外国語大学の九校のみで、ほかの大学は国立大学に移管されたか、公立大学同士の統廃合によって名称を変更している（首都大学東京、大阪府立大学、兵庫県立大学など）。二〇一八年度の公立大学協会のメンバーは実に九二校に増加している。公立大学協会は、目的に沿った事業を活発に継続的に活動し、公立大学の行財政および教育研究の改革に大いに寄与してきた。なかでも、設置団体が地方自治体ゆえにたえず悩まされる「財政難」、さらに国立大学と私立大学「谷間」にあって、社会的にも軽視されがちななかで「設立理念」の確立と「プレゼンスの向上」に腐心してきた。なかでも、財政問題については、新制公立大学および公立大学協会発足二二年にして大きな転換点を迎えた。

もともと、公大協が国の財政支援を求めて動き出したのは、一九五六年「公立大学整備助成対策委員会」を設置してからで、東京都、横浜市、香川県も「国の援助要請」を文部省や大蔵省に提出した。五八年の総会では「都道府県に関わる地方交付税の基準財政需要額の算定基礎に公立大学経費を算入すること」を要請した。さらに、同じ年に全国会都道府県議長や五大都市市会議長会が「公立大学への国の助成」を求める要望書等を提出、日本学術会議も同様の趣旨の勧告をまとめた。

その時点での公立大学協会の運動の方向は、一九五九（昭和三四）年の陳情書の要望事項に集約されている。曰く、「公立大学設備助成金の交付、公立大学を地方交付税の対象とすること、公立大学整備のため起債の許可、国有財産無償貸与または譲渡、公立大学整備促進に関する特別措置法の制定である[17]」。

一九六〇年代に入ると、いわゆる第一次ベビーブーム世代の進学の受け入れ対応が求められ、公立大学協会も一九六四年の第二一回総会で、公立大学進学者急増対策委員会を設置し、そこで「公立大学進学者急増に対する国費援助についての陳情書」が採択された。さらに、東京都知事と、横浜、名古屋、京都、大阪、神戸、北九州六つの政令市長による「公立大学施設整備のための財源確保についての要望書」が出された。これを受けて文部省と自治省で覚え書が取り交わされ、公立大学への起債が可能になり、都立大、大阪市立大、名古屋市立大、北九大、都留文科大など一二校への「学生急増対策としての施設整備補助事業」の起債が許可された。六五年度には起債に加えて、補助金も加わり，六六年度には起債は学生急増対策用ではなく、一般起債も可能となり、一歩一歩公大協の要望が実現していった。最後の砦は「普通地方交付税算入」の実現であった。この点について自治省と文部省の見解が異なっていた。一九六九（昭和四四）年二月文部省と自治省の担当局長の間に「公立大学の運営に関する覚書」と取り交わした。その内容は、公立大学の設置認可の場合は文部省は自治省と協議すること、指定都市以外の市町村の設置認可は今後行わないこと、文部省は公立大学の施設整備に対する国の助成措置については積極的に努力すること、などであった。これをもとに、既設の政令指定都市以外の市立大学について「特別交付税」の対象とした。なお、普通地方交付税の算入について自治省は消極的であった。

しかし、二年後の一九七一（昭和四六）年には、自治省も公大協の長年の願いであった普通交付税への算入が実現した。そのシステムは、以下のようである。

「公立大学の運営は、基本的に設置者経費負担主義によって原則として大学を設置している地方自治体が大学の経費を負担しなければならないが、自治省は、（中略）一九七一（昭和四六）年度より、公立医科・歯科大学への地方交付税の交付を開始し、翌一九七二（昭和四七）年からは理系公立大学に、一九七三（昭和四八）年からは文系、家政系、芸術系公立大学と公立短期大学に地方交付税交付金を交付していた。この地方交付税は、自治省が算出基準財政需要額における学生一人当たり算入単価が公立大学の設置自治体に交付されるものである。これは、大学のための特定財源として交付されるものではなく、設置者の一般財源として交付される性格のものである。ちなみに、最初の学生一人当たり算入単価は、一九七一（昭和四六）年から交付された医学系は四一万八千円、歯科系は二〇万円であった。また、翌一九七二（昭和四七）年から交付された理系は二〇万円、一九七三（昭和四八）年から交付された文系は七万円、家政系と芸術系は十二万六千円であった。（中略）このように、自治省が地方交付税制度を通して公立大学への財政的支援を開始したことは、自治省が地方自治体の大学設置を必要事業と認めたといえるものであった。ただし、この交付金は、現在では東京都だけが対象外となっており、いわゆる『富裕地方公共団体』への交付は対象からはずされている」[18]。残る課題は、算入単価が公立大学の安定した経営にとって十分ではないこと、自治体に支給された交付金がどの程度当該大学に公布されるか個々の自治体の判断に依存すること、などである。ちなみに、こうした公立大学協会の粘り強い運動を支援してきた設置団体である都道府県や政令都市が、奈良・愛知・広島・福岡県知事と横浜・大阪市長が発起人になって、一九七八（昭和五三）年七月に「全国公立大学設置団体協議会」が設立され、公立大学協会とともに連携していくことになった。

こうして、新制公立大学設置以来、公立大学の多くは、長い間悩みの種だった「財政危機」を基本的にブレーク・スルーし、持続経営が可能となるとともに、八〇年代末からの「平成の大学改革」の波に乗って、大学数・学生数ともに伸びが著しく、急速に「プレゼンスの向上」が実現していった。

公立大学の理念をめぐって　新制大学発足以来、高等教育を担う大学として、国・公・私立の三つの設置形態の異なる大学が共存してきた。そのなかにあって、私立大学は、大学数・学生数ともほぼ七割の比重を占めて量的に主流の地位を持続する一方、国立大学は、旧帝国大学等を母体とした「総合大学」や特定分野に特化した「単独系大学」が質の高い研究・教育の拠点として日本をリードするとともに、「一県一国立大学」原則のもとに設置された「地方国立大学」は地方の研究・教育・文化の拠点としての役割を果たしてきた。このなかにあって、大阪市立大学や京都府立医科大学の戦前からの二大学を除く公立大学は、戦前・戦中・戦後の専門学校が「昇格」したもので、その数も一九八〇年代半ばまでの四〇年間は、三五前後、学生数も五万人ほどで全学生数の三—四％台にとどまっていた。まさに、一口で「国公私立大学」といっても、公立大学は国立大学と私立大学の谷間にあって、存在感が弱く、「存立の意義」が問われ続けてきた。高等教育の代表的研究者である天野郁夫氏の次のような表現に典型的に示されている。

「公立大学のその後に簡単にふれておけば、その総数は昭和六〇年時点になっても三四校と、二八年当時と変わっていない。（中略）医学・農学系を中心に国立大学への移管が進む一方で、それを上回る数の大学新設はなく、しかも新設校は女子系中心の短期大学からの昇格校がほとんどであった。学部の新増設も進まず、多くの大学が発足時のままの学部編成であり、わが国の公立高等教育セクターはそれ以上の発展は見ることなく昭和期を終えるのである」[19]。事実は、平成期に入って公立大学は急増し、平成三〇（二〇一八）年度には、実に九二大学、学生数一五万人と三〇年で三倍弱に膨れ上がる。天野氏の「予測」は見事に外れた。公立大学の存在理由が明確となったからである。

『公立大学五〇年史』終章「公立大学の意義と役割」で当時の東京都立大学の大串隆吉教授は、五〇年の歴史を総括して、国立大学と私立大学の狭間にあって、その理念を固め、プレゼンスを着実に高めていった過程を次のように述べている。公立大学の始動から、多様な危機を克服し、自らの地位を固めていった道筋が見事に描かれている。

「公立大学として、一九四五（昭和二〇）年の敗戦を迎えたのは京都府立医科大学（京都府大）と大阪商科大学（大阪商大）の二校のみであった。その後新制大学の発足とともに、公立大学協会（公大協）発足時には、新制、旧制合わせて公立大学は三三校となった。以後、公立大学の新設、国立大学への移管も行われた。（中略）国立大学への移管は、設置自治体の財政的弱さがあったとはいえ、公立大学の設置意義について共通理解がなかったことを示していた。公立大学の設置意義について、大阪商大の創設にあたった大阪市長関一は、公立大学は国立大学のコピーではなく、自治体の大学として市民の生活と結びついた学問の中枢機関であると主張したが、この公立大学論は、新制の公立大学関係者にとって共通理解になっていなかった。（中略）

日本の大学は国立大学が本来の姿で、公立大学は国立大学と同様に国の教育目的達成に寄与し、国立大学を補うという国立大学補完（補充）論が存在していた。この見解は、（中略）公立大学の設立経緯から、また一九五〇年代末に始まった国の政策として行われた科学技術者の育成に当たり国立大学の不足を補うという発想から生まれていた。（中略）国立大学中心主義は政府の政策でもあった。自治省が、（中略）公立大学の存在を消極的にしろ認めた理由は、一九六〇年代の科学技術者育成とベビーブーム世代の大学進学競争への参加にあった。これらに国立大学では対応できないという認識が生まれ、公・私立大李への国庫補助に結びついた。（中略）このように、政府・文部省からすれば、公立大学の位置づけは、私立大学もそうであったが、国庫助成が必要かどうかから取り上げられた。そして、国の政策に乗るか乗らないかが、国庫助成をする判断の分かれ目となった。そのかぎりで、国の政策の主流を担う国立大学に対し補完的なものとして位置づけられた。（中略）

そこで、普通地方交付税交付金に算入された意義が大きい。この地方交付税交付金は、財源不足の自治体に標準的な行政を確保するために国庫から支出される。したがって、公立大学がその算定項目に組み込まれたことは、それが標準的な行政になったことを示した。そして、その算定基礎は学生数にあること、及び交付開始が大学進学率急増対策であったことを考えるならば、公立大学が教育機会の拡大のために認知されたことを意味していた。こうして、公立大学は国の文教政策のなかでの国立大学の補完としての役割と、地域の教育機会の役割をもつものとして政府によ

って考えられたことを意味した。（中略）

（さらに）国土庁は一九七八（昭和五三）年に第三次全国総合開発計画の『定住圏構想』に基づき『大学等の地域的適正配置の推進について』を発表した。これらは、大学を地域の文化・学術あるいは生涯学習の機関として設置し、それによって人口の定住をうながそうとするものであり、公立大学の積極的な設置を掲げた。この提起はより具体的となり、人口一〇万人以上の規模が大学の立地する一つの目安といわれた。そして、このような立地条件で設置される大学は、『地域型大学』と言われ、（中略）進学機会の確保、地域への人材の供給、地域文化の向上、地元のイメージアップに加え、①地域の知的啓発センター機能・生涯学習機関の役割、②地域の求めに応じて高度の情報やアイデイアを提供する、③地域の企業・地方公共団体との共同研究開発、④行政や社会活動への貢献である。（中略）この『地域型大学』には私立大学も含まれたのであるが、公立大学への期待が強くなり、国土庁は公立大学助成の積極策を提唱していた。

これに加え、一九八〇年代末から一九九〇年代初頭にかけて、情報産業従事者の育成とともに社会福祉、看護関係の専門職員の養成が課題となった。一九八七（昭和六二）年に社会福祉士及び介護福祉法が、一九九二（平成四）年に看護婦（士）等の人材確保の促進に関する法律が公布された。前者は高度な専門性を持った社会福祉専門職員の、後者は同じく看護婦（士）の養成と確保を目指す法律で地方公共団体に必要な措置を義務づけていた。以上の政府の施策と自治体財政の好転が相まって、一九九〇年代に入って公立大学は増加した[20]」。

他方、公立大学協会においても、公立大学の独自の役割についても繰り返し議論されてきた。一九七三（昭和四八）年の第三〇回総会で採択された『公立大学の理念と使命』は、中間的到達点である。「この文書は、大学としての普遍的な側面と地域社会とのかかわりという二つの柱からなり、『公立大学は大学の理念をめざしつつ、地域の大学としての役割を積極的にはたさなければならない』とまとめられた。

「地域社会とのかかわりでは、『公立大学の理念と使命は』この時期までの公立大学の取組を反映していたから、（中略）地域における教育機会の役割、特に女子や勤労者の高等教育の機会、（中略）公開講座や専門職の再教育など（中略）また、研究の面で見れば、地域医療やメディカルセンターとしての役割、都市問題の研究などに示される。地域の社会福祉に寄与するために先駆的に社会福祉関係の人材養成を手がけたのも公立大学であった[21]」。

このようにみてくると、東京一極集中的な国土構造の中で、地方が全般的に衰退し、とくに人口減少が本格化した二一世紀の日本で「集落の消滅」と「国土の荒廃」が深刻化するなかで、地域の人材育成の拠点であり、シンクタンクの役割を果たしてきた「公立大学」の重要性は自他ともに認める存在に急浮上してきた。こうした時点での公立大学の課題は、一般に研究・教育・地域貢献の三つに集約されている。ところで、この三つの課題は、公立大学としてどの様に対応すべきなのであろうか。大学の本来の責務である研究と教育に地域貢献が付加されてきた、つまり、「研究＋教育＋地域貢献」と理解すべきなのか、それとも「(研究＋教育)×地域貢献」と理解すべきなのか、つまり大学一般の責務である研究と教育に「地域貢献」色の比重を強めていくことなのか、必ずしも明確でない。通常の研究・教育とは別建てで改めて「地域貢献」という看板を掲げなくとも、地域が地球表面の一片であり、人間社会の一部分である以上、自然科学や人文・社会科学の素材を提供していることは確かである。その意味で、地域という「現場」から素材をみいだし、研究を深め、その成果を地域に還元することは、国公私立大学で研究対象に大差はない。しかし、地域との接点の深さは同じ学問でも、分野やテーマによって異なる。生態系や災害科学、都市工学などの自然科学、地域社会論、地域経済論、地域福祉論、地方行財政学などは、地域という「現場」との密着性は高く、地方自治体が設置する公立大学での研究に優位性がある。こうした課題研究に特化することも公立大学の戦略の一つである。

しかし、公立大学の責務は、こうした研究分野の特異性よりも、地域で育ち、豊かな教養教育を受けて人間性を高め、多様な専門分野を身に付ける中で地域現場の課題を深く把握し、卒業後に地域課題の解決の取り組む人材の育成に焦点を置くことに意義がある。つまり、広い視野を持ちながら目の前の地域の活性化に立ち向かう「地域づくり人材」の育成である。国立大学が「国家枢要の人材の育成」を目的に掲げるのと対照的である。その意味では、天野郁夫氏のいう「国立の総合大学」と「単独系国立大学」は、「国家枢要人材」、公立大学は「地域づくり人材」、それぞれの養成に比重を置くのが国公立大学の「役割分担」である。そのなかにあって、「国立の地方大学」は、両者の中間にあって、極めてあいまいなまま、戦後五〇年を経てきたことになる。全国の地方国立大学に全都道府県にほぼ均等に設置されている「教育学部」と「医学部」は、「公立大学」的性格を有し、複数県など「ブロック」に散らばって配置されている「理学部」、「文学部」などは、その中間的な位置づけにある。地方国立大学の使命の見直し、つまり、全国ないしブロック単位の高等教育拠点の大学を国立大学、その他の地方国立大学を都道府県立として既存の公立大学と統合するなど、設置形態の大胆な見直しが求められる。

(1) 大串隆吉「公立大学の財政確立と体制整備の努力」 公立大学協会五〇年史『地域とともに歩む公立大学』第3章 七六頁。
(2) 同右書 七七頁。
(3) 同右書 七六頁。
(4) 同右書 七七頁。
(5) 高橋寛人『二〇世紀日本の公立大学』日本図書センター 二〇〇九年 一七三頁。
(6) 公立大学協会編『地域とともにあゆむ公立大学―公立大学協会五〇年史』一二四頁。
(7) 高橋前掲書 一七七―一七八頁。
(8) 公立大学協会前掲書 一二五頁。
(9) 『北九州大学五〇年史』一九九八年 一一頁。
(10) 公立大学協会編前掲書 三五二頁。
(11) 高橋前掲書 一三六頁。
(12) 公立大学協会編前掲書 三五二頁。
(13) 高橋前掲書 一三六頁。
(14) 公立大学協会編前掲書 三四八頁。
(15) 高橋前掲書 一三七―一三八頁。
(16) 公立大学協会編『地域とともにつくる公立大学―公立大学協会六〇周年記念誌』二〇一〇年。および『公立大学二〇一八』。
(17) 同右書 八五頁。
(18) 同右書 一三七頁。
(19) 天野郁夫『新制大学の誕生 下』名古屋大学出版会 二〇一六年 六六三頁。
(20) 公立大学協会編前掲書 一八六―一八八頁。
(21) 同右書 一八八頁。

第四編　「平成の大学改革」と公立大学の急増・プレゼンスの向上

第一章　大学審議会の発足と「平成の大学改革」の進発

黒羽亮一氏は、政府の政策決定に関わる各省庁の審議会について、各省庁の「行政の根幹にかかわるような事項については、利害関係者の他に学識経験者を交えた、ないしは後者のみの審議会や協議会・調査研究会議・協力者会議等を設けて、その指針を定めているところなのであろう[1]」と、位置づけている。そのうえで、「一九六〇年代のはじめから最近までの大学政策の形成に、中央教育審議会（一九五二年六月、中教審）、臨時教育審議会（一九八四年八月、臨教審）、大学審議会（一九八七年七月　大学審という三つの審議会が果たしてきた役割[2]」を重視して総合的に整理している。

この整理をさらに要約すれば、第八期の中教審は、大学紛争への対策を緊急答申して臨時大学立法の実現に寄与し、第九期の中教審は、「新学制発足二〇年への総合的検討の要求、技術革新の急速な進展と社会の複雑化に伴う学校教育の新課題の解決を理由に」諮問され、四六（一九七一）年答申となった。「答申は、学校教育のほぼすべての課題を網羅し、その改革の基本方向を述べたものになった。このため前文では、明治初年と戦後の教育改革のあとの『第三の教育改革』にとり組むべき時期だとした[3]」。この背景には、答申の推進者であった森戸辰男氏には、「戦後教育改善の反省・検討再改革の必要」という認識があったのではないかと黒羽氏は指摘している。つまり、筆者（矢田）の理解では、著しく拙速に実施された戦後の学制改革が始動して二〇年余が経過し、大学膨張期で「大学紛争」など矛盾が顕在化した段階で、改めて根本的な「改革」が求められることを四六答申は示唆し、「第三の教育改革」への前兆となったものとみることができる。しかし、まだ、機は熟していない。このうち、高等教育に関して言えば、私立大学援助、公立大学支援、新しいタイプの国立大学の設置など、一連の対症療法が実施されていたものの、戦後学制改革の根本的見直しには程遠いレベルにとどまっていた、「羹に懲りて膾を吹く」段階であったと言える。中教審は、その後も三木内閣の下で第一〇期、福田内閣のもとで第一一期と続いたが、「大学に関する審議はなかった[4]」。

中曽根内閣になると一転して、中央教育審議会が昭和五九（一九八四）年八月臨時教育審議会に衣替えした。「昭和二七（一九五二）年に教育刷新審議会が解散して以来三〇余年ぶりに、首相直属の教育に関する審議会の設置を見たのである」[5]。臨教審では、昭和六一（一九八六）年の第二次答申で大学審議会の設置を提唱し、昭和六二（一九八七）年の第三次答申では、大学に関して、「基礎研究の充実、高等教育の質的充実、心身の健康の充実など教育・研究水準の質的向上のために、資金の思い切った重点配分に努めなければならない。」と述べている。「大学審議会の設置等に関する法律改正は昭和六二年七月の臨時国会に出されて九月に成立した。（中略）大学審議会の設置については六二年九月に特別国会で学校教育法の改正を行い、ただちに委員を任命して審議を始めた。（中略）昭和五八年以来、文部省の中教審をのぞいた多くの審議会は同省設置法によるのではなく、政令による設置にと形式的にせよ、格下げされていた。しかし大学審議会の設置は法律事項として、そこに多くの権限を与えたのである」[6]。ところで、臨教審と大学審議会との関係について、高等教育担当の課長や官房審議官を経験した草原克豪氏の次のような指摘があり、大変興味深い。

「臨時教育審議会の会長には、科学技術会議議員である岡本道雄前京都大学総長が就任した。そして石川忠雄慶応義塾塾長と中山素平日本興業銀行特別顧問がともに会長代理として会長を補佐することになった。『教育の自由化』を推進したい中曽根首相としては、（中略）財界人を会長に迎える心算だった。しかし、（中略）会長人事では文部省の主張が通った形となつた。事務局の主導権も文部省が握って、審議会の運営に当たることになった。（中略）臨時教育審議会は、教育制度全般について精力的な審議を行い、（中略）一九八五（昭和六〇）年六月の第一次答申を皮切りに、四次にわたる答申を取りまとめた。（中略）高等教育に関する臨時教育審議会の基本的提言は、第四部会長の飯島宗一名古屋大学総長のもとでまとめられ、第二次答申の中で、①大学の自主的改革を促進するため大学設置基準の改正、②大学院の飛躍的充実と改革、③高等教育のあり方を審議するユニバーシティー・カウンシルの設置が緊急の課題として提示された。

文部省はこれに沿って、文部大臣の諮問機関として、中央教育審議会とは別に新たに大学審議会を設置することになった。それ以外の提言については、大学審議会であらためて議論したうえで答申の形にまとめられ、それに沿って実行に移されることになつた。こうして文部省は、大学審議会の設置を契機に、大学改革を推進するための主導権を握ることになったのである」(7)。最後の「文部省は、大学審議会の設置を契機に、大学改革を推進するための主導権を握ることになったのである。」との指摘は、戦後の学制改革以来、一九五〇年代前半までの占領軍の存在、その後の大学側の「大学自治」の壁、そして大学紛争をめぐる世論の動向、政府部内の内閣との調整などによって、長い間思い切ってイニシアティブを掌握できなかった文部官僚による、大学政策における主導権確立の「勝利宣言」と受け止めることができる。

こうして、戦後の新制大学の始動から約半世紀、多くの課題を抱えて膨張した「欠陥制度」の本格的修築の火ぶたが切っておろされた。

草原氏が、その著書『日本の大学制度』で、戦後の新制大学制度を「欠陥制度」とよび、一九五〇年代の「始動」から六〇、七〇、八〇年代にいたる「膨張」期までの期間を、「欠陥制度の定着化」と喝破した内容は何であろうか。それは、本書第二編で、大﨑仁氏の著作に依拠して筆者（矢田）が指摘した「戦後の学制改革の五つの課題である。第一は、六・三・三・四制という学校体系の一元化、第二は高等教育の四年制大学への一元化、第三は、戦前の六年間の高等教育を、教養教育と専門教育を各二年ずつ併存させ大学四年に短縮したことである。そして第四は、戦前期の帝国大学や国立の医科大学、一部の私立大学のみといった「エリート」段階の大学を、一気に「大衆化」したことである。国立では、帝国大学から一県一国立大学へと大幅に増やし、私立では専門学校を大量に大学に昇格させ、教員や施設など教育の質の異なる大学を「平等」に位置づけて設置した。ここから、著しい教育格差と多くの大学での教育の劣化が生じた。第五に、新設の大学にも、戦前の大学で確立した「大学の自治」・「学部の自治」が、大学の管理方式として普及・定着し、大学運営に著しい混乱を招いた。この第四と第五の課題は、新制度発足後二〇年を経過して全国的な「大学紛争」の原因ともなった。大学審議会での論議を軸にした本格的な「修築」作業は、一九九一（平成三）年の「大学教育の改善について」答申と「大学院の量的整備について」という二つの答申をもって嚆矢とした。前者は、大学制度の課題三、後者は学校体系・大学制度の一元化を積極的に修築するものとして提起された。以後、相次ぐ大学制度改革を、明治・大正、終戦の改革に次ぐ第三の教育改革、と位置付けられるが、ここでは、以後一九九〇年代、二〇〇〇年代と西暦をまたぐ一連の改革を、元号に合わせて「平成の大学改革」としてまとめてみたい。

（1）黒羽亮一『戦後大学政策の展開』玉川大学出版部　二〇〇一年　一八一頁。
（2）同右書　一八〇頁。
（3）同右書　一九五頁。
（4）同右書　一九九頁。
（5）同右書　一九九―二〇〇頁。
（6）同右書　二〇六―二〇七頁。
（7）草原克豪『日本の大学制度』弘文堂　二〇〇八年　一七二―一七三頁。

第二章「大綱化」とカリキュラム改革・教養部の解体、大学院の拡充

一　大学設置基準の大綱化

平成の大学改革の第一の柱は、一九九一年二月の大学審議会答申「大学教育の改善について」において、「大学設置基準の大綱化、なかんずく、一般教育・専門教育等の授業科目区分改善の撤廃」であり、「大学改革に最も大きなインパクトを与えた[1]」。これを受けて七月に大学設置基準が改正され、授業科目の区分と区分ごとの履修義務や教員組織の基準は、完全撤廃された。

「科目区分の撤廃に伴い、『大学、学部及び学科、課程等の教育目的達成のため必要な授業科目を体系的に編成すること。その際、幅広く深い教養、総合的な判断力、豊かな人間性の涵養に配慮すること』いう教育課程の編成方針が、設置基準で新たに示された（一九条二項）。教育目的に即した教育課程を各大学が科目区分の制約を受けず自主的に編成するという常識的システムが、これでようやく実現したことになる。（傍点筆者）

紛争後の改革の中心的方策は、占領下に形成された大学制度の弾力化による自主改革の促進だったが、この授業科目区分の撤廃はその路線の完成でもあった。紛争を契機に始まった一連の大学改革の動きは、制度の弾力に関しては、これで一つのコースを走り終わったことになる[2]」。と大崎氏は、手放しで高い評価を与えている。また、大学設置基準第三二条一項において、「卒業の要件は、大学に四年以上在学し、百二十四単位以上を修得することとする」（ただし、医学・歯学ついては二項、薬学については三項、獣医学については四項で別記）など、科目ごとの単位数は削除され、極めて単純化された規定となっている。

こうした改正について大崎氏は、「この設置基準の改正自体は、授業科目の区分の強制を解除したにすぎない。大

学がそれまでどおりの教育課程の枠組みを続けても、少しも差し支えないわけである。基準改正の当時、それがすぐに各大学の教育課程の大きな変化に結びつくと考えていた人はむしろ少なかった。（中略）実際に蓋を開けてみると、大学は雪崩をうつかのように一斉にカリキュラム改訂へと走った。独立回復以来、大学が国の施策にこれほど敏感に反応したのは初めてである。『一般教育』は『全学共通教育』とか『教養教育』とかに名前を変え、一般教育のための組織である教養部は次々と廃止されていった。設置基準改正の翌年、平成四（一九九二）年に、京都大学では教養部を廃止して総合人間学部を創設し、神戸大学では教養部と教育学部をあわせて改組して、国際文化学部と発達科学部を設けた。以後、教養部は年を追って次々と改組され、姿を消していった。文部省資料によれば、基準改正時の平成三（一九九一）年に三〇を数えた国立大学の教養部は、新学部あるいは新研究科に姿を変えたり、既設学部等に吸収されたりして、平成九（一九九七）年度には東京医科歯科大学一校だけとなった。また、『一般教育学科目』を設けている大学は、平成一一（一九九九）年度現在、九五国立大学中一五大学にすぎない」[3]。

このように、授業科目区分の撤廃以降の展開は、文部（科学）省の想定を大きく超えるものになった。ほとんどの大学の教育課程の再編は、狭い分野に特化する傾向の強かった専門教育担当教員のイニシアティブで行われたため、設置基準の言う「幅広く深い教養、総合的な判断力、豊かな人間性の涵養に配慮する」教養科目の削減と担当教員の減少をもたらす結果となった。しかも、「教養部」という教員組織がほとんどの国立大学で廃止され、この動きを抑制する力学が働かなかった。当時の各大学の予算要求においては、文部省の担当官から「教養部」の廃止を強く求められたとの話は枚挙にいとまがない。答申や法律に高らかにうたわれる「幅広く深い教養、総合的な判断力、豊かな人間性の涵養に配慮する」教養教育が、現場の大学での教員間のポスト争い、予算について大学と折衝する文部官僚の「教養部潰し」への強力な指導によって、事態を悪化させていったことは否定できない。こうした変化を大崎氏は冷静に受け止め、次のように語っている。

「予想を上回るこのような急速な変化は、なかなか実を結ばない一般教育改革の試み、一般教育の理念の風化、一般教育担当者の専門教育志向などが相乗して、『一般教育』からの脱却を求める空気が大学に充満していたということかとも思われるが、それだけでは説明しがたい変化が大学に起きていることを感じさせるものでもあつた。基準改正を契機とする各大学のカリキュラム改訂の動きが、教育目的に即した四年一貫の教育課程の編成につながったかというと、そうとばかりはいえないところに、この問題の難しさがある。最近の教養重視の主張に見られるように、『一般教育』問題はかたちを変えて、依然として大学改革の主要課題であり続けている[4]」。

本書のプロローグで紹介した国際教養大学を設立した、中嶋嶺雄氏も次のように指摘している。

「一九九一年以来の大学設置基準の『大綱化』によって、一部の例外を除き、高等教育の基盤をなすべき大学の学部教育から、教養教育がほとんど消えてしまった（中略）。幅広い教養を身につけることは、人格の形成や人間性の涵養、つまり自己発見のプロセスそのものであり、かつては、日本にも旧制高校に見られるような優れた教養教育の伝統がありました。それは戦後になっても、新制大学の一般教育や教養部、東大の教養学部などに、少なからず受け継がれてきたのです。しかし、そうやってかろうじて命脈を保ってきた教養教育の伝統が、『大綱化』によってほぼ断たれてしまったのです。たとえば、教養教育の重要な一環である外国語教育は、多くの大学で時間数が減らされ、外国語選択の多様性も著しく失われています[5]」。

一般教育担当教員の組織が消え、さらに教員数も科目数も減少したことは確かであるが、一般教育自身は多様な形で命脈を保っている。多くの大学では、教養教育の科目編成を少数の専任教員で構成される「センター」と呼ばれる全学組織が担当し、専門学部に分散配置された教員がリレー方式で担当する方法が一般的となっている。その分、教養教育担当教員の責任感が弱体化していることは否定できない。

このように、科目編成の自由化という「大綱化」によって、教養教育が内容的にも時間的にも充実するという、文部省の意図は明らかに誤算だった。大学内部の教員間の力関係を見誤った結果とも言えよう。

他方、東京大学では「教養学部」として存続し、さらに外国語教育の大胆な見直しがなされ、立教大学では、「全カリ」と称する徹底した教養教育の見直しが行われた。そのほか、九州大学では二一世紀にはいって教養教育担当教員の組織＝「基幹教育院」が復活し、また、北九州市立大学では教養教育の再生を目指して基盤教育センターという専任教員組織をまったく新たに設置し、時代に対応したカリキュラム編成によって活性化している。同じく公立の国際教養大学や私立の早稲田大学では、「国際教養」という、多様な専門領域を学びつつ、外国語教育を格段に強化して「人格形成や人間性の涵養」を使命とする、新たなコンセプトの教養教育を実践して高い評価を得ている。こうした教養教育強化の大学や学部が続々と設置され。新たな「流れ」が形成されつつあることも注目される。「大綱化」による教養教育の見直しが着実に実をつけだしたことも言えよう。個々の大学の教育哲学の「深浅」が問われている。

ところで、「教養部解体」については後述するとして、教養教育の授業科目に焦点をあてれば、「大綱化」とは、「大学設置基準の大綱化」のことであり、正式に言えば「大学設置基準の一部を改正する省令」が、平成三（一九九一）年六月三日付で発表され、同年七月一日付で施行された。具体的な変更点は、それまでは「第六章授業科目」という規定で、第十八条から第二十四条において、開設すべき授業科目として一般教育科目、外国語科目、保健体育科目及び専門教育科目があげられ（第十九条）、一般教育科目には人文、社会、自然の三分野（第二十条）、外国語科目として二以上（第二十一条）、保健体育科目（第二十二条）、学部及び学科又は課程の種類に応じて必要な専門教育科目（第二十三条）の開設を義務付けていた。しかし、改正によって、「大学は、当該大学、学部、学科又は課程等の教育上の目的を達成するために必要な授業科目を開設し、体系的に教育課程を編成するものとする。教育課程の編成にあたっては、大学は、学部等の専攻に係る専門の学芸を教授するとともに、幅広く深い教養及び総合的な判断力を培い、豊かな人間性を涵養するよう適切に配慮しなければならない。（第十九条）、教育課程は、各授業科目を必修科目、選択科目及び自由科目に分け、これを各年次に配当して編成するものとする。（第二十条）」という規定のみをおき、改正以前の一般教育、外国語、保健体育、専門教育科目等の授業科目の記載をすべて削除し、専門と教養、必修と選択および自由科目のみによる教育課程の編成方針と編成方法のみ義務付ける、きわめてシンプルな規定にした。ただ、新たに「大学は、その教育研究水準の向上を図り、当該大学の目的及び社会的使命を達成するため、当該大学における教育研究活動等の状況につて自ら点検及び評価を行なうよう努めなければならない。（第二条）」という自己評価を義務付けた。

石井洋二郎氏（東京大学教養学部）は、こうした設置基準の改正の本質を次のようにまとめている。

「今回の改正によってカリキュラム編成に関する制約が大幅に緩和され、各大学の自由な決定にほぼゆだねられたわけであるが、この新たな条文は、いわばその交換条件を提示したものであると言えよう。これによって大学は、自らの教育研究活動に関する『自己点検』及び『自己評価』を実施するということを社会的責務として課せられたことになる。自由化といっても野放しにするわけではなく、各大学の良心的な自己規律にゆだねるのである、というわけだ」[6]。さらに、文部省がこうした大胆な政策を断行した背景について、天野郁夫氏は、戦後の新学制度もたらした弊害について次のようにわかりやすく述べている。

「戦前期の日本の大学は、例えば帝国大学ですと、旧制高等学校で三年間教育を受けた人たちが入ってくる。その人たちを対象に三年間の専門教育を行う。東京商科大学や慶応・早稲田のように大学予科を持ったところも、大学予科三年と専門教育三年、合わせて六年問の教育をしてきました。戦後になって、一般教育と専門教育を有機的に統合して、高度の市民教育、職業教育を含む市民教育をするということになりましたが、日本の大学の現実は、かつての旧制高校・大学予科の三年間を二年間に縮める。それから専門教育三年間を二年間に縮める。そして二年と二年をつなぎ合わせて、新しい四年間の学部教育にするという形をとりました。（中略）アメリカ的な考え方に立てば、高度の専門教育は、大学院ですればいいことで、学部段階の教育は教養的なものだということですが、日本では、専門教育を大学院で行うという考え方が十分定着しないで、いまだに学部段階が中心になっています。理工系では変化が起こっていますが、文科系になると完全に学部段階で専門教育を行うという建て前になっている。

一般教育あるいは教養部が、いってみれば邪魔者扱いされる、一般教育を二年間もやるために専門教育の期間が一年縮められてしまっているという不満が、専門学部の方から起こってくる潜在的な基盤がそこにあったわけで、実際に絶えずそうした議論が起こってきました。しかも、日本の高等学校までの普通教育の水準は高い。そこで、大学に入ってからの一般教育をさらに二年間受けるのはカリキュラム、教育内容面で重複しているのではないか、という議論も繰り返し出てきました。アメリカは中等段階の教育が弱いので、大学に入ってから普通教育を受ける必要が大きいのですが、日本の場合には、高等学校のカリキュラムはほとんど必修で、大学に入ってくる生徒たちは既に十分高度の普通教育を受けている。なぜさらに二年間やらなければいけないのか。これもまた新しい制度に対する不満が噴出する潜在的な基盤になってきたわけです。

いずれにしても、日本ではこの四十数年、一般教育と専門教育とは、お互いに相いれない部分をはらんだまま、双方を有機的に統合した教育をどうするのだという議論が、十分されないままにきたといっても言い過ぎではないと思います」[7]。筆者（矢田）自身、一九六〇年に東京大学に入学していらい、法政大学、九州大学、北九州市立大学の四大学に約半世紀学び、働いてきたが、天野氏の文章は、一般教育と専門教育、教養（学）部と専門学部の関係を短い文章で大変よく表現している。こうした新制大学始動以来·二〇世紀一杯続いてきた大学四年の教育に大胆にメスを入れたのが、「大学設置基準の大綱化」という「大手術」である。この治療はうまくいったのか、いかなかったのか、評価は難しい。その実態を記述した文献から、いくつかの事例を紹介するとともに、全国的な動向を考察してみよう。

（1）大﨑仁『大学改革一九四五―一九九九』有斐閣選書　一九九九年　三〇九頁。
（2）同右書　三一〇頁。
（3）同右書　三一一―三一二頁。
（4）同右書　三一二頁。
（5）中嶋嶺雄『なぜ、国際教養大学で人材は育つのか』七二―七三頁。
（6）石井洋二郎「大学設置基準の改正について」藤原書店編集部編『大学改革とは何か』一九九三年　二六六頁。
（7）天野郁夫『大学―変革の時代』東京大学出版会　一九九四年　四六―四七頁

二　国立大学の教養教育改革

1　東京大学教養学部の大学院重点化と教養課程のカリキュラム改革

ここでは、大学院重点化と教養教育の見直しに同時に果敢に挑戦した好例として東京大学教養学部の例を紹介する。とは、言っても大学の改革については大学によって特殊性があり、かつ外部に丁寧に説明した者は決して多くない。

大学院重点化の条件整備―駒場の後期課程と本郷の大学院の錯綜した関係の解消

そのまえに、いわゆる「大学院重点化」についてふれておく。大﨑仁氏によれば、「平成三（一九九一）年度の予算で法学政治学研究科の『部局化』が実現した。この『部局化』は、東大法学部と文部省担当部局との折衝過程で生まれた着想といわれるが、その骨子は次のとおりである。

(1)　従来学部に置かれていた講座を大学院研究科に移し、大学院を教育研究一体の組織として部局とする。

(2)　学部は学士課程の教育専門組織とし、研究科所属の教官が兼担する。

(3)　教官当たり校費は、学部から研究科に移すが、学部には新たに新単価の校費を配当する。

研究科の『部局化』とは、研究科を教育・研究、人事、予算等について、学部、研究所と同様な自律性を持つ独立的組織にするということである。（中略）。研究科の部局化自体は新しいことではない。（中略）東大法学部の『部局化』構想の特異なところは、学部の教員組織を研究科に移すことによって研究科を部局化しようとする点にある。（中略）教員組織を完全に研究科に移すというラジカルな案である」[1]。この「大学院重点化」によって、大学院生の定員増、教官当たり校費があがり、予算が大幅に増えるという仕掛けになっている。

「形容矛盾」ともいえる教養学部の大学院重点化は、教養課程の大胆なカリキュラム改革を軸に実現した。この東京大学教養学部については、二つの著作が大いに参考となる。一つは、教養部改革の中心的役割を果たした外国科フランス語教室所属の石井洋二郎氏の報告が掲載されている著書であり、もう一つは、その九年後に出版された、関係者への丁寧な聞き取りに基づいて書かれた中井浩一氏の力作『「勝ち組」大学ランキング―どうなる東大一人勝ち』である。前者は、大学内部から改革進行中の時点で、後者は大学外部から「カリキュラム改革」が一段落した時点で出版されたものである。この二冊を適宜比較・参考にしながら追ってみよう。[2]

東大では、「重点化は八九年からは全学一体でおこなうのではなく、各学部がそれぞれで概算要求をおこなうことに変わっていた。そして九〇年に水面下で静かに、変化が起こっていた。大学院重点化は、法学部の『部局化』という形で一気に実現することが明らかになった。理学部や工学部が後を追っている。他学部もそれに続くだろう」[3]。しかし、教養学部の重点化には特有の壁があった。中井氏は、それをわかりやすく次のようにまとめている。

「東大の巨大なキャンパスは本郷の諸学部と駒場の教養学部に分かれている。一、二年生は全員（教養学部に属し）、駒場で前期課程を学び、その後、『進学振り分け』によって、本郷の諸学部（一部は教養学部）に進む。駒場のキャンパスには一、二年生だけで約七二〇〇人の学生と教官約四〇〇人が教育・研究活動をおこなっていた。（中略）。駒場が他大学の教養部と違っていたのは、当初から『学部』として始まっていたことである。その形から『えんとつ』と呼ばれていた。その後『えんとつ』の上にさらに大学院もでき『三層構造』を持っていた。大学一、二年生の前期課程（いわゆる教養部）と三、四年生の後期課程（学部。文系の教養学科に理系の基礎科学科）と大学院（総合文化研究科）である。したがって、他大学のような教養部と他学部との明確で単純な差別構造はここにはない」[4]。

以下、駒場の教養教育の特殊性の「肝」である教養学科の成立と拡充について概略ふれてみよう。この教養学科設立には、次のような二つの背景がある。

「教養学科の創設には、教養学部が学部としての形を整えるためという制度上の必要もあったことは否定できない。つまり東京大学の一般教育前期課程を高いレベルの研究・教育態勢で行うためにはオートノミーを備えた学部である必要があり、そのためにも後期課程が必要とされたという事情である」[5]。「教養学科は、矢内原忠雄先生（初代教養学部長、のち東大総長）の下に、数人の『主として一高の生き残りの教師が立案したもの』であって、新制のマスプロ教育が栄える中で、旧制高校のよいところを守り続けるところがあってもよいではないかという気持ちで、つくられたものである。数人の生き残り教師とは、国文学の麻生磯次、経済学の木村健康、フランス文学の前田陽一、自然科学の玉蟲文一の四人の先生で、(中略) これらの先生は『旧制高校オンチ』で、学制改革によって旧制高校がつぶされることが残念でたまらず、何とかして旧制高校のよいところを新しい大学制度の中に残したいと懸命になった。その場合の『旧制高校のよいところ』とは、小人数の学生が行先をあまり早くから決めないでじっくりと勉強し、学生同士も好きなようにつき合い、先生との関係も先のことを考えて計算づくになったりしないということを意味した[6]。

こうした背景の下で、「一九五一年四月の教養学科の発足は、六つの分科、すなわち地域研究の四分科 (アメリカ、イギリス、フランス、ドイツの各文化と社会)、『国際関係論』、『科学史及び科学哲学』で行われた。一九五三年春には、第一回卒業生として五一名の教養学士を送り出した。その翌年一九五四年秋に、『文化人類学及び人文地理学』の分科が設置され、これによって最初の十年間の教養学科七分科の態勢が整った。(中略) 次の十年にはいった一九六三年には『文化人類学』と『人文地理学』が分離し、『ロシアの文化と社会』が置かれたのは、発足後十五年の一九六六年であり、『アジアの文化と社会』の設置は、これよりさらに七年後の一九七三年であった[7]」。

その後、「一九七八年、予算面の格差是正を中心的目標とする『教養学部改善策』の一環として教養学科改組拡充が実施され、教養学科は総計四四講座となり、この規模に見合うべく三つの学科に分かれた。新設された『相関社会科学』分科および一年おくれて新設された『中南米の文化と社会』分科を加えて、三十年間で倍増した。一二分科が現在次のように組織されている。

教養学科第一 (総合文化) 文化人類、人文地理、科学史及び科学哲学
教養学科第二 (地域文化) アメリカ、イギリス、フランス、ドイツ、ロシア、アジア、中南米の各文化と社会
教養学科第三 (相関社会科学) 相関社会科学、国際関係論

しかし、卒業生は、毎年一〇〇名前後にとどまり、小人数教育の伝統が守られ、進学振り分けでの難関 (とくに文三) という事情は、ますます強まってる。

これだけの組織を備えた教養学科の大学院との関係にふれるならば、新制東京大学院の発足時 (一九五三年) から、教養学部を世話学部とする専門課程には『西洋古典』、『比較文学比較文化』(人文科学研究科)、『国際関係論』(社会学研究科) が存在していたのであったが、十二年後の一九六五年には社会学研究科に『文化人類学』が、さらに五年おくれて『科学基礎論』(一九七〇年) が理学系研究科に置かれて今日に至っている。改組拡充の完成した現在、新しい

総合を目指す『総合文化研究科』の計画が、『地域文化研究』『相関社会科学』をはじめとする五つの新しい専門課程に既設の『比較文学比較文化』、『国際関係論』を加えた形で、具体的日程で進められている」[8]。以上が一九五一年発足の教養学科＝駒場の後期課程、と大学院の拡充経緯である。こうした経緯もあって、「ここ（駒場）では同じ学部内に『講座制』と『学科目制』の二種の教官が存在し、（中略）しかも大学院の組織では、駒場の『講座』に根拠を持つ『博士講座』と、本郷の他学部に根拠を持つ『兼担講座』が混在している」[9]。こうした中で東大の全大学院の「重点化」が降って湧いた。この東大駒場の「改革」については、改革メンバーの一人であったフランス語教室の石井洋二郎氏がわかりやすくまとめた報告がある。

一九九〇年代初頭から本格化した。「二つの流れ、つまり大学院重点化構想、（大綱化に基づく）カリキュラムの自由化という、この二つは、本来は別々の話ではあるんですけれども、ある段階で両者がリンクしてきたということがあります。教養学部という大きな組織を大学院重点化にするということには、やはりそれなりの必然性がなければならない。（中略）そこで何がポイントになるかと言うと、やはりその前期課程教育を今度は全面的に刷新するんだと。そしてその改革内容それ自体が大学院の研究体制と非常に密接に関わってくるんだということ、そういうことで両者がリンクしてきた（中略）。前期課程の大幅なカリキュラム改革というのを去年（一九九二年）一年間かけてやった[10]。

このうち、重点化については、「重点化構想というのが起こってきた時に、教養学部がどう対応するかという議論がその頃起こってきた。（中略）教養学部というのは、あくまでも前期課程が非常に重要な部分を占めているために教官の数が非常に多いんです、三百何十人いる。したがって、必ずしも全員が大学院の授業をもっていたわけではない。前期課程だけ、あるいは後期課程までしかやっていないというケースもないではなかった。しかし、われわれの意識としては、やはり自分たちも研究者であるから、大学院教育には積極的にコミットしたい。その時にこの大世帯をどうやって組織替えして大学院を重点化していくのか。これが大問題になって、それからずっと議論が続いてきました。（中略）とにかく基本方針としては、総合文化研究科を改組拡充して部局化する。（中略）要するに現在、学部の後期課程においてある講座を大講座に組み替えて、それを大学院に移すという、（中略）つまり全教官が大学院所属の教官になって、大学院に所属しながら、後期課程、前期課程の教育も同時に担当するという形になる」[11]。つまり、教養学部での大学院重点化ないし部局化とは、（中略）教養学部の後期課程の講座の大学院総合文化研究科へ移すことである。駒場の後期課程について、石井氏は次のように述べている。

「後期課程、いわゆる専門課程、三年、四年生を教育する部分というのがあります。ここには二つの学科がありまして、発足当時からあったのが教養学科。これは（中略）専門課程のことです。その中で三つにセッションが分かれていて、教養学科第一、第二、第三というふうになっていますが、この第一というところには、文化人類学、人文地理学、人間行動学、表象文化論、比較日本文化論、科学史及び科学哲学、以上六つの分科があります。このうち表象文化論とか比較日本文化論というのは、比較的最近できた分科です。教養学科第二というところは、いわゆる地域文化研究というふうに総括されるところで、アメリカ、イギリス、フランス、ドイツ、ロシア、アジア、中南米と、七つの分科があります。（中略）それから教養学科第三には、相関社会科学と国際関係論という二つの分科があります。また、教養学科に対応するもう一つの学科として、基礎科学科というのがあります。これは第一、第二と、二つに分かれておりまして、第一が相関基礎科学、第二がシステム基礎科学と呼ばれておりますが、いずれも既成のディシプリンを横断するような形で自然科学を研究する、そういう専門課程です。

これが後期課程ですが、さらに大学院として、総合文化研究科があります。そこには文化人類学、表象文化論、比較文学比較文化、地域文化研究、相関社会科学、国際関係論、広域科学、という七つの専攻が現在のところありますが（中略）大学院と後期課程というのは非常に密接な関係にある[12]」。この時点では、人文地理分科と人間行動学分科に対応する専攻講座は理学系研究科と教育学研究科であった。

筆者（矢田）自身、一九六〇年に、医学部進学を意識して東京大学教養学部の当時の理科二類に入学し、直後安保問題に直面し、社会科学を学ぶ必要性を感じ、いわゆる「文転」を指向して五一年の創立以来一〇年経たばかりの教養学科に六一年に進学した。進学先は文化人類学及び人文地理学分科で、大学院へは理学系研究科地理学専攻だった。「理科」に入り、教養学科に「文転」したつもりが、大学院では再び理学系となり、理学修士と理学博士の学位取得となった。文化人類学を専門とするものも、当時は理学系研究科の人類学専攻に進学し、同じく教養学科の同期の学生でも、人文科学研究科、社会学研究科に進学していった。このように、正式の講座間だけでも、本郷と駒場を結ぶ多くの複数の「線」が引かれていた。その後、総合文化研究科が設置され、多くの講座が本郷の研究科から移され、人文地理と人間行動学講座だけが兼担講座として本郷に残っていた。全学の重点化戦略のなかでこれらの講座の移籍について、教育学部長・理学部長との交渉が行われ、引き上げに成功した。この結果。本郷の講座と駒場の講座な分離が完了し、これによって本郷の大学院研究科が独自に、また駒場の講座も駒場内での重点化が可能となる。こうして、一九九一年度に法学政治学研究科の重点化が実現した。さらに、一九九一年、理学部数学教室と教養学部数学教室が一体となって、独立研究科の数理科学研究科を設立する構想が表面化し、学内で了承され、翌九二年度に数理科学研究科が「独立研究科」として発足し、理学研究科と工学研究科の重点化も開始された

　こうした駒場の後期課程と本郷の大学院の錯綜した関係の解消によって、駒場の大学院総合文化研究科、及びこれと密接に関係した後期課程の教養学科の、そして前期課程が「きれいに」収まった。他方で、すでに述べたように、東大の一、二年生は全員（教養学部に属し）、駒場で前期課程を学び、その後、『進学振り分け』によって、本郷の諸学部（一部は教養学科と基礎科学科）に進む。駒場のキャンパスには、こうした大量の前期課程の学生の教育に責任をもつ教官が多数いる。一九四九年のいわゆる新制大学発足時に策定された「大学設置基準」に基づいて、人文科学、社会科学、自然科学の三分野から成る一般教育科目に、外国語科目、保健体育科目を加えた五科目を担当する教官が駒場に配置されている。「教養学部の教官の組織もこれに対応する形で、人文、社会、自然、外国語、体育という五科に分かれている。これを内部的には『五科体制』と呼んでおりますが、教養学部の教官は全員がすべてこの五科のどこかに属している、ということになります[13]」。これらの教官のほとんどが大学院の講座所属となるのが、大学院重点化である。ここまで述べてきたことから明らかなように、後期課程たる「教養学科」および「基礎科学科」担当講座の教官は、総合文化研究科講座に移ることで「部局化」が可能となる。また、数理科学研究科という独立研究科が設置され、数学の教官は制度的に教養学部を離れて、「部局化」ができた。

「ところで、教養学部には外国語の教官が百人以上いまして、これはどこの教養部もそうですが、外国語の担当教官が非常に多い。そうすると、部局化するとしても、そこをどうするかというのがやっぱり大問題になってくる。しかし東大教養学部の場合には、さいわい、単に外国語を教えるだけではなく、広い意味での言語を専攻分野とするすぐれた研究者が数多くいたので、言語情報科学専攻という、（中略）新たな専攻を設けること[14]」にしたのです。この教養学部外国語科の重点化こそが最も大きな課題となった。中井書でも、七〇頁から九八頁にわたって、外国語教育の改革をめぐる関係教員の動きが丁寧に追跡されている。大変複雑であり、教官の固有名詞が頻繁に出てきて簡単に

は理解できない。そこで、大筋だけをまとめてみたい。

「一九九二年度の東大の概算要求は、ほぼ『言語情報科学専攻』の設立にしぼられることになってきた、しかし九一年の暮れ近くになって状況は一変する。文部省側が教養教育課程(前期課程)のカリキュラム改革の話をしきりにするようになった。言語情報科学専攻に始まる駒場の重点化が、前期課程の教育に生きてくるものでなければならない。それを保証するような前期課程のカリキュラム改革なしには言語情報科学専攻は認められないということである」[15]。つまり、「重点化」と「大綱化」が不可分の形で同時に実行することが求められた。これを受けて教養学部では、短期間に前期課程のカリキュラム案が作成された。駒場の「重点化」と、前期課程の大幅なカリキュラム改革が同時進行したのである。とは言っても、前期課程教育を前提に配置された人的資源を、大学院教育重点に移行することは、ありえないはずである。「教養学科」の重点化はともかく、「教養学部」全体の重点化は、「形容矛盾」とさえいえる。

駒場のカリキュラム改革―1　前期課程を基礎・総合・主題の三科目に再編成、そして前期課程と後期課程教官の相互乗り入れ

にもかかわらず、東大駒場は、カリキュラ改革に果敢に挑戦した。大胆な挑戦の結果実現した前期課程の新たなカリキュラムの内容は、一九四九年度新制大学発足以来四三年間続いた、人文科学、社会科学、自然科学、外国語科目、保健体育科目の五科目体制を、「大綱化」に基づいて基礎科目、総合科目、主題科目の三科目に再編成した[16]。このうち、基礎科目は、外国語(二ヶ国語)、情報処理、スポーツ・身体運動、そして文系は方法論基礎(人間、歴史、言語)と基礎演習、理系は基礎講義(数理・物質・生命)と基礎実験とする。総合科目は、A思想・芸術(言語科学、現代哲学、表象文化、テクストの科学、思想史・科学史、思想・芸術一般)、B国際・地域(国際関係論、地域文化論、文化人類学、国際コミュニケーション、国際・地域一般)、C社会・制度(現代法、比較社会論、現代社会論、相関社会科学、計量社会科学、公共政策、現代教育論、メディア・コミュニケーション論、社会・制度一般)、D人間・環境(地球環境論、人間生態学、認知行動科学、身体運動科学、現代倫理、科学・システム論、現代技術、人間・環境一般)、E物質・生命(物質科学、生命科学、宇宙地球科学、相関自然科学、物質・生命一般)、F数理・情報(数理科学、図形科学、統計学、計算機科学、数理・情報一般)である。主題科目は、学生の発議も可能な多様なテーマを設定して随時開講、となっている。

このなかで、大きく転換した「核心部分は、『総合科目』にある。総合科目こそ、学問的枠組みの全面的見直し・組み替えであり、文系から理系までを横断的にとらえるものであった。[17]」と高く評価している一方、石井報告では、総合科目設定となった強い動機を明らかにしている。曰く「組織の枠は完全に取り払って、大幅な相互乗り入れを行なった。どういうことかというと、たとえば外国語の教師というのは、前期課程では外国語しか教えてなかったんですね、実際問題として。しかし外国語の教官の中には、演劇の専門家もいれば、映画の専門家もいれば、言語学の専門家もいるというふうに、それぞれがじつはいろいろな専門をもっている。にもかかわらず、他分野の科目を担当することは制度上ほとんどできなかった。しかしそれを取り払って、外国語の中でも、たとえば言語学の専門家である人は思想・芸術の言語科学という科目を担当することになる。演劇・映画の専門家は表象文化論という科目を担当する。そういった形で非常に大幅な相互乗り入れを行なう。つまり横断型学際性というのを、単なるうたい文句じゃなくて実質化しようという、そういうコンセプトです。それから、各系列の最後にそれぞれ『何々一般』という科目がありますが、これは専門学部（後期課程としての教養学部を含む）の教官が担当する小人数講義です。一つには専門課程の教官も前期課程に積極的にコミットすべきであるということ、そしてもう一つには小人数授業の充実ということ、この二つの理念から生まれた科目です。この組み替えによって科目数がもう大幅に増えたわけで、世の中にはこれだけ多様な学問の姿があるんだということを学生に見せる。その中でおおいに迷いつつ選んでみろということで、原則としては学生に自由にどんどん選ばせる。（中略）そしてとにかく学生がこの中から、自分が将来専門とすべきものを探してもらいたい[18]」と総合科目の教育的意義を強調している。

それだけでなく、中井氏は、次のように、教官側の本当の狙いにも触れている。

「この『総合科目』は、重点化との整合性をも意識したものだ。『言語情報科学専攻』の設立にともない、外国語科のアピールも必要だったが、それぞれの教官の専門を生かす『総合科目』が設定され、蓮實（のちの東大総長）の表象文化論なども前期の授業として可能になった。そして大学院の研究を専門教育だけでなく、教養教育に還元することができるようになったのである[19]」。多様な分野で高い専門性を持ちながら、東大駒場では「外国語科目」の教育に限定されてきた外国語教官が「重点化」を契機に、堅い檻から解放され、学内で正当な市民権を確保し、それを跳躍台にして大学院教官になろうという「狙い」が見える。「教養学部の大学院重点化」という形容矛盾を制度的に突破するには、大変優れた戦略だったのかもしれない。

そのほか、石井報告では、前期課程のカリキュラム改革のうち文系学生対象の「基礎科目」について、次のように解説している。

「基礎科目というのは何か。これは学問研究にとって最低限必要な知識、技能を習得するものである。まずは文理共通で外国語。新カリキュラムでは二ヶ国語を必ずやれということになっています。英語を含んでもふくまなくてもいいけれども、二ヶ国語を必ずやる。（中略）ただし、英語教育に関しては、今回かなり大幅な改革が行なわれました。つまり英語関係の教官が総力をあげて、独自のビデオ教材とテキストを作成し、視聴覚設備を利用した中人数の一斉授業というのを始めたのです。そしてこれを補完するものとして、小人数による会話や作文などの実践的な授業を組み合わせる。これは本学部でも画期的な試みとして成果が期待されているもので、今回の改革の目玉の一つです。従来はどうだったかと言うと、つねに五十人ぐらいの単位で、購読が中心だったわけですね。その購読授業にももちろん意味がないわけではないけれども、これからはやはり使える英語をやらなければいけない。（中略）つぎの情報処理というのは、これまでも選択科目としてあったんですけれども、今回、新しく必修科目化したものです。これから高校、中学でも情報教育というのはどんどん進んでいく。今やこれは不可欠の知的技能であるという認識ですね。そのつぎの方法論基礎というのは文科系の科目ですが、これはいわゆる人文科学、社会科学に対応します。しかし、従来よりはもうちょっと広い枠組みで、人問、歴史、言語という、この三つのカテゴリーに分けてやる。（中略）つぎに文科系の基礎演習というのはどういうものかと言うと、これは今度まったく新たに設けたもので、あるテーマについて資料をどう調べたらいいか、どこへ行って、どういうものを調べたらいいか、それからそれをどのようにまとめて発表したらいいか、レポートや論文にどうまとめたらいいか、そういったことをやる。（中略）研究者になるならないにかかわらず、最低限それぐらいできなければいけないのではないか。ただ、それをやるには小人数でなければ当然できません。したがって、今までのクラスを半分に割って、小人数ゼミ形式でやる。（中略）コンセプトとしては、理科系の基礎実験に対応するものと考えていただいていいでしょう」[20]。

駒場のカリキュラム改革―その2　基礎演習と統一テキスト＝「知の技法」

こうして、四〇余年ぶりに一新した東京大学の教養教育カリキュラムの大きな特徴は、既述した総合科目以外に二つある。その一つは、文科一、二、三類の新入生の必修科目である「基礎演習」である。なかでも、そのサブ・テキストとして編集・出版・採用された『知の技法』、『知の論理』、『知のモラル』というタイトルの『知の三部作』で、大変話題をさらった。少し踏み込んでみよう。そして、もう一つは後述する英語教育である。

『知の技法』の本の帯には、「閉ざされた塔から開かれた濃密さ」へというタイトルで、「『知』も『大学』も大きく変わろうとしている。制度化された領域を横切り、硬直した知識を捨て、いましなやかに開かれた作法と身振りとして『知』はよみがえる―東京大学教養学部からの挑戦[21]」という、力の入った文章が添えられている。中井氏によれば、この本は、「発売一か月でいきなり五万部、一年で三二万部、同出版会始まって以来という売れ行きだった。「テキストの前半では駒場の文科系の一四人が、自分の研究のエッセンスを披瀝し、後半には表現技術（論文の書き方・口頭発表の仕方・調査の方法など）の説明がある。広く読まれたのはマニュアル的な後半だけでなく、前半の教養書的な部分のインパクトが大きかったからだ。（中略）二五人程度の少人数クラスで討論の技術を教え込む。問題を見つけ、意見を考え、主張するのは文科系のすべての学問に共通する基本的技術だ。つまり『問題解決の方法』である[22]」。というのである。

肝心の編者の小林康夫・船曳建夫両氏は、次のように言う、

「『知の技法』は、東京大学教養学部において前年の九三年度から新しいカリキュラムが発足し、とりわけ文科系の一年生に『基礎演習』という必修科目が設けられたことに対応して、文科系の学問のさまざまな技法を、なによりも学問の最先端のトピックを通して、伝えることを目標にして編まれたサブ・テクストでした。それぞれの教師が自分なりの仕方で、文科系の学問を行為していくために不可欠な論理的言語の使い方や表現のマナー、そして問題の立て方とその扱い方を演習していく際の手引きとして役立つものというささやかな願いから始まった本でしたが、大学の制度改革が進み、大学の教育そのものの在り方をより広く大学外の人びとにも開いていかなければならないという大きな流れとその編集意図か呼応したのでしょうか、大学から発信された本としては異例なほど多くの人に受け入れられ、読まれました。大学のなかの一種の『教科書』として発想されたものが、大学の壁を超えて社会のなかに取り込

まれました。そのことに勇気を得て、われわれは『知の技法』で感じられてはいたが、正面からは触れられなかつた問題を扱うために、その後二年の間に『知の論理』、『知のモラル』を上梓しました。技法・論理・モラルというといわゆる『知の三部作』が、東京大学教養学部（駒場）の教育の現場からという同じ編集方針のもとで刊行されたわけですが、それぞれ多くの読者に恵まれました[23]」。

駒場のカリキュラム改革―その３　学年一斉授業としての英語Ⅰの必修化

「この『英語Ⅰ』と呼ばれるプロジェクトは、一九九三年以前の英語教育のありかたへの反省の上に立って企画・実行された。すなわち、それ以前の英語の授業といえば、五〇―六〇名ほどの学生のいる各クラスを担当した教師がそれぞれ好きな教科書を選んで、英語のテクストを読ませ、訳させるというものがほとんどであった。教科書としてはシェイクスピアの劇があったかと思えば、メルヴィル、ディケンズなど癖の強い小説家の作品もある。ジョージ・スタイナーの難解な文明評論、そしてバートランド・ラッセルの人生論ならまだしも、ホワイトヘッドの晦渋な哲学テクストまでそろっていた。どこまで深く読ませるのかも教師によってまちまちである。英語学習という観点から、そもそも深く読ませることに無理のあるものも多々あった[24]」。

「一九九三年は東京大学の英語教育にとってビッグバンの年であった。四月の授業開始の日、教養課程に入学してきた三〇〇〇名の新入生たちが、誕生したばかりの The Universe of English――東京大学で独自に編纂された共通教科書――をいっせいに開き、その内容にぴたりと合致したビデオ教材の画面を食い入るように見つめながら、英語の授業を受けはじめたのである。語学の授業でありながら一つの教室の学生が一二〇名以上という大人数で成立させ得たこと、一学期のあいだに二度の統一武験か行われたことなど、名実ともに一つの時代を画する斬新なプロジェクトであったといえよう[25]」。これは、東大駒場の教養英語の二〇年後の共通テキスト（二〇一三年版）の編集代表者のはしがきである。一九九三年の英語教育ビッグバンで採用された全学一斉の授業（英語Ⅰ）と一〇数人から四〇人程度の少人数クラス英語Ⅱ（「聞く・話す」、「書く」「精読」、「速読」の四種類の中から選択）の組み合わせの教育システムの採用から二〇年、教材の内容は改訂されながら継続している。

中井書では、授業の模様をより生き生き描写している。「このテキスト（英語Ⅰ）の左側に原文、右側が注という構成は『訳読』授業を禁止することを意味する。授業では教師の解説は二〇分ほどしかない。学生の予習は大前提である。実は授業の中心はビデオ教材なのである。手作りの教材で、本文とゆるく関連するテーマの画像つき解説文を、駒場のネイティブ教師を含む多彩なナレーターの発音で聞く。各教室の天井にはこの授業のためのテレビモニターが何台も据え付けられている。三六〇〇人の一年生は同じ授業を一斉に受ける。もちろん過去に前例がない形態である。クラス八〇人から三〇〇人ずつ、二四教室に分かれ（翌年から一クラスの上限が一二〇人になり、教室数は延べ三二教室に増えた）、ほぼ同時刻に同じビデオ教材を見て、同じ小テストに取り組む。各教師には分刻みのスケジュール表が渡されている。大学院生のTA（ティーチング・アシスタント）とともに、ビデオを操作し、テストの配布、回収をする。教師が自分のベースでできるのは、本文の解説（それもせいぜい二〇分）だけだ。この授業形式にも驚くが、それ以上のことがある。これは東大に入学した一年生の全員が受ける統一授業であり、駒場の専任教師のうち二四人が、同一授業をし、同一テキストを使用することだ。『統制・規格化』を毛嫌いする『個人主義者』の大学教官が、よくそれを受け入れ、その運営に協力したものだ。もちろん背景に駒場の改革があって実現したことである[26]」。

「教養学部」の大学院重点化の実現

こうして一九九三年四月に「言語情報科学専攻設立に始まった駒場の大学院重点化は九四、五年に広域科学専攻、九六年に超域文化科学専攻、国際社会科学専攻、地域文化研究専攻と続き完成した[27]」

ところで、この時点で前期課程の外国語担当の教官は、大学院の講座にどのような形で「跳躍」したのであろうか。中井書の表5（七九頁）は、教養学部の将来計画第一委員会に英語教室から参画していた高橋和久氏のメモが掲載されている。表題はあくまで高橋氏の「個人的メモ」となっているが、当時の外国語科英語教室の教官配置プランが読み取れる。これによれば、総勢一一一名の外国語教官について、その専門分野から、既設の総合文化研究科の専攻のうち比較文学比較文化に八、表象文化論一四名、地域文化研究に三七名、計五九名張り付き、残りが「余り」と表現され、その数は五〇名となっている。このほとんどが新たに設置予定の言語情報科学専攻で吸収する、という算段である。もちろん、既存の専攻や新専攻への配置には、個々の教官の意向、各専攻の同意、何よりも文部省の設置審議会の審査があり、そのまま実現するわけではない。しかし、言語情報科学専攻が設置審で通り、既設の専攻を含めて総合文化研究科の重点化が完了したのであるから、全体としてこの専攻は「成功」したのであろう。

一九九六年の総合文化研究科の重点化完了から二二年、二〇一八年の研究科のホームページをみると、言語情報学専攻（教官四四名）、超域文化科学専攻（四六名）、地域文化研究専攻（四五名）、国際社会科学専攻（二九名）、広域科学専攻・生命環境科学系（四三名）、相関基礎科学系（六四名）、広域システム科学系（三八名）、計五専攻三〇八名の教員名簿が掲載されている、一言でいえば伝統的な研究分野の教員が、なじみのない専攻の研究者として掲載されている。

東大教養のカリキュラム改革と重点化の意義

最後に、東大教養のカリキュラム改革と重点化にからんで、なぜこうした大胆な改革が可能であったのか、個人的見解を披歴してみたい。

もちろん、一九九〇年代の「大学院重点化」と「大学設置基準の大綱化」という「黒船」が駒場キャンパスを襲い、これに危機感を持った教官グループが積極的に反応したことが原動力となった。本郷の専門学部では、日本での屈指の専門研究実績を誇り研究者育成にも大きな貢献をしているだけに、大学院重点化を積極的に受け止め、かつ比較的容易に実現していった。その方が予算、教官および学生定員増、さらに他大学との格付け格差など、大学間の差別化も大いに有利に働いた。しかし、大学の頂点にある東大にあって、教養学部の前期課程担当の教官にはそれほど容易なものではなかった。後期課程を持ち、総合文化研究科と言う大学院までもっていた教官にとって、慣習による前期課程への負担は残るものの、本郷の専門学部と制度的には大きな違いはなかった。前期課程の人文・社会・自然科学担当の教官にあっては、総合文化研究科や教養学科、基礎科学科と言う後期課程の教育に関与していたので、高い研究実績を携えて大学院専任教官へ移ることもそれほど困難ではなかったろう。問題は、一〇〇名を超える外国語教官の対応である。危機感は、外国語特に英語教室を直撃したことは想像に難くない。これに蓮実重彦氏という特別の教養人のいるフランス語教室が協力して、「駒場維新」が始まった。

少人数の基礎演習の教科書『知の技法』の編集者である小林康夫氏は、「たしかに（駒場の長期戦略を担当する）第一小委のメンバーではなかったが、フランス語教室所属で、渡辺（守章）氏や蓮實（重彦）氏が立てこもる表象文化論の研究室に属していた。二人は小林氏が駒場で学んだころの教師だったし、その後教師になってからも小林は『渡邊の子分』だ。『渡邊は第一小委員会が夕方終わると、表象文化の研究室に来て、そこで話し、みなで飲みに行ったりよくした。そこに川口（昭彦評議員）さんが来たりした。そういう場でいろいろなアイデアが出た。また図表作成などを手伝ってもいた）『その後も蓮實さんが学部長になり、その手伝いが続いた』（小林）。つまり小林は実質的には第一小委のメンバーと同じだったと言えよう。そして船曳も表象文化論の研究室によく出入りしていた。渡邊に気に入られていたし、小林とも友人だった。渡邊は第一小委のメンバIとは別に、表象の仲間を自在に走らせることができたのである。表象文化論の研究室が改革の『司令塔』であり、フランス語教室はそこに人材を送り込む『後背地』であった。（中略）第一小委で活躍した石井洋二郎もフランス語教室のメンバーである。フランス語教室は二〇人前後という適正規模もあり、研究と教育の一体のシステム『三層構造のサーキュレーション（循環）』が機能していた。一部の人が年功序列で大学院を持つことはなく、全員が『三層のすべての階』に関わること。『いかに優れた研究者であろうとも、駒場前期課程のフランス語の授業は必ず持つこと、これはフランス学の『初心』である』（渡邊）」[28]。中井書のこの部分のサブタイトルは、「革命の司令塔と後背地─表象文化論研究室とフランス語教室」となっている、この間の「知の技法」と「英語Ⅰ　ユニバース」、「総合科目」の導入、そして「言語情報専攻」を抱えた「重点化」への突入という一体の「駒場革命」の発信源と多くの指導者の供給源はフランス語教室・表象文化研究室であり、その指導者は蓮實重彦氏と渡邊守章氏であると、駒場に深く食い込んで取材した中井浩一氏は、ほぼ断言している。

最後に一言、学部長、副学長、学長として約一五年間大学の管理職を経験した筆者（矢田）からみれば、東大駒場の改革は、大変不思議に思われた。表象文化研究室ないしフランス語教室を核とする「改革の司令塔」がうまく機能し、優れた多数の人材のリーダーが活発に動いたとはいえ、自己主張が強くマイペースで働く大学の教官が同一方向に動くのであろうか、と言うことである。なかでも、英語を中心とする一〇〇名余の外国語の教官が一斉にベクトルを同じくして方向を転換したのである。大学院重点化の流れに置いてけぼりとなり、東大の教官なのに本郷の教官と違って、「大学院教授」と名乗れなくなるという危機感だけでこうした行動を可能にしたのあろうか。語学教育だけに封じ込まれていた状況から、本来の専門研究の教育の場ができるというインセンテブはそんなに大きなものなのか、という疑問である。

この疑問に私なりに答えが見つかった。英語担当教官にとって、新しい英語教育方法は、前期課程の英語の担当の時間が大幅に減少することになる。これが最大の魅力ではないのか。三六〇〇人の一年生一クラス四〇人を担当すると九〇コマ必要となる。これを一クラス一二〇人にすると三〇コマで済む。英語の担当教官の担当コマ数は三分の一に減少する、しかも教材は教科書とビデオですむ。教室では、九〇分のうちわずか二〇分だけ話せばよく、機材の運用はＴＡがやってくれる。教材は、同僚と共同で開発するから、良質となり、授業準備の負担は軽減される。それで教育の質が向上するのであるから、教育サービスの労働生産性が大幅に上がる。余裕の出た時間を、総合科目の講義や大学院生の指導に充てることが出来る、一石三鳥ではないか。少人数の英語Ⅱは、それほど負担にはならない。この英語のカリキュラム改革にもろ手を挙げるはずである。

もう一つ、前期課程の人文・社会科学担当教官も、既存の人文・社会科学の科目が廃止され、代わりに総合科目が教養科目の中心となる。これは、大人数の外国語教官も相互乗り入れで関わるから、全体として負担は減少する。また、外国語教官とともに必修科目での基礎演習を担当する。これもカリキュラム改革の目玉であるが、全学生向けの「知の技法」を共通の教材として使う。新しい科目で、多少の負担が生じるであろうが、新しい科目担当の魅力が加わる。「悪くない」選択である。教材開発に神経を使う一部の教官は別にして、人文・社会・外国語教員一般に大いに受け入れられる、「合理化」政策とは言えないだろうか。ここにも、「改革戦略」の賢明さが読み取れる。脱帽である。

こうして、伝統的な人文・社会・自然三科目制から総合科目制への全面的切り替え、全学生必修・同一テキストの基礎演習の導入、英語Ⅰ・ユニバースの全学生一斉授業システムの開発、以上の三点に集約される駒場教養改革の大波に乗って、蓮實重彦氏は教養学部長になり、さらに「形容矛盾」とも言える教養学部の大学院重点化という成果をなしとげて東京大学総長に選任された。その意味で、蓮實氏は、文部省主導の「平成の大学改革」の主役となったと評することは、歴史の皮肉である。そして、国立大学協会の幹部として「国立大学の法人化」の対応に直面することになる。私は、当時九州大学の改革およびキキャンパス統合移転担当の副学長で、杉岡洋一総長の代理で（旧帝）七大学長会議に二、三回出席したことがある。文部省の高等教育局長出席の重苦しい会議で、法人化について阿部東北大、松尾名古屋大総長の積極推進論に対し、非常に慎重に対応していたのが強い印象に残っている、もちろん、あくまで「表象」上のことで発言内容は、ほとんど接触したことがない「他人には推し量りがたいもの」ではあった。

2　もうひとつの国立大学のカリキュラム改革──単独系国立大学・東京外国語大学の事例

大学評価・学位授与機構は、「大綱化」から九年へた二〇〇〇年に全国立大学を対象に、「教養教育に関する実状調査」を行い、翌年一月その結果を『報告書』として取りまとめた。以下、この報告書のなかから、単科から二学部体制に移行した天野氏が「単独系国立大学」（天野氏の表現）の東京外国語大学のカリキュラム改革について簡単に考察しよう。筆者が大学評価・学位与機構の認証評価で評価委員として自己点検評価書を熟読し、現地訪問をした「土地勘」のある大学である。といっても、職務上知りえた非公開情報を紹介しているわけではなく、公表情報に限定されている。

東京外国語大学は、専門分野が「外国語」であることから、一九四九年の新制大学として発足以降、教養教育カリキュラムにおいて、当初から他の多くの大学と異なり特段の工夫がなされてきた。すなわち、大学設置基準に基づいて、人文、社会、自然科学の三分野からなる一般教育科目、外国語科目、保健体育科目、の三つの科目区分に分かれていた。このうち、「『一般教育科目』は、『言語学』、『文学』、『政治学』、『経済学』」といった専門的な学問分野の概説が提供されていた」。特に工夫されていたのは「外国語科目」である。

すなわち、「『外国語科目』は「一般語学科目」と呼ばれていた時期もあり、カリキュラム上、本学の専門科目の柱であった『専攻語学科目』とは明確に区別された教養科目としての位置づけが与えられていた。開設されていた言語は、英語、フランス語、ドイツ語、ロシア語、スペイン語、中国語の六つである。（中略）また、担当教官についても『専攻語学科目』を担当しない教官によって運営されていた。」[29]

こうしたカリキュラムが四〇年余続いた後、一九九一年の「設置基準の大綱化」を受けて、「一九九五年度以降は、授業科目区分の基準が変わり、授業内容に即して『（地域）言語科目』、『地域（基礎）科目』、『専修（基礎）科目』、『総合科目』という区分が採用されている。このうち『総合科目』は教養科目そのものを目的とした科目として、旧『一般教養科目』に相当する授業区分と見ることもできるが、その内容は（中略）言語、宗教、環境問題、科学技術、生命といったテーマについて、様々な学問的方法や視点からアプローチするものとなっている。これに関連して、旧『一般教養科目』の個々の授業が一人の教官の担当であったのに対し、現『総合科目』の授業には複数の教官によるものが少なくないことも特徴である。また、『総合科目』には主専攻語担当教官による授業が行われるようになった。

新カリキュラムにおけるその他の教養科目としては、旧『体育実技』から継承された『スポーツ・身体運動科目』と、IT社会に対応するための新たな科目として設けられた『情報リテラシー科目』が必修科目となっている[29]。人文、社会、自然科学系の諸分野の概論から、現代社会の当面する課題を『総合科目』として学ぶことが教養教育の中心となった。なお、この旧『一般教育科目』に含まれていた専門的学問分野に関する（文学、政治学、経済学などの）授業科目の多くは、『専修基礎科目』に継承され、専門科目への導入として位置付けられている。逆に、旧カリキュラムで前期一、二年の『専門教育科目』の中の『専攻語学科目事情講義（前期事情講義）』は、現行カリキュラムでは『地域基礎科目』に継承されているが、課程に関連するする地域についての概論的内容を提供する教養科目的な位置付けが与えられている。また、旧「外国語（一般語学）科目」は、「副専攻語科目」として、単なる教養的内容ではなく、「実用」に耐えるレベルまでの達成度を目指すものとされている[29]。

筆者は、言語文化の専門でもなければ、外国の地域研究の専門でもなく、こうしたカリキュラムがこれらの専門分野の人材育成にどのような意味を持つか、的確に評価することはできない。しかし、一九四九年の新制大学制度における設置基準が、硬直的でかつ形骸化された「教養教育」で、特定分野に特化した単科大学に適用するには多くの弊害があったろうことは十分に推察できる。その意味で「大綱化」による科目編成の強い縛りから解放され、大学の人材養成の趣旨に合ったカリキュラム編成が五年後に出発したことは大変大きな意義を有する。筆者なりに、多様な科目編成を「立体化」してみると、人材養成の核となる「地域言語科目」と「地域基礎科目」と言う二つの芽の周りに「副専攻語科目」、「専修基礎科目」、「総合科目」という芽が大きく育つための豊かな栄養分を配置し、さらに、現代の社会人として生きていくうえで欠かすことのできない「情報リテラシー科目」と「スポーツ・身体運動科目」を外周部に配置するというカリキュラム構造となっている。「大綱化」により古い縛りから解き放されたなかで、よく考え抜かれたカリキュラムと言えるであろう。

しかし、このカリキュラムも、二〇一二年の大胆な学部再編によって大幅な修正を迫られる。大学発足後第三のカリキュラム改革である、『学部案内　二〇一三』で、岩崎稔国際社会学部長のメッセージが、学部再編成の趣旨をわかりやすく説明している、引用しよう。

「日本の近現代史のなかで、東京外国語大学はずっと日本や東アジアにおける『外国研究』の中心でした。そこでは、言語をしっかりと修得するということが、つねに教育方針の根幹に据えられており、そのために『外国語学部』という枠組みはかなり有効なものとして機能していました。しかし、その学部名は『外国語』だけを学ぶ場所というイメージを引き寄せてしまいます。（中略）実はすでにずっと以前から、東京外国語大学はそうしたメージを飛び越して、はるかに高度な高等教育機関として機能していました。たしかに、言語を学びとるということを、あらゆるカリキュラムのなかで大切にしていることは変わりません。でも、同時にその言語運用能力を通じて、世界のさまざまな地域の歴史と文化、政治経済構造を社会科学的、文化学的に研究する一大センターとしても、この大学は圧倒的な底力を発揮してきているのです。（中略）世界のどこかの地域で起こった事件や内戦に対して、本学の研究教育機能がなければ、日本社会はまったくお手上げになってしまうほどなのです。それに、国境を軽やかに跨ぎ越し、国際的な移動と交流の現場で思考し実践する人材を育てるという点でも、東京外国語大学はすでに大きな役割を果たすようになっています。そのような伝統と実績に基づいて、二〇一二年度から二学部の新体制に組み変わるのですが、それは『外国語学部』という殻が、わたしたちの大学の実力に比べると少しばかり窮屈になっており、そこで東京外国語大学が果たしている社会的な役割の大きさに相応しい姿に脱皮する必要があったからです[30]」。

こうして、4―1図にみるように、新制大学発足以来六三年間の「外国語学部」一学部体制から、二〇一二年に「世界のさまざまな地域の言語と文化を学ぶ」「言語文化学部」と「諸地域の社会の構造や国際関係を学ぶ」『国際社会学部』の二学部体制となった。

これにともなって、一九九五年に改訂された教養教育カリキュラムも、わずか一七年間実施されたのち、「世界教養プログラム」と銘打って装いを新たにした（4―2図）。

具体的には、入学時に選択した地域の言語についての「地域言語」科目と「地域基礎」科目を核とし、従来の「副専攻語科目」を「教養外国語科目」と「GLIP英語科目」からなる「言語科目」に変更した。さらに、従来の「総合科目」や「専修基礎科目」をまとめて「国際社会で活躍する一職業人として欠かせない人文科学と社会科学に関わる知性と教養を磨く「世界教養科目」にした。また、「情報リテラシー科目」を「学術リテラシー」に、「スポーツ身体運動科目」を「スポーツ身体文化科目」、それぞれ名称を変え、これに「基礎演習」（レポートや論文が書けるま

4－1図　東京外国語大学学部改編図

1949－2011 外国語学部		2012－ 言語文化学部		国際社会学部
英語	⇨	英語	＋	北西ヨーロッパ地域
ドイツ語		ドイツ語		中央ヨーロッパ地域
		ポーランド語		
チェコ語		チェコ語		西南ヨーロッパ地域
フランス語		フランス語		
イタリア語		イタリア語		ロシア地域
スペイン語		スペイン語		
ポルトガル語		ポルトガル語		北アメリカ地域
ロシア語		ロシア語		
モンゴル語		モンゴル語		ラテンアメリカ地域
日本語		日本語		
中国語		中国語		日本地域
朝鮮語		朝鮮語		
インドネシア語		インドネシア語		東アジア地域
マレーシア語		マレーシア語		
フィリピン語		フィリピン語		中央アジア地域
タイ語		タイ語		
ラオス語		ラオス語		東南アジア地域
ベトナム語		ベトナム語		
カンボジア語		カンボジア語		南アジア地域
ビルマ語		ビルマ語		
ウルドー語		ウルドー語		西アジア・北アフリカ地域
ヒンディー語		ヒンディー語		アフリカ地域
アラビア語		アラビア語		
トルコ語		トルコ語		オセアニア地域

東京外国語大学概要（2012 年度版）より矢田作図

で知の技法を鍛える）を加え、三つをまとめて「教養科目」として外周部に配置した。こうした、科目の再編と名称の変更による新しいカリキュラムのなかにあって、最大の目玉は、「GLIP」(Global Linkage Initiative Program)である。これは、「言語科目」中の英語の運用能力を高める「英語科目群」と「世界教養科目」中の「教養科目群」というふたつの「科目」をまたぐものである。前者は、「英語を学ぶ」と銘打って、少人数教育による英語の発信（English Production）と読解・聴解（English Reception）能力を育成する Interactive English, Academic English（学術

４－２図　東京外国語大学　教養プログラムと専門コース

1995－2011

外国語学部

言語・情報　コース	総合文化　コース	地域・国際　コース
	総合科目	
地域基礎科目	主専攻語科目	副専攻語科目

⇨

2012－

言語文化学部　　**国際社会学部**

言語・情報　コース	グローバルコミュニケーション　コース	総合文化　コース	世界教養プログラム	地域社会研究　コース	現代世界論　コース	国際・関係　コース

世界教養プログラム

地域科目	**言語科目**	**教養科目**	
地域言語科目	教養外国語科目	学術リテラシー	基礎演習
地域基礎科目	ＧＬＩＰ英語科目	ＧＬＩＰ（世界教養科目）	
	（英語「を」学ぶ）	（英語「で」学ぶ）	
		スポーツ身体文化科目	

東京外国語大学学部案内 2013 より矢田作図

レベル英語）、Career English（ビジネス実践レベル英語）が、四年生迄提供されている。後者は、「英語で学ぶ」と銘打って、国際市民として必要な教養（Global Liberal Arts）、日本の言語・文化・社会（Perspective on Japaan）、国際問題（International Studies）を英語で学ぶものである。このＧＬＩＰは、日本人学生には留学前準備として、また、東京外国語大学で学ぶ留学生用として提供されている。「大綱化」により、厳しい縛りから解放された大学が、自前の教育資源を全開した、自らの人材養成の趣旨に十分により沿ったカリキュラム編成である。

なお、東京外国語大学は、一学部体制から二学部体制に移行した時、大学院については、教育組織と研究組織に分離し、教育組織は総合国際学研究科、研究組織は総合国際学研究院となった。その結果、教官は一つの研究院所属となる。

このうち、言語文化学部は、「世界の言語・文化を学ぶ」という趣旨で「言語・情報」、「グローバルコミュニケーション」、「総合文化」の三コース、国際社会学部は、「地域社会研究」、「現代世界論」、「国際関係論」の三コースからなっている。二つの学部共通の教養教育が「世界教養プログラム」である。「世界教養プログラム運営室」が、プログラムに関する企画、運営、非常勤講師の任用等の責任を負っている。いずれかの学部の副学部長のうち一方を室長、他方を室長補佐とし、世界教養、言語、地域基礎、基礎等の科目について各々の調整部会を置いている。プログラムの実施は、両学部の教員が協働して当たっている。

なお、大学院については、総合国際学研究科として一本化しており、教員組織も総合国際学研究院として組織的に分離し、一研究科二学部の教育責任を負うとともに、効率的な管理運営体制をしいている。この二学部と世界教養プログラム、一研究科一研究院体制への転換は、ロシア文学者の亀山郁夫第一一代学長（二〇〇七―一三年）の下で断行された。その後、二〇一五年に国際日本研究センター及び世界言語教育センターの教員の所属組織を「国際日本学研究院」に統合し、四年後の二〇一九年に国際社会学部日本学科を改組して第三の学部「国際日本学部」を開設した。

(1) 大﨑仁『大学改革　一九四五―一九九九』有斐閣選書　一九九九年　三一八頁。
(2) 藤原書店編集部編『大学人からの報告と提言　大学改革とは何か』一九九三年。
(3) 中井浩一『「勝ち組」大学ランキング―どうなる東大一人勝ち』中公新書ラクレ　二〇〇二年　三五頁。
(4) 同右書　三八頁。
(5) 千石　喬「過去と現状」『教養学科の三〇年』東京大学出版会　一九八二年　五頁。
(6) 本間長世「私的な回想」前掲『教養学科の三〇年』一〇頁。
(7) 千石前掲論文　三頁。
(8) 同右論文　四頁。
(9) 中井前掲書　四〇頁。
(10) 石井前掲論文　四一―四二頁。
(11) 同右論文　三六―三八頁。
(12) 同右論文　三一―三三頁。
(13) 同右論文　三一頁。
(14) 同右論文　三八頁。
(15) 中井前掲書　八五―八六頁。
(16) 石井前掲論文四四―四五頁。中井前掲書八九頁。
(17) 中井前掲書　八八頁。
(18) 石井前掲論文　四七―四八頁。
(19) 中井前掲書　九〇頁。

(20) 石井前掲論文　四二―四六頁。
(21) 小林康夫・舩曳建夫『知の技法』東京大学教養学部「基礎演習」テキスト　東京大学出版会　一九九四年。
(22) 中井前掲書　一二〇―一二一頁。
(23) 小林康夫・船曳建夫編『新・知の技法』東京大学出版会　一九九八年「はじめに」i、ii頁。
(24) 東京大学教養学部英語部会編『東京大学　教養英語読本I』東京大学出版会　二〇一三年　Preface V。
(25) 同右書　V。
(26) 中井前掲書　一〇一―一〇二頁。
(27) 同右書　九七頁。
(28) 同右書　一三二―一三三頁。
(29) 大学評価学位授与機構『教養教育に関する実状報告』二〇〇〇年　二七七頁。
(30)『東京外国語大学学部案内　二〇一三』六〇頁。
(31)『東京外国語大学概要　二〇一二年度版』。

三　国立大学の「教養部」解体

1　教養教育担当組織の変遷――石井文氏の分析

教養部の意義と課題

　ところで、大学制度に造詣の深い高等教育専門家の寺崎昌男氏は、「大学改革を、大学における研究と教育の深部にわたる変革として捉える場合、カリキュラム改革は、重要な表明文とも言うべきものであると思われる。大学が掲げる学問精神と、その教育理念を典型的に実現するものがカリキュラムである。その改革案には、大学改革の全意思が表明される。にもかかわらず、改革案作成や実施が困難に当面する」[1]。そして、教育現場で具体的に生じる困難の原因について次のように指摘している。

「カリキュラム改革が、学部制度・学科制度・進級・卒業制度等々の、すなわち研究教育に直接関わる内部システムの改編を必至とするという点である。それらの諸制度は、教員集団の組織のあり方、学生の受ける教育内容のあり方、さらに、教員・学生・職員を含む大学内の組織的構成全体の権利・義務関係、さらにはそれらおのおのの身分的位置づけにすら関わっている。そのために、それらの改編をもたらすカリキュラムの改革は、少なくともそのプランづくりにおいて、また実施の準備において、長い時間と細密な配慮とを必要とするのである。そればかりではない。右のような諸制度の改革は、既存の大学内に醸成されてきた利害関係やセクト主義、ギルド的な人間関係等々の改組・変革に連なるという側面を持っている。またカリキュラムの改革が学部や学科、講座、課程などの改編にいたるとすれば、（中略）大学のカリキュラム改革は、カリキュラムにつらなる諸制度の改編を介して大学内・外の組織の利害関係に結果的にコミットするものになる」[2]。

　そして、カリキュラム改革の困難のもう一つにつらなる諸原因について、日本の大学人の伝統的な教育意識をあげている。曰く。「大学教育とくに専門学の教育は、個々の大学教師が、個人的な研究の自由に裏づけられた自己の専門的研究の成果ないしプロセスを、学生に講授することである。その場合、教育は、研究の成果ないしプロセスを、研究の論理に従って、学生自身の理解や修学順序などに関わりなく陳述（プロフェス）することと同義となる。（中略）そのことから、その『発表』『陳述』の場である某々科目の授業は、時間割上はある位置に置かれているとはいうものの、制度的な性格を持つ『カリキュラム論議』などには本来なじまないものと見なされる。大学教育の現場では、ともすれば、カリキュラムに関する大学内の論議は、せいぜいのところ、各教員の受持授業科目が時間割のどの部分に置かれているかといった程度の関心対象にしかならない傾向がある。（中略）この場合、カリキュラムは、教育意思や学問精神の発現ではなく、諸教員の研究発表の集積なのである。このようにして、伝統的大学教育意識は、カリキュラム改革を困難なものにする潜在的な原因の一つになる」[3]。四〇年の大学教員生活を経験した私には、戦後日本の大学の状況を大変よく表現していると思う。

寺崎氏によれば、「大学カリキュラムの改革において問われるのも、一般教育あるいはさまざまの専門教育において、どのような範囲の学問・技能・知識を、どのような系列と順序性をもって、学生に提示するかということに関わる問題である」[4]。一九九一年の「設置基準の大綱化」は、戦後四〇年余にわたって維持されてきた教養科目と専門科目、教養科目における人文・社会・自然の一般科目、外国語科目、保健体育科目の縛りをなくし、それぞれの大学の裁量に任せる、と言うことである。教養教育の重要性は強調するものの、カリキュラムの全面的見直しを求めたものである。

こうした「大綱化」方針に対して、各大学は、戦後半世紀間の社会情勢の変化、科学技術の発展、各専門分野の飛躍的深化、社会の高等教育人材養成への期待の変化などを考えると、半世紀ぶりの大胆な見直しを迫られる。いずれの大学も学内の英知を絞ってカリキュラム改革に乗り出した。しかし、教員という最大の資源について、予算の都合上大幅に増やすことは難しい。そしてなによりも旧来のカリキュラム体系の諸科目に適合する形で教員を採用し、配置してきた。とくに、教養科目は多分野の専門の教員を多数かつ隙間なく配置してきた。お互いの科目担当を融通し合うほど同分野の教員が複数いる大学は一部の有力大学を除いてほとんどない。ましてや、教員人事が学部教授会単位で決定されるので、全学規模での学部間の教授の移動は容易なことではない。さらに、個々の教員は、特定の教育科目担当を前提に採用されているのでカリキュラム改革によって科目が消えることは『死活』問題である。新しいカリキュラムが当該教授会で議論・決定されるのであるから、担当科目の存続に真剣に取り組む。つまり、教員個々人のプライドと生活が懸かっているから学部長はフリーハンドでデザインを策定することはほとんど不可能である。「固まってしまった科目構成と教員配置」を一新することは難しい。できれば、現状維持か、個々人に「痛み」が生じない程度に微調整ですませれば、と学部の幹部が考えるのは自然である。

こうした中での「大綱化」である。文部省には法的強制力はないが予算配分という「権力」がある。これを使うしかない。東大駒場には、東大全体の「重点化」と、その重要な構成部分としての「教養学部の部局化」というアメをちらつかせて教養教育の「カリキュラム改革」を求めた。重点化と「大綱化」・カリキュラム改革は、本来別のものではない、表裏一体だからこそ、駒場の教官が英知をふるって、全国が注目するカリキュラム改革を断行した。教官定員・学生定員・諸設備費などの大幅予算増となる旧帝大等の上位大学もまた、大学院重点化と「カリキュラム改革」に乗りだした。これに対し、学部数・教官定員の少ない地方国立大学は、柔軟な科目再編の余地は少ないことから教養課程のカリキュラム改革に消極的となりがちなのに対し、これを機に教養科目の縮小と専門科目の増大を求める専門学部の攻勢に少なくない地方国立大学「教養部」教授会は徹底抗戦の構えをも見せながら、厳しい「学内調整」と「文部省交渉」を行い、新しい教養教育カリキュラムと学内組織再編を実施してきた。

こうした、国立大学の個別の対応の多様性については、「大綱化」後ほぼ一〇年を経て行った、大学評価・学位授与機構による「各国立大学を対象に行う全学テーマ別評価『教養教育』（平成一二年度着手分）の一環として実施した教養教育に関する実状調査の結果を取りまとめたもの」（以下機構の『教養教育調査報告』）がある。また、こうした国立大学のカリキュラム改革を俯瞰的に論じた吉田　文氏の論文「教養部の形成と解体[5]」と言う力作がある。これに、すでに駒場の改革のおりにたびたび引用した、中井浩一氏の『「勝ち組」大学ランキング』中公新書ラクレ　二〇〇二年の「Ⅳ　誰が教養部をつぶしたのか」を加えて、全国的な流れを概括してみよう。

分校、文理学部、学芸学部

吉田　文氏は、まず、一九四九年の新制の国立大学発足以降一九六三年に国立学校設置法の改正によって、教養部が正式に「法制化」されるまでの国立大学の教養教育担当の教育組織について大略三つに分類し、一〇余年間の経過を考察している。それによれば、一九五一年に教養学科を設立して「教養学部」となった東京大学を別にすれば、これを除く「旧帝国大学は、（統合した）旧制高校（北海道大学は大学予科）を母体とした分校が学内措置の教養部となって一般教育を担っていた（中略）」。こうして新制発足の早い段階で、「旧帝大とそれ以外の旧制高等教育機関の格差が、新制大学内の学部と教養部との格差に連動したというケースもありうるようだ[6]」。

「第二のカテゴリーに属するのは旧帝国大学と統合しなかった旧制高校であり、それらは、ほとんどが文理学部となって一般教育を担当した。文理学部をもったのは一四大学、文系学部と理学部とに分化したのが新潟（人文と理）、金沢（法文と理）、岡山（法文と理）、熊本（法文と理）大学の四大学である。これらの大学の（中略）文理学部にとって問題であったのは、文理学部の専門教育以外に、全学の一般教育を担当し、それに加えて教育学部の専門教育を担当するという三重の役割が過重負担になっていたことである[7]」。なお、「この時期、文理学部が担っていた一般教育は、文理学部内の特定の教員によって担われていたというよりは、文理学部の全教員、場合によっては他学部の教員の応援も得て行われていたようである[8]」。

「第三のカテゴリーである旧制高校をもたなかった大学は、旧師範系機関を母体とする学芸学部が一般教育の担当部局となった。旧制大学も旧制高校もない地方国立大学は、おのずからその規模は小さく、学部数も少なかった。学芸学部は、通常、教員養成の課程とリベラル・アーツ的な課程の両方をもっており、そのうえ、全学の一般教育を行うことはやはり過重負担であった。とくに、長らく中等教育機関として位置付けられてきた師範学校であり、教員に充分な陣容をそろえられなかったという問題も抱えていた[8]」。そのほか、北海道、東京、愛知、京都、大阪、奈良、福岡の各学芸大学など旧制師範学校を母体に新制大学となっており、当然このカテゴリーに入るとみられる。

教養部の制度化

以上、三つのカテゴリー、つまり分校、文理（一部人文または法文と理）学部、学芸学部への一般教育担当教員の配属から一四年後の一九六三年に「国立学校設置法」が改正され、「原則として専門教育は講座制、一般教育には学科目制がしかれ、それぞれに定員が配置されることになった[9]」。この「教養部の法制化にともなって教養部を設置した国立大学は、六三年の名古屋、京都、大阪、九州の四大学を皮切りに、六八年の宇都宮、愛媛の二大学を最後として、全部で三三大学（七二年復帰の琉球大学を含む）であった[10]」。また、「学芸学部は教員養成に特化すべきとして、一九六六年の国立学校設置法の改正により、学芸学部は一斉に教育学部と名称を変更した。しかし、教養部を独立できなかった教育学部は、引き続いて一般教育を担当せねばならなかった[11]」。時期を同じくして、東京学芸大学を除く北海道、愛知、京都、大阪、奈良、福岡の学芸大学は一斉に「教育大学」に名称を変更した。宮城教育大学は、東北大学から分離して設置された。

「このようにして教養部は法制化され一般教育の責任体制は確立されたものの、それは一般教育問題を解決することにはならなかった。というのは、(中略)、法制化された教養部が新たな差別化の温床となったからである[12]」。

とは言っても、設置基準の「大綱化」が断行され、国立大学の教養部が一挙に「解体」される一九九〇年代前半までなお四半世紀を要したのである。この間、一九七〇年前後には全国的に大学紛争が発生し、大学の機能がほとんど麻痺する一方、私立大学を中心に急増する学生の受け入れに精一杯の状況が続いた。その後、「大学設置基準」は、少しづつ緩和され、総合科目を取り入れたり、一般教育セミナーを開設したり、一般教育と専門教育を振り替えたり、一年次学生に対して専門教育の単位となる授業を行ない、上級学生のために一般教育の授業を行うなど、カリキュラム編成の柔軟化が進行した。他方、広島大学は一九七四年に総合科学部を、岩手大学は一九七七年に人文社会科学部を、ともに教養部を改組して設置し、学生、教員定員、そして年間予算の大幅増大を獲得した。これらの大学は、「一般教育担当の教員が学部より一段低く見られている教養部に所属していることによる格差の解消とともに、総合科目の設置や四年一貫カリキュラムの編成などカリキュラム面での改革を実施しようとする試みであった[13]」。あえて言えば、東大教養学部方式への移行である。さらに、一九七七年に「教養部をもたない二学部以上の大学に一般教育主事を置くことの法制化につながった[14]」。

2　教養部の廃止と改組――中井浩一氏の四類型

以上のように、一般教育の担当をめぐる教員の組織形態の多様化・複雑化のなかで、これらの課題を一挙に解決するものとして、一九九一年の「設置基準の大綱化」が実施された。ここでは、「一般教育と専門教育の区別を廃した。これは、一般教育を担当する教養部という組織の存在理由が失われることであり、教養部をもつ大学は何らかの改組を迫られることになった。九三年から九七年までの五年間に東京医科歯科大学を除いたすべての教養部が廃止された。(中略)旧帝大系はすべて新学部ないし新研究科による改組をし、また早い時期に改組した大学ほど学部化している」[15]。吉田論文によれば、京都大学では総合人間学部と人間環境学研究科、東北大学では国際文化研究科と情報科学研究科、大阪大学では国際公共政策研究科、九州大学では比較社会文化研究科と数理学研究科が設置され、教養部教員の多くはここに所属し、全学部の学士課程の一般教育をも担当することになった。神戸大学も発達科学部と国際文化研究科を設置した。他方、群馬大学は社会情報学部、宇都宮大学は国際学部、岡山大学は環境理工学部、静岡大学は情報学部、岐阜大学は地域科学部、佐賀大学は文化教育学部、長崎大学は環境科学部などの学部を新設した[16]。

ところで、「一九九一年以降に法制化した教養部を廃止した二九大学について教養部所属教員が、どの学部に配属されたかを、(中略)みると、新学部が創設された大学ではそこへの配属が多いものの、そうでない大学で教養部を廃止した大学のうち、文理学部を母体にして教養部を設立した大学では、文学部、人文学部、法文学部など文理学部から分かれた学部の文系学部に分属した教員がもっとも多く、学芸学部から教養部を設立した大学では、学芸学部から分かれた教育学部へ分属した比率が高い傾向を読み取ることができる。すなわち、教養部が廃止されたことによって、教養部に所属していた教員は、教養部を生み出す母体となった学部へ回帰する傾向が強いのである。もちろん、教養部が法制化されてから二〇余年を経ており教員の世代交代は進んでいるが、教員の専門性からくる分属の場はおのずから元の古巣にもどる結果となっているのである。(中略)ともあれ、旧制度からの改革から半世紀、教養部の法制化から二〇余年を経て、教養部はそれを生み出した組織に吸収されることによって幕を閉じたのである[17]」。

組織変遷を貫く二つの糸

ここまで、吉田氏の丁寧な追跡にみる、戦後新制大学発足後の約半世紀の教養教育および担当教員の置かれた地位及び組織の変遷は、以下のように整理することができる。すなわち、東大を除く旧帝国大学と統合した旧制高校(または大学予科)、それ以外の旧制高校、旧制師範学校という三つのカテゴリーを横糸に、一九四九年の大学設置基準に基づく新制大学の発足→一九六三年の国立大学設置法の改正による「教養部」の法制化→一九七七年の一般教育主事制の導入→一九九一年の大学設置基準の「大綱化」という文部省の政策展開を縦糸に、その交点に位置した個々の大学の学内事情による選択の違いが模様に加味された、一つの織物となった。そして、文部省の政策と個々の大学の選択には、専門教育担当教員と教養(一般)教育担当教員との学内「差別」の解消への流れという赤い糸と教養(一般)教育の責任体制の摸索という青い糸が絡み合うように走っていた、と表現することもできる。このうち、赤い糸すなわち、戦後日本の大学の学内で、教養教育担当教員に対する「差別」が生じ、定着した原因としては、歴史的にみて二点に集約される。

ひとつは、戦後の学制改革において、戦前の大学が専門教育中心であったのに対し、占領軍が教養教育重視を打ち出し、大学四年のカリキュラムの前期に五教科からなる教養科目を半ば「強制」したことである。「人間形成に不可欠」という教養教育の大学での実践経験は、旧制高校や大学予科にはあったものの、戦前の帝国大学や医科大学などの大学には持ち合わせていなかった。そこで、教養教育の内容について十分に検討することなく人文・社会・自然科学の三科目の概論と外国語の習得等を内容として、各大学が時間がないままに一斉に走り出し、「惰性」的に慣習化した。その後走り出してからでも「人間形成」に不可欠な教養教育の在り方を深めなければならなかったのである。

もう一つは、一県一国立大学主義に基づいて、旧制大学だけでなく、旧制高校や師範学校が一挙に「大学化」し、研究実績のほとんどない「教師」が「大学教員」に格上げされ、多くの大学で教養教育担当に組み込まれてしまったことである。寺崎昌男氏が指摘するように、自己の研究業績を発表するのが日本の大学の教育だとすれば、教養科目の講義は明らかに研究実績のほとんどない教員によって行われたわけで、いきおい「低質」にならざるを得なかった。教育内容にも、研究にも自信のない教養教育担当教員が、帝国大学や医科大学、実業系大学を基盤とする専門学部の教員から軽視されるのは、ある意味やむを得なかった。

しかし、新制大学発足当時はともかく、それから一〇年、二〇年をへてなおこうした差別が学内に定着することに問題の深刻さがある。その後の教養教育担当として採用された教員は、専門学部担当の教員と変わらず大学院教育を受けたものが大半であり、たまたま「就職先」が「教養部」であったにすぎない。少なくとも一九六〇年代に大学院教育を受けた私の世代では、就職先が専門学部か教養部かが研究水準によって決まっていたわけではない。その意味で、「差別」なるものは、教養教育担当教員への賃金や研究費の「格差」と教員の「意識」の問題なのである。前者は、文部省の予算政策の変更を不可欠とするものであり、後者は教員の「意識改革」の問題である。いずれも、「教養部」

という組織体制の変更を不可欠とするものではない。むしろ教養教育に対する責任体制の維持という視点から必要なのである。その意味で、「差別」解消を「教養部」と言う制度の変更によって実現しようとする動きは本末転倒である。

ここに、寺崎氏が指摘する日本の大学人の「伝統的大学教育意識」が深くかかわってくる。つまり、「大学における教育は、個々の大学教師が、個人的な研究の自由に裏づけられた自己の専門的研究の成果ないしプロセスを、学生に講授することである」[18]。その意味で教育と研究は不即不離で一体化するものとの意識である、しかし、教育と研究は別次元のものである。同じ大学教師も、教育対象に合わせて教育内容と方法は変えていくものである。対象が学部一、二年生の「教養課程」と三、四年生の専門課程ではおのずと教育内容は異なってくる。前者が概論ないし入門レベルであったからと言ってそれを担当する教師の研究水準が低いわけではない。むしろ高い研究水準の教師が、入門者にわかりやすい講義をするケースが多い。教育内容の水準と担当教員の研究水準とはパラレルではない。この点を無意識のうちに混同していることから学内の「差別」意識が生じている。この意識こそが教養教育担当の教員への「差別」の定着をもたらしている。このように理解すれば、戦後半世紀近く貫かれた「教養部」再編ないし廃止の動きは、大きな錯誤に起因するものであったとみるべきであろう。

対象学生に合わせて教育することは何ら教育水準の優劣ではない。むしろ人間形成に最重要な教養教育とはなにか、もっと本質的なレベルの教育に転換すべきではなかったか。これが半世紀遅れの設置水準の「大綱化」の狙いであろう。半世紀もかかって、「組織変更」に精力を傾けていたことが問題である。ことはカリキュラムの全学的レベルでの再検討であり、「教養部」の存否ではないはずである。

この点で、中井浩一氏は、「教養部解体」の本質について、より突っ込んだ分析をしている。具体的には、一九九一年の大綱化の時点で教養部をもっていた国立大学二六大学の教養部改組を4—1表のように四類型にわけ、これを時間軸に置いたマトリックスで表現し、当時の各大学の「雰囲気」を次のように記述している。「文部省の意向はともかく、教養部は一斉に解体された。横ならびである。そのとき教養教育どうなったかというと、廃止されたところはない。京都大学が開発した『全学出動方式』で教養教育は続いた。各学部が四年一貫教育をおこない、新たな教養教育（全学共通科目）は各学部代表からなる委員会でおこなうというものだ。他大学もそれに類した形で実施した。ただし、その教養部改組のあり方には大きな違いがある。大きくは、四タイプに分けて考えられる。①大学院と学部を新設、②

大学院を新設、③学部を新設、④教養部教官は既存の学部に分属しただけで新設なし。（中略）格差是正の解決は、一つには教養部を解体し、全教員が他学部に配属されること。または、教養部が他学部と同じ条件を獲得すること。つまり学部化したり、大学院を設立することだ。しかし、後者に進む大学は少なく、多くの大学が『易きに流れた』のである」[19]この図表で、後者に動いた大学は、「大学側の積極的に打って出る姿勢と、社会の動向をにらんだ独創的構想力、文部省との交渉力と学内の意向をまとめあげ力量が必要であり、そこにはやはり主体性を認めてよいと考える。（中略）何もせず、周囲を見渡すばかりで、最終的には何の構想も成果も残せないよりはましであろう。ここでの主体性とは、もちろん個々の教官の問題、各学部だけの問題だけではなく、学長のリーダーシップなどを含めた総合的なものである」[20]。中井氏は、「九州の大学では動きは鈍い。競争があまりなく、地元では『殿様』として君臨していられる。その意識は保守的、現状維持的になりやすい。中でも鹿児島大学がどん尻にいることは面白い。同大学は今回の遠山プランでも反対の急先鋒だが、この大学はよくよく没主体的な守旧派なのか。それとも腹を据えた確信犯か」[21]。という記述は興味深い。中井氏とは思えない実証抜きの独断である。東京のジャーナリズムの「上から目線」から脱却していない。

それはともかくとして、原則的な議論に戻すと、「大綱化」は、教養科目を中心とする大学のカリキュラムの抜本的見直しを求めたものであり、教養教育の重要性は強調していても、「教養部」の解体には直接言及していない。「京大方式」の導入以降、「全学出動方式」がモデルとなり一気に「教養部解体」の流れが強まった。しかし、「教養部解体」が、先述した教養教育制度政策の変更を貫く「差別」一掃という赤い糸の終焉とはなっても、教養教育の責任体制の摸索という青い糸は保証されていない。「全学出動方式」の不安定性・無責任性が「出動」初発から問題視されているなかで、「教養部の存続」も有力な選択肢として残すべきだったのである。それを文部省は、いくつかの大学の徹底抗戦を抑え込み、教養教育の責任体制の構築に多くの不安を残しながら、九〇年代後半に一気に国立大学の「教養部解体」に突っ走った。中井氏自身が、著作のⅣ章で、「誰が教養部をつぶしたのか」と言うタイトルになかで、最後まで納得しなかった鹿児島大学を名指しで「よくよく没主体的な守旧派なのか、それとも腹を据えた確信犯か」と皮肉っている。明らかに文部省路線を擁護している。さらに、以下のように、九州大学の対応を批判している。

「九州大学は一九九四年、教養部を解体して、新たな大学院を発足させた。その新講座は基幹講座と協力講座の半々で構成されていた。前者は院に所属する教官、後者は学部に所属する教官からなる。この新講座の教官の主体は旧教養

4類型　　　　　　下線は大学院新専攻設立

1994年度	1995年度	1996年度	1997年度
九州大学 比較社会文化研究科 数理学研究科			
岡山大学 環境理工学部 **宇都宮大学** 国際学部	**静岡大学** 情報学部	**岐阜大学** 地域科学部 **佐賀大学** 文化教育学部	**弘前大学** 理工学部 農学生命科学部 **長崎大学** 環境科学部
千葉大学 **新潟大学**	**埼玉大学** **信州大学** **鳥取大学**	**山形大学、愛媛大学** **茨城大学、金沢大学** **山口大学**	**熊本大学** **鹿児島大学** **琉球大学**

部教官だったという。ところが、協力講座として学部から指導に来ている教官も、多くは旧教養部から他学部に異動移籍した教官だった。（中略）つまり、教養部という組織は消滅したものの、移籍した教官に教養授業を押し付けたり学部内に教養部を温存する動きがあったのである。これらが本当ならば、文部省の意向に形だけを合わせたことになる[22]」。旧教養部教官は、所属が変わっても、研究室は相変わらず「六本松」にあり、教養教育をも担当していたので、大筋では否定できない。しかし、正確ではない。「協力講座」は大学院研究科の担当であり、教養部授業は、学部教育の前期課程である。二つのことを混同して論じている。筆者（矢田）は、この時、経済学部からの評議員であり、新しい大学院（比較社会文化研究科）設置準備副委員長として、文部省交渉のため何度も虎ノ

４－１表　教養部改組の

	1991年度	1992年度	1993年度
①　大学院と学部を新設	**京都大学** 人間・環境学研究科、総合人間学部		
		名古屋大学 人間・情報学研究科、情報文化学部	
②　大学院を新設			**東北大学** 国際文化研究科 情報科学研究科
③　学部を新設		**神戸大学** 国際文化学部 発達科学部	**群馬大学** 社会情報学部
④　新設なし 既存の学部に分離			**富山大学** **徳島大学**

中井浩一『「勝ち組」大学ランキング』中公新書ラクレ　表９　pp.150-151より

門に同道し、かつ学内では、協力講座の設置と教養部教官の経済学部移籍に深くかかわった。文部省交渉では、教養部の「解体」の意向を強く感じたことは否定できない。自然科学系の教官は、新設の研究科、数理学研究科、理学部に移籍し、外国語系は言語文化部、保健体育系は健康科学センターにほとんど移籍した。人文・社会系の教官については、箱崎の法・文・経済・教育の各専門学部と教養部の話し合いで決定された。何よりも新設研究科のカリキュラム編成を前提にした本人の意向が重視された。文系学部は、新規採用と同じに「審査」を行った学部もあったが、経済学部は、学部内の各講座で専門性にあった教官を迎えるようにお願いし、本人の意向を確認の上、無審査で迎えた。教養部教官も九州大学と言う組織の教員として採用されたのであるから、学部として「審査」する必要がない、との態度をとっていた、結果、経済学を担当していた五人の教官全員の移籍を行った。そのうち、新研究科に設置された協力講座担当に専門分野が類似する教員四人（旧教養部二人、経済学部二人）が担当している。「教養授業を押し付けた」のではなく、新研究科の大学院担当として指導教員を依頼した、というのが正確である。

それはともかくとして、教養教育改革をめぐる半世紀の流れの中で、筆者が赤い糸と称する担当教員への「学内差別」解消策と言う路線は次第に太くなり、東京医科歯科大学を除く全国立大学の「教養部」は解体され、赤い糸は完全に貫かれた。しかし、教養教育に対する大学の「責任体制」の構築という青い糸なるものは、「全学出動方式」のもと、これを企画・実施する「全学組織」に依存するケースが普及している。しかし、そもそも、大学での教育なるものの成否は、科目担当教員による経験知の蓄積が大きな比重を占めている。いかなるシラバスのもとで講義を進め、いかなる教材を使用するかなどは、科目担当教官が固定されて時間を経て経験知が蓄積されていく。加えて、担当科目が異なっていても、教育対象となる学生集団を同じくする教員の日々の経験知の交流も不可欠となる。教養教育なるものは単なる学問知だけでなく、若者との人間的接触も大きな役割を果たす。「人間教育」を標榜する以上このことはとくに重要である。その役割を果たしてきたのが「教養部」である。教養部が解体され、担当教員が専門学部に分属されたのでは、組織だけでなく、人間形成としての「教養教育」もまた解体されてしまう。副学長などが先導する「全学組織」が責任を負うシステムは、学内で最も難しい学部教員間調整を不可欠とするがゆえに、「教養部」にまさる責任体制を構築することはできない。「学内差別」の解消という赤い糸は、「教員サイド」の課題であり、ほとんど実体のない「意識」の問題である。「赤い糸」に振り回された「教養部」解体は、初等教育における「ゆとり教育」と同様、文部科学省にとって大きな禍根を残すことになる。

他方、「教養部の解体」によって、「教養部の法制化」、「一般教育部の公認と主事制度の導入」など「教養教育の責任体制の整備」政策という青い糸は、風前の灯火となっている。肝心なのは、学生に最も重要な人間形成の場ともなってきた「教養部」での経験知の蓄積であり、それを保証する責任体制の強化である。「大綱化」路線による「教養部解体」から四半世紀を経て、九州大学では「基幹教育院」という、教養教育担当教員の「専門組織」が復活している。そして、文部省路線に振り回されずに独自の改革を進めている公立大学でも、その動きが定着している。筆者（矢田）は、後述するように、二〇〇五年に公立大学法人「北九州市立大学」の学長に就任するとすぐに、いままで「全学出動方式」であったのをやめ、基盤教育センターを設置し、約四〇名の専任教員を配置し、教養教育の再生を図った。「教養教育の空洞化」への危機感からである。

（1）寺崎昌男『大学教育の創造　歴史・システム・カリキュラム』東信堂　一九九九年　五一頁。
（2）同右書　五二―五三頁。
（3）同右書　五一―五二頁。
（4）同右書　五六頁。
（5）吉田　文「教養部の形成と解体」『国立学校財務センター報告　六号』二〇〇二年。
（6）同右論文　六二―六三頁。
（7）同右論文　六三頁。
（8）同右論文　六四頁。
（9）同右論文　六一―六二頁。。
（10）同右論文　六六頁。
（11）同右論文　六四頁
（12）同右論文　六八頁。
（13）同右論文　七〇頁。
（14）同右論文　七二頁。
（15）同右論文　七四頁。
（16）同右論文　図表3―4、七五―七七頁。
（17）同右論文　七八頁。
（18）寺崎前掲書　五一頁。
（19）中井前掲書　一四八―一四九頁。
（20）同右書　一五一―一五二頁。
（21）同右書　一五二頁。
（22）同右書　一五七頁―一五八頁。

四　私立大学のカリキュラム改革——立教大学

この時期の教養教育の改革において、東京大学教養学部と拮抗するほど大胆な改革を実行したのは、立教大学であろう。前者は基幹的な国立大学を、後者は中核的な大規模私立大学を、それぞれ代表する大胆な改革を実行した。その経過と内容を『立教大学〈全カリ〉のすべて——リベラル・アーツの再構築——全カリの記録編集委員会編　東信堂　二〇〇一年』[1]に基づいて紹介してみたい。

本書は、編者が「全カリの記録編集委員会」ということもあって、新しい教養教育システム＝全カリの構築過程を「明と暗の部分をも隠さずに語る記録や資料も収めて、できうる限り公正かつ全面的な記録にしたいと考えた、これらをドキュメントとして残しておくことは、日本の大学改革の一端を語る作業になるであろう。[2]」という出版の趣旨もあって、正確・公正な記録に配慮してこのシステムを構築した個々の教職員の生の動きが生き生きと伝わるわけではなく、学外者には必ずしも「肌で」理解することは難しい。その中にあって、巻末資料に掲載されている全カリ運営センターの三代の部長および「大学教育研究部長」の文章こそが、「明と暗の部分を隠さずに」語っており、「全カリ」が、なぜ必要で、どのような経過で構築されたのか、必然性と経過における教員間の暗闘が端的に理解できる。幾つか拾ってみよう。とくに、巻末資料5の朝比奈誼前大学教育研究部長の文章が戦後半世紀の一般教育の問題点を鋭くえぐりだしている。

一般教育部の課題

まず、学生との関係について、戦後の一貫して教養教育に責任を持っていた「一般教育部には各専門学部と違って固有の学生がいませんでした。（中略）一般教育課程は一・二年生に配当され、それを修了しないかぎり三・四年に進学することができない仕組みになっていたのです（関門）。このようにして一般教育部独自の、他学部にはない存在理由が確保されていたわけです。

（中略）一般教育部に三・四年生の教育をも担当したいという悲願がありました。（中略）研究者として、自分の専門を授業の場で活かしたいと考えるのは当然のことでしょう。（中略）多くの教員は、いわゆる楔形（一般教育課程と専門教教育・課程が上下ではなく、（楔形に交差する）に活路を求めようとしました。これは早くから、専門学部固有の授業を始めたいという学部教授会や学生の希望にもかなっていましたから、新カリキュラムという形で実現しました。しかし、それと同時に二年と三年との間にあった、いわゆる関門が消滅し、学生たちからは選択の自由の拡大として歓迎される一方で、『バンキョウ』という呼称ににじんでいるような一般教育課程軽視の風潮をよびさましたことは周知の事実です。他方、楔形といいながら、カリキュラムの編成はもとより科目の中身についても専門学部との連携という視点は皆無に等しい有り様でした。（中略）学生への配慮を欠いていたことは否めないでしょう[3]」。

つぎに教員組織について、その実態を手際よく整理している。

「一般教育部は最盛期には（教員が）九〇名になんなんとするという大集団になりましたから、効率的運営のために、組織を細分化する必要がありました。そこで考えられたのが、教科を単位にした科でした。すなわち自然、人文・社会、英語、独語、仏語、体育の六科で、それぞれの主任が各科を代表し、部長を中心に構成された主任会が部内をとりしきることになっていました。これは会議体としては機能しにくい教授会の陰にあって、小回りも利くし、各科への情報伝達や意見の集約にも威力を発揮しました。主任会なしには部の運営が不可能だったことを認めないわけにはいきません。その反面、どの主任も自らの科の利益代表の役割に徹しようとするあまり、一般教育部という視点を忘れがちになるきらいがありました。特に専任・非常勤を問わず人事にかかわる事項はもっぱら主任会に委ねられていましたから、枠組みの固定化の中で、科の壁がどんどん厚くなっていく一方、学生の変化に即応して絶えざる変革を必要とするカリキュラム運営に関しては足かせをはめることがしばしばでした。（中略）（例えば）中国語の履修希望者の増加に対処する必要に迫られた時でも、逆に希望者が減少気味の仏語科や独語科がコマを委譲するという発想に立つことがなかなかできない始末だったのです。こうして、『人事枠』を厳守しようという発想がいつか絶対視され、改革の意欲や計画に水をさし、知らず知らずのうちに一般教育のカリキュラムを動脈硬化に陥れ、ついに一般教育の理念を枯死させる遠因になったといっても言い過ぎではありますまい[4]」。

加えて、「二つの事が障害になりました。一つは、外国語や保健体育のような必修科目が存続したことです。（中略）、それらの担当教員はあいかわらず制度の壁に守られて、（中略）（受講生が減るという）教員の危機意識をややもすれば対岸の火事視し、授業内容や方法の工夫に消極的だったことを認めざるをえません。もう一つは、選択必修科目の担当教員にしても、それぞれの苦労を個人レベルの問題に止めたことです。（中略）一般教育部として、せっかく全学の学生を相手にするという好位置（固有の学生を持たぬという立場の反面）にありながら、かつまたさまざまな教科の教員が同居するという好条件に恵まれながら、それを活かして切磋琢磨する努力を怠ったと言わざるをえないように私は思うのです」[5]。これは、立教大学固有の問題ではない。当時の専門学部とは別組織として「教養部」ないし「一般教育部」を有し、自治組織として動いていた大規模な国立大学や私立大学に共通する課題を見事に指摘している。

だからこそ、大学審議会では、一九九一年七月に新制大学制度発足以来四〇年余続いた大学設置基準の「大綱化」を打ち出したのであり、少子化の波を受けた一八歳人口の減少もあって、「一九九〇年代には、諸大学が、自らの生存をかけて、カリキュラム改革をはじめとする諸改革に取り組むこととなった。立教大学が全学カリキュラム運営センターを立ち上げ、教養教育のカリキュラムを一新する改革を行ったのは、まさこの時期であり、そこに、（中略）日本の多くの大学に共通する要因が働いたことは言うまでもない。しかし、その一方で、この改革の動きからは。開学（一八七四年）以来一〇〇年以上の歴史をもつ立教大学、それを含む立教学院の個性が感じとれることも事実である」[6]。というのである。

全学共通カリキュラムの検討

一九九一年七月の文部科学省大学審議会答申の「大学設置基準の大綱化」を受けて、立教大学でもその年の秋に「全学カリキュラム検討委員会」を設置し、「本学のカリキュラムをいかに展開するか、その基本方針とそれを具体化していく上での制度上の問題およびそれに伴う組織上の問題について」検討を開始した。翌年、七月には答申「二一世紀を目指す立教大学の全学カリキュラムについて」が出され、ここでは、全学的な体制で運営される全学共通カリキュラムを設けることが提言された。これを受けて、「全学共通カリキュラム作成委員会」が設置され、短期間で、「全学カリキュラム検討委員会答申の骨子に沿った、全学共通カリキュラムの科目の構成、名称、必修・選択等の区分、単位数等の具体案を作成し、一二月に「全学共通カリキュラムに関する答申」が出された。それは、

Ⅰ．外国語について　英語、ドイツ語、フランス語、スペイン語、ロシア語、中国語、日本語の七ヵ国語を選択必修科目とすること、その展開年次、必修単位数は各学部の判断にゆだねること、単位の計算には、九〇分週一時間通

年で二単位とするほか、半期科目、六〇分授業、週二回以上、集中講義など多様なバリエーションも導入すること、自由科目には七科目のほかラテン語、朝鮮語、ポルトガル語を加える。

Ⅱ．全学共通科目について　広く合意されている学問分野ごとに編成された五類からなるA群と、現代の課題について学際的な視野と知識を養う目的の複合科目であるB群のほか、建学の精神が反映されるようなキリスト教に関する科目をA群、B群で展開する。各学部の判断で全学共通科目のなかに必修科目を設定でき、履修単位数および履修年次も各学部にゆだねる、というものである。

次いで、全学カリキュラムを運営する組織としての「運営センター」の在り方を検討する準備委員会が九四年一月に設置され、「早くも九ヵ月後の一〇月三一日に『全学共通カリキュラムの編成・実施に関する答申』を提出した。この答申を受けて、一二月に全学共通カリキュラム運営センターが発足し、同センターを中心にさらに準備作業が進められた結果、一九九七年四月には答申内容にほぼ沿った全学共通カリキュラムが全面実施された」[7]。この準備作業の期間は、二年余を要したことになる。

九四年一二月に発足した運営センターの初代部長は、寺崎昌男文学部教授であり、キーパーソンとして事実上「全カリ」成功の可否の鍵を握っており、わずか二年余でその責務を果たしたことになる。氏の著作から経歴を見ると、東京大学の教授・教育学部長・東京大学附属中・高校長を歴任し、かつ日本教育学会会長、大学教育学会会長を経験するなど、教育学の専門家であり、とくに大学などの日本の高等教育制度に精通し、最適の人事と言えるであろう。しかし、大学の現場の組織変革は、高度な知識や経験、ブランドだけで容易に実行できるものではない。大学教員特有のドロドロした人間関係のなかで「埋没」する可能性を十分に秘めていた。事実、東京大学等の有名大学の教授が私立大学や地方国公立大学の学長に就任したケースでは、経験と知識、知名度に依拠した「上意下達」方式で「沈没」した例は枚挙にいとまはない。

運営センターの最高機関は「運営委員会」で、部長のほか言語教育科目担当部会長、総合教育科目担当部会長、そして専門学部から選出される各二名が加わって構成される。言語教育科目担当部会長は英語、ドイツ語、フランス語、スペイン語、中国語、日本語、及びその他の言語教育研究室の主任からなる言語教育科目担当部会、総合教育担当科目部会長は、人文科学、社会科学、自然科学、情報科学、スポーツ科学の各教育研究室主任からなる総合教育部会のそれぞれ責任者となる。逆に教育現場から見れば、言語教育、総合教育を現場で担当する専任教員が所属する各教育研究室をベースに、それぞれの教育研究室の主任から構成される言語教育担当部会と総合教育担当部会という中間組織があり、二つの部会長と全学の運営センター部長、それに七つの専門学部から二名づつ選出される一四名の委員、あわせて一七名によって、最高機関が構成される。これが、「全学共通カリキュラム運営センター」の運営システムである。ここで特徴的なことは、「各教育研究室の『室員』と呼ばれる教員メンバーにも、専門部局の専門家だけが入るとは限らない。英語教育研究室に英語教育に関心ある社会学部や経済学部の教員が入ることもありうるのである。この方式は、総合教育・科目についても同様であった[7]。」ということである。

こうした運営システムのもとで、言語教育科目と総合教育科目について、カリキュラムプランとコマ数の最終決定、新学部との擦り合わせ、非常勤の先生方の確保、嘱託講師の人事選考、履修要項の創作、時間割作成、教室の手当てなどの作業をこなす、いわばプロジェクトチームとしての「言語教育科目構想委員会」と「総合教育科目構想委員会」が稼働した。この「両構想小委員会には、学部選出の運営委員各一名および当該部会の会長・専門委員と各教育研究室の主任が出席する。そのため、たとえば言語教育のカリキュラム立案や人事の決定等に、語学を専門とする教員だけでなく、理学部や経済学部などの教員が強い発言権をもって参与することになる。さらに、複数の教育研究室の主任が出席する構想小委委員会では、たとえば英語の場合であれば、英語のカリキュラム案に対してフランス語の主任が異論を出すということもありえた。これは、いろいろな立場から意見を戦わせた上で決定を行う方式であり、まさに『全学共通カリキュラムの運営は全学部で担う』ことを象徴するシステムであった[8]」、というのである。全学カリキュラムの構想と実施過程において、教育現場を担う「教育研究室」においても、また、「構想委員会」においても専門学部の委員が参画し、活発に意見を戦わせてきたのである。

こうした組織構成に、巻末資料2で第二代の運営センター長・所一彦氏の以下の文章を重ね合わせると、全カリ実施までの内情が生き生きと浮かび上がってくる。

「全カリへの改訂には、新しいカリキュラムを作るだけでなく、旧いカリキュラムを壊す作業が必要でした。旧いカリキュラムに慣れ親しんできた教員たちにとって、それはたいへんな苦痛だったに違いありません。(中略)一般教育部教授会がなくなり、そこで決められていたカリキュラムは全カリ運営委員会で決められることになりました。(中略）革命は無血ではできないといったら比喩が過ぎるでしょうか。全カリ改革が革命なら、全カリ運営センターはさしずめ革命政府であり、部長はその首相である。大学はもともと学部自治が強く、これまたなぞらえれば、それぞれが主権国家である学部の連合体である。立教大学は、各主権国家である五学部と一般教育部とから成る連邦国家であった。その一般教育部がなくなり、同部教授会が行使していた権限は五学部の代表から成る全カリ運営委員会に移され、その下部組織として、カリキュラムを立案する教育研究室が置かれた。その中核は、旧一般教育部教授会中の革命勢力と、これを学部側で助けた教員たちである。全カリ改革は、つまりは一般教育部教授会中の革命勢力が、五学部の連合軍と結んで成就した革命であった。自分の担当するカリキュラムの決定に参画できない専任教員が居るという『非民主的』な構造は、こうして生まれたのである。それは全カリ運営センターが革命政府として生まれたことのコロラリーであつた。

専任教員は、普通、自分たちが担当するカリキュラムの決定は、互いに対等の資格で参画する。ところが全学共通カリキュラムに関しては、担当専任教員が、カリキュラム決定に参画する研究室員と、参画しない非研究室員とに分かれる。分けたのは担当専任教員自身ではない。『全カリ部長が部会長と協議の上、運営委員会に提案し、運営委員会並びに部長会の議を経て総長が』が、いわゆるトップダウンで分ける。（全学共通カリキュラム運営センター規定六条）。これは非民主的である。ただし非民主的なのは、担当専任教員の集団内でのことである。教員集団内が民主的かどうかは、その教員集団が学生との関係で民主的かどうかとは別のことである。前者は生産者民主主義であり、後者は消費者民主主義である。教員集団が学生のニーズに応えられないでいるなら、その教員集団は、解散され、新たに、学生のニーズによく応えることのできる組織が作られねばならない。消費者民主主義は生産者民主主義に優先する。あからさまには言わないが、これが全カリ革命の思想であった。（中略）それにしてもなぜ一般教育部だけが学生のニーズに応えられないでいると見られたのか。同じことがどうして学部についても言えるとは考えられなかったのか。それは一般教育部に対する偏見ではなかったのか。そうではない。学部は受験市場に直面しており、他大学や他学部との競争を否応なく意識させられる。消費者コントロールが市場を通して生産者に及ぶ仕組みが多少なりとも働く。しかし一般教育部は学部の背後に居て、その競争を意識しないで済んでいた。しかも一般教育は設置基準の必修単位で守られていたから、学部からの要求に脅かされることもなかった。だから設置基準の大綱化でその守りが解けたとき、抑えられていた諸々の要求が学部から一挙に吹き出たのである。消費者のコントロールが市場を通じ、学部を通じて終に一般教育部に及んだのであった。それは生産者民主主義に対する消費者民主主義の勝利であった[9]。

なかなかの論理展開である。立教大学における「全カリ」構築過程の「強引さ」が見事に合理化されている。裏を返せば、それだけ戦後の新制大学発足による「教養科目」は強固に守られ、学生や一般社会の教養教育に対する潜在的ニーズが無視され、完全に「固まった状態」で半世紀近く維持されてきたのである。それがゆえに、文部省による設置基準の大綱化と「教養部の解体」が、強引に実行されなければならなかった。しかし、大綱化に伴う、教養教育の再生は、ほとんどの大学で「教養部の解体」と責任体制のあいまいな全学動員体制への転換にとどまり、大学内部の力で強力な再生を実現するに至らなかった。そのなかで、私の知る限りでは、国立大学では東京大学の駒場、私立大学では立教大学の「全カリ」が最も優れた実績を残し、公立大学では、多くの大学とは逆行して、全学動員方式から全く新たに約四〇名の専任教員を擁する「基盤教育センター」を設置し、責任ある教養教育システムを構築した北九州市立大学などが注目される。

全カリの実施と成果　1　言語教育科目

一九九一年の文部省の大学設置基準の大綱化以来実に六年かけて準備してきた立教大学の「全学共通カリキュラム」は、九七年四月に実施に移行した。この「全カリ」の「科目展開と履修方法」等については、著作『立教大学〈全カリ〉のすべて』の第二章で詳細に記載されている。ここでは、ごく要点のみ紹介しよう[10]。「全カリ」は、言語教育科目と総合教育科目の二本立てとする。

従来の外国語教育ではなく、日本語を加え「言語教育科目」とし、以下の四つを大きな枠組みとする。(1)セメスター制あるいは前・後期制の実施　(2)英語は必修8単位を一年次に集中させる。(3)初習外国語はドイツ、フランス、スペイン、ロシア、中国、朝鮮語から一言語を選択し、必修六単位とする。(4)外国人は、日本語及び英語を必修とする。

言語教育科目の主要な特徴として、以下の一〇項目を挙げている。必要に応じて若干の説明を付加しておこう。

(1)　コミュニカティブ・アプローチ―受容型から発信型への学習目的の根本的転換、教授法は伝統的な文法訳読法（文法構文を分析し、母語に訳しながら講読していく教授法）を排し、コミュニカティブ・アプローチ（コミュニケーション能力養成を目的とした教授法）を採用。
(2)　言語運用能力の育成。
(3)　統一カリキュラム—目標達成のためにカリキュラムを統一し、どの学部のどのクラスに属しても、等質の言語教育を受けられることを保証する。そのために、テキストは原則として統一し、必要に応じて全カリ独自の教材開発。統一試験の導入。評価基準の平準化。出席三〇％、平常点四〇％、期末試験三〇％等の基準の明記、および八〇％以上の出席を必要とする等履修上の条件の統一。
(4)　ＦＤ（教育研修会）の実施。
(5)　学習者中心のカリキュラム—英語では、言語の必修科目に『言語文化コース』（ＬＣＣ）と『コミュニカティブコース』（ＣＯＣ）の二種類を設定し、学生が自ら主体的に選択し、学習意欲をもつこと。英語の場合、入学時のプレイスメント・テストで優秀な成績をおさめた学生が希望により必修を免除され、より高度な英語クラスを受講できるようにする「履修特別免除制度」の導入。二年次以上の学生に対しては、目的別科目や海外研修科目を含む多彩な自由選択科目を提供し、個々の学生がニーズにあった言語学習可能。
(6)　再履修クラスの廃止および単に認定試験の導入。
(7)　集中方式—セメスター制、あるいは前・後期制を採用し、短いサイクルで次の学習段階へ進むことを可能にする。英語の場合、一年次に週四回、二学期で計八単位の必修授業を集中。
(8)　ペア・クラス—同一クラスの授業をひとりの教員が週二回担当、統一度の高い授業展開を可能。指導を密にする。
(9)　機器の整備。
(10)　習熟度別クラス編成—英語についてプレイスメント・テストを実施、習熟度別クラス編成。
週一回、通年授業、学問の自由＝教育の自由の名目での担当教員の選択したテキストの購読・翻訳中心、担当教員の個性を反映した学生への不均等な評価と単位授与、などが戦後半世紀ほとんどの大学でまかり通ってきた。こうした教育への批判が早くからあがっていた。しかし、外国語教育を看板にした一部の大学を除けば、多くの大学では、英米文学専門教員の大学ポスト確保と人事の継続、強固な学科自治をベースとする講読中心の教育内容の護持などから、抜本的転換がほぼ困難であった。「固まった慣習」を解きほぐすのに膨大なエネルギーを要する。こうした日本の大学のなかで、立教の「全カリ」の言語教育は、東大駒場とともに驚嘆すべき改革である。設置基準の大綱化が個々の大学にこうした変革を求めていたにもかかわらず、多くの大学で「予定調和的」なものにとどまっている。

本書では、こうした「全カリ」の下での言語文化教育の実施三年間の多くの成果を詳細に綴っている。いくつか列挙してみよう。全カリ以前に慣例化していた休講の頻発、あるいは、授業開始の遅延など悪習はほとんど姿を消した。時事英語、英語インテンシブなど学生の自由選択科目の履修希望者の増加、英語海外文化研修への多数の参加希望、九〇％に達する単位修得率等々、学生の学習態度の大幅改善が指摘されている。

全カリの実施と成果　2　総合教育科目

「総合科目は四本の柱からなる。総合A群、総合B群、情報、スポーツ実習である。総合Aと総合Bの区分は授業形態による。総合Aは教員が単独で行う講義や演習といった旧来の方式であるのに対して、総合Bは、専門領域の境界を越えて複数の教員が共同で担当し、講義やシンポジウムや実習などの形式を縦横に駆使しながら学際的かつ総合的な主題について学生とともに考える授業である。

総合Aはさらに『思想・文化』、『歴史・社会』、『芸術・文学』、『環境・人間』、『生命・物質・宇宙』、『数理』の六部門（全カリでは『カテゴリー』と呼ぶ）に分かれる。これらは必ずしも人文、社会、自然といった旧三分野の区分に対応しない。たとえば思想・文化には人文系の科目の他にスポーツ関連科目が入っているし、歴史・社会にも『文化遺産の科学』という自然系の科目が入っていたりする。環境・人間は化学系科目と心理学系科目から構成されている。

総合Bは、（中略）複数分野にまたがった主題を特徴とし、異分野の複数教員の共同担当を原則とする。（中略）教員間の討論なども重要な授業要素であり、総合的視点とその方法を具体的に提示することをめざした科目である」[11]。

「それまでは大学設置基準に則って立教大学では人文、社会、自然それぞれ一二単位ずつが必修とされ、哲学、心理学、物理学などの学問分野名をもった科目が並んでいた。しかもそれらは専門課程とは全く交流なく、独立した担当部局である一般教育部によって運営されていた。ただし、（中略）一般教育の理念と学生の履修実態が乖離していたこと。時代に即応した柔軟なカリキュラム編成ができなかったこと。一般教育の理念の風化が進行していたこと。担当教員が研究と教育の関係について自覚を十分にもたず、教養科目教師としての役割分担に十分な理解をもてなかったこと、等々（の課題があった）。（中略）どこの大学の教養科目担当部局にもあったありふれた問題だった」[12]。

「旧三分野を直接引き継いでいるのは総合Aである。従来の科目名称は学問名称で、しかも異なった内容で複数授業が行われていても一科目としてしか卒業要件には認められなかったのに対して、総合Aでは一分野についても細かい区分を設け、それぞれに別の科目名称をつけ、しかも一科目の単位数を従来の半分二単位にした[13]」。

ただ、旧一般教育課程と違い、総合科目の担当者はその科目内容にふさわしい専門をもった者がいる限り原則として専任教員であることになったのは大いなる前進である。従来専門科目のみを担当していた専任教員が総合科目を担当して、専門科目とは違ったことが求められているので、今後の推移を見守りたい。全カリ総合教育科目の『総合』の理念は、同一教員が専門科目と全カリ科目の両方を担当することによってこそ生かされるのである。「質、量ともに総合Aは全カリ総合教育科目の中心科目群である。ここでの教育が全カリの総合科目の成否の帰趨を決定する。（中略）ここでは、教員による総合が重視される。現状を正直に述べれば、まだまだこのことについては具体的成果が十分にあがっているとは言えない。（中略）従来専門科目のみ担当していた専任教員が総合科目を担当して、専門科目とは違ったことが求められていることに気づき始めているので、今後の推移を見守りたい。全カリ総合教育科目の『総合』の理念は、同一教員が専門科目と全カリ科目の両方を担当することによってこそ生かされるのである[14]」。というのが実態なのであろう。

　この総合科目について、当時の運営センター長で全カリ改革をリードしていた寺崎昌男氏は、別の著書で次のように言及しており、この考え方が総合Aに強く反映していると思われる。

「新しい教養の内容の問題ですが、立教大学では、四つの領域を強化しようというふうに言っています。五〇年前に新制大学ができた頃に、大学に入れ切れなかった教養分野というのが、たくさん生まれてきている。（中略）一番先に思いつくのはこの『環境論』です。すなわち自然と人間の関わりを真正面の認識の対象とし、さらに、自然と人間、人間相互の『共生』をめざす教育、場合によっては感性すなわちセンシティビティ（sensitivity）の教育も含む教養形成が、新しい教養の重要部分だと思います。

　二番目の領域は（中略）、『生命論』だと思います。生命に関する教養など敗戦直後は誰も気がつかなかった。（中略）分子生物学の発展がどれほど生命科学の基本のところを開拓してきたか分からない。今や分子生物学の行き着くところ、さらにバイオサイエンスの行き着く所は、クローン人間の論議からも分かるように、倫理の問題にまで及んでいます。これは広大な『新しい教養』の領域であると思います。

第三は『宇宙論』だと思います。ホーキングの『ホーキング、宇宙を語る』(林一訳 早川文庫 一九九五年)などを読むとビックリするのですが、最終的には神学、哲学のところに近づいています。その開発を支えたのは第二次大戦後の宇宙技術科学の進展でした。五〇年前は夢想だにできなかった宇宙技術科学と情報科学の発展が、宇宙に対する認識を変え、その究極の広がりを支えてきた。その成果はぜひ大学の教養の中に組み入れられるべきだと思います。

もう一つが『人権論』です。人権問題は五〇年前はまだ啓発的な政治哲学のようなかたちで私たちの前にでてきたわけです。(中略)しかしそれ以後五〇年間の人権思想の非常な深化は言うまでもありません。少数民族、あるいは被差別部落の人々の問題、さらに女性、子どもの権利問題というふうに、範囲の拡大と理論的な深化は、五〇年前と比較になりません。これはやはり、現代の最も新しい教養として必要な領域だと思います。このような領域を私たちは、しっかり取り込んで大学教育を組み立てていく必要があると思います[15]」。東大駒場をはじめ多くの大学の教養教育の総合科目に共通した認識でもある。

総合教育科目の特徴を最も強く出しているのが総合Bであり、全カリの目玉でもある。これは、「学際的主題について複数の学問的方法論によるアプローチが提示され、学生はひとつの授業科目を履修することで複数授業で得られる経験ができるのである。さらにその複数のアプローチはひとりのコーディネーターによってまとめられているので、その授業構成はそのまま複数科目を組み合わせた履修モデルと同じ効果をもつ。また、コーディネーターは自分の専門科目、自分の所属学科のカリキュラムとの兼合いから授業全体の構成を作るであろう。その意味で総合B科目はカリキュラムによる総合の要素をもつ。さらに担当教員達は自分の専門に依拠して、専門の違う学生や同僚担当教員にむかって授業をするので、自分の専門の魅力を伝えようとする。特に教員同士の討論や所属学部・学科の違う学生などとの討論では、特定の学問理論体系を前提とした専門的用語による叙述では説得力をもたない。自己の学問の日常生活における有効性や意味について語ることが必要になってくる。その意味で総合Bでは横のつながりをつけやすい授業にならざるをえない。それゆえに、常時複数の教員が出席し講義や討論を行うのが、全カリの言う『総合』を体現する総合教育科目としての総合B運営の基本なのである。

この授業は総合Aに要する以上の準備とエネルギーを必要とする。学生を前にした教員同士の討論は、自分の学問のすべてがかかる。その意味で消耗が激しいので担当教員の確保が難しい。そのために総合Bの授業一コマについて三コマの非常勤講師枠が与えられている。総合Bの授業に学外の講師を呼んでもよい[16]。ちなみに、二〇〇一年度のテーマから幾つか提示すると、「科学的真理とは何だろうか」、「『戦争』を考える」、「生命倫理と私たち」、「科学技術の明と暗」、「人間の進化的理解」、「文明社会の持続性」、「ジェンダーで読み解く現代社会」など、スケールの大きいテーマが多い。一生をかけても解答のないテーマを二〇歳前後で「知的」に思考する機会が提供されている。七〇歳代後半の筆者（矢田）も出席してみたい。本当に、こうした講義を受講した学生の人生にどのようなインパクトを与えたか、今でも「高水準」の講義が継続しているか、二〇年後の時点で確かめてみたい。

全カリ運営センターの特徴

本書の帯には、立教大学の改革における全カリの役割について、次のように書かれている。

「学部と独立して運営されてきた一般教育部、そして他大学と同様学部自治を続けてきた立教大学の大改革がはじまった。一般教育部の学部化ではなく、『それを廃止し、教養教育課程の責任主体を新設し、更に各学部へのカリキュラムや規程への変更を迫ったのである。全カリは全面的な改革であった』」、つまり、こうである。

「全カリと旧一般教育課程とでは教育責任のあり方が根本的に異なっている。旧一般教育課程では、一・二年次生への教育責任は一般教育部が、三・四年次生へのそれは専門学部が負う、しかも、学生には一般教育課程の卒業要件単位の大半を一・二年次で修得させるという形で、一般教育と専門学部の教育責任の明確な『住み分け』が行われていた。これに対して、全カリでは、一・二年次生を含むすべての学生の教育に学部が責任を負うことになった。（中略）要約すれば、教養教育の舞台に登場するプレーヤーの関係が、旧一般教育課程では一般教育部と学生という二者の関係であったのに対して、全カリでは全カリ運営センター、学部、学生という三者の関係になった。すなわち、全カリは、従来の教養教育にはなかった『三角関係』の一角に位置をしめているのである[17]」。

このカリキュラム自体の「三角関係」にかかわって、組織間の関係、とくに人事について次のような関係になっている。「全学共通カリキュラム運営センターは、全教員が全カリの授業を担うという全学合意を大前提にして、①全学共通カリキュラムの実施に即応する独自の教員・実施組織を新設する（＝全学共通運営センター）、②（その）部長が部長会の正式メンバーとなる、③（運営センターによる特定の共通科目にかかわる）人事権（専任新任人事、非常勤人事）の確立、④（運営センターによる全学共通）カリキュラム編成権の維持、⑤学部と同等の予算編成・執行権の保証、という五つの柱を主軸に発足した。ここに挙げた五つの柱は、立教大学旧一般教育部が保持していたものと同等である。しかし根本的に異なる点は、全カリでは立教大学の全学部の教員がその当然の役割として、全カリセンター所管の科目を担うことになったことである[18]」。

こうして、「全カリの発足に際して、（全学の教員は）大学での教育・研究に全般的責任をもつ学部への帰属意識に加え、独自のカリキュラムによる教養教育に責任をもつ、学部と同等の組織である全カリにも帰属意識をもつことが要請されたのである。すなわち立教大学の教員という言葉は、学部教員と同時に全カリの担当者という二重の意味をもつことが確認されて全カリはスタートした[19]」。もっと明確に言えば、教育責任は、学部の専門科目に関しては所属学部の学部長、全学的に展開される教養科目に関しては、全カリ運営センター長のもとで責任を果たすことになる。専門科目と教養科目担当の二重性は、専門学部と全カリ運営センターへの帰属の二重性となるのである。「すなわち立教大学の教員という言葉は、学部教員と同時に全カリの担当者という二重の意味をもつことが確認されて全カリはスタートした[19]」、ということになる。当然、学部とセンターとの個々の教員の人事権が問題となる。

全カリ体制発足とともに、一般教育部時代の言語担当教員も人文・社会・自然科学担当教員も、いずれかの専門学部に分属する。その際、原則として、言語担当教員は、専門学部移籍後も引き続き全カリの言語科目の「基礎的なコマ」を継続することになる。他方、「総合系の旧一般教育部を受け入れた学部は、『モラル的目途』として、受け入れ教員一人につき一定のコマ全カリ総合科目の一定のコマを学部所属の全教員で分担することで発足した。全カリ発足後三年経過した現在では、旧一般教育部教員の順化が進み、『モラル的目途』のうち、従来からの学部教員の授業担当割合が増加してきている。つまり、旧一般教育部教員の専門学部分属に伴う全カリ担当教員の供給責任について分属先の学部が負い、言語科目については主として分属教員自身が、学部内で代替可能な総合科目については、移動教員分プラスαのコマ数を当該学部全体で負担する[20]」。という実に「考え抜かれた」対応がなされている。

「教養部」が解散し、「大学教育センター」などの小さな組織だけを残し、その企画のもとで、「全学部教員動員方式」

で運営されている多くの総合大学では、こうした「移動教員数分コマ数割り当て」方式を採用している。しかし、分属した教員が存在している場合は、「分属」の経過を理解しているのでシステムが比較的にスムースに継続されるが、当該教員が停年あるいは転勤でポストが開いた場合、当該ポストの「新任人事」をどうするか、どの大学でも問題となっており、時間の経過とともに、システムの維持が困難になっている。公募などで就任した教員は、ポストの由来によってなぜ全学教育担当を義務付けられるのか「不満」を蓄積するケースが多い。こうした件についても、全カリ実施前から問題になり、言語科目担当については全カリ運営センターが、総合科目担当については学部が人事権を持つことで決着がついた。しかし、言語科目担当教員集団が各専門学部のなかで、異質の研究集団として存在することは、「居心地が悪い」ことは確かである。この点への対応が立教大学を含む多くの大学での新たな課題となっている。九州大学では、教養課程の言語文化科目を担当する教員は、原則として「言語文化研究院」という研究組織（教員組織）を設置し、独立した部局としている。ただ、これは、第五編で後述するように、九州大学の発案で学校教育法を改正して学府・研究院制度を導入し、教育組織とは別に教員の研究組織を設置したからである。当時の立教大学では、こうした組織の設置は不可能であった。

それは別として、全カリにおける人事で、特筆すべきことは、言語教育のための教員を一年契約によって最長五年間雇用する「嘱託講師制度」を導入したことである。この嘱託講師は、「組織上、ランゲージ・センターに所属し、全学共通カリキュラム運営センターが管轄する言語教育に従事する[21]」、もので、発足三年後の一九九九年度では、英語科目担当の専任教員二一名に対し、嘱託講師二一名と同数で、担当コマ数も専任二〇八に比し、三三六と専任を上回り、非常勤講師担当コマ数を含む総コマ数の八八二の実に三八％を占めていた。二〇〇〇年九月現在の嘱託講師数は、英語二四名、ドイツ語四名、フランス語三名、スペイン語一名、中国語五名、総勢三七名である。この制度の設置によってはじめて、言語教育に優れた教員やネイティブ・スピーカーの教員のより多くの採用が可能となった。彼らはただ単に決められたテキストを用いて授業を行うだけではなく、テキストの作成や教育方法の改善などにも大いに貢献している。「全学共通のテキストを用い、一定程度の学力をつけさせようとする本学独自の言語教育は、従来にない新しい方式の採用である。さらに、この方式の採用によって、いくつかの異なる言語教育のコースや、習熟度別のクラスを作り、学生たちの目的別の要望に応え、また優れた学生の能力をいっそう向上させる仕組みを作ることができるようになった」[21]、という。

また、全学カリキュラム運営センターという組織の特徴について、下から上まで、あらゆるレベルで、教養教育のあり方について全学部の意向が浸透できる組織である。それがこの組織の最大の強みだと言うことができる。こうして一般教育部解散の後も、立教大学は教養教育の中心組織を失うことなく動いてきた。しかも各学部との連携を保つことができた。全カリ組織の『柔軟性をもった独立性』『開かれた堅牢さ』がその基盤をなしたのである。[22]全学部の代表が「全カリ」の運営に参画し、企画・運営・人事に責任を持ち、かつ原則として全教員が教養教育を担うという立教大学のシステムは、小規模かつ権限の弱い「全学共通教育センター」などが企画と運営の責任を有し、そのもとで全学動員体制に移行した多くの大規模大学とは、著しく異なるものである。「大綱化」後の私立大学の教養教育再生の「モデル」でもある。そこには、立教大学特有の「大学教育観」が貫かれている。

初代の運営センター長であった寺崎昌男氏は、一九九五年度第一回の運営委員会で、「これまでの大学の教育目標は『教養ある専門人の育成』に置かれていた。しかし今後全カリに期待されるのは『専門性に立つ新しい教養人の育成』ではないだろうかと問題を提起し、(中略)この表現は、その後、全カリの理念を表すものとしてしばしば使われた。」と『〈全カリ〉のすべて』で記載されている。[23]この文章だけでは、その内容が十分に読み取れない。「専門人の育成より教養人の育成」という意味だろうと理解されるが、それが「全カリ」に限定されているのか、立教大学の学士課程全体なのか必ずしも明確ではない。しかし、寺崎氏の他の著作で、より明確に言い切っている。いわく、

「途中で、『大学教育の目的は何か』ということを、先生方に訴えたのです。『先生方は、これまで学部で教育しておられて、学部段階の教育は、『教養ある専門人をつくること』だとお考えになられていると思う。しかしそれをひっくり返しませんか」と言ったのです。「反転させて、学部は教養人を作る、これでいいんじゃないでしょうか。『専門性に立つ新しい教養人を育てる』、こういうふうに考えなくては、とても全カリなんてできません。こう言いもし書きもしました。(中略)私はまた『教養ある専門人を作るのは、これから大学院に任せましょう。それは、大学院の仕事です。大学院なら、それをなさってください。学部は、教養人を作ると思い定めませんか』とも言っていました」[24]。つまり、教養教育に限定せず、専門教育を含む学部教育全体の目標を「教養人の育成」としていたのである。戦後の学制改革でのアメリカ使節団と南原東大総長ら日本の「大学人」との「大学教育」の位置づけ如何という論点

の再提起である。戦前の高等学校・大学の六年間の高等教育を新制大学四年に圧縮して、教養教育と専門教育の関係を曖昧にしてきたことに対する寺崎氏なりの明確な回答であり、これが立教大学の学士課程教育全体を貫いている理念である。

こうして立教大学の「全カリ」改革は、本郷と独立して「教養学部体制」を維持し、かつ教養教育の内容を担当教員自らの手で抜本的改革を断行した東京大学とともに、「大綱化」の問題提起に真正面から回答した双璧であろう。

(1) 立教大学・全カリの記録編集委員会編『〈全カリ〉のすべて—リベラル・アーツの再構築—』東信堂　二〇〇一年。
(2) 同右書　はじめにvi。
(3) 同右書　二一一頁。
(4) 同右書　二一二—二一三頁。
(5) 同右書　二一三頁。
(6) 同右書　三—四頁。
(7) 同右書　一一頁。
(8) 同右書　一六頁。
(9) 同右書　一九九—二〇〇頁。
(10) 同右書　三五—七〇頁。
(11) 同右書　七一頁。
(12) 同右書　七三頁。
(13) 同右書　七五頁。
(14) 同右書　七九頁。
(15) 寺崎昌男『大学教育の創造—歴史・システム・カリキュラム』東信堂　一九九九年　一二六—一二八頁。
(16) 立教大学前掲書　八一頁。
(17) 同右書　八七—八八頁。
(18) 同右書　九五頁。

(19) 同右書　九六頁。
(20) 同右書　九八頁。
(21) 同右書　一〇四頁。
(22) 同右書　一二五―一二六頁。
(23) 同右書　二一頁。
(24) 寺崎昌男『大学教育の可能性　教養教育・評価・実践』東信堂　二〇〇二年　四五頁。

五　公立大学の教養教育改革―国際教養大学のインパクト

一九九一年の「大学設置基準の大綱化」以降に新設された大学は、大学四年間のカリキュラム編成に大きな縛りははじめからない。また、二〇〇四年の国公立大学の法人化によって教育公務員特例法による強固な「教授会自治」からも解放される。この二つの大きな規制緩和を積極的に活用して新設されたのが、二〇〇四年開校の秋田県立の国際教養大学である。この大学を創設し、初代学長となった中嶋嶺雄氏には、戦後の日本の大学制度に対する強烈な批判的な思いがある。科目区分重視で形骸化した教養教育、コミュニケーション能力を育成しない外国語教育、そして人事権を盾に取った「教授会自治」に基づく大学経営の機能不全、この三つである。この「三大障害」を一掃することに人生の最後をかけたのが国際教養大学の設立であるといってよいであろう。氏は、この大学への思いを二冊の著作にまとめている。『なぜ国際教養大学で人材は育つのか』（祥伝社黄金文庫　二〇一〇年）と『学歴革命―国際教養大学の挑戦』（KKベストセラーズ　二〇一二年）である。二冊に依拠して、東大・駒場、立教全カリに匹敵する公立大学の「教養教育改革」を紹介しよう。

大綱化による教養教育の劣化

中嶋氏は、戦後日本の大学の教養教育、さらには「大綱化」それ自体について、以下のように断罪している。

日本の大学が「世界で活躍できる人材を育成できないもうひとつの理由は、教養教育の不在にあります。グローバル化が急速に進む二十一世紀は、これまで以上に知識が重視される『知的基盤社会（knowledge based society）』の時代と言われています。

ここで言う知識とは、外国語はもとより、政治、経済、歴史から数学、科学、芸術まで社会のあらゆる領域に及ぶ幅広い教養であり、特定の分野の専門性とは違います。グローバル化する時代にあっては、国際共通語の英語力と広く深い教養は必須なのです。ところがその教養教育が、いまや日本の大学ではほとんど行なわれていません。なぜか？ひとつには、一九九一年以來の大学設置基準の『大綱化』によって、一部の例外を除き、高等教育の基盤をなすべき大学の学部教育から、教養教育がほとんど消えてしまったからです。幅広い教養を身につけることは、人格の形成や人間性の涵養、つまり自己発見のプロセスそのものであり、かつては、日本にも旧制高校に見られるような優れた教養教育の伝統がありました。それは戦後になっても、新制大学の一般教育や教養部、東大の教養学部などに、少なからず受け継がれてきたのです。

しかし、そうやってかろうじて命脈を保ってきた教養教育の伝統が、『大綱化』によってほぼ断たれてしまったのです。たとえば、教養教育の重要な一環である外国語教育は、多くの大学で時間数が減らされ、外国語選択の多様性も著しく失われています(1)」。

「大学の学部における教養教育は、こうして一気に空洞化が進みました。その結果、学生たちは、自己発見のための広く深い学問的素養を身につけることなく、入学早々、専門教育の小部屋に押し込められ、もっぱらスキルや資格の取得に励むようになります(2)」。

ここでの中嶋見解は、自ら設立した国際教養大学を可能にした「大綱化」そのものを否定する一見奇妙なものではあるが、「大綱化」が東大駒場や立教の全カリ、そして国際教養などの優れた教養教育モデルの構築を可能にした反面、京大・九大をはじめほとんどの大学で、「教養部」の廃止と教養教育の「全学動員方式」という「教養教育の空洞化」をもたらした以上、全体として「正鵠を得た」ものとなっている。

それでは、具体的にいかなる教育理念と目標を持ち、いかなるか教育内容で「国際人材養成」を行い、いかなる教育成果を上げているか。

中嶋氏の二つの著作、二代目の学長である鈴木典比古氏の著作『なぜ国際教養大学はすごいのか』(PHP新書二〇一六年)およびHPなどから私なりに整理してみよう。答えは、著書『学歴革命』の「はじめに」で次のようにごく簡潔に要約されている。

「本来は時代に先駆けて社会の先頭に立ち、時代の変化に対応できる人材を育成することが求められる大学が、社会を構成する組織や機関のなかでも、最も遅れてしまっていることに、私は強い危機感を抱いて来ました。

私たちの国際教養大学(AIU)は、この危機感と使命感から、高等教育のあり方を根本的に変えるべく二〇〇四年に開学し、グローバル時代の国際社会に貢献できる人材の育成を目指して来ております。私たちは、諸外国と比べて圧倒的に学習量の少なかった日本の学生の知的経験を高めるために、従来の大学では考えられなかった学習環境を創り、カリキュラムを全面的に改めてスタートしました。
全授業を国際公用語である英語で行うこと、外国人留学生とともに暮らす一年間の寮生活、全学生の海外留学の義務化など、厳しい教育プログラムを通じて国際社会で活躍できる人材の基盤をつくっているのです。
その成果は、学生たちが多くの企業から採用され、「就職率一〇〇％」を実績として毎年マスメディアで大きく取り上げられています。秋田のＡＩＵは、即戦力の社会人を育てる『就職に強い』大学だというイメージがいまでは社会に定着しつつあります[3]」。

つぎに、国際教養大学の大枠から紹介しよう。

中嶋書によれば、「国際教養大学が秋田市郊外（秋田市雄和）に開学したのは、二〇〇四年四月。キャンパスは、秋田市内（厳密にはJR秋田駅）から車で約三〇分、秋田空港からは車で約五分の広大な森のなかにあります。学生不足で前年に廃校となったミネソタ州立大学機構秋田校（ＭＳＵＡ）の施設を、そのまま引き継いでの開学でした[4]」。

ＨＰの基礎データによれば、二〇一八年四月現在、教育研究組織は、国際教養学部と専門職大学院・グローバル・コミュニケーション実践研究科（二〇〇八年九月開講、入学定員三〇名）、国際教養学部の入学定員は、開校時二〇〇四年一〇〇名から、〇六年一三〇名、〇八年一五〇名、一一年一七五名と七年間に七五名増加。学部内にグローバルビジネス課程とグローバルスタディズの二課程で構成。後者はさらに北米分野、東アジア分野、トランスナショナル分野の三分野からなる。専門職大学院は、英語教職と日本語教育の二つの修士課程を擁する。総学生数は八八四人、うち男性三六％、女性六四％で女性比率が高い。受け入れ交換留学生は二九か国・地域から一五三人、派遣留学生は三六か国・地域へ一八七名。専任教員数は七二人、うち外国人教員は三八、同比率は五二・八％で、外国人教員が過半を占める。学生数と専任教員数の比率は一二対一で、国立大学平均の九・四対一、公立大学平均の一一・四対一（二〇一七年度）とほぼ匹敵している。ただし、国立大学は医歯薬や理工農などが主力なので、文系としては学生対教員比率は低い。十分に少人数教育が可能である。

ところで、中嶋氏は、国際教養大学（以下ＡＩＵ）の五つの教育目標と五つの探求方法をあげ、「五つの目標を横軸にし、五つの方法をって縦軸にした交差点にＡＩＵのカリキュラムがある[5]」として、その編成の考え方を語っている。

五つの教育目標とは、①外国語コミュニケーション能力の熟達、②さまざまな学問分野にまたがる基礎知識、③知的自律性と意思決定能力、④自己の文化的アイデンティティ、⑤グローバリゼーションに対する理解である。また、五つの探求方法とは、(A)人文科学的・芸術的視点、(B)社会科学的視点、(C)経験的方法、(D)量的論証、(E)批判的思考である。

4―3図は、著書『学歴革命』に掲載されている「国際教養大学」のカリキュラム体系を簡略化したものである。これに沿って、入学から卒業までの学習のステップを追ってみよう。

まず、入試については二つの工夫がなされている。一つは、「国公立の試験は前期、後期と分かれていますが、AIUはそこから離脱しました。受験生が他大学と併願できるようにするだけでなく、学生に多様な選択を与える一方で、さまざまな個性あふれる学生に門戸を開きたいという志の現れです。独自の入試日程と入試科目を実施した。[5]」A日程(三教科)、B日程(五教科)、後期日程(英語のみ)である。いづれも高倍率で、受験生の九割近くは県外からという「全国区」の大学としてスタートした。もう一つの工夫は「暫定入学制」である。「ほんの少しのミスで将来の可能性を無にさせない制度です。入試の判定をきめ細かく綿密に行うAIUだからこそできるのだと思います。たとえば入試で一点の差で不合格になった受験生や合計点では不合格でも英語だけをとれば合格者よりもずっと高い得点の受験生、もしくは文系の大学であるのにセンター試験の理数科目は満点である場合など、一定のレベル以上の受験生に対し、本人が希望すれば特別科目等履修生制度を利用して若干名に暫定的に入学を許可しています。合格者との間に履修上の区別は一切なく、平均点をクリアーすれば二年目に初めて入学金を払って編入してもらいます。(中略)一、二点の違いで若者の可能性をつぶしていいものでしょうか。むしろ、『自分は頑張らなければ』と奮起し、正規学生より能力で追い抜くことが多いのです。[6]」入試制度の冷さを知り尽くした温かさである。

「AIUでは、入学から一年間は『こまち寮』での寮生活が義務づけられています。この一年の生活で何を鍛えるのか―それは、『大人』へのステップを自然に踏んでいく適応力です。何でも面倒をみてくれた親と居心地のよい実家から離れて気ままな一人暮らしをするのとは違い、周囲の人々と足並みを揃えて暮らすことが、後々の人生で大きなプラスになると考え、AIUは寮生活を義務づけているのです。

寮生活は、海外からの留学生や日本国中から集まる学生との共同生活です。プライベートな時間・空間でも、英

4－3図　国際教養大学の学問体系（Global　社会への飛翔）

卒　業	International Liberal Arts	TOEFL
	GS＝幅広い知識・理解力、GB＝Case　Study、応用力	>600
一年間の海外留学		>550
	異文化に対する寛容性、柔軟性、自立性	GPA＞2.5
Advanced	Education＝専門教養教育課程　EAP　TOEFL	
	GS＝地域研究の基礎知識・手法の理解	
	国内外でのインターンシップ	
	GB＝経済ビジネスに関する基礎理論と知識　GB	
Basic　Education　＝基盤教育		＞500
	日本人としてのアイデンティの確立、職業意識の涵養	
	国際社会に関する幅広い知識の修得	
	実践的コミュニケーション能力の養成	
	諸科学の基礎理論を体系的に学ぶ	
英語集中プログラム（EAP）		
	English　for　Academic Purpose	
Placement　Test		
入試→入学		

中嶋嶺雄『学歴革命』 p.73 を簡略化
GS：Global　Study　Course
GB：Global　Business　Course

語でコミュニケーションすることも多いため、生活そのものが活きた異文化交流、語学研修の場となります。（中略）自分とは違うさまざまな価値観に触れることで、他人と自分との違いを知り、ひいては自分自身について深く学ぶ絶好の機会ともなるのです。

海外からの留学生とのルームシェアあるいはユニットシェアとなれば、文化の違いや生活習慣から摩擦が起きても当然です。（中略）考えてみれば、寮という空間自体がどこか寄せ鍋のようなものかもしれません。いろんな学生の持ち味によって、寮生活の空気が変わってきます。いわば、さまざまな価値観が凝縮された社会の典型です。しかも国際社会の典型も、学生は身をもって知るわけです[7]」。

学習過程に移ろう。入学と同時にTOEFLを用いてプレイスメントテスト（Placement Test）を行う。その点数に基づいてクラス分けをし、能力に応じた『英語集中プログラム』（EAP English for Academic Purposes）を行う。」（中略）EA

P修了時にはTOEFL500点以上を必要となります。（中略）主な授業内容は伝統的な言語スキルであるリスニング（聴く）、スピーキング（話す）、リーディング（読む）、ライティング（書く）が教えられますが、アメリカ式の高等教育をモデルとしており、教師と学生の双方向のディスカッションが主で、教材は地球規模の時事問題に特に重点が置かれます。これを毎週、約二〇時間、四か月行うと、学生の語学力は格段に成長し、国際問題についても話せるようになります(8)」。

「EAPが終ると次に『基盤教育（Basic Education 以下BEと略記）』でいよいよ本格的な教養教育の基礎を学んでいきます。十分な英語力を身につけた後、幅広い知識と教養を学ぶことによって将来、専門性を確立するための基礎を築くのです。AIUの学生だけでなく、多くの大学生が将来、自分が何をしたいのか、またどんな職業に就きたいのかまだはっきりと見えていない時期に幅広い選択肢があると、自分の関心を探求することができるのです。BEでは社会学や政治学などの社会科学。西洋思想文化や映画学概論、美術史などの芸術・人文科学。代数学や統計学などの数学・自然科学。国際ニュースでのディベート科目やグローバル研究概論などの学際研究。保健体育やキャリア・デザイン、茶道、漫画・アニメ研究などの日本研究もあります。もちろん、中国語や韓国語、フランス語やスペイン語などの世界の言語も学びます。

AIUでは、『複言語主義』（plurilingualism）の立場から母国語、英語の他にもう一つ第二外国語を学ぶように強く勧めています。三言語を学ぶことで言語空間が刺激し合い、学生の語学力が向上するばかりか、三つの世界が心のなかに広がります。知的経験の最上の選択だと思います(9)」。

「この基盤教育を修了しますと、学生は『専門教養教育』として二つの課程のなかから、『グローバルビジネス：Global Business（以下GBと略記）』課程と『グローバル・スタディズ：Global Studies（以下GSと略記）』課程のどちらかを選択して、進みます。それは他大学の専門教育課程とは異なり、あくまでも教養教育の一環としての専門です。どちらかを選択したとしても、学生の興味や関心を通じて進路を変える場合でも対応しやすく、取得単位を少し増やして変更することが可能です。つまりカリキュラムもボーダレスな教育体制にしてあるのです(10)」。

「AIUの学生には、卒業するまでに必ず一年間の海外留学を義務づけています。留学先の大学でも、原則として学生寮に滞在しなければなりません。したがってAIUでの寮生活は、海外留学時のための訓練としての機能も果たしているのです。

ＡＩＵでの最も挑戦的な事業は、この一年間の留学義務だといっていいでしょう。外国に長らく滞在してみて、自分たちが生まれ育った日本という国の素晴らしさを初めて知ったという意見を、学生たちは口々に話します。学生たちにとって、客観的に日本について考えることは、日本国内に留まっていては持つことができない貴重な機会となるのです。また何より、異国で誰のサポートもないままに受ける英語の講義は、彼らにとって魂を揺さぶられる挑戦であり、冒険でもあります。（中略）

留学先の国や大学については、原則として学生の希望をヒヤリングしたうえで、成績、専攻などを総合的に判断し、学長の私を含む委員会が責任をもって決定します。一年間の留学期間中に学ぶ科目も、アドバイザーと相談のうえ、それぞれの学生の興味に沿って選択できます。提携大学で受講する授業は、現地の学生のために開講されている正規の授業か、留学生のために開講され、しっかり単位を与えられる授業となっています。（中略）最初は悲鳴を上げていた学生たちも、ＡＩＵに帰ってくる時には、タフでたたくましい学生となって帰ってきてくれます[11]」。至れりつくせりである。

最後は。卒業と就職である。この点については次のような記述がある。

「社会一般が大学を評価するものさしは就職です。特に開学の頃は、学生の親御さんから、『卒業実績がない大学で、子供が希望する企業に就職できるのか』などとの問い合わせも多く、私たちは非常に心配していました。ですが、その心配をよそに、二〇〇七年度の最初の卒業生である第一期生はトップクラスの企業にほぼ全員が『総合職』で就職し一〇〇％、二〇〇八年度の第二期生は九九・一％、二〇〇九年度の三期生は一〇〇％、二〇一〇年度の第四期生も一〇〇％と、ＡＩＵの学生たちは非常に高い評価を企業からいただくことができました。各メディアでも話題になり、本年も九九％（二〇一二年二月末現在）の学生が内定しています[12]」。

以上のような、英語で学ぶ国際教養、寮生活や一年間の海外留学など体験で学ぶ国際教養を柱とした四年間のカリキュラムの企画と実施を一〇年余に渡って行ってきた強固な意志の背景には、東京外国語大学学長（第九代）時代の苦い経験があった。氏の言葉を借りよう。

「私は東京外国語大学で教鞭を執り、学長も務めました。その間、大学教育でもっとも大事なカリキュラムの改革を何度も提案し、また自らも試みました。

たとえば英語教育。東京外国語大学を出ていれば、誰でも英語が話せる思うでしょうが、実際はそのようなことはなく、外国人とちゃんとコミュニケーションできる英語力となると、テキスト中心の英語教育の弊害で、はなはだ心許ない人が少なくありません。

（中略）文法とかスペルとか受験英語みたいな授業はやめて、もっとコミュニカブルな英語教育をやりましょうと、何度も提案しました。すると、そんなことは許されないと、かんじんの英米学科の先生たちが激しく抵抗するのです。たしかに文法もスペルも大事だけれど、そればかりやっていたのでは、いつまでたってもちゃんと話せる英語はできないわけです。（中略）このため、カリキュラムひとつなかなか変えられない。こうした大学教員の抵抗を可能にしたのは、国公立大学の教員に雇用上のさまざまな保護と特典を与えてきた『教育公務員特例法』（教特法）の存在があったからです。教特法には、国公立大学の教員人事を教授会（採用・昇任の場合）、評議会（降任・免職の場合）が行なうとの条項があるほか、高度の身分保障も規定しています[13]」。

「私は、東京外国語大学で改革を進めようとしましたが、会議ばかりですこしも前に進めなかった苦い経験があります。一年間に三〇回以上も改革会議を開きましたが、ほとんど何も実現できませんでした。強力な教授会自治の前には、学長の力など微々たるもので、実質、何の権限もありませんでした。虚しさばかりが募り、徒労感に打ちひしがれたものです。ですから、教特法に守られた抵抗勢力を抱えたまま、大学改革を行なうのがどれほど難しいことであるか、身にしみて知っていました。

その意味では、秋田県から大学設立のお手伝いを依頼されたとき、すでに行財政改革の一環で、大学の自主、自立を促すための国公立大学の法人化がタイムテーブル（二〇〇四年四月実施）に載っていたことは、このうえない幸運でした。既存の法的枠組みのなかでは、何をするにも国の縛りがあるし、『学部自治』『教授会自治』の制約もあります。しかし、大学法人化が実施されれば、国の縛りが大幅に外れ、国公立大学の教員は非公務員となり、教特法の適用もなくなります。

とはいえ、現実問題として、既存の大学では、たとえ法的な後ろ盾がなくなったとしても、抵抗勢力の力はけっして無力化されることはないし、特に規模の大きい総合大学では既得権益にあずかる者が多く、改革は容易ではありません。国公立大学全体も本音では変わりたくないと思っているところがあります。それは、経験的に容易に想像がつきましたし、事実、その後の動きを見れば、多くの大学は組織の改廃や統廃合などの千載一遇の改革のチャンスを逃したまま、今日に至っています。でも、それは既存の大学だからで、ゼロから作る新設の公立大学なら、法人化のメリットを十分に享受できます。既存の大学では、既得権益の壁や旧態依然とした保守的ないし左翼的な抵抗にあってできないことも、フリーハンドでできるのです。秋田県の国際系大学の新設構想は、まさにそうした絶妙のタイミングで動き出し、検討委員会、さらには創設準備委員会で議論を深めていったのです。[14]」と言う経過をたどる。つまり、東外大での苦い経験、公立大学法人化のもとでの「教特法」からの解放、既存の大学での教授の既得権益の存在などの条件を加味して、「ゼロから作る新設の公立大学」として中嶋構想が実現したのである。

管理運営方式及び教員の採用については、以下のようになっている。

「ＡＩＵでは大学をまったく新しく改革するために、この旧時代の『宿痾(しゅくあ)』であった教授会を大学経営の観点から切り離しました。

大学全般の方針については『大学経営会議』で決定します。カリキュラムなどの教学の方針については『教育研究会議』が担当します。そしてすべての方向性を最終決断するのが理事長兼学長になります。教員の人事権に関してもＡＩＵでは、教授会には人事権がなく教職員は原則的に全世界からの公募制をとり、また任期制（三年）で勤務していただいております。特に教員は五段階の評価（エヴァリュエーション）を受けますが、そのなかには学生側からの授業評価もきちんと査定要素にしています。これに耐えない教員は契約の延長ができません。

教員にはリサーチは優れていても、教え方に問題がある方もいるものです。選考過程では面接と模擬授業をしていただき採用を決めているのです（中略）、もちろん学生からの評価だけでなく教員の同僚や上司の評価も加味し、最終的に学長の評価が加わります。ただし業績と評価の高い教員にはテニュア制（原則五年契約で年限回数を設けない）の選択も設けました。一方、事務職員に関しても、（中略）ＡＩＵでは職員が意思決定に加わりますし、教職員が両輪となって勤務しています。

大学が法人化する以前は、学長や副学長に外国人が就任できませんでした。グローバルな時代では国際的な人事編成が急務でありますが、『教育公務員特例法』によって国公立大学では、学長、副学長、学部長などの責任者に公務員でない外国人が就任できなかったのです。ＡＩＵでは二〇〇四年の設立当初からグレゴリ・クラーク氏（元多摩大学学長）に副学長を務めていただきました。現在でも教学関係の長は、半分以上を外国人で編成しています。また教授会は（学生の入学・卒業など審議するため）、春学期と秋学期のはじめとおわりに一時間以内で済ませています。たとえば卒業者の認定や留学者の承認、カリキュラム改革などの重要案件は、教授会の前に各部門の責任者が教育研究会議で討議し、議題を提起して、教授会では承認を得るだけです[15]」。学校教育法を遵守しつつ、教授会の権限を最小限に抑えた運営を行っている。「宿痾」は、広辞苑をひくと、「長い間なおらない病気、持病」という意味である。この表現は、中嶋氏の思いを見事に反映していると思うが、私には言いすぎだと思える。「教授会自治」自体は、大学や教員集団が歴史的に勝ち得た慣習であり、特定の学内政治屋や実績のない教員などによって悪用されがちであるが、制度自体は維持されるべきものである。

ところで、これほど大胆な大学改革のモデルを「現場実践」を通じて示した中嶋嶺雄学長は、開校一〇年に満たない二〇一三年二月に突然この世を去った。四か月後の六月に二代目学長となったのは、前国際基督教大学長の鈴木典比古氏である。氏も中嶋氏の遺志を引き継ぎ、国際教養大学の発展に尽くしている。氏の著作『なぜ国際教養大学は凄いか』（ＰＨＰ新書　二〇一六年）で、開校以来一〇年間の経過と成果を総括するような形で、次のように記述している。大変わかりやすいので、いささか長くなるが引用して終わりとしよう。

「国際教養大学のキャンパスは秋田市内からクルマで約三十分、秋田空港からクルマで約五分の森のなかにあります。周囲には民家もまばらで、スーパーやコンビニにはクルマかバスでしか行けません。キャンパス周辺では熊の目撃情報もしばしばあるぐらい、自然が豊かな環境です。雪国の秋田だけあり、冬は雪に包まれます。

よく言えば環境豊かな場所に、悪く言えば辺鄙なところに国際教養大学はあります。都市の大学に人気が集まっている現状を考えると、最も敬遠されそうな場所です。（中略）

開学当時、『歴史も実績もないこんな大学に、本当に学生が集まるのか？』という疑問の声もよくあった聞いています。しかし現在、国際教養大学には高い志を持った学生が日本全国から大勢集まってきます。例年、出願倍率はほぼ十倍で、二〇一一年度入学の一般入試は、二一・四倍を記録しました。

その人気のおかげもあり、受験難易度も全国屈指のレベルに上昇しています。入試の種類によっては、東京大学と

同じ程度の偏差値と判定されるほどです。（中略）

日本の十八歳人口が減少し、『大学全入時代』と言われるなか、開学間もない、しかも都会の華やかさと無縁な田舎にある大学が、これだけ学生を集められることに世間は驚き、多数のメディアの取材が来るようになりました。国際教養大学がこれだけ学生を惹きつける理由は、次のような独自の教育制度や特徴にあります。

一．国際教養教育を学ぶ、リベラルアーツカレッジ　二．授業はすべて英語で行う　三．新入生は、学生寮で留学生と共同生活　四．在学中、一年間の留学が義務　五．二四時間三六五日、勉強に集中できる学習環境（図書館開館）　六．春と秋に入学できる

学生はこのような大学生活を通じて、世界で活躍できるグローバル人材として成長していきます。異なる文化や価値観の人とも対等に接しながら、自分の描いた夢に向かって世界中を歩み続けるための『生きた学問』を身につけるのです。

そしてその成果は、「卒業生の就職率が一〇〇％というかたちで現れています[16]」。

(1) 中嶋嶺雄『なぜ、国際教養大学で人材は育つのか』　祥伝社黄金文庫　二〇一〇年　七二―七三頁。
(2) 同右書　七四頁。
(3) 中嶋嶺雄『学歴革命―国際教養大学の挑戦』　ＫＫベストセラーズ　二〇一二年　三―四頁。
(4) 中嶋前掲（1）書　二四頁。
(5) 中嶋前掲（3）書　六八―六九頁。
(6) 同右書　六六―六八頁。
(7) 同右書　一二三―一二五頁。
(8) 同右書　七〇頁。
(9) 同右書　七一―七二頁。
(10) 同右書　七六頁。
(11) 同右書　一二七―一二九頁。

(12) 同右書　一一頁。
(13) 中嶋前掲（1）書　八二頁。
(14) 同右書　八四―八六頁。
(15) 中嶋前掲（3）書　六二―六三頁。
(16) 鈴木典比古『なぜ国際教養大学は凄いのか』ＰＨＰ新書　二〇一六年　八六―八八頁。

第三章　第三者評価の義務化と評価システムの課題

一　大学評価のカテゴリーと第三者評価の義務化

草原克豪氏は、大綱化と第三者評価の関係を以下のように簡潔に述べている。

「日本の大学にはじめて評価の概念が導入されたのは、（中略）一九九一（平成三）年の大学審議会答申に基づく大学設置基準大綱化のときであった。このときは、規制緩和と自己責任の原則に基づいて教育研究の質の維持向上を図るため、設置基準に『自己点検・評価』が『努力義務』として明記された。

折から、行政改革の流れの中で、行政の説明責任の確保あるいは資源の効率的配分という観点からも、評価制度の確立が重要な課題として浮上してきた。さらに評価結果に基づいて予算を重点的に配分するという新しい方針も打ち出されるようになってきた。大学評価は諸外国においても共通の課題となっていた。（中略）

一九九八（平成一〇）年の大学審議会答申『二一世紀の大学像と今後の改革方策について』において、四つの基本理念に基づく具体的な改革方策が提言されたが、そのひとつが、『多元的な評価システムの確立―大学の個性化と教育研究の不断の改善』であった。その中で具体的に提言されたのは、①国立大学に対する自己点検・評価の義務づけ、②第三者評価の普及促進、③国立大学を主たる対象とした評価機関の設置、④評価結果に基づく予算配分制度の検討、⑤大学評価・学位授与機構の設置、である。

この答申を受けて文部省は、一九九九（平成一一）年に大学設置基準を改正して自己点検・評価を義務化するとともに、外部評価についても努力義務として加えた。また翌年には学位授与機構を改組し、大学評価・学位授与機構を設置している。

その後、二〇〇二（平成一四）年、中央教育審議会が『大学の質の保証に係る新たなシステムの構築について』の答申を行い、その中で『第三者評価を私立大学にも義務化』することが提言された。

これを受けて、文部省は同年、直ちに学校教育法改正に向けて動き、これにより国公私立すべての大学が七年に一回、文部科学大臣が認証した評価機関の評価を受けることを義務づけられることになった。

このように、評価をめぐっては、自己点検から第三者評価へ、努力義務から義務化へ、大学設置基準から学校教育法へ、と実に急速な事態の展開ぶりを見せた[1]。

他方、わが国の大学評価研究の第一人者である喜多村和之氏によれば、「大学評価は、日本だけで突如として問題とされるようになったのではなく、一九八〇年代から諸外国とりわけ先進工業諸国でいっせいに出現してきた国際的な共通課題であった。米英をはじめとして、オランダ、フランス、ドイツ、およびスウェーデン、ノルウェー、デンマークなどの北欧諸国、スペイン、イタリア……と大学評価の波は広まっていくようになる。[2]」と述べている。

そのうえで、喜多村氏によれば、「日本の大学がここ一〇年来、大学自身が自己を評価するという『自己点検・評価』方式による大学主導型評価を行ってきた。（中略）これはアメリカの基準認定方式をモデルとしたものだ。

このアメリカ型の大学評価方式の精神は、まず第一に、大学の質の向上や保証は大学およびその集団としての大学団体の自律性と専門職性を通じて行うべきで、評価の主体は、他者、とりわけ政府にゆだねるべきではない、という考え方にある。それは教育・研究の質を正しく評価できかつこれを改善すべき者は、第一義的にはこれらの機能に直接携わっている教職員と学生であるから、まずみずからが大学の自己研究（self-study）を実施する。そして結果の判定は他大学の教育者・研究者の同僚からなる基準協会の審査団の判定にゆだねる。つまり、大学専門職の同業者規制主義とでもいうべきものである。

第二に、大学は学問の自由にもとづく自治組織であるから、質の評価には政府の介入を排すべきだという反政府主義とでもいうべきものがある。したがって私立大学の評価の場合は政府関係者は一切評価者に加わらない。公立大学の評価の場合は政府関係者が加わる場合があるが、それはあくまでも政府の政策の説明要員としてであり、正規の審査団メンバーでもなく、当然大学の適格判定を下す採決にも加わらない。さらに、自律的な評価を維持していくためには政府や他者の介入を招かないような信頼されるに足る評価を、自律的に、かつ自弁で（政府の補助金などを受けずに）

行うというボランタリズムの精神がある。（中略）

大学設立の自由をタテマエとするアメリカでは、日本と比べてはるかに大学を自由に設置でぎ、州政府の設置認可は日本に比べると許容的な州が多い。それはいわば大学の開設は仮免許的な性格の事前評価と考えられているからでもある。しかし、公認された学位を出せるカレッジまたはユニバーシティとなるためには、全米で六ヵ所に設けられている大学の同業者組織である基準協会（accreditation associations）の基準に適合した実績を示さなければならない。基準協会の認定を受ければ会員校の資格を得ることになる[3]」。

さらに、もう一人の評価研究の大家であり、「大学基準協会五五年史」（大学基準協会　二〇〇五年）の責任編纂者でもある寺崎昌男氏は、日本におけるアクレディション・システムの導入とその後の政府との複雑な関係について、次のように述べている。

「大学基準協会という新しい組織が、占領軍当局に強力に支持されつつ日本の大学のリーダーたちの手で結成され、一九四七年七月に、最初の『大学基準』がつくられた。（中略）当初この団体は、当時の有力な大学すなわち戦前から大学であった旧制大学によって構成されていたとはいえ、民間の一任意団体であった。しかし一九五九年に財団法人としての資格を獲得し、二〇〇四年八月、認証評価機関としての認証を受け、現在に至っている。（中略）協会の設立当初、大学のアクレディテーション基準であった大学基準は、ほぼそのまま政府の大学設置（チャータリング）の基準と同一に扱われた。すなわち、この民間協会がつくつた会員資格審査のための『大学基準』を、文部省は『大学設置の基準』として採用した。その状態が八年間続いたのち、文部省は独自に『大学設置基準』を省令として制定し（一九五六年）、大学・学部・学科の新設にはこの省令による審査を受けなければならないという制度を敷いた。

そしてその三年後、一九五九年に同協会が財団法人に組織替えしたとき、文部省と協会との間には、大学設置基準は、その大学が『大学であるための入学基準』であるのに対して、大学基準は、その大学が『本当の大学』であることを証明する、いわば『大学としての卒業基準』であるという合意が形成された。このとき、国際的な見方からすれば設置認可（チャータリング）基準と水準向上ないし協会会員としての適格判定（アクレディテーション）基準とが、対比されて位置づいたということになろう。文部行政の側から言えば、それは占領下の『異常』な行政原理を克服した、『正常化』の結果とみなされた。しかし、戦後改革の原則、すなわち戦前の文部行政が持っていた強権的な教育支配をやめさせ、とくに大学に関してはオートノミーの原則を維持してそれを官僚支配から脱却させるという原則からすれば、文部省と協会の間のこの〝妥協〟は無視できない問題を残したものであった」[4]。

この大学設置基準が出されてから、「大学基準協会の威信は大きく低下した」と寺崎氏は指摘する。事後評価の必要性への疑問、アクレディテーション基準とチャータリング基準の二重の基準の併存への批判、占領下の制度自身への批判などが混在し、「大学基準協会の活動を期待する動きは微弱なものになっていった」[5]とみる。

寺崎氏は、大学基準協会が、こうした低迷を脱したのは、一九八〇年代半ば以降であるとし、臨時教育審議会が、大学自身による自己評価、専門団体による相互評価の重要性を論じ、さらに九〇年代には入って、自己評価活動を『努力義務』から『義務』になり、「大学基準協会の役割はにわかに社会の注目を集めた」[5]。加えて、「協会は、大学基準による評価活動の目的を、かつてのように加盟判定や会員資格審査に限定するのではなく、ピア・レビュー方式に立つ相互評価をも併行して推進し、研究教育水準の自主的な向上や国際的なアクレディテーション活動に結びつけるという方針で活動を続けている。『大学基準』は『向上基準』である、という規定も同協会内部ではおおやけに承認されている。また、一九九六年度以降、学部ごとの『適格判定』評価を改めて、大学全体を評価する総合的大学評価システムを導入し、（中略）同協会はみずからの活動を制度的役割から本来の大学改革推進的役割へと広げている」[6]。

他方、「政府は、二〇〇二年一一月に学校教育法を改正し、大学評価に当たる機関を政府自身が『認証』するという制度を定めた。その機関として第一に認められたのは財団法人大学基準協会であり、さらに大学評価・学位授与機構、財団法人日弁連法務研究財団、短期大字基準協会と続き、これに私立大学協会が設立した財団法人日本高等教育評価機構も認証され、二〇〇六年現在、計五機関となった。財団法人大学基準協会はその筆頭の位置にあり、認証機関となった二〇〇四年度以後すでに評価活動を展開している」[7]。

こうした経過を経て構築されたわが国の大学評価のカテゴリーについて、寺崎氏は四つに整理し、現段階の特徴について言及している。

「大学評価というのは、分けて考えなければならない思っております。まず『社会的評価』がある。これは受験生たち、受験生の父母、あるいはマスコミ、さらに『世間』といわれるもの、そして広くは産業界、官界等々が行っている評価です。それから二番目に『行政機関による評価』がある。大学設置審議会等のときに使用されるものです。三番目が『相互評価』。これを大学基準協会はやってきました。最後は『自己評価』です。現在のところ、評価のカテゴリーはとりあえずこの四つになるのではないかというふうに考えております。

他方、今後大学評価・学位授与機構が行うのは何かというと、私のカテゴリーで言えば、（第二の）行政機関による評価のバリエーションの一つだと思います。ただしバリエーションとはいえ、資源配分と否応なく結合していくと見られますので、格段に強化された評価です。大学評価の現段階は何かと問われたら、私は、行政機関による評価の格段の強化が生まれたことだと答えるでしょう。規制緩和のこの時代にそれでいいのかという問題がやはり残ります[8]」。

いずれにしても、今後の大学評価の在り方について、大学人は。過度に重視して受け身で対応するだけでなく、冷静に「評価」し、社会評価、自己評価、相互評価とのバランスを意識しつつ大学評価自身の水準の向上に努めなければならない。

（1）草原克豪『日本の大学制度』弘文堂　二〇〇八年　一八一―一八二頁。
（2）喜多村和之『大学は生まれ変われるか』（中公新書　二〇〇二年　四三頁。
（3）同右書　四九―五一頁。
（4）寺崎昌男『大学は歴史の思想で変わる　FD・評価・私学』東信堂　二〇〇六年　一二一―一二二頁。
（5）同右書　一二四頁。
（6）同右書　一二五頁。
（7）同右書　一二五頁。
（8）同右書　一七二―一七三頁。

二　大学評価システムの成果と課題（1）

二〇一一年三月一一日、大学基準協会の評議員会と臨時の理事会が神田一ツ橋の如水会館で開催された。年度末の例年の行事で、当該年度の大学評価結果の最終報告ある。しかし、今回は、会議の最中にわが国の歴史を揺るがす大きな事件が発生した。マグニチュード九・〇の東日本大地震である。とはいえ、当日午前中の評議員会で、六三大学の二〇一〇年度大学評価結果が最終的に了承された。これで、認証評価システムが開始されてから七年目の第一クールが終了した。その意味で、この日は、大学基準協会にとっても重要な日であり、わが国の大学評価システムの一つの転機でもあった。本稿では、学長として「認証評価」と「公立大学法人評価」を受け、また、評価者として「認証評価」と「国立大学法人評価」を経験した、一大学人からみた評価システムの現状と課題について整理してみよう。

第一クールを終了した「認証評価」とその意義

周知のように、二〇〇二年の学校教育法の改正に伴い、わが国の大学はすべて文部科学大臣の認証を受けた「認証評価機関」による評価を七年周期で受けることが義務付けられ、〇四年から開始された。これは、小泉内閣のいわゆる「骨太」改革の大学版である「大学の構造改革の方針」（遠山プラン）の一つの柱を形成するものである。学校教育法で定められている「認証評価機関」には、現時点では、文部科学省が予算措置する「大学評価・学位授与機構」と加盟大学が相互に評価する組織としての「大学基準協会」、「日本高等教育評価機構」の三団体がある。〇四年度の認証評価開始から七年をへて、第一クールを終えた結果一〇年度末で4―2表のように、国立大学は八六校中八五校が大学評価・学位授与機構、「公立大学」は、八〇校中法律施行後に新設または再編された大学を除く七二校が評価を受け、うち大学評価・学位授与機構三五校、大学甚準協会三六校、日本高等教育評価機構一校となっている。これに対し、私立大学では、大学評価・学位授与機構六校、大学基準協会が二八四校（〇四年―一〇年分、保留判定含む、二回受けたものは一校とする）、高等教育評価機構二六四校（いずれもＨＰより筆者計算）と、これまた二機関に集中している。

4－2表　国公私立大学と認証評価および法人評価

	国立大学法人	公立大学（法人）	学校法人（私立大学）
稼働大学数（学長数）	86	80	570
認証評価　終了	86	72	554
大学評価・学位授与機構	85	35	6
大学基準協会	1	36	284
日本高等教育評価機構	―	1	264
対象期間	(2005－10)	(2004－10)	(2004－10)
認証評価　2011年以降	0	8	16

法人評価	国立大学法人法	地方独立行政法人法	不要
大学評価・学位授与機構	86	―	―
設立自治体	―	54	―

数字は対象大学数
評価機関のHPより筆者積算

大局的には、国立大学＝大学評価・学位授与機構、私立大学＝大学基準協会と日本高等教育評価機構という関係が確立している。それぞれの大学が三つの評価機関を自由に選択できる建前になっているものの、結果的には、いわば「市場分割」の形をとり、公立大学だけが、国と民間の評価機関が相半ばしている。

こうした学校教育法の改正に伴う大学認証評価システムの実施によって、わが国の国公私立大学が国際的な評価システムの中に組み込まれ、国際的な大学教育の質が保証されるという大きな成果を得つつある。他方、個々の大学では、この認証評価が大きな「外圧」となって、学内の教育研究の向上、運営の効率化を強力に推進するテコとなっている。「適合」判定を受けた殆どの大学においてP―D―C―Aサイクルの確立が進みつつあり、これも本制度導入のもう一つの成果である。

「法人評価」制度の導入とその意義

「大学の構造改革の方針」（遠山プラン）のもう一つの柱が、国・公立大学の法人化である。二〇〇三年に国立大学法人法および地方独立行政法人法が成立し、翌〇四年にすべての国立大学が法人化し、公立大学は設立団体の選択に基づいて法人化が開始された。

国立大学法人法では、文部科学大臣は、国立大学法人が六年間に達成すべき業務運営に関する中期目標を定めるとともに、国立大学法人は、この中期目標を達成するための中期計画を作成しなければならない、と規定している。ここで定めるものは、教育研究の質の向上、業務運営の改善および効率化、予算・収支・資金計画、自己点検・評価など業務の基本的な事項である。さらに、文部科学省に設置された国立大学法人評価委員会が国立大学法人の「業務の実績に関する評価」を行うことが規定されている。

他方、地方独立行政法人法では、特別に公立大学法人の章をもうけ、そのなかで、設立団体の長は、業務・運営に関する六年間の中期目標を定めるとともに、公立大学法人は、教育研究の質向上、業務運営の改善・効率化、予算・収支および資金計画、自己点検評価等業務の基本的な事項について中期計画を作成し、その成果を設立団体が設置する評価委員会が評価するとしている。

ここで実施される「法人評価」は、法人内部にP―D―C―Aサイクルをビルトインさせ、経営体としての「自立」を求めたものである。その対象は、現存する八六の国立大学法人と法人化を選択した公立大学法人である。ちなみに、二〇一〇年度時点で八〇の公立大学のうち五四大学、五一法人が対象となっている。このうち、八六国立大学は、二〇〇九年度に一斉に第一期の中期計画を終え、前年の〇八年に文部科学省による「法人評価」を受けた。公立大学法人は、国際教養大学一校が〇九年度に、首都大学東京、横浜市立大学、大阪府立大学、北九州市立大学、岩手県立大学、長崎県立大学の六校が一〇年度に、それぞれ第一期の中期計画を終了し、設置団体である各地方自治体から「法人評価」を受けている。

以上のような大学法人化のスキームは、国および地方自治体の責任と財政負担で設立されたわが国の大学が、自らの責任において教育研究業務を計画的に実行するために策定されたものである。この政策は、中期計画の策定、これに基づく教育研究の質の向上、運営の改善と効率化などの改革の実行として、多くの大学に着実に根付きつつある。(2)

大学評価システムの課題―「認証評価」と「法人評価」の錯綜

以上の「認証評価」と「法人評価」は、前者は学校教育法、後者は国立大学法人法と地方独立法人法と、それぞれの法律の趣旨に基づいて実施され、着実に成果をあげている。他方、二つの評価制度が、我が国の大学に別々の論理で同時並行的に導入されたことから、大学現場に著しい混乱をもたらし、いくつかの重要な多くの課題を残したことも否定できない。わが国の国公私立大学七三六校（文部科学統計要覧、平成二三年版から「学長」の数により実態をもった大学数を推定）のうち、国立大学八六校、公立大学八〇校、私立大学五七〇校で、私立の比率は実に七七％で

4－4図　国公立大学の法人評価と認証評価

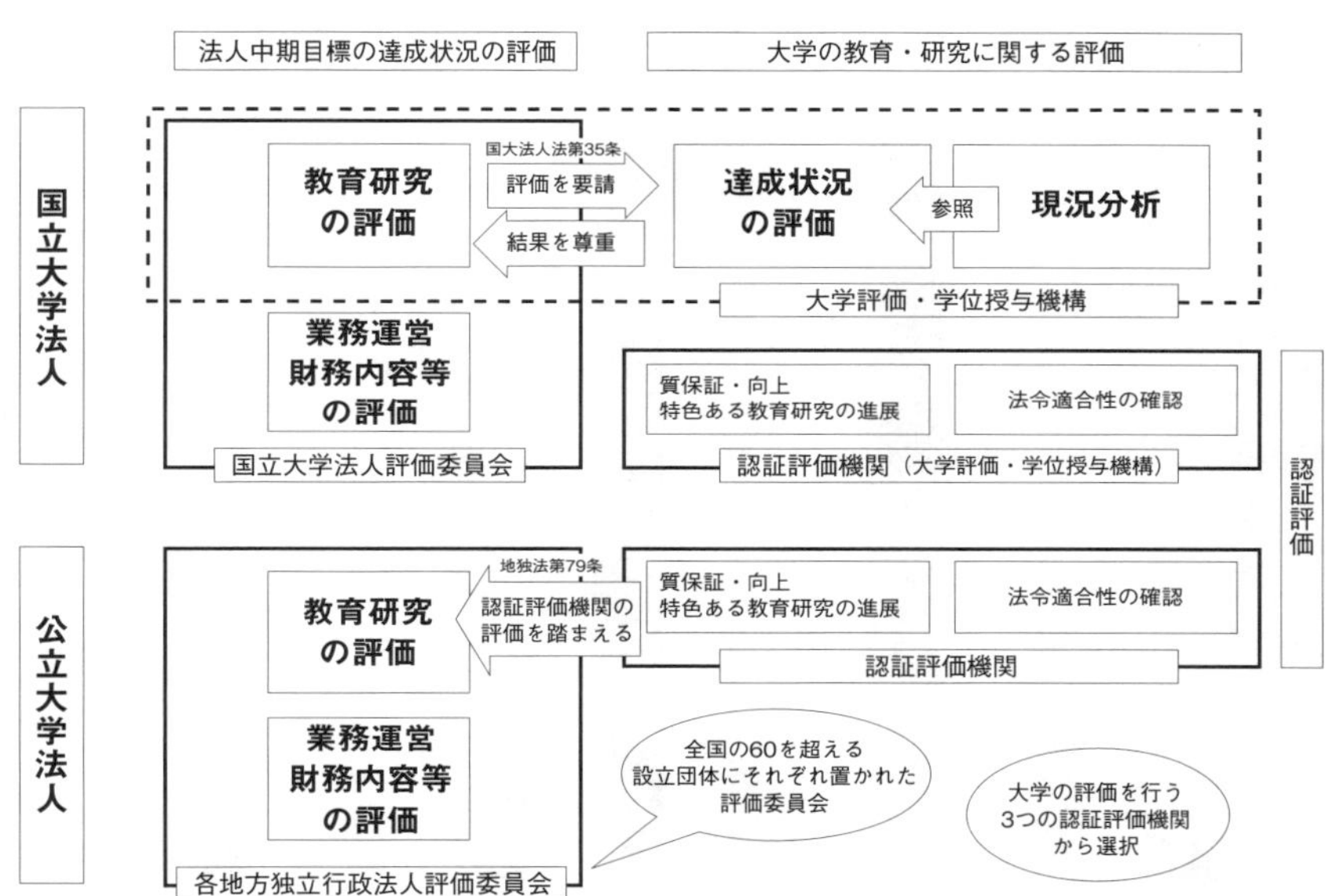

ある。この私立大学に対する「評価」は、「認証評価」のみとなる。既述のように、私立大学は、殆んどが大学基準協会か日本高等教育評価機構の「認証評価」を受けている。

ところで、この「認証評価」の意義はどこにあるのだろうか。改めて真正面から問われると、必ずしも明確ではない。二〇一〇年七月三〇日から八月一日までの三日間、日本アイ・ビー・エムの天城ホームステッドで第二八回天城学長会議が開催された。ここでは、「あらためて大学の質保証を考える」というテーマで、木村孟前大学評価・学位授与機構長とモンテ・カセム前立命館アジア太平洋大学学長の基調報告に基づいて四九人の国公私立大学の学長が討論を行った。木村氏は、アメリカを中心に世界的にデグリーミル（ニセ学位ビジネス）が蔓延しており、日本の学位の信用も問われていること、そのため日本の大学教育の国際的な質を保証する「認証評価」が不可欠なことを強調した。他方、モンテ・カセム氏は、日本の「認証評価」は、多大なコストをかけて最低限の「質を保証」する欧米流のもので、「質の向上」を促すものではないと批判した。いずれも、煩雑な評価活動に悩む多くの学長に感銘を与え、その後の議論を盛り上げることになった。「認証評

4－5図　大学評価・学位授与機構—国公私立大学別認証評価数推移

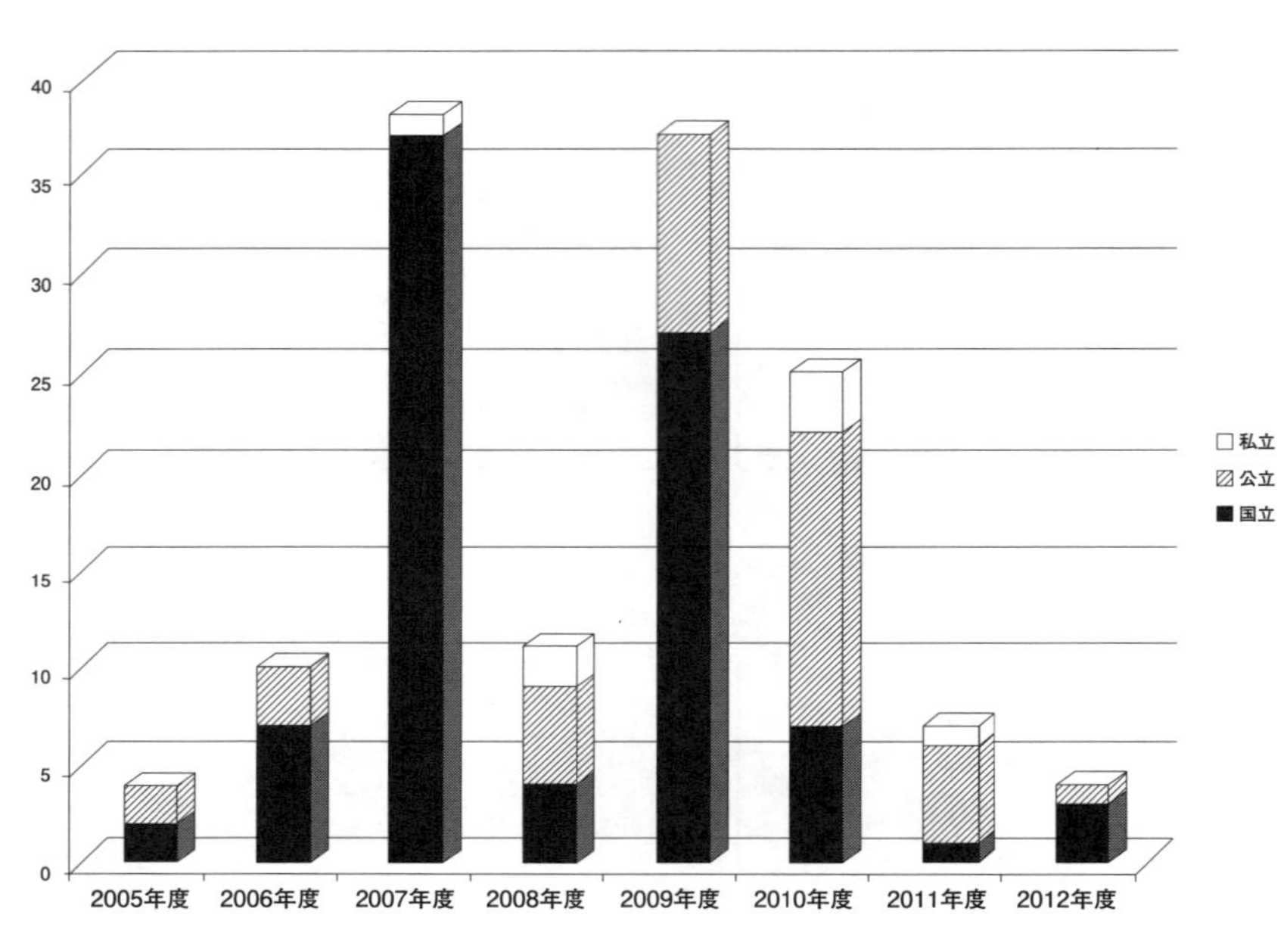

価」の趣旨は、大学として最低限の「質を保証」することにあるのか、改革を通じて「質の向上」を促すことにあるのかについて、参加者の議論が集中した。

この点に関連して、二〇一〇年春の公立大学協会総会で、来賓挨拶を行った当時の高等教育局長は、認証評価は大学として必要な質を有しているか否かの「適合」判定が目的で、改革の成果を評価して「質の向上」を促す「法人評価」とは、おのずと異なるという趣旨の発言を行った。しかし、学校教育法の一〇九条では、「大学は、その教育研究水準の向上に資するため」、「当該大学の教育研究等の総合的状況について、認証評価機関による評価を受けるものとする」と明記している（傍線筆者）。法の趣旨と行政責任者の間でさえ考え方は一致していない。このあいまいさが、現行評価システムの第一の課題である。

しかし、評価機関による実際の「認証評価」は、この二つの点をうまくバランスさせている。大学基準協会を例にとると、第一クールでは大学の理念・目的、教育研究組織、教員組織、学生の受け入れ、教育内容、方法、学生生活、研究環境、社会貢献、事務組織、施設・整備、管理運営、

4－6図　大学基準協会―国公私立大学別認証評価数推移

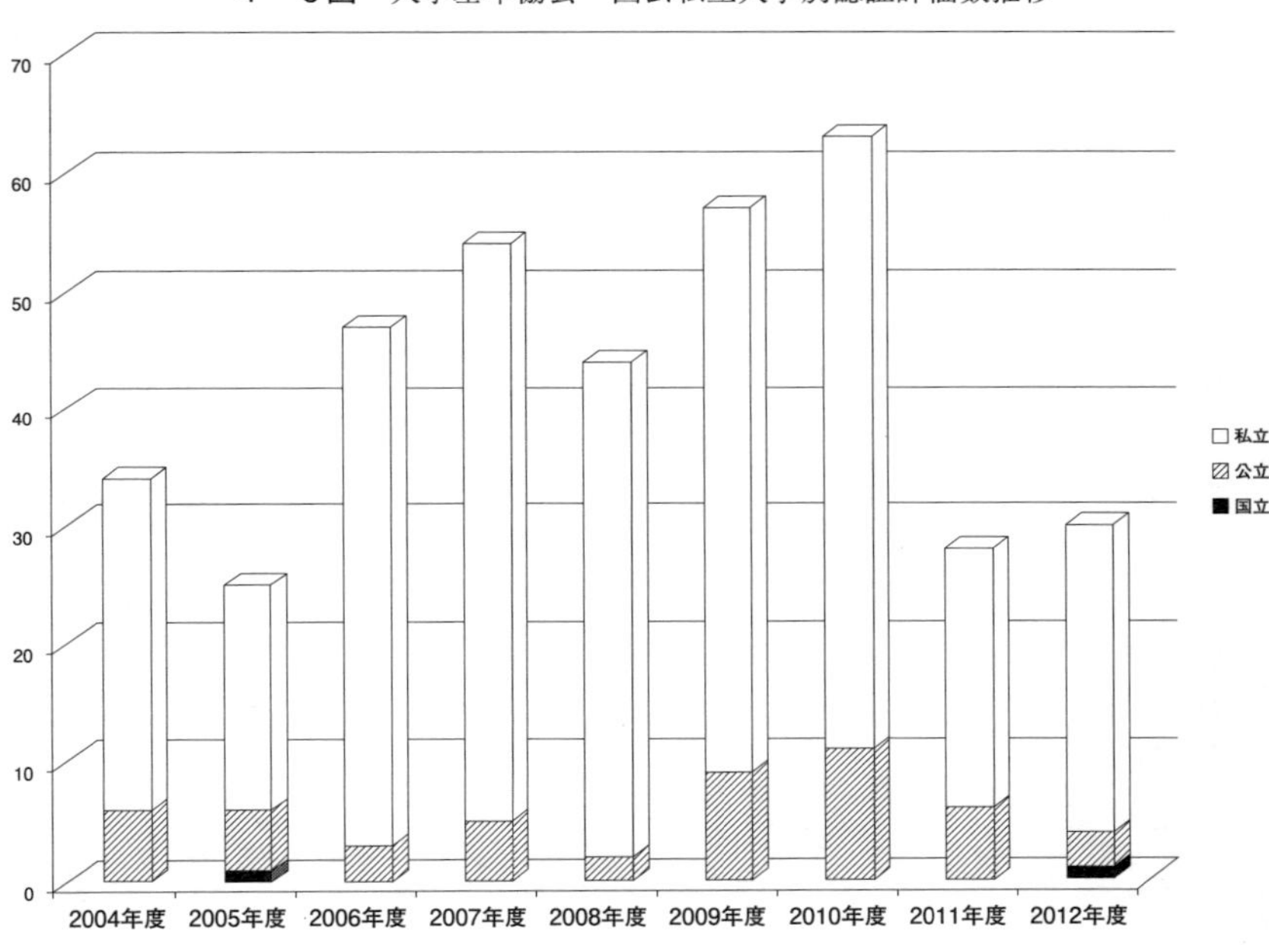

財務、点検評価、情報公開などを主な基準項目として評価し、大学基準について「適合性」を最終判定とする。そのうえで、大学に対する提言として、「長所」として特記すべき事項、一層の改善努力を促す「助言」、法令違反など義務的に改善をもとめた「勧告」事項を付記する形をとっている。「適合」判定が「質保証」であり、「長所の特記」や「助言」が「質向上」を促す二重構造となっている。大学評価・学位授与機構も「適合」判定、「優れた点」、「改善を要する点」を付記することによって、「質の保証」をメインにしつつも、付加的に「質の向上」を促すことを企図している。後述するように、第二クールでは、「保証」と「向上」の一層の両立を図っている。

第二の課題は、「認証評価」と「法人評価」の関係である。ここで、「法人評価」の対象となるのは、八六の国立大学法人と五一の公立大学法人（五四校）のみであり、国公私立の全大学数で一九％に過ぎない。私立大学が「法人評価」の対象になっていないからである。国公立大学だけが、「認証評価」と「法人評価」の二つを受けなければならない。

国立大学の「法人評価」は、二〇〇八年度に文部科学省によって一斉に行われた。この「法人評価」では、国立大学法人は、法人化後四年経過した時点で中期目標・中期計画の達成状況を大学評価・学位授与機構に提出する。達成状況報告には、「教育に関する目標」、「研究に関する目標」、「社会との連携・国際交流に関する目標」の三つの大項目と、それぞれの大項目に「教育の成果」、「教育の内容」、「教育の実施体制」、「学生の支援」、「研究水準・成果」、「研究体制の整備」、「社会連携・国際交流」など七つの中項目を機構側が枠組みとして提起し、そのなかに各大学の中期目標・計画が小項目や計画として詳細に記述される。評価は、各計画について、「非常に優れている」、「良好」、「おおむね良好」、「不十分」の四段階で判定され、これらの評価が小―中―大項目ごとに積みあげられていく。これによって、大項目と中項目で共通課題を設定し、小項目と計画を各大学が独自設定し、「大学間の共通性」と「各大学の独自性」がバランスされた評価方法となっている。

ところで、評価の対象大学は、多くの学部・研究科・研究所という教育研究組織を抱え、また、入試、教務、学生、就職、国際、企画、総務、広報など多数の事務組織を有する。これらの組織が、一体となって中期計画を策定・実行し、改革を進め、かつ「達成状況報告」を作成して、「評価」を受ける。教職員は、最前線での日常的な教育・研究に従事しながら、部局間の意思統一、組織間の情報収集と統合、そして報告書の執筆など大きな負担を強いられる。多くの大学では、錯綜と混乱の渦に巻き込まれる。その結果、分担者がバラバラに執筆し、それを最後にバインドした観のある報告書がだされ、論旨や文体の一貫性を欠いたもの、学内用語の不統一、重要な改革を見落とした記述など、大学のガバナンスそのものが問われる報告書が提出されるケースが少なくない。これらは、法人評価そのものについての「初発性」と「未熟性」故のもので、P―D―C―Aサイクル定着の生みの苦しみでもある。

しかし、より大きな課題は、「法人評価」が「認証評価」と同時並行的に実施されたことから生じている。4―5、6図は、二つの評価機関の「認証評価」を受審した国公私立大学別大学数の推移である。日本高等教育評価機構は、第一期の後半にあたる二〇〇八年度から一〇年度の三年間に集中し、大学基準協会は二〇〇六年度から一〇年度の五年間に比較的分散している。これに対し、大学評価・学位授与機構は、二〇〇八年度を挟む〇七年度と〇九年度の二年間に極端に集中している。国立大学の「法人評価」が二〇〇八年度に実施されたことから、大学評価・学位授与機構の最大の受審者である国立大学の多くがこの年を避けたからである。つまり、多くの国立大学は、二〇〇七―〇八年、または二〇〇八―〇九年の二年間に「認証評価」と「法人評価」を連続して受けたことになる。準備期間を入れれば、大学にとって中期計画六年のなかで多忙かつ煩雑な二―三年間を過ごしたわけである。しかも、「認証評価」における評価項目と「法人評価」における評価項目は、評価の方法が異なっているものの、大学における教育・研究、なかんずく教育の実態に焦点を当てており、実態は似通っている。大学側の、「重複」感は当然である。しかも、中央教育審議会の大学教育の質向上の方針を反映して評価項目も「詳細化」を極めている。

こうした、「認証評価」と「法人評価」の「同時性」、「重複性」、「詳細性」が「自己点検報告書」や「達成状況報告書」を作成する国立大学法人にとって、極めて煩雑かつ「無駄」な作業となり、教育研究時間が大幅に奪われ、大学の真の任務である教育研究が疎かになるという「パラドックス」が多くの国立大学で生じている。大学評価システムの第二の課題である。

おわりに――提言

大学教育研究の「質保証」と「質向上」、大学経営の効率化、学内におけるP―D―C―Aサイクルの確立による持続可能な大学改革の実現を企図して導入された「認証評価」と「法人評価」という二つの評価システムは、大学基準協会や日本高等教育評価機構を軸とする私立大学にとって、「質保証」や「質向上」を促進することに着実な成果を上げつつある。「認証評価」の第二クールに入るタイミングで、評価項目の大幅見直しを行って、評価項目の「詳細性」・「煩雑性」の脱却を志向するとともに、「適合性」を判断するため、従来の「水準評価」に代え「基盤評価」を導入するとともに、大学独自の改革計画に対する「達成度評価」をより強調し、「質保証」と「質向上」の二本立てにする方向を明確にした。

他方、大学評価・学位授与機構も「詳細性」と「煩雑性」に対する大学側の批判をうけて、「認証評価項目の大幅削減に踏み切った。しかし、「認証評価」とともに「法人評価」を同機構から受ける国立大学法人にとっては、第一クールでの「初発性」や「未熟性」については学習効果によって大幅に解決できると思われるが、「同時性」、「重複性」からの脱却の展望はない。同じ認証評価機関が、国立大学法人に対し、二つの評価を同じ時期に同じような内容で評価するシステムそのものの転換が不可欠である。

具体的には、国立大学の「法人評価」のなかに「質保証」をチェックする機能を持たせるよう法令を改正し、国立大学に限定して「法人評価」と「認証評価」を統合することが考えられる。これによって、国立大学に課せられた評価システムの「同時性」と「重複性」の呪縛から解放される。政権与党である民主党の大学評価・学位授与機構の「民営化」という、いわゆる「仕分け」提案も、当該組織の大幅なスリム化によって応えることができる。

他方、公立大学法人については、自治体の評価能力を大きく超えている研究教育機能の評価を「認証評価」に委ねることを一層徹底し、自治体の「法人評価」を中期目標・中期計画の「工程管理」に重点を置く。これによって、「法人評価」と「認証評価」の「重複性」を大幅に軽減することが可能となる。

こうした評価制度の大胆な改革によって、わが国の国公私立大学の「質保証」と「質向上」、P―D―C―Aサイクルの定着、そして何より日常的な教育と研究、および社会貢献活動の充実が期待できる。

（矢田俊文「わが国の大学評価システムの成果と課題」『大学評価研究』第一〇号　二〇一一年）

（1）矢田俊文「わが国の大学評価システムの成果と課題」『大学評価研究』第一〇号　二〇一一年。

（2）法人化による大学改革の実態と成果については、矢田俊文「北九州市立大学改革物語」九州大学出版会　二〇一〇年参照。

三　認証評価機関と公立大学の選択(1)

「公立大学」は、八一校（二〇一一年度）あります。これまで六九校が認証評価を受けていますが、これに一一年度に評価を受ける予定の七校を加えると、七六校受審することになります。このうち、三八校が大学評価・学位授与機構、三七校が大学基準協会、一校が日本高等教育評価機構の評価を受けています。結果的に、学位授与機構と大学基準協会がほぼ半々となっております。各大学の自由な選択の結果です。

これに対し、国立大学のほとんどが大学評価・学位授与機構、私立大学は大学基準協会と日本高等教育評価機構のどちらかの評価を受け、いわば「市場分割」の形を呈しています。公立大学は、「価格と質」を考慮しながら評価機関を個々に選択しています。大学評価・学位授与機構が大学からの評価料だけでなく国税が投入されて運営されているのに対し、残る二つの機関は大学から支払われる会費と評価料に依存しており、日本の高等教育の質向上の要となるPDCAサイクルの定着に不可欠な「C（チェック＝評価）」の部分に健全な競争原理が機能しているとは言えません。この点に着目し、政権与党である民主党が「仕分け作業」ですべての認証評価を民間に委ねるとしたのには、それなりの合理性があります。しかし、これに対する明快な結論がでないまま、認証評価は一一年度から第二期（クール）に入ります。自由な選択のメーン・プレーヤーである公立大学には評価機関の選択に逡巡する大学もあります。

いずれにしても、七年間の日本の大学評価システムの実施によって、日本の大学が国際的な評価システムの中に組み込まれ、国際的な大学教育の質が保証されるようになりました。これが大学基準協会などの認証評価活動の大きな成果です。他方、個々の大学では、この認証評価が大きな「外圧」となって、大学改革を強力に推進していることも確かです。国公立大学の法人化に伴う中期計画の策定とあいまって、多くの日本の大学のPDCAサイクルの確立に大いに寄与しています。これも認証評価活動のもう一つの大きな成果といえます。

第二期（クール）では、いずれの評価機関も、第一期の反省を踏まえて評価の在り方を大幅に改善しました。どの評価機関も、大学が労働及び費用などの点で相当のコストをかけ、肝心の研究・教育活動に集中できないというパラドックスに陥っているという批判が大きいことに配慮して、評価項目を大幅に減らし、大学内部に本当の意味でのP

DCAサイクルが確立しているかどうかということを最大の評価基準にする方向で改善を図っています。また、大学側も、評価項目に沿った大学改革を進めるとともに、学内の教育・研究情報を日常的に蓄積し、学外に公表する姿勢を明確にしました。簡単に言えば、少ない労働と費用で点検評価を行い、中心的業務である教育と研究にできるだけの労力を集中するという本来の大学を構築する方向を強めつつあります。今後の評価の効率化と大学教育の質向上が期待されます。

（矢田俊文「第一期の反省を踏まえ大学評価は第二期へ」大学基準協会広告特集　朝日新聞　二〇一一年五月二九日朝刊）

付記

筆者（矢田）は、北九州市立大学の学長として設置団体の法人評価、および大学評価・学位授与機構の認証評価を受審するとともに、平成二一年から約七年間、評価活動に参画した。

具体的には、大学評価・学位授与機構評議員（平成二一年六月〜平成二三年三月）、同評価委員（平成二三年四月〜平成二八年三月）、同評価委員会専門委員（平成二〇年二月〜平成二一年六月、平成二二年五月〜平成二三年四月）、大学改革支援・学位授与機構評価専門委員（平成二八年五月〜平成二九年三月）として大学の認証評価に携わり、東京学芸大学、京都教育大学、愛知教育大学の法人評価の主査を務める一方、静岡文化芸術大学、愛知県立芸術大学、県立広島大学、首都大学東京などの公立大学、一橋大学、大阪大学などの国立大学について主査として機関別認証評価を行った。そのほか、山梨県立大学、東京外国語大学、鳴門教育大学について一般評価委員として参加するなど、大学改革を支援した。

また、大学基準協会評議員（平成二〇年四月〜平成二二年三月）、同理事（平成二一年六月〜平成二三年五月）、同副会長（平成二二年四月〜平成二三年三月）として協会活動に参画するとともに、青森公立大学、高知工科大学の主査として機関別認証評価を行なった。

大学の機関別認証評価活動における「主査」は、評価対象大学から六月末に提出される自己点検評価書と大量の添付書類を精査し、「評価原案」を作成し、九―一二月に大学を「訪問」して、大学の幹部教職員と質疑応答し、論点を深め、最終案を年内にかため、評価機構ないし基準協会の上部組織である「評価委員会」が正式に確定し、三月末に「公表」する。

この評価作業において、対象大学は教育を中心とする学内改革を自ら点検し、それぞれの評価機関が定めた「評価基準」に基づいて外部評価を受けるもので、対象大学にとって六～七年に一回の重要なイベントであり、評価機関における評価作業は当該大学の大学改革を強く促す役割を果たす。その際の主査の作業はハードで、責任は極めて重い。筆者は、大学評価・学位授与機構において六つの大学、及び基準協会において二つの大学の「主査」として、責任のある重厚な作業を毎年のように行うなど、平成の大学改革の重要な「大学評価活動」に参画してきた。個別大学の評価結果については公表されており、それ以外の具体的内容については、社会的責任上論ずることはできない。

ちなみに、平成二八（二〇一六）年度の大学評価・学位授与機構の基準項目をみると、評価基準は一〇項目からなり、それは、大きく四グループに分けられる。一つは、基準1・大学の目的、基準2・教育研究組織、基準3・教員及び教育支援者など、大学の目的と組織に関わるものであり、第二は、基準4・学生の受入、基準5・教育内容及び方法、基準6・学習成果、基準7・施設・設備及び学生支援など教育に関わるものである。そして、第三は、基準8・内部質保証システム、基準9・財務基盤及び管理運営、基準10・教育情報の公表など、大学のガバナンスに関わるものである。三つのグループのなかでも、「教育の質保証」という認証評価の目的からすれば第二グループが核となっている。各基準は、中項目、小項目に細分化されている。第一グループは、基準3、中項目6、小項目15、第二グループは、基準4、中項目12、小項目45、第三グループは、基準3、中項目6、小項目21、となっており、第二グループは、中項目で二四中一二（五〇％）、小項目で八一中四五（五六％）と第二グループが圧倒的に多い。

なかでも基準5・教育内容および方法で、小項目二六で、一つの基準だけで全体の約三分の一を占めるほどである。それだけ教育内容の評価について微に入り細に入り問うている。基準4、5、6では、アドミッションポリシー、カリキュラムポリシー、ディプロマポリシーなどいわゆる三つのポリシーについてはもちろん、入学試験、入学者数、授業形態、シラバスの実態、成績評価、学位評価基準、学生生活支援、学習成果、就職等の進路、図書館などの施設・設備などが細かく評価の対象となっている。さらに、第三グループのなかでは、基準8の内部質保証システムの実態（自己点検評価等PDCAサイクルの構築）が厳しく問われており、基準9・円滑な管理運営、基準10・教育情報の公表も厳しい評価の対象となっている。

新制大学が発足してから約半世紀、一九八〇年代までのわが国の大学では、「大学の自治」「教授会自治」、「教育と研究の自由」の美名に守られ、脆弱な施設に大量の学生を受け入れ、カリキュラム編成、個々の授業内容も「教授会」や個々人の教員の自由裁量に任せられていたのが、認証評価の法令上の義務化、評価機関の強力な指導のなかで、教育内容は一変しつつあるといってよい。学長をはじめ大学の幹部は、評価機関の示す詳細な基準に沿って自大学の自己評価書の作成を迫られ、「適合」判定を得るのは勿論、「改善すべき事項」のミニマム化を目指して、学内情報を集約することに迫られている。学部間の調整、事務局内の意思統一、三大ポリシーの確定と実行、シラバスの精緻化、学生の予習・復習時間の確保、図書館やラーニング・コモンズなどの自習環境の整備などに、全学が「アタフタ」しているのが二〇〇〇及び二〇一〇年代の日本の大学の実態である。そのなかで、どのような人材が育っていくか大変楽しみであるとともに、学生を「時間」と「空間」の中に拘束し、学生運動や学際的なサークル活動、地域ボランティア、世界を駆け巡るなど「自由奔放な」学生生活を通じて育ったかつてのスケールの大きい人材が育たなくなる一抹の危惧も感じざるを得ない。

（1）矢田俊文「第一期の反省を踏まえ大学評価は第二期へ」大学基準協会広告特集　朝日新聞　二〇一一年五月二九日朝刊

第四章　国公立大学の法人化と統合

一　国立大学法人化の背景

一九九〇年代初頭以降の「平成の大学改革」は、二つの柱から成り立っている。一つは「大学設置基準の大綱化」を軸にするカリキュラムの見直し→第三者評価の実施→教育の質向上と連なる「柱」であり、もう一つは、国公立大学の法人化→教授会自治の見直しと連なる大学のガバナンス改革である。

この時代の大学改革について、独自の取材に基づいて鋭く切り込んでいる中井浩一氏は、既述のように、『「勝ち組」ランキング』（中公新書　ラクレ　二〇〇二年）と言う著書で、「大綱化」のもとでの東大駒場の教養教育の改革を解明し、続いて著書『大学法人化』（中公新書　ラクレ　二〇〇四年）で、国立大学法人化の経緯を丁寧に追っている。そのまえに、中井氏は、第一の柱である「大綱化」について、以下のように断罪している。

「九〇年代の（中略）大綱化以降、はたして大学の問題は改善されてきたのだろうか。（中略）惨憺たるものであった。『一斉横並び』。それがまさに一〇年前に起こったことだった。雪崩を打つように教養部が解体されていったのだ。国立大学九八大学中、教養部があったのは三二大学（東大は学部）。九七年までにはその内二九大学で廃止。残したのは東大と東京医科歯科大だけである。多くの大学で教養教育の責任部局がなくなり、教養教育は縮小された。

もちろん、大綱化では教養科目の削減も専門科目の削減も自由であり、教養教育の重視、教養部の拡充も可能なはずである。事実そうした模索も多かったのである。しかし、『文部省の『顔色』を見ながらの『一斉横並び』』[1]が強行された。大綱化による教養科目の見直しは、既述のように、東大駒場、立教大、国際教養大を代表に、国公私立大学で大胆な見直しが行われ、教養教育は大きな改善が行われたことは確かである。他方で、一方的な行政指導で教養教育に責任を持つ「教養部」が一斉に解体され、事実上教養教育の脆弱化が進んだことも否定できない。「結果は、惨憺たるものである」というのは行き過ぎである。すべて、「盾の両面」である。

もう一つの「平成の大学改革」の柱である国立大学の法人化論議は、一九九〇年代末から本格化する。

中井書によれば、行政改革を最大の柱とした橋本龍太郎内閣が一九九六年一月に発足し、その一環として一一月に「行政改革会議」が発足し、その過程で国立大学の「独法化論」が議論され、翌九七年一二月に、行政改革会議最終報告がなされ、そこで、「国立大学の独法化は長期的視野で検討」と記述されている。この報告をもとに、九八年六月に「中央省庁改革基本法」が成立したが、国立大学の独法化には触れていなかった。さらに、「九九年一月に中央省庁等改革推進本部が『中央省庁等の改革に係る大綱』を決定。国立大学については、その『自主性を尊重しつつ、大学改革の一環として検討し、〇三年までに結論を得る』とした。そしてこの方針が閣議決定された。閣議決定で、もはや後には引けないことになった。その後数回、有馬（文部大臣）は電話で国大協会長・蓮實重彦に、国大協の独自案を検討するように提案をした。

蓮實は動いた。三月、蓮實は国大協理事会で、私的に国立大『独法化』の検討を行う旨を表明。四月には、名古屋大学の松尾稔学長に依頼し、検討作業が秘密裏に開始された。六月十五日の国大協総会において、独法化問題を第一常置委員会で正式に検討することが合意された後、蓮實から秘密検討会のまとめ『松尾レポート』の存在が紹介された。そしてこのレポートが第一常置での検討資料として採用されたのだ。

一方では、有馬も動く。三月の文部省と国大協執行部の会談では、文部省は（公務員の）『二五パーセント』定員削減から守るために、国大協に国立大『独法化』の検討を示唆。六月、国立大学長会議の挨拶で『できる限りすみやかに検討を行いたい』と、国立大『独法化』の検討開始を正式に表明。七月には、文部省は旧七帝大の学長との会合で『文部省原案』を示している。八月には、有馬大臣の私的懇談会『今後の国立大学等の在り方に関する懇談会』が発足[2]。

時を同じくして、一九九九年七月に独立行政法人通則法が成立した。待ったなしの状況下で、国大協では、六月の総会で第一常置委員会（委員長阿部東北大学学長）において、蓮實会長が松尾名古屋大学学長に「秘密裡に」依頼して作成された「松尾レポート」をもとに独法化問題を正式に検討することが了承された。他方、文部省は七月に旧帝大の学長会議で「文部省原案」を提示するとともに、有馬文部大臣の私的懇談会で、「国立大学の在り方」の検討を開始した。一年後の二〇〇〇年六月、国大協では「設置形態検討特別委員会」、一月に名称変更した文部科学省では「国立大学等の独立法人化に関する調査検討会議」が発足し、一部メンバーが重複しながら、密接に「連携」して公式な検討がなされた。

ところで、文部省の高等教育に携わり、京都大学の事務局長として大学の現場で大胆な改革を主導した本間政雄氏は、著作『国立大学の法人化と大学改革』（学校経理研究会　二〇〇五年）で、国立大学が行財政改革の流れに巻き込まれていった背景について、次のように単刀直入に論じている。

「国立大学は国の行政機関のひとつとして国による規制を受ける一方、毎年の予算は保障され、そこで働く教職員は安定した収入と手厚い身分保障によって保護された存在であることが浮き彫りになる。実際、国立大学は、設置者である旧文部省の手厚い庇護の下にあった。他の行政機関同様最小の費用で最大の効果を挙げるというコスト意識とは無縁であり、低廉な授業料と国家による毎年の予算の保証によって公私立大学との学生獲得競争などほとんど意識する必要がなかった。そのことが国立大学から緊張感をなくさせ、主体性や自立心を失わせ、結果として教育・研究面での国際的な競争力を奪ってきたということになる。（中略）

これまで国立大学の予算は人件費、物件費を問わず少なくとも前年度同額分は政府によって、毎年自動的に確保・保障されていた。新たな教育研究組織を設置したり、施設を建設したりする場合は国に対して概算要求を行う必要があるが、そうでない限り特に何を行う必要もなかったのである」[3]。

「一言で言うと、法人化以前の国立大学は、予算の確保も管理運営の責任も自ら負うことなく、ほとんどすべて文部科学省に依存していれば良かったということができる。（中略）同時にまた、国立大学は教育・研究という、日本の社会で伝統的に非常に高い地位を与えられている知的活動に携わっているが故に、教員には通常の公務員よりも高いプレステージと給与、さらに兼業・兼職についても、教育公務員特例法によって特権的な処遇を受けてきており、そういう意味ではこれまで行財政改革の埒外に置かれてきたと言っていい」[4]。

「国立大学が肥大化し、その維持のために毎年巨額の国費の投入が必要になった（中略）。国立大学には、学部、研究科のほかに五二大学に六〇を数える付属病院があり、大小さまざまな規模の人文・社会科学から理学・医学・工学系にまたがる付置研究所が五八を数える。このほか、もともと国立大学の付置研究所が基盤となって分離・独立し、独立の研究所になった『大学共同利用機関』と呼ばれる大型研究所群が合わせて一六あり、これらは制度上大学同等・同質の扱いを受けている。（中略）これらを維持するコストは年々増え続け、法人化直前の二〇〇三年度には実に二兆八千億円もの巨額に達していたのである」[5]。

「しかし、毎年投入される、巨額の国家資金も、効率的・効果的に使われているのならまだしも、これだけの批判にさらされることはなかったであろうし、ひょっとすると法人化の憂き目を免れたかもしれない。国立大学に期待される使命、役割を十分に果たしていれば、国立大学という基本的な枠組みを外されたり、国家公務員という身分を剥奪されるということはなかったかもしれない。しかし、国立大学の現実は、そのような国家社会の期待に十分応えるものではなかった。それどころか、国民の大多数が国立大学はあれだけの国費を飲み込みながら、学術研究においても、次代を担う高度人材の養成においても、国立大学で生み出された知識・技術の社会や企業への速やかな移転という点に関しても、そして高等教育の機会の均等という役割に関しても極めて不十分という印象を抱いて、そのことが国立大学の法人化を当然と受け止める素地を作ったのである」[6]。と断じ、二六頁から四五頁までの二〇頁にわたって、国立大学の研究面、人材養成面、産学官連携面、機会均等面での「機能不全」について論じている。

簡単に言うと、戦後の新制大学発足以来の約半世紀の国立大学等が果たすべき研究・教育等が著しく機能不全に陥っており、財政の効率的運用、公務員の大幅削減、効果的な運営改善のために政府機関を「独立法人」化する戦略の一環として、国立大学等の研究・教育機関もその重要な対象としたものである。「特に橋本政権に始まり、小泉政権になって鮮明となった行財政改革、規制緩和、構造改革と言う政治的潮流」[7]が、国立大学等の「法人化」に飲み込んでいったのである。とくに、大きな契機となったのは、行政改革の最大の目玉として提起された「国家公務員の二五％削減」であり、膨大な国家公務員を抱える国立大学の教職員が政府機関から外れ、「非公務員」化することが不可避の状況となった。

（1）中井浩一『徹底検証　大学法人化』中公新書クラレ　二〇〇四年　一六〇頁。
（2）同右書　一六六―一六七頁。
（3）本間正雄『国立大学の法人化と大学改革』学校経理研究会　二〇〇五年　四七―四八頁。

(4) 同右書　五二―五三頁。
(5) 同右書　二三―二四頁。
(6) 同右書　二六―二七頁。
(7) 同右書　四七頁。

二　法人化をめぐる検討経過—奥野信宏氏の証言

こうした強烈な「法人化」圧力の中で、国大協の設置形態検討特別委員会と文部科学省の調査検討会議では、どのようにとりまとめていったのであろうか。国大協の特別委員会の委員で、松尾レポート作成を支えた奥野信宏名古屋大学副学長（当時）が九州大学で行った講演「国立大学の法人格取得と名古屋大学での検討について」(1)に基づいて考察してみよう。

この間の流れについて奥野氏は以下のように述べている。「平成九（一九九七）年、行革会議が行政機能をアウトソーシングする、外に出す、それで効率化を図っていくんだということとして、独立行政法人制度を提唱したわけでございまして、国立大学の選択肢の一つとして可能性があるということをそのときに言われていたんです。それから二年たちまして、平成一一年（一九九九）年四月に、八九の国の行政事務・業務等々を独立行政法人に移管する。国立大学を大学改革の一つとして、平成一五（二〇〇三）年度までに結論を出すんだということが閣議決定されたわけです。（中略）それからわずか数ヵ月の流れは非常に急激でありまして、一気に国立大学行政法人化ということを議論しなくてはいけなくなったわけであります。（中略）きっかけになりましたのは、（中略）二五％の（国家公務員）の定員削減です。大学というのは独立した存在のように見えますけれども、そうではなくて、国の行政事務の一部として大学がなされているわけでありまして、定削はそのままぶつかってくるわけであります。これから何とか逃れなければいけないということが一つございました。

（中略）国大協の方でも、一一（一九九九）年の夏に議論をして、九月七日に中間報告を出したわけであります。九月二〇日に文部省は、その内容とほとんど同じになりますけれども、それを受けた形で文部省の検討指針を出しました。年が明けまして五月に、自民党が、文部科学省よりは少し厳しいのでありますけれども、ここまでならというところを出してくださったというわけでございます。それから八月に、国大協、文部省で、それぞれ法人化の正式な委員会が立ち上がったということであります。（中略）

それから、八月に設置形態特別委員会が国立大学協会で始まったわけであります。文部科学省では調査検討会議が始まりました。四つの委員会に分かれてやっております。一つは組織業務です。法人のつくりの問題。二つ目は目標評価。三つ目は人事。四つ目は財務会計。この四つに分かれて国大協設置形態特別委員会、それから、文部省調査検討会議で検討を始めたわけであります[2]」。

「その四つの専門委員会、(中略)Aが法人の基本、Bが目標評価、Cが人事、Dが財務会計であります。(中略)で連絡会議を設けることになったわけであります。その直前に(中略)、長尾委員長(京大総長)の試案を出されました。これはかなり骨太の、A4一枚半のものでございますけれども、これで私ども、文部省で議論するときの持っていき方等々がかなり楽になった。今まではいろんな形態を全部想定して、(中略)やっていかなければいけなかったんですが、そこのところが一つに絞れたということで、議論が非常にやりやすくなったのであります[3]」。

奥野氏によれば、独立法人法を大学に直接適用できない、という。なぜなら、この法律では、法人の企画立案機能と実施機能が分離される。「独立行政法人といいますのは、主務省が目標を法人に指示する、指図するわけです。だから、企画立案は主務省が行うわけです。それに基づいて、法人は、五年なら五年の期間に行う計画を立案するわけです。主務大臣はそれを認可するわけですね、財政的な裏づけを与える。五年間は自由に金を使う。終わったら評価を受ける。」しかし、「企画立案と実施を分離したのでは大学にならないですね、物を考えるのを中止したみたいなものですから。こんなもの大学であるはずがない。ですから、それはまず一体化しなければいけない。そのためには教学と経営の分離をしてはいけないと思います[4]」ということになる。

「教学と経営を分離いたしますとどういうことになるかといいますと、典型的な場合は理事会方式であります。(中略)理事会が経営をする、学長が教学を担当する。そうなってきますと、理事会はどうなっていくかというと、これは外部の人、特に文部科学省の人たちがどんどん入ってくる。そうしたら、理事会は文部科学省そのものになってきてしまうわけです。企画立案と実施機能の分離と同じようなことになってしまうおそれが多分にあるわけであります[4]」。以上のように論理だてを行う。企画と実施の分離、経営と教学の分離→理事会の文科省支配という筋立てとなる。

関連して奥野氏は、次のように微妙な表現をしている。

「国立大学の法人法を作る場合、通則法と全く別なものを作るのはどうかというご意見があるわけでありますが、私は、通則法と全く別なものを作らない方がいいと思っております。(中略)通則法にひっかけておきますと、特例法ではあるけれども、中身は違うけれども、国立大学法人で国の機関であるし、お金は国が手当しなければいけないというつくりが可能になってくるのでありますが、全く別なものを作っていきますと、国がそこにお金を出す根拠は何なのかということから議論を始めなければいけない。これは大変でありますので、通則法の傘のもとに置くという言い方は大変嫌なのでありますけれども、それに何らかの関係を持たせておくということは大事なことではないかと思っておるわけであります[4]」。

こうした論理をもとに、その後の展開をみると、独立行政法人の通則法の趣旨を生かして、政府機関の「自立化」、国立大学教職員の「非公務員化」を容認する一方、企画と実施の分離という他方の趣旨を回避して「特別法」として距離を置く方向が提起されている。また、理事長と学長の分離による、学外者のトップの就任を避ける考え方を早期に提示している。

次に、国立大学の組織形態についての論議を考察しよう。奥野氏は、国大協の第一常置委員会の委員として組織業務にも関わっており、その関連で国立大学の設置形態についての議論を紹介している。

「現在、大学のつくりで残っている案は大きく二つあるわけであります。（中略）

A案というのは、どういうものかといいますと、今と同じであります。学長を中心とした執行機関がある。その下に評議会があって重要事項を審議する。それから、運営諮問会議があります。運営諮問会議は、学長の諮問にこたえて助言・勧告する、これが今のつくりです。（中略）B案というのは、どういうものかといいますと、バリエーションは若干あるんですが、学長を中心とした執行機関があるわけです。その下に評議会がある。もう一つ、経営評議会というのを設けています。つまり、（現行の）評議会の機能を二つに分けているわけであります。いわゆる評議会は、教学を中心としたことを審議する。したがって、評議会は教官がメンバーであります。経営評議会の方は、少数の学外者、少数の教官がメンバーでありまして、経営の問題を中心に審議することになっておりまして、評議会の機能を二つに分けているというところに特徴があるわけであります。（中略）

一九九九年九月の国大協総会での第一常置委員会の「中間報告では、もちろんA案のようなことを言っているわけであります。しかし、A案というのは、今の国立大学の仕組みのままでやっていこうということでありますので、これは正直に申し上げて、とてもじゃないけれども、通るものではありません。これをこのまま国大協がどんどん最後まで推し進めていったらどうなるか。これは、一ヵ月後、二ヵ月後の状態は私も想像できるのでありますけれども、『わかりました。国大協がそうであれば、もう審議は結構です。政治の方が引き取ります』ということで審議が終わりになってしまうというふうな危険が多分にあるわけであります。昨日の第一常置ではそういうことを申し上げていたのであります。したがって、A案とB案ぐらいのところまで視野に入れて、私どもは検討していく必要があるんじゃなかろうかと思っております」[5]。巧妙な判断で、これが最終的にB案につながっていく。経営評議会と教育研究審議会の二本立てである。

つぎに中期目標と中期計画について、奥野氏は以下のように紹介している。

「中期目標・中期計画というのは、独立行政法人のコアであります。(中略)調査検討会議、文部省の専門Bでは、この中期目標・中期計画という名前はそのまま残すということにいたしております。(中略)大学にふさわしい中期目標というものを検討してきたわけであります。まず、教育の質の改善に関する目標、これは幾つかございます。それから、研究の質の改善に関する目標、これも幾つかございます。それから、業務の改善、業務方法の改善及び効率化に関する目標。この『効率化』は、事務の効率化のところだけで使っているわけでありまして、大学のほかの研究・教育のところでは『効率化』という言葉は使っておりません。それから、アカウンタビリティーの問題。点検評価とか、情報公開とか、その他、施設整備等ということのような、特例法とは違うつくりを作業チームとしてまとめていったわけであります。これは文部省の調査検討会議には二回出しておりまして、既にこの方向で認められたというふうに私どもは理解いたしておるところであります。(中略)通則法は期間を三年から五年としております。まずこれも、(中略)今、六年を考えています。大学は四年、二年、医学部は六年でありまして、なかなか通りがいいんじゃないかということで、それ以上も以下も根拠はないです。(中略)六年というのは、大学としても通りがいいんじゃないかという以外の根拠はありませんが、そのぐらいでどうだろうかということを考えております」[6]。

「それでは、国立大学の評価の方法をどうしていくかということであります。これは、主務省に評価委員会を置かなければいけませんけれども、国立大学にふさわしいものにするということ、こういった方向で今から調整をしなきゃいけない。(中略)大学評価・学位授与機構が昨年(二〇〇〇年)四月から発足いたしておりますけれども、(中略)主務省の評価委員会が評価するのはいいのでありますけれども、その前に、研究とか教育についての評価は、大学評価・学位授与機構が行う。主務省評価委員会はそれを尊重する。主務省の評価委員会が直接評価するのは、例えば財務会計がちゃんと行われているかどうか、そういうことのチェックであるという方向で考えております。（中略）大学評価・学位授与機構は私どもと対立していたらいけないのでありまして、これは私どもが育てていかなくてはいけないんです。（中略）お互いに信頼関係を持たなきゃいけないけれども、しっかりした距離を置いて、向き合いながら、これは国立大学が育てていくわけです。機構の方自体は評価できませんから、我々みんなが行ってお互いの評価をするわけですから、育てていくということが大事ではなかろうかと思っておるわけであります[7]」。

さらに、「人事の件ですが、（中略）議論のポイントは二つあります。一つは学長の任免、もう一つは評議会の構成であります。

学長の任免につきましては、学外者の意見をどういうふうにそこに入れていくかということであります。（中略）選ぶのは今の評議会でいいのであります。例えば、今のつくりですと、運営諮問会議というのがあるわけでありますから、そこで三人なら三人、五人なら五人、何らかの方法で絞った方に一回、レビューしていただくということもあるかもしれません。その上で評議会が決するとか、いろんな方法があるということだと思います。これをどういうふうにしていくか、これは非常にシビアな問題でありまして、今のままで通るとは私は思っておりません。

もう一つは、評議会の構成であります。部局代表を部局から選出するということ、これだけで行われているわけでありますけれども、その評議会メンバーだけでは通らないということです。むしろ、部局代表も選ぶのでありますけれども、学長が直接、半分ぐらいの評議員は、もっと数を減らして、指名するということが提案としては出てくると思っております。

もう一つは、評議会の中に外部の者を入れるということです。（中略）これはさっきB案と申し上げましたが、言いましたが、これは評議会を半分に割って、教学の方を主に審議するのは教官だけれども、経営評議会には外部の者と教官の両方でやっていくということになるわけでありまして、その構成をどうしていくかということが大きな問題であります。（中略）いずれにしても、どこを絶対に守る第一線として決めていくかということ、これは大変大事な問題だと認識しております[8]」。最後に、財政問題についてふれている。

「運営費交付金でありますが、これは（中略）、渡し切り交付金で来るわけであります。細かい仕分けはなしで来るわけです。単年度予算ではありません。計画期間中は先送りして使うこともできるわけであります。そういった予算が来るわけでありますけれども、問題は、収支差支給金といいますか、どういう規準で運営費交付金が来るかでありま す。例えば授業料収入が増えた。増えたら、その分だけ運営費の交付金を減らされるというのではインセンテイプがないわけです。ほかの独立行政法人はそういう方向でやっているということでありますが、国立大学では、そうであっては困るわけです。授業料ぐらいだったらいいんですが、委託研究費、委任経理金、寄附金等々がそういったものので組み入れられたら大変に困るわけであります。だから、そういう方向ではないようにというのが一つの財務会計の大きな課題であります」[5]。そのほか、短期・長期の借入金、債務発行、資産譲渡などについても触れているが、ここでは省略する。いずれにしても、九州大学での奥野信宏氏の講演は、国大協設置形態特別委員会および第一常置委員会の検討状況を詳細に述べており、その骨格部分は、国立大学法人法に生かされており、歴史的資料としても大変貴重なものである。

こうした議論を経過して、二〇〇一年六月に国大協総会で「設置形態特別委員会」の法人化案が受理され、九月に文部科学省の調査検討会議が「中間報告」を発表し、一〇月に国大協臨時総会で、文科省に沿った法人化を大筋で受け入れられ、半年後の二〇〇二年三月に調査検討会議の最終報告「新しい『国立大学法人』像について」が発表される、など一気に事態が展開する。そして、二〇〇三年七月に国立大学法人法が成立し、翌〇四年から全国八九の国立大学が一斉に、かつ個別に「国立大学法人」としてスタートした。新制の国立大学発足から約半世紀、五五年後のことである。

(1) 連続シンポジュウム『二一世紀の国立大学の役割』九州大学　二〇〇一年。
(2) 同右書　五六―五七頁。
(3) 同右書　五七頁。
(4) 同右書　五八頁。
(5) 同右書　五九頁。
(6) 同右書　五九―六〇頁。

（7）同右書　六〇頁。
（8）同右書　六〇―六一頁。

三　国立大学法人法

国立大学法人法については、先に引用した本間政雄氏の著書の冒頭で手際よく解説されている。これを参考にして、国立大学法人の枠組みについて考察する。

まず、法第一章総則の第一条で「この法律は、大学の教育研究に対する国民の要請にこたえるとともに、我が国の高等教育及び学術研究の水準の向上と均衡ある発展を図るため、国立大学を設置して教育研究を行う国立大学法人の組織及び運営並びに大学共同利用機関を設置して大学の共同利用に供する大学共同利用機関法人の組織及び運用について定めることを目的とする。」として、法の目的を述べ、第六条で「国立大学法人等は、法人とする。」として、国の行政機関ではなく、「法人格」であることを明示する。加えて、第三条で、「国は、この法律の運用に当たっては、国立大学及び大学共同利用機関における教育研究の特性に常に配慮しなければならない。」として、国立大学等の特性への配慮をうたう。国大協の「教育・研究の自由」論に対する最大限の配慮である。

こうした規定に関連し、本間氏は、「それまで財務や職員人事など大学の運営全般について自ら決定する権限をもたなかった国立大学が新たに『法人格』をもつことになり、自らの権限と責任において大学運営に関わる様々な事柄について決定することができるようになった。同時に、この法人化は『非公務員型』によって行われた。すなわち、教員、事務職員または看護師などの医療職員を問わず、およそ国立大学の職員はすべて国家公務員ではなくなり、国家公務員法や教育公務員特例法、人事院規則などの国家公務員法制から外れ、民間企業と同じように一般労働法制が適用されることになった。[1]」と、その内容を解説している。

次いで、国立大学法人法の第二章「組織及び業務」の第一節「国立大学法人」では、法人組織の骨格について規定している。すなわち、第一款「役員及び職員」の第一〇条で役員として学長及び監事、理事を置くこと、第一一条で学長は国立大学法人を代表し、その業務を総理すること、予算・決算、学部・学科等の組織の設置・廃止等重要事項の決定には学長および理事で構成する役員会の議を経ること、理事は、学長を補佐して大学の業務を掌理すること、第一二条で学長の選考は、経営協議会および教育研究審議会委員各同数をもって構成する「学長選考会議」の選考によるとともに、任命は文部科学大臣が行うこと、第一五条で学長の任期は、二年以上六年を越えない範囲内において、各国立大学法人で定めること、等が規定されている。

また、第二款「経営協議会等」では、第二〇条で国立大学法人の経営に関する重要事項を審議する機関として「経営協議会」を置くこと、経営協議会の過半数は大学法人の役員及び職員以外の者であること、そこでは、中期目標に関する意見、中期計画及び年度計画に関する事項のうち経営に関するもの、予算の作成・執行・決算に関する事項、自己点検及び評価事項等を審議すること、などが規定されている。また、第二一条で、国立大学法人の教育研究に関する重要事項を審議する機関として「教育研究審議会」を置くこと、ここでは、中期目標に関する意見、中期計画および年度計画に関する事項、学則その他教育研究に係る重要規則、教員人事に関する事項、教育課程の編成に関する方針に係る事項、学生の修学支援のための助言、指導その他の援助に関する事項、学生の入学、卒業又は課程の修了その他学生の在籍に関する方針および学位の授与に関する方針に係る事項、教育研究の状況についての自己点検評価等を審議すること等が規定されている。第三款業務では、第二二条で国立大学を設置し、運営すること、第二三条で大学附属の幼稚園、小学校、中学校、高等学校等を設置することができる、と定められている。

これらの規定から、学長は国立大学法人を代表し、その業務を総理するのは、学長であること、理事等で構成する「役員会」の議をへて重要事項を決定すること、その下に経営に関する重要事項を審議する経営協議会と教育研究に関する重要事項を審議する教育研究審議会を置くことが規定されている。ここには、「理事長」や「総長」、さらには理事会という用語は登場しない、国立大学法人の長を「理事長兼学長」または総長と呼称し、役員会を「理事会」称するのは、個別の大学の規則によるものである。ちなみに、東京大学の基本規則では、学長ではなく「総長」と規定されている。

そのほか、第二章第二節大学共同機関法人、第三章中期目標等、第四章財務及び会計、第五章指定国立大学法人、第六章雑則、第七章罰則、となっているが、このうち第三章についてふれておこう。

第三章中期目標等においては、第三〇条で「文部科学大臣は、六年間において国立大学法人等が達成すべき業務運営に関する目標を中期目標として定め、これを当該大学法人に示すとともに、公表しなければならない。これを変更したときも同様とする。」としたうえで、中期目標事項として、「教育研究の質の向上、業務運営の改善及び効率化、財務内容の改善、教育・研究および組織・運営の状況についての自己点検・評価、その他重要事項」の五項目を列挙している。その際、「文部科字大臣は、中期目標を定め、又はこれを変更しようとするときは、あらかじめ、国立大学法人等の意見を聴き、当該意見に配慮するとともに、評価委員会の意見を聴かなければならない」と言う規定を第三〇条に定めている。国大協の見解を反映し、独立行政法人通則法にある主務官庁による中期目標の一方的作成という手法の適用とは異なる文部科学省と当該国立大学法人との中期計画作成における「キャッチボール」を義務付けた条文となっている。また、第三一条の二及び三で、国立大学法人等は、各事業年度およびに中期目標の期間終了時に業務の実績を評価委員会の評価を受ける事が義務付けられている。

以上の国立大学法人の組織の骨格に関する規定を、先の奥野信宏氏の証言の内容と比較すると、法人化以前の最終審議機関である評議会の機能が、「役員会」、「経営協議会」、「教育研究審議会」、「学長選考会議」に分割されて分担されていること、学長が経営を統括する「理事長」的機能と教学を代表「学長」的機能を統一し、「法人を代表し、総理する」と一本化されている。したがって、文部科学省の役人など学外者が「理事長」と言う形で大学法人のトップに立つ「危惧」は極めて少なくなった。また、通則法での主務官庁と独立行政法人との企画機能と実施機能の分離については、文部科学省の中期目標と大学の中期計画として分離されているが、文部科学省の「配慮」と「意見聴取」を義務付けている。さらに、学長の任期は二年以上六年を超えない範囲、中期計画は六年間と教育期間の実態を配慮した国大協の見解を反映している。

（1）本間正雄『国立大学の法人化と大学改革』ＮＰＯ法人学校経理研究会　二〇〇五年　七頁。

四　公立大学法人制度の検討過程

国立大学法人制度の検討とともに、公立大学の法人制度の検討も、並行して行われた。その経過は、公立大学協会編『地域とともにつくる公立大学』[1]の「序　第二章　公立大学の法人化」に詳述されている。ここでの執筆者は、加藤祐三、森正夫、佐々木雄太の三氏である。要旨を紹介しよう。

公立大学法人をめぐるスキームについての検討の主役は、公立大学協会、公立大学設置の地方公共団体協議会、文部科学省および総務省の四団体である。国立大学法人については国立大学協議会と文部科学省の二団体であったのに対し、「絡み合い」ははるかに複雑である。そのなかで、公立大学協会自らの動きが事実上先導した。

二〇〇〇年五月設立の文部科学省の「国立大学等の独立行政法人化に関する調査検討会議」に五人の公立大学長が、「協力者」として参画していた。ちなみに、この組織は、組織業務、目標評価、人事制度、財務会計制度の四つの委員会で構成されており、「協力者」は六四名の多数にのぼった。このうち、国立大学・国立の研究機関あわせて過半数を占めていたのに対し、荻上紘一（東京都立大学長）、児玉隆夫（大阪市立大学長）、加藤祐三（横浜市立大学長）、森正夫（愛知県立大学長）、田中慎一郎（北九州大学長）のわずか五名で、連絡調整委員会を含め各委員会に参画した。

公立大学協会（以下公大協）は、二〇〇〇年一〇月広島市立大学で開催された学長研修会で、「法人化問題特別委員会」（以下法人化特委）を設置することを申し合わせ、先の五名に事務長を含む一〇名で公立大学の法人化の枠組みの検討を開始した。翌二〇〇一年一一月の宮崎公立大学で開催された学長研修会で、法人化特委の原案をもとに、「公立大学が法人化を選択するかどうかは各設置団体や大学の判断に委ねられるが、法人化を可能にする法律自体は十全な形で制定されるべきである」という点で合意した。

二〇〇一年九月、文科省の調査検討会議の「新しい『国立大学法人像』について（中間報告）」の公表を受けて、翌一〇月、公大協は、法人化特委の原案をもとに「公立大学法人の検討課題—第一次試案」を作成し、さらに、一二月、「公立大学法人の検討課題—第二次試案」を発表した。「そこでは、公立大学法人についての公大協の見解が、国の法律事項・自治体の条令事項に即して非常に明確化された。たとえば、公立大学法人という名称は全国規模で統一的に定められるべきであり、従って法律に明記されるべきであること、また、公立大学法人の評価は、一般の独立行政法人の評価とは同列に論じ難く、教育研究の質的向上と経営の効率化を評価するために、第三者性と大学に関する専門性が保障される特別の評価委員会を設置することとし、そのことを法律に明言しなければならないことなどである」[2]。

二〇〇二年三月、文科省の調査検討会議は「新しい『国立大学法人』像について」を発表して使命を終えた。これを受けて、公大協の法人化特委では、「公立大学法人像について、その前提となるコンセプト、及び①設置形態、②設置者、③設置者と法人の関係、経営と教学の関係、④役員などの運営組織、⑤学長、⑥教職員の身分、⑦中期目標・中期計画・評価、⑧設置者の財政的責任、⑨運営費交付金の合計九の部分からなる公大協法人化問題特別委員会第三次試案としての『公立大学法人』像を作成し、理事会の議を経て、二〇〇二（平成一四）年五月一五日の平成一四年度総会に報告した。この後、法人化特委は、この『公立大学法人』像を掲げて、各界との意見交換と協議を進めた。

総会の後、法人化特委は、法人化に関する第二回目の学長アンケートを実施し、九〇%を超える会員校から寄せられたられた意見を踏まえ、文書『公立大学を法人化することの意義・目的について』を作成し、これは同年八月八日に、公大協から正式に発表された。その中で公大協は『地方分権の進展により、自治体が総合行政力を問われる時代において、公立大学法人と設置自治体との連携をいっそう強化する可能性が拓ける』と指摘、また『公立大学は、近年顕著に地域振興の役割を担ってきており、今後さらにこの役割を強化する』と述べるなど、国立大学法人化の構想には見られなかった公立大学独自の視点が打ち出されていた」[3]。

法人化特委は、一方では公設協の考え方、他方では「新しい『国立大学法人』像」の主要項目と対照させつつ、「『公立大学法人』制度のあり方に関する公立大学協会見解」（以下「見解」）を作成し、さらに、その骨格部分を簡潔に整理した「公立大学法人化に関する公立大学協会の基本的主張」（以下「基本的主張」）を作成した。「これら二つの文書は、一〇月二九日の事務局長会議、一一月一四・一五日の学長会議・臨時総会に提出され、了承された。（中略）『公立大学協会の基本的主張』は一二の項目からなっている。1・法人化の選択、2・法人化の意義・目的、3・法人制度の法形式、4・設置形態、5・運営組織、6・公立大学法人の長、7・役員の選考、8・教員人事、9・教職員の身分、10・中期目標・中期計画、11・評価体制、12・財務会計、である。（中略）そこに貫かれている立場は、（中略）大学の自主・自律と地方自治とがともに並び立つ新しい高等教育機関であり、教育研究の自主性と地域貢献とをともに追求する新しい大学の姿こそ、『公立大学協会の基本的主張』の理念なのである。そのことは、1・法人化の選択の③で、『公立大学の法人化は、各設置者と大学による自治的選択』とし、3・法人制度の法形式の①で、『大学における教育研究活動の自主性の根幹に関わる事項は、共通の基本ルールを法律で規定』するが、②で『その他は、原則として〔地方自治体の〕条例・規則及び大学法人規則で規定』としていること、また、10・中期目標・中期計画の①で『中期目標は（中略）各公立大学が原案を作成し、設置者がこの原案を尊重しつつ、大学の教育研究等の特性に配慮して定める』とあることなど、随処に明らかである[4]」。

公立大学協会の法人化特委が、ここまでの結論に到達するには、六回にわたる学長アンケート、文部科学省担当者との一一回の協議、総務省担当者との九回にわたる協議を行い、関係諸団体と広く意見交換を行ってきた。その過程で総務省自治財政局が、二〇〇一年九月省内に「公立大学等に関する懇談会」（以下懇談会）を設置し、公立大学協会会長、副会長、公立大学設置団体協議会（以下公設協）代表、総務省、文部科学省の担当官が参画した。二〇〇二年八月には、その「席上、総務省の『地方独立法人制度の導入に関する研究会』がまとめた報告書が公表され、公立大学法人化に関する総務省のスタンスがようやく明示されることになった。同報告書は『公立大学の法人化についても、国立大学法人（仮称）の法制化の検討状況を踏まえつつ、研究教育機関たる大学の性格に応じて必要な特例等を設ける必要がある』とした。公大協が『公立大学法人』像で提示した公立大学法人を対象とする法律は『公立大学法人法』であったが、公立大学の設置者である地方自治体を所管する総務省の構想する法律は地方独立行政法人法であった。このことにより、公立大学法人を対象とする法律は、地方独立行政法人法制定とその系として設定される可能性が高まり、その後、公大協と総務省との争点の一つとなっていくが、大切なことは『研究教育機関たる大学の性格』に言及がなされた点であった[4]」。

他方、二〇〇二年九月「公大協」と「公設協」の第一回の協議会で、公設協は、法人化か否かの選択は『設置者の自由』ないし『設置者の自主性を強める』と言う姿勢を明らかにした。公大協の『設置者と大学双方の自治的決定』というスタンスと隔たりがあった。その後、総務省自治体財政局財務調査課と文部科学省高等教育局大学改革官らとの調整が続き、二〇〇三年一月総務省側は、「公大協の主張する『公立大学法人法』の方向ではなく、地方独立行政法人法の一つの章として『公立大学法人の特例』を位置付けたいという基本的見解を呈示した[5]」。

「地独法の基定には『地方自治』の原則が横たわっているが、地独法に規定される公立大学法人には、国立大学法人と共通する『大学自治』が貫徹されていなければならない。一九九九（平成一一）年七月に制定された独立行政法人通則法の特例法にあたるのが国立大学法人法案である。その法案にある『大学の教育研究の特性に常に配慮しなければならない』という条文と同様に『地方自治』に対して『大学の教育研究の特性への配慮』の一項が不可欠であると公大協は確信し、法案に盛り込むよう努力を進めた。（中略）

公大協は、総務省及び文部科学省両サイドと一同に会する場の設置を要望し、三月六日、総務省『公立大学等に対する懇談会』と文部省『公立大学連絡協議会』との合同研究会が開催された。この会議において、総務省・文科省は、公大協と公設協に対し、原則として理事長＝学長とするが、両者の分離も可能とするという見解を示した。また、『公立大学法人法』としての法制化は否定されたものの、『設立団体は、（中略）公立大学が設置する大学における教育研究の特性に配慮しなければならない』という配慮規定が、公立大学法人に関する特例の枢要の位置に置かれることが明らかになった。中期目標の作成過程における大学の主体性や目標期間の長さ、経営審議機関と教育研究審議機関の設置、評価委員会の教育研究評価の中立性保障など、『公立大学協会の基本的主張』の多くが法案の中に組み込まれる可能性が強くなった。（中略）

こうして、「地方独立行政法案は三月末段階でほぼ成案となり、内閣法制局の審査、四月下旬の閣議決定を経て国会に上程、七月二日可決され、二〇〇四（平成一六）年度から施行される運びとなった。その第七章『公立大学法人に関する特例』は第六八条から第八〇条にわたっており、『公立大学協会の基本的主張』に基づく法制化段階での公大協の努力を反映したものとなっている。一方、公大協が暗中模索のなかで主張した点のうち、法制化されなかったものもある。法人と大学との関係（「一法人一大学」）の主張は明記されず、また法人の長＝学長（国立大学法人法案と同じ『一体型』主張については、「これを原則とするが『別置型』も併記された）。[6]

（1）公立大学協会編『地域とともにつくる公立大学』二〇一〇年。
（2）同右書　四四頁。
（3）同右書　四五頁。

（4）同右書　四六頁。
（5）同右書　四九頁。
（6）同右書　四九―五〇頁。

五　地方独立行政法人法　第七章「公立大学法人」

国立大学の法人化と時を同じくして、多くの公立大学が「地方独立行政法人」化し、いわゆる「公立大学法人」となった。二〇一三年七月公布の地方独立法人法の第七章「公立大学法人に関する特例」第六八条で、「大学又は大学及び高等専門学校の設置及び管理を行うこと」を業務として掲げるものは、「地方独立法人という文字に代えて、公立大学法人という文字を用いなければならない。」とし、以下第八〇条まで、その組織及び業務等について規定している。

まず、第六九条で、「設立団体は、公立大学法人に係るこの法律の規定に基づく事務を行うに当たっては、公立大学法人が設置する大学における教育研究の特性に常に配慮しなければならない。」として、国立大学法人と同様、「教育研究の特性への配慮」を強調する。

次いで第七一条で「公立大学法人の理事長は、当該公立大学法人が設置する大学の学長がなるものとする。ただし、定款で定めるところにより、当該公立大学法人が設置する大学の全部又は一部について、学長を理事長と別に任命するものとすることができる。」とし、国立大学法人と異なり、「理事長」という用語がでてき、「理事長が学長となる」ことを一般的に規定する。

そのうえで、「理事長と別に学長を任命できる」ことを各大学の定款で定めることができると「特例的」に規定している。以後、この特例に関わる事項について、「理事長は、設立団体の長が任命する」（七一条二項）、「学長は、当該公立大学法人の副理事長となるものとする」（七項）、「理事長が副学長、学部長その他政令で指定する部局の長及び教員を学長の申出に基づき行うものとする」（第七三条）と定めている。

そのほか、経営に関する重要事項を審議する理事長、副理事長その他の者により構成する「経営審議機関」、教育研究に関するに関する重要事項を審議する学長、学部長その他の者により構成する「教育研究審議機関」を置く（第七七条）。中期目標に関する事項（第七八条）、認証評価機関の評価の活用（第七九条）についての規定がある。

以上、国立大学法人の組織・業務の規定に準拠して、公立大学法人の組織・業務に関する規定が「地方独立法人法

第七章公立大学法人に関する特例」に規定された。ここでは、「学長と別に理事長を置くことができる」という理事長・学長別置型の組織を設置団体が選択できることになっており、その場合の設置団体、理事長・学長の関わりについて詳細に規定している。加えて、奇妙なことに、国立大学法人法第一一条で、「学長は次の事項について決定しようとするときは、学長及び理事で構成する会議（「役員会」という）の議を経なければならない。」に対応する条文がない。つまり、公立大法人を代表する理事長が重要事項を決定するのに不可欠な「役員会」の規定が存在していない。単なる不備なのか、意図的なのか。意図的であれば、その意図は何なのか説明する文章がない。かつての評議会が、経営にかかわる経営審議会、教学に関わる教育研究審議会が並立している限り、両者の見解を統一する役員会の存在は不可欠である。とくに理事長・学長別置型の場合、また、複数大学で構成する公立大学法人においては、経営事項を代表する理事長と教学事項を代表する学長の民主的な合議機関がないのは、法的に欠陥を有することは否定できない。最終合議機関がない組織であれば、理事長の「独裁」を法的に容認することになる。「自治」とか「民主」を重視してきた大学の組織としては致命的な欠陥と言える。

ちなみに、公立大学協会の調べによれば、二〇一八年度時点で、九二の公立大学中、八一大学が公立大学法人大学で、うち四八大学が理事長・学長一致型、別置型が三五大学である。この中で、各大学の定款で最高議決機関として「理事会」ないし「役員会」を置いているのは一八校ある。したがって、八校が最高決議機関として「役員会」等を設置していないことになる。石川県立大学、下関市立大学の二校が一学部で教授会が意思決定機関となる。しかし、首都大学東京、横浜市立大学、岩手県立大学、福井県立大学、京都府立大学、山口県立大学の六校が組織的欠陥を引きづっている。とくに、首都大学東京と横浜市立大学では、「設立団体は、公立大学法人に係るこの法律の規定に基づく事務を行うに当たっては、公立大学法人が設置する大学における教育研究の特性に常に配慮しなければならない。」という公立大学についての規定にもかかわらず、当時の知事がパフォーマンス重視の政策から、その指名を受けた「理事長」と大学人との間に深刻な摩擦を起こしている。首都大学東京に至っては、二〇一八年に法人化によって編成された「都市教養学部」を解体し、法、文、経済学部などの都立大学当時の学部編成に戻るだけでなく、二〇二〇年度より大学名も東京都立大学に「先祖返り」している。大学人の批判を無視した強引な学部再編成後一〇余年の経験を十分に踏まえたものであろう。公立大学法人にとって重要な教訓になる。

六　国公立大学法人化と大学運営

本間政雄氏は、大学の法人化のもたらす意味について、次のようにポイントを簡潔に説明している。

「国立大学が予算確保から事務職員の人事、事務組織の細部に至るまでほとんどすべての面において文部科学省の庇護と規制の下に置かれきた（中略）、法人化はこのような『護送船団』方式と揶揄される国立大学の文部科学省依存を断ち切るものであった。各国立大学は、国から土地、建物、設備、図書などの資産の出資を受け、国から大幅な財政権と人事権を移譲され、大学評価委員会による中期目標・中期計画達成状況の事後評価を受けたり、文部科学大臣任命の監事による業務監査を受けたりするものの、基本的には自らの責任と権限において大学運営を行う大きな権限を与えられたのである。

教育、研究、管理運営といった項目ごとにどのような達成目標と計画を立てるのか、六年間の資金計画はどうなっているのか、教育研究組織をどのように構成するのかなどについて年度ごとの計画とともに文部科学省に提出し、中期計画・年度計画については認可を受ける必要はあるが、これらはあくまで大枠に関するものばかりで、その範囲内であれば何をするのもほぼ大学の自由に任されている(1)」。

「規制緩和は、とりわけ今般の法人化が、教職員の『非公務員化』とセットで行われたことによりさらに顕著になった。そもそも大学の教員は、教育研究というかなり特殊な形態の業務を行っており、教育公務員特例法によって採用から兼業・兼職、研修、懲戒などに関して通常の国家公務員とはかなり異なる取り扱いを受けてきていた。例えば、競争試験によることが原則の採用に関しては、国立大学教員は『選考による』ものとされているし、懲戒処分を行う際も『評議会の議を経ることなくして懲戒処分を受けることはない』とされているように例外的な扱いになっている。（中略）

非公務員化により、教員にしろ事務職員にしろ、各大学で教職員の能力を最大限に伸ばすために最適の人事方針を立て、自らの責任で実施に移すことができるようになったのである(2)」。

さらに、国立大学法人化のインパクトで大きな影響を与えたのは、運営交付金算定に関する「効率化係数」問題である。この点について、本間氏は、次のように述べている。

「国立大学の法人化は、『大学の自主性・自律性原則の下に、民間企業的な経営手法の導入を図り、効率的な大学運営をめざすもの』とされているが、その意味で法人化が行財政改革の一環であり規制緩和を前提としていることは明らかである。文部科学省と財務省が二〇〇四年一二月に合意した二〇〇五年度以降の国立大学法人に対する運営費交付金算定に関するルールというものがある。これによれば、毎年一定額の大学運営経費は保障されるものの、『効率化係数』という形で毎年教育研究費にも一般管理経費と呼ばれる事務職員の人件費・物件費などにも一定比率（最初の中期計画期間六年間を通して年率一％、中略）の削減が二〇〇五年度から行われることになっている」[3]。

これとは別に、草原克豪氏は、「法人化で何がどう変わったのか」について、大学経営の視点から次のように整理している。

「第一は、大学の自主自立性が発揮しやすくなったことである。それまでは日本の国立大学は文部科学省の一部局として政府の強い監督下に置かれてきた。それが、法人化により、それまでの国立大学がすべてそれぞれの大学ごとに法人格をもつことになった。（中略）個々の大学独自の自由な判断で、それぞれの大学の目的・目標に沿ってさまざまな取組ができる仕組みになったのである。

第二に、学内における学長の権限が強化されたことである。それまでは大学の意思決定過程において、学部教授会の権限が強く、学長の権限は極めて弱かった。そのことが大学の自己改革をむずかしくしている大きな要因だった。そこで、学長の諮問機関として、学長および学長が任命した理事たちで構成される『役員会』が設けられ、重要事項については役員会の議を経ることとされた。また、学長がすべての教職員の任命権を有することになった。（中略）

第三に、大学運営に学外者を参画させる仕組みも制度化された。理事や監事などの役員として学外の専門家を登用する仕組みが導入されたし、また、経営協議会については、委員の半数以上を学外委員とすることとされた」[4]。

また、大学の財政問題について、草原氏は次のように言う。

「各大学法人への予算配分は運営費交付金という形でなされることになった。それまで、国立大学の教育研究に要する経費は、ほとんどすべてが文部科学省予算の国立学校特別会計から支出されており、その規模は約二兆七千億円であった。予算の項目ごとの経費をどの大学にどれだけ配分するかは、一応一定の算式に基づいて決められるものの、細かい点は文部省の裁量に委ねられていて、そのプロセスや配分方法、あるいは大学別の配分内容などの詳細な中身が公表されることはなかった。教育費と研究費が分離されることもなく一体化した形で支出されていた。（中略）（さらに）予算の使い方について大学の裁量権がなかった。大学に配分される予算は文部科学省によってその使途が細かく定められていた。授業料や外部資金などの自己収入もいったんすべて国庫に納められ、国の予算として大学に配分される仕組みになっていた。これでは大学としても、効率的な経営を目指して積極的に自助努力をしようという気分にはなれなかった。

運営費交付金の制度は、（中略）個々の大学ごとの配分状況が明確に示されるようになった。（中略）（また、）それまでのように文部科学省が細かい使途まで決めて配分するのではなく、各大学に予算を渡し切りにしてあとは学内で自由に使えるように改められた。その意味では大学改革の趣旨に沿うものであったといえる。その結果、国立大学において、コスト意識が芽生え、経営努力がなされるようにもなった。

反面、新たな問題も生じてきた。それは運営費交付金が年々減額されることである。当初予定されていなかった人件費の削減も行われることになった。（中略）行政改革路線からすれば、国立大学の法人化には、教職員の非公務員化によって公務員の削減を実現するというねらいがあったが、それだけでなく、財政面でも国の支出削減への対応という側面があった。国の財源が縮小する中で、各大学の予算を渡し切りにして、あとはそれぞれの大学の工夫で節約したり、自己努力により収入を増やしたりすることができる仕組みにすれば、予算の総額を削減することもおのずから容易になるからである。したがって、国立大学の法人化は、財政面についてみれば、大学にとっては両刃の剣だったのである[5]」。

官僚らしくない率直な指摘である。それは、次の文章にも表れている。

「法人化したにもかかわらず、以前とくらべて思ったほど改善が進んでいない、あるいは以前よりもむしろ悪化したと思われるものである。たとえば、（中略）一部の理事や事務職幹部の人事など依然として文部科学省の強い支配下に置かれているとかいった問題である。特に文部科学省との関係については、期待したほどの改善が見られない、との声が現場では強いようだ。（中略）以前と比べてもほとんど変わっていないものもある。その代表例は学部レベルの管理運営体制であろう。外部から見ると法人化後の国立大学の執行部は活性化しつつあるように見えても、内部の学部レベルに目を転じると、教員人事のやり方も、教育内容の決め方も以前とほとんど変わっていない。学長の権限が強化されたとはいえ、学部との関係においては相変わらず弱すぎるのである。

　その理由は、法人化に際して教授会の位置づけや権限を見直すことをせず、とりあえず法人化の実現を急いだからであろう。そのため、学部レベルではあたかも何事も起こらなかったかのようにして法人化を迎えることができた。本来ならば教授会の権限を整理し、大学の管理運営の正常化を図る好機となるところであったが、法人化においては、そこまでは踏み込まなかつた。その意味でも、今回の法人化で国立大学の改革が済んだと考えるのは大きな間違いである。本当の改革はむしろこれからである[6]」。

　国立大学の法人化論議を、基幹大学の副学長として対応し、公立大学法人の初代学長として、大学法人化の流れの渦中にあった筆者としては、制度改革の法律解説よりも、草原氏の説明が現場の実態を鋭くとらえている、との感想を持った。

　しかし、教授会の在り方については、後述するように二〇一四年の学校教育法の改正によって、大幅に規制が強化されることになる。

（1）本間前掲書　八〇頁。
（2）同右書　八一―八二頁。
（3）同右書　七七頁。
（4）草原克豪『日本の大学制度』弘文堂　二〇〇八年　二一〇―二一一頁。
（5）同右書　二一二―二一四頁。
（6）同右書　二一五―二一六頁。

七　「法人化」といわゆる「遠山プラン」

二〇〇〇年代初頭は、〇二年三月二六日の文部科学省の「国立大学等の独立行政法人化に関する調査検討会議」の「新しい『国立大学法人』像について」の報告書、翌〇三年七月一六日の「国立大学法人法」と「地方独立行政法人法」の制定、〇四年四月一日の八九の国立大学法人、一つの公立大学法人、〇五年六つの公立大学法人の発足と、約半世紀ぶりの国公立大学の設置形態の変更によって「平成の大学改革」の流れが加速的に進行していった。他方、中央政府では、二〇〇一年一月一日の大規模な省庁再編、同四月の小泉内閣の発足と「骨太の方針」を軸とする「行財政改革」の大きなうねりが生じた。この大学改革の流れと小泉内閣行財政改革のうねりが合わさったところに生じたのが、いわゆる「遠山プラン」である。その意味では、当時の文部科学大臣の固有名詞をつけるほど個人の役割は大きくはなく、単なる演出過剰である。「遠山プラン」と称されるものは、文部科学大臣は、「就任後間もない六月、経済財政諮問会議の席上において、『大学（国立大学）の構造改革の方針』として、①国立大学の再編・統合を大胆に進める（↓スクラップ・アンド・ビルドで活性化）、②国立大学に民間的発想による経営手法を導入する↓（新しい「国立大学法人」に早期移行）、③大学に第三者評価による競争原理を導入する（↓国公私「トップ三〇」を世界最高水準に育成）、ということを発表した」ものである。つまり、「この方針は、それまでの文部科学省の大学改革の流れに沿いながら、同時に法人化を念頭において改革の方向性をはっきりと示し、その方向で一気に改革を進めようとするものであった。別の言い方をすれば、大学改革路線と行政改革路線の一本化を図ろうとするものであった。」[1]という文脈で位置付けるのが正確であろう。この方針は、あくまで、大学の法人化による「学長のリーダーシップ」の確立のもとにおける各大学の自立的運営に背中を押すものとして提起されたとみることができる。

それから二〇年弱をへた現時点で見れば、①の大学の再編・統合は、一定程度進展し、②は、二〇〇四年の全ての国立大学の「国立大学法人」化となった。③の第三者評価は、「競争原理」と言うよりは、学内の「戦略的な経営」の推進と「教育の質保証」の構築に大きな役割を果たした。

以下、①の国立大学の再編・統合について考察しておこう。なぜ、このタイミングで国立大学の再編・統合なのか、いわゆる「遠山プラン」と称される「大学（国立大学）の構造改革の方針」がだされた二〇〇一年六月に、発信源である文部科学省高等教育局大学課長の合田隆史氏が、九州大学主催の連続シンポジュウム「二一世紀の国立大学の役割」で、次のような講演があり、大変含蓄のある内容となっている。曰く、

「国立大学の再編・統合でございますが、これにつきましては、（中略）教員養成系については、かねてからご指摘がございまして、規模の縮小ということはやってきたわけでありますけれども、今後の教員養成のあり方、どういうふうに改善していったらいいかといったような文脈の中で、再編・統合することによって、充実した教員養成学部を作ることができないだろうかということであります。

単科大学がたくさんございます。単科大学については、それぞれ単科大学として作られた理由というのが必ずあるはずであります。なぜ単科大学として作られたのかということを今日的な視点で眺め直した場合に、もし今の時点で作るとすると、単科大学として作るという選択をしただろうかというふうに考えると、とてもそうは思えない。恐らくはどこかの大学の一学部という形で作ったに違いないと思われるような例もたくさんあるわけであります。また、単科大学として作って、十分な実績を上げられて、今や単科大学ではなくて、大きな大学の一学部として位置づけられたとしても、本来の趣旨を十分発展させるだけの実力と実績をつけてこられたというケースもあるように思われるわけでございます。そういったことから、単科大学については、他大学との統合を検討するといったようなことでございます。

それから、県域を超えた大学・学部間の再編・統合といったことが書いてございます。ご案内のように、戦後、一県一大学という原則でスタートをしたわけでありますけれども、実はその当時も、GHQは、都道府県立と申しますか、自治体に国立大学を移管するということを基本に考えていたと言われております。それがなぜそうならずに、国立という格好になったかと言うと、理由らしい理由というのは、自治体に財政力がないということだけであったようであります。そのことは、今日でも、基本的には同じような事情があるのだろうと思います。しかし、それにしても、今日の時点で一県一大学という考え方で国立大学を編成するということについては、かなり無理がある面があると思います。

（中略）それにしても、投入される資源の量には必ず限りがあるわけでありまして、その限りがある財源をどうい

うふうに編成、配分をするのが大学の発展に一番資するのかということであります。
その場合に、大学の枠を越えて考えることで、例えば似たような分野の統合であれば、その層を厚くするということが同じリソースで可能になる。あるいは、分野を異にする大学間、学部間の統合を実現すれば、同じリソースで教育・研究の幅を広げることが可能になる。さらには、重複する分野があれば、場合によっては、それを新しい分野に転換するということも可能になるということであります。
これは、教育・研究分野の編成ということだけでなくて、事務局体制についても同じことが言えると思われます。今後、大学が国際競争力をつけていくためには、研究支援とか、外部資金の導入とか、国際交流とか、学生サービスとか、従来、大学の事務局の体制がともすれば手薄になりがちな分野で、しかも今後、充実していかなきゃいけないといったような分野があります。そういった分野を充実していくために、ある程度事務局を統合してリソースを再配分するといったようなことが可能になってくるのではなかろうかと思っております[2]」。

ここでは、国立大学の再編・統合の対象、そしてその目的が極めて明確に述べられている。対象は、1教員養成学部、2単科大学、3同じ様な学部の県域を超えた統合、以上の三つであり、目的は教育・研究と事務局体制の資源配分の合理化である。もっと具体的に言えば、単科の医科大学の再編・統合と教育学部の県域を越えた再編・統合に焦点があたっている。高度成長による人口増、国民皆保険制度の実施による国民の医療ニーズの増大等による医師不足、とくに、過疎地域等における医師不足が顕在化したことを背景に。一九七〇年代に「無医大県解消」政策がとられた。

同時に、文部省が既存の国立大学が「教授会自治」に強固にこだわり、柔軟な大学運営に支障をきたしていたことから、既存の管理運営システムとは異なり。副学長制や参与制を導入した「新構想大学」の設立を指向していた。こうした狙いを実現する「一石二鳥」の新設大学として、文部省は、「一九七三(昭和四八)年から一九七九(昭和五四)年までの間に、北は旭川から南は沖縄まで一六の国立医科大学あるいは医学部が新設された。そのうち一二は単科の医科大学である。単科の医科大学にしたのは、講座編成の弾力化や六年間の一貫教育などを通じて医学・医療の進展に柔軟に対応し、地域医療の中核として活動しやすくするためであった。そしてその際、大学運営の上でも副学長制や参与制を導入するなど、新構想大学としての性格を持つものとされた。ちなみに、これらの医科大学のほとんどは、のちに法人化を控えて二〇〇一(平成一三)年に打ち出された『国立大学の再編統合』方針に沿って、近隣の国立大学と統合されることになる」[3]。

つまり、医師不足と医師養成大学の地域的偏在、さらに大学管理体制の改善を狙って設置された単科の医科大学は、国立大学の法人化にめどが立ったことによって、管理運営面のメリットが既存の国立大学でも実現したことから「資源配分の効率性」の観点から一斉に再編・統合されていった。具体的には、山梨医科大学が山梨大学に、富山医科薬科大学が富山大学に、福井医科大学が福井大学に、島根医科大学が島根大学に、香川医科大学が香川大学に、高知医科大学が高知大学に、佐賀医科大学が佐賀大学に、大分医科大学が大分大学に、宮崎医科大学が宮崎大学に統合された。一九七〇年代に新設された一二の医科大学は、九大学が近隣大学に統合され、旭川医科大学、浜松医科大学、滋賀医科大学の三大学が関係大学の合意がなされず、単科大学として残った。

そのほか、単科大学の非効率性からの脱却と、分野の相補性による教育・研究上の改善上の理由で、図書館情報大学が筑波大学に、神戸商船大学が神戸大学に、大阪外国語大学が大阪大学に、九州芸術工科大学が九州大学に統合され、東京商船大学と東京水産大学が対等合併で東京海洋大学となった、近隣の基幹大学の統合が「話題」になった、小樽商科大学と北海道大学、京都工芸繊維大学と京都大学の統合はまとまらなかった。この結果、国立大学の数は、二〇〇〇年から二〇〇五年のわずか五年間に、九九校から八七校と一二校減少した。

いわゆる「遠山プラン」の第三の柱である「第三者評価による競争原理の導入」について簡単に触れておこう。法人化に伴う国立大学への教育研究経費の配分方式の変更を前提として、第三者評価機関たる「大学評価・学位授与機構」等の活用による「法人評価」を行い、その「評価結果に応じて資金を重点配分」するとともに、教育研究費部分については、すべての講座に充当する「基盤的経費」の比重を減らし、「国公私を通じた競争的資金を拡充する」政策に転換した。ちなみに、国立大学協会の「国立大学法人の現状と今後の運営費交付金の在り方について」という検討会報告[4]によれば、「法人化」した二〇〇四年度から一〇年後の二〇一四年度の間に、運営費交付金は一兆二、四一五億円から一兆五、二六七億円と約五％、約三、〇〇〇億円減少した。これに対し文部科学省だけでなく厚生労働省や経済産業省など各府省を含む競争的資金の合計額は、同じ期間に三、六〇六億円から四、一四四億円と一五％、約五三〇億円増加した。結果的に国立大学への（運営費交付金＋国の府省の競争的資金）の総額は、予算レベルで一兆六、〇二一億円から一兆五、二六七億円へと、七五〇億円減少にとどまった。この過程で（国立大学運営費交付金＋競争的資金）に対する競争的資金の比率は、二二・五%から二七・一%と、着実に増加している。

（1）草原克豪『日本の大学制度』弘文堂　二〇〇八年　二〇八頁。
（2）連続シンポジウム『二一世紀の国立大学の役割』九州大学　二〇〇一年　一五四―一五五頁。
（3）草原前掲書　一五一―一五二頁。
（4）国立大学協会『国立大学法人の現状と今後の運営交付金の在り方について』二〇一四年。

第五章　内部組織（教育研究組織）の柔構造化と「教授会自治」の終焉

一　硬直した日本の大学の内部組織―学部・学科と講座・学科目制

筆者が呼称する「平成の大学改革」は、一九九一年の「設置基準の大綱化」と二〇〇四年の「国公立大学の法人化」の二本の柱からなるものである。前者は教養教育改革（＝教養部解体）と認証評価の義務化（＝教育の質の保証）、後者は国公立大学再編統合と「自律的運営」（＝PDCAサイクルの内在化）への道を切り開いた。いずれも、文部（科学）省主導の改革であり、その意義は、明治の帝国大学令を嚆矢とする戦前の大学制度の整備、第二次大戦後の新制大学制度の確立に次ぐ、第三の大きな改革である。

そのなかにあって、この度の「平成の大学改革」には、現場の大学から提起された「異質な改革」として、「大学院重点化」と「研究組織と教育組織の分離」という、見逃すことのできない改革がある。このうち、「研究組織と教育組織の分離」についてふれてみたい。

天野郁夫氏は、『大学―変革の時代』[1]の、第三章「内部組織―学部・講座制のゆくえ」で、わが国の教育研究組織について丁寧な考察を行っている。日本の大学制度に触れた書籍で、教育研究組織についてここまで考察したのは珍しい。筆者（矢田）が、一九九〇年代後半の九州大学改革の柱として大学院の教育組織と研究組織の分離＝学府・研究院制度を提案した時は、正直言って本書に出会っていなかった。筆者は、自らの著作集第四巻『公立大学論』の執筆を開始した二〇一七年に改めて注目するに至った。もし、「九州大学改革大綱案」執筆にあたって、本書を読んでいれば、天野氏の教育組織と研究組織の分離批判論に影響されて、あれほどの大胆な改革案を提起することを躊躇したかもしれない。氏は言う。

「あらためて思い至るのは日本の大学の学部教授会のもっている効率の高さです。非効率な組織だといわれていますが、考えてみますと、そうではない。（中略）なぜかというと、学部が、教育も研究も人事も予算も全部そこに集まり、統合される場になっているからです。しかも大学院研究科ともつながっていて完全に縦割りになっている。ここに教員が集まるわけですから、何でも決められる。これが、研究のユニット、教育のユニット、管理運営のユニットと分かれていますと、お互いの関係をつけていくだけでも大変です。（中略）しかも日本のとくに国立大学は、管理運営にかかわる基本的な意思決定は原則として教授団がやることになっています」[2]。

簡にして要をえている。それはともかく、天野氏の論旨を順に追ってみよう。

「単に学部とは何かというだけでなく、長い間わが国の、とくに国立大学の組織原理とされてきた教員の組織原理、つまり講座制あるいは学科目制とはいったい何かが、いま問われているわけです。大学の内部組織という場合、学部・学科・講座・学科目という、日本の大学の基本的な教育研究のユニットをいったいどう考えるのかという問題に帰着する。それがこれから問われなければならない、かなり重要な問題ではないかと考えるようになったのです。この問題は大学設置基準の大綱化の衝撃がもたらした問題であり、どちらの方向に行こうとしているのか、まだ見えているわけではありません。ただ、どうしても考えてみなければならない問題だということがわかってきたという程度です。（中略）学部・学科とは何か、あるいは講座制・学科目制とは何かを、ひっくるめて『大学の内部組織』と、いうことで問題にしたいと思いますが、（中略）設置基準の（第二章）『教育研究上の基本組織』の部分で、（中略）『学部は、専攻により教育研究の必要に応じ組織されるものであって、教育研究上適当な規模内容を有し』ということです。ここで重要なのは、教育研究の必要に応じ組織されるものだということです。学科は（第四条で）『専攻により学科を設ける』とだけあります。これは学部の下位の組織です。それから課程は、（第五条で）教育上の目的を達成するために例外的に設けられるものということになっています。

そのつぎに、『学部以外の基本組織』という項があり、『学校教育法第五十三条ただし書に規定する学部以外の教育研究上の基本となる組織』と書いてあります。これはご承知のとおり筑波大学の組織のことを指します。筑波大学の組織は『第五十三条ただし書』のほかに、国立学校設置法に別の章を立てて説明されていますが、学群・学系制という、学部・学科制とは根本的に違った組織をとることが記されています。

大学の内部組織には、学部・学科・課程だけではなく、もう一つ教員組織があります。これについては学科目制および講座制が（設置基準の）第三章として書かれています。それをみますと学科目制は『教育上必要な学科目を定め、その教育研究に必要な学科目を置く』、講座制は『教育研究上必要な専攻分野を定め、その教育研究に必要な教員を置く』となっています。ここで、『教育上』と『教育研究上』ということばが出てきます。筑波大学の学群・学系制をみますと、学群は『教育上の目的に応じて組織する』、学系は研究上の目的に応じ、かつ教育上の必要を考慮して組織する。』と書かれています。ここでも教育上、研究上ということばが出てきますが、はっきり書き分けられていることがわかります。以上が現行の大学設置基準における規定です[3]」。

少し長くなったが、この時点での大学設置基準では、内部組織として「教育研究上の基本組織」と「教員組織」の二種類、前者はさらに「学部・学科・課程」と「学群・学系」、後者は専攻分野に焦点を置いた「講座」と教育分野に焦点を置いた「学科目」に再分類される、と天野氏は整理している。

そのうえで、後者について、「一九五三年に新制の大学院制度が発足しますが、このときから大学院は講座制をとる学部の上だけに置くことになったからです。学科目制は教育中心の組織であって、その上には大学院を置かない。大学院、研究科を置く場合には講座制を必ずとる、ということです。したがって講座制というのは『教育研究上必要な』といっていますが、研究重視の組織原理だといったのと同じ意味をもったわけです。

そこで同じく学部と呼ばれていても、講座制と学科目制とでは大きな性格の違いをもつようになりました。違いは人事面だけではなくて、予算の配分単位としての意味も、管理運営の機構としても違ってくる、同時に教育と研究の機能の面でも違いが出てくるということで、国立大学の場合、講座制になるか学科目制になるかは大きな別れ目になる、そういう状態が最近まで続いてきました。

ある時期から講座制の学部以外に、学科目制をとる学部の上にも大学院が置かれるようになりますが、その場合、大学院は修士課程だけ、それに応じて修士講座という新しいタイプの講座がつくられていることはご承知のとおりです[4]」。

こうした、日本の大学のいわゆる「内部組織」の起源について、天野氏は歴史的にも、国際比較的にもサーベイするとともに、内外の研究者の見解を参考にしつつ、次のように述べている。

「講座というのはある学問領域を意味し、そこに一人の教授が任命されて研究と教育の責任をもつ。講座制は一八九三年に導入されるのですが、それまで大学の教授たちの専門学問領域に対する責任意識が弱くて、問題を生じていた。そこで、責任をもってもらうために講座制をとりいれたのだという話もあります。（中略）そしてある学問領域、そこに任命される教員、配分される予算、そこで学ぶ学生、それを元につくられる大学院の研究者養成システムなどの全体が、講座を中心にひとつながりのものになっていくというところが、重要だと思うのです。講座の連合体が学部をつくっているというのが、旧制の、とくに東京大学のような大学の基本的な構造だといっていいでしょう。

これに対しデパートメントとは何かということですが、バートン・クラークによりますと、これはアングロサクソン系の大学、とくにアメリカの大学に特徴的な内部組織だとされています。（中略）大きな総合大学になりますと、五〇とか一〇〇という数のデパートメントがある。クラークは、講座が一人の教授を中心とした組織であるのに対し、デパートメントは研究領域を共にする教授、それに助教授などが加わって組織される対等平等のものだと書いています。（中略）要するにデパートメントは、基本原理として複数の教授で構成されるものであるわけです。

アメリカの大学にヨーロッパの講座制とは違うデパートメント制が、なぜできたのか。アメリカの大学はご承知のようにカレッジとして出発しましたが、カレッジは基本的に教育の組織であって研究の組織ではありません。つまりアカデミックな組織ではない。ほとんど必修制のカリキュラムで教育をしていた。そのようなところでは講座制の必要性はありません。そこにはチェア・システムそのものが存在しなかった。単一のファカルティだけがあった。つまり教授陣だけがあったと、いうことです。そのファカルティが成長し、分化する専門領域を組織するために、下位の単位をもたざるをえなくなったときにデパートメントが生まれてきた、とクラークはいっています。教授陣の内部でだんだん専門分化が起こってきた。教育の範囲が広がった、あるいは一つの科目、たとえば経済学を教える何人もの先生が増えていく。そういう人たちを中心にデパートメントができてきたという説明をしているのです。

クラークは、アメリカの場合、選択科目制度がこの傾向に拍車をかけた。選択科目制度が入ってきたことがデパートメントの分化をもたらした、ということもいっています。学生はこのデパートメント制のおかげで、それまで必修制であったのが、科目選択の自由が大幅に認められるようになり、教授のほうは自分の専門とする分野の仕事をするゆとりを与えられた、というのです。教授が研究する自由をしだいにもつようになり、教育と研究が分化し始めたということを、このデパートメント制の導入は意味しているのです」[5]。

このように、天野氏は、大略的に見て、日本の学部—学科—講座制の内部組織システムの起源をヨーロッパの大学にもとめ、カレッジ—ファカルテイ・デパートメントというアメリカ起源のシステムと対比しつつ、急速に大衆化していく日本の大学の内部組織について考察する。

曰く、「必修科目制か選択科目制かは、大学の内部組織を考えるうえで重要な意味をもっているように思われます。日本の戦前期の大学をとってみますと、ほとんど科目選択の自由はありませんでした。授業は構造化されていて選択科目はほとんどない。とくに法学部や工学部はそうでした。(中略)こうした日本の講座や学部の制度にくらべて、アメリカのデパートメント・システムはどこが優れているのかですが、それはなんといっても新しい専門分野が出現した場合、新しい教育ニーズが登場してきた場合にフレキシブルに対応できるというところです。新しい専門分野が広がれば、デパートメントの教員の数をそれに応じて増やしていく。学生の教育ニーズが変化すれば、それに合わせてたとえばデパートメントの再編成が、フレキシブルに行えるような構造原理になっている。これはクラークだけでなく、ジョセフ・ベン＝デビッド(『学問の府』天城勲監訳、サイマル出版会、一九八二年)も同じような理解の仕方をしています。彼もヨーロッパの大学に比べてアメリカの大学は、フレキシブルだが、それは大学の内部組織がフレキシブルにできているからであるだといっています。(中略)

ベン＝デビッドによれば、デパートメントは大学の大衆化にふさわしい組織です。将来の職業志望のはっきりしない、何を専門教育として学んだらいいのか曖昧な学生、これをベン＝デビッドは『一般学生』と呼んでいます。その反対が職業目的のはっきりしている『専門学生』です。たとえば医者や教師を目指している学生が専門学生です。それ以外の、大学を出たらビジネスマンにでもなるかというような学生を、一般学生とよぶわけです。そして、ベン＝デビッドはデパートメント・システムと選択科目制度は、こうした一般学生に対応するうえできわめて適合的な、弾力的に大衆化に対応できる組織原理になっているというのです。かれによりますと、大衆化の進行は一般学生の増加を意味しますが、それに対応する柔軟な内部組織がヨーロッパの大学には欠けている。それが大学の一般教育だけではなく、専門教育をも空洞化させる危険性をはらんでいる。日本についても同じような問題があるというわけです。

いったいそれはなぜなのか。デパートメントは、どちらかといえば、教員中心、学問中心という点では講座と似ているのですが、そのまま教育の組織ではない。（中略）教育と研究が一応分離されている。教育は学生を対象にした機能ですが、これはカレッジやスクールという形で組織されている。学生がカレッジに所属しているのに対して、教員はデパートメントに属している、という形で制度的に境界線がひかれている[6]」。

「結論的に申しあげたいのは、日本の大学にはアメリカの大学にみられるような多元的で、横断的な内部組織が欠けているということです。日本の組織は一元的で縦割り構造になっている。つまり、学部・学科・講座というタテ系列になっており、しかもお互いを横につなげるような組織原理はほとんどない。そこで、大学というのは学部の連合体になり、学部は学科や講座の連合体になってしまう。横につないでいく組織原理がないというのはそういうことを意味しています。この問題が、日本の教育と研究、あるいは一般教育と専門教育の全体が、新しいニーズに弾力的に対応していくのを阻んでいるのではないかと思うのです[7]」。

確かに、天野氏が指摘するように、教育・研究組織という「内部組織」が「それほど重要な問題」であるから、戦後も何度か、「改革の問題」として取り上げられた。一度目は、第二次大戦後の新制大学制度の構築のときである。「講座制は日本の大学の非民主的な性格を象徴する諸悪の根源だということを占領軍当局が考えて、（講座制に）『強く反対していた[8]』」ともいわれ、一九四七年に来日したアメリカの学術顧問が講座制の廃止を提言した、ともいわれ、（中略）占領軍の当局者がこれ（講座制）を変えなければ日本の大学を変えられないと考えたとしても、不思議はないわけです」。しかし、議論が続出したけれども、結局曖昧なまま決着した。

(1) 天野郁夫『大学―変革の時代』東京大学出版会　一九九四年。
(2) 同右書　一〇五―一〇六頁、
(3) 同右書　七〇―七七頁。
(4) 同右書　八二―八三頁。
(5) 同右書　八四―八六頁。
(6) 同右書　八六―八八頁。
(7) 同右書　八九頁。

（8）同右書　七九―八〇頁。

二　教育組織と研究組織の分離──新構想大学・筑波大学の実験

しかし、「戦後の大学の内部組織の問題について、最初に問題を提起したのは、一九七一（昭和四六）年のいわゆる『四六答申』ではないかと思います。『四六答申』は日本の教育制度全般について将来の大きな見取り図をつくろうとした、現在も評価に耐えるような改革構想ですが、当時は大学紛争の直後ということもあって、さまざまな改革構想を高等教育について提示しています。全部で一三項目ありますが、その五番目に、教育組織と研究組織の機能的な分離という項目がありまして、学部・学科制の批判、教育研究の組織の分離についてのべています。[1]」としたうえで、以下のような文章が掲載されている。

「これまでの学部、学科の組織においては、ともすれば教員は研究面に関心を払って、教育指導への努力を最小限にとどめようとする傾向を生じやすく、また、教員の選考にあたっても、教育者としての適格性よりも研究業績を重んずる風潮があった。

そこで、個人としての教員はつねに教育と研究の両面の活動に従事すべきものであるが、組織のあり方としては、高等教育機関の目的・性格に応じて教育と研究の機能の調和をはかるため、両方の組織を区別して考え、それぞれの目的に即した教員構成となるよう人事の運用をはかる必要がある。[2]」（四六答申）。つまり、「学部・学科」という教育研究上の基本組織を教育組織と研究組織に分離し、相互に連携する新しい基本組織の提案である。

「教育と研究の二つを分けるという構想が具体的にどういうことを意味していたのかといいますと、この『四六答申』から二年後の一九七三年に発足する筑波の新構想大学が、この改革構想にそった組織原理をもつものであったわけです。それが、ご承知のように学群・学系制とよばれるものです。現在の筑波大学の学群としては第一から第三までの三つの学群と、医学、体育、芸術の三つの専門学群、計六学群があります。これはアメリカ流にいうとカレッジとかスクールにあたるものでしょう。それから、学系が研究上の組織としてつくられています。いま二六かと思いますが、このデパートメントにあたる二六の学系が大学院の研究科のベースになっています。したがって、筑波大学の場合には教育と研究は制度上分離していることになります。これが、特例まで設けて設置された新構想大学の内部組織で、『四六答申』の線にそったものといっていいでしょう。ところが、この筑波大学方式はほかの大学にほとんどインパクトを与えませんでした。いまに至るも、この特例を使って筑波方式の内部組織をもとうとするところは出ていません。それがなぜかは、重要な問題だと思いますが、ともかく、あまり影響を与えなかった[3]」。

また、当時文部省にあって筑波大学の構想と実現に深くかかわった大﨑仁氏は、筑波大学の創設の経緯について次のように論じている。

「紛争後の大学改革で最も論議を呼んだのは、筑波大学の創設であった。それは、筑波大学の創設が、大学紛争を通じてさまざまに論議された改革案を包括的、体系的に取り入れ、大学改革の方向を示す新構想大学の創設として推進されたからである。

筑波大学の新構想の要点は次のとおりである。

第一は、教育・研究を一体的に行う学部の代わりに、研究のための組織として学系を、教育のための組織として学群・学類と大学院の研究科を置くことである。これは、教育と研究の機能別に組織を分離しようという考えである。将来の基礎を培う幅広い学習が必要な教育と高度な専門分化と新分野の開拓が必要な研究とを、それぞれの目的に応じた別の組織で担当し、それぞれ要請に適切に応えようとするものである。すべての教員は、専門分野ごとに設けられる学系の系のいずれかに所属して研究を行うとともに、学群、学類、あるいは研究科の要請に応じて出向し、教育を担当することになる[4]」。

ここで、特に注目されるのは、教育を「将来の基礎を培う幅広い学習」、つまり「教養教育」に近いものとして位置づけ、これを教える教員は、「高度な専門分化と新分野の開拓」の研究に従事する者と性格付け、前者の教育の「幅広さ」と後者の研究の「深遠さ」を異次元なものとしてとらえていることである。その意味で、それぞれの分野の研究に従事する教員の集団と、それぞれの分野について幅広く学ぶ学生を教える教員の集団とは必ずしも一致しないという認識で構想され、「研究集団」と「教育集団」とは別の論理で編成すべきであるとしている。

「第二は、学長、副学長を中心とする中枢的管理機能の強化と全学的な管理運営組織の整備である。（中略）筑波大学では、学長とそれを補佐する五人の副学長が中心となり、学群、学系等の組織から選出されるメンバー等で構成される評議会、各種審議会、委員会等の全学的審議機関で学内の意見を集約しつつ、大学の管理運営に当たろうとするものである。学部自治の中核ともいうべき教員人事についても、副学長と評議会の定めによって選出された教員で組織される人事委員会が、全学的教員人事の方針を審議するとともに、個々の教員の採用・昇任の選考に当たることになっている(5)」。ここで、教授会自治に基づく運営管理に対して中央集権的なシステムを提案している。

「第三は、学外の意見を大学運営に活かすため、学長の諮問機関として学外有識者からなる参与会を設けることである。学外の意見を大学運営にとり入れることは、占領下の大学法試案の管理委員会構想、国立大学管理法案の商議会構想以来、ことあるごとに論議されてきた課題である(6)」。

「筑波大学の創設は、学校教育法の改正、国立学校設置法の改正、それに人事委員会の設置に伴う教育公務員特例法の改正を『国立学校設置法等の一部を改正する法律案』として一本の法案にまとめて、昭和四八（一九七三）年二月一七日に国会に提案された。このいわゆる筑波大学法案に対して激しい反対運動が展開され、法案の審議は難航した。衆参両院とも文教委員会では強行採決という経過をたどり、九月二五日日にようやく成立を見るにいたった。法案提出以来七ヵ月余に及ぶ月日を要したことになる。（中略）

筑波移転をめぐる学内対立は、新構想をめぐる対立へと発展していく。激しい学内対立は、当然学外にも大きな波紋を広げ、さらに文部省が筑波大学の新構想を大学改革の重要な柱の一つに位置づけたことにより、政治的問題にまで発展するにいたった。（中略）反対の論点は、上記の新構想が大学の自治、学問の自由を危うくするということに尽きる。関連する学校教育法の改正が、筑波方式を他大学に及ぼす伏線と受け止められ、反対の大きな理由となった。法案審議の過程で、筑波方式を他大学に及ぼさないということが、繰り返し求められた。他大学の改革へのよい刺激となるという新構想大学の狙いの一つは失われ、筑波方式は他大学においてはタブー視されるようになった。皮肉なことに、新構想の筑波大学の創設が、紛争中批判の的になった旧来の大学のあり方を擁護する動きを強化する結果になった。新しい革袋に旧き酒を入れたことが、過去のしがらみなしに新しい構想を実現すべき新構想大学の創設の意義を半減させたのである(7)」。　最後の一文は、当事者であった大﨑氏の悔しさがにじみでている。

筑波大学の新構想の実験について、草原克豪氏は、「不幸なことに、この新構想大学は、都内にあった東京教育大学の移転という形をとったため、移転に反対する勢力が筑波大学の構想に反対し、文部省主導の大学改革としてこれに対する批判を展開することになった。そのため、国会における法案の審議は難航し、ようやく創設された後も、せっかくの新しい試みにもかかわらず、当初期待したように他大学に波及効果をもたらすことにはならなかった」[8]。と、「新構想」の評価よりも、東京教育大学の廃止・移転反対運動に巻き込まれたことに主要な敗因としている。また、中井浩一氏は、その後の筑波大学の改革についてフォローしたうえで、次のように批判している。

「筑波大学創立時に、反対側が何を言っていたかを思い出してほしい。一つには、トップダウンの弊害であり、独裁的支配への不安だった。もう一つには、外部者、つまり政財界によって大学がコントロールされることだった。

しかし、これらは杞憂に終わったようだ。トップダウンなどできないことは証明された。『黒船』の江崎玲於奈でも変えることはできなかったのだ。『独裁』どころか、長いこと、筑波大学の教育・研究組織のスクラップ・アンド・ビルドですらできなかったのだ。

外部者によるコントロールもなかった。参与会は機能せず、あれだけ騒がれた産学連携も筑波学園都市という環境にありながら進まなかったのだ。（中略）政権交代は起こった。福田、阿南、江崎、北原と、いずれも前の政権の後継ではなく、その批判者側の勝利に終わっている。政権交代による執行部体制の一新も起こっている。しかし、大きな改革や成果があったわけではない。それどころか、教員の業績評価すらできず、既存の組織の見直しすらできなかったのだ。これはどうしたことだろう。（中略）制度は変わっても、人々の意識は変わりにくい。（中略）制度の変更は、その組織の人々の意識に媒介されて、変化を生み出す。制度が変わったからといって、自動的に変化が起こるわけではない」[9]。要するに、長い間しみついた構成員たる大学教員の「閉鎖性」、心の壁の厚さ、「小人性」はいかんともしがたく、学内対立がこれに拍車をかけ、「泥沼化する」というのである。比喩的に言えば、一九六〇年代末から七〇年代初頭にかけての全国的な「大学紛争」に「新構想」という消火剤を投入したことが逆目に出て火に油を注ぐことになった。タイミングが悪すぎる。「新構想大学の実験」から得られるものはなにもなかった。

このなかにあって、天野郁夫氏の指摘は、ごく単純であるが、ポイントをついている。曰く、「大学の内部組織はどうあるべきか。学部・学科・講座制・学科目制の全体をふくめて、どうあったらいいのかという問題にいきあたります。この問題が単純ではないのは、その一番基礎のところに、教育と研究と管理運営の三つが一体化しているという問題があるからです。教育研究と管理運営を分離するか、これは七〇年前後の大学紛争の過程で再三議論され、結局解決されるに至らなかった問題です」[10]。ここに、問題の「鍵」がある。

いわゆる「新構想大学」の代表である筑波大学方式の三つの特徴のうち、第二の「学長、副学長を中心とする中枢管理機能の強化と全学的な管理運営機能の整備」、第三の「学外有識者の大学運営への参画」は、三一年後の二〇〇四年の国公立大学法人の登場を待って現実化した。第一の「研究組織と教育組織の分離」のみが点検されていない。教育研究組織という大学の機能的中核を担う「内部組織の変革」こそが最後に問われている。

筑波大学の実験は、研究、教育、管理の三つの機能が機械的に分離されたために、それぞれの機能を遂行するための教職員の会議がいたずらに多く、しかも諸会議間の意見の違いが噴出し、大学構成員の意思の統一が困難という、大学のガバナンスが働かなかったことにあった。これを、学長・副学長のリーダーシップによって解決しようとしても、研究・教育だけでなく人格的にも自由を重視する大学では、「木によって魚を求める」類の組織論であろう。天野氏が問う「内部組織の変革」とは何か、「大学の自治」、「学問の自由」、「大学の自立的運営」を標榜する大学人内部から提起されるべき問題ではないだろうか。

（1）天野郁夫『大学―変革の時代』東京大学出版会　一九九四年　九〇頁。
（2）同右書　九一頁。
（3）同右書　九三―九四頁。
（4）大﨑仁『大学改革一九四五―一九九九』有斐閣選書　一九九九年　二七二―二七四頁。
（5）同右書　二七四頁。
（6）同右書　二七四―二七五頁。
（7）同右書　二七五―二七六頁。
（8）草原克豪『日本の大学制度』弘文堂　二〇〇八年　一五〇頁。
（9）中井浩一『徹底検証　大学法人化』中公新書クラレ　二〇〇四年　一〇六―一〇八頁。
（10）天野前掲書　一〇四頁。

一九七三年の筑波大学の創設によって、教育組織と研究（教員）組織の分離が登場し、一回限りの実験が行われ、あえなく失敗した。問題は、学部・学科、講座・学科目という、研究・教育・管理が一体化した硬直化した強固な組織か、これらの機能を形式的に分離した「筑波方式」か、二者択一的思考にとどまっていたことである。筑波の苦い経験から、その後四半世紀「羹に懲りて膾を吹く」のたとえに似て、「内部組織の変革」に挑戦する国公立大学はでなかった。

三 「内部組織」の柔構造化―九州大学の「学府・研究院制度」の導入

元来大学における教育と研究は密接不可分ではあるが、組織として完全に一致しなければならないわけではない。しかし、教育組織と研究組織をどのように分離するのか、その形態についてもっと検討する余地はないのか、分離した場合、教育・研究・管理の三位一体の機能をどのように分担するのか、大学運営の「効率性」をどのように担保するのか、より現実的観点から詰める余地は十分にあったはずである。硬直化した強固な「三位一体型」の教育研究組織、とくに強固な講座制の存在と、「学部自治」の名のもとの「学部割拠」体制によって大学全体が有効に機能していないことが、大学紛争で明らかになったのではないか。筑波方式以外の大学組織の「改善」方式の提案が、教育研究の現場たる大学からなぜでてこないのか。たった一回の、「初歩的な」実験の失敗で「羹」扱いするのは、あまりに知恵のない話ではないか。大学紛争時に東大の大学院生で大学の内部組織に批判的で、筑波大学紛争時には法政大学の教員として、私立大学には無縁の「他山の石」として冷ややかに見ていた筆者が、二〇余年後に九州大学の大学担当の副学長として、国立大学の「当事者」となり、「大学改革」なるものに直面した時の思いである。

こうした事情も多少影響して、一九九〇年代後半に九州大学から、「学府・研究院制度」という「研究組織と教育組織」の分離の提案が学群・学系と異なった内容で提起された。新たな実験、しかも文部省という「上から」の提案でなく、一国立大学の現場という「下から」の提起である。その後、二〇〇四年の国公立大学の法人化を契機に、多数の大学で普及した。以下、九州大学の「内部組織改革」の内容と、その後形式的に相似した「教育組織と教員組織の分離」の流れと、その評価について考察しよう。

まず、九州大学の「学府・研究院制度」の導入経緯について、九州大学の副学長（統合移転・大学改革担当）としてこの任にあたった筆者は、別の著書で述べているので、その部分を転載しよう。

一九九四年歳末のある日の夜、室見川の河口、豊浜の住宅街をゴールデンレトリバーを連れ、一つのことを考えながら散歩していた。正月休みの間に『九州大学改革大綱案』の草稿をまとめるべく執筆に追われていたころである。

一九九一年の十月、当時の高橋良平学長のもとで、九州大学の西区元岡地区への統合移転が評議会決定した。そのあとを受けた和田光史総長のもとで、大胆な大学改革案をつくることを、文部省に強く要請されていた。そのため、『九州大学改革委員会』が設置されて議論が行われたが、方向が見出せなかったことから、委員会を再編し、九四年十月から私が委員長に就任した。五三歳のときであった。

年度末に改革案を評議会決定し、大学改革を断行するという日程が提示されていた。そのためには、正月明けに原案を提示し、学内審議にかける必要があった。委員長に就任してから今までの議論を整理し、コンセプトを明確にし、改革の柱を立てる必要があった。

その柱の一つとして、大学院の学生の教育組織と教員の研究組織を分離することを考えた。従来、新しい分野の研究者養成のために新研究科を設置する場合、教員の強引な組織間移動を不可避としていた。このときの教員の抵抗が改革を遅らせ、学長や学部長の心痛の原因となっていた。しかし、このように分離すれば、情報科学や生命科学など先端科学の発展によって学際分野が次々に生じても、教員組織の再編を待たずに、急を要する分野での若手研究者育成組織を柔軟につくることができる。こうした組織の柔軟化は、新分野の研究者養成が急がれる大学院でとくに求められていた。旧帝大として、全学部に博士課程を擁し、わが国有数の研究者養成大学ならではの『改革』案でもある。

例えば、ＤＮＡ解析が急速に進み、この研究に携わる若手研究者を育成するために、生命科学研究科を設置する場合、ヒトＤＮＡ研究者を医学研究科から、ヒト以外の動植物ＤＮＡ研究者を農学研究科から、そして細胞学研究者を理学研究科から、そして大量の情報解析の専門家を情報科学研究科から移籍しなければならない。関係する研究者は、それぞれの既存研究科の最先端の研究者であり、中枢的位置を占めている。当然これらの研究者の移籍には強い抵抗が生じる。その場合、研究集団としての組織を温存して、ＤＮＡ解析にかかわる若手研究者育成のプログラムを編成することが最適である。つまり、研究者集団としての『研究組織』と研究者育成組織としての「教育組織」を分離して、再構成するならば、研究者集団にダメージを与えることなく、新規の若手研究者の育成は無理なく進めることができる。こうした学際分野は、今後、その他の研究分野でも頻繁に生じる、こうした事態に柔軟に対応することは多分野の研究集団を要する総合大学の重要な責務である。学校教育法では、教員と学士課程学生が一体となった基本組織を『学部』、教員と大学院生が一体となった基本組織を『研究科』と呼んでいる。また、筑波大学のように、学士課程で、教育組織と教員の研究組織が分離している場合、前者を『学群・学類』、後者を『学系』と呼ぶことに決められていた。そこで、大学院で分離した場合、どのような名称がいいか、これを考えながら住宅街で犬の散歩をしていたのである。このときは、教育組織を他大学と同じく『研究科』、教員の研究組織を『研究院』とすることに決めた。この案は、そのまま、九五年三月末の評議会で採用された。当時は、阪神淡路大震とオウム真理教事件で世の中が騒然としており、社会的には注目されなかった。その後、九大は、4―7図のように、教育組織を『学府』として『研究科』と区別することにした。

文部省と交渉し、四年かけて九九年に学校教育法の改正にこぎつけ、新しいシステムの導入を可能にした。法律では、教育組織を「教育部」、研究組織を『研究部』と命名されたが、システムの発案者の九大に敬意を表して、九大では、『学府』・『研究院』とすることを省令で認めた。九大方式をいち早く取り入れた横浜国大や千葉大でも『学府』・『研究院』を使っており、東大は『学府』に相当するものを『学環』とよんでいる。その後、九大システムは、各大学の改革で取り入れられ、京大や東北大など多くの大学は、法律のまま、『教育部』・『研究部』という味気ない名前を使っている。(1)」

学校教育法第五三条で「大学には、学部を置くことを常例とする。ただし、当該大学の教育研究上の目的を達成するため有益かつ適切である場合においては、学部以外の教育研究上の基本となる組織を置くことができる」との規定(現八五条)に加えて、一九九九年に新たに第六六条として、「大学院を置く大学には、研究科を置くことを常例とする。ただし、当該大学の教育研究上の目的を達成するため有益かつ適切である場合においては、文部大臣の定めるところにより、研究科以外の教育研究上の基本となる組織を置くことができる。」と規定(現第一〇〇条)された。これによって、「学部」とともに、「研究科」も教育研究上の基本となる組織として位置付けられるとともに、ただし書きによって、「研

4－7図　九州大学の「学府・研究院制度」（矢田作成）

（図1）

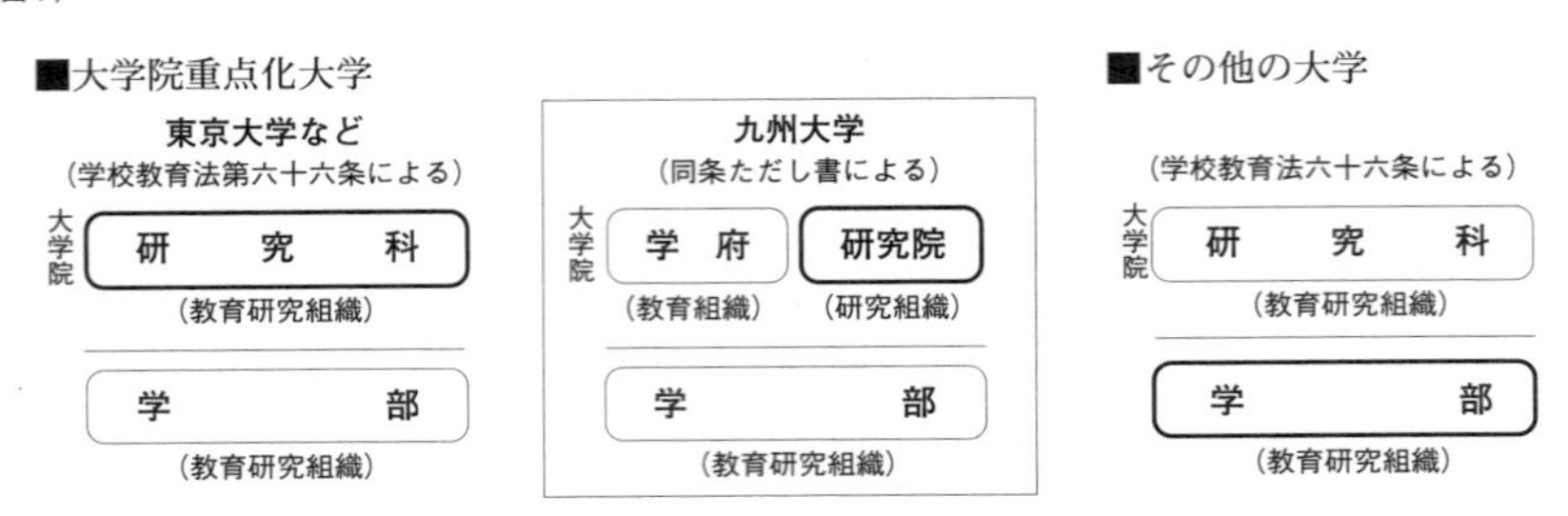

●学校教育法

第六十六条　大学院を置く大学には、研究科を置くことを常例とする。ただし、当該大学の教育研究上の目的を達成するため有益かつ適切である場合においては、文部大臣の定めるところにより、研究科以外の教育研究上の基本となる組織を置くことができる。

は教官の所属組織

（図2）

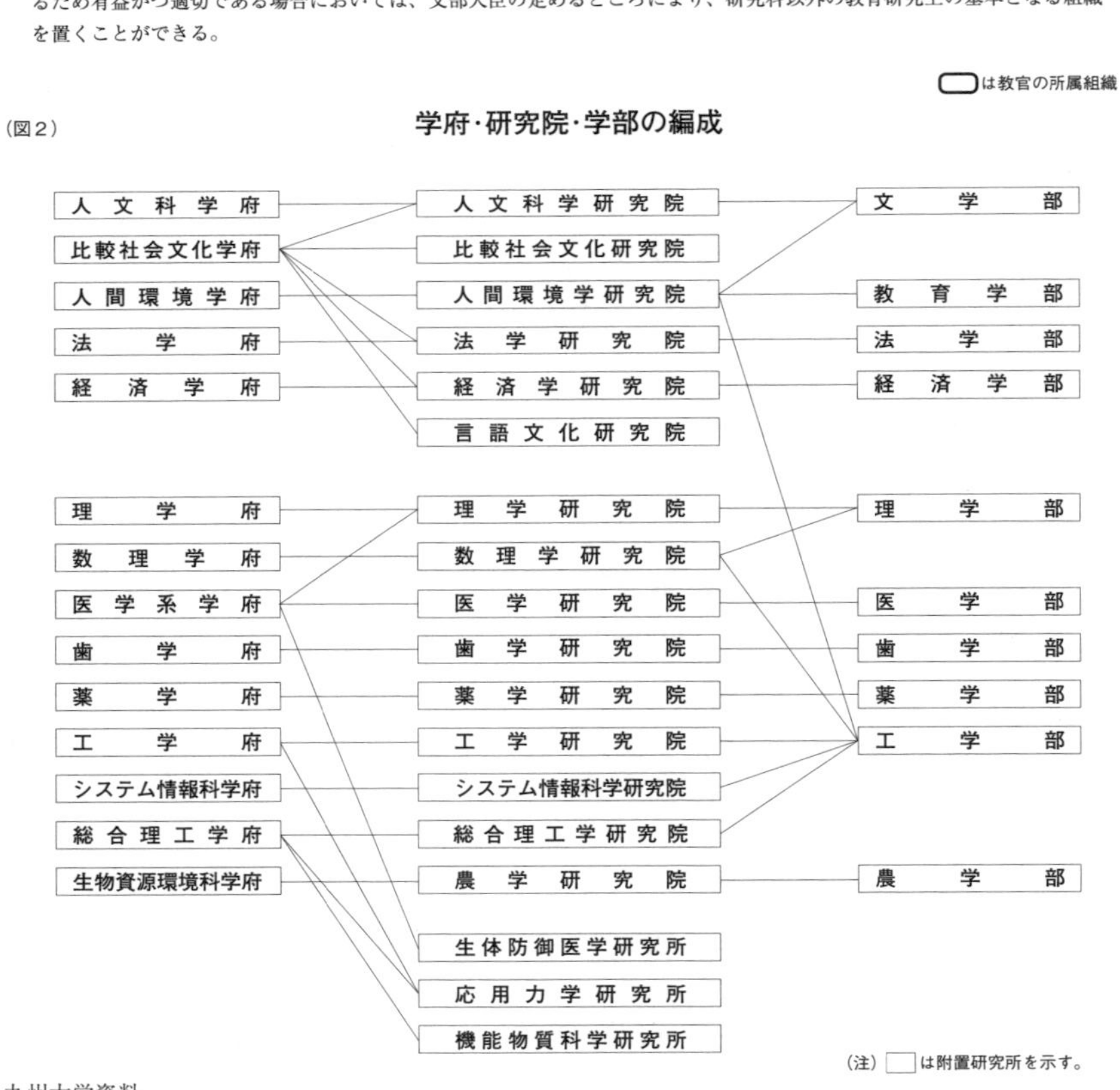

九州大学資料

究科」以外の基本組織の設置が可能となった。

この学校教育法の改正を受けて、改正された国立学校設置法では、第三条の四で「国立大学で政令で定めるものの大学院に、学校育法第六六条ただし書きに定める組織として、教育部および研究部を置く」。「2　前項の教育部は、教育上の目的に応じて組織するものとし、その種類及び課程は、政令で定める」、「3　第1項の研究部は、研究上の目的に応じ、かつ、教育上の必要を考慮して組織するものとし、その種類その他の必要事項は、文部省令で定める」と規定された。

つまり、国立学校設置法では、学校教育法第六六条に基づき研究科に代わる教育研究上の基本組織として、「教育部」と「研究部」を設置し、前者の種類及び課程は政令で、後者の種類その他必要な事項は文部省令で定めるものとされた。ここで規定された「教育部」及び「研究部」の呼称は、大学院における教育組織及び研究組織の「一般名称」として使用し、個々の大学での呼称は文部省令に基づき、多様な使い方が可能となった。（中略）

具体的には、国立大学設置法施行規則の第八条の八（九州大学の学府）で、「九州大学の大学院の教育部は、それぞれ表に定めるところにより学府と称する」とし、第八条の一〇（九州大学の研究院）で、「九州大学の大学院の研究部は、それぞれ研究院と称する」と規定された。このような形で、一般名称として提示された「教育部」、「研究部」は、九州大学では「学府」及び「研究院」と称することが明記され、ここに「学府―研究院」制度が法的根拠を得ることとなったのである。(2)

ところで、九州大学が導入した「学府・研究院制度」には、同じ教育組織と研究教育を分離した筑波大学と大きく異なる三つの特徴がある。

第一は、筑波大学が教育組織と研究組織の分離を「学士課程」で行ったのに対し、九州大学では「重点化」後の大学院で実施した。したがって、前者は教育組織に学群・学類と学系という大学受験生にはなじみのない名称を使ったために、自らの進路の選択に迷う高校生が、少なくなく、優れた学生の確保に支障をきたした。これに対し、九州大学では学士課程では、わが国に定着した「学部」という名称を続け、受験生の進路選択に支障をきたすことがなかった。すでに専門分野を選択する能力を身に付けた大学院進学の段階で、「学府」という新鮮な名称を使用した。研究者の所属する組織も従来型の「研究科」と区別して、「研究院」という「重点化大学」らしい名称を使用した。

第二に、大学院を教育組織と研究組織に分離したものの、多くの分野では研究院と学府は同じ名称を使用し、大部分の教員が同じ研究院と学府に所属し、実体的に大きく変化しなかった。にもかかわらず。研究院と学府というように規則上異なる二つの組織に分離した。この分離によって、特定の研究院に所属する教員の一部が、同じ名称の学府と異なる学府の教育を専任として担当することが可能となった。これによって、いくつかの研究院に所属したままで、新しい分野の学府を設置して、大規模な移籍なしに新しい分野の研究者を育成することが可能となる。九州大学では、医学、農学、理学、工学、システム情報科学など多分野の研究院に所属する教員が参画して「システム生命学府」というが大学院を設置した。また、経済学、言語文化、工学、人間環境学研究院の教員が協働して経済学府産業マネジメント専攻（ビジネススクール）を立ち上げた。その後、こうした多様な研究院所属の研究者の協働による学府、および学部が次々と出現している（第五編第三章）。つまり、教育研究組織が、かつての硬直したものから、時代の変化に対応した柔軟に再編成できるよう「柔構造化」したわけである。

九州大学が学府・研究院制度を導入した二〇〇〇年の翌年の〇一年六月に、たまたま九州大学で講演した文部科学省高等教育局大学課長の合田隆史氏と新制度導入時の副学長であった筆者との間につぎのような質疑がなされたことは大変興味深い。

合田「（九州大学では）例えば、学府・研究院ということで改革をされました。理念から言うと、当然、既にその編成がえの議論が進んでいて、どう編成がえするのかというお話を聞かせていただけるものと思っておりますけれども、実際、どの程度本格的な再編成の議論が進んでいるのかについては疑問に思っております。これは、せっかく総長、副学長が努力されて、もちろん皆さんも努力をされて新しい体制をとられたわけだから、このまま五年も一〇年も同じ体制ということはないと思っていますけれども、それは是非真剣に検討いただかないと、後に続く大学が困ってしまいますから、リーダーとして責任を持ってご議論いただきたいと思っております。それは一例ですけれども、私だって、いろいろ遠慮して言っております。（笑）」

矢田「もともと研究院制度そのものは、（大学院組織を）ガラガラポンするという形で提案しているわけではないので、恐らく制度を導入するときの合田課長の理解と、いろいろ説明した私の理解がちょっとずれているのではないかと思っているんです。柔軟に編成するシステムを作ったということであって、全面的に再編成すべきだとは思っておりません。九〇年の大学の伝統がありまして、非常に再編成しにくいようなシステムであったので、これから必要に応じて再編成していくということで、目に見えて編成図が変わらなくてはいけないとは思っておりません。柔軟に再編すべきときは、次から次へ出していくということで、その完成図の理解が大分違うのかなと思っておりますので、またゆっくりとご議論させていただきたいと思います」[3]。

この議論から見るように、文部科学省の当時の担当課長は、大学院レベルで教育組織と研究組織するという九州大学の新制度導入から、かつての筑波大学のように、全面的に再編成するものと理解していたようで、その「激変型の再編構図」が見えず、批判的な発言をしたと思われる。筆者は、かつての筑波大学の学群・学系制度のような深刻な副作用をもたらす全面的な分離ではなく、伝統的な教育研究組織の編成を重視しながら、時代の要請・学術の進展に対応して随時新しい、教育組織、（教員の）研究組織が設置できるような「持続可能なシステム」に変更したのである。貫いた哲学は、伝統にしがみつくのでもなく、やたら新しさを求めるのではない「不易流行」である。

二〇〇三年には、対応する研究院をもたず、医学、理学、工学、農学、システム情報科学研究院の教員が連携した「システム生命科学府」、経済学、人間環境学、工学、言語文化研究院の教員が連携して経済学府産業マネジメント専攻（ビジネススクール）の二つの組織が設置され、その後二〇〇九年に統合新領域学府、二〇一四年に地球社会統合学府などの大学院の教育組織が設置された。他方、二〇〇九年には基幹研究院という大学院の研究組織、二〇一八年には「共創学部」というユニークな学士課程の教育組織が設置されるなど、「このまま五年も一〇年も同じ体制」を維持したわけではなく、柔構造の教育研究組織を活用して「次から次へ、かつ、じっくり」と組織の再編を進めている。

他方、教育・研究・管理の三位一体化していた従来の組織が分離したことにより管理運営が、複雑かつ混乱するという筑波大学にみられた「液状化」現象に対し。九州大学は次のようなセーフティ・ネットを装備した。つまり、研究院制度の下では、研究院と学府・学部の三つの組織が一体として効率的で責任ある運用が図られることが不可欠であることから、研究院長が学府長・学部長ともに兼ねるものとする。一言で言えば、学府長及び学部長は、いずれかの研究院長が兼ねるものとし、三つの種類の教授会の効率的運用と研究院長・学府長・学部長が別人格となることによる管理運営の複雑化を回避しようというものである。いずれにしても、この「学府・研究院制度」は、一九九五年に九州大学評議会で承認された「九州大学の改革大綱案」の一つの柱であり、新キャンパスの統合移転と一体となって、二〇年余にわたる九州大学改革を可能にしたのであり、詳細は、本書の第五編で展開する。

ちなみに、この九州大学の学府・研究院制度の導入について、東京大学大学院教育学研究科の福留東土准教授は、次のように評価している。

「九州大学の組織改革は、国立大学の法人化以前に実現された改革であり、その後、学府ー研究院制度は、様々なバリエーションを伴いつつ、国立大学を中心に多くの大学の組織改革に取り入れられた。この意味で、教育組織と研究組織の分離に関して、一九九〇年代以降における大学改革の先駆のひとつをなすものと位置付けることができる。特に、数多くの部局を擁し、一般的に底辺部が重いとされる大規模な総合研究大学において、全学的に実現された組織改革である点は特筆に値する。改革が実現した背景には大学院重点化とともに、九州大学に固有の条件としてのキャンパス統合移転があったわけだが、そうした外部要因への対応を図る一方、同時にそれらの要因を改革のエンジンとして生かしつつ、全学レベルの組織改革を実現することに成功したとの見方ができるであろう。九州大学の組織改革は、制度的には大幅な組織改革を実現した一方、従来の教育研究活動との継続性、組織の安定性が重視され、またマネジメントの複雑化を避けることにも配慮されており、こうした意味で当時の現状と将来の方向性とをうまく接合させる改革であったといえるのではないだろうか。

九州大学の組織改革は、形の上では研究組織と教育組織の分離という大きな改革であるといえるが、その一方、両組織は分離されつつも実質的に一致することが否定されているわけではない。研究組織と教育組織の間に隙間を作り、それによって教育組織の改編が研究組織に直接及ぶことを避け、研究組織の安定性を確保する一方で、教育組織の方は時代や社会的ニーズに応じて柔軟な編成を組むことが可能となる。その際、結果として、研究組織と教育組織が一体的に運営されることも少なくない。実際に、すべての部局で組織が柔軟化したわけではなく、むしろ多くの部局では実質的に教育研究体制にそれほど大きな変化は生じなかったとされる。学部ー研究院ー学府がほぼ一致する形で運営されているケースが少なくないのである。

その一方で、システム生命科学府やシステム情報学府などの新たな学問領域に対応する教育組織を編成することにも成功している。このうち、システム情報科学府は『学府ー研究院制度』導入以前から対応する部局が存在しており、同学府には、研究組織としてシステム情報科学研究院が、学府と研究院が一体化する形で設置された。一方、システム生命科学府は『学府─研究院制度』導入後に新設された教育組織であり、教員の所属する研究組織は、理学研究院、数理学研究院、医学研究院、農学研究院を始め、極めて多岐にわたり、また学内の複数の研究所からも教員が参画する形が採られた。従来の組織構造では、多くの学問分野を横断するような学際性を持った教育組織の編成が困難であったことがうかがわれる。

組織や教育研究活動の安定性に配慮する一方、新たな組織コンセプトを打ち出して柔軟な編成を導入しつつ、明確な学問的・社会的ニーズが存在する領域ではそれに対応する編成を採ることが図られていることがわかる(4)」。

(1) 矢田俊文『北九州市立大学改革物語』九州大学出版会　二〇一〇年　一一九─一二一頁。一部追加・修正。
(2) 矢田俊文「学府・研究院制度」『九大広報』別冊　二〇〇〇年一〇月　六─七頁。
(3) 九州大学編『連続シンポジュウム・二一世紀の国立大学の役割』二〇一一年　一五九頁。
(4) 福留東士「大学の組織運営改革の事例研究　第五章　九州大学」(川島啓二編『大学の組織運営改革と教職員の在り方に関する研究　最終報告書』国立教育政策研究所　二〇一六年　六一─六二頁。

四　講座・学科目制の解消と多様な教育組織と教員組織の分離

講座・学科目制の解消

文部科学省主導の「平成の大学改革」は、第二次大戦後の、行政を含む日本側の大学人とのあいまいな妥協のもとに占領軍によって強行された新制大学制度の構築、一九六〇年代末から七〇年代初頭の全国を巻き込みながら、不透明な決着をみた大学紛争、この二つの「事件」への行政の強い「トラウマ」と、「リベンジ」へ強いの意欲を原動力としたものとみて大きな誤りはない。それだけに一九九〇年代以降驚異的な粘りで新しい大学制度の構築をすすめている。「大綱化」と評価システムの導入による教育内容の見直しと質保証、「私立大学法」や国公立大学法人化等による経営システムの確立、この二つの大きな改革は着実に進展している。

そして、最後の砦は、明治以来帝国大学に導入された講座制を核とする「教授会自治」という名の強固かつ硬直的な研究教育組織の「柔構造化」である。そのためには、制度やシステムの変更だけでなく、教員の活動現場で生じている現実を確実につかみ、持続的で創造的な教育と研究ができる「教員組織」とは何か明確にされなければならない。学長ら幹部の未熟さゆえの強引なリーダーシップからの脱却、特定の派閥や集団による支配や対立がもたらす教員組織の「液状化」現象、この両極端に陥らない、教員による自律的・民主的かつ柔軟な教員組織の再構築が求められる。その意味では、「現場」のありのままの実態調査の積み重ねに基く、教育・研究・運営の三位一体の新しい「教員組織」の摸索が求められる。

このテーマについては、大学院重点化と学府・研究院制度などの教育研究組織制度の改革案が東大や九大など特定大学からの提起が相次いだことを契機に、文部科学省がこれを「大学制度」全体のものとして受け止め、本格的に検討にのりだしたのは、一九九八年一〇月の大学審議会答申『二一世紀の大学像と今後の改革方策について—競争的環境の中で個性輝く大学—』からである。その第二章の2「教育研究システムの柔構造化—大学の自律性の確保」と銘打ったタイトルで、「教育研究の進展や社会的需要にこたえて教育研究活動を効果的に進めるため、国立大学については、講座・学科目の編制について各大学の柔軟な設計や機動的な対応を可能とする方向で検討することが適当である」[1]と指摘している。

それから七年後の、二〇〇五年一月の中央教育審議会答申『我が国の高等教育の将来像』において、教員組織について次のように明確な方針が提起された。

「大学が、人材育成と学術研究の両面において、本来の使命と役割をより積極的かつ効果的に果たしていくためには、常に教員組織の在り方が最も適切なものとなるよう努力していくことが必要である。現行制度では、大学教員の基本的な職として、教育・研究を主たる職務とする職である教授及び助教授とともに、主たる職務が教育・研究か教育・研究の補助かが必ずしも明瞭でない助手の職が定められている。今後はこれを見直し、教育・研究を主たる職務とする職としては、教授、准教授のほかに新しい職として『助教』を設けて三種類とするとともに、助手は、教育・研究の補助を主たる職務とする職として定めることが適当である。また、大学設置基準の講座制や学科目制に関する規定を削除して、教員組織の基本となる一般的な在り方を規定し、具体的な教員組織の編制は、各大学が自ら教育・研究の実施上の責任を明らかにしつつ、より自由に設計できるようにすべきである[2]」。

これを受けて、二〇〇七年四月から施行される大学設置基準の改正により、講座制・学科目制に関する諸規定が削除され、具体的な教員組織の編成は、各大学において自由に設計できることになった。

これに代わって、平成一九（二〇〇七）年四月一日施行されたの大学設置基準では、第三章「教員組織」で、
第七条　大学は、その教育研究上の目的を達成するため、教育研究組織の規模並びに授与する学位の種類及び分野に応じ、必要な教員を置くものとする。
2　大学は、教育研究の実施に当たり、教員の適切な役割分担の下で、組織的な連携体制を確保し、教育研究に係る責任の所在が明確になるように教員組織を編制するものとする。
3　大学は、教育研究水準の維持向上及び教育研究の活性化を図るため、教員の構成が特定の範囲の年齢に著しく偏ることのないよう配慮するものとする。
第八条（学科目制）及び第九条（講座制）削除」となっている。（傍点筆者）
こうした、変更について、文部科学省のホーム・ページには、講座制の経緯と制度改正の趣旨について、次のように書かれている。

（講座制の経緯）「講座制は、大学内の教育研究の責任体制を確立し、教授の各専攻分野における責任を明確にして当該分野における教育研究を深く究めることなどを目的として導入されたものであり、学科目制は講座制を採らない学部の内部組織を明確にするために導入されたものである。

大学が組織的に教育研究を行っていくためには、各教員の役割の分担及び連携の組織的な体制を確保するとともに、責任の所在を明確化することが不可欠であり、講座制や学科目制は、かかる趣旨を実現する役割を担ってきた。

しかし、特に、国立大学においては、従来の講座制や学科目制は、その新設・廃止・変更には法令や予算上の一連の手続を要するなど、国の行財政上の仕組みによる制約と相俟って、人事、予算、教学面等の様々な側面において硬直的・閉鎖的な運用を招き、教育研究の進展等に応じた柔軟な組織編制や、各大学の自主的・自律的な取組を阻害しているとの指摘がなされてきた。

このため、平成一九（二〇〇七）年には、大学設置基準の改正が行われることとなり、講座制や学科目制以外の教員組織を編制することも可能となった。

この大学設置基準の改正によって、長い間わが国の国立大学の「内部組織」の基盤となってきた「講座制」と「学科目制」は、公式の制度から消えてしまった。小泉内閣の規制緩和の一環として、「硬直的・閉鎖的」なものとして歴史的使命を終えたのである。この結果、「平成の大学改革」のなかで現場から提起された「大学院重点化」や「大学院部局化」なるものは、学部にあった「講座」を大学院に移す制度であり、「学府・研究院制度」などの大学院レベルでの「教育組織と研究組織の分離」も「大学院重点化」を前提に導入されたものである。その意味で、現場発の二つの「内部組織の改革」なるものもその意味が大きく変わることになる。少なくとも、大学院重点化や部局化は「死語」になり、「学府・研究院」制度は、重点化や部局化を前提にしなくても大学の判断で自由に導入できることになる。硬直的・閉鎖的な内部組織は、各大学の判断によって自在に編成できることになった。内部組織の「柔構造化」である。これによって、研究教育組織の分離は、国立大学だけでなく公私立大学を含めて、一挙に全国的に普及していった。

この間の教育研究組織の分離に関する制度変更を図示すると4―8図のようになる。これは、学校教育法で「常例」として定められている「学部―研究科」について、必要に応じて研究組織と教育組織に分離することが許されているパターンである。最初の形態は、一九七三年の法改正によって、学部に代えて「研究組織系」と「学士課程の教育組

4－8図　多様な教育・研究（教員）組織の制度的変遷

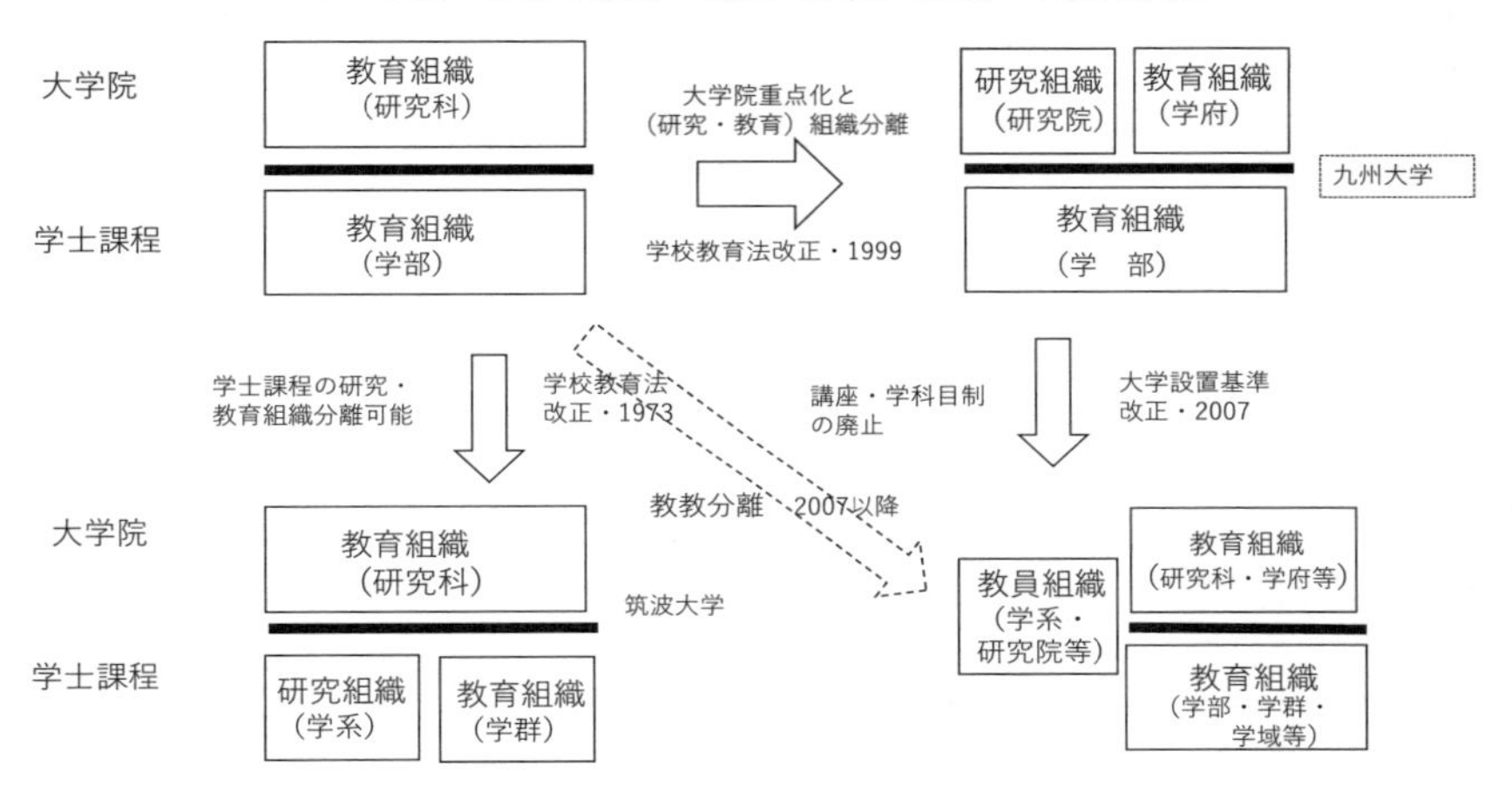

矢田作成

4－3表　教育組織と教員（研究）組織の分離一覧（国公私立大学）

1973	筑波大学(全学)	学系	学群・学類	研究科	2009	高知工科大学(全学)	教室	学群	
						北九州市立大学(1部)	センター	学群	
2000	九州大学(全学)	研究院	学部	学府	2010	電気通信大学(全学)	学術院	学部	研究科
	愛知教育大学(全学)	学系	学部	研究科		京都工芸繊維大学	学系	学部	研究科
2001	横浜国立大学(大半)	研究院	学部	学府	2011	鹿屋体育大学(全学)	系	学部・学域	研究科
2003	名古屋工業大学(全学)					香川大学(全学)	研究院	学部	研究科
2004	新潟大学(全学)	教育研究院	学部	研究科		大阪府立大学(全学)	学術研究院	学域・学類	研究科
	徳島大学	研究部	学部		2012	奈良女子大学	研究院	学部・学科	学府
	早稲田大学(全学)	学術院	学部	研究科	2013	香川大学(全学)	学系	学部	研究科
2005	福島大学(全学)	学系	学群・学類			札幌大学	学系	学群・学域	
	茨城大学(全学)	学野・領域			2014	群馬大学(全学)	学術研究院	学部	研究科
2006	桜美林大学(全学)	学系	学群・学類			信州大学(全学)	学術研究院	学部	研究科
2007	お茶の水女子大学	研究院	学部	研究科		和歌山大学(全学)	学系	学部	
	岩手大学(全学)	学系	学部	学府	2015	静岡大学(全学)			
	九州工業大学(大半)	研究院	学部	研究科	不明	東京学芸大学(全学)	学系	学群	
2008	金沢大学(全学)	研究域・学系	学域・学類	研究科		東京農工大学(全学)	研究院	学部	学府
	高知大学(全学)	学系	学部	研究科		政策研究院大学(全学)			
	帯広畜産大学(全学)	研究域	学部	研究科	1部のみ	東北大学(教育情報のみ)	研究部	教育部	
	上越教育大学(全学)	学系	学部	研究科		東京大学(情報のみ)	学環	学府	2000
	鳴門教育大学(全学)	教育部	学部			京都大学(地球環境)	研究部	教育部	
	和洋女子大学(全学)	学系	学群・学類	研究科		千葉大学(1部)	研究院	医学薬学府	2001

川島啓二編『大学の組織運営改革と教職員の在り方に関する研究』（国立教育政策研究所）2016 より作成

織・学群・学類」であり、筑波大学で導入されたものである。そのほぼ四半世紀後の一九九九年、九州大学の提起を受けて、大学院の研究組織と教育組織の分離が可能となった法改正であり、九州大学で「研究組織・研究院」、「教育組織・学府」として導入された。さらに八年後の法改正で、講座・学科目が廃止されてから、研究組織が学士課程や大学院の教育組織と対応する必要はなく、両方の教育組織に責任をもつ「教員組織」の形態をとることになった。呼称も「定型」はなく、学部に代えて学群、学域、研究科に代えて「学府」、「学域」などが使用され、分離した場合の教員組織も学系、研究院、学環、研究域などが使用されている。4―3表は、二〇一六年時点の教育組織と教員組織の分離（以下教教分離という）を採用した国公私立大学の一覧である。講座・学科目制が廃止され、「大学院部局化」が「死語」になった二〇〇七年度以降一挙に増加している。

「教教分離」の実態調査報告

ところで、国立教育政策研究所は、二〇一四―一五年度に、川島啓二氏を代表とする一七名の所内外の研究者で研究体制を組み、『大学の組織運営改革の事例研究』を実施し、三三〇頁に上る膨大な報告書を出版した。編者である川島氏は、この研究の問題意識と対象設定の構造について、次のように述べている。

「近い将来に要請されるであろう学位プログラムを中心とした教育システムの構築のために、あるいは高度な研究を達成する効率的組織形態の追求や、大学の人的資源の効率的活用といった観点から、教育組織と教員組織（若しくは研究組織）を分離してその機能化を図る『教教分離』という方向性を避けて通ることはできず、今後、高等教育政策上の重要トピックとして取り上げられる可能性が高い。（中略）（そこで）本研究においては、教育組織と教員組織（研究組織）の見直し（分離問題）を初年度の中心的な調査研究対象として設定し、方法的には、その改革プロセスのダイナミクスを丁寧な聞き取り調査によって、組織分離改革に踏み切った各大学のそれぞれ個別の文脈や共通する要素などの集約と整理分析に努めた」[4]。時宜を得た貴重な調査報告なので、この研究報告を紹介しつつ、「教教分離」の全国的動向について概略的に紹介しよう。

国立教育研究所の研究報告書は、第一部は一一大学の事例報告、第二部は対象大学の学長への「組織運営に関する「郵送質問紙法」での調査、第三部は、「教教分離の実態からの類型論」の提案である。言うまでもなく、本報告の結論部分は第三部に集約されている。このなかで、渡邊あや氏（津田塾大学准教授）は、「第一六章　高等教育政策の影響」と「第一九章　組織分離の類型化」において、本報告書の「核」となる論文をのせている。まず、第一六章では、以下のように論じている。

「本章の目的は、教教分離を高等教育政策の展開に照らしながら検証することにより、教教分離と大学改革の関連性を検証するとともに、各政策が教教分離に与えた影響及びその結果生じた変化を考察することにある。（中略）

教教分離は、一九七〇年代にその理念が紹介され、大学がその組織の在り様として採り得る『選択肢』のひとつとなった。筑波大学が、その理念を具現化させたものの、その後は、他大学に波及することも、明文化された『政策』として推進されることもなかったが、一九九〇年代以降、高等教育に係る諸政策、とりわけ国立大学法人化に関連する諸政策が促進要因となり、『小さなブーム』を幾度か生んでいる。（中略）

そもそも『教教分離』という考え方が日本の高等教育政策において初めて登場したのは、一九七〇年代のことである。『四六答申』として知られる中央教育審議会答申『今後における学校教育の総合的な拡充整備のための基本的施策について』（一九七一年六月）において、『教育上の組織と研究上の組織とを区別して、それぞれ合理的に編成されることが望ましい』とされたことがその起源とされる。この政策に基づく『新構想大学』として一九七三年に開学したのが、筑波大学である。教育のための組織を学生の所属組織とし、研究のための組織を教員の所属組織とする、新たな組織編成が採用された。

これに伴い、学校教育法も改正されている。（中略）第五三条で、『大学には、学部を置くことを常例とする。ただし、当該大学の教育研究上の目的を達成するため有益かつ適切である場合においては、学部以外の教育研究上の基本となる組織を置くことができる』とするものへと改められている。筑波大学の学群・学類制及び学系制は、このただし書により、法的な位置付けを持つものであった。教育組織と研究組織を分離するという新たな組織体制は、そのモデルとなる大学が誕生し、法的な整備もなされた一方、この段階において広がりを見せることはなかった。（中略）

教教分離に再び脚光が当たったのは、一九九〇年代のことである。その背景には、この時期、包括的な形で進められた大学院改革がある。（中略）その中で、研究型大学を中心に広がりを見せたのが、大学院重点化である。（中略）そのための法的な基盤整備もなされた。まず、一九九九年に学校教育法第六六条が改正され、大学院に研究科以外の基本組織を置くことが可能となると、続いて、国立大学設置法も改正された。ここで、大学院に教育を目的とする組織（教育部）と、研究を目的とする組織（研究部）をそれぞれ置くことができるとされたことにより、大学院において教教分離を実施することが法的にも可能となった。なお、法令（国立学校設置法）上は、「教育部」「研究部」という名称が用いられているが、その実態は様々である。

この時期の特徴として、組織の分離が、主に（東大、京大、東北大など）部局レベルで実施されていることが挙げられる。数少ない例外が九州大学である。大規模な総合大学でありながら、教教分離の全学実施に踏み切っている。九州大学もまた、（というよりは、他大学に先んじて—矢田追記）『学部に基礎をおいていた大学の基本組織を大学院に移すことによる大学院重点化を実施したことを機に、従来の教育・研究組織が一体となっていた研究科を、大学院生の所属する教育組織たる『学府』と教員が所属する研究組織である『研究院』に分離する』（矢田二〇一〇、福留二〇一五）改革を行った。したがって、教員の所属組織の編成原理は、「新構想大学」のものが踏襲され、研究を基盤とするものであった。九〇年代を通じて議論を深め、組織分離を実行した九州大学の取組は、開錠されながらも閉ざされたままであった教教分離の扉を開くものであった[5]。」（傍線矢田）。

（閑話休題＝九大）引用が長くなったので関連してエピソードを一つ。九大の学府・研究院制度が提案され、教育組織と研究組織の分離が四半世紀ぶりに第二フェーズに入ったとき、筑波大学の創設に深くかかわったとされる文部省元高等教育局長の大﨑　仁氏が、わざわざ福岡にこられ筆者は「初見参」し、夕食を共にする機会をえた。当時の九大の事務局の話によれば、筑波大学と同じような構想が再び世に出たことに興味を持たれたとのことである。そこでの具体的内容は、「記憶の限りではない」が、氏が新潟県の栃尾市出身で私が約五〇キロ東北に位置する新津市出身ということで故郷「越後」の話で盛り上がったことは、鮮明に覚えている。面白いことに、筑波大学の第四代学長として江崎玲於奈第三代学長の跡を継いで苦労された北原保雄氏も栃尾より約五〇キロ西南に位置する柏崎市出身で、「教教分離」に深くかかわった三人が、コメと酒どころ新潟県の人口三—七万人規模の地方都市で育ったことは奇遇である。ついでに言えば、公立大学法人化とともに再出発した、首都大学東京の初代理事長として「辣腕」をふるった高橋宏氏も新発田市出で、大阪でお会いする機会を得た。

教教分離の類型—持続可能（S）型と教育組織激変（D）型

さらに、渡邊氏は、「第一九章　組織分離の類型化」において、「教教分離」の本質に迫ろうと試みる。まず、冒頭で、次のように「研究型」と「教育型」の二つに分類して見せる。

「組織分離後の教育組織と教員組織（研究組織）の『かたち』を整理する一つ目の切り口として、教員組織の位置づけがある。この分類として、教員の所属組織を大学院に置くモデルと、大学院でも学部でもない中間的なところに置くモデルの二つがある。

『教員の所属を大学院とする』と言うと、大学院の重点化や部局化により、教員の所属が大学院に変わることを意味すると捉えられることも少なくない。実際、一九九〇年代末以降、国立の研究型大学において広がった大学院重点化・部局化と同時に導入された事例も少なくない。しかし、教員組織を大学院に置く前者のモデルでは、教員組織を大学院に移した後、学生が所属する組織からも分離する形をとっている点において、単なる重点化・部局化とは異なっている。

一方、後者の中間的な位置づけのモデルでは、教員の所属は大学院とはならない。そのため、教員全員を大学院所属とすることが難しい場合（例えば、すべての学部で大学院を持っていない場合など）においても対応可能であるため、前者に比べると比較的汎用性の高いモデルとなる。こうした特徴の違いから、前者は研究を基盤とする組織分離、後者は教育を基盤とする（授業の供給など、教育提供の視点に基づく）組織分離と説明されることもある[6]」。

この記述は正確ではない。なぜなら、4—8図上段右にみるように、二〇〇七年の制度改正によって、講座制が削除される以前、まだ教員が「講座」に所属し、それが学部に所属するか、研究科に所属するか択一を迫られ、前者の場合は、学校教育法第八五条「学部以外の教育研究上の基本となる組織」、後者の場合は第一〇〇条「研究科以外の教育研究上の基本となる組織」を置くことになっていたからである。渡邊氏が言及した4—8図下段右は、「講座制」の廃止によってはじめて可能となったものである。ただし、大学設置基準の改正後は、大学の自主的な判断に任せられており、どちらのシステムも「合法的」となった。渡邊氏の指摘するように、現時点では、下段右の図の方が「大学院」の有無にかかわらず、「有効」であり、汎用性があることは確かであるものの、これを「教教分離」類型の基準とするのは適当ではない。せいぜい「教教分離」が「講座制」存在時か、削除以降か程度の意味しかなく、あまり有効ではない。

この研究型類型を別にすれば、渡邊氏は、教育組織と教員組織の括り方（伝統的な専門分野別の細分類か、大括りか、その中間か）、と両組織の対応関係（原則一致か否か）の二つの切り口を提起する。その内容は大変参考になる。しかし、これは「編成替え」を一挙に実現することを前提にしている。一九九〇年代後半から二〇一〇年代初頭までの約一五年間にわたって、学部長、副学長、学長などの管理職にあって、平成の大学改革の真っただ中で国立大学運営にかかわった現場での経験からみれば、こうした「編成替えは」、マスコミや文科省・地方自治体などの設置団体から一時的に注目を浴びるが、学内合意、そして、長期的視点からの教育効果からみれば、「未知の世界」に突入するだけに非常にリスキーである。むしろ、再編の過程を重視する別の視点が求められる。別の視点とは、「時間軸」である。つまり、組織の変更が、「一挙に全面的に行われるか」、時代の人材育成のニーズや科学技術の発展を考慮にいれて、「徐々に部分的変更を継続する」システムを導入するかである。前者を激変型「Drastic Type」とし、一九七三年の筑波大学を筆頭に、二〇〇八年の金沢大学、二〇一一年の大阪府立大学が典型であり、後者は二〇〇〇年の九州大学を嚆矢として、大阪市立大学や北海道大学にも導入されている。これを持続可能型（Sustainable Type）とよぼう。大阪市立大学では、研究院制度導入後、「都市経営研究科」、「社会科学研究院」、「高等教育研究院」、「先端研究院」などの教育組織、教員組織など柔軟な編成をすすめ（4—9図）、北海道大学では、教教分離後、「医理工学院」、「環境科学院」、「生命科学院」、「国際広報メディア・観光学院」、「保健科学院」、「総合化学院」、「国際感染症学院」、「国際食資源学院」など積極的に学際分野の大学院教育組織を設置している。

もともと教育を担当する教員の組織は、当然のことながら教育組織と原則として対応している。大学では、教員の研究と教育も不可分の関係にあるから必然的に教育組織と研究組織も対応する。しかし、二つの組織が「ピタリ」一致していると、社会的な人材需要の変化に合わせて教育組織を再編する場合、必然的に教員組織も再編を迫られる。この硬直性を緩和するために行われたのが「教教分離」である。したがって、制度的に「教教分離」が導入されたとしても、両者の対応が一致しているのが原則である。教育組織と教員組織の間に「ハンドルの遊び」を作るの似ている。状況に応じて柔軟に「操作」できるようにしておくだけである。その意味で、両者の「対応関係」において、「原則」も「例外」もない。時代に応じた改革とともに、ゆっくりと「ずれ」が生じる。

ところで、国公立大学の場合には、教員の所属する組織を研究科・学部などの教育組織と分離する別の動機がある。文部科学省や地方自治体による教員定員の削減圧力への対応である。学部・研究科と教官定員との対応関係が厳密に定められているもとでは、どの学部・学科、どの講座・学科目の教官定員を削減するか、厳しい判断が求められる。教育組織に影響を与えないでこれを実施するには。小規模の定員枠の中でのやりくりは至難の業である。講座や学科目単位で枠づけられていた教官定員を統合して、教官の所属する集団を大きくすれば若干名の定員削減には対応できる。この集団が大きければ大きいほど、定員管理に「柔軟性」が生じる。そのために編み出されたのが、教育組織と教員組織を分離し、両者の対応関係の硬直性から脱却することである。講座制や学科目制が廃止され、各大学で自由に教員組織の編成が可能になったことを契機に多くの大学が旧講座や学科目はもちろん学部・学科の枠を超えた「教員組織」を編成する大きな動機となる。人員削減の教育組織へのマイナス効果を薄くするには、教員組織が「大くくり」であればあるほど良い。旧講座・学科目単位はこえるものの、教育プログラムの編成の都合から学部・学科単位にとどまるもの、さらに学部の枠を超えて人文・社会科学、理工学、生命・医療学の三つの領域に「大くくり」するケースが多いことになる。高知工科大学のように大学全体で一つの教員組織に集約するものまである。

持続可能型の対極に位置するのは、教育組織とくに学士課程の大くくり型再編であり、学士課程の名称も「学部」ではなく、「学域」や「学群」など独自の呼称をつかっている。その代表は、金沢大学、福島大学、大阪府立大学などである。一九七三年の筑波大学の系譜を継ぐものである。

学士課程の教育組織について、これを大くくりにした大学には、その理由の中で、多いのは、「幅広い基礎から細分化された専門へと移行する経過選択型専門決定」（金沢大学）、「従来の学部・学科を超えて、教育・研究をより柔軟に展開すること」、「より幅広い分野を学べる体制を構築すること」（大阪府立大学）という「教育哲学」である。つまり、文系・理系・医系など大枠を選択して入学し、一定期間を経て専門分野を確定する「経過選択型専門決定」ないし「より幅広い分野を学べる体制」を整えるという「教育哲学」に貫かれている。

この教育組織大くくりタイプの大学の多くは、これに対して教員組織も大くくりにしている。金沢大学では4―12図のように、学士課程（学域・学類）と大学院の教育組織（研究科・専攻）、教員組織（研究域・学系）の三組織とも、人間社会学、理工学、医療保健学の三つの領域に大くくり化している。大阪府立大学では4―10図のように、学士課程を現代システム学域・工学域・生物環境科学域、地域環境科学域、地域保健学域の四つ、大学院を人間科学・経済学・工学・理学・生物環境科学・看護学・総合リハビリテーション学の七研究科、教員組織を第1、2、3、4の四つの学群に括っている。福島大学では4—11図のように、学士課程を人間社会学群と理工学群に二分している。

他方、大学は、高等教育機関として社会の中にあって、大学自らコントロールできない三つの大きな「市場」に囲まれている。

一つは「進学市場」であり、これによって入学人材を確保しなければならない。第二は、卒業生の「就職市場」である。民間企業や行政機関等の組織に就職先を確保していかなければならない。第三は、「研究者市場」である。大学を担う優れた研究者・教育者を安定的に確保していくことが求められる。わが国は、これら三つの市場ともほぼ「自由」なものとして確立している。これらの市場で、一定の「ブランド」を確立していくことが大学の存続に不可欠である。とくに、進学市場と就職市場においては、いかなる分野でいかなる教育を、どのようなレベルで行うのか明確性が必要である。そのため、伝統的な学部・学科名が進学者や就職先となる組織に既知となる方が有利となる。いくら教育哲学が優れていても、その成果が評価され定着するには多大な時間を要する。しかも、創設時の「思い」が「成果」に結び付く確実性がない。そんななかでの、耳慣れない「学域」や「学群」名を使用するのは、大変リスキーであることは否定できない。しかも、創設時の教員は、時代とともに変わっていく。創設時の「理念」に無頓着な教員が次々と就任してくる。世代交代のなかで、しっかりと「理念」を継承することが求められる。こうした「理念」が社会現象として、一気に広まればともかく、「孤立」化を深めていく可能性も高い。

筑波大学の教育研究システムが四半世紀「孤立化」の様相を呈し、首都大学東京が約一五年後に「都市教養学部」を廃し、都立大学時代の学部編成にもどったのも、「理念」先行で、「現実」の市場の厳しさに阻まれたとみることができる。問題は、「教教分離」や「教員組織の再編」ではなく、大学外に窓を開いている「教育組織」の一挙かつ大胆な再編にある。同じ「教教分離」でも、筆者の言う「教員組織統合型」や「持続的組織再編型」とは大きく異なる。

さらに、これらの教育・教員両組織大くくり型には、管理・運営システムをどのようにするか、もう一つの課題が浮上する。既述のように、学部・学科はもちろん、講座や学科目制も研究・教育・管理の三位一体として機能してきた。全学運営の基本単位であり、個々の教員の大学運営への参画意識の拠点として、学部教授会が管理運営の単位と

4－9図　大阪市立大学の教育研究組織（S型）

大学院・研究科	教員組織・研究院	教育組織・学部
	高等教育研究院	全学共通教育
都市経営研究科	**社会科学研究院**	
経営学研究科		商学部
経済学研究科		経済学部
法学研究科	法学研究院	法学部
文学研究科	文学研究院	文学部
理学研究科	理学研究院	理学部
工学研究科	工学研究院	工学部
医学研究科	医学研究院	医学部
看護学研究科	看護学研究院	
生活科学研究科	生活科学研究院	生活科学部
	先端研究院	

大阪市立大学資料

4－10図　大阪府立大学の教育研究組織（D型）

大学院・研究科	教員組織・学術研究院・学群	学士課程・学域
	第１学群	現代システム学域
人間科学研究科	人文科学系	
経済学研究科	社会科学系	
	第2学群	
工学研究科	機械系	
	航空宇宙系	
	電子情報系	
	物質科学系	
理学研究科	物理系	工学域
	数学系	
	分子系	
	生物系	
	応用生命系	
生物環境科学研究科	緑地環境系	生命環境科学域
	獣医系	
	第3学群	
看護学研究科	看護系	地域保健学域
総合リハビリテーション学研究科	総合リハビリテーション系	
	第4学群	
	高等教育推進部門	
	地域連携部門	
	国際交流部門	
	戦略的研究部門	

大阪府立大学資料

4－11図　福島大学の教育研究組織（D型）

大学院・研究科	教員組織・学系	学士課程・学群・学類
人間発達文化研究科	人間・心理学系	人間社会学群
	文化・芸術系	人間発達文化学類
	健康・運動学系	
	外国語・外国文化系	
	社会・歴史学系	
地域政策科学研究科	法律・政治学系	行政政策学類
経済学研究科	経済学系	経済経営学類
	経営学系	理工学群
共生システム理工学研究科	数理・情報学系	共生システム理工学類
	機械・電子学系	
	物質・エネルギー系	
	生命・環境学系	

川島啓二『大学の組織運営改革と教職員の在り方に関する研究』（国立教育政策研究所）2016　より作成

4－12図　金沢大学の教育研究組織（D型）

大学院・研究科	教員組織・研究域・学系	学域・学類
人間社会環境研究科	人文社会研究域	人間社会学域
人間社会環境学専攻	人間科学系	人文学類
	歴史言語文化学系	
	法学系	法学類
	経済経営学系	経済学類
		国際学類
		地域創造学類
	学校教育学系	学校教育学類
自然科学研究科	理工研究域	理工学域
数物科学専攻	数物科学系	数物科学類
物質化学専攻	物質化学系	物質化学類
システム創成科学専攻	機械工学系	機械工学類
電子情報科学専攻	電子情報学系	電子情報学類
環境科学専攻	環境デザイン学系	環境デザイン学類
生命科学専攻	自然システム学系	自然システム学類
医薬保健学総合研究科	医薬保健研究域	医薬保健学域
医科学専攻	医学系	医学類
創薬科学・薬学専攻	薬学系	薬学類
		創薬科学類
保健学専攻	保健学系	保健学類

川島啓二編『大学の組織運営改革と教職員の在り方に関する研究』2016　p.298

して最も重視されていた。それがゆえに、大学幹部と個々の教員の意思疎通の最も重要な単位として機能してきた。この意思疎通機能が十分に働くには、当然教授会の「規模」が問われる。大規模総合大学では、教員数の大きな教養部、医学部、工学部、さらには農学部などでは直接民主主義的な全学部教授会が機能せず「代議員制」という間接民主主義が多用されてきた。「教教分離」によって教員組織が大くくり化されると、「教授会」の単位がますます大規模化し、大学幹部と一般教員の意思疎通が希薄になり、一般教員の意向を反映した大学幹部の政策形成や一般教員の大学運営への参画意識の希薄化が生じる。ここに、教員組織の「大くくり化」の限界があり、大学運営の液状化の危険が生じる。川島氏編の報告書を参考にして筑波大学（4―13・14図）と金沢大学について考察する。

「筑波大学は、一九七三年に新構想大学として設立されて以来、学群・学系制度を採用してきた。これは、教育組織としての学群・学類と、教員が所属する学系の分離として、他の日本の大学にはみられない試みとして導入された。それから、時代に合わせ様々な改革を実施し、二〇〇〇年の大学院重点化による大学院の組織再編、二〇〇二年の図書館情報大学との統合も行った。

今回注目する二〇一一年の改革以前は、教員の所属は、博士課程研究科（二〇〇四年より）であった。それらは、人文社会科学研究科、ビジネス科学研究科、数理物質科学研究科、システム情報工学研究科、生命環境科学研究科、人間総合科学研究科、図書館情報メディア研究科の七研究科である。（中略）教員の所属が博士研究科であるため、人事が研究に偏重する傾向があった。（中略）（二〇一一年の）改革後には、センターも含めてすべて教員の所属組織は系になり、学位課程を中心とした組織に変化していく[7]」。

「組織の体制として、系長、学群長、研究科長の役職を兼ねていることはない。人事については、系の責任ではあるが、人事発議は教育組織である学群、研究科、センターからしか出せない仕組みとなっている。人事に関して、学群間での調整は可能であるが、現在ではそれほど見られない。さらに、教員の所属組織としての十系は、教育組織としての八研究科や九学群とは一致していないため、系長が人事を管理する。また、人事の上限枠は系ごとに決定されている。教員はセンター系教員も含めて原則全て系に所属している。所属部局に応じて個人ごとに教育、研究、管理運営等のエフオートを分けている。これら個々の教員の教育、研究、業務等の負担は系長が把握していることになっている。系長は、執行役員として運営会議（日常的な意思決定や法定会議の事前調整等を行う会議）のメンバーとなってい

4－13図　筑波大学の研究教育組織（1973-2011）（D型）

大学院・博士課程　19研究科	教員組織・系　26学系	学士課程・6学群・13学類
哲学・思想研究科	哲学・思想学系	第一学群（基礎学群）
歴史・人類学研究科	歴史・人類学系	人文学類
文芸・言語研究科	文芸・言語学系	社会学類
現代語・現代文化学系		
数学研究科	数学系	自然学類
物理学研究科	物理学系	
化学研究科	化学系	
地球科学研究科	地球科学系	
教育学研究科	教育学系	第二学群（文化・生物学群）
心理学研究科	心理学系	比較文化学類
心身障害学研究科	心身障害学系	日本語・日本文化学類
社会科学研究科	社会科学系	人間学類
生物化学研究科	生物科学系	生物学類
農学研究科	農林学系	生物資源学類
国際政治経済学研究科	農林工学系	
社会工学研究科	応用生物化学系	
工学研究科		第三学群（経営・工学群）
	社会工学系	国際関係学類
体育科学研究科	物理工学	社会工学類
芸術学研究科	物質工学系	基礎工学類
医学研究科	構造工学系	工学システム学類
	電子・情報工学系	
	体育科学系	情報学類
	芸術学系	体育専門学群
	医学研究科	芸術専門学群
	基礎医学系	医学専門学群
	臨床医学系	
	社会医学系	

『筑波大学概要　平成6年度版』

る[8]」。

一九七三年の設立、二〇一二年の大幅な改革によっても、「教教分離」体制は維持されてきた。旧体制で指摘された、会議の多さや、管理運営体制の複雑さ、「教教組織間の調整難」など、いわゆる組織の「液状化現象」は、系長がそれぞれの分野の教員組織と教育組織を統括し、「執行役員として運営会議のメンバー」となることによって、かなり解決している。

福島大学は独自のシステムを採用している（4―11図）。教育組織を人間社会学群と理工学群の二つ置き、前者を人間発達文化、行政政策、経済経営の三つの学類で構成している。これらは旧来の教育学部、経済学部、行政社会学部を引き継ぐものである。教員

4－14図　筑波大学の研究教育組織（2012-）（Ｄ型）

大学院・８研究科	教員組織・10学系	学士課程・９学群
教育研究科		
人文社会科学研究科	人文社会系	人文・文化学群
ビジネス科学研究科	ビジネスサイエンス系	社会・国際学群
数理物質科学研究科	数理物質科学系	理工学群
システム情報工学研究科	システム情報系	情報学群
生命環境科学研究科	生命環境系	生命環境学群
人間総合科学研究科	人間系	人間学群
	体育系	体育専門学群
	芸術系	芸術専門学群
	医学医療系	医学群
図書館情報メディア研究科	図書館情報メディア系	

川島啓二『大学の組織運営改革と教職員の在り方に関する研究　最終報告書』（2016）p.305

組織は研究分野別に一二の学系として組織されている。教員の所属は、学群・学類と学系に「二重所属」するという特異性を持った「教教分離」である。「教員の人事権は基本的に学類に与えられており、学類内の自治も強い。（中略）一方、研究組織として設置された学系は、研究の促進という点において一定の成果を上げているという。学系を母体とするプロジェクト研究に、学内の競争資金を配分して、外部資金獲得を支援するといった試みも奏功し」ている、という。[9]「教教分離」のなかで、教員組織の独自性が明確なタイプである。

金沢大学は、管理運営については、独自のシステムを構築している。4―12図のように、八学部あった学士課程を人間社会、理工、医薬保健の三つの「学域」に統合し、各学域を学類として細分した。大学院についても、人間社会環境、自然科学、医薬保健学総合、という三つの研究科となっている。また、教員組織については、人文社会、理工、医薬保健の三つの「研究域」で構成され、学士課程や大学院とほぼ対応している。かつての各部・学科制を学域・学類に大胆に再編した理由について報告書では、「第一に、学類を単位とする従来より大きな単位での入学者選抜、第二に、幅広い基礎から細分化された専門へと移行する経過選択型専門決定、そして第三に、副専攻制や転学類制の導入である」[10]と指摘している。

大阪府立大学は、二〇〇五年に法人化と旧大阪府立大学、大阪女子大学、大阪府立看護大学の三大学が統合し、一挙に七学部体制となった。その後学内での検討を経て、「教教分離」を断行し、四学域一三学類の学士課程、七研究科という教育組織と四つの教員組織となった（4―10図）。学士課程は、工学域、生命環境科学域、地域保健学域、それに文理融合を掲げた現代システム学域の四つ、教員組織は、第一学群（人文・社会系）、第二学群（理工農獣医系）、第三学群（看護・リハビリ系）、第四学群（高等教育・国際交流・地域連携・戦略研究）の四つに分かれ、これらをまとめて「学術研究院」と命名しており、教育組織との対応関係は弱い。「学士課程教育改革の目的は、①複雑化・高度化、急激に変化する時代・社会のニーズに柔軟に対応できる教育研究体制を確立すること、②先端科学・技術分野を重点化すること、③『現代システム科学域』により専門性とマネジメント力・コミュニケーション能力を兼ね備えた人材を育成すること（文理融合）、④従来の学部・学科の壁を越えて、教育・研究をより柔軟に展開すること、⑤より幅広い分野を学べる体制を構築すること、にあったという[11]」と報告書は説明している。

ここで注目すべきは、教員組織の第四学群は、特定の教育組織との関連が比較的弱く、教員定員削減のバッファーとして機能を有していることである。

ところで、教員組織編成について、「教員の大学運営への参加意識」という視点から見れば。大きければ大きいほど、参加意識は薄れ、大学に対する帰属意識も責任感も希薄になる。小さければ小さいほど、個人の意見が「組織」に反映され、教員個人の「わがまま」さえ通用することになる。帰属意識や責任感と、個人のわがまま・小さな組織への独占。こうした組織と個人の関係が、「組織の規模」によって大きく異なる。大きすぎても、小さすぎてもいけない。「教授会自治」に対する反発も度が過ぎてはいけない。

（1）大学審議会答申『二一世紀の大学像と今後の改革方策について―競争的環境の中で個性輝く大学―』一九九八年一〇月八三頁。
（2）中央教育審議会答申『我が国の高等教育の将来像』二〇〇五年一月。
（3）文部科学省「講座制・学科目制等の教育組織の在り方について」二〇一八年四月 http://www.mext.go.jp/b_menu/shingi/
（4）川島啓二編『大学の組織運営改革と教職員の在り方に関する研究　最終報告書　国立教育研究所　二〇一六年』八―九頁。
（5）渡邊あや「高等教育政策の影響―教教分離の促進要因としての諸政策と教教分離のパラダイムシフト―」（同右書）

二一三―二一五頁。
（6）渡邊あや「組織分離の類型化（試論）」（同右書）二四二頁。
（7）堀井祐介「筑波大学」（同右書）三五頁。
（8）同右論文　三七頁。
（9）遠藤健「福島大学」（同右書）二八頁。
（10）遠藤健「金沢大学」（同右書）一七頁。
（11）渡邊あや、鳥居朋子、橋場論（同右書）一〇八頁。

五　「教授会自治」の終焉（二〇一四年の学校教育法の改正）

1　国公立大学法人化と教授会機能の変質

ところで、すでに引用したように、天野氏によれば、かつては、学部という教育研究組織は、同時に「教育組織」であり、かつ「研究組織」でもあった。加えて、人事・予算執行を軸とする「管理運営組織」であった。ここでの教授会は、部局長会議を通じて大学の運営の重要部分を形成していた。研究のユニット、教育のユニット、管理運営のユニットであり、三位一体として機能していた。ここで、教育組織と研究（教員）組織が分離し、前者が教育機能、後者が研究機能を分担した場合、管理運営機能はどのようになるのか。この点が報告書では詰められていない。そこで、改めて、国公立大学法人化による教授会の管理運営機能の変化について整理してみよう。

まず、新制大学制度の下における状況については、草原克豪氏が次のようにわかりやすく述べている。「日本の大学においては、教授会が絶大な権限をもっている。学部長は学部教授会の決定にしばられ、学長は各学部の代表で構成される全学の評議会の決定にしばられる。しかも教授会では多数決を採用しないため、議論は延々と続くが、何も決まらない。そのため、学長や学部長がいくら改革案を提案しても、少数の反対者がいればそれを容易につぶすことができる。このような慣行が日本の大学に定着していた。大学としての意思決定体制としては極めて不備なものであった。

この問題の淵源は、（中略）戦後の新制大学制度の発足に際して、管理運営体制についての結論が得られないまま、時間切れで見切り発車したことにあった。その後、文部省は、大学の管理運営体制を整備するために何度か法案を準備したが、いずれも大学側の強い抵抗にあい、陽の目をみるに至らなかった(2)」。

その後、平成の大学改革の一環として、一九九八（平成一〇）年の大学審議会答申『二一世紀の大学像と今後の改革方策について』において、「第二章3　責任ある意思決定と実行―組織運営体制の整備」の項を設け、大学の運営に責任を有するのは学長、学部長などの執行機関であって、評議会や教授会といった審議機関ではないという考え方を明確に打ち出した。「答申はさらに、大学の意思決定の機能性を高め個々の教員が教育研究に専念できる環境を整えるため、学部教授会の審議事項を精選し、審議の基本的な手続きを明確化すべきことも提言した。文部省ではこれを受けて（国立学校設置法等の）法令改正を行い、各国立大学においても教授会に関する規程の改正が行われた。これによると、国立大学の教授会の審議事項は、①教育課程の編成、②学生の入学・卒業等あるいは学位の授与、③その他学部の教育研究に関する重要事項、の三つに整理された」(3)。

この最後のその他重要事項において、それまでの国公立大学のほとんどの教授会は、教員人事を含めていた。それは一九四八（昭和二三）年施行の教育公務員特例法第三条において、「2　教員の採用及び昇任のための選考は、評議会の議に基づき学長の定める基準により、教授会の議に基づき学長が行う。」と規定されており、教授会の審議が義務付けられていたことによる。この法律は、公立大学の教員にも適用されることは、「教育公務員」であるから当然である。こうした教員人事権を有することが、国公立大学の教授会の「絶大な権限の源泉」となってきたことは否定できない。

草原氏は、続けて言う。「こうした国立大学に対して、私立大学の場合は、学内の運営体制は本来もっと自由であってよいはずである。ところが日本の私立大学は、その長い歴史の中で、良きにつけ悪しきにつけ国立大学を模倣しようと努めてきた。教授会自治の慣行も、主要な私立大学においてはほとんど定着してしまっている。その意味で私立大学といえども、組織としての機能を十分に発揮しているとはとてもいいがたい。ほとんどの私立大学は、多かれ少なかれ、国立大学と同様の管理運営上の問題を抱えているのである」(4)。つまり、大学の教授会の「強固な自治」は、日本全体に深く定着していたわけである。

二〇〇三年の国立大学法人法の制定によって、国立学校設置法が廃止された。国立大学法人法には教授会の規定は設けられず、教授会は、学校教育法第九三条「大学には、重要事項を審議するため、教授会を置かなければならない。」という規定に限定された。当然のこととして国立大学教員は、国家公務員でなくなり、教育公務員特例法の対象外となり、教員人事が教授会の義務事項ではなくなった。地方独立法人法によって公立大学法人化した大学も同様である。また、国立大学法人法には、第二一条において「教育研究に関する重要事項を審議する機関として教育研究評議会を置く」と規定された。そこでは、中期計画及び年度計画、教育課程の編成、学生の修学支援、学生の入学・卒業・課程の修了・学位授与、点検評価等の教育研究に関わる重要事項とともに、教員人事に関する事項が明記されている。ちなみに、経営協議会については中期計画・年度計画、点検評価のほか予算・決算が審議事項となっている。かつての評議会・教授会の審議事項のほとんどがカバーされている。他方、草原氏は、国立大学の学部・研究科レベルの教育研究組織の管理運営の実態について、次のように冷徹に分析している。

「こうした変化とは反対に、以前と比べてもほとんど変わっていないものもある。その代表例は学部レベルの管理運営体制であろう。外部から見ると法人化後の国立大学の執行部は活性化しつつあるように見えても、内部の学部レベルに目を転じると、教員人事のやり方も、教育内容の決め方も以前とほとんど変わっていない。学長の権限が強化されたとはいえ、学部との関係においては相変わらず弱すぎるのである。

その理由は、法人化に際して教授会の位置づけや権限を見直すことをせず、とりあえず法人化の実現を急いだからであろう。そのため、学部レベルではあたかも何事も起こらなかったかのようにして法人化を迎えることができた。本来ならば教授会の権限を整理し、大学の管理運営の正常化を図る好機となるところであったが、法人化においては、そこまでは踏み込まなかった[5]」。指摘のとおりである。

2 「教授会自治」の終焉＝二〇一四年学校教育法の改正

しかし、国立大学の法人化後約一〇年を経過した二〇一三（平成二五）年五月に提出された、安倍内閣の登場とともに、その目玉となった教育再生実行会議において、第三次提言「これからの大学教育の在り方について」で、「大学のガバナンス改革」をとりあげ、次のように指摘した。「国や大学は、各大学の経営上の特色を踏まえ、学長・大学本部の独自の予算の確保、学長を補佐する執行部・本部の役職員の強化など、学長が全学的なリーダーシップをとれる体制の整備を進める。学長の選考方法等の在り方も検討する。また、教授会の役割を明確化するとともに、部局長の職務や理事会・役員会の機能の見直し、監事の業務監査機能の強化等について、学校教育法等の法令改正の検討や学内規定の見直しも含め、抜本的なガバナンス改革を行う。」（第三次提言　5　大学のガバナンス改革、財政基盤の確立により経営基盤を強化する。傍線筆者）。これを受けて二〇一四年に学校教育法の第九二条と第九三条（教授会）が改正された。

具体的には、第九二条四項で、（旧）「副学長は、学長の職務を助ける」から、（新）「副学長は、学長を助け、命を受けて公務をつかさどる」とした。これは、当時の大学振興課長の説明によれば「副学長の権限の強化により、日常的な業務執行は副学長に委ね、学長は中長期的なビジョンや運営方針の策定に集中できるとともに、特定のプロジェクトは、副学長が責任者として実施する」という趣旨のものである。（二〇一四年九月一日公立大学協会総会）。

また、第九三条は、次のように改正された。

「大学に、教授会を置く。

① 教授会は、学長が次に掲げる事項について決定を行うに当たり意見を述べるものとする。

一 学生の入学、卒業及び課程の修了、二 学位の授与、三 前二号に掲げるもののほか、教育研究に関する重要な事項で、教授会の意見を聴くことが必要なものとして学長が定めるもの。

② 教授会は、前項に規定するもののほか、学長及び学部長その他教授会が置かれる組織の長（以下この項において『学長等』という。）がつかさどる教育研究に関する事項について審議し、及び学長等の求めに応じ、意見を述べることができる。

③ 教授会の組織には、准教授その他の職員を加えることができる。」

ここで、九三条第一項は、旧「大学には、重要な事項を審議するため、教授会を置かなければならない。」を新「大学に、教授会を置く、と簡明にし、多様な解釈の余地のある「重要な事項を審議」を削除した。いままで、多くの教授会では、審議事項として「その他重要事項」をかかげ、慣例的に「教員人事」を含め、「教授会自治」の核心にしてきたことを防止する意図があるとみられる。また、第二項では、教授会での「審議事項」という用語を避け、「学長が決定に当たり聴く必要のある教育研究に関する重要事項」と表現し、教授会の力を大幅に削ぐことに腐心している。さらに、第三項では、その他の教育研究に関する重要な事項についても、「教授会の意見を聴くことが必要なものとして学長が定めるもの」と極めて限定的な枠をはめている。にも関わらず、大規模な国立大学では、この針の穴のような極めて狭められた条件をクリアして、長年の慣例に基づき個々の教授会で「合法的」に教員の選考を進めているのが実情のようである。

こうして、教育組織に置くことを義務付けられていた「教授会」なるものは、長い間学校教育法によって国公私立大学において「大学の自治」を保障する規定としてされてきたが、二〇一四年の改正によって、一応「審議機関」であっても、「決定機関」ではなく、単なる意見を取りまとめて「学長に上申する機関」となった。審議事項も「教育研究に関する事項」に限定され、「経営に関する事項」は対象外とされた。

この二〇一四年の学校教育法の改正は、翌年に施行するまでの期間、「大学のガバナンス改革の推進方策に関する検討会議」の検討に基づいて、文部科学省は、その実行を担保すべく全国公私立大学に向けて「総点検・見直しの進捗状況調査を行った。各大学が改正の趣旨に沿った、「学則」等の変更を求めたのである。これだけ執拗に大学現場での学則変更を求めたのは異例である。それだけ、戦後日本の大学制度を支えた教員人事を核とする「教授会自治」の終焉を文部科学省が求めているのである。二〇〇五年の国公立大学の法人化の結果、大学教員の非公務員化による教育公務員特例法の対象からの除外され、教員人事の教授会決定の義務がなくなり、その後多くの大学の学則で教授会審議事項の重要な部分として教員人事権を規定してきたものの、二〇一四年の学校教育法の改正により、審議事項から除くように行政指導されていった。平成の大学改革は、これによって「完成」したとみてよい。

こうした、教授会の審議事項の制限と学長との力関係のドラスチックな転換について、専門文献も次のような危惧を示している。

「二〇一四年の改正で、教育再生実行会議の大学の学長のリーダーシップ確立等のガバナンス改革を促進する提言を受け、教授会の役割は、『重要な事項を審議する』から『意見を述べる』とされ、その内容は学生の入学、卒業、修了、学位授与か、学長が必要と認める事項に限られた。すべての国公私立大が対象で、トップダウンによる迅速な意思決定により大学改革を促すのが狙いとされるが、学長の独裁を招かないか危惧される。[6]」（傍線筆者）。学長が多大な権限を得て統治能力がを強化する一方、学部教授会が教員人事権を喪失し、そのうえに教育課程についても「決定機関」とならなくなったことは、「教授会自治」の終焉を意味したことは確かであるが、これをもって直ちに「大学の自治」が終焉したわけではない。国公立大学では、教員人事の審議権は、教育研究審議会で保障されている。山崎豊子の『白い巨塔』に象徴されるように学内政治の対象としての「教員人事権」の行使ができなくなっただけである。筆者のいくつかの大学教員生活の経験では、教員選考教授会前日での賛否票の読み合い合戦が行われ、そのたびに辟易した。学校教育法の改正は、こうした教員選考方法を変える好契機となる。筆者が学長を務めた北九州市立大学では、就任一年後に、教員の採用・昇任の全学基準を教育研究審議会で決定し、その基準をクリアーしている候補者を各学部長が順番をつけて提案し、学長・副学長で、空き定員や学部間バランスを考慮して採用・昇任ポストを判断し、教育研究審議会の了承を得た。そのうえで、関係学部長および専門性の近い教員、さらには関係学部以外の教員を加えて個々の教員の選考委員会を設置し、専攻を委任した。関係学部以外の教員を構成員としたのは、学部外への透明性を確保するためである。選考結果は関係教授会に諮ることなく全学の教育審議会の了承を得た。当然、関係教授会構成員は選考委員会委員を除き、全く関与できないことになる。

また、「データで見る公立大学法人大阪市立大学　二〇一七年」によれば、全学レベルの「人事計画策定会議」を学長直轄の審議機関を置き、ここで「中期計画や教育研究戦略に沿った中長期及び毎年度の教員人事計画を策定」し、そのもとに個々の人事選考委員会を設置し、教員人事の選考するシステムを採用している。こうした、研究院（教員組織）に所属する教員人事の一元化によって、「教員の（研究院間の）流動性の確保」、「新たな教育組織の設置や再編の柔軟性の向上」、「多様な教育カリキュラムの展開の可能性」、「教育にかかる（研究院間の）相互応援体制の構築の実現」、「教員の流動による共同研究等にかかるシナジー効果」がメリットとしてあげている。価値ある実験である。

3　教授会の機能の変質と「教教分離」

ここで、教授会の法的位置づけの変化と「教教分離」はどのようにかかわるのか、改めて考察してみよう。こうした視点で国立教育研究所の報告書をみると、管理システムと「教教分離」の関係は必ずしも明示されていない。しかし、「教教分離を実施している大学一覧」に表示されているデータ（二八九―二九二頁）、とくに「教教分離」における「部局長」の位置づけ、「人事管理の一元化」の項目は多くのことを語っている。個々の大学のケースは本章四ですでに述べたが、一般的に論ずれば次のようになる。

学校教育法の改正によって教授会の審議の対象になるのが学生の入学・卒業・課程の修了・学位の授与など主に教育に係る事項であること、国立大学法人法における教育研究評議会の構成員として、学長・理事のほか、「学部、研究科、大学附属の研究所その他の教育研究上の長のうち、教育研究評議会が定める者」（第二一条2項）があげられ、審議事項として、「教育課程の編成、学生の修学支援、学生の入学・卒業・課程の修了・学位の授与に関する方針等」があげられていることからみれば、分離された組織のうち学部・研究科などの教育組織の長が教育研究評議会委員となるのは当然である。事実、公立大学法人も含めて、ほとんどの国公立大学では、学部（学域・学群）の長が部局長として委員となっている。問題は、分離したもう一方の教員組織の位置づけである。単科大学や教育組織とほぼ対応した組織編制を行っている中規模の大学、また多くの学部を要する大規模大学のうち細分化型の場合は、教員組織の教員集合と教育組織の教員集合とはほとんど同じなので、教育組織の代表が教員組織の意向を反映できるため、特別な例を除いて教員組織の代表が教育研究評議会委員とはなっていない。研究科長については、複数の学部をベースに設置された場合は、学部長とは別に研究科長が部局長として位置づけられている。また、幾つかの大学では、研究院（研究部）長などの教員組織の長が教育組織の長を兼ねて教育研究評議会委員となっている。いずれにしても、これらの大学は、天野郁夫氏の指摘する教育・研究・管理の三位一体の効率的な教授会運営を大きく逸脱しているわけではない。

既述したように金沢大学をはじめそれぞれの大学で工夫がなされているが、いわゆる安定して運用される「定型」はない。

（1）天野郁夫『大学―変革の時代』東京大学出版会　一〇六頁。
（2）草原前掲書　一九〇頁。
（3）同右書　一九一頁。
（4）同右書　一九一頁。
（5）同右書　二一六頁。
（6）『教育六法　二〇一八（平成三〇）年版』（三省堂）　一九三頁。

第六章　新たな人材養成に応える公立大学の急増とプレゼンスの向上

一　公立大学の急増

1　新学制始動期と大学膨張期の公立大学

高等教育を担う「国公私立大学」という表現がよく使われる。しかし、一般的には、国立や私立に比べ公立大学への認識が弱い。

公立大学とは、文部科学省が設置する国立大学と異なり、地方自治体が設置する大学である。ほとんどの都道府県に設置されているだけでなく、大阪・名古屋・横浜・北九州などの政令指定都市には大規模な総合大学がある。大学数は、二〇一七年度で九〇校にのぼり、大学数を見る限り、国立大学の八六校を凌駕するまでになった。他方、全国の四年制大学の学生数二八九・一万人のなかで、国立大学は六〇・九万人、二一・一％に対し、公立大学は一五・三万人、五・三％と四分の一に過ぎない。周知のとおり、私立大学は、六〇四校、二一二・九万人、七三・六％と圧倒的地位を占めている。（4―15図　文部科学省資料）

公立大学は、新制大学制度発足時の一九四九年度には一八校、三年後の一九五二年度には三三校に増えたが、以降一九九〇年度まで約四〇年間三〇台後半を維持してきた。しかし、一九九〇年代以降急増し、一九九〇年度の三九校から二〇〇〇年度七二校、二〇一〇年度九五校と二〇年間に倍以上の伸びを示した。

4―4表は、公立大学協会や高橋寛人氏の著作をもとに、戦後日本の公立大学の動向を整理したものである。簡略

4－15図　公立大学数及び公立大学法人数の推移

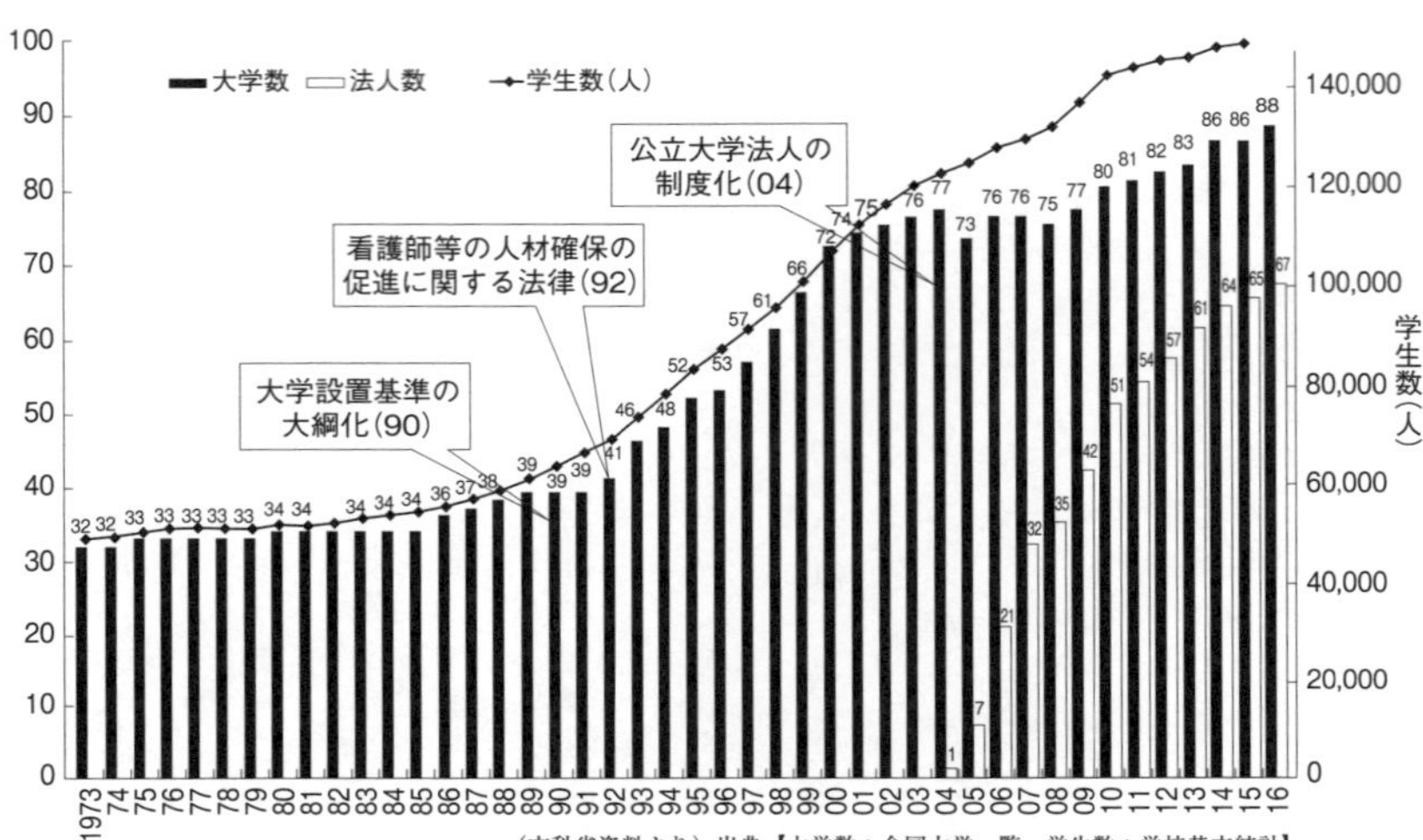

（文科省資料より）出典【大学数：全国大学一覧、学生数：学校基本統計】
※大学数、法人数、学生数ともに公立短期大学分は含まない。

公立大学協会資料

に表現したため、大学数や大学の新設・統合および国立大学への移管の推移を五年ごとに区切って一覧表にした。大学数は、それぞれ五年間の最後の年、新設・統合・移管数は、その間で実施されたものであるが、新設による増加と統合・移管による減少を加減した数字が学校数とあわないものがある。これは、統合によって関連大学がなくなっても在籍の学生が在籍する限り存続しているので、その大学の数が二重に計算されるからである。

　この表から明らかなように、一九四八年の神戸商科大学を嚆矢として、二〇一〇年代後半までの約七〇年を経過した。その公立大学史ともいうべきものは、本書の第一編第二章第一節戦後大学史の時期区分にほぼ対応している。しかし、それぞれの時期での特徴は、優れて「公立大学」的である。まず、一九四五年から六五年までの「新学制始動期」は、大学設置審議会の認可をえたのは四四にまでのぼった。しかし、そのうち、一一大学、約四分の一が、国立大学に移管された。そのほとんどが、地域に生きる人々に不可欠な「医と食」にかかわる人材を養成する学部、つまり医学部と農学部である。戦後復興で最も緊急性の高い人材養成のために、地方自治体が設置し、財政難から経営に苦しんでいた大学を、国は地方国立大学の中核機関として「移管」させた。茨城・静岡・香川・松山・島根の農科大学であり、岐阜・神戸・広島・

4－4表　公立大学の動向（1945-2018）

西暦	大学数	増減	内訳				備考
			設置	統合	国立移管	私→公立	（主な設置校、統合、移管、私大→公立転換）
1945	2						（継続）大阪市大、京都府医大
1945－48	15	13	13	0	0	0	（設置）福島県医、横浜市医、名古屋市医、大阪市医、奈良県医、和歌山県医、神戸商科等
1949	31	16	16	0	0	0	（設置）東京都立、横浜市立、西京、浪速、九州歯、岐阜薬、大阪女、高知女、熊本女等
50	38	7	7	0	0	0	（設置）札幌医、京都市美、北九州外、福岡女等
55	34	−4	3	-1	−6	0	（移管）静岡農、茨城農、岐阜工、広島医、愛媛農、香川農 （統合）大阪市医→大阪市大
60	36	2	3	0	−1	0	（設置）高崎、都留等（移管）鹿児島医・工
65	34	−2	2	0	−4	0	（設置）下関、広島女（移管）神戸医、山口医、岐阜医、島根農
70	36	2	3	0	−1	0	（設置）静岡女等（移管）神戸農
75	36	0	1	0	−1	0	（設置）山口女等（移管）三重医・水産
80	37	1	1	0	0	0	（設置）群馬女等
85	37	0	0	0	0	0	
90	41	4	5	−1	0	0	（設置）釧路公立等（統合）静岡県大
95	54	13	13	0	0	0	（設置）看護・保健系5校等、会津、青森公、宮崎公
2000	74	20	20	0	0	0	（設置）看護・保健系12校，はこだて未来等
2005	73	−1	8	−9	0	0	（設置）看護・保健系4校、国際教養 （統合）首都、山梨県立、兵庫県立、大阪府、県広島
2010	78	5	4	−2	0	3	（統合）愛知県、長崎県（私→公）静岡文芸、高知工科、名桜
2015	86	8	6	0	0	2	（設置）看護・保健系2校（私→公）長岡造形、鳥取環境
2018	92	6	2	0	0	4	（私→公）長野、諏訪理大、福知山、山陽小野田

高橋寛人『20 世紀　日本の公立大学』参考資料（pp.329-338）および公立大学協会資料より作成

山口の医科大学である。

こうして国立大学に移管されたあと一九六五年までに残った公立大学は、東京都立大学、大阪市立大学、横浜市立大学、名古屋市立大学など三大都市圏の複数の総合大学、大阪、福岡、高知、熊本の四つの府県立女子大学、札幌、福島、京都、奈良、和歌山、福岡などの道府県立の医科・歯科大学、それに、金沢市、京都市の美術、神戸市、北九州（小倉市）の外国語、静岡県、岐阜市の薬科、兵庫県の神戸商科と姫路工業など、各地域の特色ある人材育成を目指した公立大学、そして、高崎、都留、下関など地方の中小都市設置の大学である。いずれも、近隣の国立大学との役割分担を意識した、「地域づくり人材」の養成をめざした公立大学である。ここで、県立大学から国立大学への移管を果たした大学については、県立大学として創立したものの、財政難から「もてあまし」気味で、いろいろな政治手段を使ってようやく「国立大学」化したものと、国立化の道を選択しなかったか、財政事情で国立化の条件をクリアできず、公立にとどまったもので、以後半世紀以上公立大学協会の中核を担ってきた。他方、地域の特色を生かした大学や中小都市設置の小規模な公立大学の多くは、設置団体の財政事情から何度も経営難に直面しながら、「地方自治と大学自治」の二本柱にゆられながら、「市立大学」として、「地域＝自治体」の枠をはるかに超えて「地域の人材を育成する」から「地域が人材を育てる」機能への展開がみられる。とくに、戦前の関一大阪市長の精神である「市民の大学」としてのプライドを体現するものである。この間の動きについては、公立大学論の二つの名著吉川卓治『公立大学の誕生』、高橋寛人『二〇世紀日本の公立大学』に詳しい。

新学制始動期の公立大学の新設と国立大学への移管の激しい動きが沈静化したのち、一九六〇年代から九〇年まで三〇年間、ベビーブーム世代の進学、大学紛争など激しい動きがあった中で、不思議と公立大学の動きに大きな変化がなかった。大学数や学生数の動向を見ると、私立大学は、大学数で一九六〇年の一四〇校から九〇年の三七二校と約二・七倍、学生数は四〇・四万人から一五五・一万人と約三・八倍、国立大学でも大学数七二から九六と約一・四倍、学生数一九・四万人から五一・九万人へと約二・七倍と、大学数、学生数とも著しい増加を見た。これに対し、公立大学は学校数で三三から三九校とわずか六校増、約一・二倍、学生数は二・九万人から六・四万人、約二・二倍にとどまった。量的に見る限り、大学膨張期において一人取り残された観を呈していた。私立や国立の大学との格差はいかんともしがたいものがあった。大学膨張期は、公立大学の「忍耐期」でもあった。

この「忍耐期」にあって、愛知県立、富山県立、奈良県立、広島県立、長崎県立、釧路公立大学など都道府県の中核となる大学、広島女子大、山口女子大、群馬女子大など公立の女子大学、愛知芸術大学、沖縄芸術大学など公立大学、芸術系の公立大学が地域の期待を担って新設された。

2　平成の大学改革期の公立大学の急増とその要因

しかし、一九九〇年以降の大学改革期に状況は一変した。「大綱化」、「法人化」、「内部組織＝研究教育組織の柔構造化」の三大改革が行われた二〇一五年までの二五年間に、私立大学は、大学数三七二校から六〇四校（一・六倍）、学生数一五五・一万人から二一〇・一万人（一・四倍）、国立大学は、大学数九六校から八六校（〇・九倍）、学生数五一・九万人から六一・一万人（一・一倍）と私立大学の大学数のみ急増し、国立大学は統合で減少し、学生数は私立、国立とも若干の伸びをみせた。これに比し、公立大学は、大学数三九校から八九校（二・三倍）、学生数六・四万人から一四・九万人（二・三倍）と大学数、学生数とも伸び率で私立、国立を大きく上回った。国公私立大学の学生増七二・七万人のうち、私立大学五五・〇万人増（増加寄与率七六％）、国立大学九・二万人増（一三％）、公立大学八・八万人増（一二・一％）で、公立大学と国立大学の学生増はほぼ拮抗している。こうして、公立大学のプレゼンスは急速に高まっている。高齢化社会の到来に立ち向かう厚生労働省の「ゴールドプラン」とそれに呼応した文部科学省・自治省による保健福祉・看護人材の確保と質の向上戦略の結果である。その中核の役割を担ったのが、一九九二年の「看護師等の人材確保の促進に関する法律」（以下看護師等の人材確保法とよぶ）の制定を契機とする都道府県立等の看護大学や健康・医療・福祉系大学の相次ぐ設置である。

高橋寛人氏の『二〇世紀日本の公立大学』（日本図書センター　二〇〇九年）では、本法律の制定及び看護・医療系大学の公立大学設置の経緯について、次のように詳細に記述している。大筋を引用する。

「一九九一（平成三）年五月に大学審議会から『平成五年度以降の高等教育の計画的整備について』が答申された。一九九三（平成五）年度以降二〇〇〇（平成一二）年度までの八年間における高等教育の整備の方向と内容を示すもので、一八歳人口の急減に対応して、大学の新増設を原則として抑制するという方針をとった。とはいえ、大学の地域配置と特定分野の人材育成の観点から例外を認めた。地域配置については、従来同様、地域間格差の是正をうたった。とくに地方の中枢的都市を取り上げ、そこでの大学の意義を（中略）強調したことが従来には見られない点である。（中略）特定分野の人材養成については、『看護職員についてはなお整備を図る必要がある』と記した。なお、同答申が公立大学について財政措置の充実の必要性を（中略）述べたことが注目される。（中略）

この答申にしたがって、翌月大学設置・学校法人審議会は『平成五年度以降の大学設置に関する審査の取扱方針』を定めた。大学の新増設の抑制という原則の例外の第一に『看護職員の養成に資するものであること』をあげた。

（こうした経過を経て）、『高齢者保健福祉推進一〇か年戦略』（いわゆるゴールドプラン）に基づいて、高齢者に対する保健福祉サービスの充実を図るためには、保健医療・福祉に携わる人材、とくに看護職員の確保と質の向上が重要な政策課題となった。一九九二（平成四）年六月に『看護師等の人材確保の促進に関する法律』が制定される」[1]。

要するに、高齢化社会の到来↓国のゴールドプランの策定↓保健福祉・看護人材の確保と質の向上の必要↓看護・保健・福祉大学の増設政策↓自治省の地方公共団体への財政支援↓公立大学の増設というストーリーである。当然、多くの地方自治体は、一斉に看護大学や保健・医療・福祉系の大学ないし学部の新増設に動いた。

4—4表に示すように、大学改革期における一九九一年以降新設された公立大学は、五三を数えるが、このうち、看護・医療・保健・健康・福祉・栄養と銘打った単科大学（以下看護等）は、実に二八大学を数え、その比率は四四％を占める。これに、複数の学部をもって新設された公立大学で看護・医療・福祉等の学部を擁する大学は九つあり、これを加えれば三七大学、実に九〇年代以降新設された公立大学の六割が、「看護師等の法律」の影響を受けたことになる群である。

急増した保健医療や看護系の大学を除いた公立大学のなかで、一九九〇年代以降急増の第二要因となったのは、公立の短期大学から四年制大学に移行した大学群である。一八歳人口の短期大進学率の低下と四年制大学進学率の上昇の流れが大きな促進要因となった。岩手県立大学（九八年↑盛岡短期大学）、秋田県立大学（九九年↑農業短期大学）、（県立）宮城大学（九七年↑農業短期大学）、（福島県立）会津大学（九三年↑県立会津短期大学）、（市立）前橋工科大学（九七年↑工業短期大学）、富山県立大学（九〇年↑県立技術短期大学）、福井県立大学（九二年↑県立短期大学）、滋賀県立大学（九五年↑県立短期大学）、奈良県立大学（九〇年↑県立短期大学）、岡山県立大学（九三年↑県立短期大学）、島根県立大学（〇〇年↑女子短期大学）、福岡県立大学（九二年↑県保育短期大学）、尾道市立大学（〇一年↑尾道短期大学）、新潟県立大学（〇九年↑女子短期大学）、石川県立大学（〇五年↑農業短期大学）、福山市立大学（一一年↑女子短期大学）、秋田公立美術大学（一三年↑公立美術工芸短期大学）、公立小松大学（↑小松短期大学）など一九大学を短期大学起源と呼ぼう。一九九〇年代以降の新設公立大学の三〇％を占める。既述したように、このうち、約半分が看護・医療系の学部を擁しており、第一の要因と重なっている。

時を同じくして、一八歳人口の四年制大学、男女共学大学志向の強まりの中で、静岡女子大（↓八七年静岡県立大）、熊本女子大（↓九四年熊本県立大）、山口女子大（↓九六年山口県立大）、広島女子大（↓〇五年県立広島大）、大阪女子大（↓大阪府立大）、高知女子大（↓一一年高知県立大）など、こぞって府県立大として男女共学化し、地域の中堅の「公立大学」としての確固たる地位を占めていった。この結果公立女子大学は、八大学から群馬女子大学、福岡女子大学のわずか二大学に一挙に減少していった。

公立大学増の第三要因となったのは、大学進学率の上昇の中で、「地域づくり人材の育成」を目指して、地方自治体が単独または連合して、独自の理念を有して大学新設したことである。この中には情報社会や国際社会の本格化を見通して情報系や国際系の学部を擁した大学が多い。国立大学の学部・学科の新設・増設が遅々として進まないことから、地方自治体が積極的に対応したものである。情報工学部・芸術学部・国際学部からなる広島市立大学（一九九四年）、システム情報科学の単科大学である「公立はこだて未来大学」（二〇〇〇年）、岐阜県立の情報科学芸術大学院大学（〇一年）、東京都立の産業技術大学院大学（〇六年）の二つの小規模の大学院大学、さらには、「授業はすべて英語」を標榜する秋田県立国際教養大学（二〇〇四年）、本格的なリベラル・アーツ大学を目指す宮崎公立大学など、特定の専門に特化した「新設大学」である。このケースでは、設置形態においても様々な工夫がなされた。一九八八年開設の釧路公立大学は釧路市を中心とする一市・八町一村で「釧路公立大学事務組合」を結成し事務組合立として設置された。同じように一九九一年開設の青森公立大学は、青森市を中心とする一市三町、三村による「青森地域広域事務組合」立として、また、宮崎公立大学は、一九九一年宮崎市と周辺六町で「宮崎公立大学事務組合」立として、それぞれ開設された。さらに、「二〇〇〇（平成一二）年開学の『公立はこだて未来大学』は函館市と周辺の四町によって構成される広域連合という特別地方公共団体の設置する大学である。複数の自治体が共同で設置運営する点で、一部事務組合と同様である[2]」。

公立大学増加の第四の要因は、私立大学の「公立大学」への移管である。いわゆる「公設民営大学」として発足しながら、種々の理由から私立大学から「公立大学」となった、高知工科大学（〇九年）、静岡文化芸術大学（一〇年）、名桜大学（一〇年）、鳥取環境大学（一二年）、長岡造形大学（一四年）の五大学が、「公私協力方式」で開設していたいくつかの「私立大学」も「公立大学協会」に加わった。

このうち、公設民営大学について、高橋寛人氏は、次のように詳しく論じている。

「『公設民営大学』は法令上の用語ではなく、一様な定義はないが、地方自治体が主体となって大学設置を計画し、設置経費のすべてを公費でまかなった場合に公設民営大学と呼ぶことについては異論がない。（中略）全国初の公設民営大学は一九九二（平成四）年開学の東北芸術工科大学といわれている。東北芸術工科大学設置以降、設置経費の全額を自治体が負担したという点で、狭義の公設民営大学は東北芸術工科大学、東北公益文科大学、長岡造形大学、静岡文化芸術大学、鳥取環境大学、高知工科大学、名桜大学の七校である」[3]。

「公設民営大学の特色を公立大学との比較から見よう。まず、大学に対する自治体の財政支出を見ると、公立大学も公設民営大学も設置に必要な経費は変わらない。（中略）看護系大学・学部・学科を公立大学で設置する場合は起債・地方交付税上の優遇措置があった。公立大学では毎年経常費への財政支出が不可欠であるが、公設民営大学の場合は完成後の経常費への公費支出は行わない（静岡文化芸術大学を除く）。しかしその理由は、公設民営大学が一般私学並みの授業料をとり、施設設備費を徴収し、そして教員数に対する学生数の比率が高いからである。これに対し、公立大学は授業料が安く、地域住民には入学金をとくに安く設定している。施設設備費を徴収する場合はあるが、例外的である。国からの助成についてみると、公設民営大学の場合は完成年度後私学助成が得られる。ただし、自治体から経常費補助を受けると私学助成が減額される。したがって、公設民営大学は経常費補助を受けていないが、それ以外の補助は行われている。とくに大学院設置に際して、新たに施設・設備が必要な場合は、その経費の補助を受けている場合が多い」[4]。

公設民営大学は、「公設」されたのち私立大学として経営していたが、多くの場合授業料等学生納付金が私立大学水準で高額である上に、立地地域が他の多くの私立大学のように首都圏や関西圏以外の地方都市であったため、九〇年代の一八歳人口の急減で受験者が減り、入学定員を割るケースが続出し、経営難に直面した。このため、二〇〇九年以降、「公立大学」化して学生納付金を大幅に引き下げ、受験者数の増加、定員確保策に出る大学が増えた。高知工科、名桜、静岡文化芸術、鳥取環境、長岡造形、長野大学、諏訪東京理科大学の六大学が「公設民営」からの、福知山大学、山陽小野田市立山口東京理科大学、の二大学が「公私協力」大学からの転換である。こうした私立大学からの移管大学は、八大学にのぼり、九〇年代以降の公立大学増加の一三％を占めるまでになった。

こうした経過を経て、二〇一八年時点で、九二ある公立大学は、4—5表にみるように大きく六類型に分けられる。①首都大学東京、横浜市立、名古屋市立、大阪市立、大阪府立、兵庫県立、北九州市立など大都市圏の伝統を有する大規模総合大学（学生数四千—一万人）＝KT、②秋田、岩手、宮城、静岡、山梨、福井、滋賀、京都、岡山、広島、島根、山口、高知、熊本、長崎など地方中核都市にある府県立の中規模総合大学および（学生数一—三千人台）＝

KR（かつて主要都市に配置され長い伝統を有していたものの、現在群馬、福岡のみに残っている女子大学）。③札幌医科、福島医科、京都医科、和歌山医科、奈良医科、九州歯科などの伝統を有し、地域の医療拠点となっている大学＝KM、④看護、医療など高齢化社会を担う人材を育成する大学＝KG、ほぼ全国に均等に分布し、数の上では最大であるものの、学生数では五〇〇人前後と小規模である。⑤札幌、秋田、長岡、金沢、静岡、愛知、京都、尾道、広島、沖縄などの芸術系（KA）、および⑥都道府県や政令指定都市以外の地方自治体が自ら「地域づくり人材」を育成する大学＝KC。一九六〇年に高崎、下関、都留の三校体制でしばらく続き、それから三〇年後の一九九〇年代に釧路、青森、宮崎、前橋、函館などの県庁都市や北海道の中心都市が大学経営に乗り出し、二一世紀に入って中小都市も含め一気に増加し、二〇一八年時点で二〇校に達し、公立大学の二割強を占めるまでになった。この中には、名寄、新見、米沢、敦賀など看護・健康・福祉系の大学も含まれている、尾道・秋田・長岡などの芸術系（KA）、函館・前橋・諏訪・山陽小野田など情報・工学系にみられる専門特化型とだぶっているのもある一方、高崎・下関・都留・釧路・青森・宮崎・福山・福知山・名護・上田・小松など経済・経営・教育・人文・国際など比較的コストのかからない文科系の大学が多い。学生数は、米沢・敦賀・新見の二〇〇人前後から、高崎経済、都留文科などの伝統大学の二〇〇〇から三〇〇〇人規模まで多様である。

地域経済の拠点形成に関して敷衍すれば、県立大学の立地地点は、県域の地域間のバランスを考慮して、県庁所在都市とは別の第二、第三の都市に立地している場合が多い。秋田の本荘・大潟、岩手の滝沢、山形の米沢、宮城の大和、福島の会津、茨城の阿見、埼玉の越谷、神奈川の横須賀、新潟の上越、長野の駒ヶ根、富山の射水、石川のかほく、福井の永平寺、静岡の浜松、岐阜の羽島・大垣、愛知の長久手、滋賀の彦根、大阪の堺、兵庫の姫路、奈良の橿原、島根の浜田、岡山の総社、広島の庄原・三原、愛媛の砥部、高知の香美、福岡の田川、長崎の佐世保などである。多くの県立大学は、県民の修学機会、地域経済のバランスなどを考慮した県の政策が強く働いている。これに、釧路、函館、高崎、都留、長岡、上田、小松、敦賀、福知山、新見、尾道、福山、下関、山陽小野田、北九州、名護市などの自治体が国立大学のある道府県庁所在都市から離れたところに大学を設置し、道府県内の地域間バランスに大きく寄与している。若者の移動・定住を考慮すれば、公立大学の存在が「地域創生」の大きな力になっている。

公立大学も二〇〇四年から「地方独立行政法人法」に基づき法人化が始まったが、4―5表にみるようにいくつか

	都留文科大学	2005	2009	2	2, 970	別置
	公立諏訪東京理科大学	2002	2018	1	1, 236	別置
	長野大学	1966	2017	3	1, 410	別置
	公立小松大学	2018	2018	3	960	別置
	尾道市立大学	2001	2012	2	1, 252	一致
	福山市立大学	2011		2	1, 032	非法人
	下関市立大学	1962	2007	1	1, 860	別置
	山陽小野田市立東京理科大学	1995	2016	2	941	別置
	宮崎公立大学	1993	2008	1	800	別置
	名桜大学	1994	2010	2	1, 900	別置
ＫＡ	秋田公立美術大学	2013	2013	1	440	一致
	長岡造形大学	1994	2014	1	959	別置
	金沢美術工芸大学	1955	2010	1	695	一致
	情報科学芸術大学院大学	2001		1	40	非法人
	静岡文化芸術大学	2000	2010	2	1, 240	別置
	京都市立芸術大学	1969	2012	2	1, 036	一致
	沖縄県立芸術大学	1986		2	495	非法人
ＫＭ	札幌医科大学	1950	2007	2	1, 332	一致
	福島県立医科大学	1952	2006	2	1, 330	一致
	和歌山県立医科大学	1952	2006	2	1, 171	一致
	奈良県立医科大学	1945	2007	1	1, 223	一致
	九州歯科大学	1949	2006	1	776	一致
	岐阜市立薬科大学	1949		1	743	非法人
ＫＧ	名寄市立大学	2006		1	796	非法人
	青森県立保健大学	1999	2008	1	917	一致
	山形県立保健医療大学	2000	2009	1	453	一致
	山形県立米沢栄養大学	2014	2009	1	168	一致
	茨城県立医療大学	1995		1	725	非法人
	埼玉県立大学	1999	2010	1	1, 678	別置
	千葉県立保健医療大学	2009		1	740	非法人
	神奈川県立保健福祉大学	2003	2018	1	1, 008	別置
	新潟県立看護大学	2002	2013	1	410	一致
	長野県看護大学	1995		1	384	非法人
	敦賀市立看護大学	2014	2014	1	216	一致
	岐阜県立看護大学	2000	2010	1	362	一致
	三重県立看護大学	1997	2009	1	430	一致
	神戸市看護大学	1996		1	465	非法人
	新見公立大学	2010	2008	1	255	一致
	香川保健医療大学	2004	2016	2	941	非法人
	愛媛県立医療技術大学	2004	2010	1	416	一致
	大分県立看護科学大学	1998	2006	1	396	一致
	宮崎県立看護大学	1997	2017	1	430	別置
	沖縄県立看護大学	1999		1	358	一致

網掛けは同一公立大学法人傘下　学生数は収容定員（2018年）
ＫＴ総合大学、ＫＲ地域中核大学、ＫＣ中小都市大学、ＫＡ芸術系大学
ＫＭ　医歯薬科大学、ＫＧ　ゴールドプラン対象大学；類型化は矢田
理事長・学長：一致、別置
公立大学協会資料より作成

4－5表　多様な公立大学と法人化

類型	大学名	設置年	法人化年	学部数	学生数	理事長・学長
ＫＴ	首都大学東京	2005	2005	7	9,246	別置
	産業技術大学院大学	2006	2005	1	200	同上法人
	大阪市立大学	1949	2006	8	8,008	別致
	大阪府立大学	2005	2005	4	7,349	別致
	名古屋市立大学	1950	2006	7	4,317	一致
	横浜市立大学	1949	2005	3	4,238	別置
	北九州市立大学	1950	2005	6	5,988	別置
	兵庫県立大学	2004	2013	6	6,248	一致→別置
ＫＲ	札幌市立大学	2006	2006	2	790	一致
	宮城大学	1997	2009	3	1,793	一致
	秋田県立大学	1999	2006	2	1,755	一致
	国際教養大学	2004	2004	1	788	一致
	岩手県立大学	1998	2005	4	2,079	別置
	会津大学	1993	2006	1	1,230	一致
	群馬県立女子大学	1980	2018	2	898	別置
	群馬県立県民健康科学大学	2005	2018	2	494	同上法人
	新潟県立大学	2009	2009	2	1,060	一致
	長野県立大学	2018	2018	2	960	別置
	富山県立大学	1990	2015	1	1,530	一致
	石川県立大学	2005	2011	1	568	別置
	石川県立看護大学	2000	2011	1	364	同上法人
	静岡県立大学	1987	2007	6	2,890	別置
	山梨県立大学	2005	2010	3	1,100	一致
	福井県立大学	1992	2007	4	1,664	別置
	愛知県立大学	2009	2007	5	3,037	別置
	愛知県立芸術大学	1966	2007	2	944	同上法人
	滋賀県立大学	1995	2006	4	2,687	一致
	京都府立大学	1949	2008	3	1,976	別置
	京都府立医科大学	1952	2008	1	1,298	同上法人
	奈良県立大学	1990	2015	1	600	別置
	神戸市外国語大学	1949	2007	1	1,870	一致
	岡山県立大学	1993	2007	3	1,691	一致
	県立広島大学	2005	2007	4	2,505	一致
	広島市立大学	1994	2010	3	1,941	一致
	公立鳥取環境大学	2001	2012	2	1,142	一致
	島根県立大学	2000	2007	3	1,888	一致
	山口県立大学	1975	2006	3	1,301	一致→別置
	高知県立大学	1949	2011	4	1,470	別置
	高知工科大学	1997	2009	4	2,415	同上法人
	福岡女子大学	1950	2006	1	1,025	一致
	福岡県立大学	1992	2006	2	1,014	一致
	熊本県立大学	1949	2006	3	2,053	別置
	長崎県立大学	2008	2005	5	2,845	別置
ＫＣ	釧路公立大学	1988		1	1,200	組合
	公立はこだて未来大学	2000	2008	1	1,090	一致
	青森公立大学	1993	2009	1	1,222	別置
	高崎経済大学	1957	2011	2	3,787	別置
	前橋工科大学	1997	2013	1	1,181	別置
	福知山公立大学	2000	2016	1	494	別置

の特色を有している。

第一に、公立大学の法人化は設置団体の判断に任せられた。二〇一八年度までに法人化したのは八割強の七五大学である。ただ、大規模大学の多くが法人化の先陣を切ったため、学生数では九四％が公立大学法人に属している。法人ではなく、自治体が直接設置者となっているのは、名寄、釧路の北海道の二大学、茨城、群馬の二大学、千葉、神奈川、長野など関東の看護・医療系六大学、情報科学芸術大学院大学、岐阜薬科の岐阜の二大学、神戸看護、香川保健医療、福山、それに沖縄芸術、沖縄看護の二大学、合計一五大学のみである。学生数にして一万人弱である。

この時点では、一法人が複数大学を有するものとして、公立大学法人首都大学東京（首都大学東京と産業技術大学院大学）、石川県公立大学法人（石川県立大学、石川県立看護大学）、公立大学法人大阪（大阪市立大学、大阪府立大学）愛知県公立大学法人（愛知県立大学、愛知県立芸術大学）、京都府公立大学法人（京都府立大学、京都府立医科大学）、高知県公立大学法人（高知県立大学、高知工科大学）の五法人がそれぞれ二大学を有している。その結果、公立大学法人は、七一を数える。

公立大学法人のなかで、国立大学と同じく理事長・学長一致型をとるのは、四五法人、別置型をとるのは二六法人で、後者は三七％を占める。その場合、理事長と学長の意見調整を図る意味で最高審議機関として、「理事会」ないし「役員会」を設置するのが当然であるが、二六法人のうち、定款にその規定がないのが七法人存在する。首都大学東京、横浜市立大学、岩手県立大学、石川県立大学、福井県立大学、山口県立大学、下関市立大学などである。最初の二〇〇五年に法人化した東京、横浜、岩手の三法人を前例としたと思われ、〇五、〇六、〇七年などごく初期の法人にみられる。ちなみに、同じ年に別置型で法人化した「公立大学法人北九州市立大学」には、役員会が定款に規定されている。

第二に、国立大学では法人の長と大学の学長は同一人格だが、公立大学では、両者は分離することもできる。五一大学法人（五四大学）のうち、約三分の一の一八大学法人は「別置型」をとり、残りが理事長・学長「一致型」となっている。それぞれの功罪は第三者の評価に任せるが、学長については、学識者が前提となるため、学内の意向を重視せざるを得ないのに対し、理事長の任命は首長の専決事項であるため、設置団体にとつて分離型は設置団体と大学の対立を回避する一種の「安全弁」の機能を持つ面もある。分離型を採用した一八大学法人の理事長は、経済界出身が五、元大学教員が六、知事・副知事・副市長・教育長・局長など設置団体の元幹部が七である。

第三に、中期目標の策定は、設置団体の首長が行い、法人評価は設置団体に置かれる評価委員会によって毎年なされる。

第四の最も大きな違いは、財源の確保である（4―17図）。国立大学は、授業料など学生の納付金のほか、文部科学省からの運営費交付金が支給されており、結果的に国民によって負担されている。これに対し、公立大学では、運営費交付金は地方自治体が支出するが、その分を自治体住民が負担しているとは必ずしも言えない。公立大学の経営にかかわる費用の一部は、総務省が地方自治体に支払う地方交付税のなかに相当程度含まれている。具体的には、学部ごとに設定された学生一人当たり必要経費（例えば〇八年度の総務省の資料によれば医学部約四一一万円、文科系二四・五万円など）に、各学部の学生数を掛け、これを合算して得られる費用が基準財政需要額の「大学分」となる。これを含む全基準財政需要額が地方税などの基準財政収入額を上回った場合に、地方交付税の中に含まれて当該自治体に支給される。簡単に言えば、右のように算出された額に、1から財政力指数を引いた数値を掛けた値に近い額が、公立大学の運営支援費用として支給されている。学生当たりの単価は年々減らされている（二〇一〇年度は九・三％増）。筆者の試算では二〇〇九年度の北九州市立大学は、総費用約七〇億円のうち、保護者（学生納付金）六〇％、市民（市税）一六％、国民（交付税）一四％の負担、その他一〇％で運営されている。

他方、公立大学は、設置団体の人材地域づくり政策と、文部科学省の高等教育政策の二つの行政機関の指導を受けている。したがって、大筋としては、文部科学省は「口はだすがカネは出さない」、総務省は「カネは出すが口は出さない」、地方自治体は強弱の差はあるが「カネも口も出す」ということになる。国立大学は文部科学省一本でいいが、公立大学は三方に気を配っている。加えて、医療・看護・保健・福祉系の公立大学は、厚生労働省の政策とも深くかかわっている。

三ないし四の行政機関が同じベクトルで行財政支援するとは限らない。一致することの方がまれである。文部科学省は、日本の大学の「質保証」という名目で国立大学同様に行政指導を強化し、総務省は、地方財政事情優先で需要額の積算を行っている。厚生労働省は、自治体の財政能力を超える「公立大学病院」改築について「地域医療の砦」として、その緊急性を理解しつつ、三位一体の地方分権改革以降、使途を明示した補助金支出に逡巡している。このように、公立大学は、三ないし四の行政機関の「狭間」で、厳しい大学間競争を生き抜かなければならない。

国立大学は、文科省の強い指導のもとにあり、私立大学は、「ブランド」先行の市場競争のなかで、勝ち組・負け組への分解が進行しつつある。これに対し公立大学は、行政の「狭間」で悩みつつも、「狭間」を生かして自在に独創的改革を実行している。

二〇〇九―一〇年度の公立大学協会は「公立大学のプレゼンスの向上―逆風のなかの攻勢」のスローガンを掲げた。。特異な行政制度のなかで、多くの独創的改革の成果を上げている公立大学の自負でもある。

（「公立大じわり存在感」　日本経済新聞、二〇〇九牢八月三日朝刊）

（矢田俊文『北九州市立大学改革物語』　九州大学出版会　二〇一〇年再録）

（二〇一八年　加筆修正）

（1）高橋寛人『二〇世紀日本の公立大学』日本図書センター　二〇〇九年　二四四―二四六頁。

（2）公立大学協会編『地域とともにつくる公立大学』　三四頁。

（3）高橋前掲書　二八〇頁。

（4）同右書　二九二―二九三頁。

二　画一的な国立大学とは異なる多彩な公立大学の法人化

1　法人化と改革

一九九〇年代の失われた一〇年への批判と構造改革の流れは、七〇年代の大学紛争以来社会の目から隔離された観のあった「大学」を津波のように襲ってきた。この津波は、高度専門知識をもった人材育成、先端的分野の研究開発、ともに国際競争力を失いつつあり、また、少子化のなかで多くの大学の倒産さえ予想される事態に対する危機感を背景としている。これを受けて二〇〇一年に発表された文部科学省の「大学の構造改革の方針」（遠山プラン）は、国立大学の再編、統合、国立大学の法人化による民間的経営手法の導入、COE（Center of Exceleuse）など競争的資金の導入を骨子とする大学改革の推進を提起した。〇三年国立大学法人法が成立し、〇四年四月から全国の国立大学が個々に「法人化」した。文部科学省は、九一年の大学設置基準の大綱化、その後の教養部廃止や大学院重点化などを通じて大学の内部改革を促してきた。しかし、「法人化」は、内部改革意欲の醸成をはるかに上回るものであった。

もともと国公立大学の法人化は、①設置者から組織としての自立、②大学運営における経営と教学の分離、③学外者の経営への参画、④理事長・学長選考システムの変更、⑤中期目標・中期計画・法人評価のPDCAサイクルの実施、以上の五点を内容とする大学経営システムの変更を迫るものである。しかし、これ自体は大学改革ではない。大学改革とは、研究水準および教育の質の向上、社会貢献の深化という「教学改革」を実現することであり、「経営革新」によってそれを経営的に保証することである。その意味では法人化は大学改革の十分条件ではなく、改革の推進に有利な条件として政策的に適用されたものであり、改革に不可欠という意味での必要条件とは必ずしもいえない。したがって、法人化しても、大学改革を担う理事長・学長をはじめとする大学執行部の力量、および「教学改革」の担い手である大学教員の研究・教育活動の姿勢と内容こそが問われている。画一的に法人化した国立大学では、予算と人員の削減だけが進むなかで、大学間の経営力格差が確実に拡大している。

この点では、公立大学の法人化は独自かつ多様な道を辿りつつある。公立大学においても、〇三年の地方独立行政法人法に基づいて法人化が可能となった。しかし、公立大学の法人化は、設置団体である地方自治体が決定する任意事項であり、画一的に法人化された国立大学と異なる。また、地方独立行政法人法第七一条で、「公立大学法人の理事長は、当該公立大学法人が設置する大学の学長となるものとする。ただし、定款で定めるところにより、当該公立大学法人が設置する大学の全部又は一部について、学長を理事長と別に任命することができる」として、理事長・学長「一致型」を原則としながら、理事長・学長「分離型」を選択することができる。法人化する場合「一致型」か「分離型」か、など設置団体の選択の余地は大きい。その結果、設置者である地方自治体は、傘下の大学との間にどのような調整を図りつつ改革しようとするかによって、法人化の形態が多様とならざるをえない。

2　多様な法人化の形態と地方自治体（4―5表）

二〇〇三年の地方独立行政法人法の成立を受けて、〇四年四月に秋田県を設置者とする国際教養大学が開校し、公立大学法人第一号となつた。国立大学の法人化と時を同じくした。翌五年四月には、一五大学が大学統合を伴いつつ六つの公立大学法人に移行した。ここで、首都大学東京、大阪府立大学、横浜市立大学、北九州市立大学という伝統ある四つの大規模大学（K1）が、相次いで「法人化」したことにより、公立大学の法人化を大きな流れとした。それは、〇六年四月に一四大学が、〇七年四月に一一大学が法人化するなど、一気に加速していったことからもわかる。大規模総合大学である大阪市立大学や名古屋市立大学だけでなく、福島県立医科大学、和歌山県立医科大学、九州歯科大学、大分県立看護科学大学など医療系の単科大学も法人化された。これによって、〇六年四月時点で七六の公立大学のうち、二二大学が二一の公立大学法人のもとにおかれ、法人化率は約三割となつた。さらに〇七年四月には一二大学が一一法人に集約され、法人化率が約半分（三四／七二）に達した。続いて、〇八年四月には三大学、二〇〇九年四月には五大学が法人化し、同時に高知工科大学が公設民営から公立大学法人となり、新潟県立大学が公立大学法人として新設された。直近の二〇一〇年四月には、広島市立大学、山梨県立大学など六大学が法人化し、さらに、静岡県の静岡文化芸術大学と沖縄県名護市を核とする北部広域市町村圏事務組合立の名桜大学が公設民営大学から公立大学法人に移行し、また、岡山県新見市の新見公立大学が設置された。こうして、二〇一〇年度までに法人化したのは約三分の二の五一法人、五四大学である。残る大学の多くが規模の小さな大学であるため、学生数では八〇%強が公立大学法人に属している。これには、〇六年五月成立の行政改革推進法で、「公立の大学について組織形態の在り方を見直し、公立大学法人への移行を推進するものとする」とされていることも大きく影響している。法人化の流れは決定的となった。

二〇一一年以降では、二〇一一年に三法人四大学、一二年に三法人三大学、一三年に三法人三大学、一四年に二法人二大学、一五年に一法人一大学、一六年に二法人二大学、一七年に二法人二大学が加わった。この結果、一八年時点で、法人七四大学となった。いわゆる法人化率は、八三%とほとんどが公立大学法人体制となった。(二〇一八年追記)

ところで、公立大学の法人化は、国立大学と同様に、大学間統合を伴ったケースもみられた。

〇五年の発足の首都大学東京は、東京都立大学、都立科学技術大学、都立保健科学大学、都立短期大学の四大学が統合し一法人となるとともに、学部編成も都市教養学部、都市環境学部、システムデザイン学部、健康福祉学部の四学部と極めて大括りに再編した。また、同じ法人は産業技術科学大学院をも経営し、一法人二大学体制となった。また、同じ年に法人化した横浜市立大学は、学部を国際総合科学部と医学部の二つに集約して法人に移行した。大阪府立大学は、大阪女子大学と大阪府立看護大学を統合して一法人とするとともに、人間社会学部、経済学部、理学部、生命環境科学部、工学部、総合リハビリテーション学部、看護学部の七学部に再編成した。三大学とも、法人化とともに、大胆な大学統合ないし学部統合を断行した。

同一自治体で複数の大学を擁していた山梨、広島の二県では、いずれも二〇〇五年に統合して数年後に法人化した。具体的には、山梨県は女子短期大学と看護大学を統合して山梨県立大学とし一〇年に法人化し、広島県は広島女子大学、広島県立大学、保健福祉大学を統合して県立広島大学とし、〇七年に法人化した。他方、岩手と長崎の二県は、大学を統合せずに一法人複数大学という形をとった。具体的には、岩手県は、〇五年に岩手県立大学、盛岡短期大学、宮古短期大学の三大学を公立大学法人岩手県立大学の傘下に置き、そのまま並存させ、長崎県も同じ年、長崎県立大学と長崎シーボルト大学を長崎県公立大学法人のもとで、複数大学として並存させた。ただ、長崎県は、〇八年に改めて二大学を統合し、長崎県立大学に一本化した。京都府でも、〇八年京都府公立大学法人の傘下に置きつつ、府立医科大学と府立大学をそれぞれ独自の大学として存続させている。愛知県では、傘下に三大学を擁していたが、〇九年に愛知県公立大学法人に一本化するとともに、県立大学と県立看護大学を統合して愛知県立大学としつつ、県立芸術大学と並存する体制をとった。

また、複数大学を擁しながら、それぞれが別々に法人化するケースもあり、秋田県の、国際教養大学（〇四年法人化）、秋田県立大学（〇六年法人化）、福島県の県立医科大学、会津大学（いずれも〇六年法人化）、福岡県の福岡女子大学、九州歯科大学、福岡県立大学（いずれも〇六年法人化）などである。さらに、新潟県では、〇二年に開学した新潟県立看護大学は長い直轄体制を経て一三年に法人化したのに対し、新潟県立大学は〇九年に法人として新設された。奈良県では、奈良県立医科大学が〇七年に法人化する一方、一九九〇年開校の奈良県立大学は、二五年後の二〇一五にようやく法人化してる。神戸市でも、神戸市外国語大学が〇七年に法人化したものの、神戸市看護大学は法人化していない。そのほか、特記すべきことは、兵庫県では、すでに高いブランドを確立していた神戸商科大学と姫路工業大学が兵庫県立看護大学と〇四年合併し兵庫県立大学となり、四年後の一三年に法人化した。

この結果、法人化の形態は、再編統合せずにそのまま法人化に移行するか、複数大学の統合によるか（一法人が複数大学をもつものを含む）、理事長・学長が一致しているか分離しているか、二つの指標でパターン化することができる。

国立大学は「移行・一致型」が主流で、「統合・一致型」が幾つかみられる。前者（「移行・一致型」）と同じ形態をとる公立大学は大阪市立大学、名古屋市立大学をはじめ公立大学でも主流である。後者（「統合・一致型」）と同じ形態をとる公立大学は大阪府立大学である。これに対し、横浜市立大学、北九州市立大学、熊本県立大学は、「移行・分離型」、首都大学東京・岩手県立大学、長崎県立大学、愛知県立大は「統合・分離型」のパターンを採用した。

〇六年度設置の一四法人中一二法人は、「移行・一致型」と国立大学法人と同一の形態に収斂した。会津大学が短期大学を統合したため大阪府立大学と同じ「統合・一致型」となり、熊本県立大学が理事長・学長分離型を採用したため北九州市立大学と同じ「移行・分離型」となつた。一三法人のなかには、医科・歯科・看護などの医療系の単科大学をはじめ他の大学との統合になじまないと判断されたものも少なくなく、これらの大学を抱える福島県（二法人）、福岡県（三法人）は、一自治体複数大学でも統合せず、それぞれに法人化している。

〇七年四月以降法人化した大学では、再び多様化の動きを見せている。国立大タイプの「移行一致型」は道立札幌医科大学、神戸市外国語大学、宮城大学、奈良県立医科大学など一五法人で最も多いものの、大阪府立大学タイプの「統合・一致型」は、島根県立大学と、法人化前に三大学を統合した県立広島大学、新見公立大学の三法人、「統合・分離型」は、静岡県立大学、愛知県立大学、京都府公立大学の三法人で、首都大学東京タイプに近い。北九州市立大学タイプの「移行・分離型」を選択したのは、福井県立大学と下関市立大学、宮崎公立大学、青森公立大学、都留文科大学、高知工科大学、埼玉県立大学、静岡文化芸術大学、名桜大学の九法人と比較的多い。〇六年度は〇四年度の国立大学法人化を参考にし、〇七年度は〇五年度の公立大学の多様な法人化を参考にしたとみられる。このように、多様なタイプの法人化の形態から、法人化を選択した設置団体としての地方自治体の改革に対する姿勢の違いを垣間見ることができる。

まず、同一自治体のもとに複数の大学・短期大学を有する場合、大学内部から統合が提起されることがほとんどないことから、自治体の意向が強く働いていると見られる。伝統ある女子大学や短期大学をもっている府県では同窓会などの強い抵抗がありながら、統合することにより教員や施設などの教育資源を一体的に活用しつつ、時代の要請に応じた学部の創設を意図して大学を統合し、学部・学科の思い切った再編を断行している。首都大学東京が典型である。一法人複数大学化によって、大学の存続を選択したのは、岩手県、愛知県、京都府である。いずれも、理事長、学長分離型を採用し、大学経営のトップに財界や自治体などの学外人を配置し、孤立しがちな大学世界とステークホルダーである地域住民との協調を意図している。分離型をとり学部を大幅に再編し、トップを入れ替えた横浜市立大学も同様である。これらは、石原都知事や中田市長など「改革派」首長による圧倒的な自治体主導の「外圧型改革」と言えよう。改革を巡って、理事長・学長など執行部と「教学」の担い手である大学教員との厳しい調整が大きな課題となった。

これに対し、大阪府立大学は、法人化とともに複数大学の統合、学部の再編を行ったものの、理事長・学長一致型を選択し、統合・再編のリーダーであった当時の学長をそのまま新理事長・学長に任命した。法人化後の「改革の持続」を展望し、大学内部の改革の流れを尊重したと見ることができる。これも橋本徹新知事の誕生によってさらなる改革を進めた。

二〇一〇年以降新たな動きが始まった。公設民営や公私協力などの形で私立大学を経営していた大学が、一八歳人口の減少と強い大都市圏の私立大学指向に挟撃されて入学定員確保難となったことから、公立大学化して学生納付金を引き下げることによって、地元の若者の定着を企図した。二〇〇九年の高知工科大学、二〇一〇年の静岡文化芸術大学、名桜大学、二〇一二年の鳥取環境大学、二〇一四年の長岡造形大学、二〇一六年福知山公立大学、山陽小野田市立東京理科大学、長野大学、諏訪東京理科大学で、一気に九大学が公立大学法人を設置して、「脱私立大学」化した。このうち静岡と高知は「県」、名桜、長岡、福知山、山陽小野田、長野（上田）、諏訪は中小規模の地方都市である。鳥取は県と市が協力して法人を設置している。地域の若者の流出への政治的な対応を見ることが出来る。高知工科大学では、志願者倍率も偏差値も大きな効果があったと報告されている。もう一つの特徴は、国立大学にまねて理事長・学長一致型が主流であったのが、二〇一〇年以降「分離型」を選択する公立大学が増えていることである。その場合、理事長に、地元自治体の副知事・教育長・部長など自治体幹部職員が就任する場合と、地元出身の基幹大学の学長経験者が就任するケースが増えている。初期の地元財界のケースが減っており、自治体や国の文部行政への影響力を期待する傾向が強まっているとみることができる。

（「公立大学の法人化」『ＩＤＥ』二〇〇七年二―三月号）

（矢田俊文『北九州市立大学改革物語』九州大学出版会　二〇一〇年、二〇一八年　加筆修正）

三　公立大学協会の戦略

昨（二〇〇九）年五月、（筆者が）公立大学協会の会長に就任した時、「逆風の中の攻勢—公立大学のプレゼンスの向上」を二〇〇九—一〇年の公大協のスローガンとして掲げた。ここで、「逆風」とは、多少時間的スパンを異にする三つの時代潮流である。

一つは、我が国の一八歳人口が一九九二年に二〇五万人をピークとして、以後急速に減少傾向をたどっていることである。これによって、我が国の大学も本格的な「ユニバーサル」時代を迎え、厳しい大学間競争を迫られ、入学者の学力低下も深刻となっている。

第二は、公共投資主導の財政支出から、中央・地方政府も膨大な財政赤字に陥り、引き締め政策をまともに受けていることである。とくに、二〇〇四年の「三位一体の改革」によって、自治体の財政危機が深刻化し、公立大学法人への運営費交付金の削減率は国立大学への「効率化係数」を上回る例が続出している。非法人化大学も設置団体全体の削減に合わせる形で予算削減が行われている。

第三は、二〇〇八年以降の世界同時不況によって、就職率の大幅な減少と未就職のままの卒業や高い「留年率」などに直面していることである。また、保護者の失業等による退学率の上昇、優秀な学生の進学断念などの課題も見逃すことができない。

こうした「逆風」は、国公私立大学共通であるが、地方財政の厳しさ、保護者の所得階層を考慮すれば、第二、第三の風は公立大学にとくに厳しく吹き付けている。しかし、これらの「逆風」は、「攻勢」に転換するチャンスでもある。第二の風は、自治体からの運営費交付金依存の高い公立大学にとくに厳しく吹き荒れており、設置団体からの公立大学の「存在意義」を改めて問うケースが増えている。これは、公立大学として積極的に受けとめるチャンスでもある。公立大学の「存在意義」について考え、設置者や市民に積極的に説明する責任がある。その際設置者の「経営合理化」の論理に理解を示しつつ、「知の創造（研究）」、「知の継承（教育）」、「知の活用（社会貢献）」からなる「知の三角形」という二〇〇一年に公立大学協会が掲げた理念が有効である。その際「地方自治の原則」と「大学自治の原則」を統一した方向の模索が重要である。第三の風は、保護者の経済負担の少ない近隣の国公立大学志向、とくに地方都市では公立大学志向が高くなっていることである。二〇一〇年度の志願者は、公立大学で急増している。

公立大学協会としては、総務省からの自治体向け地方交付税の増額が不可欠と認識している。地方交付税の算定基準となる公立大学の学生当たり単位費用が二〇〇四年以来五年間で三二％も減らされており、このことが設置者の運営費交付金削減の重要な動機になっている。そこで、昨年末、会長・副会長・事務局長が一丸となって与党・総務省・文部科学省に波状的に働きかけ、関係者はこれに理解を示し、二〇一〇年度予算で九・三％の増額を確保した。

一方、この期間、文部科学省の高等教育政策は確実に強化された。第一に、「教育基本法」、「学校教育法」の改正によって、わが国の教育政策の中での高等教育政策の位置づけを明確にした。第二に、設置基準の厳格化、自己点検評価責任の明確化、認証評価機関からの評価の義務付けなどによって大学の教育責任体制の確立を求めた。第三に、国公立大学の「法人化」による経営体制の確立を図った。第四に、国際的視野から大学教育の質保証の一段の強化を進めている。公立大学も、高等教育の一環を担う責任からPDCAサイクルの確立と教育の質保証を重視している。

他方、国立大学に対して文部科学省は、運営費交付金を通じて個々の高等教育政策の実行を担保しているが、公立大学は、文部科学省の財政支援がないことから、個々の政策から「自由」である。一九九〇年代以降、「平成の大学改革」とかかわって矢継ぎ早に導入された、「設置基準の大綱化」がもたらした「教養部の解体」と「教養教育の劣化」、大学院重点化、専門職大学院の設置、COEやGP（Good Practice）など競争的資金の導入、国立大学の法人化、留学生三〇万人計画などの政策に対しては、国立大学のように強力に指導されることなく、個々の公立大学が「自由な判断」で選択的に採用することができた。その後の経過をみれば、これらの政策は功罪相半ばしただけに、「自由な判断」は大変有意義であった。

教養教育の再生は、幾つかの公立大学で国立大学に先行して強力に実施されている。「法人化」も個々の自治体と大学の判断でバラバラに進んでいる。「自主的に選択」できず、「政策の失敗」までも引き受けざるをえなかった国立大学、また厳しい受験生獲得競争のなかで附属高校による推薦入学率を高め、若者の自由な受験機会を狭めつつある私立大学とは異なり、公立大学は市民の立場に立った「自在な」大学改革を推進できる好環境にある。

公立大学協会五〇周年からの一〇年間に、公立大学数の増加が続き、法人化が着実に進んでいるなどの特徴的動きがある。一九九〇年代以降の公立大学数の増加は、多くの公立の短期大学が四年制大学に転換したこと、政府の二一世紀のゴールドプランに基づき、「看護師等の人材確保の促進に関する法律」（一九九二年）が施行され、看護系や健康・医療・福祉系の公立大学が次々に設置されたこと、この二つの要因が強く働いている。このほか、自治体の広域連合による大学の設置、公設民営大学の公立大学への移行など特殊ケースも加わっている。他方、公立大学の法人化は、地方独立行政法人法に基づき、設置者が自由に選択できることになり、二〇〇四年の国際教養大学に続き、二〜三年のうちに大規模大学が相次いで法人化し、〇九年度までに約三分の二にあたる四五大学に達し、学生の八〇％超が公立大学法人に属している。

また、国立大学では法人の長＝理事長と大学の学長は同一人格であるが、公立大学では両者を分離することが可能である。約三分の一の一五大学法人が「分離型」（別置型）を採用した。理事長のポストは、財界人、設置団体の元幹部職員、学者など多様であるが、近年設置自治体の元幹部職員が増えており、「地方自治の原則」と「大学の自治の原則」のバランスが崩れつつある点で大きな課題である。

また、法人化が開始されて六年経過し、公立大学法人特有の課題も明らかになりつつある。第一に、老朽化しつつある附属病院、図書館、校舎などの新改築のための大規模設備資金をどう調達するかが大きな課題となっている。国立大学と異なり設置団体の財政規模が小さいこと、法人が借金できず、公債も発行できないこと、私立大学と異なり設備投資のための引当金制度を導入できないことなど八方ふさがりである。第二に、多くの法人で設置団体からの派遣職員を法人採用のプロパー職員に切り替えつつあるが、職員教育システムの確立、退職金引当金がないことなど、協力して解決しなければならない課題が山積している。また、合理化によって獲得した積立金を六年間の中期計画期間後に設置団体に返還するのか否かなどの未解決の第三の課題も存在する。法人評価基準の自治体間の違いも第四の課題となる。

公立大学が急増し、かつ多様化するなかで、会長と事務局が特定の大学間を持ちまわりする状況では、山積する課題に対応できなかったことから、二〇〇一年に東京・西新橋に固有の事務所を開設した。また、公大協の運営方法についても、二〇〇七〜〇八年、佐々木雄太会長のもとで「公立大学協会会則等の整備」が本格的に取り組まれ、慎重な審議を経て〇八年秋の臨時総会で、「会則改正案」と「役員選考手続きに関する規定案」が圧倒的多数で承認され、より民主的な運営システムが確立した。〇九年に新たな役員選考方法に基づいて、全大学の学長による郵便投票で新会長が選出された。これによって、全公立大学が一体となって長期戦略を確立し、本格的「攻勢」が可能となる体制が確立した。

一九九〇年代の公立大学の急増には、戦後日本の社会構造の展開のなかで高度な教育を受けた人材需要が高まっているにもかかわらず、国立大学が十分に対応できなかったことが影響している。私立大学等への政治的配慮や国の財政難から、医療・看護・福祉、芸術や外国語などの分野への大学の新増設に国が抑制的だったため、これを補完する形で自治体が公立大学を設置せざるを得なかった。

そのため、地方国立大学と公立大学との間には育成すべき人材について実態的には明確な相違がない。設置者や財源が異なるだけである。違いの発生は、機能よりも個別の歴史的事情で説明する方が合理的である。近年、地方国立大学が地域貢献を重視し始めたことは、違いを一層不鮮明にしている。しかし、国立大学は、財務と人事を意識して「霞が関」志向が強く、公立大学の地域貢献活動との間に大きなギャップがあるのも事実である。

長期的に展望すれば、高等教育の担い手を巡る中央政府と地方自治体との関係、中央政府内の文部科学省と総務省、さらには厚生労働省間の関係、これらから生じる諸課題について大胆な政策判断が求められる。その場合、「地域主権」を軸に、財源を十分に確保したうえでの地方国立大学の「都道府県立化」や「州立大学化」を視野に入れた、国公立大学の統合再編が必至となろう。実現すれば、公立大学の「ルネッサンス」であり、「地域主権」の時代では、非現実な「夢物語」とは断じられないであろう

（「逆風の中の攻勢―公立大学の存在意義と今後の方向」
公立大学協会六〇周年記念誌『地域とともにつくる公立大学』二〇一〇年）

四　財源構成によって大きく異なる公立大学の改革

1　国立大学の改革の同質化と私立大学の二極分解

一九九〇年代後半から怒涛のごとく進展している文部科学省主導の高等教育政策のもとでの各大学の改革は、どのように実行されているのか。突き動かしている原動力は何なのか。いずれも大学を支える財政基盤と深く関わっている。「選択と集中」政策のもとでの基盤的経費の削減と私立大学国庫補助という財政の流れが大学改革を大きく枠づけている。

法人化直前の二〇〇三年度の国立大学への基盤的経費は一兆五、一八九億円で六年後の〇九年度では一兆一、一九八億円と三、九九一億円減少し、七三％にまで落ち込んだ。代わって、競争的・重点的経費は、二、六六九億円から一・六倍の四、三三三億円にまで増加した。両方の経費を合わせると、一兆七、八五八億円から一兆五、五三一億円と二、三二七億円、約一三％減少した。しかも構成比は、基盤的経費は、八五％から七二％へと大幅に比重を落とした。このことは、個々の国立大学からみれば、毎年安定して得られる研究・教育費用が着実に減少したことを意味する。必然的に、国立大学は、競争的資金の確保が最重点課題となり、ＣＯＥやＧＰ、科学研究費補助金の獲得のために、学内の教員をどのようにまとめ、どのようなテーマで応募するかが学長の手腕となる。ボディブローのように効いている基盤的経費の削減を抑えるため、大学評価・学位授与機構などの高い評価を得ようと、ＰＤＣＡサイクルの稼動に取り組み、現場の教育改善が進んでいる。このことは、多面で研究・教育の自由と多様性を尊重すべき大学が、「規制と財政誘導」による政策のもとで、競争的資金確保のために、審査員に配慮したテーマ選択、期間内に明確な結論がでる研究計画など、知らず知らずに思考の枠を狭められる傾向に陥りやすい。基盤的経費に依存したのびのびとした研究の機会が失われつつあることは否定できない。「国立大学改革の同質化」が危惧されるゆえんである。

他方、学生数の四分の三近くを擁している私立大学は、一八歳人口の減少のなかで最大の財源となる授業料収入確保に傾注せざるをえない。すでに約四割の私立大学が学生定員を確保できずに経営難に直面している。首都圏や関西圏の伝統ある大規模大学は、次々に学部を新設して学生数を増やし、ここで得た資金を、既存高校の買収による附属高校化などに投入して、学生の安定的確保に必死になっている。地方の私立大学の多くは、受験生確保に地元の高校回りを繰り返し、留学生確保に頻繁に中国を訪問している。こうして私立大学では、二極分解が進んでいる。

両者ともに、研究費確保のための書類づくりと繰り返される打合せ会議で肝心の研究・教育に割く時間が減るというパラドックスに直面している。国の発想を超えた大学内部からの創造的発想は、あまりお目にかかれない。

2　多様な公立大学の財政基盤と大学改革

財源の確保を大学改革の原動力とみるなら、公立大学の財源は多様であり、したがって改革の方向も自在である。公立大学では附属病院経費を除く経常経費の財源は、学生からの授業料・入学金、地方自治体からの運営費交付金、それに外部資金によって構成されている。ここで、地方自治体からの運営費交付金の中身は、総務省からの地方交付税のなかの大学分が含まれている。そこで、運営費交付金から交付税の大学負担分を引くと、自治体負担分が算出できる。したがって、公立大学の財政は、外部資金を除けば、①授業料等の「自己財源」、②設置者独自の負担分、③総務省の地方交付税大学分の三つによって構成されている（4―16図）。

そこで、二〇〇八年度の七五公立大学の三つの財源を試算し、その構成比率を三角グラフにプロットしてみた。どの財源にどの程度依存しているかで、大きく六つのグループに分類できる（4―17図）。

公立大学の財源依存度についてわかりやすく表現した三角グラフでは、頂点Nが一〇〇%国税依存、Lが一〇〇%地方税依存、Sが授業料など学生納付金依存である。頂点に近いほど特定財源依存度が高い。頂点から離れていても各頂点を結ぶ直線に接近した場合は、三つの財源のうち二つの財源への依存度が高いことを示している。

地方税中心（L、Local Governmennt）**型＝KT**　まず、交付税負担率が極端に低く、ほとんどを自治体の負担に依存しているのは、財政力指数の高い自治体が設置している首都大学東京、大阪市立大学、名古屋市立大学、横浜市立

4－16図　多様な公立大学の財源構成　2008年度

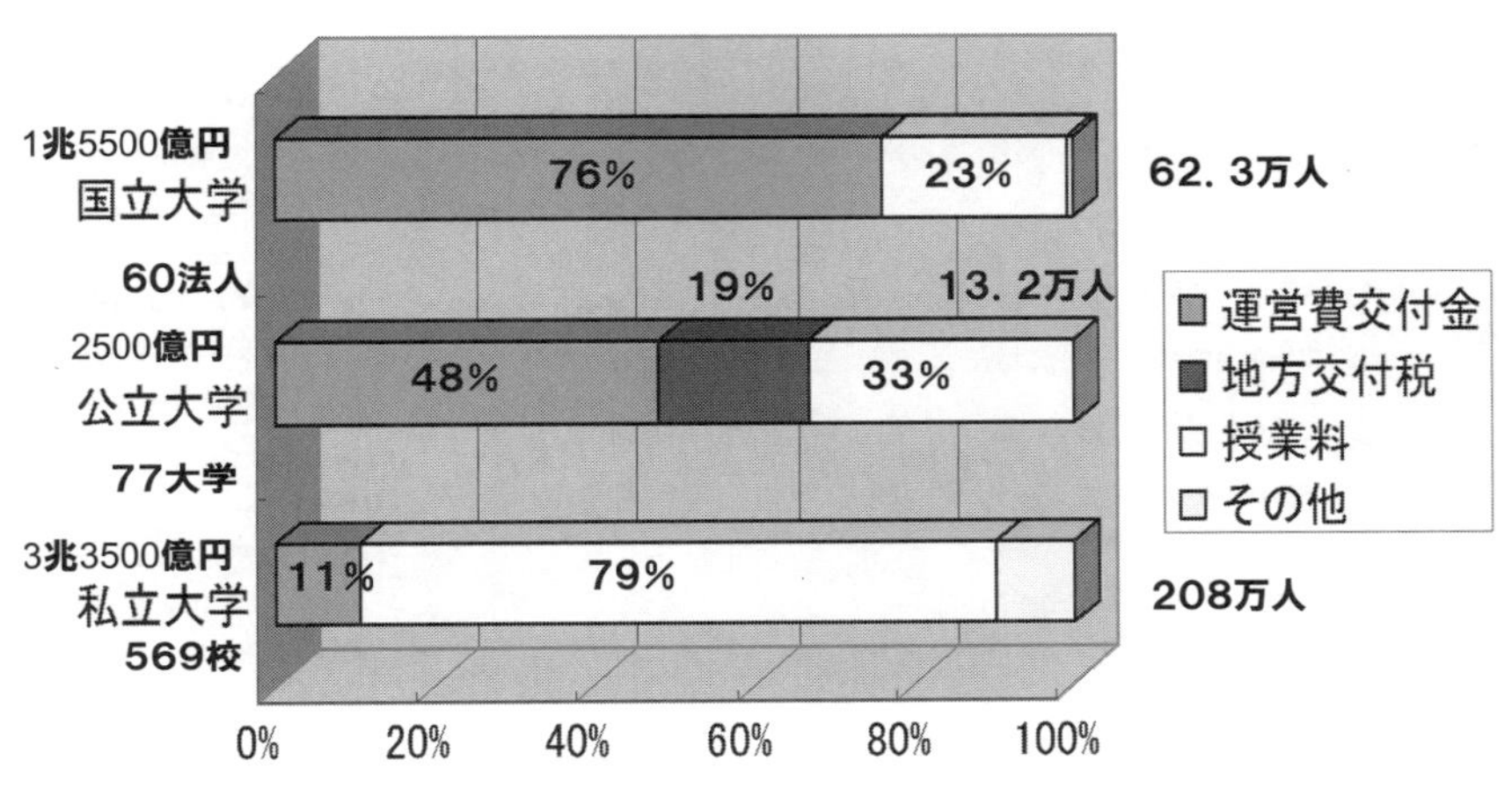

文部科学省、公立大学協会、日本私立大学振興・共済事業団

大学などである（L型）。第二次大戦後の学制改革のとき、すでに国立大学なみの総合大学として発足し、多数の学部を擁する大規模大学である。先に分類したカテゴリー別で言えば、KT型の大部分）がここに入る。財政的にも最も安定し、ブランドの高い他の国立や私立大学とともに、国際水準の研究・教育の構築が改革の中心となっている。横浜市立大学では、英語実践力の養成のため、全学生にプラクティカル・イングリッシュを必修にしている。財政力指数の高い愛知県設置の愛知県立大学や愛知県立芸術大学は、カテゴリーではKR、KA型、KG（4—5表）であるが財源構成ではLLグループに属している。

国税中心（N、National Government）**型＝KG**　高齢化対策である「ゴールドプラン」に対応した人材養成の一環で自治体に設置された看護・保健・医療福祉系の単科大学（KG）は、政府の肝いりもあって、交付税の大学分単価が比較的高く、地上交付税依存率が四〇％以上と高い（NN型）。北海道から沖縄までの道県だけでなく、名寄・敦賀・新見等小規模都市も含め、国土全域にわたって設置されている。高齢化社会の到来を見据えて地域を支える看護・保健・福祉系の人材を養成することこそが大学の使命となっている。また、この分野での独創的な地域貢献を進めている大分県立看護科学大学では全国に先駆けて修士課程でNP（ナースプロテクショナー——診療看護師）を養成し、沖縄県立看護大学では島嶼看護の高度実践指導者を育成している。

地方税・国税依存（LN、Local & National Government）**型＝**

4－17図　国公私立大学の財源構成　2008年度

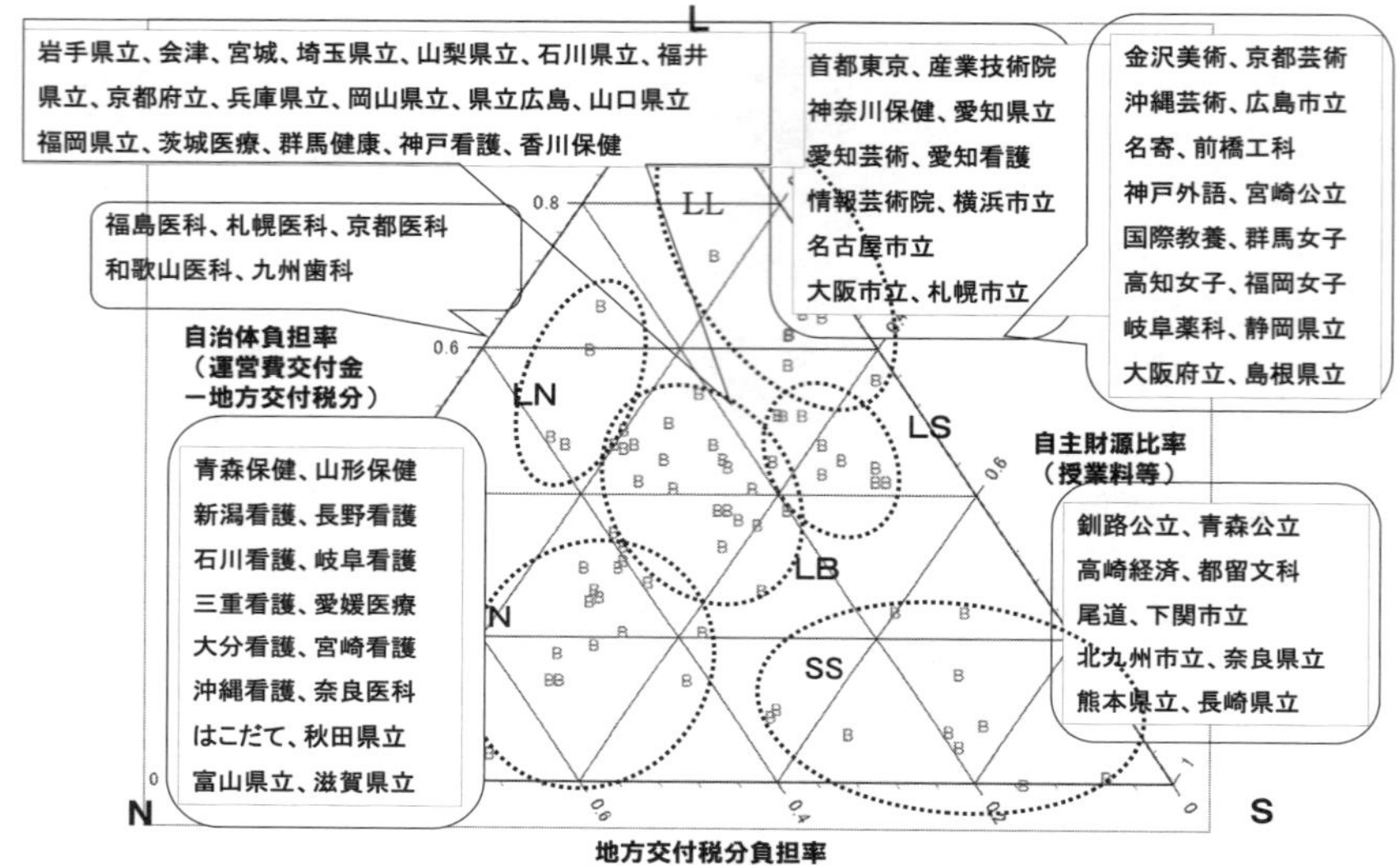

公立大学協会資料より作成

ＫＭ　大都市圏の大規模総合大学とともに、もう一つの伝統的大学群であるＫＭ、つまり札幌医科、福島医科、京都医科、奈良医科、和歌山医科、そして九州歯科の単科の医科、歯科大学は、学生数が少ないため学生納付金は極端に少ないものの、診療等の病院収入による自己財源に加えて、交付税大学分算定単価が高いことから、国の地方交付税経由の比重が高い（ＬＮ型）。また、診療に伴う病院収入もあるので、自治体からの支給の比重も高い。地方財政が厳しいなかで経営努力に耐えず迫られている。とくに、福島、和歌山に奈良を加えた三県では国立大学に医学部附属病院がなく、「地域医療の最後の砦」でもある。

授業料依存（Ｓ、Studennt　Fee）**型＝ＫＣ**　第四のグループは授業料などの自己財源比率がとくに高い大学群である。一九五〇年代から六〇年代にかけて、高崎、都留、下関など地方の中規模都市で設置された。さらに九〇年代以降も前橋、尾道、福山などの都市を母体に四年制大学が設置された。また、釧路、函館、青森、宮崎などの地方中核都市と周辺自治体で広域連合や事務組合を結成して大学を新設した。その多くは、経済や人文系の単科大学で、交付税大学分単価が低く、自治体の財政力が低いため、授業料収入にほとんど頼らざるをえない。ＫＣの大学群に多い。経営戦略の中心は、学生の安定的確保であり、地域に信頼される教育の質の向上と地域貢献が改革の大きな柱となっている。ＫＴ系の北九州市立大学やＫＲ系の奈良、長崎、熊本などの県立大学も文科系学部が中心で財源的にはこのグループに入っている。高崎経済大学には「地域政策」、奈良県立大学には「地域創造」、北九州市立大学には「地域創生」など地域づくり人材養成という特色ある学部や学群を設置している。二一世紀に入って「公立大学」化した、名護市の名桜大学、福知山公立大学、上田市の長野大学などもこのグループに属する。

三財源均衡Ｂ（Balannced）**型＝ＫＲ**　看護・医療系の単科大学とともに、九〇年代後半からの公立大学の急増を支えた一つ柱は、府県立の中堅規模の地域中核大学（ＫＲ）である。多くは、もともと女子大学や短期大学、単科の専門大学起源である。岩手、宮城、山梨、石川、福井、京都、岡山、広島、山口、福岡などである。学生納付金、交付税経由、地方税依存の三つの財源がバランスしており、比較的フリーハンドで改革を進めている。秋田県立大学では独自に麹菌や酵母を開発し、独自ブランドの日本酒の製造など地域産業との連携を深めている。福岡県立大学では、不登校、ひきこもりサポートセンターをつくり、教職員・大学院生・学生が一体となって取り組み、地域から高い評価を得ている。茨城、群馬、神戸、香川など看護・医療系の大学の一部もこのグループに入る。ただ、同じ県立総合大学のなかでも富山、滋賀は理系学部の比重が高くＮ型、静岡、島根は文系と看護系学部を擁しＬＳ型、熊本、長崎は文科系学部の比重が高くＳ型と多様である。

同じ均衡でも、地方税と学生納付金が均衡しており、国税依存率が低いグループで、ＬＳ型がある。金沢、京都、沖縄、広島などの芸術系（ＫＡ型）、ＫＲにあっても神戸外語、国際教養などの国際系、前橋工科、岐阜薬科などの理科系、それぞれの特定の専門分野の地域づくり人材育成に力を入れてきた大学群および群馬、福岡の女子大学などがある。

（「公立大学の財源構成と改革の方向」『ＩＤＥ』二〇一〇年五月号）

（矢田俊文『北九州市立大学改革物語』九州大学出版会　二〇一〇年より一部修正転載）

3　公立大学と地域

(1)　行政の「縦割り」と「横割り」の狭間に悩む公立大学　4－18図

二〇〇九年一一月二〇日、公立大学協会会長である私、副会長である小林俊一秋田県立大学長、江里健輔山口県

4－18図　国公私立大学の行財政　2008年度

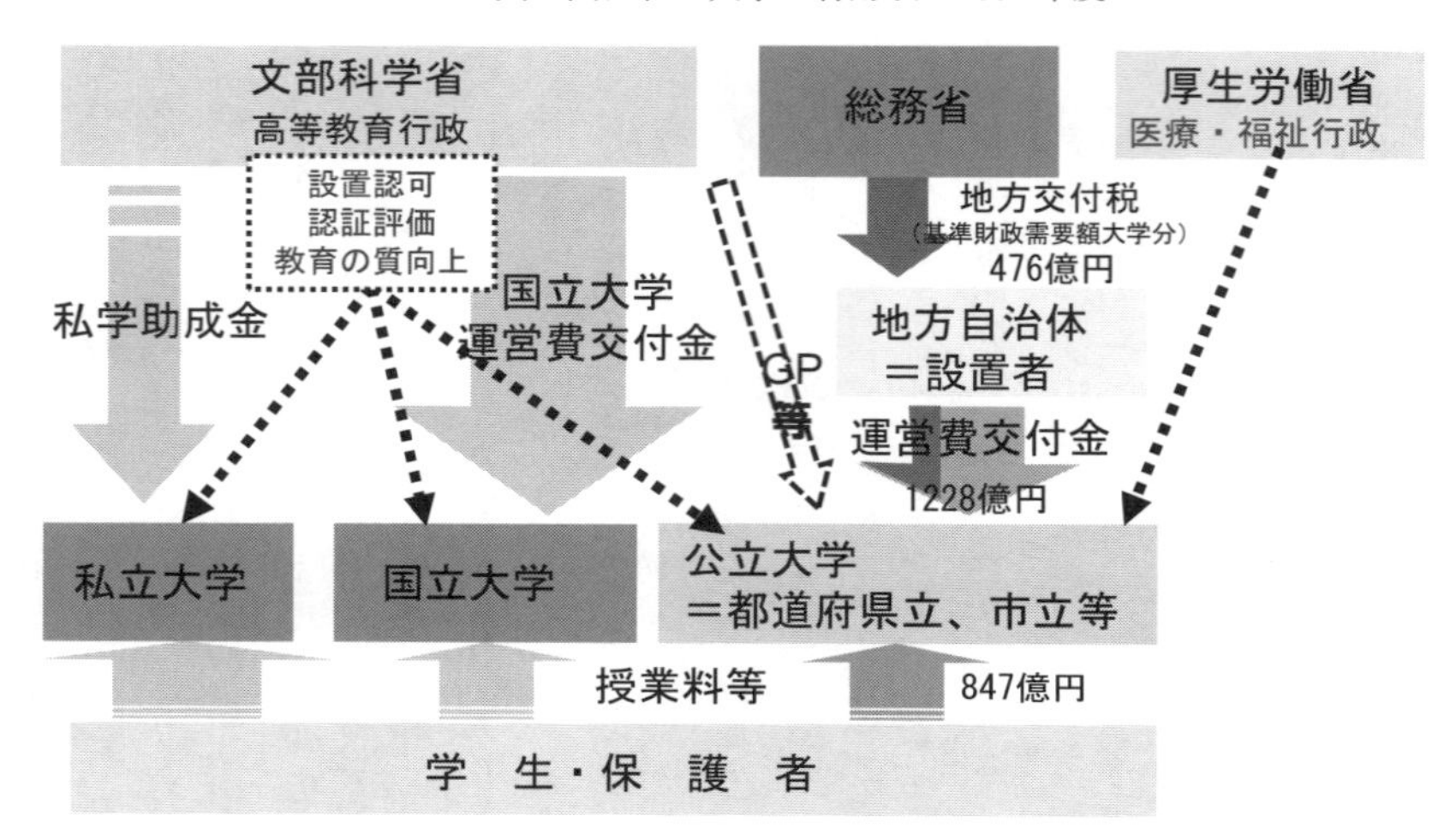

矢田作成

立大学長、中田晃事務局長の四人で文部科学省を訪れ、川端達夫大臣を表敬訪問した。中川正春、鈴木寛両副大臣も同席し、三〇分間話すことができた。

公立大学協会の会長に就任すると、国立大学協会会長や私立大学団体連合会会長と対等に扱われるため、大学を代表する公式の会議や行事に頻繁に招待される。一一月は、一二日の国立劇場で開催された「天皇陛下在位二十周年記念式典」、翌一三日の「宮中茶会」に出席する機会に恵まれた。一〇月二三日の「園遊会」はご招待をいただいたものの、大学評価・学位授与機構の認証評価委員による本学訪問日と重なり、学長として対応せざるをえず、残念ながら出席できなかった。一二月一日は公立大学協会六〇周年記念式典とシンポジウムが開催された。式典への正式の招待状を手渡すことも大臣防問の目的であった。わずかな時問であったので、公立大学が直面する大きな課題に絞って、説明することにした。その内容は以下の通りである。

一般に、国の施策は、当該分野を所掌する政策とこれを実行する団体への財政措置が対応する。文部科学省の高等教育行政においては、八六の国立大学へは、運営費交付金（基盤的経費）として〇九年度一兆一、一九八億円、それに競争的・重点的経費は、四、三三三億円の大部分が支払われている。また、五百余の私立大学にも〇九年度三、二一八億円もの私学助成金が支払われている（図4―19は〇八年度）。こうした資金の流れが、高等教育の担い手である大学というプレヤーの活動をコントロールするのに決定的な役割を果たしている。しかし、公立大学には、競争的・重点的経費の一部が流れているものの、文部科学省ルートからの経常費の支援はない。

〇八年度、七五の公立大学の経常経費は二、五五一億円（附属病院経費を除く）のうち、学生の授業料が八四七億円で、それ以外の一、二一八億円は、設置者である都道府県や市による運営費交付金でまかなわれる。国立大学は国が、公立大学は地方自治体が、それぞれ運営費交付金を支払うのは、設置趣旨からみれば当然のことである。しかし、自治体の支払う運営費交付金のうち約四〇％に当たる四七六億円は、総務省が自治体に交付する「地方交付税」によって負担されていると推定される。迂回して国税が投入されているのである。

公立大学は、教育と研究の自由を原則としつつ、設置団体の自治体政策の指導を受けるとともに、国立大学や私立大学と同様、文部科学省の高等教育政策の枠の中にある。しかし、設置団体である各自治体、それを支援する総務省は、文部科学省の高等教育政策を実行するために財政支出する義務はない。他方、公立大学は、次々にされる文部科学省の高等教育政策を実行されることを求められる。

具体的には、留学生三〇万人計画の推進策に対し、留学生を増やすのに必要な日本語教師の採用枠拡大や寮の整備費用が文部科学省から国立大学や私立大学に手当されながら、公立大学に支払われることはない。また、大学病院や校舎などの施設整備についても、院内感染の防止や耐震化率の向上から国立大学はもちろん私立大学にも文部科学省の支援予算が組まれているが、築三〇年から五〇年以上も経た公立大学附属病院や図書館などの改築は、当該自治体の判断に任され、財政状況が困難な自治体ではすぐには対応できない。

高等教育行政とそれを支える財政システムとの乖離のなかに公立大学特有の困難さがある。この点の改善を大臣に強く要請した。

（「公立大学の苦悶　国の高等教育政策と財政支援の乖離」『ひろば北九州』二〇一〇年二月号）

（矢田俊文『北九州市立大学改革物語』九州大学出版会　二〇一〇年　より一部修正転載）

(2)「地域医療の砦」・公立大学附属病院について考える　4―16図

高齢化時代において国民の医療に対する関心は急速に増加している。こうしたなかで、全国的に配置されている国公私立大学の医学部および附属病院は、日進月歩する医学と先端医療を武器に地域医療の拠点として大きな役割を果たしている。とくに、国公立大学は、高等教育の機会均等、高度医療機会均等の観点から、全国的に比較的均等に分布している。戦後の学制改革で旧制大学の医学部に加え新たに幾つかの国立大学医学部が設置され、地域的不均等はある程度改善された。さらに、四半世紀を経た一九七〇年代後半になって、固立大学医学部のなかった県に相次いで国立の医科大学が設置されて地域間均等は一層強化された。その多くは二〇世紀末に国立大学医学部として統合された。

しかし、これによって全都道府県に国立大学医学部・附属病院が配置されたわけではない。四七都道府県で依然として国立大学医学部・附属病院が設置されていないのは、七県ある。このうち、福島、奈良、和歌山の三県には県立医科大学、神奈川県には横浜市立大学などの公立大学医学部・附属病院があり、国立大学に代わって「地域医療の砦」となっている。栃木県には、総務省が支援する自治医科大学がある。岩手、埼玉の二県だけ国公立大学の医学部附属病院がない。低授業料での医師の養成や先端医療の提供機会には、依然地域間不均等は残されている。さらに、国立大学と公立大学の附属病院間にも施設整備などにおける格差が存在している。

公立大学医学部の附属病院は、九病院で一五病棟ある。これら病棟のうち建築後三〇年以上経たものが三棟、二〇年から三〇年経過したものが五棟、二〇年未満のものが七棟ある。三〇年以上の三棟のうち二棟については建替え中であり、一棟は老朽・狭隘化の解消、耐震診断が急がれているが、いまのところ建て替えの見通しが立っていない。また、二〇年から三〇年経過した五棟については、いずれも老朽化・狭隘化の進行、全面改修の必要、改修中などの報告が寄せられている。新・改築後二〇年近い七棟についてもいくつかは、建物更新の必要性を訴えている。大学病院が十分に機能していくための建物の耐用年数は、一概に規定できないが、相次ぐ大規模地震に伴う建築基準法の改正による耐震基準の強化、先端医療技術の発展と高度医療機械の開発・設置の必要、高齢化に伴う市民の健康への関心の増大などを考慮すると、「地域医療の拠点」となっている大学病院の老朽化・狭隘化対策、耐震構造強化は、いずれの地域においても喫緊の課題であり、とくに二〇年以上の建物の放置は見逃すことができない。

国立大学の附属病院においては、二〇〇四年の全国一斉の法人化とともに大学独自に外部資金の借入が可能になり、安定した収入の見込める附属病院について老朽化したものから順次建替えが進んでいる。他方、公立大学法人は外部資金の借入れも大学債の発行もできない（本文末注参照）。増改築は、専ら設置団体である自治体の判断に頼らざるをえない。一般的には、ほとんどの地方自治体財政は逼迫しており、膨大な費用を要する大学の附属病院の大規模増・改築には積極的ではない。他方で、医学教育に責任を有する文部科学省、地域医療に深く関わる厚生労働省も資金的な支援は制度的に難しい。

このように、公立大学は、国と地方の「狭間」、国のなかでも文部科学省と総務省、厚生労働省の行財政政策の「狭間」にあって、さまざまな課題に対し行政の迅速な対応を期待できない状況に置かれている。

一般に、国の施策は、当該分野を所掌する政策とこれを実行する組織への財政措置が対応する。文部科学省の高等教育行政においては、八六の国立大学へは、運営費交付金（基盤的経費）として約一兆二千億円、競争的・重点的経費としては約四千億円が支出されている（〇九年度）。また、五百余の私立大学にも約三千億円もの私学助成金が支払われている。こうした資金の流れが、高等教育の担い手である大学をコントロールするのに決定的な役割を果たしている。しかし、公立大学には、競争的・重点的経費の一部が流れているものの、文部科学省ルートからの経常費の支援はない。

他方、七五公立大学（〇八年度）の経常経費のうち、授業料等の自主財源が三分の一、設置者である自治体による運営費交付金が三分の二である。ただ、この運営費交付金のうち一部は、総務省が自治体に交付する地方交付税「大学分」によって負担されている。迂回して国税が投入されているわけであり、これを考慮すると自治体四八％（地方税）、総務省一九％（国税）の負担となる。

ところで、公立大学は、教育と研究の自由を原則としつつ、設置者の自治体政策の指導を受けるとともに、国立大学や私立大学と同様、文部科学省の高等教育政策の枠の中にある。また、医学部や看護・健康・福祉系学部、附属病院などは、厚生労働省の行政と密接不可分である。しかし、設置者である各自治体、それを財政的に支援する総務省は、文部科学省の高等教育政策、厚生労働省の医療・福祉行政を忠実に実行するために財政支出するわけではない。相互に独立しており、政策が対立するケースもまれではない。にもかかわらず、公立大学は、次々に打ち出される文部科学省の高等教育政策、厚生労働省の医療・福祉政策を誠実に実行することを求められる。

冒頭にのべた大学附属病院や図書館・校舎などの施設整備についても、耐震化率の向上から国立大学はもちろん私立大学にも文部科学省の支援予算が組まれている。さらに、二〇一〇年度予算案では、「医師不足対策では、医学部定員増を受けて、医学教育や大学病院の機能強化のために二五~三〇%増の六八億円を計上した」(朝日新聞、二〇一〇年一月十一日朝刊)。〇九年度の第二次補正予算での二九億円増に続くもので、国立大学医学部と附属病院への支援強化がなされ、公立大学病院との格差がますます拡大していく。このことは、公立大学医学部しかない福島、神奈川、奈良、和歌山県民と他地域住民との公的医療サービスの格差拡大の可能性をも意味する。また北海道、愛知、京都、大阪では国立大学医学部・附属病院と公立大学医学部・附属病院との格差拡大も危惧される。こうした国公立大学間の格差拡大は、図書館等の大規模施設についても言える。

このように、公立大学が文部科学省の高等教育行政、厚生労働省の医療・福祉行政のもとにありながら、それを実行する財政措置が期待できないことに公立大学特有の困難さがある。しかも、大学教育に責任を持つ文部科学省が公立大学の附属病院、図書館、校舎などの増改築を財政的に支援したり、地域医療や福祉に責任をもつ厚生労働省が公立大学附属病院の増改築を財政的に支援したりすることは、ますます困難になっている。なぜなら、二〇〇〇年の地方分権一括法、二〇〇四年の地方分権の三位一体改革による国と地方の対等・協力関係への転換、補助金や地方交付税の見直しなど一連の地方分権強化の流れの中で、公立大学の施設補助など使用先を特定した補助金の支出が困難となっているからである。皮肉なことに、地方分権改革が意図とは逆に「地域医療の改善」を阻害している。

こうした国と地方、国のなかの省庁間の縦割りのなかで苦悩する公立大学の様々な課題の解決には行財政システムの大胆な改革が求められる。「地域主権」という時代の流れを重視するならば、地域振興の「知的インフラ」としての公立大学の役割を位置づけることを基本に、以下のような取組みが必要である。

①文部科学省、厚生労働省、総務省、公立大学協会による公立大学政策についての政策協議会を設置し、公立大学をめぐる恒常的な政策調整にあたる。

②ここでの調整によって、さまざまな財政支援が必要となった場合、総務省経由の基準財政需要額における公立大学の学生当たり単位費用の策定に反映させる。とくに、施設整備費用について新たな財政支援システムを導入する。

③公立大学法人独自の資金調達を支援するために、国立大学法人同様、借入れや起債を可能にするよう、「地方独立行政法人法」を改正する。

④公立大学法人が施設整備準備金の積み立てが可能になるよう制度改正し、この資金を中期計画期間を超えて継続することができるようにする。

以上のような政策を実施することによって、公立大学が、高等教育の一角を支えるとともに、「地域医療の砦」としての責任を果たすことが可能になる。国および自治体、大学関係者の活発な議論を期待したい。

（矢田俊文「『地域医療の砦』・公立大学附属病院について考える」『大学マネジメント』二〇一〇年二月号）

（矢田俊文『北九州大学改革物語』九州大学出版会　二〇一〇年）

注　こうした公立大学協会の要求を受けて、二〇一七年に地方独立法人法の一部が次に様に改正されたので追記しておく。二〇一八年。

（長期借入金及び債券発行の特例）

第七九条の三　公立大学法人は、（中略）政令で定める土地の取得、施設の設置若しくは整備または設備の設置に必要な費用に充てるため、設立団体の長の認可を受け設立団体以外の者から長期借り入れ金をし、又は当該公立大学法人の名称を冠する債券を発行することができる。（以下省略）

つまり国立大学法人並みに借入および債券の発行が可能となった。国立大学法人に遅れること一〇年余である。

(3) 地域とともにつくる公立大学

周知のとおり、わが国の一八歳人口は、一九九二年の二〇五万人をピークに着実に減少しつつある。他方、この間の進学率は上昇し続けたから、二つの因子の乗数に近い大学入学者数は、一九九二年から二〇一〇年までの一八年間に五四万人から六二万人と一五％の増加をみた。にもかかわらず、こうした人口の減少による市場の収縮傾向は、わが国の大学経営に大きな不安をもたらし、一気に「競争と淘汰」の時代に突入し、生き残りをかけた改革への重要な動機付けとなっている。このなかで、国立大学は、文部科学省の判断で収容定員を抑制し、今世紀の一〇年間だけをみても学部学生約六二万五千人前後を維持している。他方、多くの私立大学は生き残りを目指して、積極的に改革をすすめ、大学の新設学部・学科の増設が続き、学生数も二〇〇〇年の二〇一万人から一〇年の二一三万人と六％程伸ばしている。首都圏や関西圏の有名私立大学の膨張の一方で地方大学などの定員割れが続き、「二極分化」が進行している。

こうしたなかで、都道府県や市町村など地方自治体が設置する「公立大学」は、「地域とともにつくる公立大学」（公立大学協会六〇周年記念誌）を合言葉に一九九〇年代半ば以降急増し、大学数は九〇年度三九校、九五年度五二校、二〇〇〇年度七二校、一一年度八一校と二〇年間に二・一倍、学生数も六・四万人から一四万二千人と二・二倍となった。さらに、二〇一七年度には大学数九〇校と国立の八六校を上回った。学生数も一五・三万人となった。戦後四〇年間三五校前後を維持していた公立大学は、九〇年代以降跳躍している。個々の大学の新設・学生増の動機は多様であるが、あえて単純化すれば、高質で安価な高等教育サービスを提供してきた国立大学が定員抑制してきたなかで、新しいタイプの高等教育人材を求める需要の着実な増大を、地方自治体が受け止めていった結果である。国立大学の学生増が行われない地方都市、また、需要が急増している医療・看護・福祉・芸術・外国語や国際教養など新分野に公立大学が積極的に進出していった。

（地域ニーズに密着した人材育成―高等教育の地域間・分野間機会均等に貢献する公立大学）

4―19図は、二〇一二年度の設置形態別にみた学生数の地域別比率である。これによれば、私立大学の学生数の五八％が関東（山梨を含む一都七県）に集中し、これに近畿（二府四県）の二二％、東海（四県）の九％を加え、実に八九％が三大都市圏に集中している。これは、二〇一〇年の国勢調査による三大都市圏の人口比六一％を二〇ポイントも上回っている。私立大学が全学生数二八九万人の七三％を占めているから、わが国の全学生数の大都市圏（七五％）とくに首都圏集中（四五％）に直截的に反映してくる。高等教育サービスは、その性格から一種の「公共財」とも見ることができるが、私立大学の立地は、学生や教職員の確保、学生の就職の利便性など「市場原理」から自由ではなく大都市圏集中は「必然」でもある。しかし、わが国の人口移動の大半が一〇歳代後半から二〇歳代前半の地域間移動によるところが大きく、それには学生の入学時と就職時の地域選択が極めて大きな役割を果たしている。戦後の「一極集中型国土構造」の形成は、こうした高等教育における私学依存と私立大学の首都圏集中が決定的役割を果たして

4－19図　大学学生数地域別比率（国公私立別）（2012年度）

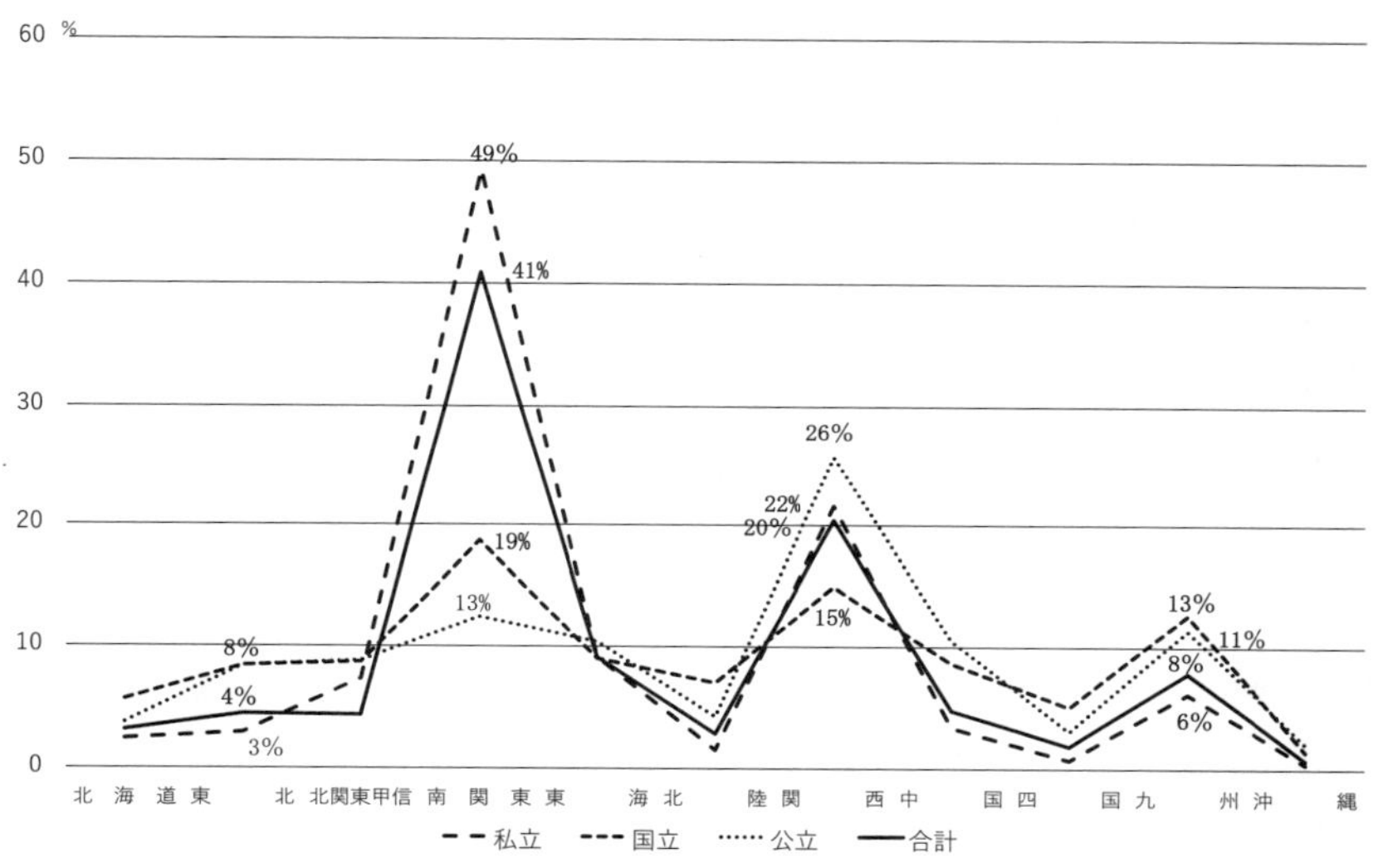

文部科学省『学校基本統計』より作成

いる。

他方、国税・地方税によって支えられて国公立大学の配置は、私立大学の極端な地域集中の重要なカウンター・パワーの役割をはたし、二〇一二年度の学生数で、国立大学は首都圏二七%、三大都市圏五一%、地方圏四九%、公立大学は首都圏二一%、三大都市圏五七%、地方圏四三%を占めており、いずれも人口比並みかそれより下回っている。地域住民からみれば、地元に安価で高質な教育サービスを提供する国公立大学に進学するか、高価な学費負担でなおかつ高額な生活費を強いられる大都市圏の私立大学に進学するかは、経済的負担においては「雲泥の差」である。これは、大都市圏と地方の間の高等教育の機会均等の確保での大きな課題でもある。

これに対し、同じく安価で高質な高等教育サービスを提供する公立大学は、国立大学の配置の弱点を補強する形で地方自治体によって設置された。これには大きく四つのパターンがある。第一は、戦後の学制改革時に、人口規模の割に国立大学の収容規模の小さい東京・横浜・名古屋・大阪などの大都市で規模の大きな総合大学が設置された（KT型）。第二に、その対極として、地方にあって、国立大学のある都市以外の地域での高等教育機会確保のため、市レベルで大学を設置する動きが活発となった。北九州・下関・高崎・都留が代表であり、これは、釧路・函館・名寄・青森・前橋・新見・尾道・福山・宮崎・名護などに拡大していった（KC型の増加）。高等教育の地域的機会均等戦略の一環である。

第三は、この中間の動きである。戦後女性教育や特定の専門分野の人材育成のために設置された女子大学や短期大学が府県立の四年制の中規模大学に転換したものである。秋田・岩手・宮城・新潟・山梨・富山・石川・福井・静岡・愛知・滋賀・京都・大阪・奈良・岡山・広島・島根・山口・高知・福岡・熊本・長崎などの府県である（KR型）。多くは、国立大学のある県庁所在都市に立地しているが、地域振興の意味も含め、府県内第二都市または県庁所在都市近郊に立地している。岩手県立は滝沢市、富山県立は射水市、石川県立は野々市市・福井県立は永平寺町、愛知県立は長久手市、大阪府立は堺市、滋賀県立は彦根市、岡山県立は総社市、島根県立は浜田市、福岡県立は田川市、そして長崎県立は佐世保市に、それぞれ立地している。また、秋田県立は本荘市、福井県立は小浜市、兵庫県立は姫路市、県立広島は庄原市と三原市に、それぞれ別キャンパスを置いている。

第四は、時代とともに需要が増大しながら、国立大学では十分に対応しえていない新しい分野の専門人材の育成のために地方自治体が設置した大学である。福島、奈良、和歌山では戦後早くから医科大学（KM型）を、横浜市立も医学部を設置した。いずれも、国立大学医学部のない地域のなかでは重要な役割を果たしている。福島原発事故に伴う医療活動においては福島県立医科大学の活躍は目覚ましいものがある。国立大学医学部のある札幌・京都においても自治体独自の医科大学を設置し、名古屋市立・大阪市立でも医学部を擁して、県立の九州歯科、市立の岐阜薬科も戦後早くに設置された。一九九〇年代後半以降、看護、放射線医療、理学療法、作業療法などいわゆるコ・メディカルおよび福祉分野の人材育成のために単科の四年制大学が、青森・山形・茨城・群馬・千葉・埼玉・神奈川・長野・石川・岐阜・三重・香川・愛媛・宮崎・沖縄では県立として、名寄・札幌・神戸・新見では市立として設置された（KG型）。国立大学で一校しかない芸術分野では、愛知、静岡（浜松）、沖縄で県立として、また札幌・金沢・尾道・広島では市立として設置されている（KA型）。そのほか、情報系など工学に特化した単科大学が会津若松や高知では県立、前橋では市立として、函館は市町村広域連合として設置され、外国語や国際理解に特化した大学として神戸市外国語（市立）、国際教養（秋田県立）などが質の高い教育を実施して注目をあびている。もちろん、全てがこれら四つのジャンルに分けられるのではなく、複合しているのも少なくない。

(構造不況のなかで若者の地域定着を支える公立大学)

4—6表は、二一世紀に入ってから一二年間の国公私立大学別・地域別の大学生数の増減一覧である。全体で二〇〇〇年度の二七四万人から一二年度の二八七・六万人と一三・六万人、わずか五%増加したが、国公私でみると私立一〇・三万人、公立三・八万人増に対し、国立六千人減であった。圧倒的に私立が多く、増加寄与率は七六%に達した。公立も二八%と高い値を示した。これを4—21図でグラフ化するとより鮮明になる。

つまり、首都圏の私立大学の増加数が七・四万人で。その増加寄与率は、実に五三%となる。これに、関西二・三万人、東海一・四万人、北関東甲信一・三万人を加えると三大都市圏一九都府県の私立大学で一二・四万人、寄与率九一%となる。実に驚異的な数字である。私立であってもそのほかの地域では軒並み減少している(北陸を除く)。中には、九州の私立大学が一万人減と落ち込みが激しい。これと対照的なのが国立大学で、ほとんどの地域で減少しており、北海道・東北・北関東でわずかながら増加している。これに対し、公立大学は、特異な動きを示している全体的に三・八万人増のうち、北海道から沖縄まで全国万遍なく数千人台の増加を示しとている。

4—6表　地域別・国公私立別大学学生数増減比較(2000−2012年度)

	都道府県数	合計				私立大学		国立大学		公立大学	
		2000年度　人	2012年度　人	増減　人	寄与率　%	増減　人	順位	増減　人	順位	増減　人	順位
全国	47	2,740,023	2,876,134	136,111	100	103,679		-5,948		38,380	
北海道	1	89,948	90,351	403	0.3	-2,213	❺	716	⑰	1,900	⑮
東北	6	121,307	125,290	3,983	2.9	-1,410	❼	899	⑯	4,554	⑥
北関東甲信	5	108,139	124,770	16,631	12.2	12,819	④	386	⑲	3,426	⑨
南関東	4	1,095,807	1,175,312	79,505	58.4	74,147	①	-65	⓬	5,423	⑤
東海	4	247,335	262,513	15,178	11.2	13,695	③	-2,559	❹	4,042	⑦
北陸	4	78,180	81,335	3,155	2.3	643	⑱	-273	❾	2,785	⑫
関西	6	561,249	585,870	24,621	18.1	22,865	②	-2,014	❻	3,770	⑧
中国	5	135,093	135,974	881	0.6	-1,028	❽	-2,777	❸	4,666	⑤
四国	4	52,917	50,811	-2,106	-1.5	-5,445	❷	-65	⓬	3,404	⑩
九州	7	231,977	224,014	-7,963	-5.9	-10,222	❶	30	⑳	2,229	⑬
沖縄	1	18,071	19,894	1,823	1.3	-172	⓫	-166	❿	2,161	⑭
国公私別増減寄与率				100		76		-4		28	

白丸　増加地域順位　黒丸　減少地域順位
文部科学省学校統計より筆者作成

4—20図でみると、三大都市圏を除く地域で、公立大学が学生増のトップを示している。とくに、東北では私立二、二一三人減に対し公立四、五五四人増、中国では私立一、〇二八人減に対し公立四、六六六人増と、沖縄では私立の一七二人減に対し公立二、一六一人増といずれの地域も。私立の減少を公立が十分に補っている。北海道、四国、九州では私立の減少をカバーしきれてないが、公立での増加がダメージを少なくしている。いずれにしても、リーマンショックを挟んだ構造不況の時期に、安価な学費と生活費が故に「強い地元志向」を持つ若者の地方定住を主導したのは、「地方国立大学」ではなく、この時期に全国万遍なく設置された公立大学であることは明らかである。

4－20図　地域別・国公私立別大学学生数増減（2000−2012）

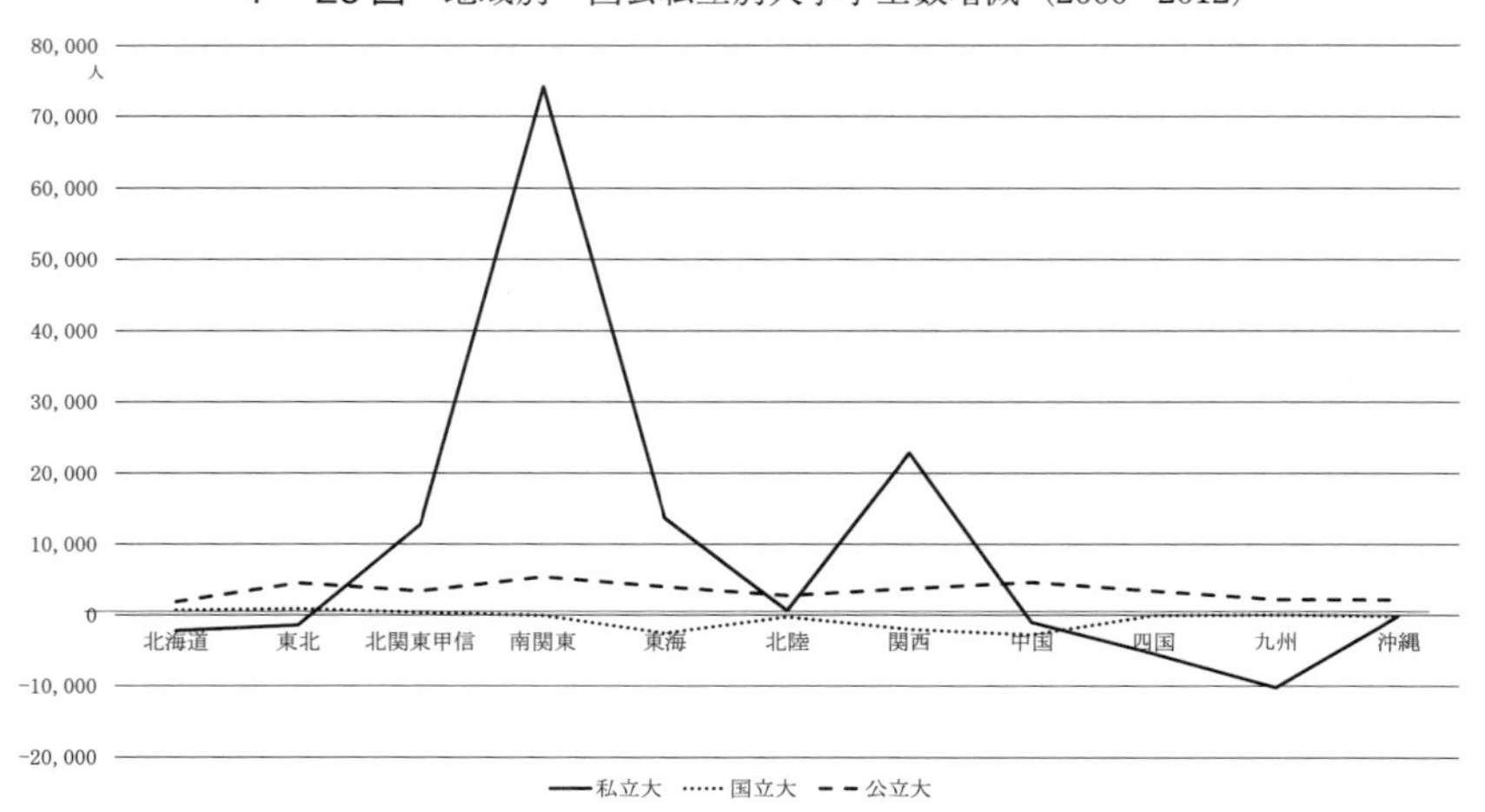

文部科学省『学校基本統計』より作成

第七章　臨時定員増政策と私立大学の二極化

一　「臨定」を活用した中核大学の改革

文部省の臨時定員政策

　平成の大学改革は、戦後学制改革の矛盾が爆発した一九七〇年代から八〇年代の日本の大学制度の抜本的改革を意図したものであることは、繰り返し指摘したとおりである。しかし、七〇―八〇年代の大学問題の顕在化をもたらしたより大きな契機は、戦後の人口構造の動向である。端的に言えば、大学進学期を迎える一八歳人口の波が、戦後二回にわたる「ベビーブーム」によって、一九六〇年代後半と九〇年前後の二つの「津波」となって大学に押し寄せた。第一の津波は、深刻な「大学紛争」を惹起し、この第二の津波の「寄せ波」とその後の大きな「引き波」に対する臨時的な対策も講じられた。国公私立大学の定員の「臨時的増加と解消」政策（以下「臨定」政策とする）である。

　この「臨定」政策の影響を最も強く受けた私立大学の動向は、二つの「力作」によって分析されている。両角亜希子著『私立大学の経営と拡大・再編』（東信堂　二〇一〇年）と小川洋『消えゆく限界大学　私立大学の定員割れの構造』（白水社　二〇一六年）である。

　両角書によれば、一九八四年に出された文部省の第三次の高等教育計画は、「一九八六年から一九九二年にいたる七年間を対象としているが、この計画期間中に、一八歳人口は一五六万人（一九八五年）から二〇五万人に増え、その後の二〇〇〇年には一五一万人へと急減することが確実であったため、一八歳人口の増加の局面のみならず、その直後にやってくる減少という局面をにらんで計画を策定することが求められた。こうした背景から第三次計画が考えた方法は、入学定員増を恒常部分と臨時部分にわけて、臨時部分については一九九二年以降に削減していくという対策であった。このために（中略）、計画期間（一九八六〜一九九二年）中の、入学定員増の目標値は八六万人、このうち四二万人を恒常定員増、四四万人を臨時定員増で対応することが示されたのであった。臨時定員増期間は一九八六年から一九九九年とすることが示されたが、この臨時的な定員については、『期間を限った定員増については、その性格にかんがみ、教員組織、校地および校舎等の基準は、弾力的に対応するものとする』と述べられ、この趣旨に従って、一九八四年八月に大学設置基準及び短期大学設置基準が緩和されることとなった」。（中略）（これを受けて）、「私立大学の対応は積極的であり、四年後にはたちまちこの目標数を超えてしまったのである。（中略）、とくに臨定増について当初目標の三倍ほど達成された」[1]。こうした実績のうえに、一八歳人口減少のなかにあっても進学率の上昇圧力が強く志願者減が生じないことなどから、文部省は、大学審議会で、臨定解消政策を見直し、一九九七年答申で、「臨定を全面解消という（従来の）方針に変更が加えられた（中略）。入学定員の減少にともなう受験生への影響、臨時的定員増が（進学率の急上昇により）教育機会の確保に果たしてきた役割、私学経営への影響を総合的に勘案し、①二〇〇四年度までの間に段階的に解消すること、②そのうち、原則として五割までは恒常定員化を認めることが示された」[2]。

「臨定導入が大学財政によい影響を与えることも周知されるようになり、一九九一年、一九九二年には臨定の導入に踏みきる大学が、当初の政策的な予想をはるかに上回る勢いで増加した。また、（中略）臨定を設定した大学は、一九九九年から二〇〇四年の間に段階的に解消することが決められており、（中略）臨定が入学定員に占める割合、つまり臨定率をみると、私立大学全体では、一九八六年に三％、ピーク時の一九九二年には一七％、解消が始まる段階の一九九九年には一三％、解消が終わる年の二〇〇四年には〇・二％となっている（中略）。一九九一年から一九九九年までは、臨定率が一三％を超えており、臨定がこの時期の私立大学の学生収容行動に大きな影響を与えていることが容易に想像されるだろう」[3]。

他方、前記の小川書によれば、この臨時の定員増を可能にした一九八六年から九二年までの七年間を「ゴールデンセブン」と呼び、「とくに私立大学にとっては、空前絶後の受験ブームにわき、莫大な臨時収入をもたらした。まさに『お金』が転がり込む七年間であった。（中略）入学定員一〇〇〇人程度の中規模大学でも本来の入学者の学納金（入学料、授業料等）のほかに（受験料などを加えると）、合計一〇〇億円程度の臨時的収入が得られると考えられる」[4]。一八歳人口がピークとなる一九九二の前年である「九一年春の入試は予想通り大学志願者はちょうど一二〇万人となり、とくに首都圏、近畿圏および中京圏の大学は軒並み高い受験となり、大量の不合格者が出た。定員割れに悩まされていた地方の中小大学や短大にも受験生は流れてきて、厳しい経営状態に置かれた大学・短大も一息つけたのである」[5]。

設置時期別私立大学の対応

両角氏は、臨定期の私立大学の定員増への対応について、大学創設の時期をもとにして類型別に詳細に分析している。まず、両角類型で「第一世代中核大学」とされる、戦前創立・高いブランド力・そして東京六大学（東大を除き中大を加える）、関西四大学（関々同立）の計一〇大学は、しばらく様子見の状況であったが、三年目の一九八七年から臨定率が上昇し、本格導入期である九二―九八年には一二―一三％の水準までに達し、解消期の九九―〇四年に解消している。これに対し、最も積極的に臨定を活用した大学は、一九六〇年までに大学になったものの、ブランド力の弱さなどから「大規模化」に踏み切れなかった入学定員一〇〇〇人以下の中規模大学＝「第一世代周辺大学」（国士舘、名城、愛知、龍谷大学など）、および小規模で特殊な需要に対応している第一世代ニッチ大学（津田塾、女子美術、宮城女学院など）、ベビーブームの第一波が大学進学年齢に達するのを見越して、一九六〇年代から一九七四年に大学を新設した「第二世代大学」（鶴見、京都産業、阪南、広島修道、武蔵野など）、および七五年から九〇年の間に新設された「第三世代大学」（豊田工業、流通科学など）の三つのグループである。このうち、「第一世代周辺」は、臨定導入期にいち早く反応し、本格導入期には臨定率一五―二〇％と第二、第三世代とともに臨定増の主役となった。解消期（九九―〇四年）には、「どのグループの大学であれ、臨定率を〇にむけて、減少させることが求められたが、その減らし方のスピードは、グループによって異なっている。減らし方がもっとも緩やかであったのが、第一世代周辺大学で、（中略）早くから導入、ゆっくり解消するというように、長い期間にわたって臨定を導入してきたことがわかる。同じく緩やかに減らしたのが、第一世代中核大学である。これらに続いてゆるやかに減らしたのは、第二世代大学である。これに対して、比較的小規模なグループである「第三世代」大学では、解消のスピードが速い。こうしたなかで、一九九〇年までに設置された私立大学で、臨定を導入しなかったのは一〇八校で、約三〇％にのぼり、医歯薬系、芸術系、女子大学、地方大学などに多いと両角氏は述べている[6]。

両角書の図表4―13（一八四頁、本書4―21図）では、臨定期間一九年間の私立大学学生数の推移を、類型別にグラフ化している。

これによれば、私立大学の学生総数は、一九八五年約一三四万人、九二年約一六八万人（三四万人増）、九九年約一九八万人（三〇万人増）、〇四年約二〇六万人（八万人増）、で、期間中に七二万人増えたことになる。このうち、類型別には、「第一世代周辺」と「第二世代」が臨定導入期に一気に増加し、「第三世代」が導入期と活用期に着実に増加し続け、「第一世代中核」が導入期と活用期に漸増し、臨定の開始後に新たに開設した「第四世代」が、活用期・解消期に増加し続けたことがわかる。この結果、臨定増が始まる直前の「一九八五年の時点で第一世代の中核大学と周辺大学をあわせた在学者総数のシェアは六一％であったが、一九九八年からはシェアが五〇％をきった。この期間に両グループも規模を拡大していたことを考えれば、それ以外のグループの拡大スピードがさらに上回っていたことがわかる[(7)]」と私立大学の設置年代別の学生数構成の変貌を総括している。

こうした概括的分析のうえに、両角氏は第五章で、「三時点（一九九〇年、一九九九年、二〇〇四年）の財務データが入手できた四〇校の大学法人を分析対象として、私立大学分類別に事例を詳細に検討した[(8)]」。分析視角は、規模拡大（学生数の増加）と構造変化（学部新設・再編）の二つの動きをクロスして考察した。結論だけ要約すれば次のようになる。

まず、「第一世代中核大学」については、東京六大学、関西四大学のうち七大学を分析し、三パターンを提示している。

一つは、「臨定政策という規模拡大のチャンスを利用して、規模を若干拡大して経営基盤の充実を図った同志社大学、関西大学、関西学院大学、立教大学」の例で、「ほぼ臨定を恒常化した部分の定員分の学生数が増えたとみることができるが、単に規模を拡大しただけではなく、学部の新設や改組によって、中味はリフレッシュし、学生からの高い人気を維持し、このことが経営の安定化につながっている[(9)]」と高く評価している。二つ目のパターンは、「一九八〇年代半ばに二万人近い学生数であったにもかかわらず、一・六倍ほどの三万人規模にまで大きく拡大する行動にでた[(9)]」立命館大である。「臨定の積極的な活用と大胆な組織改編で大拡大をなしえたが、自治体による大掛かりな財政支援によるキャンパス整備など、これまでの大学にはない発想で積極的な運営をし、こうした積極的な新規投資が成功することによってさらなる投資が可能になるという好循環を作り出している典型例」とし、さらに、「一九九二年の臨定率は二五％ときわめ高い比率で導入して、これが財政条件の向上に与えた影響はかなり大きかったと考えられる[(9)]」

4－21図　類型別の在学者総数の推移　1985-2004

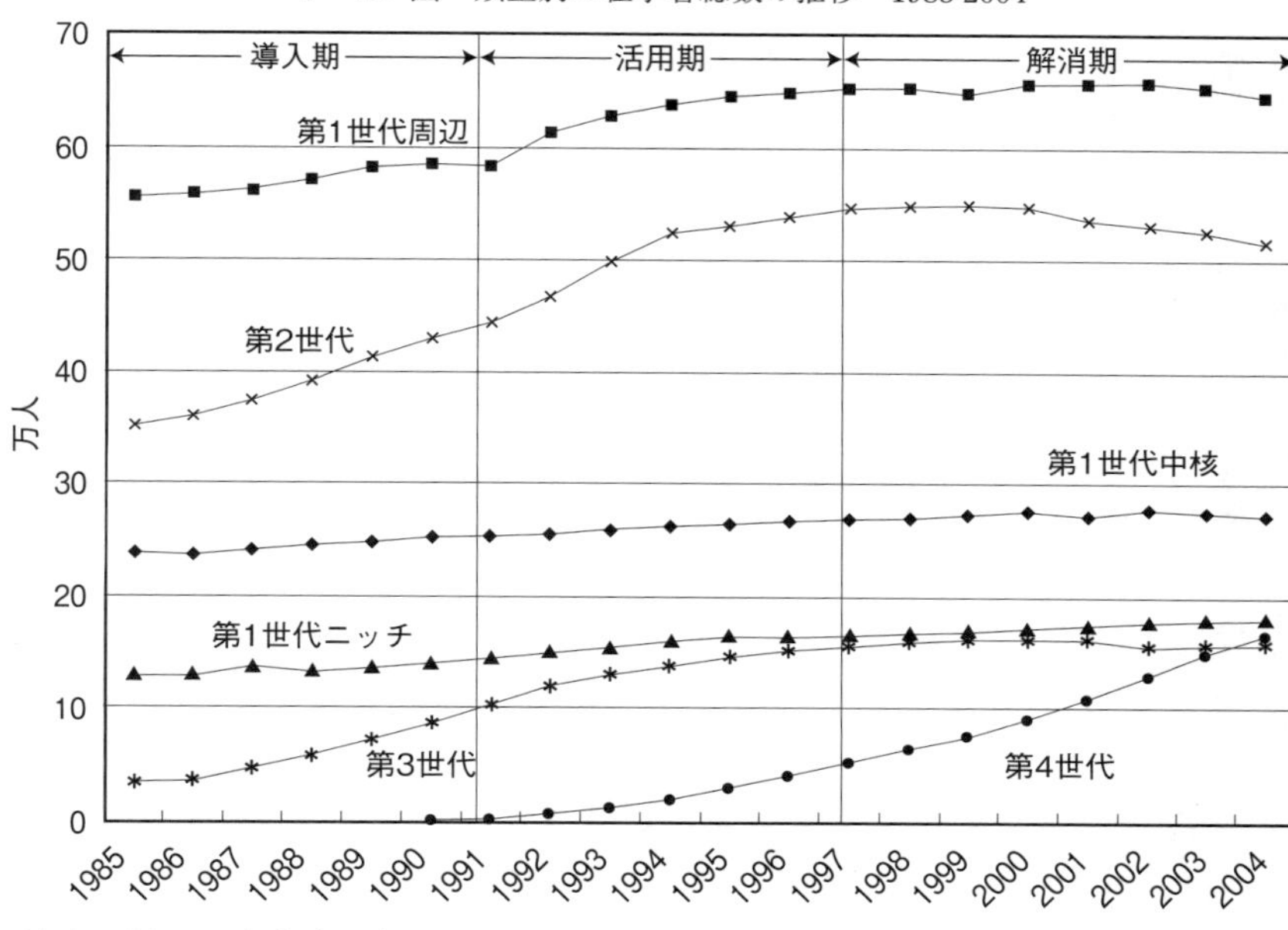

両角書　図表4－13転載（p.184）

と評価している。三つ目のタイプは、「規模を抑制しつつ、活発な学部再編と設備投資を行なう戦略に出た」法政大と明治大である。

次に、「第一世代周辺大学」について一一大学を対象に分析している。規模と構造の二つの指標の組み合わせであるから四つのグループに分かれる。一つは規模維持・組織再編優先の名城大、愛知大、国士舘大の三大学である。二つ目は、規模・組織とも変化の少ない工学院大である。「もともと財政状態も良かったが、規模を維持しつつ臨定も活用し、金融資産を中心に充実を図ってきた。」[10]と評価している。三つめは、これと対照的に、規模拡大、組織再編を積極的に行った中京大学で、「立命館型」とも位置付けている。中京大学は、「もともと一万人以上の規模であったが、一・四倍に学生数を増やし、四学部を増設した」[11]。規模拡大・学部再編の程度は中規模であるが、中京大同様、「戦略的な行動によって選抜性を高め、それぞれの地域での地位を上昇させ」、「戦略的計画を重視した経営」などの点で共通した大学として、日本福祉大、大阪経済大、成蹊大、桃山学院大、龍谷大などをあげている。「このグループ内の何校かは、臨定をきわめて積極的に活用した」。

最後の四つ目は。「規模は拡大したが、構造変化はまったくしなかった」花園大学がこれにあたり、この大学は、「臨定も一九九二年に三八％と積極的に活用し、これによって財政状態も経常収支もよい状態になった」[11]。という。

戦後新制大学として発足したなかで規模の小さなものを「第一世代ニッチ型」とし、四大学については二つのパターンに分けている東京神学大学と津田塾大学は、規模も組織構造も変化しないパターンとしてあげている。このうち、津田塾大学については、「もともとの財政状態も安定しており、このままの規模をほぼ維持し、リベラルアーツ教育を提供していく方針であるようだ」[12]、と説明している。もう一つのパターンは、「ニッチ大学でありながら、規模を拡大している」大学で、宮城学院女子大学と女子美術大学の二つをあげている。「宮城学院女子大学の場合は、学生数を約一五〇〇名から三五〇〇名へ、女子美術大学は約一、二〇〇名から二、六〇〇名へと、（中略）かなりの比率で拡大を行なっている。これには財政的な背景があった。私立大学の経営は規模の経済の観点からも、一定規模に達していると安定すると考えられるが、これらの大学の行動はまさにそれを目指したものであったといえよう。また、一九八〇年代半ばの両校の財政状態にはそれぞれ問題があり、これを解決するための規模拡大が選択されたと考えられる。（中略）、宮城学院女子大学の場合は、人件費が高いことによって経常収支のバランスがきわめて悪い状態であったし、女子美術大学の場合は負債割合が高めという状態であったが、規模拡大によって、これらの問題は解消されている。両校に共通して重要な点は、女子教養教育、美術教育といった特殊な需要に応えるという特性を生かした拡大を行なうために、学部の新設や改組ではなく、学科の増設という形で規模を拡大してきたことである」[13]。

戦後のベビーブーム世代が大学進学期を迎えた一九六〇年代以降、この波に乗って開設した「第二世代」の私立大学一四大学について、両角氏は大きく五グループに分けている。「第一のグループは、規模を大きく拡大し、さらに組織構造を大きく変化させた武蔵野大学、京都橘大学がこれにあてはまる。（中略）両校は、女子大から共学化、つまりニッチ型からの脱却例で、（中略）限定された需要だけに応えるのではなく、対象を広げ、これと同時に、構造も大きく変化させてきた」[14]、さらに、武蔵野大学は入学者減と教授会主導がもたらす経営危機、京都橘大学は負債比率がやや高い財政危機、これらの危機感を大学改革に導く原動力とした。とくに武蔵野大学は、相次ぐ学部新設により、学生数を二〇年間で四倍に増やす行動に注目している。第二のグループは、大阪産業大学、阪南大学で、臨定を積極的に活用して規模を大きくした。第三のグループは、比較的小規模のなかで、臨定を活用せず、改組によってある程度の規模拡大をした北海道医療大学、中京女子大学、長野大学である。第四のグループは、学生数五、〇〇〇—六、〇〇〇名と中規模大学でこれを少し拡大させた神戸学院大学、広島修道大学である。そして組織変化がほとんどなかった大学を一括し、そのなかで聖路加大、鶴見大など財政状態が極めて良い大学と地方に位置し経営環境が厳しく経常収支がマイナスないしゼロという函館大、旭川大、足利工業大など両極端の小規模大学を対比している このグループでとくに注目されるのは急成長した武蔵野大学で、後述するように小川洋氏も言及している。そのほか、両角氏は、一九七五年から九〇年までに新設された第三世代大学を二例分析しているが、例示が少ないので省略する。

両角書は、四二四頁に上る学術書で、分析は詳細を極めつつ。要約的に引用しよう。大局も失われておらず. 第五章第七節小括で、臨定期の私立大学の動向をわかりやすくまとめている。分析した四〇法人を、組織の改編、財政状況、経常収支の三つの基準で評価し、改めて「大学行動」を「積極拡大」、「抑制」、「中拡大」に三つに類型化している。「積極拡大」類型には、①学生数一万人以上の大規模校がさらに積極的に拡大した立命館、龍谷、中京、大阪産業の四校、②学生数一万人以下の中規模模校が大きく規模拡大し経営の安定化を図った花園、桃山学院、宮城学院女子、武蔵野、女子美術、中京女子、京都橘、神戸学院の八校、③専門分野が限定された中小規模大学で財務内容の良好な北海道医療、聖路加看護、流通科学、豊田工業の四校、以上である。

このうち、①については、「これらの大学は一九八〇年代終わりの財政状態は必ずしも良好ではなかったが、臨定を梃子とした拡大によって、結果としては財務状況を改善させ、また負債も減少させた。ガバナンスのうえでは、機構上の共通の特徴があるとはいえないが、計画性を持った拡大をしている。ほとんどが関西地区にあり、マーケットの特殊性も一つの要因と考えられる。[15]」と加筆している。また、②についても、「女子大学が多いことも特徴で」、また、「八〇年代終わりの財政状況は一般に良いとはいえないが、拡大後には安定化した場合が多い。規模拡大の結果として、人件費比率が減少したケースが多い。[16]」と説明している。

第二の「抑制」類型には、①第一世代の典型的大規模大学が、全体としての学生数を抑制しつつ、活発な学部再編、設備投資を行なう戦略をとった法政・明治、②基本的には同じパターンであるが、知名度、選抜制において少し低い地位にあり。拡大によって選抜制を下げる可能性が大きいことが「抑制」的行動をもたらした大学で。愛知、東京経済、名城、工学院、国士館、京都産業の六校、③比較的小規模大学で、臨定を導入して学生数を増加させたとしても、ている。

減少に転ずることを考慮し全体的に抑制的行動をとった函館、足利工業、鶴見、旭川の四校、以上の三つに再分類し

このうち①の二校については、「一九八〇年代後半における財務内容は必ずしも良好とはいえないが、こうした（学部再編、設備投資などの積極的な）戦略の結果として財務内容は改善した。とくに資産の増加、負債の削減が見られた。ガバナンスは参加志向が強いが、経営行動自体は必ずしも消極的ではない[17]」と説明している。「ガバナンス志向が強い」という表現は抽象的であるが、いわゆる教員全員参加型の教授会の自治が確立されているという意味で理解される。しかし、両角氏は、そのあとに「が」という接続詞をいれて、「にもかかわらず」というニュアンスで、「教授会自治」が経営の足を引っ張ることなく、トップのガバナンスが優れているおかげで「積極的経営行動」が実現されている、とみなしている。筆者（矢田）自身、一九七〇年代から八〇年代前半の一二年間法政大学経済学部に在籍し、「教授会自治」を経験したが、活発に議論するものの、大学全体の方向性をにらみながら結論を出す、という比較的「大人」の対応で運営され、リング外での「取引」や特定のわがまま集団が闊歩することはなかったと理解している、こうした民主的な「教授会自治」の伝統のうえに、優れた戦略を有する総長が、「臨定」の時期に経営のトップにいたことが好結果をもたらしたと言えよう。また、②については、「一九八〇年代終わりの財務状況は良好とはいえないが、二〇〇四年までにいくつかの点で改善が見られた。負債の減少が見られた大学が多い[17]。」とのコメントを付加している。

第三類型の「中拡大」とされた大学は、「関西学院、関西、同志社、立教、日本福祉、成蹊、大阪経済、広島修道ーいわば平均的な拡大を示した大学であり、多くは臨定の幅が恒常定員の増加を決めている。財務内容は必ずしも良くなかったが、二〇〇四年までにかなり改善し、資産が増加し、負債が減少した。またほとんどにおいて人件費比率が減少して、長期的な健全性の基礎が作られている[17]」と分析している。そのうえで、「一般には歴史的な大学の年代の古いほど、極端な行動に走る傾向が少なく、また小規模大学において、マーケットがある程度確保されていれば大きく拡大するケースが多い。また新しい世代の大学においては、一九九〇年代には臨定を利用した拡大がみられたが、一九九〇年代終わりから学生の獲得の難易度が学生を厳しく制限している。（中略）ただしこのケーススタディの対象とした大学を総じてみれば、財務状況はこの期間に改善された大学が多い。財務状態に問題が生じるのはむしろこれからではないかと考えられる[18]」。と「臨定」の「わが世の春」が過ぎ。二一世紀の厳冬を迎えることを暗示している。

(1) 両角亜希子『私立大学経営と拡大・再編』東信堂　二〇一〇年　一五七―一五九頁。
(2) 同右書　一六一頁。
(3) 同右書　一六七頁。
(4) 小川洋『消えゆく限界大学　私立大学の定員割れの構造』白水社　二〇一六年　六〇頁。
(5) 同右書　六三頁。
(6) 両角書　一七〇―一七一頁。
(7) 同右書　一八五頁。
(8) 同右書　二〇九頁。
(9) 同右書　二五〇頁。
(10) 同右書　二九三頁。
(11) 同右書　二九四頁。
(12) 同右書　三〇七頁。
(13) 同右書　三〇七―三〇八頁。
(14) 同右書　三五七頁。
(15) 同右書　三六七頁。
(16) 同右書　三六八頁。
(17) 同右書　三六九頁。
(18) 同右書　三六九頁。

二　私立大学群の「中核―周辺」構造の定着―いわゆる「限界大学」の登場

規模別私立大学の対応―小川洋氏の分析

小川洋氏は、その著作の中で、臨定期間前後の私立大学の変化を、両角氏の設立時期別ではなく、入学定員規模別で分析している。具体的には、「(二〇)一五年度に入学定員が一〇〇一人以上の私立大学は全国で一一三校である。入学定員規模別に一〇〇〇人以下をD、一〇〇一人―二〇〇〇人をC、二〇〇一人―三〇〇〇人をB、三〇〇一人以上をAとすると、規模別の大学数は八五年から一五年までの三〇年間に大きく変化した」[1]。すなわち、Aランク維持一五校、Bランク維持九校、Cランク維持二一校と、ランク変更のなかったのは四五校で、ランクが上昇したのは六八校に達した。このうち、CランクからBランクに八校、BランクからAランクに六校と一ランク上昇は一四校、DランクからBランクに二校、CランクからAランクに二校あわせて四校が一挙に二ランク上昇した。このように、臨定を活用して規模拡大に積極的に動いた大学は多い。入学定員三〇〇〇人以上ということは、四年生までの収容定員で一万二千人である。国立大学では、阪大、東大・京大など旧帝大の上位の大学に匹敵するか、それ以上の規模である。インターネットで検索して二〇一六年五月時点の学生数上位二三の私立大学をみると、いずれも学生数一・三万人以上である。学生数が収容定員を若干上回るから、ほぼこれらの大学が小川書の指摘するAランクとみていい。両角書で「第一世代・中核」とした東京六大学+関々同立の計一〇校以外には、戦前からの日本大、東洋大、専修大、駒沢大、龍谷大の五校、戦後新制大学で大規模となった近畿大、東海大、帝京大、福岡大、神奈川大、青山学院大、東京理科大、名城大の八校が加わる。このうち、Bランクつまり入学定員二〇〇〇人台からAランクに上昇した六つの大学には立教大、駒沢大、名城大、関西学院大、神奈川大、東京理科大があり、Cランクつまり入学定員一〇〇〇人台から一挙にAランクに上昇したの帝京大と龍谷大の二校だと小川氏は指摘している[2]。

Aランクを維持した一五大学にあっても、臨定活用に格差が生じている。具体的に小川氏は次のように指摘している。「一方で臨定以前から入学定員三〇〇一人以上を擁していた主要大学の多くは、臨定を恒常化せずに返上している。中央大、早稲田大、日本大、明治大の四校では一〇パーセント以下の微増ないし若干の減少さえあった。福岡大学、専修大学、東海大学の三校は、一〇数パーセント増に抑えられている。多少とも積極的に拡大したのは、青山学院大学（一二三・一パーセント増）と慶應義塾大学（一二九・七パーセント増）および法政大学（一四〇・三パーセント増）であった。（中略）これらの有力私大では入学者の質確保を優先したのである。このグループで例外的に積極的に規模を拡大したのは、首都圏では東洋大学のみであり、三二二〇人から六七三二人へと倍増させている。ただし、関西圏では八五年に定員二七〇〇人あまりだった関西学院大が約二倍となったほか、すでに三〇〇〇人以上の規模だった同志社大学、関西大学、立命館大学、近畿大学の各大学も、いずれも五〇パーセント前後の拡大をしており、有力私大の戦略は首都圏と関西圏では対照的であった。

なお臨定期の私立大学の入学定員拡大は全体で約一八万六〇〇〇人であったが、そのうち既設大学によるものが約一〇万八〇〇〇人、新規開設大学によるものは約七万八〇〇〇人であった。中小規模の既設大学が、経営基盤強化のために臨時定員の恒常化などを利用した定員拡大の動きが目立ったのである」[3]。後述するように、小川氏は、この臨定を活用して拡大した中小規模の既設大学と新規開設大学の経営力（ガバナンス）の脆弱性を特に問題視し、著作の題名を『消えゆく限界大学』として批判の対象としていった。

まず、臨定期の既設有力大学の改革の具体的内容について、次のように記述している。

「Aグループでは定員を抑えながら、学部・学科の改組を積極的に進めた。（中略）明治大学は工学部を理工学部（八九年）へ、情報コミュニケーション学部（〇四年）の新設、法政大学は国際文化学部、人間環境学部（九九年）、中央大学は総合政策学部（九三年）、同志社大学は文化情報学部（〇五年）などを新設した。社会的ニーズや受験生の関心動向に積極的に応える努力をしてきたと言える。

Bグループから Aグループに移った六大学でも、立教大学が観光学部とコミュニティ福祉学部（ともに九八年）、駒澤大学が医療健康科学部（〇五年）、名城大学が新キャンパスを整備して都市情報学部（九五年）を、さらに人間学部（〇三年）を開設している。関西学院大学も総合政策学部（九五年）などを新設している。

Cグループから一気にAグループへ移った二大学は帝京大学と龍谷大学である。八五年に定員一六三〇人だった龍谷大学では八九年に新キャンパスを開設して理工学部と社会学部を新設し、国際文化学部（九六年）を加えて三〇〇〇人を超える規模の大学となった。その後も関西圏の私学で初となる農学部（一五年）を開設し、一五年時点では定員四五三〇の総合大学へと発展している。

Dグループから Bグループに（二ランク上に）移ったのは大阪産業大学と関西外国語大学である。（中略）大阪産業大学は、経済学部（八六年）、人間環境学部（〇一年）を開設し、この間に二・六倍の規模になっている。関西外国語大学は、国際言語学部（九六年）を新キャンパスに開設して大幅に定員を拡大し、従來の英語とスペインに加え中国語などの教育研究体制を整えている」(4)。

そのほかとくに、小川氏は学生数が急増した大学として、武蔵野大学、愛知淑徳大学について次のようにふれている。「武蔵野大学（〇四年までは武蔵野女子大学）の二〇〇〇人から一九、二八〇〇人（九六四パーセント増）へ、ほぼ一〇倍の拡大、七五年開設の愛知淑徳大学が二〇〇〇人から一、八七〇〇人へと六・二倍に拡大した二つのケースが際立つ。武蔵野大学は文学部の単科女子大学から、現代社会学部（九八年）、人間関係学部（九九年）、薬学部（〇四年）を相次いで設置し、共学化・総合大学へと大きく飛躍した。愛知淑徳大学も、この間にコミュニケーション学部（〇〇年）、医療福祉学部（〇四年）と、学部新設を行なった(5)。

ところで、両角、小川書ではごく簡単に触れるだけであった、両角類型の「中核」、小川類型の「Aグループ」、ともに「核心」である早慶二校について、HP等の資料で、ごく簡潔にで補足しておこう。早稲田大学は、従来の政治経済、法、文、教育、商、理工、社会科学の七学部に加え、臨定期以降、人間科学部（一九八七年）、スポーツ科学部（〇三年）、国際教養学部（〇四年）、文化構想学部（〇七年）を新設し、理工学部を基幹理工学部、創造理工学部、先進理工学部の三つに改組した（〇七年）。そのうえ、学部、研究科を一〇の学術研究院に大括りにまとめるなど組織改編をし、積極的な改革を進めた。慶応大学も、従来の文学部、経済学部、法学部、理工学部。医学部、商学部の六学部に加え、臨定期以降、藤沢キャンパスでの総合政策学部、環境情報学部の新設（一九九〇年）、看護医療学部の開設（〇一年）、共立薬科大学の統合による薬学部の開設（〇八年）など、新しい分野に進出していった。

こうして、一九八五年から二〇〇四年までの文部省の「臨定」政策により私立大学の規模が拡大し、経営も安定して、多くの私立大学が「宴」のただなかにあった二〇世紀末に、かなりの私立大学で「定員割れ」現象が生じ始めた。小川洋氏はこの間の動きを次のように述べている。

「（私学）振興事業団の報告書によれば、（中略）（二〇）一五年の定員割れ私大は二五〇校に及んでいる。平成元

（一九八九）には定員割れの大学は一四校のみであった。（中略）ところが九九年には突如、定員割れの校数が一気に八九校に急増する。（中略）さらにその二年後の〇一年には一四九校にまで増加し、（中略）充足率八〇％未満の大学も八一校にまで増加した。その後の数年は横ばい状態となったが、〇六年より再び上昇し、〇八年には二六六校にまで及び、（全私立大学に対する）比率では四七・一パーセントと、ほとんど二校に一校は定員割れという事態に至っている。充足率八〇％未満の大学も一五四校という深刻さである」[6]。

　ところで、小川氏は、著書の「第2章どのような大学が定員割れしているか」で、定員割れ大学の要因分析を独自の方法で行っている。その場合、個々の大学による入学辞退率の読み誤りなどで生じる「定員未充足」など一時的なものを除外するため、「定員割れ大学」を充足率九〇％と再定義し、二〇一四年時点で一六七校としている。文部科学省の資料では、同年の私立大学数は六〇三校であるから、その比率は二七・七％となる。

　この一六七校について、まず開設年次別の校数を摘出する[7]（小川書図表2—1、四一頁）。これによれば、現時点での定員割れ校の主な開設時期は、第一次ベビーブーム世代が進学する「急増期＝一九六四—六八年」三二校（一九％）、第二次ベビーブームを迎えた「臨定期＝一九八六—二〇〇五年」九二校（五五％）、その間の「抑制期（一九六九—八五年）」二〇校（一二％）、一九六四年以前の「学制改革期」（一九四八・四九年）三校（二％）、急増期までの「整備期（一九五〇—六三年）」一一校（七％）、臨定解消後の「再抑制期＝二〇〇六—一三年」一〇校（六％）で、「臨定期」開校の比率が五五％と圧倒的に高い。「臨定期」にバブル的に開校し、かつ一〇年後その半分近くが「定員割れ」に追い込まれていることになる。もっと言えば、「臨定期」に開校した二〇四校のうち、約四五％にあたる九二校が一〇—二〇年後の二〇一四年には「定員割れ」を起こしていることになる。

　小川氏は、この「臨定期」開校の大学の設置母体を調べたところ二〇四校中七八％に当たる一六〇校が「短期大学」起源であった[8]。開校時期にこだわらず、一六七校全ての「定員割れ」大学の設置母体をみても七三％に当たる一二二校が短期大学起源であった[9]。つまり、短大の四年制大学への上昇指向が、私立大学の急増を生み、「臨定政策」がこれを決定的に促進したことになる。小川氏のこの分析は極めて重要である。小川氏は、ポイントとなる「臨定期」の短大の動向を分析している。それによれば、八六年の「臨定期」以降に消えていった短大二一二校の動向をみると、二三％に当たる四八校が廃校したが、残りは何らかの形で四年制の大学となっている。このうち、八三校（三九％）

が短大を廃止してすべてが四年制大学に「転換」したもので、八一校（三八％）が四年制大学に併置されていた短大が、大学の学部として「統合」された。こうして、短大を経営していた法人の四分の三以上が「四大化に生き残りのチャンスを見出そうとした」ことになる。こうした短大の動きについて、小川氏は、次のように厳しく指摘している。

「開設された短大の規模が小さかったこともあって、学校法人の理事たちの関心は基本的に母体側である従来の中高以下の学校経営にあり、短大は飾り物程度にしか意識されていない傾向があった。そのため短大が激しい競争に晒されるようになっても、危機意識が希薄だったのではないかというのである。その学校法人の多くが相次いで短大を四年制大学に転換した。あるいは短大を残しながら大学経営に乗り出した。大学になれば、短大とは比較にならない水準の教育研究体制の整備が求められる。また大学間のさまざまな激しい競争に晒される。学生募集の範囲も広がり、予備校の偏差値序列にも組み込まれる。短大の経営が本業として意識されずにいたとしたら、彼らにまともな大学経営ができたのか、また法人内には大学経営に必要な人材があったのか、大学にふさわしい教授陣をそろえられたのか。これらの短大から、どのような大学が生まれたのかが」問われる[9]。加えて、「短大では理事長が学長を兼任することが多く、形は大学となっても、一般規模の高校よりも小さな教員組織が大学運営や勤務条件をめぐって理事長らと対等に交渉するだけの力をもつことはありえない。もともと研究者であるよりも、経営者たちと何らかのつながりで親しい関係であり、研究者としてよりも職業教育に従事する仕事に就いたという意識が強い。彼らは中途半端な存在であり高等教育を担っているという自覚さえ乏しいのである[10]」。経営陣も、教員陣も高等教育を担当する能力も意識もない、というのである。一八歳人口がピークを迎え、以降急速に減少し、大学間競争が一気に厳しくなる二〇世紀末から二一世紀初頭に「短大起源」に新規参入した大学が、「定員割れ」となるのは当然の理である。両角書で言う「第一世代・中核や周辺」、小川氏のいうAクラスを中心＝Centerとし、多くの短大起源の新規参入大学群を縁辺＝Peripheryとする私立大学群の中核・周辺構造が「臨定期」にしっかりと構築された。中核の大学群のなかで優れたガバナンスのもとで改革を進めている大学と、周辺というより縁辺と表現するにふさわしい大学群で「定員割れ」と「廃校」の危機に直面している。競争激化のなかでの大学ガバナンスの「質」が厳しく問われている。

（1）小川洋『消えゆく限界大学』白水社　二〇一六年　六七頁。

(2) 同右章 七〇頁。
(3) 同右書 六八―六九頁。
(4) 同右書 七〇―七一頁。
(5) 同右書 六八頁。
(6) 同右書 三〇―三一頁。
(7) 同右書 四一頁。
(8) 同右書 五一頁。
(9) 同右書 一〇二頁。
(10) 同右書 一二二頁。

一と二で、両角書と小川書に依拠しつつ六〇〇前後の「臨定期」の私立大学について、臨定を活用して積極的に改革を推進した大学群と短大起源の小規模大学群の「中核―周辺構造が定着」していったことを確認した。別言すれば、格差の拡大であり、両極分解である。二一世紀に入って一八歳人口が急減する中で、この構造のフリンジ（Ffrinnge・へり）の部分が「教育の質の劣化」、「定員割れ」や「閉校」などの形で崩壊していく。その中で生き残るのは、個々の大学のガバナンス如何である。また、「中核」に位置する大学群の中にあっても、市場の縮小によって中心から周辺へ、さらに周辺から縁辺へと脱落する大学もでてくる。ここでも「ガバナンス」が問われる。

しかし、大学のガバナンスと言っても、学外からは見えない。偏差値、受験倍率、有名教授の有無、研究成果などの「外形標準」ではなかなかわからない。学内の教職員の「生身の人間関係」が大きく作用するところもある。何よりも、大学経営学などというのはないに等しい。学問の対象となりにくい。せいぜい大学史、大学制度論、高等教育政策論を論ずる研究で終わっている。執筆者の多くは、「大学経営」に携わったことがなく、研究の対象としか見ていない。要するに「実践経験」に乏しい。逆に、学長などとして大学経営に従事したものは、学内選挙に勝ち残った医学系か工学系の教員が多く、大学という組織、それを取り巻く社会環境、さらには高等教育政策など客観的に研究したことがなく、学部・学科レベルの運営の経験と研究者としての誠実な人間性に依拠するしかない。私学の中では、先祖伝来大学を「所有」し、理事長・学長を継いできた大学もあるが、その能力は「千差万別」である。

こうした人たちの大学経営に関する著書は、会社のトップ経験者の企業経営論と比較して恐ろしく少ない。法律や経済・経営、社会学者が学長になるケースが少ないことも影響している。こうした、学長みずからの著作の乏しいなかにあって、臨定期の改革をリードした二人の学長・副学長経験者の成果がある。しかも、その手腕が高く評価されている大学である。立命館大元副学長の坂本和一氏と法政大元総長の清成忠男氏らの著作から大筋を追ってみよう。

三　立命館大学の奇跡―坂本和一『大学の発想転換―体験的イノベーション論』から

ＢＫＣ（琵琶湖・草津キャンパス）の開発

坂本和一氏は、経営学者で、現代巨大企業の分析や近代製鉄業分析など産業論や企業組織分析等の多くの著作がある。氏は、「立命館で教学部長（一九八八―九〇年）、副総長（一九九四―二〇〇四年）、立命館アジア太平洋大学学長（一九九四年―二〇〇三年）などの職務を担い」、（中略）本務校の仕事を担った一九八〇年代後半から二〇〇〇年代前半までの二〇年余りの間に、幸運にも私は大学の改革をめぐるいくつもの重要な経験をさせていただきました」[1]と述べている。八〇年代後半から二一世紀初頭の「臨定期」である。

この間、「本務校立命館でも、一九八七年の理工学部情報工学科、八八年の国際関係学部の設置に始まり、九四年の新キャンパス、びわこ・くさつキャンパス（ＢＫＣ）開設と理工学部の拡充移転、政策科学部の設置、九八年のＢＫＣへの経済、経営二学部の移転・新展開、二〇〇〇年大分県別府市での立命館アジア太平洋大学（ＡＰＵ）開設、二〇〇〇年代に入ってからの情報理工学部、映像学部、生命科学部、薬学部、スポーツ健康科学部の相次ぐ開設、またロースクール、ビジネススクールをはじめとする各種の独立大学院、専門職大学院の開設など、数々のイノベーションが展開しました。立命館のこのような展開は、当時全国の大学イノベーションにそれなりの刺激を与えたところでありました」[2]。もともと立命館大学は、京都市北区の衣笠山山麓で、法学部、経済学部、文学部、経営学部、産業社会学部の人文・社会科学系五学部構成であったが、「臨定期」に理工学部を設置して総合大学となり、さらに九四年に滋賀県のびわこ・くさつキャンパス（ＢＫＣ）を開発して、ここに理工学部と政策科学部、経済学部、経営学部を移転し、ここを拠点に産学連携を積極的に展開している。このＢＫＣの開発こそが立命館大学の大きな飛躍をもたらした。このＢＫＣの開発について坂本氏は、以下のように語っている。

「一九七〇年代までのまちづくり、あるいは地域振興ということでは、こぞってどの町もどの地域も、『企業誘致』をやられたと思います。そして、一番典型的なのは、大型の産業コンピナートをつくり、重厚長大型の様々な企業の工業施設を配置するということで地域振興が大胆に図られ、これがまた日本の高度成長に非常に大きな役割を果たしたことは紛れもないことです。ところが、八〇年代に入りまして、ご承知のように産業構造の風向きががらっと変わりました。（中略）私たちが八〇年代以降に経験してきておりますのは、地域の振興にとって、産業の集積ということを必要としている場合でも、そのベースにもう一つ、知識の集積というものがどうしても必要なんだということであります。産業構造における情報化やソフト化という方向が進む中で、やはり産業の集積の基礎にもっと高度な知識の集積というものがないと、産業振興自身がうまくいかないということを（中略）私たちは学んできたのではないかと思います。そういう背景があって八〇年代の中頃から地域振興のために企業誘致に代わって『大学誘致』ということが強く打ち出されてきたように思います[3]」。

「私たちが滋賀県のこの近くに立命館大学の第二のキャンパス、びわこ・くさつキャンパス（BKC）を開かせてもらいましたのが一九九四年です。（中略）このキャンパスは滋賀県と草津市からの大型の協力があって実現したのですが、当時の事情を申しますと、京都にあります衣笠キャンパスが大へん狭隘になりまして、特に理工学分野の研究は当時の衣笠キャンパスでは発展の余地が大へん乏しいということを自覚しまして、どこか新天地を求める必要がありました。これが（中略）一九八八年頃に浮上しまして、理工学部をどこかに移転をして拡充をしなければなるまいというのが全学の意思となりました。（中略）自前の力でなかなかそういう新しい大きなキャンパスを得るということは難しい状況がありました。その中で（中略）非常に幸運でしたが、お隣の滋賀県、そして草津市のご協力があって、いまのBKCの開設にこぎつけたわけです。（中略）これだけ大きなキャンパス、衣笠の大体五倍近くありますが、（中略）ご当地の滋賀県、草津市の方々のご協力があって出来たことで、これが私たちの官と学の連携の原点でございます[4]」。

また、坂本氏は、大学立地の「効果」について、次のように論じている。「私は大学の存在効果は、決して経済効果というものに留まるものではない（中略）。むしろ社会的な、あるいは文化的な効果というものがたいへん大きいと思います。やはり知識創造力をもつ大学の文化的な拠点としての意味は大きいわけでありますし、また産業振興にとって、大学の知識創造力はたいへん大きな威力を発揮するようになる可能性をもっています。また、大学の人口の圧倒的多数は一八歳から二〇歳過ぎの若い世代でありまして、これらの学生諸君の存在がまちづくりに大きな活力を与えるということも、大学というものがもっている地域社会にとっての魅力であろうと思います。だんだん高齢化社会が進むという中で、大学が一つ存在することで数千名、あるいは万を数える若者が集積するということのもっている地域振興への効果というのは、確かに経済効果では図れない活力であろうと思います[5]」。

とは言っても、キャンパスを開発するには、広大な土地だけではなく膨大な研究教育施設の整備が不可欠である。私立大学であるから自らその資金を調達しなければならない。BKCは、五七万haで、九州大学の伊都キャンパス二七二haの約五分の一にすぎない。国立大学は政府の財政資金で調達できる。立命館大は、地方自治体の支援があったとは言え、基本的には学生の納付金等に依存せざるを得ない。理工系であれば実験施設などの整備もあり、負担は大きい。民間からの調達は不可欠である。しかし、九〇年代に入って日本経済はバブルが崩壊し、長期の不況が続いた。従来の発想で、大企業からの寄附金に依存することは困難になった。ピンチである。そこで、坂本書のサブタイトルである『発想の転換』が生まれた。一つは、「寄付ではなく連携である。ギブ・アンド・テイクに徹しよう」、第二は、「大企業依存はなく、重点を中堅・中小企業に置く」。第三は、提携の内容は、資金中心ではなく、「人、物、資金、そして情報」など様々なレベルの資源とする。第四は、研究室や先生単位の交流から大学としての交流に切り替える、そのため「窓口を一本化する」。「日本でリエゾンオフィス（Liaison Office）ということを打ち出したのは私たち立命館が一番早かったのではないかと思います。これによって、（中略）立命館へ行って何か相談すれば、少し糸口が開けるのではないかということを周りの企業や地域の皆さんが感じてくださって、足繁くこのリエゾンオフィスに来てくださるようになりました」、と言うのである。第五は、リエゾン活動を教職一体で進める事である。そして第六は、「理工系だけではなく、文系のリエゾン活動が進んでいる」[6]ことである。

このうち、大学にとって注目すべきことは、第五と第六、つまり教員と職員、文系の学部と理系の学部の「壁」をなくすことである。この二点について、坂本氏の見解を敷衍しよう。まず、教職一体化について、「こういうリエゾン活動します場合に、教員と職員が一体で仕事を進めることです。職員の者がまいりまして、いろいろなニーズがあるとなったらすぐ教員がそこへ出かけて、専門の知見からのいろいろなアドバイスをしたり、開発に関与したり、いろいろなプランニングに参加したりする。（中略）大学という世界では、職員と教員の間の連携プレーというのは、一緒に生活しておりながらなかなか難しいというのが、実態であります。ですが、これからの大学改革もそうですし、地域とのつながりもそうですが、大学自身の一つの体質改革としてやらなければならないのは教員と職員の連携プレーをうまくやるということであります。教員と職員の間に壁がありますと、だいたい何もうまくいかない。これは、大学自身の文化革命をやらなくてはいけないところだと思います。この点が私たちの所では比較的うまくいっているところです」[7]。また、文理融合について坂本氏は、以下のように説明している。「これからのリエゾン活動とか産学連携というものは、文系の力をどうやって引き出すかということがたいへん大切だと思いますし、また単にテクノロジーだけではなくて、それを製品化したり企業化するためには、マネジメントの力が必要です。そういう意味では、理工学部と経営学部や経済学部との融合がこれからの産学連携のキーワードになるだろうと私は思いますが、その辺のところを睨みながら、私たちは文系のリエゾン活動に相当力を入れて参りました。（中略）一九九八年の四月に衣笠の方にあります経済学部と経営学部という二つの学部を理工学部のあるこのＢＫＣに移転いたします。学生数七、五〇〇名であります。（中略）（これを）一気に移します。このキャンパスの第二弾の展開はかなり大がかりです。（中略）なぜ経済、経営をＢＫＣに移すということで最終的に判断をしたかと申しますと、このキャンパスを本学のリエゾン活動の総合的な拠点につくり上げたかったからです。（中略）（こうして）ＢＫＣとしては学生数一四、〇〇〇名、衣笠の方には一六、〇〇〇名、だいたい二つのキャンパスがバランスをとれます。そういうことで、このＢＫＣを私たちとしましては、産学連携をはじめとするリエゾン活動の拠点にし、『文理融合型』の新しいリエゾンをここでつくり上げていきたいという思いをもっているわけです。これがうまくいきますと、テクノロジーとマネジメントの融合した力が出来上がります。（中略）そういう環境を私たちの大学は京都　滋賀の地域につくり出したい、（中略）これをどこまでスタンフォードやＭＩＴに近づけられるかというのはこれからの私たちの仕事ですが、この滋賀県の湖南地区が工業的なバックグラウンドと大学を結び付け、私たちの大学だけではなく近隣の大学も含めて、シリコンバレーやルート一二八のようなエリアをここにつくり出したいというのが、私たちの意気込みであります[8]」。ＢＫＣの構築は立命館改革の華であり、広大な夢である。この立命館の学部増について、両角書は、「一九八五年から二〇〇四年までに学生数を一九、六三九名から三一、三八八名へと、一・六倍にも拡大させた。実数で見れば臨定をもっとも活用した大学であるし、一九九二年の臨定率も二五％と非常に高率であった。臨定を積極活用して規模を増大しただけでなく、積極的に組織改編を進めながら大拡大をなしとげた[9]」、としている。

　立命館改革は、さらに続く。「それからもう一つ、立命館の産官地学連携の一つに、いま私自身が責任をもって進めております『立命館アジア太平洋大学』創設という事業があります。立命館は、二〇〇〇年の四月に大分県別府市で、立命館アジア太平洋大学という新しい大学を開設いたします。この大学づくりも、（中略）大分県と別府市および立命館三者のジョイント・プロジェクトです。大分県や別府市の皆さんの地域での高等教育機関創設への意気込みとをドッキングして、立命館の国際化の新しい水準をここで目指そうという大事業です[10]」。

京都・大学センター

立命館改革の目玉の「もう一つの事例でございますが、今京都では、『京都・大学センター』という、大学間のコンソーシアムがかなり活発に機能しております。京都には国・公立、私立を含めまして四九の大学・短期大学がありますが、そのうち四四の大学・短期大学がこれに加盟しています。要するに、京都にあります大学、短期大学はほぼ全部このコンソーシアムに入っているという仕組みになっています。

京都・大学センターでよく知られていますのは単位互換制度です。一九九七年度は一二五の科目がお互いに単位互換の対象になっており、そこにほぼ六、〇〇〇名の京都の学生が受講をしております。他大学の科目を受けて単位を取るわけです。学生はお互いにキャンパス間を往来しておりますが、これは（中略）京都という地域の重要なアカデミック・インフラストラクチユアなのです。私は、『もう一つの大学』が京都にあるというようにいっています（中略）それは京都・大学センターという大学である。そこには一二五の科目があって、六、〇〇〇名の学生が、お互いに行き交って勉強している。こういう仕組みは確かに『大学のまち京都』に独特のものであります。[11]」と語っている。

こうした立命館の「奇跡」とも表現できる大胆な改革の背景には、立命館特有の合意形成方式がある。曰く、「私は立命館大学に所属しておりますが、立命館の全学協議会という組織が一つの参考になろうかと思います。この協議会は、立命館を構成する（中略）諸組織が、定期的に学園全体の基本政策、具体的には学園の将来計画や財政計画、学費の改訂方針などを論議し、全学の合意形成を図る協議の場です。立命館の全学協議会の何よりの特徴は、学生・院生の自治組織が論議の上で中心的役割を果たしているのだと思います。もとより、課題によりましては、それぞれの立場の違いがもろにぶつかり合い、激烈な論戦になることも全学の合意形成を図る協議の場です。しかし、そのような一面ではたいへんしんどい論議を通して、学園全体としてのいき方についての共通認識をつくり上げることができるわけであります。立命館の全学協議会は、戦後もう長い歴史をもっていますし、とくに一九六〇年代末から七〇年代前半のいわゆる大学紛争の時期の試練を経て、より民主的に確立されたものとなってきていると思っていますが、（中略）相当に有効に機能しているのではないかと考えます。（中略）結局、大学の自己革新能力、自己管理能力というものは、大学を構成するそれぞれの責任、立場を異にする諸組織が対外的には全体として果たすべき課題を共通認識としておきながら、内部的にはそれぞれ固有の責任、役割を十分果たせるようになっているかどうかにかかつていると思います」[12]。ちなみに、「臨定期」かつ立命館の「大改革期」の一九九〇年代末の『立命館学園案内　一九九七』が手元にあるが、大南正瑛総長・学長が立命館大学卒業、理工学部教授をへて九一年に就任、川本八郎理事長が立命館大法学部を卒業、総務部長・常務理事長を経て九五年に就任、坂本和一副総長が京都大学卒業、立命館大経済学部教授、教務部長を経て九四年に就任、となっている。トップ三人が教職協働、文理融合とバランスよく構成され、とくに坂本副総長が経営学専門、組織戦略研究者、川本理事長が総務部長経験で財政・人事に通じている。大学の戦略に知的センスが反映され、職員の支えが保証されている、最適の配置となっている。

最後に、こうした「大胆な改革」を支える一九九〇年代の財政事情について両角書から引用しておこう。「BKC開設に当たって、滋賀県と草津市のおおがかりな財政援助はこれまでにない規模であり、世間の注目を集めた。土地取得などキャンパスの設置にかかわる費用の三分の二を県が、三分の一を市が補助金の形で負担したのであった。自治体が約一三二億円もの巨額な財政負担をして大学を誘致し、新キャンパスの建築費は三三〇億円も投じられた。こうした背景で最新設備をそなえた新キャンパスへの移行が財政を悪化させることなく、行なわれたのである。ここ四年間の施設設備の整備状況を、HPでわかりやすく紹介しているが、二キャンパスともに、毎年、新築が行なわれていることがわかるが、とくに負債も増えておらず、自己資金で実施していることがわかる」[13]。支出については、帰属収入に占める人件費の割合は四〇％前後で安定しており、教育研究経費の割合は増やし続けており、教育研究環境の一層の充実に力を入れている。総じて、「立命館のケースは、積極的な新規投資による挑戦と規模の拡大を行ない、これを成功させることによって、財政基盤を安定させ、また、次のチャレンジへの資源としているといった好循環をうまく作り出している典型例であるように思われる」[14]と高く評価している。立命館の奇跡である。

（1）坂本和一『大学の発想転換―体験的イノベーション論』東信堂　二〇一二年　四頁。
（2）同右書　まえがき　iii―iv。
（3）同右書　一一一―一一二頁。
（4）同右書　一一五頁。
（5）同右書　一一三―一一五頁。

（6）同右書　一一七―一二一頁。
（7）同右書　一二二―一二三頁。
（8）同右書　一二四―一二七頁。
（9）両角前掲書　二四四頁。
（10）坂本書　一二八頁。
（11）同右書　一二九―一三〇頁。
（12）同右書　六九―七〇頁。
（13）両角書　二四六頁。
（4）同右書　二四八頁。

（本節は、著者の坂本和一立命館大学名誉教授に目を通していただきました。御多忙のところ感謝致します。）

四　中堅大学・武蔵野大学の飛躍

まず、武蔵野大学のＨＰから、学部新増設の跡を追って筆者なりに整理すると4―22図のようになる。

一九二四年「武蔵野女子学院」が創設され、二七年に高等女学校が開校、四三年浄土真宗本願寺学派の派立学校となり、戦後の新制度のもとで五〇年に武蔵野女子短期大学、六五年に武蔵野女子大学となった。多くの戦前の私立大学が四九年の新制度発足とともに開校したのに比較すれば、遅れて「新規参入」したものであり、五〇年余の歴史しかない。しかも、日本文学科と英米文学科の二学科を持つ文学部のみの入学定員二〇〇人の単科大学として三〇年を経過した。家政科と文科の二科のみ、入学定員四〇〇名の短期大学を併設する山の手の「典型的な『お嬢様大学』[1]」であった。

本格的な組織の拡充に動き出したのは、第二次ベビーブーム世代が大学進学期を迎え、文部省の「臨増政策」が本格的に動き出した一九八〇年代の末であった。後述するように学院内の周到な準備ののち、九五年に現代社会学部（現代社会学科、社会福祉学科）、九九年に文学部人間関係学科を改組して人間関係学部とした。さらに、二〇〇三年に同学部に環境学科と保育学科を増設し、名称を武蔵野大学に変更するとともに、女子大学から男女共学に転換した。加えて、〇四年に薬学部を新設し、さらに、〇六年に看護学部を設置した。九五年の四年制転換いらいわずか八年で文学部一学部体制から、文・現代社会・人間関係・薬・看護の五学部体制に拡充した。臨増定員の恒常化を活用した一気呵成の学部新設である。

一八歳人口が急減期に入り、臨定の「解消期」後、大学設置について計画誘導から規制緩和政策に転換した二〇〇四年を機に一定の条件を満たせば「学部・学科」の改編・新設が「届け出」制となるとともに、既存の学科定員・教員をベースに、積極的な学部・学科の改編に転換した。その母体となったのは、五学部中の文、現代社会、人間関係の三学部である。まず、学部増のトップを切って九八年に新設された現代社会学部は、わずか一〇年の歴史を閉じ、〇八年に現代社会学科を母体に政治経済学部政治経済学科に転換するとともに、社会福祉学科を人間科学部に移した。この政治経済学部も四年後の一四年に改組され、政治経済学科が法学部法律学科と政治学科、経営学科が経済学部経済学科と経営学科となり、伝統的な社会科学系の二学部が誕生した。さらに一五年に経済学部に会計ガバナンス学科が加わった。

短大起源の文学部は、一一年に英語・英文学科が自立しグローバル・コミュニケーション学部となり、伝統的な英文から実践的なコミュニケーションに軸を移した。この名称も五年後にグローバル学部とし、グローバル・コミュニケーション、日本語コミュニケーション、グローバル・ビジネスの三学科に増設した。これによって母体の文学部は日本文学文化学科の一学科のみとなった。

第三の学部である人間関係学部も次々と新しい学部・学科を生み出していった。〇三年の大学名称変更、男女共学化と時を同じくして環境学科と保育学科を増設し、従来の人間関係学科、〇八年に現代社会学部から移動してきた社会福祉学科を加え四学科体制となった。このうち保育学科は〇七年に児童学科に名称変更し、さらに、一一年に教育学部児童教育学科となって「独立」した。教育学部は、一八年にこども発達学科を加え二学科となった。そして、人間関係学部の環境学科もあらたな展開を示し、〇九年に環境学部として自立したのち、六年後の一五年に環境学部が工学部に改組され環境システム、数理工学、環境デザインの三学科体制となった。

こうして、六五年に文学部二学科から出発した武蔵の女子大学は、〇三年の男女共学の武蔵野大学に転換し、一二年に、文、グローバル、法、経済、人間科学、教育、工、薬、看護の九学部（通信教育を加えると一〇学部）を有する一大総合大学に「飛躍」した。入学定員も四〇〇名から二〇一八年度二、四六二名と実に六倍に伸びたのである。学部収容定員一万人弱、大学院生を加えるとこれを上回る。小川氏の分類する「Ａクラス」の規模に到達しつつある。臨増、規制緩和、一八歳人口激減、大学間競争の中での驚くべき「飛躍」である。なお、急速な拡充で手狭になった従来の西東京市の武蔵野キャンパス（一〇ｈａ）に加え、あらたに江東区に有明キャンパス（一・七ｈａ）を新設し「武蔵野キャンパス」に加え一二年に江東区有明に新しく「有明キャンパス」を開設した。同年に学校法人を「武蔵野女子学院」から「武蔵野大学」に名称変更するとともに、法人本部を有明キャンパスに移転した。

こうした飛躍をもたらした要因について、小川洋氏は、著書『消えゆく「限界大学」』の第6章「新たな大学像」で目白大学、名古屋外国語大学とともに、詳しく分析している。いくつかポイントとなる点を紹介しよう。

そこでは、「志願者の減少という危機をきっかけに、学内で戦略を作成し、これに沿って改革を進め、規模拡大と

（小川書、両角書および武蔵野大学 HP をもとに筆者作成）

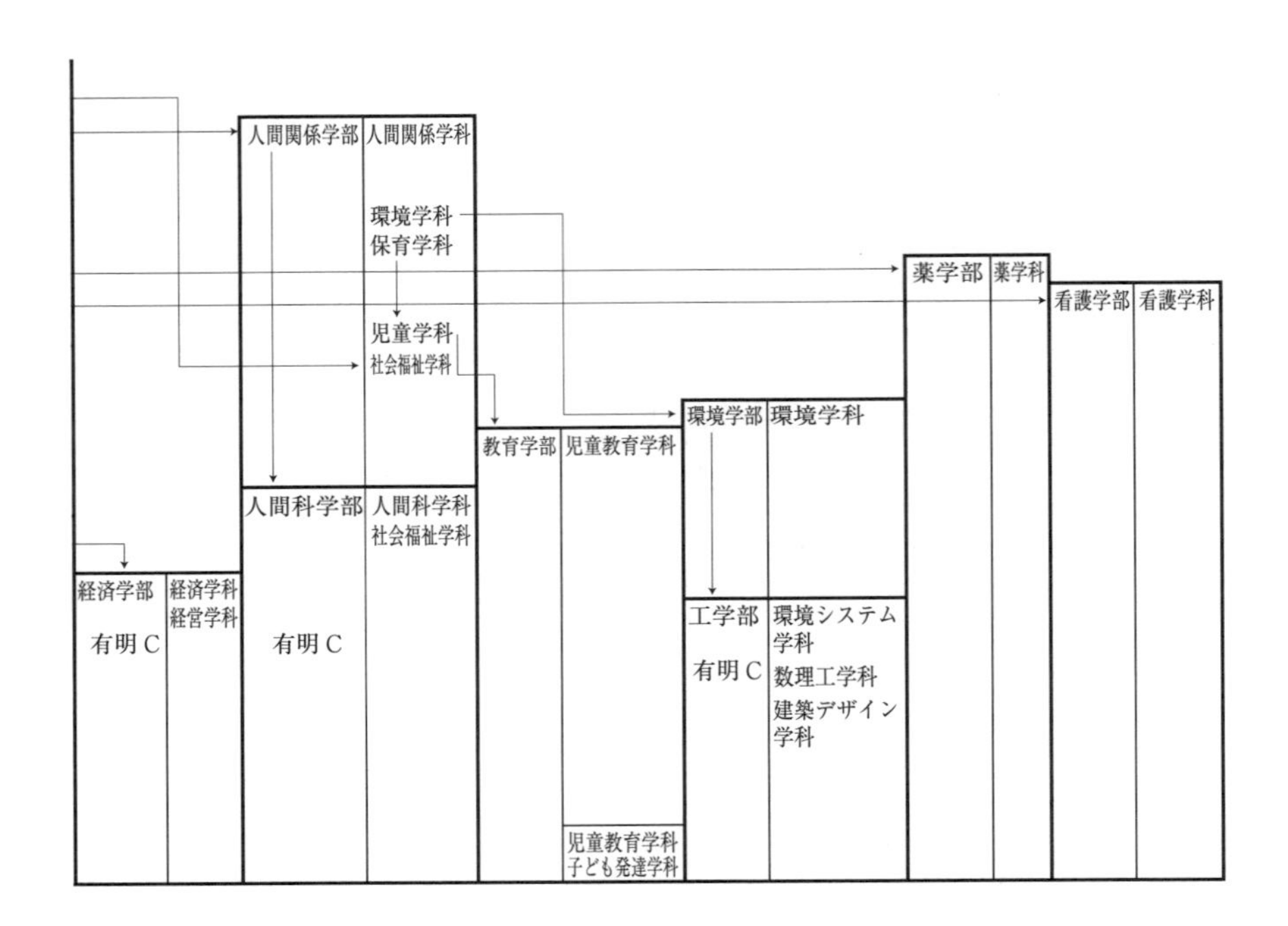

ともに財政を安定化させた点において、戦略的拡大を行なった典型的な成功例の一つと位置づけられるだろう[2]」。と概括している。具体的な展開は、次のようである。

「八〇年代末、理事会のなかに大学の将来像を集中的に討議する『基本問題検討委員会』が設置され、短大からの定員振替による新学部設置案が理事会に答申された。（中略）、現状維持を求める教授会は、九六年の学長選で、理事会の推薦候補ではなく、教授会推薦の候補を当選させるなど理事会と教授会との対立は激化した。しかし理事会側は、『実践性や専門性を強化する』という方針を打ち出し、短大の一部学科を廃止しつつ、大学を抜本的に改革する方針を貫いた。理事会主導の経営方針を明確にするため、規程などの制定の権限や人事任命権について、規程に明記するなどの体制整備を行ない、九八年には新学部（現代社会学部）の開設を実現させた[2]」。自己保身から「教授会自

4－22図　武蔵野大学・学部再編経過図

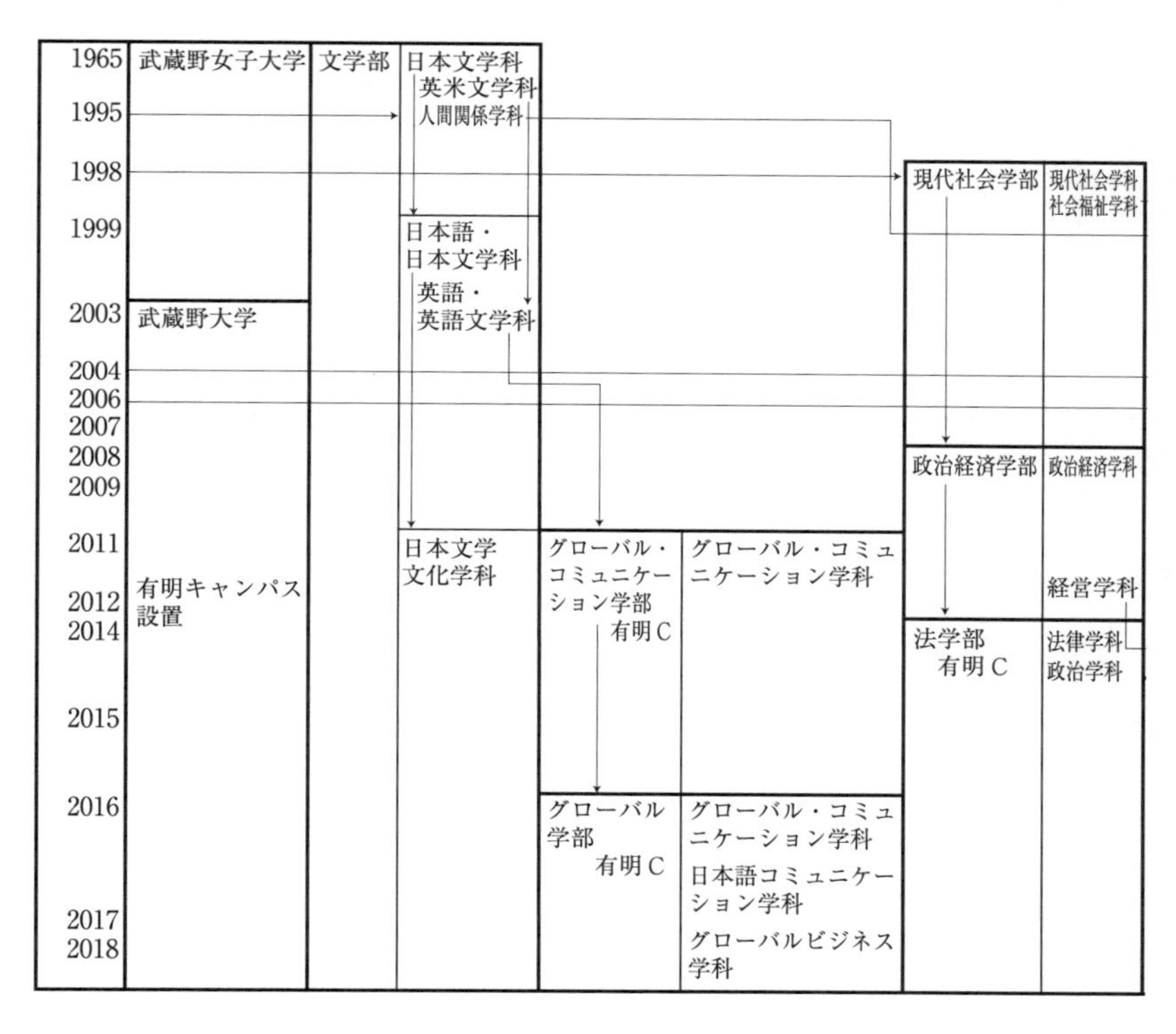

治」を盾にして現状維持傾向の強い教員側の抵抗に対して、理事会側が「強行突破」し、自らの主導権を確保するため規程改正などにより体制維持のための法的整備をしたこと、これが何よりも重要な要因であろう。他方、両角亜希子氏は、著書のなかで、「武蔵野大学は、一九九五年に人間関係学科を設置以来、学部学科設置や資格課程の設置を軸とした大学改革を行なっているが、これらの改革は、一九九四年一二月に理事会に設けられた法人の将来構想に関わる基本問題を検討する委員会（基本問題検討委員会）が主導して行ってきたものである。（中略）なかでも一九九八年度第三回理事会（一九九八年一二月一八日）で承認され、実行に移された『短大改革第二次答申』が改革に与えた影響が大きい。[3]」と述べている。この時点で、文部省大学局審議官を経験した斎藤諦淳氏理事に就任しており、二〇〇二年に学長に就任するとともに、一気呵成に理事会主導の大学

改革が進んだ。

第二の要因は、改革の方向を「指南」するブレーンの外部からの導入である。小川書では、この点について次のように記述されている。

「最初に開設された現代社会学部の開設数年前から教育学の研究者として実績をもっていた潮木守一氏などがかかわって構想が検討され、学部開設とともに潮木が学部長として就任し[4]」、時代の流れを見据えた人材育成の方向を示したことであろう。短大から出発した小規模大学では、高等教育界の動きがほとんど入らず、理事会主導とは言え、自信をもって戦略の方向を提示することは難しい。その点、潮木氏は国内外の大学教育に通じ、かつ文部省の高等教育政策の機微も熟知している。こうした知識人が「ブレイン」となり、かつ『学部長』として多くの「暗黙知」を導入するということは重要な意味を有している。たんに有識者会議などで多くの知識人からの有益な意見を聞くだけでなく、教育現場で具体的にその能力を「現実化」することは、大きな意味を有する。

両角氏は、こうした経過について、「理事会の元に基本問題検討委員会をたちあげ、まずは寄附行為を大幅に変更して改革を推進する体制を作り出し、そのうえで、定期的に丁寧な自己点検評価活動を行なっていることが、武蔵野大学の大拡大を支える要因になっていると考えられる。[5]」とその優れたガバナンスを評価している。他方、優秀な職員の確保については、小川書では、次のような記述があり、興味深い。「東京近郊という立地から、大学周辺の住民のなかには大手企業で人事の経験豊富な退職者が多くいると考え、それらの人材をリクルートして、学生の指導から就職先の開発まで任せ（中略）、（採用した）選りすぐりスタッフが学生の指導から就職先の開発までフルに活動し、就職氷河期の女子大でありながら第一期生の就職率は九五パーセントに達した。[6]」という。人事権を完全に掌握している職員の採用は比較的容易でも、それぞれに専門分野を持つ教員の採用はそれほど容易ではない。教育の質は、教員の質を直截的に反映する。優れた教員採用の人事システムが確立しない限り、大学改革な長期間持続できない。そのへんがどうなっているのか、残念ながら小川書には触れられていない。

（1）小川洋『消えゆく限界大学』白水社　二〇一六年　一三二頁。

（2）同右書　一三三頁。

（3）両角亜希子『私立大学経営と拡大・再編』東信堂　二〇一〇年　三五三頁。
（4）前掲小川書　一三五頁。
（5）両角書　二五四頁。
（6）小川書　一三六頁。

五　法政大学のガバナンス―清成忠男『現代日本の大学革新』法政大学出版局　二〇一七年より

積極的な組織再編　両角書では、第一世代・中核大学として堅実な大学改革を実現した法政大学について、次のように分析している。

「とくに法政大学では、一九九九年以降に六学部の新設・改組を行なっており、これほど組織改編に積極的である大学はほかに類を見ない。（中略）基本的には参加型のガバナンス形態を取っているが、必ずしも消極的な経営行動に出たわけではなかった。法政大学の場合は一九九〇年代中ごろに、カリスマ性を持った総長が学内からあらわれ、改革を実行する体制を築いてきたことが大きな推進力となったものの、必ずしも良好な財政基盤という強力な後押しがあってこうした変化をしてきたわけではなかった。学生のニーズをつかんだ新しい学部を作ることによって、高い志願率を維持し、それによって経常収支を著しく改善するとともに、必要なときには借入を積極的に行なってでも投資に打って出るという積極的な経営姿勢がこの大学の変化の背景である(1)」。とそのガバナンスに注目している。

組織改編の過程を法政大学のHPで追跡してみよう。戦前からの有力私立大学であった法政は、戦後新制大学として法学部、文学部、経済学部の三学部体制で再出発してからも学部の充実を図り、工学部（一九五〇年）、社会学部（五二年）、経営学部（五九年）を相次いで設置していった（本書2―2図、一三二―一三三頁）。キャンパスも本部のある市ケ谷に文系五学部のほか、小金井に工学部を置いていた。その後、八四年に町田市にある多摩キャンパスを開発し、経済学部と社会学部を移転した。筆者（矢田）は、七〇年代から八〇年代の初頭にまでの一二年間経済学部教員として働き、多摩キャンパス開発には副委員長として、鈴木徹三（鈴木茂三郎社会党委員長のご子息）経済学部教授や鴨沢巌文学部教授を支えてきた。多摩キャンパス始動から一五年余を経て教養部の再編を軸に、「臨増定員」を活用した学部新設を積極的に行い、市ケ谷キャンパスに九九年国際文化学部と人間環境学部、二〇〇〇年に多摩キャンパスに現代福祉学部、小金井キャンパスに情報科学部と一挙にを四つの学部を新設した。この間の事情について、当時の総長であった清成氏は、次のように述べている。

「法政大学では、一九八〇年代には改革が大きく立ち遅れていた。また、ヴィジョンも明確ではなかった。そこで、危機意識が生じ、一九九四年に『二十一世紀の法政大学』審議会が設けられた。ヴィジョンの策定がその目的である。大学教員、付属校教員、職員のなかから約一五〇人が参加し、学内の問題点、解決策、そしてヴィジョンについて議論を深めた。一九九六年に結論をだしたが、問題提起は総花的であった。ただ、論点の指摘には洩れがなく、トッフが論点を取捨選択し、重点度の順位をつけた。戦略部門の強化、『複数の新学部の設置』が提起されていたため、総長室と教学改革本部が設けられた。総長室では、懸案の問題や新しい問題を解決するためのプロジェクトが次々に設けられ、実行プランが策定された。また、教学改革本部においては、各学部の執行部や改革のプロといういうべき教員が参加し、新しい四学部の設置について検討した。その結果、一九九九年に二学部、二〇〇〇年に二学部が設置され、教学改革本部は解散した。二〇〇二年には総長室に企画戦略本部が設置され、戦略に基づいて改革を検討することとなった[2]」。

さらに、その後、市ヶ谷キャンパスにキャリアデザイン学部（〇三年）とグローバル教養学部（〇八年）が新設され、小金井キャンパスでは工学部の改組転換により、デザイン工学部（〇七年）、理工学部（〇八年）、生命科学部（〇八年）の四学部体制となった。多摩キャンパスにおいては新たにスポーツ健康学部（〇九年）が開設された。

こうして、一九九九年から二〇〇九年間での約一〇年の間に、法政大学は、法、文、経済、経営、社会、工の六学部体制から、二〇世紀中に新たに国際文化、人間環境、現代福祉、情報科学の四学部が新設されたのに続き、二一世紀には入って、キャリアデザイン、デザイン工学、理工、生命科学、グローバル教養、スポーツ健康科学の六学部が開設された。この間工学部が改組の対象になって、一学部減少したから、トータルで八学部増、一四学部構成となった。臨時定員、及びその後の規制緩和による学部・学科の新設が比較的容易になったとは言え、驚異的ともいえる増加である。両角氏の指摘するように、科学技術の発展（情報、生命、デザイン）や新たな人材養成のニーズ（グローバル、異文化理解、福祉、環境、健康）という時代の要請に対応した柔軟な学部再編である。

私立大学のガバナンス　清成氏は、一九九五年から二〇〇四年までの九年間、理事長・総長を務めており、在任期間中に『二十一世紀の法政大学』審議会の答申をベースに、総長室や教学改革本部、企画戦略本部などを設け、次々組織再編を実行した「ガバナンス」は脅威に値する。総長室にあって補佐した平林千牧は次の総長として二一世紀初頭の学部改編を引き継いだ。平林千牧氏とその次の増田壽男総長は、私とともに相前後して経済学部の「特別助手」として法政大学に就職し、野沢や蔵王など毎冬スキーに興じただけに法政の改革に関心がある。

ところで、これだけの改革を在任期間で成し遂げた大学の「ガバナンス」とは何であろうか。幸い当時の総長は、改革の経過というよりは、みずからのガバナンスをもとに私立大学の理事長・学長の在り方について、一般的に論じている。筆者自身も、五年間、国立基幹大学の副学長　六年間公立大学の学長として改革をリードした経験があり、積極的に首肯できることが少なくない。主な論点を紹介しよう。

まず、清成氏は、一九八〇年代後半から約二〇年続いた「臨定」後、わが国の大学政策は計画的な行政主導から一転して競争の時代に転化していったとみる。国立大学や公立大学の「法人化」であり、設置審議会による厳しい事前審査から評価機関による「事後評価」であり、国公私立大学への競争的資金の比重の大幅拡大である。一八歳人口の急減のなかでの大学への参入緩和は、大学間の競争を一層激しくする。しかし、一見自由な大学間競争といっても、人材、設備、資金、そして何よりも知的ストックの大きな格差のもとでの「自由競争」は、強いものをより強くする「ポジティブ・フィードバック」(Positive Feedback) 現象をもたらす。国立大学と私立大学間であり、国立大学間の基幹大学と地方大学間であり、私立大学における老舗大規模大学と中小規模大学間である。清成氏は、その競争に異議を唱える。「問題は、『競争』の意味である。スタート・ラインが同じであれば、公正な競争が期待できる。現実はどうか。これまで財政資金が継続的に投入され、人的資源や物的施設の蓄積が厚い国立大学にさらに財政資金が投入されるという傾向が認められる。もともと資源の厚い大学の蓄積がますます厚くなり、蓄積の薄い大学との格差は拡大する一方である。まさに『ポジティブ・フィードバック』現象が生じているのである。フィードパックがプラスの方向にしか作用しないのである。実際、旧帝国大学系の大学に多額の財政資金が投入され続けている。国立大学のなかでも大学間格差が拡大している。のみならず、国立大学と私立大学の間にもともと大きな格差が存在している。私立大学はその収入のほとんどを授業料に依存している。したがって、収入はなによりもまず教育に充当するのが当然である。研究資金は政府など外部から導入せざるをえない。にもかかわらず、財政資金の研究への投入は国立大学優先である。(中略) ポジティブ・フィードバック現象が続くと、格差が格差を呼び、全体構造が不健全になる。教育・

研究の質的改善の努力が報われないということになると、大学の質はしだいに低下する。多くの大学に質的向上のインセンティブを与えようとするならば、ポジティブ・フィードバック現象の進行を手直しする必要があろう(3)」。

国公立大学の法人化によって、「私立大学は、国立大学との競争をこれまで以上に意識しなければならなくなっている。大学間競争は法人間競争という段階に移行している（中略）一つの独立した経営体としての大学運営が、ここでいう『大学の自治』のマネジメントである。通常の企業と異なり、マネジメントは法人と教学サイドの二重性から成る。しかも、異質な部門の二重性であり、企業のマネジメントより複雑である(4)」。「しかも、法人にしても、教学サイドにしてもルーテインのマネジメントのみならず、変革期の今日では、変革のマネジメントを展開しなければならない。（中略）経営環境が変化している現状では、（中略）将来を見通した変革のマネジメントは容易ではない。変革の土壌を組織内にビルトインしなければならず、トップ・マネジメントの強いリーダーシップがきわめて重要である。戦略の構想・展開も不可欠である。変革の実現のためには、財政基盤の強化が必要である。このように、『大学の自治』のマネジメントといっても、課題はきわめて多様であり解決も容易ではない。CEOの役割が決定的に重要になる(5)」。こうして、CEO（理事長）の在り方に迫る。

他方「法人間競争という形で、大学間競争が激化している。法人間の諸格差も拡大している。こうした過程で、学長の役割はますます重くなっている。トップ・マネジメントの一員として、学長にも経営力が要求されている。学長の役割に微妙な変化が生じているのである（中略）。

要するに、設置形態に関わりなく、学長は教学のトップであり、理事長はCEOである。そして、国立大学においては、学長がCEO兼ねている。これに対して、公立大学と私立大学においては、理事長が学長を兼ねることができるが、分けることもできる。ただ、理事長と学長を分ける場合であっても、学長は副理事長または、理事を兼ねるのが通例である。学長は、大学法人の経営者の一員なのである。学長には、法人経営に積極的に関心をもつことが求められている。いずれにしても、大学界において法人間競争の時代が到來しており、学長には経営者としての役割が付加されている(6)」。大学においては、理事長だけでなく、学長の重要性が大きく、両者の関係に言及する。

「一般に、大学界においては、学長適任者は少なくないが、理事長適任者はきわめて少ない。経営者としての教育・訓練を受けた教員は皆無に等しいし、また、経営経験にも乏しい。のみならず、教員にはもともと組織になじみにくい者が少なくない。しだがって、理事長適任者を学内から探すことは容易ではない。この点で、国立大学法人の悩みは深いと思われる。（中略）また、大規模な学校法人においては、理事長・学長の兼務は、早稲田大学、慶應義塾大学、法政大学など必ずしも多くない。だが、中小規模の新興大学においては、兼務している例は少なくない(7)」。理事長・学長兼務の場合は、過重負担となる。また、経営力がない場合、経営悪化は避けられない。理事長・学長分離の場合は、「二つの問題が生ずる。一つは、理事長と学長の大学運営に関する基本的な意向が一致しない場合がありうるということである。こうした場合には、調整のために無駄なエネルギーがついやされる。もう一つは、外部から企業の専門的経営者が理事長に招いた場合、教学事項について無理解が生じるおそれがあるということである。（中略）大学法人と企業との経営上の相違点は、大学法人においてはマネジメントの二重性、法人経常と教学経営の二重性が存在するということである(8)」。

わが国の国公私立大学、とくに多様な私立大学の実態を熟知しているだけに「歯切れがよい」一方、特定の大学に言及せずに問題点を指摘するなど、なかなか含蓄がある。以下、清成氏が指摘する学長に必要な能力の主な点について、整理して箇条書きで紹介しよう。

①「学長はトップであるから、教学と経営を上から俯瞰することになる。これまでは、下から見上げていたのであるから、上からの俯瞰は、まさに大きな飛躍である。このことは、大きく全体をとらえることを意味する。したがって、学長には大局観が不可欠である。（中略）全体を的確にとらえるためには、広い視野と長期的視点が不可欠である。学長は、自己の専門分野を超えて、学問分野全体の俯瞰に努力する必要がある。時流を把握しておくことも重要がある。（中略）大学及び法人経営について基本的な方向を示さなければならない(9)」。

②「学長はトップとして、最終的な責任を負わなければならない。リスクを負わなければ、目立った実績を残すことはできない。それだけに、学長には、決断力が求められる(10)」。

③「学長はイノベーターとしてヴイジョンを学内に提示する必要がある。ヴイジョンの内容は教学、法人経営の両面にわたる必要がある。学長には、幅広い構想力が求められる。とりわけ経営構想力が十分でなければならない(11)」。

④「構想を絵に描いた餅にしないためには、実行力が不可欠である。実行にあたっては、いくつもの問題を解決

しなければならない。変革期には、問題を先送りにするタイプの人物は、学長には向かない[12]」。

⑤「学長は変革に向けて組織を動かさなければならない。学長はオペレーションの能力も備えなければならない。学長は、ソフトパワーのみならず、ハードパワーを行使しなければならない[11]」。

⑥「変革期の学長は、大学の変革の過程や成果について、学外に積極的に情報を発信していくことが望ましい。（中略）どのように大学が変わり、それによって何を学べるかを明確に示さなければならない。（中略）問題は、こうした大学改革の内容である。（中略）新しい事業モデルの開発、独自な教育内容と教育方法、それらに対応した教育対象のしぼり込み、教員の教育力の向上策等、新機軸を生み出さなければならない。こうした諸改革を組織的に進めるリーダーが変革期における学長の役割である[12]」。

大局観、構想力、決断力、実行力、オペレーション能力、情報発信力、、まさにオールマイティである。清成氏は、理想を言っているわけではない。みづからこうした実績を持っていることを強調しているのである。筆者（矢田）は、法政大学で一二年間同僚として勤務し、共著まであり、氏の人となりをそれなりに把握している。氏は、淡々として叙述しているのである。両角氏が「カリスマ性」と呼ぶのもそれなりの説得性がある。

「教授会自治」から「教員の自治」へ

さらに、清成氏は、「大学が法人格を有する以上、専門的経営者の存在が不可欠である。大学法人の基本的事業が教育である以上、法人全体のなかに教授会をどのように位置づけるかが重要な問題である。とりわけ教員の教育力の向上を進めることが最重要の課題である。こうした課題の達成無くして、大学法人の経営はありえない[13]」と、大学経営と教授会の関係についてふれている。この点で氏の提起する論点は、大変示唆的である。曰く、「たしかに、教授会は教学の重要事項に関する審議機関である。決定機関は理事会であるにしても、教授会における審議は十分になされなければならない。教学改革を進めるためには、教授会サイドから内発的な提案を引き出さなければならない。さらに、教学部門がマネジメントに関心をもち、マネジメントに参加することが望ましい。

そこで、教員のマネジメント参加と教授会自治という二つの軸で、自治ガバナンスのタイプを類型化すると、4—23図の通りである。ここでいう教授会自治とは、教授エゴともいうべき発言力の強さを指す。教員の経営参加が強く、

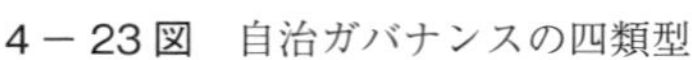
4－23図　自治ガバナンスの四類型

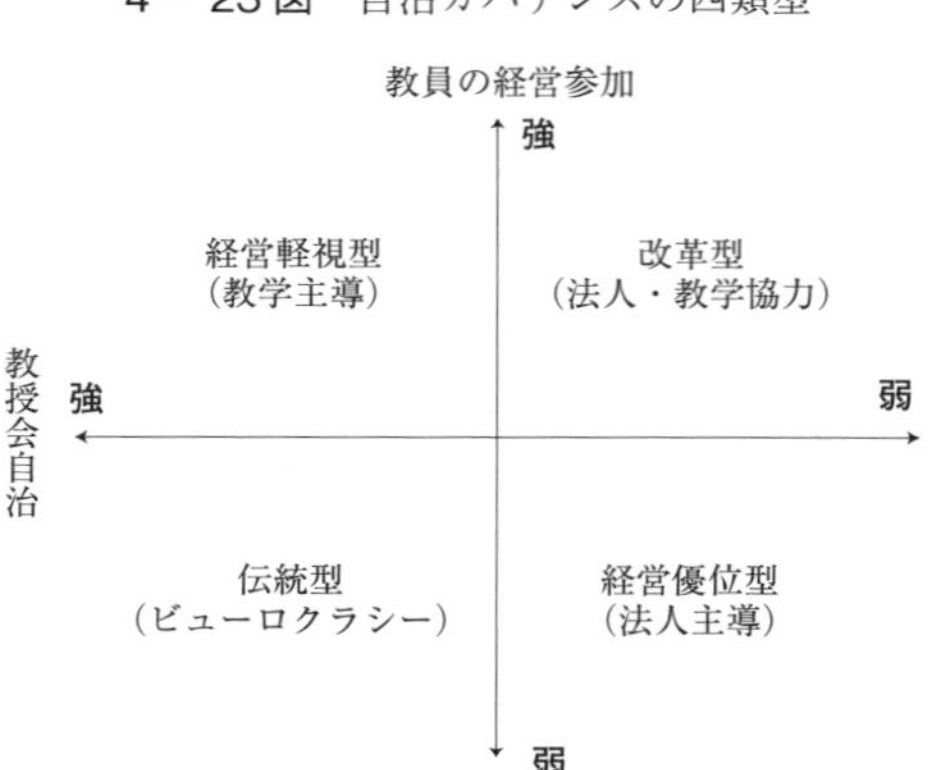

清成書　図13－1より転載（p.152）

教授会自治が弱いというタイプにおいては、改革が進む。逆に、教員の経営参加が弱く、教授会自治が強いという伝統型においては、ビューロクラシー支配的になる。また、教授会自治、教員の経営参加ともに弱い場合には、法人主導の経営優位型になる。教授会自治、教員の経営参加ともに強い場合には、教学主導・経営軽視型になり、持続性が懸念される。需要の拡大期には経営軽視型でも存続できたが、需要縮小期には改革型でなければ発展は期待できない。どのタイプを選択すればいいか、自ずと明らかであろう。[14]」と一見わかりにくいことを言っている。筆者（矢田）なりに理解すれば、「教授会自治」が強ければ、教員個人の意見は教授会という組織単位に集約され、教授会間対立や理事会と教授会の意見の相違で、大学全体の変革は一般に難しい。教授会の決定を媒介しないで経営陣と個々の教員との意思疎通はスムースにならなく、教員の「経営参加」は難しい。これに対し、個々の教員の教授会への意見の反映とともに、多様なルートでの経営陣と個々の教員の意思疎通が行われれば、教授会を媒介しないでの教員の経営参加ができ、このルートが太ければ、大学全体の改革が進む、というのである、経営側と教育・研究の担い手である教員の間に「教授会」という集団、あるいは「学部長」などが入り、「教授会自治」の名において硬直した運営が行われている「教授会自治」万能論を批判している、とみてよい。教育研究に積極的な教員の参加こそが大学間競争が厳しい時代での「大学の自治」である。と言うのである。これを清成氏は、硬直した「大学自治」から教員の積極参加型の「**教員の自治**」こそが現代の「大学自治」であり、大学自治無用論への新しい「大学自治論」である。

（1）両角書　二五〇―二五一頁。
（2）清成忠男『現代日本の大学革新』法政大学出版局　二〇一七　一九二頁。

(3) 同右書　七四―七五頁。
(4) 同右書　八九―九〇頁。
(5) 同右書　九一頁。
(6) 同右書　一六九―一八三頁。
(7) 同右書　一八五頁。
(8) 同右書　二〇九頁。
(9) 同右書　一六〇―一六一頁。
(10) 同右書　一六一頁。
(11) 同右書　一六二頁。
(12) 同右書　一六二―一六三頁。
(13) 同右書　一七三頁。
(14) 同右書　一五二頁。

解題

鈴木洋太郎（大阪市立大学教授）

本書は、大学改革に関する専門書であり、実際に大学改革に取り組んだ立場からの実践的な考察が行われているとともに、それを踏まえて、大学改革の基本的特徴とその背景を大局的に論じているところに、類書にはない独自性がある。

本書で述べられているように、大学運営の方式として、各学部・研究科ごとの「教授会自治方式」には弊害があるものの、現場の教育・研究を無視した「理事会独裁方式」はより弊害が大きい。一つの解決方法は、北九州市立大学で実践されたように、若手の教員に大学の役職（教務担当部長や学生担当部長など）を大胆に任せて、こうした教員主導の大学運営を行うことであろう。

もちろん、大学改革には「正解」はない。私自身も、大学の教務担当部長や学長特別補佐、学部長・研究科長として大学改革に関与してきたが、試行錯誤の連続だと言わざるを得ない。できれば、大学運営よりも教育・研究に自分の時間を使いたいのが正直な気持ちであるのだが、大学改革の流れに対して、何も分からないまま、ただ流されるのは嫌な性分のため、これまで大学運営の業務を積極的に引き受けてきた。このことは、知らず知らずのうちに、恩師矢田俊文先生の影響を受けているのかもしれない。

私は、九州大学経済学部および同大学院経済学研究科の矢田先生のゼミに一九八二年四月から一九九〇年三月までの八年間在籍し、指導を受けた。その後、大阪市立大学の教員に就職してからも、私の実家が福岡市にあることもあり、たびたび矢田ゼミに参加して研究指導を受ける機会を得た。当時、矢田先生は国土政策を策定する専門委員や九州大学の大学運営の業務で非常に多忙となっていたわけであるが、熱心に教育・研究を続けられていた。その大変さは、今となってはよく分かるが、当時は知るよしもなかった。

矢田先生は、けっこう、学生・院生に気を使っていたように思う。ゼミで輪読する資料のコピーも、学生・院生に雑用させないように、できるだけ自分でされていた。おそらく、北九州市立大学の学長として、若手教員に大学の運営を任せた際も、しんどい雑用的な部分は学長自身も担当していたように推測される。そうでないと、有能な若手教員が本気で大学改革には関与しないからである。その意味で、大学改革の成否は、リーダーとなる「ヒト」にも依存すると言える。

さて、本書では、公立大学を中心に、大学改革を論じている。「国公立大学」と一括りにして呼ばれることが多いが、国立大学と公立大学では、財源の面で制度が大きく異なっている。国立大学は、文部科学省から直接、補助金（運営費交付金）が支給される。一方、公立大学の場合は、総務省から大学を設置した地方自治体に対して大学経費を考慮した地方交付税が配分され、それを使いながら、地方自治体が大学に補助金（運営費交付金）を支給する。支給額は、地方自治体の裁量に大きく左右されることになる。したがって、公立大学では、当該地域の自治体との連携が必要不可欠となる。

私の勤務する大阪市立大学について言えば、近年、大阪府立大学との大学統合が頻繁に話題になっているが、実際はそれよりも十年以上も前から、大阪市の財政悪化に伴って大学への補助金が毎年のように大幅に削減され、大阪市立大学が予算的に危機的な状況に陥っていたことはあまり知られていない。大阪市立大学の経費削減・合理化のために、商学部と経済学部の統合、理学部と工学部との統合なども、検討されていたのだ。現在は、幸いなことに、大阪市が大学統合に向けて戦略的に補助金を支給していることもあり、大学運営が安定的に行えるようになっている。

矢田先生が座長をされた「大阪府市新大学構想会議」から大阪市立大学と大阪府立大学との大学統合の提言が出されたのは、二〇一三年一月であった。この提言では、「大学は都市の重要な知的インフラであり、大阪の成長戦略の実現に向け、不可欠な要素である」とし、「両大学を統合し、さらに強い大学の構築をめざす」と提起された。経費削減・合理化のために大学統合を行うのではないことを明確にしたことが、両大学の学長・執行部の賛同を得やすくした。

新大学のキャンパス整備などで多額な初期費用が見込まれることもあり、大阪市および大阪府の議会から、大学統合の承認をもらうのには、まだまだ時間がかかるかもしれない。だが、大学統合の前段階である「法人統合」については、すでに両議会の承認を得ている。二〇一九年四月には、ついに法人統合が行われ、大阪市立大学と大阪府立大学を一体的に運営することになる。「新しい公立大学・大阪モデル」への具体的な挑戦は、これから始まるとも言える。

大学改革は必ずしも成功するとはかぎらないわけだが、大学改革にやみくもに反対するのではなく、できるだけ大学改革が良いものになるように努力するほうが望ましいのではないだろうか。

本書は、大学改革のための豊富なヒントを提供しており、大学運営に関係する多くの方々に読んでもらいたいと強く思う。

著作集刊行にあたって

矢田俊文氏は地域構造論の創始者であり、現代日本における経済地理学、地域経済学、地域政策学のいずれにおいても代表的な研究者の一人である。経済地理学会第六〇回記念大会（二〇一三年）の報告諸論文においては、他者を引き離して圧倒的な数で文中に引用されている。次点の日本人は川島哲郎氏であり、地域構造論を構築していくにあたりその土壌を生み出した先達である。この地域構造論を初めて体系的に提示した著作『産業配置と地域構造』は、経済地理学界における金字塔となっている。その所収論文は四〇年以上経過しながらも引用され続けているのである。

地域構造論は、柔軟性を持つフレームワークであると同時に、論理的整合性を求めて成長する生き物である。この枠組みをもとにしながら、著作集は全四巻構成となっており、その内容は『石炭産業論』『地域構造論』『国土政策論』『公立大学論』となっている。石炭産業論は、地質学と経済学の境界分野に焦点をあて、日本の石炭資源放棄の実証的分析を行っている。地域構造論は、産業配置論、地域経済論、国土利用論、地域政策論の四本柱について体系的に述べている。国土利用論や地域政策論は、経済の空間システムの解明と連動して、自然利用のあり方や空間政策として独自に位置づけられている。ミクロの立地運動から、産業立地、地域経済などマクロの空間構造へと、ダイナミックな論理展開が、地域構造論の最大の魅力であり、この魅力が、全国から人材を引き付ける磁力となり多くの研究者を輩出することとなった。

矢田俊文氏は、政策の現場でも理論の検証をはかる活動をなされてきた。理論の性格上、国土政策、社会の公器たる大学の運営への関与は必然であり、そこからの理論へのフィードバックが著作集に反映されることは、大変興味深い。これらの著作集は経済地理学会をはじめ、関連する諸学会にとって、非常に大きな財産となっていくと確信できるのである。

編纂委員（◎委員長）

◎ 柳井雅人　北九州市立大学副学長
山本健兒　帝京大学大学院経済学研究科教授
鈴木洋太郎　大阪市立大学大学院経営学研究科教授
松原宏　東京大学大学院総合文化研究科教授
外川健一　熊本大学大学院人文社会科学研究部教授
田村大樹　北九州市立大学経済学部教授

著者紹介

矢田俊文（やだ・としふみ）、九州大学名誉教授、北九州市立大学名誉教授

1941年　新潟市に生まれる
1959年　新潟県立新津高校卒業
1964年　東京大学教養学部教養学科（人文地理分科）卒業
1966年　東京大学大学院理学系研究科（地理学専門課程）修士課程修了
1971年　東京大学大学院理学系研究科（地理学専門課程）博士課程修了・理学博士

法政大学経済学部（1970－81年助手、講師、助教授、教授）
九州大学経済学部（研究院）教授（1982－2004）
同　石炭研究資料センター長（1985－95））
同　評議員（93－2004）
同　総長特別補佐（96－97）
同　副学長（改革・移転担当、97－2001）
同　大学院経済学研究院長・学府長・学部長（2002－2004）
九州大学名誉教授（2004－）
北九州市立大学学長（2005－11）
同　名誉教授（2011－）

公立大学協会会長（2009－10）
大学基準協会評議員・理事・副会長（2008－11）
大学評価・学位授与機構評議員、評価委員、評価専門員（2008－17）、
大学設置・学校法人審議会　大学設置分科会特別委員（2010－11）
大阪府・大阪市統合本部　新大学構想会議座長・会長（2012－13）
大阪市立大学経営審議会委員、大阪府立大学経営会議委員（2012－18）

経済地理学会会長（2000－2006）
産業学会会長（2000－2002）
国土審議会委員（1998－2008）
産炭地域振興審議会委員（1990－2002）

著書
『戦後日本の石炭産業』新評論（1975 ）
『石炭業界』教育社（1977）
『日本工業の地域構造』(共編著)　大明堂（1977）
『産業配置と地域構造』大明堂（1982）
『地域構造の理論』（編著）ミネルヴァ書房（ 1990 ）
『国土構造の日韓比較研究』（共編著）九大出版会（ 1996）
『現代経済地理学』（共編著）ミネルヴァ書房（2000）
『地域構造論の軌跡と展望』（編著）ミネルヴァ書房（2005
『北九州市立大学改革物語』九州大学出版会（2010）
『石炭産業論』（著作集第一巻）原書房（2014）
『地域構造論』（著作集第二巻上　理論編）原書房（2015）
『地域構造論』（著作集第二巻下　分析編）原書房（2015）
『国土政策論』（著作集第三巻上　産業基盤整備編）原書房（2017）

矢田俊文著作集　第四巻
公立大学論《上》平成の大学改革と公立大学
●
2019年9月20日　第1刷
著者…………矢田俊文
発行者…………成瀬雅人
発行所…………株式会社原書房
〒160-0022 東京都新宿区新宿1-25-13
電話・代表03（3354）0685
http://www.harashobo.co.jp
振替・00150-6-151594
印刷・製本…………株式会社明光社印刷所

ISBN978-4-562-09214-7, Printed in Japan